OS GRANDES PRINCÍPIOS DO DIREITO PÚBLICO:
CONSTITUCIONAL E ADMINISTRATIVO

CONTRACORRENTE

JUAN CARLOS CASSAGNE

OS GRANDES PRINCÍPIOS DO DIREITO PÚBLICO: CONSTITUCIONAL E ADMINISTRATIVO

São Paulo

2017

CONTRACORRENTE

Copyright © EDITORA CONTRACORRENTE
Rua Dr. Cândido Espinheira, 560 | 3º andar
São Paulo – SP – Brasil | CEP 05004 000
www.editoracontracorrente.com.br
contato@editoracontracorrente.com.br

Editores

Camila Almeida Janela Valim
Gustavo Marinho de Carvalho
Rafael Valim

Conselho Editorial

Alysson Leandro Mascaro
(Universidade de São Paulo – SP)

Augusto Neves Dal Pozzo
(Pontifícia Universidade Católica de São Paulo – PUC/SP)

Daniel Wunder Hachem
(Universidade Federal do Paraná – UFPR)

Emerson Gabardo
(Universidade Federal do Paraná – UFPR)

Gilberto Bercovici
(Universidade de São Paulo – USP)

Heleno Taveira Torres
(Universidade de São Paulo – USP)

Jaime Rodríguez-Arana Muñoz
(Universidade de La Coruña – Espanha)

Pablo Ángel Gutiérrez Colantuono
(Universidade Nacional de Comahue – Argentina)

Pedro Serrano
(Pontifícia Universidade Católica de São Paulo – PUC/SP)

Silvio Luís Ferreira da Rocha
(Pontifícia Universidade Católica de São Paulo – PUC/SP)

Equipe editorial

Carolina Ressurreição (revisão)
Denise Dearo (design gráfico)
Mariela Santos Valim (capa)

Dados Internacionais de Catalogação na Publicação (CIP)
(Ficha Catalográfica elaborada pela Editora Contracorrente)

C343   CASSAGNE, Juan Carlos.

Os grandes princípios do Direito Público: Constitucional e Administrativo | Juan Carlos Cassagne; tradução Marly Peres – São Paulo: Editora Contracorrente, 2017.

Título original: Los Grandes Principios del Derecho Público: constitucional y administrativo.

ISBN: 978-85-69220-33-6

Inclui bibliografia

1. Direito Público. 2. Direito Administrativo. 3. Direito Argentino. 4. Função Pública. 5. Discricionariedade. I. Título.

CDU – 342

Impresso no Brasil
Printed in Brazil

SUMÁRIO

PREFÁCIO – Prof. Rafael Valim... 17

À GUISA DE PRÓLOGO 19

CAPÍTULO I – O NOVO CONSTITUCIONALISMO E AS BASES DA ORDEM JURÍDICA.. 25

I.1 Um novo cenário no Direito Público... 25

I.2 Positivismo e neoconstitucionalismo 28

I.3 A constitucionalização do ordenamento e os novos problemas que se apresentam... 32

    I.3.1 A teoria da harmonização dos direitos na resolução de conflitos 33

    I.3.2 Transcendência da ciência política, da filosofia do direito e de sua teoria geral... 34

I.4 As fronteiras entre o Direito Público e o Direito Privado: a *summa divisio* como categoria histórica 36

I.5 Notas e características principais do novo constitucionalismo 40

I.6 A irrupção e auge das tendências jusnaturalistas: diversos sentidos do conceito de direito... 45

I.7 Lei natural e lei positiva: a fonte da lei natural e o erro básico do positivismo 52

I.8   A justiça: diferentes classes 58

I.9   A distinção entre moral e direito 61

I.10 A estrutura do ordenamento 63

I.11 As normas... 64

I.12 Os princípios gerais: sua diferença relativamente às normas e aos valores. As diretrizes políticas... 65

I.13 O caráter preceptivo ou vinculante dos princípios. A diferença entre direito e princípio... 69

I.14 O caráter absoluto ou relativo dos direitos........................ 71

I.15 Características atribuídas à ordem jurídica 72

I.16 Os paradigmas no Direito Público.................................... 74

I.17 A dignidade da pessoa como fonte central de todos os princípios e direitos 79

I.18 Os novos paradigmas do Direito Público.......................... 83

I.19 O princípio *pro homine* e sua função ordenadora. A interpretação mais favorável (*in dubio pro libertate*) 83

I.20 O princípio geral da boa-fé 86

I.21 O princípio da confiança legítima..................................... 87

I.22 O princípio da moral pública.. 90

I.23 A necessidade de harmonizar os novos paradigmas 91

CAPÍTULO II – OS PRINCÍPIOS GERAIS NO DIREITO ADMINISTRATIVO... 95

II.1 Projeção dos princípios gerais.. 95

II.2 Transcendência dos princípios gerais 99

  II.2.1 Características e principalidade dos princípios gerais........ 99

  II.2.2 Suas peculiaridades no direito administrativo.................. 102

II.2.3 A inserção dos princípios do Direito Natural no ordenamento e o papel da tópica 107

II.3 A concepção finnisiana sobre os princípios gerais do direito 109

II.4 Hierarquia e diversidade dos princípios gerais 112

    II.4.1 A constitucionalização dos princípios e a problemática proposta 112

    II.4.2 Princípios fundamentais e princípios institucionais ou setoriais 117

    II.4.3 Os princípios gerais são fontes formais e materiais: seu grau de preferência 127

II.5 O papel dos princípios no ordenamento 128

    II.5.1 Distintas funções que os princípios gerais cumprem 128

    II.5.2 Os princípios gerais como garantias jurídicas 131

    II.5.3 Os princípios gerais como limites ao exercício do poder regulamentar 131

    II.5.4 A extensão do dever de resolver alcança a Administração 133

II.6 Os princípios gerais no campo da interpretação jurídica 135

    II.6.1 Diferentes classes de interpretação 135

    II.6.2 A analogia e os princípios gerais do direito 137

    II.6.3 A submissão da Administração à lei e ao direito 139

    II.6.4 As faculdades discricionárias da Administração e os princípios gerais do direito 141

CAPÍTULO III – O PRINCÍPIO DA SEPARAÇÃO DE PODERES 145

III.1 Sobre a origem da doutrina da separação de poderes: as características principais que envolvem a concepção política de Montesquieu 146

III.2 A separação de poderes e o Estado de Direito. A evolução do Estado de Direito. O Estado Subsidiário. Populismo e Estado ... 151

III.3 A finalidade básica da teoria da separação de poderes............... 159

III.4 As confusões terminológicas: os conceitos de poder, órgão e função 163

III.5 Sobre a função administrativa... 166

    III.5.1 Concepções subjetivas ou orgânicas............................. 167

    III.5.2 O critério objetivo ou material 168

    III.5.3 Outras teorias.. 170

III.6 Continuação: as funções normativa ou legislativa e jurisdicional da Administração Pública... 171

    III.6.1 A atividade regulamentar é de substância normativa ou legislativa 172

    III.6.2 As funções jurisdicionais da Administração 172

III.7 Continuidade da jurisprudência emitida pelo Tribunal a partir do caso "Fernández Arias"... 181

III.8 Resumo sobre a interpretação da doutrina da separação de poderes na Constituição argentina 186

III.9 A independência do Poder Judiciário: antecedentes hispânicos das prescrições constitucionais 187

    III.9.1 A proibição de exercer funções judiciais por parte do Rei e os Tribunais 190

    III.9.2 A inamovibilidade dos juízes 192

    III.9.3 A criação do Tribunal Supremo..................................... 193

III.10 A independência do Poder Judiciário como princípio e garantia do regime democrático e republicano... 194

III.11 Sentido atual da separação de poderes... 197

III.12 O princípio da independência das autoridades reguladoras...... 202

III.13 Constitucionalidade da criação das autoridades regulatórias independentes.. 204

CAPÍTULO IV – OS PRINCÍPIOS DA LEGALIDADE E DA RAZOABILIDADE. A INTERDIÇÃO DE ARBITRARIEDADE 211

IV.1 O princípio da legalidade 212
    IV.1.1 Precisões conceituais 212
    IV.1.2 Legalidade e legitimidade. Distintas formulações do princípio da legalidade 214
    IV.1.3 Legalidade e reserva legal. A chamada preferência de lei . 215

IV.2 Poder discricionário e arbitrariedade 218

IV.3 A interdição de arbitrariedade no direito argentino 220

IV.4 O princípio da razoabilidade como fundamento da proibição de arbitrariedade 225
    IV.4.1 Aspectos da razoabilidade 227
    IV.4.2 Razoabilidade e igualdade. A razoabilidade ponderativa.. 229
    IV.4.3 Devido processo substantivo e devido processo adjetivo no direito norte-americano. A *equal protection* 230
    IV.4.4 O princípio da proporcionalidade. Subprincípios que integram o princípio da proporcionalidade nas doutrinas alemã e espanhola 234

IV.5 Em direção a uma resposta jusnaturalista centrada no bem humano: a diretriz de interpretação preponderante que deveria reger a hermenêutica do art. 28 da Constituição Nacional........ 240

IV.6 A interdição de arbitrariedade. A inconstitucionalidade de ofício. 244
    IV.6.1 O artigo 43 da Constituição Nacional prevê um mandamento implícito 244
    IV.6.2 A inconstitucionalidade de ofício 244
    IV.6.3 A declaração judicial oficiosa da inconstitucionalidade das leis na jurisprudência da Corte 246

CAPÍTULO V – O PRINCÍPIO DA IGUALDADE 249

Seção Primeira – Os sentidos da igualdade 250

    V.1.1 A generalização do princípio constitucional da igualdade e a necessidade de uma teoria integral 250

V.1.2 A igualdade: um assunto clássico na era das nivelações.... 251

V.1.3 Justiça e igualdade 253

V.1.4 Sobre as espécies de igualdade e a noção positivista. Os critérios da igualdade distributiva 258

V.1.5 A igualdade perante a lei e a razoabilidade 260

V.1.6 O chamado paradoxo da igualdade 263

V.1.7 A igualdade real de oportunidades e a cláusula para o progresso, o bem-estar e a justiça social (art. 75 inc. 23, parágrafo primeiro e inc. 19 da CN). A discriminação racial 266

V.1.8 O direito de igualdade dos estrangeiros para desfrutar dos direitos civis. As discriminações em matéria de cidadania.. 269

Seção Segunda – **O controle jurisdicional das discriminações arbitrárias** 271

V.2.1 Preliminar sobre o controle de razoabilidade na jurisprudência 271

V.2.2 Caráter formal e material do princípio da igualdade 274

V.2.3 O princípio da igualdade e as chamadas "categorias suspeitas" do direito norte-americano 275

V.2.4 Dois casos emblemáticos sobre discriminação que afetaram nacionais e estrangeiros 276

V.2.5 A discriminação por idade 279

V.2.6 A proibição constitucional de discriminação contra a mulher. O chamado matrimônio igualitário 281

V.2.7 As discriminações que afetam o direito à vida: o aborto . 286

V.2.8 Continuação: parecer da Academia Nacional de Ciências Morais e Políticas 293

CAPÍTULO VI – O PRINCÍPIO DA LIBERDADE................... 301

VI.1 Sobre o conceito de liberdade e as raízes da concepção constitucional argentina 302

VI.2 A face dupla da liberdade: direito e princípio. As garantias da liberdade 304

VI.3 Natureza política ou civil das liberdades. Direitos sociais e novos direitos 305

VI.4 As declarações de direitos que consagram liberdades: sua caracterização 308

VI.5 Continuação: limites constitucionais ao exercício do poder regulamentar 310

VI.6 As liberdades e o princípio da subsidiariedade 313

VI.7 As liberdades não patrimoniais: a liberdade de expressão. Alcance e fundamento 317

    VI.7.1 A proibição de censura prévia 319

    VI.7.2 O princípio protetor sem denominação da liberdade de expressão e as responsabilidades ulteriores.................... 321

    VI.7.3 A interdição constitucional de impor, por parte do Congresso, restrições à liberdade de expressão e a proibição de estabelecer a jurisdição federal nessa matéria... 325

    VI.7.4 O direito de retificação ou resposta 330

    VI.7.5 Os meios indiretos restritivos da liberdade de expressão: a distribuição da publicidade oficial 333

VI.8 A liberdade religiosa 336

    VI.8.1 O caso da Virgem em Tribunais 337

    VI.8.2 Os crucifixos em escolas públicas................................. 340

VI.9 As liberdades econômicas 343

    VI.9.1 Subsistência da liberdade econômica no novo constitucionalismo 345

    VI.9.2 Liberdade de contratar e controle de preços 346

VI.9.3 Principais questões que a Lei n. 26.991 suscita 349

VI.10 Inaplicabilidade da jurisprudência do Tribunal em matéria de controle de preços.. 352

VI.11 Liberdade econômica e propriedade. O estado de emergência 354

    VI.11.1 Estado de Direito e estado de necessidade 358

    VI.11.2 Os limites constitucionais da emergência. Os decretos de necessidade e urgência 360

VI.12 Emergência e direitos adquiridos... 366

VI.13 A liberdade de associação.. 367

VI.14 O direito de ensinar e aprender (o direito à educação) 372

VI.15 Outros direitos e liberdades. Os direitos de petição e de livre circulação 375

    VI.15.1 O direito de peticionar às autoridades 375

    VI.15.2 A liberdade de trânsito ou direito à livre circulação ... 377

CAPÍTULO VII – OS NOVOS DIREITOS E GARANTIAS .. 381

VII.1 A incorporação de novos direitos à Constituição..................... 381

VII.2 A proteção ambiental e o direito a um meio ambiente sadio ... 387

    VII.2.1 As novas cláusulas constitucionais.............................. 390

    VII.2.2 O núcleo do direito ambiental.................................... 392

    VII.2.3 O dever legal de preservação do ambiente. Proibições 392

    VII.2.4 O dano ambiental e a obrigação de recomposição...... 393

    VII.2.5 O amparo ambiental 395

    VII.2.6 Competência em matéria ambiental........................... 399

VII.3 O princípio de proteção da concorrência................................. 400

VII.4 Os direitos de consumidores e usuários................................... 402

    VII.4.1 A falsa oposição entre o interesse público e o interesse particular ou privado 404

VII.4.2 A regra da interpretação restritiva dos privilégios e sua abrangência às concessões e licenças 406

VII.5 A participação pública no controle dos serviços públicos 409

    VII.5.1 Tipologias da participação pública nos órgãos reguladores. 414

        VII.5.1.1 Direitos individuais e coletivos. A participação das associações defensoras de usuários. 415

            VII.5.1.1.1 Direitos individuais 416

            VII.5.1.1.2 Direitos coletivos 416

        VII.5.1.2 O regime de audiências públicas dos órgãos reguladores 418

VII.6 O direito de reunião 420

VII.7 O direito à saúde 422

VII.8 Problemática da legitimação nos processos administrativos 424

    VII.8.1 Tendências atuais em matéria de legitimação 427

    VII.8.2 Os elementos que configuram a legitimação processual ativa (ordinária e anômala ou extraordinária) 430

VII.9 Os direitos de incidência coletiva e o amparo constitucional ... 433

VII.10 A tutela da legalidade e a ação popular 434

VII.11 A globalização: sua influência sobre o princípio da legalidade . 437

CAPÍTULO VIII – OS PRINCÍPIOS INSTITUCIONAIS E SETORIAIS DO DIREITO ADMINISTRATIVO 443

VIII.1 Preliminar 444

VIII.2 Dificuldades de uma sistematização dos princípios gerais 446

VIII.3 O princípio da competência 447

VIII.4 O princípio da delegação administrativa 453

    VIII.4.1 As figuras da suplência e substituição 456

13

VIII.4.2 A intervenção 457
VIII.4.3 A delegação de assinatura e a subdelegação 458
VIII.4.4 A avocação 459
VIII.5 A delegação legislativa 461
    VIII.5.1 Fontes e objetivos do preceito constitucional (art. 76 da CN) 466
    VIII.5.2 Limites materiais e formais 474
    VIII.5.3 Vinculação negativa derivada das reservas legais para o exercício da delegação legislativa 478
    VIII.5.4 O caso "Camaronera Patagónica" 482
    VIII.5.5 Reflexões conclusivas sobre a delegação legislativa .. 484
VIII.6 O princípio de hierarquia 487
VIII.7 A inderrogabilidade singular do regulamento 490
VIII.8 O princípio da executoriedade dos atos administrativos 492
    VIII.8.1 A executoriedade no direito comparado 494
    VIII.8.2 A executoriedade e o uso da coação 498
VIII.9 Sobre os princípios em jogo na contratação administrativa 499
    VIII.9.1 O princípio da concorrência 502
    VIII.9.2 Princípio da proporcionalidade e da razoabilidade ... 504
    VIII.9.3 Princípio da eficiência 505
    VIII.9.4 Princípio da publicidade e difusão. Transparência 506
    VIII.9.5 Princípio da responsabilidade 508
    VIII.9.6 Igualdade de tratamento para interessados e ofertantes 508
VIII.10 O princípio de continuidade dos serviços públicos 509
VIII.11 A autotutela do domínio público 514
VIII.12 O princípio da responsabilidade do Estado: seu fundamento filosófico e constitucional 516

VIII.12.1 O princípio da igualdade perante as cargas públicas como eixo do fundamento constitucional da responsabilidade do Estado 517

VIII.12.2 O fator de atribuição: a falta de serviço na jurisprudência da Corte e na nova Lei n. 26.944 518

VIII.12.3 Uma análise retrospectiva: a concepção de Aubry et Rau 522

VIII.12.4 Crítica da Lei n. 26.944 524

VIII.12.5 O alcance da indenização: o princípio geral da justa indenização 526

VIII.12.6 Sobre o regulamento da responsabilidade do Estado pelo Código Civil e Comercial ou por leis administrativas (nacionais e locais) 534

VIII.13 A confiança legítima. Remissão 538

VIII.14 O princípio da boa administração 538

VIII.15 Os princípios gerais do procedimento administrativo 542

VIII.15.1 O princípio da verdade material 544

VIII.15.2 O princípio da oficialidade 545

VIII.15.3 O informalismo no procedimento administrativo . 546

VIII.15.4. O princípio da eficácia 549

VIII.15.5 A gratuidade do procedimento 551

VIII.15.6 O devido processo adjetivo 552

CAPÍTULO IX – O PRINCÍPIO DA TUTELA JURISDICIONAL EFETIVA 555

IX.1 Introdução 555

IX.2 A tripla face da tutela jurisdicional efetiva (mandamento vinculante, direito e garantia) 558

IX.3 O desenvolvimento do princípio 559

IX.4 Fundamento do princípio da tutela jurisdicional efetiva no direito argentino 563

IX.4.1 Na ordem nacional 563

IX.4.2 Na ordem provincial 565

IX.5 Instituições e ferramentas processuais vinculadas ao princípio da tutela jurisdicional efetiva 567

    IX.5.1 Razoabilidade da duração dos processos 568

    IX.5.2 Ações declaratórias de inconstitucionalidade de leis, regulamentos e atos administrativos: a causal de arbitrariedade 569

    IX.5.3 Tutela provisória (em geral). Tutelas antecipadas e autosatisfativas 574

    IX.5.4 A execução de sentenças 577

IX.6 Os requisitos do esgotamento da via administrativa e da prévia reclamação administrativa 581

IX.7 Uma mudança paradigmática: a jurisprudência da Suprema Corte de Justiça da Costa Rica 589

ÍNDICE POR AUTOR 593

ÍNDICE TEMÁTICO 607

ABREVIATURAS 615

REFERÊNCIAS BIBLIOGRÁFICAS 617

PREFÁCIO

O projeto de uma edição brasileira desta magistral obra nasceu em um agradável jantar em Curitiba com o Prof. Juan Carlos Cassagne, a convite dos queridos amigos e ilustres Professores Romeu Felipe Bacellar Filho, Emerson Gabardo e Daniel Wunder Hachem. Com o entusiasmo e a generosidade que lhe são característicos, o Prof. Cassagne de pronto confiou à Editora Contracorrente esta elevada missão e, para nosso júbilo e satisfação, convidou-nos a elaborar este prefácio.

Embora o Prof. Cassagne dispense qualquer apresentação, em vista de seu prestígio e notoriedade, nunca é demais sublinhar a sua extraordinária trajetória nos domínios do Direito Público e, em especial, do Direito Administrativo. Ao longo de seus mais de quarenta anos de atividade acadêmica, construiu uma doutrina riquíssima – marcada por um elevado rigor teórico e uma incessante preocupação com os direitos fundamentais – que exerceu e continua a exercer grande influência no universo jurídico ibero-americano.

O Brasil é um exemplo eloquente do que estamos a afirmar. Não hesitamos em assegurar que todos os administrativistas brasileiros se debruçaram sobre as preciosas obras do Prof. Cassagne, cuja leitura é obrigatória nos principais programas de pós-graduação em Direito Administrativo do país.

O livro que a leitora e o leitor têm em mãos comprova não só o brilhantismo e a cultura jurídica do Prof. Cassagne, senão que também a sua inquietude intelectual. Enquanto muitos abandonam os estudos e se refugiam nos títulos e burocracias acadêmicos, o mestre cisplatino continua repensando o Direito Público, em sintonia com os avanços da teoria jurídica contemporânea.

Basta ver a fascinante reflexão sobre os princípios jurídicos que inaugura a presente obra, na qual se desvela um denso diálogo com a Filosofia do Direito e com a Teoria Constitucional. Nada escapa à argúcia do Prof. Cassagne.

Igualmente meritória é a coragem com que o Prof. Cassagne enfrenta dogmas que, malgrado absolutamente incompatíveis com o Estado Democrático de Direito, grande parte da doutrina, por comodismo ou tibieza, insiste em sustentar. O esgotamento da via administrativa como requisito de acesso à jurisdição é um destes dogmas deletérios aos direitos dos indivíduos que encontra nesta obra uma dura e merecida crítica.

Poderíamos continuar a discorrer sobre as inúmeras virtudes desta obra, mas isto seguramente entediaria a leitora e o leitor. Melhor que isso resulta a imediata leitura das palavras do próprio Prof. Cassagne, das quais logo se poderá concluir que, por mais que nos esforçássemos, jamais conseguiríamos traduzir a grandeza deste trabalho que, em boa hora, a Editora Contracorrente oferece à ciência juspublicista brasileira.

Rafael Valim
Professor de Direito Administrativo da Faculdade de Direito da Pontifícia Universidade Católica de São Paulo – PUC/SP

À GUISA DE PRÓLOGO*

No domínio do direito sucedem, de tempos em tempos, grandes transformações que modificam instituições obsoletas e ampliam ou limitam seus alcances, dando vida a novos princípios e regras compatíveis com os fins que presidem a mudança ou a adaptação do sistema jurídico.

A ideia de escrever este livro sobre os grandes princípios do Direito Público (constitucional e administrativo) nasceu da necessidade de atualizar e, em alguns casos, renovar nosso pensamento sobre esses princípios transcendentes, a partir de uma série de ensaios e trabalhos que tiveram como eixo central a abordagem do princípio da legalidade.[1] Tal ideia foi mais tarde movida pelo interesse intelectual em nós despertado pelo desenvolvimento do novo constitucionalismo, a projeção de seus paradigmas no Direito Administrativo e a transcendência da obra de Finnis, um dos grandes impulsores da Nova Escola de Direito Natural (NEDN), no campo da filosofia do direito que, ao contrário do que se pode supor, implica uma reavaliação do direito positivo sem deixar de lado a hierarquia dos princípios gerais.

---

* O autor quer fazer constar seu especial agradecimento a María Eugenia Zacagnino pela eficiente colaboração prestada na compilação dos originais desta obra e pela correção dos capítulos, contribuindo com sugestões valiosas.
[1] Nosso livro *El principio de legalidade y el control judicial de la discrecionalidad administrativa*. Madrid/Buenos Aires: Marcial Pons: 2011.

O novo constitucionalismo, mesmo com os riscos que sua utilização ideológica comporta, principalmente toda a interpretação coletivista igualitária mais radicalizada (uma espécie de falso progressismo), não pode ser desconhecido, pois faz parte de uma realidade que provocou uma reviravolta na própria concepção do direito, que tem como centro a dignidade do ser humano e os princípios gerais que, de uma forma ou outra, derivam do referido paradigma fundamental ou são vinculados a ele, presidindo o ordenamento jurídico.

O declive do positivismo, a partir da Segunda Guerra mundial, gerou uma transformação considerável no plano das fontes do direito, causando a perda da centralidade da lei e sua substituição pelo papel transcendente adquirido pelos princípios gerais (provenientes tanto do direito positivo quanto do direito natural), que começaram a funcionar como mandamentos vinculantes superiores às leis e com operatividade direta ou derivada, em função de sua dependência das previsões orçamentárias e decisões legislativas necessárias a sua aplicação, conforme sustentam os tratados internacionais que possuem hierarquia constitucional. Em tal cenário, a separação absoluta entre moral e direito desapareceu, potencializando a função do juiz na interpretação do direito, transformando-o em um protagonista fundamental do sistema jurídico. Nesse sentido, tanto a indeterminação, que é própria dos princípios, como a necessidade de resolver novas situações jurídicas não previstas nas leis reforçaram o papel dos juízes no processo de criação do direito, até chegar ao ponto de positivar-se por via jurisprudencial.

O Estado do Direito clássico não perdeu a força de seus atributos tradicionais, mas deixa de ser neutro e se transforma em Estado Subsidiário ao realizar a justiça, com sentido social, por meio de prestações positivas que garante, em conformidade com o princípio de subsidiariedade, quando não as oferece diretamente, em caso de insuficiência da iniciativa privada. Ao mesmo tempo, surgiram novos direitos constitucionais relacionados ao meio ambiente, à concorrência e aos direitos dos consumidores e dos usuários dos serviços públicos, entre outros, e a reforma constitucional de 1994 os incorporou a nosso ordenamento supremo.

OS GRANDES PRINCÍPIOS DO DIREITO PÚBLICO

Na mesma linha, os tratados de direitos humanos com hierarquia constitucional (art. 75 inc. 22 da CN) passaram a complementar o sistema de proteção dos direitos individuais e sociais reconhecidos na chamada parte dogmática de nossa Carta Magna, mediante mandamentos que vinculam o juiz, a Administração e todos os operadores jurídicos, tenham eles caráter público ou privado.

Mesmo que boa parte dos referidos tratados internacionais contenham novos princípios do Direito Público, tal novidade não implica que os direitos coletivos prevaleçam sobre os direitos fundamentais reconhecidos na primeira parte da Constituição. Neste contexto, os princípios e direitos de liberdade, propriedade e igualdade devem ser interpretados de forma harmoniosa, sem negar *a priori* nenhum direito fundamental para atribuir prioridade a outro. A fórmula interpretativa direitos *versus* direitos, que foi propiciada atribuindo prioridade aos direitos coletivos sobre os individuais, contém uma tese dogmática que não se fundamenta em um preceito constitucional expresso, além de violar o princípio da não contradição. Além disso, os conflitos não ocorrem diretamente entre os direitos, mas sim entre as pretensões contrapostas pelas partes e inclusive podem incidir, em determinadas ocasiões, sobre os mesmos direitos e princípios cuja solução de justiça está longe de ser uma tarefa automática e simples.

A interpretação justa do ordenamento, usando pautas de razoabilidade e, particularmente, a técnica da ponderação, é a tarefa que mais desafia os juízes na atualidade, em um clima em que impera a intolerância, devendo-se realizar um trabalho constante para manter a vigência dos valores do Estado de Direito com base no princípio de separação de poderes.

A este respeito, apesar de manter-se a essência de um Estado de Direito baseado na separação de poderes e, especialmente, no funcionamento independente do poder judiciário, é evidente que assistimos a uma remodelação do sistema divisório para garantir os direitos dos cidadãos e das entidades privadas e/ou de caráter público não estatal.

Em tal contexto, o clássico princípio constitucional da separação dos poderes Executivo, Legislativo e Judiciário, que tanto contribuiu para a proteção das liberdades, adquiriu uma nova dimensão, ao coexistirem nos governos dos Estados democráticos múltiplos e diversos poderes.

Foi assim que o esquema constitucional de poderes compartilhados e separados, adotado pela primeira vez na Constituição norte-americana de 1787 e, logo após, na francesa de 1791, longe de se limitar à divisão de competências entre os órgãos dos poderes clássicos, viu seu campo de ação consideravelmente ampliado com o surgimento de novos poderes que, sob o controle dos juízes ou dos tribunais administrativos, foram exercendo funções separadas e autônomas relativamente à Administração ou ao Congresso (v.g., Conselhos da Magistratura ou do Poder Judiciário, Defensorias Públicas, Ministério Público etc.). Entre esses novos poderes existe um fenômeno que não recebeu o aprofundamento doutrinário que merece, que é o das autoridades regulatórias independentes, as quais, embora não tenha havido acolhimento nas diferentes Constituições, generalizaram-se de forma surpreendente em quase todos os sistemas comparados. De tal modo, pode-se falar de um novo princípio geral que afirma instituições que devem contar com garantias de independência, imparcialidade e especialização funcional, tirando-as da órbita dos poderes políticos governamentais para colocá-las nas mãos de funcionários idôneos e técnicos, que atuem com neutralidade política e eficiência.

Esse novo princípio substituiu a noção da autarquia ligada a um controle de tutela a cargo do Executivo ou da administração central. Com efeito, a autarquia, junto à faculdade de designar os membros dos órgãos diretivos, mais os poderes de intervenção do Executivo, tornam, em muitos casos, ilusória a independência ou autonomia das entidades reguladoras.

A tendência atual no domínio das autoridades regulatórias radica fundamentalmente, na atribuição da plena independência técnica e funcional, ao mesmo tempo que as múltiplas competências, inclusive de natureza jurisdicional com controle amplo e suficiente de legitimidade (legalidade e razoabilidade) por parte dos juízes. O caso da AFSCA é paradigmático e a necessidade de independência e imparcialidade foi reconhecida pela jurisprudência nacional e interamericana (caso "Baena").

Em tal cenário, o novo constitucionalismo (expressão que preferimos ao termo neoconstitucionalismo, devido à carga ideológica que este último comporta) estendeu o alcance do controle jurisdicional sobre a discricionariedade administrativa e, inclusive, da constitucionalidade das leis, contribuindo para a reafirmação das tendências predominantes nos direitos administrativo e constitucional, enquanto combate as arbitrariedades e ilegalidades em que costumam incorrer os poderes públicos.

Os paradigmas da Nova Escola de Direito Natural (NEDN) ensinam que o direito em geral, e particularmente o Direito Público, é uma ciência baseada em princípios de justiça, sem que exista uma separação absoluta entre moral e direito.

É que o direito, como toda ciência, não pode renunciar à abordagem sistêmica, já que as tentativas do positivismo de depurar a ciência jurídica pretendendo remover todos os elementos não normativos ou positivos não passaram de uma quimera ou uma tentativa infrutífera. Em resumo, o direito não pode se divorciar da teoria da justiça, cujo conhecimento revela-se indispensável para resolver as principais questões que são propostas no Direito Público.

Nessa linha de pensamento, a doutrina não pode se desenvolver plenamente sem a ajuda da filosofia do direito e da lógica formal, nem o Direito Público pode ser explicado sem os conhecimentos históricos, nem os provenientes da ciência política.

Com essa abordagem sistêmica e a metodologia da escola jusnaturalista moderna, abordamos a construção de uma teoria sobre a harmonização dos princípios e direitos fundamentais das pessoas no Estado Social de Direito ou Estado de Justiça, que é o continuador do Estado de Direito e não seu oposto, conforme pretendem aqueles que explicam e interpretam as transformações operadas a partir de uma visão puramente ideológica e não sociológica.

Este ensaio compreende três capítulos introdutórios. Dois deles, de conotação mais geral, revelam-se indispensáveis para captar o sentido das concepções que são expostas no núcleo do livro e se referem ao novo constitucionalismo, à estrutura do ordenamento e à teoria dos princípios gerais do direito. Em um capítulo mais específico, consideramos conveniente continuar, de alguma forma, a tarefa empreendida por nosso inesquecível mestre Jorge Tristán Bosch, atualizando a teoria da separação dos poderes à luz das transformações operadas no Direito Público.

Na seleção dos grandes princípios e direitos (conceitos inter-relacionados sobre os quais temos a pretensão de ter lançado alguma luz) levamos em consideração aqueles que apresentam o caráter fundamental em qualquer Estado de Direito democrático civilizado, como direitos das pessoas (liberdade, propriedade e igualdade), por constituírem mandamentos que vinculam os legisladores, administradores e juízes, ou seja, princípios. Também não poderia faltar no enfoque deste ensaio a problemática que emerge do reconhecimento constitucional dos novos direitos e garantias que complementam a lista dos já existentes, tampouco, e menos ainda, a análise do princípio da tutela jurisdicional efetiva, em torno do qual gravita todo o sistema processual protetor dos princípios e direitos fundamentais.

Por último, o quadro dos grandes princípios do Direito Público teria permanecido incompleto se não tivéssemos agregado um capítulo com os princípios institucionais e setoriais de aplicação no direito administrativo, os quais guardam estreita conexão com os princípios fundamentais que presidem o sistema constitucional. E mesmo que tenhamos consciência de que se trata de uma abordagem seletiva e, portanto, não exaustiva, procuramos traçar uma orientação metodológica passível de ser seguida em futuras pesquisas.

Concluindo, por meio de uma visão sistêmica e não fragmentária pretendemos contribuir, na medida de nossas possibilidades, com a formação de juristas com conhecimentos firmes e, acima de tudo, com consciência moral, pois são muitas as tentações que os perseguem, em um ambiente de corrupção generalizada que não é patrimônio único e exclusivo de governantes, legisladores e nem de juízes, senão que de toda a sociedade.

Buenos Aires, 14 de julho de 2015

Juan Carlos Cassagne

Capítulo I

O NOVO CONSTITUCIONALISMO E AS BASES DA ORDEM JURÍDICA

Sumário: I.1 Um novo cenário no Direito Público. I.2 Positivismo e neoconstitucionalismo. I.3 A constitucionalização do ordenamento e os novos problemas que se apresentam. I.3.1 A teoria da harmonização dos direitos na resolução os conflitos. I.3.2 Transcendência da ciência política, da filosofia do direito e de sua teoria geral. I.4 As fronteiras entre o Direito Público e o Direito Privado: a *summa divisio* como categoria histórica. I.5 Notas e características principais do novo constitucionalismo. I.6 A irrupção e auge das tendências jusnaturalistas: diversos sentidos do conceito de direito. I.7 Lei natural e lei positiva: a fonte da lei natural e o erro básico do positivismo. I.8 A justiça: diferentes classes. I.9 A distinção entre moral e direito. I.10 A estrutura do ordenamento. I.11 As normas. I.12 Os princípios gerais: sua diferença relativamente às normas e os valores. As diretivas políticas. I.13 O caráter preceptivo ou vinculante dos princípios. A diferença entre direito e princípio. I.14 O caráter absoluto ou relativo dos direitos. I.15 Características atribuídas à ordem jurídica. I.16 Os paradigmas no Direito Público. I.17 A dignidade da pessoa como fonte central de todos os princípios e direitos. I.18 Os novos paradigmas do Direito Público. I.19 O princípio *pro homine* e sua função ordenadora. A interpretação mais favorável (*in dubio pro libertate*). I.20 O princípio geral da boa-fé. I.21 O princípio da confiança legítima. I.22 O princípio da moral pública. I.23 A necessidade de harmonizar os novos paradigmas.

I.1 Um novo cenário no Direito Público

A realidade atual mostra que estamos perante um novo cenário jurídico constitucional que se projeta com intensidade na maioria das instituições do Direito Público, particularmente no direito administrativo. Para explicar o que acontece, fala-se de neoconstitucionalismo[1] e não se pode ignorar que houve uma mudança radical no sistema das fontes do direito, que se reflete tanto em sua interpretação quanto no papel cumprido pelos juízes no Estado de Direito.

O fenômeno gerado através de uma transformação paulatina e gradual do sistema do direito constitui um produto da própria dinâmica do Estado de Direito, que vai se nutrindo de novas ferramentas para realizar seus fins, em um cenário caracterizado pela aceleração do tempo histórico.

Basta advertir que o auge que os princípios gerais tiveram em alguns países europeus – por obra da jurisprudência (como a do Conselho de Estado francês)[2] – e em outros, dada a promulgação dos novos textos constitucionais (como por exemplo na Espanha, Alemanha e Itália), originou um processo em que prevaleceram diferentes correntes interpretativas, que acabaram afastando a supremacia da lei como centro do sistema jurídico, junto a uma série de dogmas consequentes que defendiam o quadro básico do positivismo legalista.

Nesse quadro constavam desde a limitação do papel do juiz à mera aplicação da norma, a rejeição dos valores ou da moral como integrantes do direito até a ideia de que a tarefa de interpretação consistia mais em uma operação lógica de subsunção do que em uma ponderação baseada no raciocínio prático ou na argumentação jurídica, como defende agora. Obviamente, nesse esquema positivista os princípios gerais

---

[1] Para explicar o fenômeno, parece-nos mais adequado utilizar a expressão "novo constitucionalismo" em vez de "neoconstitucionalismo" devido à carga ideológica que as posturas de algumas doutrinas costumam conter (mistura de falso progressismo e populismo) e devido às consequências que, para alguns setores, pode supor o uso do elemento compositivo.

[2] DEBBASCH, Charles. *Droit administratif*. Paris: Económica, 2002, p. 115 ss.; MORAND-DEVILLER, Jacqueline. *Cours de Droit administratif*. 7ª ed. Paris: Montchrestien, 2001, p. 267 ss., expõe um grande conjunto de princípios gerais do direito que resultam aplicáveis inclusive na ausência de texto normativo, desenvolvidos pelo Conselho de Estado a partir dos casos "Dame Trompier-Gravier (1944) e "Aramú" (1945)".

CAPÍTULO I – O NOVO CONSTITUCIONALISMO E AS BASES

do direito não tinham cabimento e a justiça era considerada uma questão metafísica, alheia ao mundo jurídico. Os direitos humanos[3] não tinham fundamento na lei natural e sua vigência dependia de seu reconhecimento pelas normas positivas. Entretanto, por ser o direito administrativo – em suas origens – um direito especialmente jurisprudencial[4], abriu-se caminho para a criação pretoriana de seus princípios institucionais e setoriais.

O direito emanado dos tratados internacionais, em especial seus princípios e a doutrina da convencionalidade, também contribuiu para selar o novo modelo, em que é afirmada a proteção dos direitos fundamentais ou humanos a partir da perspectiva do princípio da dignidade da pessoa como centro de um sistema jurídico complexo que prevalece e informa os demais princípios.

A chave que ordena tal sistema jurídico complexo que caracteriza o Direito Público se traduz em uma metodologia baseada em um enfoque sistêmico[5] (próprio de toda ciência) que une as partes especiais que formam o conjunto de cada ramo do mundo jurídico, vinculando-as aos princípios gerais do direito.[6] Nessa linha[7], o direito administrativo constitui – dentro do Direito Público – um subsistema jurídico.[8]

---

[3] Sobre o significado dos direitos humanos na Constituição Argentina podemos ver o trabalho de SCHIFFRIN, Leopoldo H. "Notas sobre el significado de los derechos humanos en la Constitución argentina". *In:* MILLER, Jonathan M.; GELLI, María Angélica; CAYUSO, Susana (coord.). *Constitución y derechos humanos.* tomo I. Buenos Aires: Astrea, 1991, p. 22 ss.

[4] RODRÍGUEZ R., Libardo. *Derecho administrativo general y colombiano.* Bogotá: Temis, p. 22.

[5] BUNGE, Mario A. *Memorias:* entre dos mundos. Buenos Aires: Gedisa/Eudeba, 2014, pp. 234-237.

[6] SCHMIDT-ASSMAN, Eberhard. *La teoría general del derecho administrativo como sistema.* Instituto Nacional de la administración pública. Madrid: Marcial Pons, 2003, pp. 1/2.

[7] MONTAÑA PLATA, Alberto. *Fundamentos de derecho administrativo.* Bogotá: Universidad del Externado de Colombia, 2010, pp. 25/26.

[8] SANTOFIMIO GAMBOA, Jaime Orlando. *Tratado de derecho administrativo.* tomo I. Bogotá: Universidade Externado de Colômbia, 2003, pp. 20 e 174-177.

I.2 Positivismo e neoconstitucionalismo

A partir da Segunda Guerra mundial, a maioria dos dogmas antigos caiu nos principais países europeus de forma bastante generalizada e uniforme.[9] Entretanto, não faltou quem tentasse resgatar restos do naufrágio, refugiando-se no que alguns juristas denominam "neoconstitucionalismo", o qual surge com um rumo radicalmente oposto ao que as escolas positivistas de outrora praticavam, apesar de algumas retificações notáveis que se adiantaram à evolução do pensamento de tais correntes filosóficas.

Com efeito, em um dos últimos trabalhos de Kelsen observa-se uma mudança fundamental em sua concepção normativa, já que, contrariamente ao que havia afirmado na *Reine Rechtslehre* de 1960 (no sentido de que as normas jurídicas eram juízos hipotéticos), afirmou que os princípios lógicos (fundamentalmente o da não contradição e o da inferência) não são aplicáveis às normas. Como as normas criadas pelo juiz (no último esquema kelseniano) são, definitivamente, atos reais de vontade e não juízos lógicos[10], devido à indeterminação conceitual própria do direito e da linguagem, bem como os inevitáveis vazios normativos, o giro kelseniano implica reconhecer que o direito tem sua fonte mais propriamente na vontade criadora do juiz do que na subsunção a um esquema lógico formal, o que abre um amplo meio para que na vontade do juiz sejam peneiradas, além das subsunções da lógica abstrata, as avaliações e princípios jurídicos provenientes da lei natural, determinados conforme as regras da razoabilidade prática (Finnis).

Deslumbrados com o novo esquema que alguns dos teóricos europeus do chamado "neoconstitucionalismo" propuseram, são poucos os que enfatizaram que a maioria dos países da América (fiéis, neste ponto, à tradição e ao sistema da Constituição norte-americana)

---

[9] KAUFMANN, Arthur. *La filosofía del derecho en la posmodernidad*. Bogotá: Temis, 2007, p. 11 ss.

[10] LACLAU, Martín. "Relación entre lógica y Derecho en el último período de Kelsen". *La Ley,* 1982-B, p. 699 ss. Os dois últimos trabalhos de KELSEN (*Derogación e Derecho y lógica*) foram traduzidos para o espanhol pelo Instituto de Investigações Jurídicas da Universidade Nacional Autônoma do México, publicados no *Boletín mexicano de derecho comparado*, México, n. 21, 1974, p. 258 ss.

CAPÍTULO I – O NOVO CONSTITUCIONALISMO E AS BASES

permaneceu regida, desde sua origem[11], por princípios de um sistema que, mesmo com os vícios e defeitos dos novos Estados, obedecia à lógica de uma arquitetura constitucional superior adotada, após muitos anos, pelas Constituições europeias do pós-guerra.[12]

A superioridade da concepção americana baseou-se em quatro elementos fundamentais que foram introduzidos nos âmbitos dos direitos constitucionais positivos: a) a concepção da Constituição como norma suprema[13] que prevalece sobre as leis ordinárias, em virtude de um pacto (baseado no consentimento do povo) que garante a estabilidade dos direitos no âmbito de uma Constituição rígida; b) o reconhecimento, na Constituição, dos valores republicanos e direitos fundamentais acima da lei ordinária sobre a qual predominam a dignidade do Homem[14] e suas liberdades como objetivo central da vida política[15]; c) uma justiça imparcial e independente que aplica e interpreta diretamente a Constituição, garantindo a limitação dos poderes, o que é algo semelhante à medula do modelo norte-americano; e d) um controle da constitucionalidade das leis e das decisões administrativas de que é encarregado o Poder Judiciário[16], que obriga os juízes a não aplicar leis que violem a Constituição.[17]

---

[11] Ver: DURAN MARTINEZ, Augusto. *Neoconstitucionalismo y Derecho administrativo*. Montevidéu: La Ley, 2012, p. 9 ss., especialmente p. 13.

[12] PRIETO SANCHIS, Luis. *Constitucionalismo y Positivismo*. 2ª ed. México: UNAM/Fontamara, 1997, p. 16, destaca a referida circunstância e, embora não desenvolva o tema, é um dos poucos juristas europeus que faz essa advertência.

[13] BREWER CARÍAS, Alan Randolph. *Principios fundamentales del derecho público*. Carácas: Editorial Jurídica Venezolana, 2005, p. 13 ss., salienta que a ideia da Constituição como norma suprema de aplicação imediata e fundamento da ordem jurídica possui uma tradição normativa que se refere à Constituição venezuelana de 1811 (*op. cit.* p. 19), Ver, do mesmo autor: *La Constitución de Cádiz y el constitucionalismo americano*. São José da Costa Rica: Editorial Investigaciones Jurídicas, 2012, p. 21 ss.

[14] Ver: DURAN MARTINEZ, Augusto. *Neoconstitucionalismo y Derecho administrativo*. Montevidéu: La Ley, 2012, p. 30 ss.

[15] *Cf.* BADENI, Gregorio. *Tratado de derecho constitucional*. 3ª ed. tomo I. Buenos Aires: La Ley, 2004, p. 56.

[16] AMAYA, Jorge Alejandro. *El control de constitucionalidad*. Buenos Aires: Astrea, 2012, p. 121 ss.

[17] "El control de constitucionalidad en Argentina". *In:* SABSAY, Daniel (coord.). *Constitución de la Nación argentina*. Buenos Aires: Hammurabi, 2010, p. 585 ss.

Já que a obrigatoriedade da Constituição surge, no sistema norte-americano (seguido no resto da América), a partir de uma regra que atribui o caráter da norma suprema e vinculante à Constituição, não foi necessário recorrer em nossos países a construções, como a regra básica de Kelsen ou a regra de reconhecimento de Hart[18], para fundar a dita obrigatoriedade em elementos extrapositivos de lógica formal.

As bases desse esquema constitucional permitem afirmar que, para os países americanos, o sistema que os europeus denominam Estado Constitucional de Direito não é uma novidade[19], pois sempre o tiveram em seus respectivos ordenamentos desde os primórdios da Constituição norte-americana. Nesse sentido, as novas repúblicas da América seguiram esse aspecto básico do modelo, apesar da mistura com outras fontes que se harmonizam com o sistema norte-americano e ainda o aprofundam, como a Constituição de Cádiz, que teve grande influência nas Constituições dos países da América Ibérica.[20]

O perigo de transplantar esse novo constitucionalismo europeu para a América não se encontra, portanto, no sistema adotado, mas sim na incorporação de outras ideias ao processo de construção e interpretação do direito positivo constitucional. Entre elas, destacam-se aquelas baseadas em ideologias que concebem o direito como um simples mecanismo de dominação econômica, confundindo a proteção inquestionável dos direitos humanos ou fundamentais (em que a dignidade da pessoa constitui o valor supremo) com a socialização do direito e da justiça[21] e uma pretendida

---

[18] Ver a completa análise de ATIENZA, Manuel; RUIZ MANERO, Juan. *Las piezas del derecho:* teoría de los enunciados jurídicos. 2ª ed. Barcelona: Ariel Derecho, 2004, p. 167 ss. A obrigatoriedade da lei constitui, além disso, um princípio de direito natural.

[19] *Cf.* SANTIAGO, Alfonso. *Neoconstitucionalismo.* Buenos Aires: Separata dos Anais da Academia Nacional de Ciências Morais e Políticas, 2008, destaca que determinados aspectos do neoconstitucionalismo não constituem uma novidade para os sistemas inspirados no modelo constitucional norte-americano (p. 8).

[20] Ver nosso trabalho: "El Bicentenario de la Constitución de Cádiz, sus raíces y sus proyecciones". *La Ley,* 2011-F, 1318. Suplemento da Academia de direito e ciências sociais de Buenos Aires, p. 1 ss.

[21] LUQUI, Roberto Enrique. "Socialización de la justicia". *La Ley,* 2011-F, 1290.

CAPÍTULO I – O NOVO CONSTITUCIONALISMO E AS BASES

hegemonia cultural que afoga o pluralismo. O grau máximo dessa tendência, expressada em diferentes visões, atribui, basicamente, uma preeminência absoluta ao coletivo sobre o individual e ao Estado sobre a pessoa, afastando o princípio de subsidiariedade. Nessa linha, se é atribuída irrestrita prevalência à igualdade sobre a liberdade e a propriedade, o direito enfrenta o risco de nutrir-se de uma axiologia coletivizante que, levada ao extremo, em vez de procurar a coesão da sociedade introduz o confronto e o conflito permanente entre as diferentes categorias sociais.[22]

Longe de supor que o papel do Estado deva ser sempre neutro, sua intervenção é, por natureza, subsidiária das forças naturais da sociedade, o que não impede que ele intervenha, positivamente e de forma razoável, com a finalidade de evitar os abusos do mercado que impeçam a livre concorrência, bem como para suprir as carências sociais dos setores mais necessitados da população, inclusive dos desempregados que não conseguem um novo posto de trabalho. Por sua vez, a justiça social deve se orientar para o bem comum, sem discriminações irrazoáveis, mediante uma política distributiva destinada a compensar as carências sociais, de maneira a não destruir a espontaneidade dos atores econômicos nem a capacidade financeira de cada comunidade. Não se deve confundir a política social com os princípios gerais do sistema jurídico e os direitos fundamentais do Homem, pré-existentes a qualquer ato de criação ou reconhecimento do Estado ou da sociedade.[23]

---

[22] A tendência à socialização ou prevalência dos direitos coletivos sobre os direitos humanos de toda a população se mostra patente no abuso feito pelos setores sindicais ao usar o direito de greve nos serviços públicos ou essenciais como direito absoluto ou ilimitado que viola outros direitos fundamentais das pessoas (trabalhar, circular livremente, prestar atenção a sua saúde ou vida etc.). Sobre esse tema ver: KEMELMAJER DE CARLUCCI, Aída. "Huelga y Servicios Públicos". *In:* GORDILLO, Agustín (coord.). *Derecho administrativo:* doctrinas esenciales. tomo III. Buenos Aires: La Ley, p. 783 ss.

[23] *Cf.* ESTRADA, José Manuel. *Curso de derecho constitucional.* 2ª ed. tomo I. Buenos Aires: Científica y Literaria Argentina, 1927, pp. 47-49.

I.3 A constitucionalização do ordenamento e os novos problemas que se apresentam

Como parte de um processo que parece inelutável, cumpre advertir que o chamado "neoconstitucionalismo"[24] irrompe no complexo cenário mundial, com tendências que vão de um extremo a outro[25], gestadas no âmbito da globalização do direito.

O surgimento dessa corrente responde a causas variadas. Desde as mudanças, aparentemente neutras, provocadas no seio do positivismo, e as conversões transversais de seus antigos adeptos para posições afins ao jusnaturalismo, junto às matrizes puramente ideológicas que impulsionam a socialização do direito, até as que, de uma posição transpositivista, tentam diluir a distinção entre positivismo e jusnaturalismo (aportando talvez mais água ao moinho do primeiro), o leque de posturas filosóficas que abrange esse processo é praticamente inesgotável. Os trabalhos que tentaram a sistematização das teorias[26] são escassos, assumindo o risco inevitável de não incluir muitas das variadas contribuições que impulsionam as modas de turno, cujas posturas costumam ser tão opostas quanto contraditórias.[27] Contudo, ainda com a relatividade própria de uma tendência que exibe algumas fissuras por certos efeitos deletérios que é suscetível de produzir (fundamentalmente, a socialização extrema e abusiva dos direitos individuais das pessoas), não se pode esquecer que, no plano do Direito Público, a chamada constitucionalização do ordenamento

---

[24] SANTIAGO, Alfonso. *Neoconstitucionalismo*. Buenos Aires: Separata dos Anais da Academia Nacional de Ciências Morais e Políticas, 2008, p. 8 ss., fez uma boa descrição do fenômeno.

[25] KAUFMANN, Arthur. *La filosofía del derecho en la posmodernidad*. Bogotá: Temis, 2007 (...) adverte que é um sinal da modernidade ir de um extremo a outro (*op. cit.* p. 9).

[26] HALLIVIS PELAYO, Manuel. *Teoría general de la interpretación*. México: Porrúa, 2009, p. 20 ss., aborda, de forma abrangente, a maioria dos temas e doutrinas sobre a teoria da interpretação na filosofia do direito e na teoria geral.

[27] PÉREZ HUALDE, Alejandro. "Reflexiones sobre neoconstitucionalismo y derecho administrativo". *La Ley*, 2007-C, 851 ss. ressalta, seguindo CARBONELL, que "sob o manto do neoconstitucionalismo cobiçam-se tendências contraditórias".

CAPÍTULO I – O NOVO CONSTITUCIONALISMO E AS BASES

jurídico[28] vem se impondo, caracterizada por um condicionamento acentuado da Constituição sobre a lei ordinária e a atividade administrativa.

Esse processo supõe, como principal efeito, o afastamento do dogma absoluto da presunção de constitucionalidade das leis[29], o que implica um aumento das faculdades dos juízes para controlar os outros poderes.

I.3.1 A teoria da harmonização dos direitos na resolução dos conflitos

Ao circunscrever as objeções que esse processo de constitucionalização merece (tarefa, por certo, difícil de levar a cabo, com base em um critério objetivo) pode-se dizer, que uma das características mais questionáveis consiste em elevar a hierarquia dos denominados "*novos direitos*", opondo-os aos direitos fundamentais ou humanos clássicos do direito natural, reconhecidos positivamente na quase totalidade das Constituições decimônicas. Uma das técnicas correntemente utilizadas para afirmar essa primazia opera através da abordagem radical dos conflitos de direitos.

Essa é a principal dificuldade que coloca a linha mais extrema do chamado neoconstitucionalismo, já que o referido conflito de direitos, além de afetar o princípio da não contradição[30] e, apesar da dimensão de peso que os respectivos princípios gerais possam ter, não leva em consideração que cada um deles tem um papel harmônico dentro do

---

[28] GUASTINI, Riccardo. "La constitucionalización del ordenamiento jurídico: el caso italiano". *In:* CARBONELL, Miguel (coord.). *Neoconstitucionalismo(s),* Madrid: Trotta/ Universidade Autônoma do México, 2006, p. 49.

[29] CAJARVILLE PELUFFO, Juan Pablo. "Supremacía constitucional e interpretación". *In: Sobre derecho administrativo.* tomo I. Montevidéu: FCU, 2007, p. 273 ss. Entretanto, também não resulta legítimo defender a presunção de inconstitucionalidade de certas leis (relativas às denominadas categorias suspeitas), pois a inconstitucionalidade deve sempre ser verificada e/ou provada no processo.

[30] Conforme demonstrou TOLLER, Fernando M. "Refutaciones lógicas a la teoría de los conflictos de derechos". *In:* CIANCIARDO, Juan (coord.). *La interpretación en la era del neo-constitucionalismo.* Buenos Aires: Abaco, 2006, p. 138 ss.

sistema jurídico, no qual, em princípio, não existem hierarquias dogmáticas predeterminadas, sejam estas positivas ou naturais (com exceção do direito à vida e suas derivações). O afastamento de um princípio geral por outro não deve ser um ato de puro voluntarismo judicial ou doutrinário, mas sim de ponderação dos valores distintos no caso, conforme as exigências da razoabilidade prática.[31]

O fundamento da teoria sobre a harmonização dos direitos repousa na ideia de que o Direito, em sentido amplo, é uma ciência social e, como toda ciência, seu conhecimento e prática devem se assentar em um enfoque sistêmico, para poder alcançar os fins de justiça e bem comum que persegue. A pretensão de impor, com caráter dogmático, um direito coletivo sobre um direito individual implica uma interpretação fragmentária do direito e vai contra a unidade que prega a visão sistêmica. Inclusive para a teoria que postula a natureza dual do direito[32], que reconhece sua invalidade somente quando se supera um limite extremo ou intolerável de injustiça, a prioridade de um direito sobre outro não se torna possível, já que não existe nenhum princípio que estabeleça a referida preferência. Os direitos não se encontram em conflito *a priori* e torna-se necessária sua harmonização mediante um método adequado que permita ponderar e refletir com sentido prático para chegar a uma decisão justa.

I.3.2 Transcendência da ciência política, da filosofia do direito e de sua teoria geral

A favor do que se costuma intitular neoconstitucionalismo, embora de forma desordenada (com fundamento nas diversas ideologias de seus cultores), cabe reconhecer que soube se conectar com a ciência política e com a filosofia e, especialmente, com a teoria geral do direito, para adotar as novas tendências e técnicas de interpretação da lei e do direito. As referidas técnicas, em qualquer caso, não necessitavam de uma nova

---

[31] FINNIS, John. *Ley natural y derechos naturales*. Tradução de Cristóbal Orrego S. Buenos Aires: Abeledo Perrot, 2000, p. 131 ss.

[32] ALEXY, Robert. *El concepto y la naturaleza del derecho*. Tradução de Carlos Bernal Pulido. Madrid: Marcial Pons, 2008, p. 54 ss., especialmente p. 73 ss.

CAPÍTULO I - O NOVO CONSTITUCIONALISMO E AS BASES

escola para se desenvolver pelo simples fato de que eram e são também defendidas pelos juristas que professam um jusnaturalismo atualizado e por juristas do Direito Público pertencentes a outras disciplinas.[33] Como em toda ciência, a necessidade de recorrer ao método sistêmico não pode ser ignorada.

Com efeito, em um cenário caracterizado pela primazia dos princípios gerais e da interpretação do direito, as novas tendências não necessitavam de um movimento filosófico-jurídico peculiar ou típico para se desenvolver.[34] Inversamente, pode-se salientar que se tratou de um movimento que foi gestado *a posteriori* ao processo de recepção dos princípios gerais, alimentando-se tanto das tradições e princípios do Direito Público quanto dos novos preceitos constitucionais do pós-guerra europeu, em meio a um marcado divisionismo filosófico. Em tal contexto, portanto, parece impensável postular a unidade e persistência de um fenômeno doutrinário que certamente evoluirá em direção a outros rumos no futuro que são, por enquanto, difíceis de prever.

Embora se pudesse dizer que um dos poucos acordos existentes entre todas as teorias da filosofia do direito e do Direito Público radica na defesa do Estado de Direito e na manutenção de um regime que o garanta de forma efetiva, os desacordos surgem, entre outras coisas, em relação 1) à determinação do conteúdo ou fins do Estado de Direito (liberal, social ou benfeitor ou subsidiário); 2) à medida e extensão do regime garantístico (o que tem particular incidência no regime do ato administrativo) e 3) à tendência para a constituição de um sistema complexo de direito internacional ainda longe de alcançar consenso e uniformidade.[35]

---

[33] Sobre os avanços produzidos no seio do direito processual com a potencialização do papel dos princípios gerais, o impulso em direção à tutela jurisdicional efetiva e a proteção dos direitos humanos, ver: GOZAINI, Osvaldo A. *Tratado de derecho procesal Civil*. tomo I. Buenos Aires: La Ley, 2009, p. 32.

[34] Foi exatamente assim que dois dos principais cultores do movimento pós-positivista, DWORKIN e ALEXY, estiveram relacionados à escola positivista de HART, e para fundar suas teorias não se basearam no constitucionalismo europeu do pós-guerra. Igualmente, no campo do jusnaturalismo, FINNIS, de origem australiana, ensinou em Oxford, onde a escola de HART se destacava.

[35] FERRAJOLI, Luigi. *El garantismo y la filosofía del derecho*. Bogotá: Universidad del Externado, 2000, p. 178. Por exemplo, entre os países que não aceitam a jurisdição do

I.4 As fronteiras entre o Direito Público e o Direito Privado: a *summa divisio* como categoria histórica

Os diferentes ramos do direito nunca tiveram uma demarcação precisa de seus limites, já que estes se movem de acordo com oscilações históricas, sociais e mesmo políticas. Repare-se, sem mais, na categorização do direito constitucional como Direito Público, apesar de seu conteúdo compreender a regulação básica de direitos individuais da natureza privada como o direito de propriedade.

Por outro lado, a delimitação entre o público e o privado e a consequente sistematização de instituições e princípios nem sempre coincidem totalmente nos ordenamentos comparados. Isso faz com que o Direito Público – particularmente o direito administrativo – constitua uma categoria histórica[36], assim como qualquer outro ramo do direito. A historicidade não é patrimônio exclusivo de determinados direitos, principalmente dos que foram gestados como direitos especiais.

De um ponto de vista diferente, a maioria dos juristas que se ocupou dessa questão no século passado, provavelmente influenciada pelo preconceito positivista (Kelsen julgava a distinção inútil), não enfrentou a tarefa de aprofundar as razões e critérios que justificam a clássica *divisio*.

Mais estranho ainda foi o fato de ter se dado por subentendida uma *divisio* não baseada em elementos que permitiram a determinação dos critérios fundamentais da distinção, os quais, à luz de qualquer observador atento e não superficial, parecia imprescindível determinar para o enquadramento das disciplinas publicistas nas respectivas ordens jurídicas comparadas e no direito nacional.

Tribunal Penal Internacional encontram-se as grandes potências como Estados Unidos e China. De forma paralela, tampouco se pode afirmar que o denominado *jus cogens* tenha sido totalmente generalizado no mundo, embora alguns tribunais o proclamem inclusive contra preceitos constitucionais expressos (por exemplo, o princípio da irretroatividade da lei penal).

[36] Como pensava ASCARELLI em relação ao direito mercantil.

CAPÍTULO I – O NOVO CONSTITUCIONALISMO E AS BASES

Ao mesmo tempo, a insuficiência das três principais concepções que pretenderam fundar a distinção (teoria dos sujeitos, do interesse público e dos atos de império) levou alguns autores, como Goldschmidt, a basear a *divisio* em um critério que tinha como eixo a repartição ou distribuição dos bens, direitos ou vantagens da relação jurídica, defendendo que a adscrição ao Direito Público se produzia quando a repartição era levada a cabo de forma autoritária, enquanto o típico do Direito Privado residia na autonomia das repartições ou atribuições.

A partir da simples observação da realidade conclui-se que o direito civil abrange repartições que não são autônomas (as relações de família, por exemplo), as quais, quando a ordem pública está em jogo, não são interesses ou direitos livremente disponíveis (por exemplo, a obrigação alimentar).

Por sua vez, no âmbito do direito administrativo podem coexistir repartições autônomas e repartições autoritárias, mesmo nos contratos mais típicos celebrados pela Administração. Certamente a autonomia da divisão ocupa um espaço preferencial para os contratistas nos acordos bilaterais cujos objetos são regidos pontualmente pelo Direito Privado (por exemplo, a compra e venda).

O Direito Público e, particularmente, o direito administrativo, constituem categorias históricas que se alimentam de elementos e circunstâncias de cada país. Originada no direito mercantil, a ideia da categoria histórica não se projetou à *divisio* e existe certo desinteresse teórico na busca de critérios definidores por parte da doutrina que costuma dá-los por subentendidos, quando não nega a divisão, alegando que a globalização, somada à influência do direito anglo-saxão, praticamente apagou as diferenças entre o Direito Público e o Direito Privado.[37]

Mas essa moda, como toda moda, provavelmente será passageira e teremos de ver se, no futuro, desaparecerão os código civis dos direitos europeus ou se unificarão suas instituições com as categorias do direito público enquanto os teóricos do positivismo kelseniano

---

[37] Sobre os critérios de distinção, ver: BACELLAR FILHO, Romeu Felipe. *Direito administrativo e o novo Código civil*. Belo Horizonte: Fórum, 2007, p. 41 ss.

consideravam a distinção inútil, o Direito Público desenvolveu um sistema formidável próprio e autônomo, baseado na estruturação de grandes princípios que foram adquirindo operatividade, interrelacionando-se com o Direito Privado através da analogia. Certamente não se pode desconhecer a influência que o direito civil teve sobre o direito administrativo, tanto na gênese de suas instituições (por exemplo, ato e contrato administrativo), quanto em seu desenvolvimento ulterior, o que levou à afirmaçãode que cresceu.[38]

Nesse sentido, pode-se notar que o conteúdo comum do Direito Público no direito comparado tem como eixo a figura potestade pública (descrito por Santi Romano na Itália), que se firma como instituição central do direito administrativo, e que, por seu caráter onicompreensivo, afasta a potestade e as consequentes prerrogativas a exorbitância como critério que identifica o Direito Público.[39] Por esse motivo, fala-se atualmente em regime administrativo como critério superador da exorbitância.

Contudo, o poder e as prerrogativas consequentes, que resultam fundamentais para caracterizar categorias transcendentes como o ato administrativo, não esgotam o conteúdo da disciplina. Basta destacar a quantidade apreciável de meros atos administrativos ou declarações que a administração emite, inclusive desconhecendo direitos adquiridos pelo administrado, os atos favoráveis ou de fomento, bem como as técnicas modernas de participação e consenso no procedimento administrativo, para percebermos que o universo do direito administrativo é mais complexo, pois se integra com outros princípios e técnicas que não implicam o exercício do potestade pública. Deve-se lembrar, além disso, que, como dizia Ihering, nem todo direito é coativo, sendo a teoria dos atos favoráveis um dos exemplos mais típicos do direito administrativo.

---

[38] MARTÍN-RETORTILLO BAQUER, Sebastián. *El derecho civil en la génesis del derecho administrativo y de sus instituciones*. 2ª ed. Madrid: Civitas, 1996, p. 15 ss., explica como se formaram as instituições administrativas em torno das categorias básicas do direito civil.

[39] Ver: UBAUD-BERGERON, Marion. "Exorbitance et droit des contrats: quelques interrogations à propos de la modification non conventionnelle du contrat administratif". In: BIOY, Xavier (coord.). *L'identité du droit public*. Toulouse: Presses de l'Université, 2011, p. 229 ss.

CAPÍTULO I – O NOVO CONSTITUCIONALISMO E AS BASES

É verdade que a proteção dos cidadãos frente à arbitrariedade dos poderes públicos continua sendo um dos postulados fundamentais do Estado de Direito, após uma conquista alcançada em uma batalha que dificilmente será revertida, especialmente nos direitos americanos e europeus.

Não obstante, um Direito Público baseado exclusivamente nos princípios garantísticos permanece insuficiente para cumprir, por si próprio, com a finalidade do bem comum que o Estado persegue, ao qual compete buscar a satisfação das necessidades coletivas, conforme os princípios de subsidiariedade e de solidariedade, com o objetivo de permitir o livre desenvolvimento das pessoas.[40]

Nesse plano, a conceituação que a doutrina alemã oferece do direito administrativo como um direito constitucional concretizado representa uma sorte de tautologia generalizada, pois se trata de algo tão óbvio que não se pode negar. O certo é que essa definição não permite distinguir o direito administrativo de outros ramos e instituições do direito conectadas também com o direito constitucional (por exemplo, o regime da propriedade no direito civil)

Ao mesmo tempo, os princípios de eficácia e eficiência desempenham um papel fundamental no campo da organização da Administração Pública e, ao incidir nos diferentes procedimentos, tendem a melhorar as decisões, torná-las, além de razoáveis, mais eficientes, com o objetivo de lograr a maior participação possível dos cidadãos e os consensos sociais indispensáveis para uma boa Administração.

Dessa forma, abrem-se infinitas possibilidades de regulação e inclusive de autorregulação, que provêm de instituições intermediárias cujas organizações atuam de forma independente, sem se subordinar ao poder político de turno.

Nesse cenário, destacam-se as funções que cumprem as chamadas autoridades regulatórias independentes, as quais mostram um

---

[40] *Cf.* RODRÍGUEZ ARANA, Jaime. *Interés general, derecho administrativo y Estado de Bienestar.* Madrid: Iustel, 2012, p. 97 ss., especialmente p. 225.

desenvolvimento mais aberto e flexível, que amplia o âmbito do princípio de separação de poderes, no marco de uma realidade onde interagem múltiplos organismos públicos de controle, aos quais é imposto o respeito aos princípios de imparcialidade e independência que passaram a ser princípios supranacionais (caso "Baena" da Corte Interamericana de Direitos Humanos).

Em substituição ao antigo Poder de Polícia sobre o serviço público aparece a regulação econômica, com o objetivo central de promover a concorrência. Do Estado prestador passa-se ao Estado regulador e garantidor, no qual cobra uma dimensão ativa o princípio da subsidiariedade, quando a iniciativa privada não consegue atender as necessidades coletivas, sobretudo no campos da assistência e seguridade social.

Como depois de uma guerra, movimentam-se as fronteiras entre o público e o privado. Isso ocorre de acordo com as novas exigências da política econômico-social que impulsiona o Estado moderno e os princípios de seleção peculiares da contratação pública se estendem a empresas privadas em seus contratos com os particulares para promover a concorrência.

I.5 Notas e características principais do novo constitucionalismo

Como consequência de um conjunto de causas concatenadas que descrevemos sucintamente, não se pode desconsiderar que o novo constitucionalismo realizou uma mudança radical: a) no sistema das fontes do direito; b) na interpretação e na consequente metodologia que acompanha a hermenêutica; c) na realização efetiva do controle de constitucionalidade para afirmar a supremacia constitucional; e d) na consolidação, em alguns Estados, de um direito supranacional que acarreta a necessidade de efetuar o chamado controle de convencionalidade.[41]

---

[41] HALLIVIS PELAYO, Manuel. *Interpretación de tratados internacionales tributarios*. México: Porrúa, 2011, especialmente pp. 86-98 e o artigo "Elementos para lograr una homologación metodológica del control difuso de constitucionalidad en México". *Revista Pro-Homine*, México, ano 1, n. I, Suprema Corte de Justicia de la Nación, 2014, p. 133 ss.

CAPÍTULO I – O NOVO CONSTITUCIONALISMO E AS BASES

Nesse quadro, potencializam-se os sistemas de proteção das pessoas, que têm como eixo o princípio da dignidade da pessoa humana, do qual derivam uma série de princípios ou subprincípios (por exemplo, a boa-fé, a confiança legítima, a boa administração, a responsabilidade estatal, a participação pública etc.).

Aparecem também no cenário constitucional positivo de muitos Estados (entre eles, no ordenamento constitucional argentino após a reforma da Constituição de 1994), os novos direitos ou direitos de incidência coletiva, tais como os direitos que protegem o ambiente (art. 41 e 43 da CN), a informação adequada e verdadeira (art. 41 da CN), o patrimônio cultural (art. 41 da CN) e a concorrência (art. 43 da CN), os usuários e consumidores na relação de consumo (art. 41 e 43 da CN), a igualdade real de oportunidades (art. 75 inc. 23 da CN) e os direitos das crianças, mulheres, idosos e pessoas com deficiência (art. 75 da CN), entre outros, aos quais poderíamos adicionar os reconhecidos nos tratados, particularmente os que possuem hierarquia constitucional (art. 75 inc. 22), como por exemplo o direito à tutela jurisdicional efetiva, consagrado nos art. 8 e 25 da CADH.

Na realização efetiva dos novos direitos constitucionais subjaz uma tensão entre a liberdade e a igualdade que leva à geração dos denominados conflitos de direitos. Mesmo quando a fonte desses novos direitos se fundamenta nas convenções internacionais, que em alguns Estados possuem hierarquia constitucional e superioridade sobre as leis (por exemplo, o art. 75 inc. 22 da CN), é certo que também os clássicos direitos constitucionais de primeira geração (e inclusive os direitos sociais de segunda geração) também se ancoram no direito supranacional dos tratados internacionais (por exemplo, o direito de propriedade).

Com base no esboço precedente, vejamos agora o que é que se mantém e quais as mudanças realizadas, cuja apreensão requer termos em consideração os fenômenos históricos (políticos, econômicos e sociais), bem como os princípios que provêm da filosofia do direito e as técnicas interdisciplinares de interpretação, como a lógica, já que torna-se praticamente impossível fazer ciência jurídica sem um acordo de uma metodologia sistemática[42] e compreensiva de todos os elementos que compõem ou complementam o conhecimento jurídico.

O novo constitucionalismo mantém com todo rigor o Estado de Direito cujo conteúdo não é mais a ideologia liberal de outrora, mas conserva, como princípio, a proteção da liberdade perante as arbitrariedades dos poderes públicos, orienta-se à realização do Estado Social e Democrático de Direito ou, se se preferir, o Estado de Justiça. Entretanto, não é possível ocultar a realidade que exibem os direitos latino-americanos como consequência da recepção dos tratados de direitos humanos em seus respectivos ordenamentos, integrando o bloco de constitucionalidade[43], o qual veio ampliar o dogma da supremacia constitucional.

A democracia passa a se converter em um princípio geral do Direito Público, praticamente absoluto, em sentido contrário ao relativismo crítico defendido por Kelsen. Com efeito, qualquer que fosse o ordenamento positivo, como este apresenta uma verdade relativa, as atrocidades hitleristas encontram sua justificativa no próprio relativismo que protegeria o princípio democrático[44], mesmo que repugnantes à lei natural, o que constitui um absurdo lógico e político de primeira grandeza.

A afirmação do princípio democrático como derivação da lei natural, uma vez que dele resulta uma forma de governo em que o órgão Executivo e os parlamentares acabam sendo eleitos pelo povo, é a que melhor que se harmoniza com a realização do bem comum, sem que

---

[42] Ampliar *In:* CISNEROS FARIAS, Germán. *Derecho sistemático*. México: Porrúa, 2005, p. 239 ss.

[43] JINESTA LOBO, Ernesto. "La construcción de un derecho administrativo común. Reformulación de las fuentes del derecho administrativo con las construcciones del derecho internacional de los derechos humanos". *El Derecho*. Suplemento de derecho administrativo, 30.03.12, p. 2.

[44] KELSEN, Hans. *Esencia y valor de la democracia*. Tradução de Rafael Luengo Tapia e Luis Legaz y Lacambra. Barcelona/Buenos Aires: Labor, 1934, p. 143 ss., especialmente p. 153 ss., chega a dizer que o paradoxo da democracia é dar sua sentença de morte (*op. cit.* p. 144 ss.) e que todos os metafísicos postulam a autocracia, o que é contrário à verdade histórica, já que o exemplo dado pela Escola de Salamanca foi suficiente, ao rejeitar a tese absolutista sobre a origem divina do poder, para demonstrar a falsidade histórica na qual KELSEN incorreu.

CAPÍTULO I – O NOVO CONSTITUCIONALISMO E AS BASES

necessariamente exclua a chamada monarquia constitucional, em que a figura do rei simboliza a Nação, por meio da fórmula segundo a qual reina sem governar.

A democracia não funcionaria com justiça e eficácia, podendo converter-se em um governo despótico, senão tivesse como complemento o princípio da separação de poderes e seus corolários básicos, ou seja, o princípio de limitação do poder[45] (como na Constituição norte-americana, um sistema de poderes limitados) e a independência do Poder Judiciário com garantias de inamovibilidade e imparcialidade.[46]

Este último princípio se estendeu a outros órgãos ou entidades aos quais são atribuídas funções regulatórias, inclusive de conteúdo jurisdicional, interpretando-se que os princípios de independência e imparcialidade se estendem às chamadas autoridades regulatórias independentes.[47] Deste modo, o campo clássico da separação de poderes aumentou consideravelmente e o sistema exibe uma espécie de poderes múltiplos[48] que complementam, com o Executivo, o Legislativo e o Judiciário, o exercício de funções estatais com base em competências estabelecidas conforme o princípio de especialização.

O novo constitucionalismo reafirma a caracterização da Constituição como norma suprema e alguns pensam que estamos diante da chamada constitucionalização do ordenamento, algo que, de certo modo, parece redundante na América, em cujos sistemas se consagrou, a partir da Constituição dos Estados Unidos, o princípio da supremacia constitucional.

---

[45] FINNIS, John. *Ley natural y derechos naturales*. Tradução de Cristóbal Orrego S. Buenos Aires: Abeledo Perrot, 2000, p. 300 ss. e comentário de ORREGO no "Estudio preliminar a la obra de FINNIS" (p. 27).

[46] Ver: VIGO, Rodolfo L. *De la ley al derecho*. 2ª ed. México: Porrúa, 2005, pp. 219/220.

[47] Caso "Baena" da Corte Interamericana de Direitos Humanos.

[48] MUÑOZ MACHADO, Santiago. *Tratado de derecho administrativo y público general*. 2ª ed. tomo I. Madrid: Iustel, 2006, p. 1197 ss., descreve a diversidade e múltiplos poderes das agências ou comissões independentes.

Por outro lado, com toda boa intenção do mundo, muitos defendem hoje – conforme a doutrina alemã[49] – que o direito administrativo constitui um direito constitucional concretizado, o que nos parece uma generalização excessiva ao ponto que, seguindo tal linha de pensamento, até o Direito Civil seria um direito constitucional concretizado, levando em conta que ocupa de regulamentar, entre outros direitos, o direito constitucional de propriedade.

Nesse esquema, produto da revalorização constitucional, o desmoronamento dos dogmas positivistas conduziu à potencialização da função do juiz como criador do direito, e não mais como um aplicador mecânico da lei através de um processo de subsunção.

Por sua vez, o reconhecimento da prevalência dos princípios gerais sobre a lei positiva abriu um largo espaço para as técnicas próprias da argumentação jurídica e ao método interpretativo da ponderação (justificação interna e externa) cujo pioneiro foi, sem dúvida, Robert Alexy.[50] Nesse cenário, desenvolve-se um processo interpretativo, primeiro na Alemanha e logo em vários Estados europeus e americanos, no qual se adota e se desenvolve o denominado princípio da proporcionalidade, decomposto em três tipos de juízo a serem feitos pelo juiz, na busca da solução justa para qualquer controvérsia, a saber: a) o da necessidade; b) o da adequação; e c) o da proporcionalidade em sentido estrito.[51]

---

[49] SCHMIDT-ASSMANN, Eberhard. "Cuestiones fundamentales sobre la reforma de la teoría general del derecho administrativo". *In:* VÁZQUEZ, Javier Barnés (coord.). *Innovación y Reforma del derecho administrativo*. 2ª ed. Sevilha: Inap-Global Law Press, 2012, p. 52 ss.

[50] ALEXY, Robert. *Teoría de la argumentación jurídica:* a teoría del discurso racional como teoría de la fundamentación jurídica. Tradução de Manuel Atienza; Isabel Espejo. Madrid: Centro de Estudos Constitucionais, 1997, p. 215 ss.

[51] BARNÉS VÁZQUEZ, Javier. "Introducción al principio de proporcionalidad en el derecho comparado y comunitario". *Revista de Administración Pública*, Madrid, n. 135, 1994, p. 495 ss. Enquanto no juízo de adequação deve-se valorizar a idoneidade do fim, no de necessidade exige-se avaliar se a medida é a menos restritiva aos direitos e, por último, o juízo de proporcionalidade supõe uma avaliação entre os meios escolhidos, os sacrifícios e o interesse geral, devendo guardar proporção ou, em outros termos, ser razoáveis.

CAPÍTULO I – O NOVO CONSTITUCIONALISMO E AS BASES

Para completar o quadro das grandes transformações que caracterizam o novo constitucionalismo, sobretudo em suas derivações positivas e jurisprudenciais, deve-se levar em consideração o abandono de uma das premissas do positivismo legalista que defendia uma separação absoluta entre a moral e o direito.

I.6 A irrupção e auge das tendências jusnaturalistas: diversos sentidos do conceito de direito

A pretensão de reduzir o fenômeno jurídico exclusivamente à lei positiva está com os dias contados e quase já não existem mais juristas que sustentem os dogmas básicos do positivismo puro. Essa corrente perdeu espaço em virtude do reconhecimento da prevalência dos princípios gerais[52], fundados em princípios da lei natural (a justiça, a equidade e outros valores de natureza eminentemente moral. Por exemplo, o princípio geral da boa-fé). Na realidade, como foi dito, novas concepções jurídicas se concentram mais na cultura do direito do que na cultura da lei[53], em suma, de um Direito Público que não prescinde dos fins que o Estado persegue.[54]

Por sua vez, a progressiva constitucionalização dos princípios gerais – que abriu caminho a novas técnicas de interpretação – aprofundou[55] o

---

[52] Ver: SARMIENTO GARCÍA, Jorge. *Los principios en el derecho administrativo*. Mendoza: Diké, 2000, p. 41 e ss; VIGO, Rodolfo L. "Los principios generales del derecho". *JA*, 1986-III, 860; COVIELLO, Pedro J. J. "Los principios generales del derecho frente a la ley y al reglamento en el derecho administrativo argentino". *REDA*, n. 62, Buenos Aires: Lexis-Nexis, 2007, p. 1088 ss., e nosso livro: *El principio de legalidad y el control judicial de la discrecionalidad administrativa*. Buenos Aires/Madrid: Marcial Pons, 2009, p. 19 ss.

[53] Ver: VIGO, Rodolfo L. *De la ley al derecho*. 2ª ed. México: Porrúa, 2005, p. 3 ss. descreve muito bem o processo de mudança da cultura da lei para a cultura do direito no mundo ocidental.

[54] MONTAÑA PLATA, Alberto. *Fundamentos de derecho administrativo*. Bogotá: Universidade del Externado de Colombia, 2010, pp. 46-50, destaca o erro que ocorreu no positivismo jurídico, de tipo formal, ao não dar a devida importância à teleologia do Estado (*op. cit.* pp. 49/50).

[55] CIANCIARDO, Juan (coord.). *La interpretación en la era del neo-constitucionalismo*. Buenos Aires: Abaco, 2006, p. 7 ss.; HALLIVIS PELAYO, Manuel. *Teoría general de la interpretación*. México: Porrúa, 2009, pp. 304-308.

declive do chamado positivismo excludente que, em sua queda, arrastou consigo antigos dogmas. Atualmente, quase ninguém defende a ideia de que a interpretação e aplicação ao caso seja uma operação de pura lógica formal consistente em um processo de subsunção dos fatos à norma aplicável.

Isso não implica, desde logo, desconhecer a utilidade dos estudos levados a cabo, a partir de visões distintas, para desvendar aspectos transcendentes da lógica formal aplicados com frequência no campo da interpretação normativa, como o concernente às relações entre o direito e a linguagem e o relativo aos critérios que presidem o raciocínio e a argumentação jurídica.

O que se entende por direito? Essa é a primeira dificuldade que qualquer jurista enfrenta, pois por ser o direito um conceito multívoco e analógico – que admite vários sentidos não necessariamente diferentes e nem opostos –, não existe uma única resposta uniforme que permita estabelecer um único sentido do conceito e que esse seja o correto ou verdadeiro. Assim, quando o ordenamento ou qualquer pessoa se refere ao direito, deve-se indagar, previamente, o sentido de seu uso, já que pode se referir tanto ao *jus* do direito pré-moderno (o justo), ao direito subjetivo como faculdade ou poder, à lei, à ordem coativa ou ao conjunto do ordenamento jurídico.[56] Por sua vez, com relação ao que os juristas fazem, chegou-se a afirmar que fazer direito consiste em "*dar e exigir razões*".[57] Sem entrarmos na discussão filosófica, também usamos,

---

[56] O conceito normativo do direito arraigada tradição e geralmente é empregado por todos os filósofos do direito e pelos juristas dogmáticos que, ao mesmo tempo, utilizam o conceito de direito como poder ou faculdade (direito subjetivo), remetendo a uma realidade diferente. Um exemplo do uso multívoco se adverte na obra de FINNIS, John. *Ley natural y derechos naturales*. Tradução de Cristóbal Orrego S. Buenos Aires: Abeledo Perrot, 2000, p. 38 ss. Além disso, a tendência ao uso de significados unívocos (descartada por ARISTÓTELES) mostra sua falência na diferenciação que costuma ocorrer nos modernos sistemas constitucionais, como o espanhol, entre a lei e o direito. Enquanto o termo lei se refere à legalidade formal e material, o conceito de direito remete à justiça ou aos princípios gerais do direito.

[57] FERNÁNDEZ, Tomás Ramón. "Sobre el derecho y el quehacer de los juristas. Dar y exigir razones". Madrid: Servicio de publicaciones, Faculdade de Direito, Universidade

CAPÍTULO I – O NOVO CONSTITUCIONALISMO E AS BASES

desde nossas primeiras análises, o conceito do direito como faculdade (com fundamento em Suárez) que, segundo Finnis, traduz a linguagem moderna dos direitos não necessariamente oposta ao *jus* dos clássicos, mas sim usando o conceito de uma perspectiva diferente.[58]

Na dimensão do direito como concepção ordenadora do mundo jurídico se impuseram as duas teses centrais do *"jusnaturalismo"* que predicam, por um lado, que as fontes do ordenamento jurídico não se limitam às da natureza positiva, senão que também compreendem as fontes racionais de conteúdo normativo-jurídico e, por outro lado, que não existem compartimentos estanques entre moral e direito, tendo em conta que este último contém *"condições de verdade que correspondem a certas proposições morais"*.[59]

Seguramente o *"jusnaturalismo"* constitui uma tendência filosófica que desenvolveu diversas etapas[60], cuja análise foge do objeto de nosso estudo, tanto pela extensão que demandaria seu tratamento, quanto porque a tarefa excederia os limites do assunto central que abordamos.

À vista do novo cenário descrito, ainda que compartilhemos o enfoque da Nova Escola de Direito Natural – NEDN –, continuamos mantendo, no essencial, a adesão à teoria tridimensional de Goldschmidt[61],

---

Complutense, 2011; *In: La Ley,* 2012-B, 1150 e no livro escrito em colaboração com o autor: *Sobre la ley, el poder y el derecho.* Buenos Aires: Abeledo Perrot, 2014, p. 51 ss.

[58] FINNIS, John. *Ley natural y derechos naturales.* Tradução de Cristóbal Orrego S. Buenos Aires: Abeledo Perrot, 2000, p. 234 ss. Entretanto, destacou-se também que o grande professor australiano emprega uma definição "focal" do direito. Ver: VIGO, Rodolfo L. *El iusnaturalismo actual:* de M. Villey a J. Finnis. México: Distribuciones Fontamara, 2003, p. 123 ss.

[59] MASSINI CORREAS, Carlos Ignacio. "Iusnaturalismo e interpretación jurídica". *In:* CIANCIARDO, Juan (coord.). *La interpretación en la era del constitucionalismo.* Buenos Aires: Abaco, 2006, p. 65, com citação de Michael S. MOORE (*Law as a functional kind*).

[60] Ver: SILVA TAMAYO, Gustavo E. *"Corsi e ricorsi de los principios generales del derecho". In: REDA,* Buenos Aires: Abeledo Perrot, n. 79. 2012, pp. 74-86.

[61] GOLDSCHMIDT, Werner. *Introducción filosófica al derecho.* 4ª ed. Buenos Aires: Depalma, 1973, especialmente p. 8 ss., colhe nossa opinião no sentido de que a teoria trialista do mundo jurídico constitui um jusnaturalismo atualizado (*op. cit.* p. 383).

que concebe o mundo jurídico composto pelas três dimensões que se integram respectivamente pelas normas, as condutas e os valores.[62]

No caminho oposto militam diferentes correntes filosóficas herdadas ou relacionadas ao positivismo que evoluíram fortemente e que, hoje em dia, tendem a flexibilizar o dogma que reduz o direito à norma jurídica admitindo que, na hora de repartir ou adjudicar direitos, os juízes não são obrigados a uma aplicação mecânica da norma legal ou princípio constitucional, cuja textura aberta conduz à interpretação jurisdicional criativa.[63]

Foi o grande filósofo do direito Finnis (bom conhecedor das entranhas mesmas do positivismo) quem, sem desmerecer o direito positivo, encabeça, com maior rigor lógico-filosófico, o movimento que preconiza os princípios do jusnaturalismo, baseado principalmente na lei natural, seus valores básicos[64] e a aplicação das exigências fundamentais da razoabilidade prática (que ensina as coisas que podem e não podem ser feitas moralmente).[65]

---

[62] Ver: FERRAJOLI, Luigi. *Principia Iuris:* teoría del derecho y de la democracia. tomo I. Madrid: Trotta, 2007, pp. 39/40. Assim também se depreende do enfoque de FERRAJOLI quem, com uma acentuada tendência normativista, inscreve-se na mesma linha do trialismo que, há alguns anos, propugnou Werner GOLDSCHMIDT, na Argentina. A teoria do direito pode se converter em um ponto de encontro "entre o ponto de vista interno próprio das disciplinas dogmáticas, o ponto de vista empírico externo próprio da sociologia do direito e o ponto de vista axiológico externo próprio da filosofia da justiça" (*Principia Iuris:* teoría del derecho y de la democracia. tomo I. Madrid: Trotta, 2007).

[63] Sobre o assunto, ver: ZAMBRANO, María del Pilar. "El liberalismo político y la interpretación constitucional". In: CIANCIARDO, Juan (coord.). *La interpretación en la era del neo-constitucionalismo*. Buenos Aires: Abaco, 2006, p. 85, registra que a distinção entre o positivismo excludente (o clássico) e o positivismo includente (que reconhece o papel ativo do juiz na criação do direito) já está bastante difundida.

[64] No mesmo sentido, agora se fala sobre um jusnaturalismo humanista como síntese entre o direito positivo e o direito natural que enfatiza mais os princípios gerais que contêm os valores básicos ou fundamentais do que as normas ou regras positivas; sobre o conteúdo dessa vertente, ver: SILVA TAMAYO, Gustavo E. "*Corsi e ricorsi de los principios generales del derecho*". In: *REDA*, Buenos Aires: Abeledo Perrot, n. 79. 2012, p. 86 ss.

[65] FINNIS, John. *Ley natural y derechos naturales*. Tradução de Cristóbal Orrego S. Buenos Aires: Abeledo Perrot, 2000, p. 134.

CAPÍTULO I – O NOVO CONSTITUCIONALISMO E AS BASES

Com efeito, mesmo que possa parecer algo paradoxal, a tradição jusnaturalista não busca afastar o direito positivo, mas sim fazer com que este seja sempre guiado por regras e princípios morais. As regras morais *"(...) são uma questão de razoabilidade objetiva, não de capricho, convenção ou mera decisão (...)"*.[66]

Cabe registrar que a obra de Finnis foi elogiada por Hart e contribuiu, em grau extremo, à revalorização do jusnaturalismo por parte dos positivistas.[67] Segundo Hart,

> (...) o mérito principal e bastante grande dessa aproximação jusnaturalista é que mostra a necessidade de estudar o direito no contexto de outras disciplinas e favorece a percepção da maneira somo suposições não expressadas, o sentido comum e os propósitos morais influem no direito e integram sua adjudicação ("adjudication").[68]

A análise que estamos realizando ficaria incompleta se não fizéssemos uma referência à definição do direito elaborada por Finnis, quando se manifesta amplamente sobre o que denomina significado focal do conceito do direito baseado na descrição de suas facetas centrais que, em sua opinião, está configurado primariamente "(...) por regras produzidas de acordo com regras jurídicas regulatórias por uma autoridade determinada e efetiva" para uma comunidade completa, apoiada por sanções dispostas por instituições julgadoras e guiadas por prescrições orientadas

---

[66] FINNIS, John. *Ley natural y derechos naturales.* Tradução de Cristóbal Orrego S. Buenos Aires: Abeledo Perrot, 2000, p. 137, agrega que as exigências da razoabilidade prática oferecem "uma base racional para os legisladores, os juízes e os cidadãos" (*op. cit.* p. 317).

[67] ORREGO, Cristobal S. "Estudio preliminar", na obra de FINNIS, John. *Ley natural y derechos naturales.* Tradução de Cristóbal Orrego S. Buenos Aires: Abeledo Perrot, 2000, p. 15.

[68] HART, H. L. A. *Essays in Jurisprudence and Philosophy.* Oxford: Oxford University Press, 1983, p. 11, por ORREGO no estudo preliminar à obra de FINNIS, John. *Ley natural y derechos naturales.* Tradução de Cristóbal Orrego S. Buenos Aires: Abeledo Perrot, 2000, p. 15, em que recorda que HART considerou a obra de FINNIS como sendo uma interpretação flexível do jusnaturalismo que, em muitos aspectos, resulta complementar à teoria jurídica positivista (*op. cit.* p. 10).

para resolver razoavelmente qualquer problema de coordenação da comunidade para a realização do bem comum.[69]

O pensamento finnisiano é complexo, mas mesmo quando revela solvência filosófica e lógica notáveis, nem sempre resulta exato na terminologia[70], sem desconhecer que algumas posturas adotadas em sua concepção sobre o direito encontram-se em discordância com as bases jusnaturalistas que defende em sua obra.

Isso ocorre – entre outros aspectos – com o conceito de regra que usa, com exclusividade, para a definição do direito, considerando que ao limitá-lo às normas (legais ou consuetudinárias), conforme resulta do significado que atribui ao termo em diferentes passagens em sua obra[71], ficariam fora do conceito de direito nada menos que os princípios gerais, especialmente os que considera princípios de segundo grau, que enuncia e enumera de forma abrangente e precisa.[72]

Por esse motivo, a fim de sair do mar de promiscuidade[73] que gera a caracterização do que é uma regra, pareceria mais adequado defini-la

---

[69] FINNIS, John. *Ley natural y derechos naturales*. Tradução de Cristóbal Orrego S. Buenos Aires: Abeledo Perrot, 2000, p. 304 ss. A definição do direito de FINNIS é multifacetada, baseando-se em uma conjunção de regras e instituições que interagem na realização do bem comum, guiadas por características "como a especificidade, a minimização da arbitrariedade e a manutenção da reciprocidade" entre os cidadãos entre si e com as autoridades legítimas. A construção "finnisiana" encerra um significado focal que se apóia em exigências da razoabilidade prática, em determinados valores básicos e "em certas características empíricas das pessoas e suas comunidades" (*op. cit.* p. 304).

[70] VIGO, Rodolfo L. *El iusnaturalismo actual:* de M. Villey a J. Finnis. México: Distribuciones Fontamara, 2003, p. 131.

[71] FINNIS, John. *Ley natural y derechos naturales*. Tradução de Cristóbal Orrego S. Buenos Aires: Abeledo Perrot, 2000, pp. 182, 219, 285, 307/308 etc.

[72] *Ley natural y derechos naturales*. Tradução de Cristóbal Orrego S. Buenos Aires: Abeledo Perrot, 2000, p. 315.

[73] Uma cuidadosa descrição da disparidade existente pode-se ver em: POZZOLO, Susana. *Neoconstitucionalismo y positivismo jurídico*. Lima: Palestra, 2011, pp. 75-117. Para um setor da doutrina, a norma é o gênero e os princípios e as regras são normas, na medida em que fixam uma orientação para a ação ou para o juízo, ver ZAGREBELSKY, Gustavo. *La ley y su justicia:* tres capítulos de justicia constitucional. Madrid: Trotta, 2014, p. 183.

CAPÍTULO I – O NOVO CONSTITUCIONALISMO E AS BASES

como um gênero que compreende tanto os princípios gerais quanto as normas em sentido estrito do termo[74], cuja configuração jurídica descreveremos mais adiante.

Isso também acontece com a observação relativa ao direito regular sua própria criação, visto que implica cair no formalismo jurídico, pois se só há direito quando se editam regras jurídicas regulatórias por uma autoridade determinada e efetiva, não teriam cabimento no sistema jurídico os princípios gerais do direito fundados em preceitos morais, tampouco o costume.

Além disso, supor que o direito é um sistema baseado na sanção representa uma concessão desnecessária ao positivismo, já que as repartições autônomas, os atos favoráveis e os atos de coordenação permanecem fora do conceito de direito. Essa postura de Finnis, em muitas passagens de seu conhecido livro, não faz distinção entre sanção e *vis coativa*. O uso da força que entranha toda ordem coativa é sua última *ratio* e não sua essência, já que o cumprimento dos atos pelos particulares é levado a cabo, normalmente, sem apelar à coação, além de o uso da força poder ter lugar tanto para executar uma sanção quanto para obter o cumprimento de um contrato ou de um ato jurídico, o qual, em princípio e salvo casos de exceção (por exemplo, demolição de edifícios que ameaçam ruir), compete aos juízes.[75]

Mais adiante, voltaremos a nos dedicar a esses aspectos quando abordarmos, com sentido crítico, algumas das características atribuídas à ordem jurídica.

As críticas precedentes à definição focal de Finnis não impedem reconhecer que o direito "quando cada um destes termos" (refere-se aos elementos da significação focal do direito) *"se realiza plenamente"*[76], afirmação

---

[74] *Cf.* VIGO, Rodolfo L. *Los principios jurídicos*. Buenos Aires: Depalma, 2000, p. 131, nota 177.

[75] *Cf.* Nosso livro *El acto administrativo*. 3ª ed. Buenos Aires: La Ley, 2012, pp. 366/367.

[76] FINNIS, John. *Ley natural y derechos naturales*. Tradução de Cristóbal Orrego S. Buenos Aires: Abeledo Perrot, 2000, p. 305.

que deveria se limitar a dois dos componentes centrais da definição constituídos, a nosso juízo, pela exigência da razoabilidade prática quando se resolve qualquer problema de coordenação e por seu conteúdo axiológico que faz referência, em última análise, bem comum como objeto da justiça.[77] O bem comum expressado através de conceitos jurídicos indeterminados (como interesse público ou bem-estar geral) constitui

> (...) *o conjunto de condições que capacita cada um dos membros da comunidade a alcançar, por si só, objetivos razoáveis ou a realizar razoavelmente, por si só, o valor (ou os valores) pelos quais eles têm razão para colaborar mutuamente (positiva e/ou negativamente) em uma comunidade.*[78]

Na mesma corrente não positivista se encontra a tese de Alexy sobre a natureza dual do direito, que retomou, nesse contexto, as bandeiras clássicas da teoria do direito natural. Com um enfoque moderno, defende que existem propriedades necessárias do direito que pertencem a sua dimensão real ou factual (como a coerção), enquanto outras prioridades, tais como a pretensão de correção do direito (como fonte da relação entre moral e direito) são constitutivas da dimensão ideal que permitem descobrir os umbrais externos da injustiça (conforme a conhecida fórmula de Radbruch) que, quando são ultrapassados, invalidam o direito.[79]

I.7 Lei natural e lei positiva: a fonte da lei natural e o erro básico do positivismo

Atualmente, seja porque resulta evidente para um setor do jusnaturalismo distinguir a lei natural da lei positiva, seja porque se considera –

---

[77] FINNIS, John. *Ley natural y derechos naturales*. Tradução de Cristóbal Orrego S. Buenos Aires: Abeledo Perrot, 2000, p. 198 e VIGO, Rodolfo L. *El iusnaturalismo actual:* de M. Villey a J. Finnis. México: Distribuciones Fontamara, 2003, p. 134.

[78] VIGO, Rodolfo L. *El iusnaturalismo actual:* de M. Villey a J. Finnis. México: Distribuciones Fontamara, 2003, p. 184.

[79] Alexy, Robert. *El concepto y la naturaleza del derecho*. Tradução de Carlos Bernal Pulido. Madrid: Marcial Pons, 2008, p. 89 ss.

CAPÍTULO I – O NOVO CONSTITUCIONALISMO E AS BASES

conforme o positivismo legalista de matriz kelseniana – que a lei natural é de inspiração metafísica que, por ser fundada na natureza, é algo estranho ao direito, o qual deve ser depurado de elementos alheios à norma legal positiva. O que é patente é que os filósofos do direito, com exceção da NEDN e seus seguidores[80], não deram a devida atenção ao exame mais ou menos exaustivo desse ponto. Sem a pretensão de se aprofundar no assunto (o que excederia nosso propósito) faremos uma série de reflexões básicas com a ideia de captar sua problemática central em seus grandes traços.

Há bastante concordância entre os filósofos do direito no sentido de que a lei positiva é aquela que resulta promulgada pelo legislador, no sentido formal e material, e pelo executivo quando este exerce uma função materialmente legislativa (por exemplo, os regulamentos); para os jusnaturalistas, na vereda oposta ao positivismo, toda lei positiva deve estar em conformidade com a lei natural.[81]

A diversidade de concepções formuladas sobre o direito natural foi campo propício para as críticas que recebeu do positivismo, principalmente o enunciado por Kelsen quem, por não dominar o panorama do direito natural da escolástica, generalizou uma série de erros que foram gestados *a posteriori* nas tendências do jusnaturalismo. A maioria desses erros e críticas foi contestada pela NEDN, particularmente na obra de Finnis[82], com uma profundidade filosófica e lógica notável.

O erro básico de Kelsen sobre o direito natural se baseia em sustentar que a norma fundadora do direito natural pressupõe uma norma que diga que *"as leis da natureza devem ser obedecidas"*[83], o que traduz um juízo equivocado.

---

[80] FINNIS, John. *Ley natural y derechos naturales*. Tradução de Cristóbal Orrego S. Buenos Aires: Abeledo Perrot, 2000, p. 68 ss.

[81] Ver: GOLDSCHMIDT, Werner. *Instrucción filosófica al derecho*. 4ª ed. Buenos Aires: Depalma, 1973, com citações de Tomás AQUINO e de SUÁREZ.

[82] FINNIS, John. *Ley natural y derechos naturales*. Tradução de Cristóbal Orrego S. Buenos Aires: Abeledo Perrot, 2000, p. 66 ss.

[83] KELSEN, Hans. *Teoría pura del derecho*. México: Porrúa, 2011, p. 231.

Foram muitos os partidários do direito natural que antes e depois de Kelsen incorreram nesse erro (note-se simplesmente Villey) e não faz sentido criticá-los e trazê-los à colação, porque em vez de refutar o grande filósofo austríaco, convalidaram seu erro.

Os estudos feitos no âmbito da NEDN revalorizaram o pensamento de Tomás de Aquino sobre este ponto, além de atualizá-lo e explicá-lo em termos contemporaneamente compreensíveis.

O Aquinate jamais sustentou que o direito ou lei natural se baseava na natureza, nem sequer na natureza humana por si só, mas na ordem imposta pela razão natural que, em última análise, se funda no princípio da razoabilidade, levando em conta que toda pessoa possui *"a inclinação natural para atuar conforme a razão"*, e que isso implica agir de forma virtuosa.[84]

Nesse sentido, a interpretação de Finnis sobre os textos de Tomás de Aquino demonstra a afirmação precedente ao assinalar que *"o critério de conformidade ou contrariedade a respeito da natureza é a razoabilidade"*.[85] E, portanto, o que é contrário à ordem da razão é contrário à natureza dos seres humanos como tal; e o que é razoável está em conformidade com a natureza humana como tal. O bem do ser humano consiste em estar em conformidade com a razão e o mal humano consiste em estar fora da ordem da razoabilidade (...). Portanto, a virtude humana, que transforma a pessoa humana e suas obras em boas, está em conformidade com a natureza humana somente quando [*tantum* (...) *in quantum*] está em conformidade com a razão; e o vício é contrário à natureza humana somente quando é contrário à ordem da razoabilidade".[86]

---

[84] S.Tª I-II, q. 94, a.3, em TOMÁS DE AQUINO. *Tratado de ley:* tratado de la Justicia. Opúsculo sobre el gobierno de los príncipes. México: Porrúa, 1975, p. 28.

[85] FINNIS, John. *Ley natural y derechos naturales*. Tradução de Cristóbal Orrego S. Buenos Aires: Abeledo Perrot, 2000, p. 69; MASSINI CORREAS, Carlos Ignacio. *El derecho natural y sus dimensiones actuales*. Buenos Aires: Abaco, 1999, pp. 34-37, analisa profundamente os principais erros de KELSEN sobre o que TOMÁS DE AQUINO entendia por lei natural.

[86] MASSINI CORREAS, Carlos Ignacio. *El derecho natural y sus dimensiones actuales*. Buenos Aires: Abaco, 1999, p. 69.

CAPÍTULO I – O NOVO CONSTITUCIONALISMO E AS BASES

"Em outras palavras", diz Finnis,

> para Tomás de Aquino, a forma de descobrir o que é moralmente íntegro (virtude) e desviado (vício) não é perguntando o que está de acordo com a natureza humana, mas sim o que é razoável. Essa pesquisa nos conduzirá, no final, até os primeiros princípios inderivados de razoabilidade prática, princípios que não fazem nenhuma referência à natureza humana, mas somente ao bem humano. Do começo ao fim de suas exposições sobre ética, as categorias primárias para Tomás de Aquino são o "bom" e o "razoável", o "natural" é, a partir do ponto de vista de sua ética, um apêndice especulativo acrescentado à forma de reflexão metafísica, não um instrumento com o qual se direciona para ou desde os prima principia per se nota práticos.[87]

Uma interpretação similar sobre o pensamento tomista nesse ponto foi feita anteriormente por Goldschmidt, embora o desenvolvimento que realizou não possa ser comparado ao rigor argumentativo de Finnis. Destacou que a *lex naturalis* é aquela parte da lei externa que resulta cognoscível aos homens mediante a Razão e que "(...) *seu princípio supremo estatui: fazer o bem e não fazer o mal*".[88]

Essa coincidência de Goldschmidt com a interpretação de Finnis[89] sobre a obra de Tomás de Aquino resulta notável, não somente por tê-la efetuado muito anteriormente (a primeira edição data de 1960), mas por estender-se à concepção sobre a lei humana ou positiva, a qual, de acordo com o mestre austríaco e professor argentino após a Segunda Guerra mundial, deduz-se da lei natural (...) de duas maneiras: por conclusão e por determinação. As conclusões deduzidas da 'lex naturalis' são uniformes (...) as determinações, pelo contrário, concedem um espaço de liberdade dentro do qual diferentes regulações cabem licitamente.[90]

---

[87] FINNIS, John. *Ley natural y derechos naturales*. Tradução de Cristóbal Orrego S. Buenos Aires: Abeledo Perrot, 2000, p. 69.

[88] GOLDSCHMIDT, Werner. *Instrucción filosófica al derecho*. 4ª ed. Buenos Aires: Depalma, 1973, p. 476.

[89] FINNIS, John. *Ley natural y derechos naturales*. Tradução de Cristóbal Orrego S. Buenos Aires: Abeledo Perrot, 2000, p. 311 ss.

[90] GOLDSCHMIDT, Werner. *Instrucción filosófica al derecho*. 4ª ed. Buenos Aires: Depalma, 1973, p. 477.

Deve ficar claro, portanto, que no pensamento da NEDN a lei positiva sempre deriva do primeiro princípio[91] do direito natural que determina que se faça o bem e evite o mal.[92] Tal princípio preside um sistema complexo que pouco tem a ver com a norma básica que Kelsen situou na cúspide de sua pirâmide jurídica. Essa norma de clausura do sistema kelseniano certamente carece de positividade, já que sua natureza é bem mais sociológica, como o próprio Kelsen reconhece, ao defini-la como *"(...) o fato fundante da produção do direito"*, admitindo que se trata de uma norma pressuposta que pode ser designada *"(...) como Constituição no sentido lógico-jurídico, para diferenciá-la da Constituição no sentido jurídico-positivo"*.[93]

Como se pode notar, no sistema kelseniano a norma básica não é imposta, senão pressuposta e, portanto, não tem nada de positiva, mesmo que o pior seja que, em consequência dela, *"qualquer conteúdo pode ser direito"*[94] (por exemplo, normas da ditadura nazista dirigidas ao extermínio de judeus). Para o positivismo, a lei não pode ser nem moral e nem imoral, mas sim amoral; a justiça é o que a lei positiva estipula e o poder público tem sempre razão.[95]

No sistema "não positivista" – por outro lado –, não tem cabida uma norma oposta à justiça que se condensa no primeiro princípio antes assinalado[96]

---

[91] *Cf.* PUY, Francisco. *Teoría científica del derecho natural.* México: Porrúa/Universidade Panamericana, 2006, p. 238.

[92] TOMÁS DE AQUINO. *Tratado de ley:* tratado de la Justicia. Opúsculo sobre el gobierno de los príncipes. México: Porrúa, 1975, I-II, por exemplo, 94, a. 2 sublinha que *"(...) sobre esse preceito se baseiam todos os demais preceitos da lei natural: ou seja, que (tudo aquilo que se deve fazer ou evitar cai sob os preceitos da lei natural na medida em que a razão prática pode captar que tais atos são bens humanos"*.

[93] Ver: KELSEN, Hans. *Teoría pura del derecho.* México: Porrúa, 2011, p. 206.

[94] *Cf.* KELSEN, Hans. *Teoría pura del derecho.* México: Porrúa, 2011, p. 207.

[95] *Cf.* BUNGE, Mario A. *Filosofía política.* Barcelona/Buenos Aires: Gedisa, 2009, p. 346, observa que tanto Carl SCHMITT quanto Hans KELSEN justificaram o assassinato de Ernst Roehm e seus camisas-pardas no ano 1934 por ordem de Hitler e afirma que, apesar de sua declarada neutralidade, "o positivismo jurídico é cruelmente imoral" e que "essa é a razão pela qual o positivismo jurídico foi a filosofia do direito oficial da Alemanha nazista, assim como a da antiga União Soviética".

[96] MASSINI CORREAS, Carlos Ignacio. *El derecho natural y sus dimensiones actuales.* Buenos Aires: Abaco, 1999, p. 38, afirma o caráter normativo do primeiro princípio

CAPÍTULO I – O NOVO CONSTITUCIONALISMO E AS BASES

conformam e nos princípios gerais do direito de primeiro e segundo grau[97], os quais estão em conformidade com um sistema de fontes que se completa com as normas positivas e não ao contrário. Os princípios gerais interagem sem que exista uma prevalência de uns sobre os outros, o que não impede de reconhecer a diferente dimensão de que ostentam, de modo a ponderá-los e harmonizá-los com vista do bem comum, salvo aqueles que se definem como direitos praticamente absolutos, como o direito à vida (já que salvo pelo exercício de legítima defesa, não é lícito provocar a morte de uma pessoa).

Como conclusão, podemos dizer que enquanto o positivismo puro cinge o direito a um sistema lógico-formal baseado em normas positivas, dele excluindo a justiça,[98] a moral e os consequentes princípios gerais do direito, o jusnaturalismo, particularmente através da NEDN, revela-se como um sistema mais amplo e aberto, que se alimenta do aporte interdisciplinar de outras ciências e disciplinas permitindo, assim, enriquecer as determinações positivas, com a condição de que não transgridam os princípios básicos da justiça, em suma, do direito natural.

Desse modo, incrementa-se o papel do juiz na criação do direito reafirmando-se os princípios de independência e imparcialidade da função jurisdicional, os quais constituem princípios gerais do Direito Público que

---

do direito natural, contestando a crítica da filosofia analítica, segundo a qual TOMÁS DE AQUINO extrapolava os princípios do direito natural de proposições descritivas baseadas nos traços da natureza humana. Na realidade, assinala Massini CORREAS observa a tese de HUME no sentido que "*de proposições meramente enunciativas se podia seguir apenas uma proposição normativa*" coincidiu com o pensamento de TOMÁS DE AQUINO (*Tratado de ley:* tratado de la Justicia. Opúsculo sobre el gobierno de los príncipes. México: Porrúa, 1975, p. 38).

[97] FINNIS, John. *Ley natural y derechos naturales*. Tradução de Cristóbal Orrego S. Buenos Aires: Abeledo Perrot, 2000, p. 131 ss.

[98] Um dos grandes filósofos argentinos não concebe como o positivismo exclui a justiça da teoria do direito, quando é seu principal objetivo. Observou também que a ciência busca a verdade, é explicativa e que "é legal, ou seja, essencialista: tenta chegar à raiz das coisas", ver: BUNGE, Mario. *La ciencia, su método y su filosofía*. Buenos Aires: Siglo Veinte, 1975, pp. 28-34.

os outros órgãos do Estado não podem alterar com leis e/ou a produção de atos administrativos de alcance individual ou gerais (em sentido estrito: regulamentos).

I.8 A justiça: diferentes classes

A teoria da justiça constitui uma condição essencial para a compreensão e construção sistêmica da doutrina jurídica, particularmente a partir da visão da nova escola de direito natural (NEDN) a que aderimos.

De acordo com o pensamento que Finnis desenvolve ao seguir e atualizar, com um sentido moderno (sem variar o essencial), as concepções de Aristóteles e Tomás de Aquino, a justiça configura-se como sendo "(...) um conjunto de exigências da razoabilidade prática que existem porque a pessoa humana deve buscar realizar e respeitar os bens humanos, não simplesmente em seu próprio benefício, senão que também em comum, em comunidade".[99]

Pois bem, a justiça constitui um complexo integrado de três elementos que passamos a sintetizar: a) trata-se de uma relação intersubjetiva ou interpessoal, ou seja, uma relação que revela uma orientação para outra pessoa;[100] b) contém um dever ou o mandamento de cumprir o devido (*debitum*), ou seja, o que é próprio e seu, de cada pessoa ou, ao menos, o que se deve em justiça; e c) implica uma relação de igualdade em um sentido analógico: igualdade proporcional em relação à coisa (aritmética) ou igualdade em proporção ao mérito ou necessidade de uma pessoa (geométrica).[101]

Na construção de Tomás de Aquino reconhecem-se duas grandes espécies de justiça que, em seus traços gerais, inspiram-se na concepção

---

[99] FINNIS, John. *Ley natural y derechos naturales*. Tradução de Cristóbal Orrego S. Buenos Aires: Abeledo Perrot, 2000, p. 191.
[100] GAGLIARDO, Mariano. "Santo Tomás y la justicia". *El Derecho*, 9.08.2012, p. 3.
[101] FINNIS, John. *Ley natural y derechos naturales*. Tradução de Cristóbal Orrego S. Buenos Aires: Abeledo Perrot, 2000, pp. 191-194.

CAPÍTULO I - O NOVO CONSTITUCIONALISMO E AS BASES

aristotélica (justiça legal e corretiva). Em um sentido amplo (sua denominação vem daí), a justiça geral compreende a ordenação de todas as relações humanas ao bem comum (que não deve ser confundido com o patrimônio ou acervo comum de uma determinada comunidade pública ou privada). O bem comum é o bem de todos e de cada um e, portanto, todas as espécies de justiça (inclusive a particular) devem orientar-se à realização do bem comum.

A outra dimensão da justiça é a particular, que admite a subdivisão em justiça distributiva e comutativa. A primeira compreende as relações que vinculam uma comunidade (pública ou privada) aos indivíduos e inclui os deveres dos membros à comunidade (por exemplo, as cargas públicas ou a obrigação de abonar a cota social em uma associação privada), pois o conceito de comunidade não se circunscreve ao Estado.[102] Nesses casos, a relação de igualdade é proporcional ao mérito, necessidade ou outros critérios distributivos.[103]

A segunda espécie de justiça é a comutativa, que se refere às mudanças (não apenas às trocas) que se reproduzem nas relações entre duas pessoas (inclusive entre pessoas públicas e privadas), e nelas a igualdade se realiza sempre em proporção à coisa e não à pessoa (proporção aritmética).[104]

Por tais motivos, não é possível identificar a justiça legal nem a com o Estado[105] e nem por derivação, a justiça distributiva com o

---

[102] Ver: MASSINI CORREAS, Carlos Ignacio. *El derecho natural y sus dimensiones actuales*. Buenos Aires: Abaco, 1999, pp. 195/196; e HERVADA, Javier. *Introducción crítica al derecho natural*. 2ª ed. Bogotá: Temis, 2006, pp. 38-49.

[103] FINNIS, John. *Ley natural y derechos naturales*. Tradução de Cristóbal Orrego S. Buenos Aires: Abeledo Perrot, 2000, pp. 195-206, especialmente p. 202 ss.

[104] FINNIS, John. *Ley natural y derechos naturales*. Tradução de Cristóbal Orrego S. Buenos Aires: Abeledo Perrot, 2000, p. 216 ss., dá como exemplo de justiça distributiva a instituição da quebra que pertence ao Direito Privado (*op. cit.* pp. 216-221). Enquanto a justiça distributiva busca compensar todos aqueles que sofrem danos relevantes, o modelo de justiça comutativa busca compensar aqueles que foram lesados pelo ato de quem não cumpriu seus deveres de cuidado e respeito pela pessoa lesada (*op. cit.* p. 209).

[105] FINNIS, John. *Ley natural y derechos naturales*. Tradução de Cristóbal Orrego S. Buenos Aires: Abeledo Perrot, 2000, p. 213 ss.

Direito Público[106], confusão que provém da classificação triádica que formulou o cardeal Cayetano, ao defender que a justiça distributiva é a justiça do Estado.[107] Esse erro cometido por alguns autores, ao identificar o Direito Público com a justiça distributiva, concerne à suposição que ao se referir ao todo ou à comunidade, Tomás de Aquino se refere ao Estado[108], quando a realidade indica que a justiça distributiva – como relação entre o todo e as partes – pode ocorrer em comunidades não necessariamente estatais (por exemplo, associações de mutuários com a justiça distributiva, família, sociedades intermediárias, comunidade internacional etc.).[109]

Essa realidade demonstra, além disso, que as relações de justiça particular (distributiva e comutativa) apresentam-se e desenvolvem-se em planos diferentes do correspondente ao Direito Privado e ao Direito Público e que, em ambos os ramos, podem ter relações de justiça distributiva e de justiça comutativa. De resto, como destacou Tomás de Aquino, a restituição ou compensação devida para restabelecer a igualdade deve-se efetuar conforme os critérios de proporção da justiça comutativa (por exemplo, expropriação por razões de interesse público, responsabilidade por atividade legítima etc.).

Essa sucinta explicação que fizemos ficaria incompleta se não reconhecêssemos que, no cenário da justiça, costuma-se usar também a

---

[106] BARRA, Rodolfo Carlos. *Tratado de derecho administrativo*. tomo I. Buenos Aires: Abaco, 2002, p. 213 ss.

[107] FINNIS, John. *Ley natural y derechos naturales*. Tradução de Cristóbal Orrego S. Buenos Aires: Abeledo Perrot, 2000, p. 213 ss. afirma que "segundo a opinião de TOMÁS DE AQUINO, qualquer um que esteja a cargo do 'acervo comum' terá deveres de justiça distributiva; disso resulta que qualquer proprietário pode ter tais deveres (...)" salientando, além disso, que também o Estado e seus funcionários possuem deveres de justiça comutativa (*op. cit.* p. 214).

[108] ROSSI, Abelardo F. *Aproximación a la justicia y a la equidad*. Buenos Aires: Educa, 2000, p. 22.

[109] ROSSI, Abelardo F. *Aproximación a la justicia y a la equidad*. Buenos Aires: Educa, 2000, p. 22. Na justiça distributiva, menciona ROSSI, a medida do direito da parte não depende de um valor fixo compensatório proporcional ao valor da coisa ou de outro valor fixo, "mas da proporção entre pessoas (partes) no todo e o *quantum* dos bens comuns passíveis de distribuição" (*op. cit.* p. 38).

CAPÍTULO I – O NOVO CONSTITUCIONALISMO E AS BASES

categoria da justiça social[110], que indica uma orientação para a realização do bem comum (e nisto participa da justiça geral), ao devido pela comunidade aos semelhantes que precisam ter condições de vida digna, como as cargas impostas para satisfazer as necessidades sociais que sejam compatíveis com o bem do conjunto da comunidade e das pessoas consideradas individualmente, ou seja, com o bem comum, não se circunscrevendo a uma única espécie de justiça[111], senão que as agrupa, sendo, em verdade, um critério de orientação jurídica[112] e política.

I.9 A distinção entre moral e direito

Trata-se do antigo e clássico debate entre o positivismo e o jusnaturalismo que durante muito tempo dividiu a doutrina jurídica, onde, e sobre o qual, a partir de bases e ideias diferentes, nunca se conseguiu chegar a um acordo.[113] Os positivistas puros, mesmo reconhecendo a existência de uma moral objetiva ou social[114], sempre consideraram que

---

[110] Ver e comparar: Barra, Rodolfo Carlos. *Tratado de derecho administrativo*. tomo I. Buenos Aires: Abaco, 2002, pp. 151-154.

[111] MESSNER, Johannes. *Ética social, política y económica a la luz del derecho natural*. Madrid: Rialp, 1967, p. 505.

[112] BARRA, Rodolfo Carlos. *Tratado de derecho administrativo*. tomo I. Buenos Aires: Abaco, 2002, p. 154.

[113] Ver: LECLERCQ, Jacques. *El derecho y la sociedad*. tomo I. Barcelona: Herder, 1965, p. 40 ss.; GRANNERIS, Giusseppe. *Contribución tomista a la teoría del derecho*. Buenos Aires: Eudeba, 1977, p. 43 ss.

[114] A moral e o direito não se encontram totalmente separados, pois operam como círculos concêntricos. Quando a divisão que HEGEL fez entre moral subjetiva e objetiva for reconhecida e o direito tiver como objetivo fundamentalmente a moral objetiva, a proteção da consciência individual não será alheia à ordem jurídica. É certo que existem valores que não podem ser objeto direto de normas jurídicas e nem prescrever mandamentos positivos, como a amizade e o amor à pátria, mas sempre há mandamentos negativos que os protegem. Definitivamente, leva-se a cabo a integração da moral no direito, atualmente, através da recepção na dogmática e na jurisprudência dos princípios gerais do direito, estando ou não incorporados no ordenamento positivo. A fonte dos princípios citados encontra-se tanto na Constituição, nas leis, quanto na doutrina, no costume e na jurisprudência, e aí reside a principal diferença relativamente ao positivismo legalista.

o direito era algo diferente da moral, e apesar de admitirem que os preceitos positivos se baseavam em princípios morais, negavam a configuração de princípios gerais do direito como base e fundamento da ordem normativa, apoiando-se apenas em suas fontes formais. Nesse contexto e frente à insuficiência do positivismo legalista para deter os abusos das ditaduras europeias (que impuseram o nazismo e fascismo com base em um legalismo formal), muitos juristas se convenceram da necessidade de recorrer aos princípios gerais e de incorporá-los às Constituições, abrindo-se, assim, novos meios de criação por parte da doutrina e dos juízes que permitiram configurar princípios novos, tanto gerais quanto institucionais ou setoriais.

Em paralelo, o dogma da plenitude do ordenamento logo se esgotou nesse esquema e foi substituído pelo papel criativo do juiz que aplica esses princípios gerais mediante a técnica da ponderação.

Definitivamente, se a moral ou ética[115] está ligada ao âmbito dos valores aos quais se submete e se a ordem jurídica (que não é mais a ordem normativa apenas) aceita a superioridade de princípios gerais que contêm valores como fundamento do ordenamento, é evidente que não se pode sustentar que o valor seja algo estranho ao direito.[116]

Como não poderia deixar de ser, esse panorama se projeta sobre a teoria e, consequentemente, sobre o regime do ato administrativo, através dos princípios gerais que desempenham o papel de mandamentos que a Administração deve acatar e que estão, inclusive, acima do sistema normativo. Portanto, a configuração do ordenamento jurídico cobra uma dimensão nova ao ampliar-se consideravelmente o clássico bloco de legalidade. Com efeito, após a recepção dos princípios gerais nos direitos públicos internos dos Estados, pela jurisprudência ou pelas respectivas

---

[115] Consideramos que a ética e a moral são sinônimos, *Cf.* COVIELLO, Pedro J. J. "Reflexiones sobre la ética pública". *Revista Ius et Veritas*, Buenos Aires, n. 48, 2010, p. 223 ss., com citação de MARITAIN, Jacques. *Introducción general a la filosofía*. 8ª ed. Buenos Aires: Club de Lectores, 1949, p. 229 ss.

[116] FIGUEIREDO MOREIRA NETO, Diogo de. *Curso de Direito Administrativo*. 14ª ed. Rio de Janeiro: Forense, 2007, p. 77 ss., destaca o ressurgimento dos princípios e a superação dos erros históricos do positivismo legalista.

CAPÍTULO I – O NOVO CONSTITUCIONALISMO E AS BASES

Constituições, o fenômeno da globalização e, neste caso, a prevalência dos direitos supranacionais, generaliza princípios morais[117] que passam a constituir novos paradigmas do direito administrativo e público em geral, no decorrer de um processo que favorece a criação por parte dos juízes do direito, o qual acaba sendo caracterizado por uma integração entre elementos estáticos (os princípios gerais) e dinâmicos (os novos paradigmas e instituições).

O surgimento desses novos paradigmas, aplicados conforme as exigências da razão prática, traz consigo a queda de antigos dogmas que estavam ancorados em uma concepção autoritária do Direito Público, mesmo que a tarefa de erradicá-los não seja uniforme nos diferentes sistemas comparados, nem a transformação se projete na mesma intensidade.

I.10 A estrutura do ordenamento

O ordenamento jurídico é composto de normas e princípios.[118] Costumamos dizer (já recorremos a tal expressão) que as normas representam a face positiva do ordenamento, em cuja cúspide se encontra a Constituição como norma suprema e obrigatória (art. 31 da CN). Na realidade, para captar o sentido da referida expressão, deve-se definir primeiro o que é uma norma e o que constitui um princípio jurídico.[119] A tarefa, embora possa parecer dotada de certa complexidade, diante das

---

[117] COVIELLO, Pedro J. J. "Reflexiones sobre la ética pública". *Revista Ius et Veritas*, Buenos Aires, n. 48, 2010, p. 225, afirma, com razão, a unidade da moral e assinala que não se pode pregar que entre a ética pública e a ética privada existam âmbitos estanques, sem prejuízo do princípio de reserva privada do art. 19 da CN.

[118] Para um setor da doutrina espanhola o ordenamento integra-se também com elementos não normativos de natureza sociológica (comportamentos, convicções sociais etc.). Ver: REBOLLO PUIG, Manuel. "Los principios generales del derecho. Atrevimiento atribulado sobre su concepto, función e indución". *El Derecho*. suplemento de derecho administrativo, Buenos Aires, 10.06.2015.

[119] Ao fazermos referência aos princípios jurídicos, queremos indicar os princípios gerais de todo o direito e os de diferentes ramos, particularmente os pertencentes ao direito administrativo.

múltiplas concepções e definições existentes, mas resulta relativamente simples se nos ativermos aos conceitos básicos que proporcionam a lógica e a filosofia do direito.

Daí em diante, cabe notar que a positividade não é patrimônio exclusivo da norma legal, tendo em conta que é possível criá-la pelos costumes ou pela jurisprudência, e algo semelhante acontece com os princípios que podem estar ou não incorporados ao ordenamento legal positivo.

Existe também uma hierarquia entre as normas. A norma constitucional prevalece sobre aquela que tem sua fonte na lei e o mesmo acontece em relação às normas dos tratados que possuem hierarquia constitucional (art. 75 inc. 22 da CN), as quais são obrigatórias e vinculantes, a exemplo dos princípios que prescrevem.

I.11 As normas

Toda norma se caracteriza por conter uma estrutura tripartite, a saber: a) a descrição da situação de fato; b) o mandamento (ou cópula que expressa o dever ser); e c) a consequência jurídica. Essa é, digamos, a concepção clássica sobre a norma que, entretanto, admite uma série de matizes, conforme o tipo de normas e as características peculiares de cada disciplina. Por exemplo, o mandamento no direito penal costuma estar implícito[120] e, por sua vez, no direito administrativo, os mandamentos podem conter conceitos jurídicos indeterminados (por exemplo, o interesse público)[121] que devem ser determinados em cada caso pelos governantes ou juízes, de acordo com as exigências da razoabilidade prática.

---

[120] O artigo 79 do Código Penal prevê que "aplica-se reclusão ou prisão de oito a vinte e cinco anos a quem matar outro, sempre que em tal Código não se estabelecer outra pena". A situação de fato é a ação de matar outro (entende-se uma pessoa) a consequência ou sanção jurídica, a pena de reclusão ou prisão e o mandamento legal implícito são a proibição de matar outro. Os mandamentos penais são quase sempre negativos, mesmo quando também preveem mandamentos positivos como nos achados delitos de omissão, em que o sujeito deve atuar perante a lei e deixa de fazê-lo (por exemplo, o delito de abandono de pessoas, prescrito nos art. 106 e 108 do Código Penal).

[121] Ver: RODRÍGUEZ-ARANA, Jaime. *Interés general, Derecho administrativo y Estado del bienestar*. Madrid: Iustel, 2012, p. 97 ss.

CAPÍTULO I – O NOVO CONSTITUCIONALISMO E AS BASES

Ademais, especialmente no direito administrativo, é possível atribuir à Administração – exceto em matéria de sanções de natureza penal (ou de atos restritivos em geral) – o poder de usar a faculdade discricionária com relação aos três elementos que compõem a estrutura da norma, o que nem sempre se notou até agora com clareza. É certo que a atribuição legal ou regulamentar da discricionariedade da Administração se encontra sempre submetida a um controle jurisdicional pleno e efetivo para garantir os direitos das pessoas, o que é o fim principal da separação dos poderes.

I.12 Os princípios gerais: sua diferença relativamente às normas e aos valores. As diretrizes políticas

Enquanto as normas respondem a uma certa estrutura lógica, na qual tanto a proposição jurídica, constituída pela situação de fato que ela determina, como sua consequência se encontram jurídica, constituída pela situação de fato que ela determina, como suas consequências se encontram formuladas *"com semelhante propósito de precisão"*[122], os princípios surgem com uma margem de indeterminação e abstração[123] que os leva a sempre requerer um ato posterior que os precise em uma formulação mais detalhada, seja em sua incorporação ao direito positivo ou à falta deste, em sua aplicação ao caso concreto.[124] Os princípios carecem de atos

---

[122] Cf. DURÁN MARTÍNEZ, Augusto. *Los principios generales del derecho en el derecho administrativo uruguayo:* aplicación por el legislador, el administrador y el juez. Junta de Castela e Leão, La Coruña: Netbilo, 2007, pp. 595/596; VIGO, Rodolfo L. "Los principios generales del derecho". *JA*, 1986-III, 864.

[123] Para DE DIEGO a abstração dos princípios é superior à das normas, correspondendo seu estudo tanto aos filósofos do direito, como aos juristas práticos; e uma passagem do prefácio à obra do DEL VECCHIO afirma: *"Considerados, de fato, os princípios gerais do direito em seu mais amplo e abrangente sentido, são matéria do filósofo do direito; contudo, estando eles na raiz das instituições jurídicas particulares, não podem ser estranhos ao jurista profissional, e a ele pertencem, e estão dentro de sua competência quando descendem daquelas alturas para encarnar na vida, oferecendo espírito, cor e base aos preceitos de uma legislação positiva. No trânsito de uma a outra esfera, o que ganham em concreção e acaso em intensidade o perdem em amplitude e extensão; no final, esse trânsito representa uma maior determinação, uma acomodação em que a virtude do princípio, antes generalíssimo, infunde-se em termos mais particulares que, a seu modo, diminuem-no, transformando-os em princípios menos gerais e mais limitados"* (DEL VECCHIO, Giorgio. *Los principios generales del derecho*. Barcelona: Bosch, 1979, pp. 6/7).

[124] Cf. DURAN MARTINEZ, Augusto. *Neoconstitucionalismo y Derecho administrativo*. Montevidéu: La Ley, 2012, p. 88.

situações de fato,[125] as quais devem ser cobertas, em princípio, pelos legisladores ou juízes, dadas as restrições que pesam sobre a Administração para determinar sua própria competência.

Procurou-se fazer uma distinção entre princípios e valores, no sentido de que, enquanto os valores não permitem especificar os casos nos quais se aplicam e nem as consequências jurídicas que, em concreto, devem ser seguidas, os princípios, sem chegar a ser normas analíticas, traduzem um maior grau de concreção[126] e resultam vinculantes ou exigíveis. Conforme pode-se apreciar, o valor, assim definido, se parece com a diretriz de Dworkin, enquanto aponta um padrão – que, à semelhança do princípio, deve ser observado –, mas que repousa em um objetivo político, econômico ou social perseguido pela comunidade. Quando nos referimos ao valor, não o fazemos no sentido de algo útil, mas sim como equivalente ao bem, ou seja, algo objetivo que resulta estimável por sua qualidade intrínseca que costuma ser o centro de um princípio jurídico e, de certo modo, reflete a relação deste com a lei natural.

No plano jurídico, a diferença entre valor e princípio está longe de ser clara, pois, independentemente do fato de existir em alguns princípios um menor grau de concreção do que em outros, os valores sempre devem ser observados, quando são razoavelmente suscetíveis de serem captados pelo sistema jurídico. Poder-se-ia por acaso negar – por exemplo – que a justiça, a boa-fé, a proteção da liberdade e da igualdade não constituem princípios gerais do direito exigíveis?[127] Em suma, todo princípio contém um valor, mas nem todo valor configura um princípio jurídico exigível como tal (por exemplo, a amizade).

Embora o positivismo não desconheça os valores (nem, por conseguinte, a moral), eles são extraídos, arbitrariamente, do sistema

---

[125] PRIETO SANCHIS, Luis. *Constitucionalismo y Positivismo*. 2ª ed. México: UNAM/Fontamara, 1997, pp. 30/31.

[126] PEREZ LUÑO, Antonio E. *Derechos humanos, Estado de derecho y Constitución*, 4ª ed.. Madrid: Tecnos, 1991, p. 286 ss.

[127] BELADIEZ ROJO, Margarita. *Los principios jurídicos*. 1ª ed. reimpressão, Madrid: Tecnos, 1997, p. 75 ss.

CAPÍTULO I – O NOVO CONSTITUCIONALISMO E AS BASES

jurídico, concebido só como um conjunto de normas positivas (inclusive pelo costume e a jurisprudência).

A depuração que pretende fazer o positivismo (por isso Kelsen denominou sua concepção como teoria pura), negando toda relação entre o direito positivo e o direito natural, padece de graves falhas filosóficas, históricas e metodológicas que, recentemente, neste século (segundo nos parece), foram objeto de uma refutação completa[128] por parte do jusnaturalismo (através da NEDN).

Dessa forma, o afã depurador do positivismo kelseniano não dá lugar ao princípio democrático dentro do sistema constitucional. Com efeito, embora Kelsen reconhecesse a democracia como um valor, algo que pertence a sua própria essência, ao defender que a democracia constitui a expressão do relativismo[129] e ao não atribuir à democracia a condição de um princípio geral do direito (Kelsen não aceitava incluir os princípios gerais do direito entre as fontes do ordenamento) superior às leis, acaba legitimando qualquer regime autoritário (nazismo ou fascismo) que fosse escolhido pela maioria do povo, já que sendo todas as verdades relativas, não era possível deslegitimar – no plano de sua teoria – um regime positivo cujas teorias e práticas políticas resultam contrárias à lei natural (que impõe, entre outros, os mandamentos de não matar, não torturar, não danificar bens alheios etc.). Em tal concepção, não cabem direitos absolutos, como o direito à vida.

Além disso, a história demonstra que o auge que o positivismo teve para legitimar o regime nazista foi um dos motivos principais de sua decadência, transcorrida de forma paralela ao triunfo das teses jusnaturalistas a partir da Segunda Guerra mundial com o abandono de dogmas que, durante muito tempo, pareciam irrefutáveis.

---

[128] FINNIS, John. *Ley natural y derechos naturales*. Tradução de Cristóbal Orrego S. Buenos Aires: Abeledo Perrot, 2000,. p. 39 ss.
[129] KELSEN, Hans. *Esencia y valor de la democracia*. Tradução de Rafael Luengo Tapia e Luis Legaz y Lacambra. Barcelona/Buenos Aires: Labor, 1934, p. 143 ss., especialmente p. 153 ss.

Por sua vez, um dos ataques mais sérios sofridos pelo positivismo anglo-saxão[130] reside na distinção formulada por Dworkin entre princípios, diretrizes e normas que, paradoxalmente, serve também para limitar os exageros interpretativos em que um setor do neoconstitucionalismo continental e vernáculo incorreu, ao atribuir operatividade plena a princípios e valores que encerram objetivos e diretrizes políticas a serem cumpridas pelos governantes de turno, por decisão do poder constituinte, que não delegou ao juiz o poder de criar, com caráter geral, os mandamentos próprios da normas operativas.

Essa diferença repousa em uma série de distinções de natureza lógica[131] que fazem a um grau de determinação, generalidade e precisão, que, em última análise, traduz-se na orientação proporcionada ao juiz encarregado de dirimir uma controvérsia ou ao órgão administrativo

---

[130] *Cf.* DWORKIN, Ronald. *Los derechos en serio*. 2ª ed. Barcelona: Ariel, 1989, pp. 72/73, onde destaca que: "Na maioria dos casos usarei o termo 'princípio' em sentido genérico, para me referir a todo o conjunto dos padrões que não são normas; em algumas ocasiões, entretanto, serei mais exato e distinguirei entre princípios e diretrizes políticas. Embora nenhum ponto da minha presente argumentação dependa de tal distinção, quero enunciar como a estabeleço. Intitulo '*diretriz*' ou '*diretriz política*' ao tipo de padrão que propõe um objetivo que tem de ser alcançado; geralmente, uma melhora em algum traço econômico, político ou social da comunidade (mesmo que alguns objetivos sejam negativos, enquanto estipulam que algum traço atual tem de ser protegido de mudanças adversas). Denomino de '*princípio*' um padrão que tem de ser observado não porque favorece ou garante uma situação econômica, política ou social que se considera desejável, mas porque é uma exigência da justiça, a equidade ou alguma outra dimensão da moralidade. De tal modo, a proposição de que é necessário diminuir os acidentes de automóvel é uma diretriz e a de que nenhum Homem pode se beneficiar de sua própria injustiça, um princípio. A distinção pode desmoronar caso se interprete que um princípio enuncia um objetivo social (a saber, o objetivo de uma sociedade na qual ninguém se beneficia de sua própria injustiça) ou caso se interprete que uma diretriz enuncia um princípio (isto é, o princípio de que o objetivo que defende a diretriz é valioso) ou caso se adote a tese utilitarista de que os princípios de justiça enunciam de maneira encoberta objetivos (assegurar a maior felicidade para o maior número). Em alguns contextos, a distinção tem uma utilidade que se perde caso se deixe desvanecer dessa maneira".

[131] DWORKIN defende que: "Ambos os conjuntos de padrões apontam para decisões particulares referentes à obrigação jurídica em determinadas circunstâncias, mas diferem no caráter da orientação que oferecem. As normas são aplicáveis à maneira de disjuntivas. Se os fatos que estipulam uma norma estão dados, então ou a norma é válida, caso em que a resposta que dá deve ser aceita, ou não o é e então a decisão não aporta nada".

que aplica ou interpreta o direito, seja para criar uma situação de gravame, seja de vantagem, em relação a um particular.

I.13 O caráter preceptivo ou vinculante dos princípios. A diferença entre direito e princípio

A maioria dos autores modernos participa da tendência, originada na contramão do positivismo clássico, que atribui obrigatoriedade à observância dos princípios e superioridade sobre as leis positivas, cujo grau de primazia acentua-se na medida em que se incorporam, em sua grande maioria, às novas Constituições. Inclusive os princípios contidos no preâmbulo consideram-se operativos.[132] Os princípios carentes de situações de fato e de consequências jurídicas determinadas resultam, no entanto, preceptivos e se complementam com a garantia pública[133] que os protege, o que tem relevância particular no campo dos direitos humanos.

Sustentou-se, no campo da teoria moderna de Alexy sobre a argumentação jurídica, que se trata de mandamentos de otimização[134] quando, na realidade, isto é peculiar apenas a uma classe de princípios, que predicam enunciados suscetíveis de serem ponderados com gradualidade, em um marco aberto e indeterminado de aplicação às situações de fato ou sujeitos às orientações, padrões ou diretrizes de natureza política, no sentido empregado por Dworkin.

---

[132] TAWIL, Guido Santiago. "El Preámbulo de la Constitución Nacional". *Estudios de derecho administrativo*. Buenos Aires: Abeledo Perrot, 2012, p. 798 ss.

[133] Ver, BARRA, Rodolfo Carlos. "El ordenamiento institucional de los derechos humanos". *Temas de derecho público*. Buenos Aires: RAP, 2008, p. 300, salienta que a exigibilidade é uma qualidade inerente a todo direito humano que se complementa com a garantia pública.

[134] ALEXY, Robert. *Teoría de la argumentación jurídica:* a teoría del discurso racional como teoría de la fundamentación jurídica. Tradução de Manuel Atienza; Isabel Espejo. Madrid: Centro de Estudos Constitucionais, 1997, p. 458 ss. Sobre as teorias da argumentação e sua projeção nas decisões judiciais, veja-se o excelente trabalho de ZACAGNINO, María Eugenia; FERNÁNDEZ, María Alejandra. *In:* SACRISTÁN, Estela B. (coord.). *Manual de jurisprudencia y doctrina*. Buenos Aires: La Ley, 2013, p. 619 ss.

Pelo contrário, basta reparar na maioria dos princípios gerais para nos darmos conta de que nem são mandamentos de otimização[135] e que há mandamentos de aplicação imperativa, tanto mandamentos negativos ou como positivos. Existem inclusive princípios que geram direitos do Homem que têm primazia sobre outros, como o direito à vida[136], que não podem ser alterados pelos governantes (legisladores, juízes ou funcionários públicos).

Isso acontece, por exemplo, no campo do Direito Público, com o princípio da tutela jurisdicional efetiva, o da boa-fé e o da verdade material, para citar alguns exemplos nos quais não há otimização possível, porque o ótimo é a realização plena do princípio.

Em contrapartida, o mandamento de otimização aparece naqueles casos em que, mais do que princípios, trata-se de diretrizes políticas, econômicas ou sociais tendentes a orientar o legislador ou o funcionário, em certo sentido, através de padrões indeterminados com relação às decisões que adote. São as que, na teoria constitucional clássica, eram intituladas normas ou cláusulas programáticas da Constituição.[137]

Devido às múltiplas conceitualizações que existem sobre o direito no mundo jurídico, costumam ser confundidos ou identificados com os direitos e estes, por sua vez, com as garantias constitucionais. O Direito Público é propenso ao uso promíscuo de tais conceitos, mas o certo é que há uma liberdade de estipulação no meio doutrinário favorecida

---

[135] ATIENZA, Manuel; RUIZ MANERO, Juan. *Las piezas del derecho:* teoría de los enunciados jurídicos. 2ª ed. Barcelona: Ariel Derecho, 2004, pp. 30/31.

[136] Ver: FINNIS, John. *Ley natural y derechos naturales.* Tradução de Cristóbal Orrego S. Buenos Aires: Abeledo Perrot, 2000, p. 251, atribui caráter absoluto ao direito à vida. Porém, a lei natural e o direito positivo consagram exceções ao caráter absoluto do direito à vida quando se trata da defesa da própria vida (legítima defesa). Mesmo sendo um assunto que exige maiores desenvolvimentos, cabe também admitir que o direito legitima a defesa coletiva nos casos de guerra, havendo convenções que regulam diversos aspectos (por exemplo, as Convenções de Genebra).

[137] Ver *Teoría constitucional*. tomo II. Buenos Aires: Depalma, 1976, p. 3 ss., distingue entre cláusulas operativas e cláusulas programáticas não operativas que cumprem a função de indicar certas diretivas para atuação dos poderes públicos ou melhor, a definição de regras de interpretação dirigidas particularmente aos juízes (*op. cit.* p. 4).

CAPÍTULO I – O NOVO CONSTITUCIONALISMO E AS BASES

pela textura aberta da linguagem natural que se usa e a variedade de sentidos do termo. Somente o conhecimento teórico-prático permite saber em que sentido o juiz ou o legislador empregou o conceito (por exemplo, como princípio, direito ou garantia) e se o termo direito que usamos se refere ao poder jurídico ou faculdade que habilita a pretensão processual ou qualquer uma das acepções reconhecidas (por exemplo, o justo ou o direito concebido como ordenamento).

I.14 O caráter absoluto ou relativo dos direitos

A filosofia do utilitarismo[138] sustentava que não havia direitos fundamentais ou humanos absolutos e até nossa Corte Suprema estabeleceu o princípio da relatividade dos direitos, ao declarar, conforme o art. 14, que se desfruta dos direitos de acordo com as leis que regulamentam seu exercício.[139]

Como um paradoxo, a força de semelhante tradição, compatível com a tese do positivismo legalista (de uma forma consciente ou inconsciente), não é absoluta, já que não se pode conceber a relatividade dos direitos perante a existência de bens básicos.

Bens básicos são aqueles que não podem ser limitados por nenhum sistema democrático e nem atribuir caráter relativo ou subornar a regulamentação e, de fato, eles têm caráter absoluto naqueles Estados que praticam a democracia como forma de governo e de vida.

Mesmo quando houver algum desses direitos que não sejam cumpridos na realidade (como o direito de a autoridade não mentir e dizer a verdade ou o direito de não ser condenado por razões políticas ou dados falsos)[140], o certo é que os direitos públicos de maior transcendência para a dignidade do Homem têm caráter absoluto nos Estados

---

[138] FINNIS, John. *Ley natural y derechos naturales*. Tradução de Cristóbal Orrego S. Buenos Aires: Abeledo Perrot, 2000, p. 251.

[139] Sentenças 136:161 (1922), *in re* "Ercolano contra Lantieri de Renshaw".

[140] FINNIS, John. *Ley natural y derechos naturales*. Tradução de Cristóbal Orrego S. Buenos Aires: Abeledo Perrot, 2000, p. 253.

democráticos, o que permite descartar algumas teorias recentes que postulam a prevalência dos direitos coletivos sobre os direitos individuais.

Entre esses direitos humanos absolutos encontram-se o direito de não ser privado da vida, bem[141] como o direito de não ser privado da possibilidade de procriar[142] e o direito de não ser torturado e nem sofrer outros castigos cruéis, desumanos e degradantes.[143]

I.15 Características atribuídas à ordem jurídica

O direito, concebido como ordem jurídica, é o instrumento essencial que usa a autoridade para resolver os problemas de coordenação que surgem no seio da comunidade. Seu objetivo (embora não seja alcançado totalmente em cada país) se orienta à previsibilidade das relações humanas mediante a criação de regras e instituições.[144]

Como resquícios do positivismo, alguns continuam defendendo como supostos axiomas do direito o da completude do ordenamento jurídico (negando a possibilidade de lacunas normativas), do direito como ordem coativa[145] e do direito como regulador de sua própria criação, sem admitir a criação de regras fora do círculo que cria e permite criar o direito positivo.

Entretanto, esses caracteres formais que são atribuídos ao direito perdem consistência aos poucos e à medida que são confrontados com a realidade na qual operam.

---

[141] MASSINI CORREAS, Carlos Ignacio. *El derecho natural y sus dimensiones actuales*. Buenos Aires: Abaco, 1999, pp. 212-225.

[142] FINNIS, John. *Ley natural y derechos naturales*. Tradução de Cristóbal Orrego S. Buenos Aires: Abeledo Perrot, 2000, p. 253.

[143] Art. 18 *in fine* da CN.

[144] FINNIS, John. *Ley natural y derechos naturales*. Tradução de Cristóbal Orrego S. Buenos Aires: Abeledo Perrot, 2000, p. 296.

[145] Ver: VIGO, Rodolfo L. *El iusnaturalismo actual:* de M. Villey a J. Finnis. México: Distribuciones Fontamara, 2003, pp. 147 e 174.

CAPÍTULO I – O NOVO CONSTITUCIONALISMO E AS BASES

Primeiramente, não é certo que o ordenamento constitua uma ordem jurídica completa e que, portanto, não existam as chamadas lacunas do direito, por mais que estas sempre possam ser cobertas apelando à técnica da analogia. Trata-se de um postulado fictício, conforme o próprio Finnis[146] chega a reconhecer, e a experiência mostra que há infinidade de casos de carência de normas (a denominada carência histórica), na qual a solução jurídica é alcançada mediante um salto à justiça material[147], através de um ato de criação do direito por parte do juiz, que pode perfeitamente se basear em algum princípio do direito natural (não positivo).

Os dois axiomas com os quais Finnis pretende resumir as características formais do direito[148] tampouco são consistentes. Com efeito, o direito não pode ser definido exclusivamente como uma ordem coativa toda vez que ele normalmente puder ser realizado sem apelar à coação. Observem-se simplesmente os atos favoráveis (relações de fomento ou promoção) e a série de vínculos contratuais e inclusive legais que é cumprida sem coação (a maior parte das repartições autônomas) para demonstrar que há uma inumerável quantidade de atos jurídicos que é cumprida sem procedimentos coativos. Sendo a coação uma possibilidade para forçar o cumprimento de atos perante um particular recalcitrante não implica que todo ordenamento jurídico seja uma ordem coativa.

Além disso, a afirmação de que o direito regula sua própria criação vai contra o postulado básico do jusnaturalismo que, fora de todo dogmatismo formal, concebe a possibilidade de que as fontes do direito não tenham de provir, em todos os casos, de autoridades sociais "senão que há 'algo' jurídico, cognoscível, que vale como tal, mesmo que não tenha sido reconhecido ou disposto socialmente".[149] Esse "algo"

---

[146] FINNIS, John. *Ley natural y derechos naturales*. Tradução de Cristóbal Orrego S. Buenos Aires: Abeledo Perrot, 2000, p. 298.

[147] GOLDSCHMIDT, Werner. *Introducción filosófica al derecho*. 4ª ed. Buenos Aires: Depalma, 1973, p. 294 ss., especialmente p. 299.

[148] FINNIS, John. *Ley natural y derechos naturales*. Tradução de Cristóbal Orrego S. Buenos Aires: Abeledo Perrot, 2000, p. 294 ss. em especial pp. 296/298.

[149] VIGO, Rodolfo. *El iusnaturalismo actual: de M. Villey a J. Finnis*. México: Distribuciones Fontamara, 2003, p. 156.

jurídico é, para o jusnaturalismo e suas visões próximas, a lei ou o direito natural e os princípios gerais do direito.

I.16 Os paradigmas no Direito Público

O conceito de paradigma, usado para captar o sentido da revolução científica que opera no campo das ciências físicas e naturais e, no geral, no campo da história das ciências, pode ser usado com proveito no âmbito das ciências sociais para explicar os fenômenos próprios da transformação das instituições.[150]

É evidente que todas as ciências se baseiam em um paradigma ou no conjunto deles, os quais cumprem a função de ser uma espécie de lei básica que alimenta seus princípios de uma maneira contínua e generalizada.

A dinâmica dos paradigmas faz com que as formulações dos princípios no mundo do direito requeiram um ajuste quando a realização do bem comum o exija (geralmente orientado por necessidades sociais) e na medida em que estas não excedam os princípios básicos que fundamentam a justiça material, em suas diversas espécies (comutativa, distributiva e legal).

Atualmente, o paradigma converteu-se em uma noção, certamente versátil, que utiliza diversos usos interpretativos com significados diferentes, devido à liberdade de estipular conceitos que é própria da ciência do direito. Dessa forma, enquanto alguns concebem os paradigmas como novas visões do direito, e outros, como princípios gerais ou valores jurídicos, não faltam aqueles que os circunscrevem aos princípios do chamado neoconstitucionalismo.

Quando aludimos aos valores jurídicos assimilando-os aos princípios gerais, não estamos fazendo referência aos valores básicos fundamentais.[151]

---

[150] KUHN, Tomás. *La estructura de las revoluciones científicas*. Argentina: Fondo de Cultura Económica, 2002, p. 9 ss., especialmente p. 268 ss.

[151] FINNIS, John. *Ley natural y derechos naturales*. Tradução de Cristóbal Orrego S. Buenos Aires: Abeledo Perrot, 2000, art. p. 91 ss. especialmente pp. 113-127, enumera

CAPÍTULO I – O NOVO CONSTITUCIONALISMO E AS BASES

Referimo-nos aos princípios gerais do sistema jurídico (positivados ou não) que, mesmo quando não se relacionam à luz de uma ordem hierárquica pré-determinada, são interpretados e aplicados em conformidade com as exigências básicas da razoabilidade prática.[152] O certo é que até quem distingue os valores dos princípios em seu grau de especificação (o princípio teria um grau maior de determinação) admite que ambos são prescritivos[153] e que há princípios que configuram direitos humanos invioláveis, como o direito à vida[154], que cumprem um papel fundamental no Estado de Direito em suas diferentes versões.[155]

Vejamos agora algumas das razões pelas quais os juristas e inclusive os filósofos do direito não se questionam sobre as exigências da

---

entre os valores básicos fundamentais a vida, o conhecimento, o lazer, a experiência estética, a sociabilidade, a razoabilidade prática e a religião.

[152] Ver: FINNIS, John. *Ley natural y derechos naturales*. Tradução de Cristóbal Orrego S. Buenos Aires: Abeledo Perrot, 2000, p. 165 ss. A esse respeito, o referido autor se pergunta: como pode alguém saber se uma decisão é praticamente razoável? Entende a razoabilidade prática como um bem que estrutura nossa busca de bens, afirmando que não viver à altura dessas exigências é irracional. FINNIS descreve e desenvolve como tais: a) um plano de vida coerente; b) nenhuma preferência arbitrária entre os valores; c) nenhuma preferência arbitrária entra as pessoas; d) desprendimento e compromisso; e) a relevância das consequências: eficiência, dentro do razoável; f) respeito por todo valor básico em todo ato; g) as exigências do bem comum; h) seguir a própria consciência e i) a moral, como produto dessas exigências.

[153] COVIELLO, Pedro J. J. "Los principios y valores como fuentes del derecho administrativo". In: *Cuestiones del derecho administrativo*. Buenos Aires: RAP, 2009, p. 753.

[154] Segundo FINNIS, resulta inviolável e é absoluto, conforme as exigências de razoabilidade prática, um conjunto básico de direitos humanos, entre os que são encontrados, desde "(...) o mais óbvio, o direito de não se ver diretamente privado da própria vida como meio para nenhum fim ulterior; mas também o direito de acesso a informações verazes (v.g., no ensino), em que se espera razoavelmente uma comunicação real; e o direito de não ser condenado com base em infrações deliberadamente falsas; e o direito de não ser privado ou obrigado a privar-se da própria capacidade procriadora; e o direito de ser levado em conta com respeito a qualquer avaliação do que o bem comum exige" (*Ley natural y derechos naturales*. Tradução de Cristóbal Orrego S. Buenos Aires: Abeledo Perrot, 2000, p. 253).

[155] Sobre o Estado de Direito e suas versões diferentes, até chegar ao Estado de Direito Constitucional, a literatura jurídica europeia é vasta, ver: MUÑOZ MACHADO, Santiago. *Tratado de derecho administrativo y derecho público general*. 2ª ed. tomo I. Madrid: Iustel, 2011, p. 321 ss.

razoabilidade prática. Isso pode obedecer a uma explícita ou implícita adesão à tese positivista ancestral que separa a moral do direito, ou melhor, uma tendência racionalista moderna que incorpora formalmente como valores ou direitos no sistema positivo mesmo aqueles que não podem ser por sua repugnância à lei natural.

A seguir faremos alusão àqueles princípios gerais do direito aplicáveis ao direito administrativo que consideramos de relevância fundamental e que, portanto, cumprem a função dos paradigmas científicos, tenham eles sua fonte positiva nos textos constitucionais, em cláusulas dos tratados e nas leis, bem como na jurisprudência e na doutrina, sempre que encarnem interpretações juspublicistas que se revelem harmônicas com o texto constitucional de 1853-1860 e a reforma de 1994. Isto não implica descartar o comparatismo constitucional que, enquanto resulte compatível com o direito vernáculo, pode ser útil para a interpretação jurídica dos preceitos positivos que, em muitos aspectos, fundaram-se em suas prescrições.

O conhecimento de paradigmas, seja sob a forma de princípios gerais seja sob a forma de garantias jurídicas, não é um fenômeno exclusivo do Direito Público contemporâneo, nem do chamado neoconstitucionalismo. Basta lembrar a formulação e desenvolvimento do princípio de razoabilidade e do devido processo adjetivo[156], para citar alguns dos princípios que se desenvolveram em nosso país sob a influência das instituições do direito constitucional norte-americano. Algo semelhante aconteceu com os princípios gerais do direito elaborados pela jurisprudência do Conselho de Estado Francês[157] (por exemplo, a igualdade perante as cargas públicas e a interdição do desvio de poder) fundados na justiça ou na lei natural, antes que no direito positivo, que se projetaram sobre o nosso direito administrativo.

---

[156] Ver: LINARES, Juan Francisco. *La razoabilidad de las leyes:* el debido proceso como garantía innominada en la Constitución argentina. 2ª ed. Buenos Aires: Astrea, 1989..

[157] RIVERO, Jean. "Los principios generales del derecho en el derecho francês contemporáneo". *RAP*, Madrid, n. 6, 1951, p. 293 e seu clássico *Droit administratif*, 18ª ed. atualizada por Jean Waline, Dalloz, Paris, 2000, p. 72.

CAPÍTULO I – O NOVO CONSTITUCIONALISMO E AS BASES

Na Europa continental, em alguns países inclusive antes da sanção dos textos constitucionais do pós-guerra, iniciou-se um movimento doutrinário e jurisprudencial que, como reação aos dogmas e carências do direito administrativo clássico, contribuiu na incorporação de uma série de princípios gerais do direito administrativo ao sistema jurídico[158] (por exemplo, o informalismo, os princípios *pro libertate* e *pro actione*, a boa-fé etc.).

O processo foi guiado por uma revalorização do Estado de Direito com uma finalidade defensiva dos direitos fundamentais ou naturais (particularmente as liberdades dos cidadãos) e salientava a proteção da pessoa humana.

Na continuação desse processo, o chamado neoconstitucionalismo europeu reforçou a positivação dos princípios e novos direitos mediante a instrumentação de um catálogo amplo de direitos sociais, e posteriormente, coletivos. Estes últimos foram concebidos em função da tutela de bens comuns (por exemplo, a proteção ambiental) e da democracia participativa (direito de participação).[159]

Alguns desses novos princípios e direitos propõem falsos dilemas no momento de sua interpretação. Por razões ideológicas ou não, um setor da doutrina defende a operatividade direta de todos os novos princípios e direitos, incorporando-os à ordem coativa, como se fossem normas positivas, esquecendo que uma boa parte deles são mandamentos de otimização ou, conforme a terminologia usada pelo Tribunal, direitos fundamentais com operatividade derivada[160] que, quando implicam

---

[158] Ver GARCIA DE ENTERRÍA, Eduardo. *Reflexiones sobre la ley y los principios generales del derecho*. Madrid: Civitas, 1984, especialmente p. 63 ss.

[159] CELORRIO, Hernán. "Derechos sociales y tutela judicial". In: *Estudios de derecho administrativo*, n. 3. Montevidéu: La Ley, 2011, p. 7 ss. afirma que não há contradição entre os direitos civis e políticos "correspondendo uma complementação integral entre eles na interpretação de seus alcances e da devida proteção (p. 8).

[160] GARCÍA BELAUNDE, Domingo. "El Estado Social re-visitado". *REDA*, Buenos Aires: Abeledo Perrot, n. 81. 2012, p. 697 e SS, fala sobre direitos incondicionados e condicionados; os condicionados requerem regulamentação legal e recursos econômicos, ou seja, não são diretamente operativos.

obrigações de fazer a cargo do Estado, estão sujeitos ao controle de razoabilidade.[161] Esse processo de transformação dos princípios gerais em normas coativas, de conteúdo positivo, não perseguiu sempre uma finalidade garantista dos direitos e, em ocasiões, transgrediu o princípio da razoabilidade econômica.[162]

A ideologia procurou impor a prevalência dos direitos coletivos sobre os direitos individuais, mesmo à custa de aniquilar o direito à vida[163] que, para o pensamento jusnaturalista, representa um direito totalmente inviolável.

---

[161] Em caso recente, a mãe de um filho que padecia de uma grave deficiência apresentou uma ação contra a Cidade Autônoma de Buenos Aires reivindicando o direito a uma moradia digna. O Tribunal deferiu o pedido ordenando que o governo da cidade outorgasse as prestações de assistência social e saúde e que garantisse à autora, mesmo de forma não definitiva "um alojamento com condições edilícias adequadas à patologia da criança, sem prejuízo de contemplar sua inclusão em algum programa de moradia em andamento ou futuro para a solução permanente da solução apresentada". Nesse caso, o Tribunal inicia o reconhecimento da operatividade efetiva dos direitos fundamentais, bem como o direito à moradia digna e precisa. Essa operatividade não é direta, no sentido de que todos os cidadãos podem reivindicá-la em sede judicial (considerando 11º *in fine*), senão que uma operatividade subordinada à implementação pelos poderes públicos, já que existe "a necessidade de avaliar outros direitos de modo geral, como por exemplo a saúde, as prestações de aposentadoria, os salários e outros, bem como os recursos necessários" (considerando 11º, primeira parte). Entretanto, o Tribunal considera que os direitos fundamentais que consagram obrigações de fazer a cargo do Estado, como operatividade derivada, "estão sujeitos ao controle de razoabilidade por parte do Poder Judiciário" (considerando 12º primeira parte). (*Cf*. no caso "Recurso de hecho Q. C. S. Y. c/ Gobierno de la Ciudad de Buenos Aires s/amparo", Sentenças 335:452 [2012]).

[162] Por exemplo, quando se opõe o direito à moradia digna ao direito individual do proprietário, sem declaração de utilidade pública nem o cumprimento das demais garantia de expropriação (art. 17 da CN).

[163] A citação de um texto de FOUCAULT feita por MASSINI CORREAS (em sua obra *El derecho natural y sus dimensiones actuales*. Buenos Aires: Abaco, 1999, p. 221) ilustra até onde chega a tese que nega a pessoa humana e seus direitos fundamentais. A esse respeito, chegou a dizer que: "quando o proletariado tomar o poder, pode ser perfeitamente possível que exerça um poder violento, ditatorial e inclusive sangrento contra as classes sobre as quais triunfou; não vejo qual objeção se pode fazer a isso", (CHOMSKY, Noam; FOUCAULT, Michel. *La naturaleza humana: ¿justicia o poder?*. Valência: Universidade de Valência, 1976, pp. 55/56).

CAPÍTULO I – O NOVO CONSTITUCIONALISMO E AS BASES

Acima de tudo, cabe sublinhar que o verdadeiro problema não reside no reconhecimento positivo dos direitos e bens coletivos cujos valores são naturalmente passíveis de proteção em função do bem comum (por exemplo, a proteção da saúde e do meio ambiente), mas no desconhecimento de valores básicos e em sua interpretação irrazoável ou, mais precisamente, em sua utilização demagógica pelos governantes de turno, qualquer que seja a tendência que representem (liberais, conservadoras, socialistas etc.).

Os paradigmas que se revestem de fundamental relevância no Direito Público, ao configurar princípios gerais do direito, projetam-se sobre a teoria do ato administrativo.[164] Muitos deles são simples formulações evoluídas de princípios gerais anteriormente reconhecidos, que tiveram recepção positiva nos tratados internacionais integrantes de nosso ordenamento constitucional (art. 75 inc. 22). Isto leva à necessidade de aplicar em nosso direito administrativo não apenas as normas e princípios desses tratados, mas também a jurisprudência do Corte Interamericana de Direitos Humanos.[165]

I.17 A dignidade da pessoa como fonte central de todos os princípios e direitos

A pessoa humana é a fonte de todos os princípios e direitos.[166] Mais ainda, o fundamento[167] e a razão de ser do direito reside na

---

[164] MORAND-DEVILLER, Jacqueline. *Cours de Droit administratif.* 13ª ed. Paris: LGDJ, 2013, p. 269, salienta que os princípios gerais do direito têm um valor jurídico superior a qualquer classe de atos administrativos; ver também: GAUDEMET, Yves. *Droit administratif.* 20ª ed. Paris: LGDJ, 2012, pp. 132-134.

[165] Ampliar em: ABERASTURY, Pedro; GOTTSCHAU, Patrizia E. "Interrelación del derecho supranacional en el procedimiento administrativo nacional". *In:* ABERASTURY, Pedro; BLANKE, Hermann-Josef (coord.). *Tendencias actuales del procedimiento administrativo en Latinoamérica y Europa.* Buenos Aires: Eudeba/Fundação Konrad Adenauer, 2012, p. 95 ss.

[166] LAJE, Alejandro. *Derecho a la intimidad:* su protección en la sociedad del espectáculo. Buenos Aires: Astrea, 2014, p. 14 ss., sustenta que é o fundamento dos direitos personalíssimos como o direito à intimidade, verdadeiro direito subjetivo das pessoas.

[167] RABBI–BALDI CABANELLAS, Renato. *Teoría del derecho.* Buenos Aires: Abaco, 2008, p. 33.

pessoa cuja humanidade não deriva de uma criação formal do Homem.[168] Um ordenamento positivo que nega a condição de pessoa de um ser humano seria algo inconcebível, um não-direito, uma aporia que o positivismo não pôde resolver quando defendia que a pessoa era uma criação do direito.[169]

No domínio sobre a própria vida do ser, mais que do existir, encontra-se a raiz da dignidade da pessoa, pois, como diziam as *Partidas*[170], a pessoa humana é a mais nobre do mundo.[171] Essa dignidade não admite nenhuma discriminação em razão de nascimento, raça ou sexo, opiniões ou crenças[172] e nela se fundamentam os direitos humanos como a liberdade religiosa ou a liberdade de expressão.[173]

De uma forma ou de outra, todos os direitos humanos estão relacionados com a dignidade da pessoa que constitui algo como o princípio geral básico de todo o direito, o qual informa o conteúdo do ordenamento e resulta em um valor jurídico exigível. Por tal razão, o primeiro direito que prevalece sobre qualquer outro direito é o direito à vida[174], um de cujos conteúdos principais é o direito à saúde, já que a

---

[168] TOBÍAS, José W. "Persona y mercado". *La Ley,* 2012-B, 632, Suplemento da Academia Nacional de Direito e Ciências Sociais de Buenos Aires, 28.02.2012, aponta que *dignitas* é o fundamento último dos direitos fundamentais.

[169] RABBI–BALDI CABANELLAS, Renato. *Teoría del derecho*. Buenos Aires: Abaco, 2008, p. 62.

[170] NT: Originalmente Originalmente intitulado *Libro de las leyes* ("Livro das leis"), a atual denominação foi aplicada no século XIV, dadas às sete seções em que a obra se divide. Trata-se de um corpo normativo redigido no Reino de Castela, durante o reinado de Afonso X (1252-1284), com o objetivo de conseguir certa uniformidade jurídica no Reino.

[171] GONZALEZ PÉREZ, Jesús. *La dignidad de la persona*. Madrid: Civitas, 1986, p. 24.

[172] GONZALEZ PÉREZ, Jesús. *La dignidad de la persona*. Madrid: Civitas, 1986, p. 25.

[173] BARRA, Rodolfo Carlos. "La libertad de prensa en la reciente jurisprudencia de la Corte Suprema". *In*: GORDILLO, Agustín (coord.). *Derecho administrativo*: doctrinas esenciales. tomo I. Buenos Aires: La Ley, 2010, 2010, p. 1171 ss. em especial, p. 1181 e a jurisprudência do Tribunal citado.

[174] FINNIS, John. *Ley natural y derechos naturales*. Tradução de Cristóbal Orrego S. Buenos Aires: Abeledo Perrot, 2000, p. 251 ss.

CAPÍTULO I – O NOVO CONSTITUCIONALISMO E AS BASES

preservação da pessoa representa o grau máximo de sua dignidade. A pessoa é um fim em si mesmo, para cuja realização e perfeição precisa desfrutar de todos os direitos que se relacionam com a condição humana, com as restrições razoáveis que o bem comum impuser, tanto em sua dimensão individual, quanto social, espiritual e material.[175] Nesse âmbito de proteção encontram-se a liberdade, a propriedade e a igualdade, e ainda os que chamamos de direitos de segunda ou terceira geração com seus novos paradigmas, como a tutela jurisdicional efetiva.

O valor jurídico básico da dignidade humana ocupa um lugar central no Direito Público, sendo um princípio constitucional[176] que se projeta sobre a teoria do ato administrativo por meio do desenvolvimento de uma série de princípios gerais cujos conteúdos diversos se expressam mediante mandamentos, proibições e estímulos.

A dignidade humana, como princípio básico do direito, foi reconhecida em numerosos tratados internacionais. Para nosso ordenamento adquirem transcendência como fonte de toda a ordem jurídica, dada sua hierarquia constitucional (art. 75, inc. 22 da CN). Nesse sentido, desde a Declaração Universal sobre Direitos Humanos[177], o Pacto sobre Direitos Civis e Políticos[178], o Pacto sobre Direitos Econômicos, Sociais e Culturais, a Declaração Americana de Direitos e Deveres do Homem[179], até a Convenção Americana dos Direitos Humanos, incorporaram o princípio em seus textos; em particular, esta última o acolhe ao prescrever que: "Toda pessoa tem direito ao respeito de sua honra e ao reconhecimento de sua dignidade".[180]

---

[175] DELPIAZZO, Carlos E. "Recepción de los principios generales del derecho por el derecho positivo uruguayo". *In: Los principios en el derecho administrativo íbero-americano*. Foro Íbero-americano de derecho administrativo. Junta de Castela e Leão, La Coruña: Netbiblo, 2008, p. 616.

[176] Sentenças 314:421.

[177] Preâmbulo e art. 1, 2, 3, 4, 5, 6, entre outros.

[178] Considerandos e art. 7, 8, 10, 16, 17 e 19.

[179] Considerandos, Preâmbulo e art. I, II e XVII, entre outros.

[180] Art. 11.1 CADH.

O princípio da dignidade da pessoa protege uma variedade de situações (a dos funcionários, militares, estudantes, detidos ou reclusos, usuários de serviços públicos etc.)[181] e deve ser observado em todos os elementos do ato administrativo (competência, causa, objeto, forma e finalidade). Sua violação implica a inconstitucionalidade do ato pela violação de um tratado internacional que é parte integrante da Constituição e a nulidade pode ser enquadrada em cada um dos casos de nulidade absoluta previstos no art. 14 da LNPA (por exemplo, incompetência em razão da matéria por violar a Constituição e assim sucessivamente com os demais elementos do ato administrativo).

Não se pode ignorar também, como foi apontado, que um grupo de decisões da Corte Suprema conectou o chamado Estado Constitucional de Direito com a imediata proteção da dignidade humana.[182]

Lembremos que na dignidade humana se fundamentam os demais princípios gerais do direito, tantos os comuns a todo o direito como o princípio da boa-fé, os de *pro homine* e *pro libertate,* juntamente com os que são próprios e típicos do Direito Público, como o princípio da confiança legítima[183] e a tutela jurisdicional e administrativa efetiva, que se constituem novos paradigmas do direito administrativo.

Ao mesmo tempo, mesmo que os fatos e atos dos governantes costumem demonstrar o contrário, o ordenamento internacional aplicável na ordem interna[184] potencializou a observância da moral pública e a luta contra a corrupção. O ato administrativo cujo objeto transgride a moral pública padece de nulidade absoluta[185] e a conduta do funcionário merece a repreensão penal correspondente.

---

[181] GONZALEZ PÉREZ, Jesús. *La dignidad de la persona*. Madrid: Civitas, 1986, p. 136 ss.

[182] SAMMARTINO, Patricio Marcelo E. "Introducción al estudio del acto administrativo en el Estado Constitucional de Derecho". *REDA*, Buenos Aires: Abeledo Perrot, n. 81. 2012, ponto 2.3.

[183] Ver: COVIELLO, Pedro J. J. *La protección de la confianza del administrado*. Lexis-Nexis. Buenos Aires: Abeledo Perrot, 2004, p. 33 ss.

[184] GONZALEZ PÉREZ, Jesús. *La dignidad de la persona*. Madrid: Civitas, 1986, p. 136 ss.

[185] MARIENHOFF, Miguel S. *Tratado de derecho administrativo*. 4ª ed. tomo II. Buenos Aires: Abeledo Perrot, 1990, p. 349 ss.

CAPÍTULO I – O NOVO CONSTITUCIONALISMO E AS BASES

I.18 Os novos paradigmas do Direito Público

Uma primeira aplicação das exigências da razoabilidade prática indica que nenhum dos novos paradigmas pode ser interpretado para aniquilar outro princípio por fundamentos arbitrários ou preconceitos ideológicos. Se todos os princípios gerais, mesmo os que são considerados novos paradigmas, possuem uma objetiva hierarquia igual no plano dos valores básicos[186] – com exceção do valor vida –, a solução de um conflito no qual se invocam diferentes princípios ou direitos não é suscetível de ser predeterminada de forma dogmática, senão que requer levar a cabo uma tarefa de ponderação conforme as circunstâncias.

I.19 O princípio *pro homine* e sua função ordenadora. A interpretação mais favorável (*in dubio pro libertate*)

Trata-se de um princípio substantivo, que se dirige tanto ao agente público que dita um ato administrativo quanto ao juiz que interpreta um princípio, norma, ato ou contrato administrativo. Em tais casos, a aplicação e interpretação das normas deve ser orientada para a solução que proteja em maior medida a pessoa[187](física ou jurídica).[188]

---

[186] MASSINI CORREAS, Carlos Ignacio. *El derecho natural y sus dimensiones actuales*. Buenos Aires: Abaco, 1999, pp. 216/217.

[187] Ver: caso "Madorrán" da CSJN, Sentenças 330:1989, considerando 8º.

[188] MAIRAL, Héctor A. "Hacia una noción más acotada del acto administrativo (donde se explica como los argentinos pasamos, sin darnos cuenta, de obedecer la ley a obedecer a los funcionarios públicos)". *RAP*, Buenos Aires, 2011-1; 2, 2011, p. 43; aponta que a proteção das pessoas jurídicas está contemplada no art. 1º do Protocolo Adicional n. 1 ao Convênio para a Proteção dos Direitos Humanos e das liberdades fundamentais, que entrou em vigor no ano de 1954. Assinala que no direito interamericano a doutrina considera que a proteção compreende apenas as pessoas físicas e não as pessoas jurídicas, apesar de alguns precedentes da CIDH (casos Redio Ñanduty *versus* Paraguay (1987) e Cantos vs. Argentina (2001). A favor da proteção da pessoa jurídica: BIDART CAMPOS, Germán J. *Teoría general de los Derechos Humanos*. Buenos Aires: Astrea, 2006, p. 39 ss.

O embasamento normativo do princípio encontra-se fundamentalmente no art. 2º da Convenção Americana sobre Direitos Humanos, que consagra várias proibições dirigidas aos Estados: a) suprimir o gozo e o exercício dos direitos e liberdades reconhecidos na convenção ou limitá-los em maior grau do que previstos nela; b) limitar o gozo e exercício de qualquer direito ou liberdade que possa ser reconhecido de acordo com as leis de qualquer dos Estados-Parte ou de acordo com outra convenção na qual seja parte um desses Estados; c) excluir outros direitos e garantias que são inerentes ao ser humano ou que são derivados da forma democrática representativa de governo; e d) excluir ou limitar o efeito que possa produzir a Declaração Americana sobre Direitos e Deveres do Homem e outros atos internacionais da mesma natureza.

O princípio obriga a pessoa a interpretar de forma favorável as normas que reconhecem ou ampliam os direitos humanos inversamente, de forma restritiva os que consagram limitações ou restrições[189], já que o propósito do princípio consiste em "preservar a dignidade, assegurar os direitos fundamentais e alentar o desenvolvimento dos seres humanos".[190] Também amplia o âmbito dos direitos da pessoa no tocante à exigibilidade de outros direitos humanos ou fundamentais como o acesso à informação pública, a participação na elaboração dos regulamentos e dos usuários nas entidades reguladoras, a proteção dos direitos dos consumidores[191] e usuários de serviços públicos[192] etc. Sustentou-se que se trata

---

[189] GUTIERREZ COLANTUONO, Pablo Ángel; JUSTO, Juan Bautista (coord.). *Administración Pública, Juridicidad y Derechos Humanos*. Buenos Aires: Abeledo Perrot, 2009, p. 15.

[190] CIDH, Caso Comunidad Mayagma (Sumo) Awas Tingni contra Nicaragua, de 31.8.2001, publicado In: *La Ley*, 2003-C-290, voto concorrente do juiz García Ramírez (parágrafo 2).

[191] A proteção dos consumidores e usuários foi regulamentada por meio da Lei n. 24.240 e suas alterações (Leis n. 24.787, n. 24.999 ou n. 26.361); ver: PERRINO, Pablo E. "La responsabilidad del Estado y de los prestadores de servicios públicos privatizados frente a los usuarios". In: *Aportes para un Estado eficiente*. Publicação do V Congresso Nacional de Direito Administrativo do Peru. Lima: Palestra, 2012, p. 365 ss.

[192] Ver: DANÓS ORDOÑEZ, Jorge. "La protección de los derechos de los consumidores y usuarios en el derecho peruano". In: *Congreso Internacional de derecho administrativo*. X

CAPÍTULO I – O NOVO CONSTITUCIONALISMO E AS BASES

de um "megaprincípio" cujo sentido é orientar uma pauta valorativa de raciocínio "em direção à proteção da pessoa".[193]

Claro que que é razoável argumentar que, se o eixo da proteção reside na pessoa, o princípio *pro homine* constitui um valor básico, sendo o princípio *in dubio pro libertate* (ou *favor libertatis*) um derivado daquele, dado que a autonomia ou liberdade do sujeito é um *prius* (mesmo que sempre ligado à responsabilidade pessoal), já que a heteronomia e as limitações revestem sempre caráter excepcional. Deste princípio, deriva a regra de que a Administração deve sempre inclinar-se para a interpretação mais favorável à pessoa e o princípio de que a boa-fé do administrado sempre se presume, o que tem incidência particular no âmbito tributário.[194] A autonomia e a liberdade devem prevalecer sobre a restrição que deve ser limitada e estabelecida como exceção à regra de modo razoável.

Um caso claro que se choca com os princípios *pro homine, pro libertate* e boa-fé encontra-se na interpretação efetuada pela doutrina e pela jurisprudência da Corte a partir do caso "Almagro"[195], em torno do art. 18 da LNPA, que permite que a Administração anule um ato regular "se o administrado tivesse conhecido o vício". O que é questionável não reside em estender a exceção à revogabilidade do ato regular ao ato irregular, o que resulta lógico, já que não pode haver uma potestade de maior extensão para revogar o ato que tem vício menor que aquele que exibe um ato irregular que afeta a ordem pública administrativa (nulidade absoluta). O que é questionável é presumir o conhecimento do vício por parte do administrado, porque isso vai contra os mencionados princípios, os quais predicam a regra inversa e da qual se desprende que o ônus da prova e de imputar o vício ao administrado

---

Foro Íbero-americano de derecho administrativo, El Salvador, 2011, p. 719 ss., realiza uma exposição muito completa sobre o assunto nos termos do art. 65 da Constituição peruana.

[193] LORENZETTI, Ricardo Luis. *Teoría de la decisión judicial:* fundamentos de derecho. Santa Fé: Rubinzal Culzoni, 2008, p. 265.

[194] GONZALEZ PÉREZ, Jesús. *La dignidad de la persona.* Madrid: Civitas, 1986, p. 159 ss.

[195] Sentenças 321:170.

é responsabilidade da Administração.[196] Em tais casos, deve-se requerer, no mínimo, uma participação voluntária do administrado, ou melhor, que o vício lhe seja imputável[197] ou que exista dolo do administrado.[198]

No campo do direito penal, o princípio *in dubio pro reo* encarna o princípio *pro homine* enquanto assina prevalência – em caso de dúvida – à proteção da liberdade, tendo sustentado que "(...) pelas características próprias que fazem a essência da interpretação igual à lei penal, o princípio de menor reprovalidade deveria prevalecer sobre qualquer outro, de acordo com uma teoria garantista e, fundamentalmente, para proteger a imparcialidade do julgador".[199]

I.20 O princípio geral da boa-fé

Se tomamos em consideração o ato administrativo (ou o contrato da Administração), a boa-fé pressupõe que tanto a vontade da Administração quanto a do particular ou administrado e, em geral, os elementos do ato ou contrato foram produto de uma conduta correta, leal e honesta. Trata-se de uma derivação do princípio da dignidade da pessoa humana, cuja vigência no direito administrativo é anterior[200] à Convenção Americana sobre Direitos Humanos[201] e, certamente, embora reconheça

---

[196] GUTIERREZ COLANTUONO, Pablo Ángel; JUSTO, Juan Bautista (coord.). *Administración Pública, Juridicidad y Derechos Humanos*. Buenos Aires: Abeledo Perrot, 2009, p. 82, defendem que uma consequência fundamental do princípio "consiste em deslocar para o Estado a carga argumentativa e probatória sobre a validade e a aplicabilidade de uma determinada restrição a um direito", com citação da Sentença Hooft do Supremo Tribunal (Sentenças: 237:5118, considerando 3) de 2004.

[197] GORDILLO, Augustín. *Tratado de derecho administrativo*. 3ª ed. tomo III. Buenos Aires: Macchi, 1995, p. VI-18.

[198] CASSAGNE. Juan Carlos. *Ley nacional de procedimientos administrativos*: comentada y anotada. Buenos Aires: La Ley, 2009, p. 384.

[199] WAGNER, Federico. "*In dubio pro reo* como límite a la interpretación de la ley penal". *RDP*, Buenos Aires, 2014-10-2135.

[200] MARIENHOFF, Miguel S. *Tratado de derecho administrativo*. 4ª ed. tomo I. Buenos Aires: Abeledo Perrot, 1990, pp. 196 e 290.

[201] Art. 11, inc. 1.

CAPÍTULO I – O NOVO CONSTITUCIONALISMO E AS BASES

uma tradição prévia ao novo constitucionalismo, insere-se nos novos paradigmas constituindo inclusive uma exigência do princípio da confiança legítima, como veremos mais adiante.

A boa-fé vincula-se aos comportamentos éticos das pessoas cuja exigibilidade se incorpora ao direito que, considerando a moral, implica outra ruptura do positivismo legalista.[202] Ela resulta diretamente aplicável ao direito administrativo e rege independentemente de seu reconhecimento pelo direito positivo, embora as tendências dos ordenamentos inclinem-se por sua incorporação expressa, quer seja como princípio geral no Código Civil[203], quer seja, como ocorre na Colômbia, através da recepção constitucional do princípio (art. 83), cuja projeção sobre o procedimento administrativo foi amplamente desenvolvida pela jurisprudência e doutrina daquele país.[204]

I.21 O princípio da confiança legítima

A atividade da Administração deve gerar confiança no administrado, para que ele possa prever, de forma razoável, o grau de previsibilidade e segurança jurídica que sua relação possui com o Estado, e adotar as medidas necessárias para cobrir ou suportar as contingências adversas.

O princípio da confiança legítima nasce no direito alemão[205], em um marco de oposição entre a legalidade estrita e o princípio da boa-fé, a qual acabou sendo uma exigência e não seu fundamento que, na realidade, encontra-se no princípio da segurança jurídica.[206]

---

[202] GONZÁLEZ PÉREZ, Jesús. *El principio general de la buena fe en el derecho administrativo*. 4ª ed. Madrid: Civitas, 2004, p. 21 ss.

[203] Art. 7º ap. 1 do Código Civil espanhol.

[204] SARRÍA OLCOS, Consuelo. "Los principios generales del derecho y el procedimiento administrativo en Colombia". In: *Los principios en el derecho administrativo Íbero-americano*. Actas do VII Foro Íbero-americano de direito administrativo. Valladolid e Salamanca: Netbiblo, 2008, pp. 163-165.

[205] COVIELLO, Pedro J. J. *La protección de la confianza del administrado*. Lexis-Nexis. Buenos Aires: Abeledo Perrot, 2004, p. 33, especialmente p. 35 ss.

[206] MAURER, Hartmut. *Derecho administrativo:* parte general. 17ª ed. Madrid: Marcial Pons, p. 67.

Embora exista alguma conexão com o princípio dos atos próprios, o princípio da confiança legítima é uma instituição típica do Direito Público que tende a amenizar, por razões de justiça, os efeitos de uma aplicação irrestrita da legalidade. Sua aplicação, que sempre é subsidiária, projetou-se no direito espanhol, bem como no direito comunitário europeu[207], encontrando-se em um processo de desenvolvimento evolutivo no direito argentino.[208]

A finalidade do princípio é manter a intangibilidade dos direitos que nascem ao amparo de um ato ou contrato administrativo (pilar da concorrência e liberdade econômica), sempre que a verificação da ilegalidade do ato venha a ser produzida logo após ter transcorrido um tempo razoável suscetível de gerar ao particular uma legítima confiança na estabilidade da decisão[209] e de seus direitos.

Trata-se de situações com uma aparência de legalidade ou ausência de vícios manifestos, independentemente do caráter absoluto ou relativo da invalidade, que gera o direito à estabilidade do ato administrativo (por exemplo, uma permissão urbanística revogada pela Administração por motivos de legitimidade após autorizado o início das obras e habilitado o imóvel).

No tocante ao fundamento da segurança jurídica,[210] em que se baseia o princípio da confiança legítima, o Tribunal de Estrasburgo o situa no Preâmbulo do Tratado que declara o Estado de Direito como patrimônio comum de todos os integrantes.[211]

---

[207] COVIELLO, Pedro J. J. *La protección de la confianza del administrado*. Lexis-Nexis. Buenos Aires: Abeledo Perrot, 2004, p. 85 ss.

[208] Os primeiros casos em que se menciona o princípio na jurisprudência do Tribunal são "Revestek" (Sentenças 318:1531) e "Cirlafin" (não publicado), do ano 1995.

[209] TJCE Basf e outros *versus* Comissão, de 27.2.1992.

[210] MEDAUAR, Odete. *O Direito administrativo em evolução*. 2ª ed. São Paulo: Revista dos Tribunais, 2003, p. 246 ss. Na França, o Conselho de Estado o considera como um princípio geral de direito (C.E. Ass. 24 de março de 2006 Soc. KPMG), não ocorrendo o mesmo com o princípio da confiança legítima cuja aplicação – segundo o Conselho de Estado, limita-se ao direito comunitário. CE -9 de maio de 2001- caso "Entreprise Freymuth".

[211] GUTIERREZ COLANTUONO, Pablo Ángel; JUSTO, Juan Bautista (coord.). *Administración Pública, Juridicidad y Derechos Humanos*. Buenos Aires: Abeledo

CAPÍTULO I - O NOVO CONSTITUCIONALISMO E AS BASES

No sistema argentino, o fundamento encontra-se no valor da segurança jurídica e nos postulados do Estado de Direito contidos nos artigos 14, 16, 17 e 18 da C.N.[212] e, apesar de não ter havido nenhuma recepção ainda nos tribunais do sistema interamericano de direitos humanos, o princípio possui semelhante enquadramento à luz dos preceitos da CADH.[213]

Uma aplicação pontual do princípio de confiança legítima consiste em limitar o efeito retroativo da declaração de invalidade do ato administrativo[214], administrativo quando presentes os pressupostos requeridos para que o administrado tenha tido uma "expectativa razoável" na certeza de seu direito e tenha agido de boa-fé. No direito alemão, o princípio da proteção da confiança adquire maior força no caso da revogação de atos favoráveis, a menos que tenha ocorrido uma mudança de circunstâncias que transforme o ato em "antijurídico". Neste último caso, a proteção da confiança atua no sentido de permitir a revogação a partir do momento em que a mudança das circunstâncias se realize. Excepcionalmente, admite-se a revogação com efeitos retroativos *ex tunc* nos casos em que as subvenções ou ajudas públicas não tiverem sido usadas conforme sua finalidade.[215]

Perrot, 2009, p. 104. Um dos casos paradigmáticos que menciona é "Pine Valley" do ano de 1991, no qual se considerou que uma permissão urbanística anulada havia gerado expectativas legítimas ou razoáveis para exercer os direitos derivados do ato.

[212] COVIELLO, Pedro J. J. *La protección de la confianza del administrado*. Lexis-Nexis. Buenos Aires: Abeledo Perrot, 2004, p. 460, ss. GUTIERREZ COLANTUONO, Pablo Ángel; JUSTO, Juan Bautista (coord.). *Administración Pública, Juridicidad y Derechos Humanos*. Buenos Aires: Abeledo Perrot, 2009, p. 105.

[213] GUTIERREZ COLANTUONO, Pablo Ángel; JUSTO, Juan Bautista (coord.). *Administración Pública, Juridicidad y Derechos Humanos*. Buenos Aires: Abeledo Perrot, 2009, p. 106, com citações de sentenças da CIDH (Cayara *versus* Perú. Exceções preliminares), parágrafo 63, entre outros).

[214] Ver: COVIELLO, Pedro J. J. *La protección de la confianza del administrado*. Lexis-Nexis. Buenos Aires: Abeledo Perrot, 2004, pp. 229-234, e as correspondentes citações jurisprudenciais.

[215] MAURER, Hartmut. *Derecho administrativo:* parte general. 17ª ed. Madrid: Marcial Pons, pp. 324/325.

I.22 O princípio da moral pública

O emprego indistinto dos conceitos nos leva a considerar a moral como equivalente à ética e embora tenhamos consciência de que bom número de filósofos os diferenciem, não faz sentido, aqui, nos ocuparmos desse problema linguístico e conceitual. A essência da ética ou moral, consiste em perseguir o bem e não a utilidade de uma pessoa ou grupo de pessoas.

Dissemos anteriormente que a moral não é totalmente separável do direito (em sentido amplo), já que não pode haver ordenamentos positivos nem princípios de direito natural que legitimem os atos externos do ser humano que sejam imorais, na medida em que possam se projetar a terceiros. O que está isento de regulamentação estatal são as ações privadas dos indivíduos quando não afetam a moral pública e nem prejudicam os direitos de terceiros, conforme declara o artigo 19 da CN, norma que constitui um princípio geral do Direito Público.

A moral pública – como todo princípio jurídico – constitui, portanto, um mandamento vinculante que obriga os legisladores, administradores e juízes, derivado do primeiro princípio que se resume em fazer o bem e evitar o mal.

A ética[216] ou moral pública encerra um valor em si mesma que se cristalizou em diversos preceitos positivos de caráter nacional e supranatural; estes últimos também regidos pelo princípio de convencionalidade que obriga a respeitar as decisões dos tribunais internacionais e o direito derivado que produzem os diferentes organismos internacionais dos quais nosso país faz parte. As situações de fato do referido conjunto de normas[217] aludem aos procedimentos nas contratações públicas, à

---

[216] Ver: CAPUTI, María Claudia. *La ética pública*. Buenos Aires: Depalma, 2000, e "Ética pública y procedimiento administrativo". In: POZO GOWLAND, Héctor; HALPERIN, David Andrés; AGUILAR VALDEZ, Oscar; JUAN LIMA, Fernando; CANOSA, Armando (coord.). *Procedimiento administrativo*. tomo I. Buenos Aires: La Ley, 2012, p. 563 ss.

[217] Art. III incisos 5º, 6º, 8º e 9º da Convenção Interamericana contra a Corrupção (CICC) e art. 17 da Lei de Ética Pública n. 25.188.

CAPÍTULO I – O NOVO CONSTITUCIONALISMO E AS BASES

proteção dos denunciantes de fatos de corrupção, ao controle da gestão estatal e à sanção de nulidade para os atos que transgridem o regime de incompatibilidades e conflitos de interesse, entre outras prescrições.

No caso do ato administrativo, discute-se se a moral configura ou não um elemento próprio dele[218], ou constitui um requisito ou qualidade do elemento objeto[219], com base na aplicação analógica do art. 953 do Código Civil de Vélez Sarsfield.[220] A esse respeito, continuamos pensando que a moral reside no objeto do ato que é o conteúdo das decisões que o órgão administrativo adota, pois os demais elementos confluem no referido elemento e o resultado prático é o mesmo, considerando-se ou não a moral como um elemento separado e autônomo do ato administrativo.

I.23 A necessidade de harmonizar os novos paradigmas

No Direito Público, e particularmente no direito administrativo, costuma-se por vezes levar a cabo transformações que modificam instituições caducas, dão vida a novos princípios e criam regras jurídicas compatíveis com os fins que a mudança ou a adaptação do sistema jurídico persegue.

O fenômeno jurídico pode ser comparado à água de um rio que flui interruptamente. O direito, como a água, mantém seu conteúdo substancial, que vem a ser uma combinação de princípios e normas, de justiça e experiência, com exigências morais inevitáveis.

A queda do dogma positivista, que postulava a separação absoluta entre os valores morais e o direito, representa a maior mudança existente no plano da filosofia do direito, realizada a partir da Segunda Guerra mundial.

---

[218] MARIENHOFF, Miguel S. *Tratado de derecho administrativo*. tomo II. Buenos Aires: Abeledo Perrot, 1975, p. 345 ss.

[219] CASSAGNE, Juan Carlos. *Curso de derecho administrativo*. 10ª ed. tomo I. Buenos Aires: La Ley, 2011, p. 617.

[220] Art. 279 do CCCN.

O curioso é que o auge do novo constitucionalismo foi possível graças às contribuições provenientes de alguns filósofos do direito formados no positivismo, que, sem renegar tudo que o direito positivo tem de valioso, convenceram-se de que, sem princípios de justiça o direito se transforma em um instrumento formal, que pode ser usado ao talante de ditaduras de esquerda ou de direita. O que ocorreu com o nazismo e o fascismo é a demonstração mais acabada da falência do positivismo legalista no direito de raiz continental e anglo-saxônica.

Além das funções que o Estado deve cumprir como garantidor e gestor do bem comum, o grande problema é, e continuará sendo, a limitação do poder para torná-lo compatível com os direitos humanos básicos, entre os que contam não somente os novos direitos coletivos e os direitos sociais da segunda geração, cuja primazia alguns pretendem impor, senão também os direitos da pessoa individual em benefício de sua liberdade e de suas necessidades materiais e espirituais, como a propriedade e a igualdade.

À luz do princípio da não contradição, nunca pode ser um critério interpretativo válido dar preferência dogmática a um princípio sobre outro, nem ao direito coletivo sobre o direito individual, na medida em que são direitos fundamentais da pessoa humana. Isso implicaria a negação do princípio ou do direito de antemão, despojando-o de sua condição essencial.

O que sim pode ocorrer e, de fato, é o que acontece, é que se deve resolver um conflito entre pretensões de partes que se baseiam em direitos que, em um determinado caso, aparecem contrapostos, e o juiz deverá dar total ou parcial razão a uma ou outra com base na ponderação e nas exigências da razoabilidade.

Neste cenário, o novo constitucionalismo (expressão que preferimos ao neoconstitucionalismo) contribuiu para reafirmar a tendência do direito administrativo de proibir as arbitrariedades da Administração potencializando o papel que os princípios gerais devem cumprir no sistema jurídico constitucional e internacional de proteção dos direitos humanos, o que implica estender o alcance do controle jurisdicional.

CAPÍTULO I – O NOVO CONSTITUCIONALISMO E AS BASES

Em tal sentido, os tratados internacionais de direitos humanos incorporados à Constituição (art. 75, inc. 22) complementaram o sistema de proteção dos direitos individuais e sociais que nossa Carta Magna consagra, tornando obrigatória a aplicação de seus princípios à teoria do ato administrativo, conforme as técnicas da ponderação e as regras da razoabilidade prática.

A abordagem efetuada sobre três paradigmas fundamentais que impregnam o conteúdo das relações entre os particulares e a Administração, como os princípios *pro homine* e seu consequente *in dubio pro libertate*, bem como outros princípios como o da confiança legítima e o da tutela jurisdicional e administrativa efetiva, não pretende ser ampla nem excludente, já que os tratados internacionais também contém princípios que ampliam a esfera dos direitos individuais e coletivos. Entretanto, cabe advertir que o desenvolvimento destes tratados não deve ser realizado às custas dos direitos tradicionais de liberdade, propriedade e igualdade, o que não implica desconhecer a extensão que alguns princípios fundamentais tiveram, como por exemplo, a igualdade de oportunidades, que é uma projeção do princípio geral de igualdade, base da justiça e cuja aplicabilidade deve ser ponderada em cada caso em função de outros princípios (razoabilidade e eficácia), bem como o clássico princípio de subsidiariedade[221], cuja recepção em nosso país limitou-se ao campo doutrinário.[222]

Se tivéssemos que resumir a equação atual do Direito Administrativo, diríamos que já não gira, exclusivamente, em torno do equilíbrio entre autoridade e liberdade que, certamente, tem de ser mantido com todo rigor, à semelhança de todos os princípios que compõem o Estado de Direito, senão que entre o poder público e da dignidade humana – ou, se se preferir, entre a autoridade[223] e a proteção da pessoa física e jurídica

---

[221] Ver: RODRÍGUEZ-ARANA, Jaime. *Interés general, Derecho administrativo y Estado del bienestar*. Madrid: Iustel, 2012, p. 101 ss., e MEDAUAR, Odete. *O Direito Administrativo em Evoluçao*. 2ª ed. São Paulo: Revista dos Tribunais, 2003, pp. 245/246.

[222] Ampliar em nosso *Curso de derecho administrativo*. 10ª ed. tomo I. Buenos Aires: La Ley, 2011, p. 25 ss.

[223] Autoridade que, em qualquer caso, cumpre uma função "servicial" cuja razão de ser se encontra no princípio personalista (a primazia da pessoa humana), *Cf.* DELPIAZZO,

de seus direitos individuais e coletivos – interpretados segundo as regras da razoabilidade prática mediante a utilização da técnica da ponderação e, por sua vez, no plano econômico-social, o modelo que prevalece é o do Estado Subsidiário, em que, de gestor principal das prestações de serviço público passou a ser um Estado basicamente regulador e garantidor da qualidade e eficiência das prestações privadas que satisfazem necessidades públicas. Nesse modelo, cabe ao Estado, além das funções básicas essenciais, como a segurança e a justiça, desempenhar um papel ativo no campo social frente à insuficiência dos setores privados para cobrir as necessidades coletivas, o que dependerá do grau de desenvolvimento de cada país e, mesmo quando as economias muitas vezes não forem comparáveis, o princípio de subsidiariedade se mantém, em sua face ativa, matizando-se seu alcance conforme as diferentes situações e possibilidades dos Estados.

Carlos E. "Recepción de los principios generales del derecho por el derecho positivo uruguayo". In: *Los principios en el derecho administrativo íbero-americano*. Foro Íbero-americano de derecho administrativo. Junta de Castela e Leão, La Coruña: Netbiblo, 2008, p. 616.

Capítulo II
OS PRINCÍPIOS GERAIS NO DIREITO ADMINISTRATIVO

Sumário: II.1 Projeção dos princípios gerais. II.2 Transcendência dos princípios gerais. II.2.1 Características e principalidade dos princípios gerais. II.2.2 Suas peculiaridades no direito administrativo. II.2.3 A inserção dos princípios do Direito Natural no ordenamento e o papel da tópica. II.3 A concepção finnisiana sobre os princípios gerais do direito. II.4 Hierarquia e diversidade dos princípios gerais. II.4.1 A constitucionalização dos princípios e a problemática proposta. II.4.2 Princípios fundamentais e princípios institucionais ou setoriais. II.4.3 Os princípios gerais são fontes formais e materiais: seu grau de preferência. II.5 O papel dos princípios no ordenamento. II.5.1 Distintas funções que os princípios gerais cumprem. II.5.2 Os princípios gerais como garantias jurídicas. II.5.3 Os princípios gerais como limites ao exercício do poder regulamentar. II.5.4 A extensão do dever de resolver se estende a Administração. II.6 Os princípios gerais no campo da interpretação jurídica. II.6.1 Diferentes classes de interpretação. II.6.2 A analogia e os princípios gerais do direito. II.6.3 A submissão da Administração à lei e ao direito. II.6.4 Os poderes discricionários da Administração e os princípios gerais do direito.

II.1 Projeção dos princípios gerais

O sentido dos princípios gerais no direito administrativo, tanto os que são comuns a todo o direito como aqueles que se expressam no âmbito da própria disciplina, não pode prescindir do fundamento basilar que preside as relações que se colocam entre os cidadãos e o Estado. Esse fundamento último e principal não é outro senão a dignidade humana, a partir da qual se chega "a alguns princípios imutáveis, superiores a todo ordenamento positivo".[224]

Em sua problemática, as distintas fontes positivas de produção do sistema normativo cobram transcendência, assim como a justiça material, quando procede para integrar os princípios gerais na solução do caso, mediante um processo de heterointegração[225] (no caso de carência histórica de normas).

Para captar, inicialmente, o sentido do que constitui um princípio geral, pode-se recorrer, em uma espécie de analogia, ao pensamento de Ortega, quando defende que existe uma conexão entre ideias e crenças que se assemelha ao que existe entre conhecimentos e certezas. Quem crê tem certeza – acrescenta –, justamente porque ele não a forjou. Vem de fora.[226] As ideias, por outro lado, são adquiridas pelo homem em contato consigo mesmo e com o mundo, ou seja, com a realidade.[227]

Nessa visão orteguiana, com exceção das distâncias e terminologias, há muito do pensamento grego de Sócrates e de Platão, no sentido de que as ideias são algo que o ser humano descobre dentro de si mesmo. Como se sabe, enquanto Sócrates se baseava na pessoa (o objetivo do filósofo era a descoberta da verdade dentro de si mesmo), Platão retoma

---

[224] *Cf.* GONZÁLEZ PÉREZ, Jesús. *La dignidad de la persona humana*. Madrid: Civitas, 1986, p. 20; MARTÍNEZ LÓPEZ-MUÑIZ, José Luis. "Principios generales del derecho administrativo constitucionalizados en el derecho español". *Actas del VII Foro Íbero-americano de derecho administrativo*. Valladolid e Salamanca, Junta de Castela e Leão: Netbilo, 2008, pp. 388/389, vincula a dignidade da pessoa aos princípios do Estado Social e Democrático de Direito.

[225] SAGUÉS, Néstor Pedro. *Manual de Derecho Constitucional*. Buenos Aires: Astrea, 2007, p. 45.

[226] ORTEGA Y GASSET, José. *Obras completas*. tomo V. Madrid: Alianza Editorial, 1983, p. 407.

[227] ORTEGA Y GASSET, José. *Obras completas*. tomo V. Madrid: Alianza Editorial, 1983, p. 384.

CAPÍTULO II – OS PRINCÍPIOS GERAIS NO DIREITO ADMINISTRATIVO

seu pensamento projetando-o sobre saber. Nessa projeção ao saber, aperfeiçoa-se a dialética (o método da argumentação e discussão para se chegar à verdade ou à solução justa).[228]

Como se sabe, o idealismo platônico consiste em uma construção que se realiza mediante uma operação dupla: por um lado, afirma-se que as ideias (mundo inteligível) existem independentemente das coisas; porém as coisas (o mundo sensível) existem apenas quando participam das ideias, daí o idealismo sustentar que a coisa não pode existir sem a ideia (a ideia constitui o modelo exemplar das coisas).

O pensamento de Platão constitui, de certo modo, um antecedente útil para a caracterização dos princípios gerais, enquanto afirma que o conhecimento das ideias é um conhecimento *a priori* (independente da experiência, o que não implica que se chegue a ele à margem da experiência). Trata-se de um conhecimento universal e necessariamente válido, que terá sempre de ser assim;[229] algo semelhante à certeza ou crença, em Ortega.

Os princípios gerais guardam relação estreita com a justiça ou com o direito natural, no qual encontram seu fundamento[230], sendo conhecimentos que se assemelham a crenças indiscutíveis, forjadas desde fora da pessoa, nas quais o mundo inteiro acredita. Os princípios são universais[231],

---

[228] É a concepção clássica da dialética. As ideias modernas sobre a dialética foram particularmente desenvolvidas por HEGEL (tese e antítese em um movimento ativista) e SCHOPENHAUER (a arte de ter razão). Como se sabe, tais concepções da dialética excluem a verdade e os valores.

[229] *Cf.* BLAQUIER, Carlos Pedro. *Apuntes para una introducción a la filosofía*. Buenos Aires: Lons, 2003, pp. 33/34, afirma que diante desses conhecimentos *a priori* estamos "(...) perante uma verdade de direito que sempre e necessariamente é assim" (*op. cit.* p. 34).

[230] Ver SARMIENTO GARCÍA, Jorge. *Los principios en el derecho administrativo*. Mendoza: Diké, 2000, p. 41 ss.

[231] O realismo moderado, de raiz aristotélica tomista, embora postule a independência das coisas das ideias (unificando o mundo sensível com o inteligível) aceita, diferentemente do nominalismo, a categoria dos universais. Atualmente, alguns juristas costumam ser nominalistas inconscientes, como os neo-positivistas; ampliar em FERRATER MORA, José. *Diccionario de Filosofía*. tomo III. Barcelona: Ariel Filosofia, 1994, p. 2575 ss; tomo IV. Barcelona: Ariel Filosofia, 1994, p. 3603 ss.

existem por si mesmos.[232] Pode-se dizer que são tão óbvios que ninguém os pode negar ou refutar (v.g. a defesa da vida, a dignidade da pessoa, a consolidação da justiça, a liberdade interior e exterior, a boa-fé etc.).

Entretanto, apesar do auge que as correntes jusnaturalistas tiveram no século passado – inclusive as mais complexas e amplas, como o trialismo[233] (uma espécie de jusnaturalismo atualizado) –, elas se encontram no meio de um cenário doutrinário caracterizado por uma notável diversidade na qual desfilam desde concepções positivistas até metapositivistas e ecléticas[234], ou melhor, transpositivistas.[235]

Contudo, as classificações apontadas não devem nos levar a confundir as coisas, porque muitos dos princípios gerais provenientes do jusnaturalismo clássico ou, ainda do que possui natureza racionalista, passaram ao direito positivo através de sua incorporação à Constituição e à lei (formal e material) ou mediante sua recepção generalizada através da jurisprudência. Isso não implica que se dilua a hierarquia que os princípios gerais do direito possuem como fonte do ordenamento, estando ou não positivados, tampouco deixar de reconhecer que "(...) a peculiaridade do âmbito jurídico-administrativo foi causa de modalização de alguns ou inclusive do surgimento de outros, ao amparo dos preceitos constitucionais".[236]

---

[232] MARIENHOFF, Miguel S. *Tratado de derecho administrativo*. tomo I. 4ª ed. Buenos Aires: Abeledo Perrot, 1990, afirma que "se o Conselho de Estado francês invoca e aplica 'os princípios gerais do direito' é porque eles existem" (*op. cit.* p. 282).

[233] SARMIENTO GARCÍA, Jorge. *Los principios en el derecho administrativo*. Mendoza: Diké, 2000, pp. 25/26.

[234] VIGO, Rodolfo L. "Los principios generales del derecho". *JA,* 1986-III, 860, aponta que no cenário doutrinário existem cinco correntes: a positivista, que sustenta que não há princípios fora do direito positivo; a historicista, que encontra o fundamento dos princípios gereais em um direito pretérito; a cientificista, que leva em consideração apenas sua elaboração pela ciência jurídica; a metapositivista, que fundamenta o conteúdo dos princípios fora do direito positivo e, por último, a eclética, que harmoniza as diferentes posturas.

[235] COVIELLO, Pedro J. J. "Los principios generales del derecho frente a la ley y al reglamento en el derecho administrativo argentino". *REDA,* Buenos Aires: Lexis-Nexis, n. 62, 2007, p. 1088 ss.

[236] MEILÁN GIL, José Luis. "Los principios generales del derecho desde la perspectiva del derecho público en Espanha". *Actas del VII Foro Íbero-americano de derecho administrativo.* Valladolid e Salamanca, Junta de Castela e Leão: Netbilo, 2008, p. 414.

CAPÍTULO II – OS PRINCÍPIOS GERAIS NO DIREITO ADMINISTRATIVO

Alçados ao plano dos poderes, os princípios constituem o fundamento dos direitos ou garantias que facultam o Estado e os particulares a invocá-los nos processos judiciais e dessa forma obter a tutela jurisdicional de situações jurídicas subjetivas.

II.2 Transcendência dos princípios gerais

II.2.1 Características e principalidade dos princípios gerais

No direito administrativo confluem, com maior ou menor intensidade, os elementos normativos do sistema jurídico, os valores que dão conteúdo justo à aplicação e interpretação do direito junto aos dados da experiência que reflete a realidade social, através do comportamento das normas, tanto na jurisprudência quanto na prática ou costume. Daí a transcendência que reveste os princípios gerais na medida em que reafirmam suas funções aplicativas e integrativas para encontrar a solução justa em um determinado caso, o que se pode obter – entre outros procedimentos – mediante a utilização da técnica chamada tópica (originária do direito romano e revalorizada pela ciência jurídica alemã e espanhola do século passado).

Há algum tempo atrás, nos propusemos[237] a captá-lo em sua dimensão real e transcedente. Sua temática requer o percurso de um caminho que se inicia das questões básicas que são propostas no campo da filosofia do direito e da técnica jurídica.

Desde esse trabalho já se passaram alguns anos e é interessante comparar a evolução que tiveram alguns dos princípios gerais do direito, juntamente com o surgimento de outros novos, produto da reforma constitucional de 1994 e do desenvolvimento doutrinário e jurisprudencial.

O progresso da ciência jurídica do direito público, particularmente do direito administrativo a partir da metade do século XX, foi tão

---

[237] In: *Principios generales del derecho en el derecho administrativo.* Buenos Aires: Abeledo Perrot, 1988.

espetacular como incessante. É certo que talvez tenha havido demasiada produção e que nem toda ela, logicamente, tenha contribuído para o crescimento harmonioso da disciplina.

Entretanto, se separarmos o joio do trigo não se pode negar que, na maior parte das obras de valia intelectual, há uma recorrência, por vezes oculta, dos princípios gerais do direito que constituem o fundamento ou causa do ordenamento jurídico administrativo.

Esse renascimento dos princípios implica reconhecer que houve, de forma consciente ou inconsciente, um abalo massivo do positivismo[238] e das técnicas puramente dedutivas de interpretação das normas e, por mais que alguns continuem postulando uma concepção estritamente positivista do direito, o certo é que os princípios da justiça, ou se se preferir, do direito natural, minaram os fundamentos da pirâmide kelseniana, já que eles existem, se desenvolvem e se aplicam independentemente das normas positivas.[239] Mais ainda, muitas vezes os princípios gerais representam um freio que exerce a função de garantir os direitos dos particulares frente aos abusos em que as leis ou regulamentos administrativos costumam incorrer.

De certo modo, o direito administrativo pode ser descrito a partir de uma cadeia formada por princípios gerais que se encontram na base do sistema jurídico, inspiram suas normas e informam seu conteúdo, permitindo concretizar, em caso de lacunas, a obra legislativa.[240] Contudo não existe, na realidade não existe um dualismo entre Direito Natural e Direito Positivo. O que realmente acontece é que o primeiro sofre um processo de conversão jurídica devido a sua incorporação a fórmulas técnicas que se configuram topicamente em função dos problemas. Essa

---

[238] Uma forte e lúcida reação contra o positivismo legalista no Uruguai pode ser vista em MARTINS, Daniel Hugo. *Introducción al Derecho administrativo*. Montevidéu: FCU, 1982, p. 15 ss.

[239] Ver SILVA TAMAYO, Gustavo. *Desviación de poder y abuso de derecho*. Buenos Aires: Lexis-Nexis, 2006, p. 29.

[240] ALTAMIRA GIGENA, Julio Isidro. *Los principios generales del derecho como fuente del derecho administrativo*. Buenos Aires: Astrea, 1972, p. 29.

CAPÍTULO II – OS PRINCÍPIOS GERAIS NO DIREITO ADMINISTRATIVO

conversão dos preceitos absolutos do direito natural em critérios técnicos e tecnificáveis é, precisamente, o que se expressa no conceito de *"princípios gerais do Direito"*.[241]

A característica de principalidade que os princípios possuem no mundo do direito apresenta uma série de problemas, que vão desde sua articulação com o direito positivo, a dimensão de peso ou importância que cabe designar a cada um deles em sua aplicação recíproca, até o desenvolvimento de novos princípios, como produto das exigências de uma justiça que funciona no marco da uma mutante realidade social.

Esse dinamismo potencial, que é próprio dos princípios gerais do direito, se faz acompanhar das peculiaridades do direito administrativo que, como direito em formação, sempre se encontra frente a um processo de adaptação à realidade sobre a qual elabora suas soluções frequentemente assistemáticas.[242]

E, curiosamente, essa elasticidade que muitos chegaram a defender, do direito positivo – cuja potência normativa era considerada praticamente interminável – é a que deve reconhecer os princípios gerais do direito. Entretanto, deve-se notar que essa aptidão para se expandir não carrega em si a ideia de mudança constante, mas a de permanência dos princípios e instituições fundamentais, apesar de sua adaptação a uma realidade em movimento contínuo.

---

[241] GARCÍA DE ENTERRÍA, Eduardo. *Reflexiones sobre la ley y los principios generales del derecho*. Madrid: Civitas, 1984, p. 63, agrega que: "A individualidade destes, paralela à própria individualidade da técnica jurídica, manifesta-se logo em um fato elementar e, nem todos eles são a concretização desse Direito natural ou superior, mas sim, apenas este informa uma parte deles, sendo que os outros são expressão da ordem política concreta e, os outros, no final, não sendo menos importantes, são de caráter institucional ou estritamente técnicos, mesmo que venham a encerrar, frequentemente, todos os anteriores (...)" (*op. cit.* pp. 63/64). Entre nós, sustentou-se também que o direito natural e o direito positivo não constituem ordenamentos separados e que os princípios gerais do direito são oriundos da lei natural, da qual se extraem por meio da ação prática: *Cf.* ROQUEL, Rodolfo. *Introducción a la teoría general del derecho administrativo*. Buenos Aires: Dunken, 2004, p. 88.

[242] Conforme ressaltou GORDILLO, Agustín. *Tratado de derecho administrativo*. tomo I. Buenos Aires: FDA, 1995, pp. V-10.

Isso pode ser visto, claramente, na evolução que ocorreu no direito administrativo francês e é o que levou Rivero a defender que o Conselho de Estado consente que a segurança jurídica só poderia ser encontrada na continuidade do direito,

> (...) *teve de buscá-la fora da lei para mantê-la, apesar das mudanças políticas e de suas repercussões legislativas: afirmando, de forma enérgica, que a estabilidade dos princípios pode limitar e corrigir os efeitos da instabilidade das leis.*[243]

Diante dessa problemática, a função do juiz desempenha o papel de manter o equilíbrio social através das diferentes formas de justiça,[244] cuja realização é atingida utilizando a maior margem de liberdade que lhe permite o recurso aos princípios gerais do direito, inclusive para construir novas soluções jurídicas não previstas no ordenamento.[245]

II.2.2 Suas peculiaridades no direito administrativo

O direito administrativo é, sem dúvida, o terreno mais fértil e propício para a aplicação e integração dos princípios gerais do direito.

---

[243] "Los principios generales del derecho en el derecho francês contemporáneo". *RAP*. Madrid, n. 6, 1951, p. 293.

[244] No Direito Público, em que predominam a justiça legal e a distributiva, existem também trocas voluntárias que criam relações regidas pela justiça comutativa (*Cf. Cuestiones de derecho administrativo*. Buenos Aires: Depalma, 1987, p. 83).

[245] O ordenamento se encontra constituído não só pelas normas, mas também pelos princípios gerais do direito, sendo estes encontrados na cúspide do ordenamento jurídico. A admissão dos princípios gerais como fonte do direito rompe a estatização do direito que 'se pretendeu assegurar com o dogma da completitividade do ordenamento. Além do que foi dito no texto, a diferença entre norma e princípio se baseia – segundo DWORKIN – na tese de que estes têm uma dimensão que aquelas não possuem: a de peso ou importância. Nesse sentido, esse autor aponta que: "Quando os princípios interferem entre si (a política de proteção dos consumidores de automóveis interfere com os princípios de liberdade de contratação, por exemplo), o encarregado de resolver o conflito deve levar em consideração o peso relativo de cada um. Seguramente nisso não pode haver uma medida exata, e o juízo com relação a si mesmo, um princípio ou diretriz em particular, e é mais importante que outro que, com frequência, será motivo de controvérsia. Entrementes, é parte essencial do conceito de princípio, aquele que tiver essa dimensão, que tenha sentido, importância ou peso." (DWORKIN, Ronald. *Los derechos en serio*. Barcelona: Ariel, 1989, p. 78).

CAPÍTULO II – OS PRINCÍPIOS GERAIS NO DIREITO ADMINISTRATIVO

Dessa forma, depreende-se de sua própria natureza como ramo não codificado[246] tampouco codificável em sua totalidade que, em suas origens e ainda hoje, em alguns dos principais países da Europa, é uma criação eminentemente pretoriana. Isso explica, de algum modo, a transcendência do papel que os princípios gerais desempenham e "(...) *sua contribuição em forçar a coerência da ordem normativa"*, bem como sua *"utilidade para preencher as lacunas do direito".*[247]

É curioso observar agora, a partir determinada perspectiva histórica, o fato de que o direito administrativo não perdeu o rumo frente à profusão de leis e regulamentos que o assediava, e ter podido elaborar um conjunto orgânico de princípios que permitem resolver os inumeráveis e inovadores problemas práticos que se apresentam na atuação da Administração Pública.

Isso pode acontecer pela gravitação, praticamente universal, que os princípios gerais do direito tiveram e têm no direito administrativo, o qual, além de ser um direito de equidade[248], que recorre frequentemente à correção do rigorismo excessivo da lei com fórmulas que contêm os critérios de justiça que o caso exige, exalta e potencializa o papel do juiz no processo de criação do direito.

Ao mesmo tempo, o crescimento doutrinário realizado no direito administrativo deste século contribuiu para consolidar um movimento jurídico orientado à observância dos princípios comuns a todo o ordenamento, na medida em que sua aplicação seja compatível com as relações de Direito Público que vinculam a Administração aos particulares.

---

[246] *Cf.* VEDEL, Georges. *Droit administratif.* 4ª ed. Paris: PUF, 1968, p. 52 ss.

[247] VERGARA BLANCO, Alejandro, na apresentação ao livro *Principios generales del derecho público,* de Frank MODERNE, traduzido para o espanhol, Santiago: Ed. Jurídica de Chile, 2005, p. 8.

[248] A concepção de um direito administrativo concebido basicamente como um direito de equidade desenvolveu-se na França a partir da obra de Maurice HAURIOU, cuja contribuição doutrinária permitiu configurar as instituições e princípios fundamentais da matéria. No Prefácio da 5ª edição de *Précis de Droit administratif et Droit public general,* de 1903, ao abordar os caracteres e o espírito do direito administrativo francês, já destacava que o direito administrativo era um direito de equidade baseado na prerrogativa da Administração, feito pelo juiz e organizado conforme a teoria do ato.

Precisamente, o aumento da intervenção da Administração em todos os âmbitos da vida fazem com que, conforme afirmou García de Enterría "(...) *a única possibilidade de uma garantia individual e social efetiva frente aos poderes formidáveis dessa natureza*" (o autor aponta a figura do cavalo de Troia dentro do direito administrativo de um Estado de Direito, segundo a conhecida frase de Huber), "(...) *da Administração de hoje está na técnica dos princípios gerais do Direito*". [249]

O direito administrativo não possui nem nunca possuiu uma existência isolada e independente, e sempre constituiu uma porção do ordenamento jurídico de cada época histórica, mantendo relações de hierarquia e subordinação com outros ramos jurídicos, como acontece com o direito constitucional, ou ainda, relações de interferência, como é o caso de seus vínculos aos direitos civil e comercial.

Ao reconhecer que o direito administrativo constitui o direito comum da Administração Pública, suas relações com o direito civil são apresentadas, a partir desse reconhecimento, no âmbito de duas disciplinas substanciais de autonomia científica semelhante, como resultado de um processo que deslocou o caráter excepcional e exorbitante que o direito administrativo dos primeiros tempos possuía, substituindo-o por um regime, próprio e típico, que se abastece e integra por princípios e normas que são peculiares do Direito Público.

Entretanto, além de a afirmação precedente não vedar as contínuas relações de interferência e contato com o Direito Privado, tampouco impedir que se recorra à analogia como técnica de interpretação ou aplicação do direito, é evidente que há um fundo comum conformado com o conjunto dos princípios gerais do ordenamento, os quais, ao basear-se no respeito da pessoa humana ou na razoabilidade prática, concluem – como aponta Rivero – a concepção do direito natural.[250]

---

[249] GARCÍA DE ENTERRÍA, Eduardo. *Reflexiones sobre la ley y los principios generales del derecho*. Madrid: Civitas, 1984, p. 41.
[250] "Los principios generales del derecho en el derecho francês contemporáneo". *RAP*. Madrid, n. 6, 1951, p. 300; em sentido idêntico; BARBE PÉREZ, Héctor. *Los principios generales del derecho como fuente del derecho administrativo en el derecho uruguayo*. Montevidéu: Acali, 1958, p. 21.

CAPÍTULO II – OS PRINCÍPIOS GERAIS NO DIREITO ADMINISTRATIVO

É conhecida a circunstância de que, durante muitos anos, sustentou-se como um triunfo da ciência jurídica, a partir dos ensinamentos da escola histórica alemã, o desterro do direito natural. Entretanto esta afirmação, que aparece reiteradas vezes nas diferentes versões das escolas filosóficas posteriores ao positivismo historicista, não se ajusta à realidade que exibe o desenvolvimento do pensamento jurídico colhido nos códigos foram ditados nessa época, os quais incorporaram critérios próprios do direito natural racionalista da etapa precedente. Por isso, um dos grandes juristas da escola histórica pode notar – como foi Gierke – que o direito natural experimentou, de fato, uma vitória material por obra da escola adversa, após sua ruína formal.[251]

Assim, o auge dos princípios gerais do direito no direito administrativo obedece ao abandono ou, pelo menos, à amenização dos pressupostos ideológicos da Revolução Francesa, na qual se baseou o direito europeu do século XIX, ao defender a primazia da lei escrita, cuja autoridade se fundava na vontade da nação, formulada pelos representantes escolhidos pelo povo, os quais possuíam, dessa forma, um verdadeiro monopólio para a emissão das regras do direito.[252] Nesse contexto, o papel do juiz limitava-se forçosamente à aplicação e interpretação das normas, sem intervenção no processo de criação do direito.

Mas essa confusão entre lei escrita e regra de direito, que não admitia outra origem que não fosse o legislador positivo, foi quebrada por construções provenientes de diversas fontes formais e da própria realidade e, sem que se possa afirmar totalmente que esse processo tenha sido marcado por determinada escola filosófica, não se pode deixar

---

[251] GIERKE, *Naturrecht und deutsches Recht*, p. 24, cit. por DEL VECCHIO, Giorgio. *Los principios generales del derecho*. 3ª ed. Barcelona: Bosch, 1979, p. 45

[252] RIVERO, Jean. "Los principios generales del derecho en el derecho francês contemporáneo". *RAP*. Madrid, n. 6, 1951, p. 289. Destaca LUQUI, que dentro de tal esquema "a administração pública ficou reduzida à função de simples executora da vontade legislativa" (LUQUI, Roberto E. "Algunas consideraciones sobre el concepto de Administración Pública". *La Ley*, 151-1076, p. 1074). Sobre o mito da lei como a vontade geral do povo, ver: GONZÁLEZ NAVARRO, Francisco. *Derecho administrativo español*. 2ª ed. tomo I. Pamplona: Eunsa, 1993, pp. 84-86.

de destacar que permitiu – ainda em pleno auge do positivismo – o retorno ao princípio segundo o qual o direito é, sempre, o objeto da justiça.

A primeira quebra desses pressupostos ideológicos foi ocasionada pelos Códigos que, como o da Áustria e o de Vélez Sarsfield (além do código espanhol e do albertino), alçaram os princípios gerais do direito ou princípios de direito natural à categoria de fontes do direito.[253] Sem entrar na análise sobre se se trata ou não de uma fonte subsidiária ou principal, não se pode negar que a aplicação conjunta do dogma da plenitude do ordenamento jurídico e do dever de decidir imposto aos juízes implicou em uma revalorização do papel destes na formação do direito nos casos de falta de norma escrita, levando ao regresso do direito jurisprudencial, o qual, dessa forma, passou a se converter novamente em fonte de direito.

Não menos importante foi a incidência que teve nesse processo a evolução promovida no seio do direito administrativo o qual, ao precisar de normas organicamente codificadas, impossibilitou que a técnica de generalização crescente das normas positivas se estendesse da mesma forma, limitando ao mesmo tempo a função da analogia à aplicação de preceitos e previa adaptação com os princípios que regem cada instituição administrativa.

Por outro lado, a primazia da lei formal e material também fraquejou, devido ao reconhecimento do Poder Executivo da potestade de ditar regulamentos com valor de lei que, junto à remissão à equidade natural para corrigir a injustiça ou desatualização da norma aplicável ao caso, levou a uma intervenção mais ativa dos juízes no processo de criação do direito. A partir disso, os princípios gerais passaram a constituir o fundamento das decisões, começando a operar como limites do poder regulamentar.

Além disso, cabe observar que por ter o mundo contemporâneo enfrentado "um crescente processo" de globalização e consequente

---

[253] Código da Áustria, art. 7º; ex Código Civil argentino, art. 16; Código Albertino, art. 15.

CAPÍTULO II – OS PRINCÍPIOS GERAIS NO DIREITO ADMINISTRATIVO

internalização das normas jurídicas, o papel dos princípios aparece potencializado em face da necessidade de brindar a segurança jurídica para que todos os operadores possam encontrar soluções coerentes e facilmente acessíveis, que lhes permita encontrar uma referência estável *"do raciocínio jurídico"*, por vezes, inclusive, conforme destaca Moderne *"atrás das soluções parciais dos litígios"*.[254]

Em todo esse processo, grande parte dos princípios gerais do direito natural se incorporaram ao direito positivo das Constituições modernas. É o que ocorreu com os princípios recolhidos por nossa Constituição, entre outras, e que são fonte primária do direito administrativo, e a maioria de suas instituições encontra fundamento direto nos princípios que emergem do Preâmbulo e dos artigos da Carta Magna.[255]

II.2.3 A inserção dos princípios do Direito Natural no ordenamento e o papel da tópica

Durante algum tempo – como apontou Del Vecchio, "a negação do direito natural foi considerada, de modo geral, 'como um indispensável ato de fé e quase um dever de boa criação para o jurista'".[256] Com efeito, os juristas vão se curando aos poucos dessa doença que Kaufmann[257] chamou de horror *iuris naturalis*, começando a admitir que a aplicação dos princípios do direito natural como fonte subsidiária para suprir as lacunas da lei, prosseguindo com o reconhecimento de seu caráter informador do ordenamento até culminar, como no modelo francês, e

---

[254] *Principios generales del derecho público*. Santiago: Jurídica de Chile, 2005, p. 19.

[255] *Cf.* MARIENHOFF, Miguel S. *Tratado de derecho administrativo*. tomo I. Buenos Aires: Abeledo Perrot, 1965, p. 200.

[256] *Los principios generales del derecho*. 3ª ed. Barcelona: Bosch, 1979, p. 45.

[257] KAUFMANN, Arthur, em *Naturrecht and Geschichtlichkeit*. Tubingen, 1957, p. 5, cit. por GARCÍA DE ENTERRÍA, Eduardo. *Reflexiones sobre la ley y los principios generales del derecho*. Madrid: Civitas, 1984, p. 77, nota 9. Nessa obra, há uma tradução em espanhol sob o título "Derecho, moral e historicidad", Madrid: Marcial Pons, 2000. Entretanto, na parte interior do livro e imediatamente antes do Índice, sob o título "Derecho Natural e Historicidad. Derecho y Moral".

aceitar que se trata de uma fonte autônoma e direta do direito administrativo, conforme a elaboração jurisprudencial.

A negação dos princípios gerais do direito como fonte do direito continua sendo afirmada por aquelas concepções que consideram a justiça e a moral como noções metajurídicas que se encontram fora do direito ou que ele surge apenas a partir da conduta ou do consenso da comunidade. Mas se essa segunda opção estiver correta, cabe questionar se seria válida uma norma que legitime o enriquecimento de funcionários públicos produzidos por exações ilegais ou subornos, e que os juízes apliquem essa norma com base no referido princípio como sendo o que é quisto e aceito pela comunidade em uma determinada circunstância histórica. Tal norma não constituiria um caso de ilegitimidade por contrariar um princípio da justiça natural segundo o qual não é lícito obter algum enriquecimento dos delitos?[258]

No processo de ruptura das premissas e axiomas do positivismo jurídico, Finnis foi, sem dúvida, um dos autores que revalorizou o jusnaturalismo, atualizando-o à luz de sua tradição e mostrando a necessidade de estudar o direito no contexto de outras disciplinas. Porque "(...) *voltou a colocar sobre a mesa questões como a inextricável união das valorações – em último termo, morais – e as descrições nas ciências sociais (...)*" junto à "*(...) necessidade de explicar o direito positivo no contexto da razoabilidade prática e dos fins básicos fundadores da ordem moral*".[259]

Essa renovação do pensamento jusnaturalista procura uma nova formulação de um objetivismo ético-jurídico que se apoia basicamente na verdade e que se abre à natureza das coisas humanas com o objetivo de "(...) alcançar uma fundamentação 'forte' do direito e das instituições políticas", ou seja, aquela que fornece uma justificação racional de sua obrigatoriedade e exigibilidade".[260]

---

[258] Sobre as leis injustas e o princípio que prega que a *lex injusta non est lex*, ver: FINNIS, John. *Ley natural y derechos naturales*. Tradução de Cristóbal Orrego S. Buenos Aires: Abeledo Perrot, 2000, p. 379 ss., especialmente pp. 390-393.

[259] ORREGO, Cristobal S., no Prólogo à obra de FINNIS, John. *Ley natural y derechos naturales*. Tradução de Cristóbal Orrego S. Buenos Aires: Abeledo Perrot, 2000, p. 14.

[260] MASSINI CORREAS, Carlos I. "El Derecho, los Derechos Humanos y el Derecho Natural". *Filosofía del derecho*. tomo I. Buenos Aires: Abeledo Perrot, 2005, pp. 286-289.

CAPÍTULO II – OS PRINCÍPIOS GERAIS NO DIREITO ADMINISTRATIVO

A causa do verdadeiro descrédito do direito natural não obedece ao fato de tê-lo fundamentado na primeira verdade do ser humano que é Deus, mas sim à utilização do método axiomático e dedutivo, próprio da geometria, de onde se pretendia extrair uma cadeia de consequências de cada axioma através da dedução. Esse método resulta ser oposto ao chamado tópico que chegaram a utilizar os romanos, sendo revalorizado neste século pela ciência jurídica alemã. Seu critério central se baseia em um processo analítico que procura encontrar respostas para problemas concretos, mediante o uso de um repertório de *topoi*, ou lugares comuns revelados pela experiência.[261]

É que – como aponta García de Enterría – ainda quando o direito natural se baseia no *primum verum* "sua efetividade no direito positivo não atua destruindo as estruturas tópicas no que ele se concretiza, mas sim inserindo-se nelas exatamente e funcionalizando dentro de seus próprios esquemas técnicos"[262] mediante a adição, o complemento e a incorporação de matizes "que o pensar jurídico obteve de forma tópica em função dos problemas".[263]

II.3 A concepção finnisiana sobre os princípios gerais do direito

A análise da concepção de Finnis sobre os princípios gerais exigiria um aprofundamento de suas bases e axiomas, conceitos jurídicos e figuras linguísticas cuja extensão excederia o propósito desta pesquisa. Por esse motivo, optamos por selecionar os aspectos que consideramos

---

[261] VIEHWEG, Theodor. *Tópica y jurisprudencia*. Madrid: Taurus, 1964, p. 25 ss.

[262] GARCÍA DE ENTERRÍA, Eduardo. *Reflexiones sobre la ley y los principios generales del derecho*. Madrid: Civitas, 1984, p. 61, agrega: "Dessa forma, por exemplo, a norma do direito natural que limita a matéria dos pactos aos objetos morais não interfere no direito positivo como um preceito superior e absoluto que faz cessar ou suspender as normas próprias dele, mas sim, pelo contrário, alcança toda a sua efetividade e todo seu sentido, na medida em que se insere nas estruturas técnicas positivas, o que, no caso, ocasiona um mecanismo técnico tão complexo e matizado que não é nada mais nada menos que a teoria da causa, teoria exequível e configurável à luz e em função do problema, ou seja, topicamente".

[263] GARCÍA DE ENTERRÍA, Eduardo. *Reflexiones sobre la ley y los principios generales del derecho*. Madrid: Civitas, 1984, p. 62.

constituintes das chaves básicas de sua concepção nesse ponto e passaremos a enunciar a seguir.

No primeiro termo, cabe visualizar que, para Finnis, o direito positivo constitui uma derivação da lei natural, sendo que os primeiros princípios são conclusões que traduzem uma derivação razoável dela, mostrando "os aspectos básicos da plena realização humana".[264] Esses princípios que são imutáveis (por exemplo a defesa da vida), recebem sua força da razoabilidade e não de qualquer outro ato ou acontecimento originante.[265] Existe, contudo, uma segunda forma de derivação na qual os princípios gerais se configuram, por meio de uma determinação que consiste em uma escolha autorizativa mais ou menos livre, porque estará sempre "(...) conectada com os princípios básicos (...) os bens humanos básicos"[266] e controlada, mesmo assim, "(...) por princípios formais de amplo alcance e por outros princípios estruturais (em forma tanto de primeiro grau como de segundo grau) que, por sua vez, derivam dos princípios básicos segundo a primeira forma de derivação".[267]

De forma paralela e inter-relacionada, Finnis menciona outra classificação dos princípios que não coincide com a categoria dos primeiros princípios ou princípios básicos, e dos princípios que são obtidos mediante uma determinação autorizativa. Como sugere a própria denominação usada, os princípios de segundo grau são aqueles que "(...) têm a ver com a aplicação de outras regras e princípios"[268] e "(...) são essencialmente princípios para sistemas de direito positivo e, de fato, devem ser encontrados virtualmente em todos os sistemas".[269]

---

[264] *Ley natural y derechos naturales*. Tradução de Cristóbal Orrego S. Buenos Aires: Abeledo Perrot, 2000, p. 234.

[265] FINNIS, John. *Ley natural y derechos naturales*. Tradução de Cristóbal Orrego S. Buenos Aires: Abeledo Perrot, 2000, p. 379.

[266] FINNIS, John. *Ley natural y derechos naturales*. Tradução de Cristóbal Orrego S. Buenos Aires: Abeledo Perrot, 2000, p. 316.

[267] FINNIS, John. *Ley natural y derechos naturales*. Tradução de Cristóbal Orrego S. Buenos Aires: Abeledo Perrot, 2000, p. 316.

[268] *Ley natural y derechos naturales*. Tradução de Cristóbal Orrego S. Buenos Aires: Abeledo Perrot, 2000, p. 313.

[269] FINNIS, John. *Ley natural y derechos naturales*. Tradução de Cristóbal Orrego S. Buenos Aires: Abeledo Perrot, 2000, p. 324.

CAPÍTULO II – OS PRINCÍPIOS GERAIS NO DIREITO ADMINISTRATIVO

Portanto, na concepção *finnisiana*, esses princípios de segundo grau não só exigem determinadas condutas, mas também funcionam como causa ou justificação de regras e determinações particulares[270], com o que não estamos de acordo, porque resta operatividade aos princípios, que configuram verdadeiros mandamentos plenamente exigíveis.

Observemos simplesmente os treze princípios gerais de segundo grau enumerados por Finnis, para captar a importância de atribuir a eles o caráter vinculante e operativo em qualquer sistema jurídico orientado à proteção dos direitos fundamentais ou humanos.

A formulação de Finnis sobre os princípios de segundo grau compreende:

(i) a privação forçada dos direitos de propriedade deve ser compensada com relação a *damnun emergens* (danos emergentes) e também em caso de *lucrum cessans* (lucros cessantes);

(ii) não há responsabilidade por danos não intencionais, sem culpa (esse princípio é violado com a positivização da responsabilidade objetiva);

(iii) não há responsabilidade penal sem *mens rea*;

(iv) não se pode ir contra os próprios atos (*estoppel*);

(v) não cabe tutela judicial para quem alega seu próprio ato ilícito a seu favor;

(vi) o abuso de direito não está protegido;

(vii) a fraude anula tudo;

(viii) os benefícios recebidos sem justificativa às custas do outro devem ser restituídos;

(ix) o *pacta sunt servanda*;

(x) liberdade para mudar mediante acordo nas relações jurídicas existentes;

---

[270] FINNIS, John. *Ley natural y derechos naturales*. Tradução de Cristóbal Orrego S. Buenos Aires: Abeledo Perrot, 2000, p. 315.

(xi) a proteção dos sujeitos mais fracos na relação ao estimar os efeitos dos atos jurídicos (a teoria da lesão);

(xii) o direito de ser ouvido nas controvérsias;

(xiii) ninguém pode ser juiz em causa própria.[271]

A maioria dos princípios gerais enunciados anteriormente foram recepcionados no direito positivo e eles constituem mandamentos exigíveis. É claro que a lista dos princípios gerais não se esgota com os princípios de segundo grau que Finnis reconhece e, a partir dele, refletiremos no decorrer deste trabalho.

Além disso, vale ressaltar que Finnis destaca a necessidade do primado do direito para poder sustentar, de forma razoável, que um determinado sistema jurídico está funcionando bem, à medida que se cumpram os *desiderata* (valores desejáveis) que informam o Estado de Direito ou princípio de legalidade[272] (governo da lei e não dos Homens). Contudo, entre os *desiderata* que seleciona, há alguns, como a irretroatividade, e aquele que estabelece que não se deve impor regras de cumprimento impossível,[273] que consideramos que também configuram princípios gerais do direito.

II.4 Hierarquia e diversidade dos princípios gerais

II.4.1 A constitucionalização dos princípios e a problemática proposta

No campo da filosofia do direito e da teoria geral, tem-se afirmado, na Europa, a ideia da passagem de um Estado Legal ao Estado Constitucional, questão que na Argentina foi superada desde nossas origens fundamentais, graças à adoção, neste ponto, do modelo norte-americano, baseado na

---

[271] *Ley natural y derechos naturales*. Tradução de Cristóbal Orrego S. Buenos Aires: Abeledo Perrot, 2000, p. 315.

[272] *Ley natural y derechos naturales*. Tradução de Cristóbal Orrego S. Buenos Aires: Abeledo Perrot, 2000, p. 298.

[273] FINNIS, John. *Ley natural y derechos naturales*. Tradução de Cristóbal Orrego S. Buenos Aires: Abeledo Perrot, 2000, p. 299.

CAPÍTULO II – OS PRINCÍPIOS GERAIS NO DIREITO ADMINISTRATIVO

supremacia da Constituição (art. 31 da CN) e na consagração constitucional de direitos e garantias.

Entretanto, na raiz da reforma da Constituição de 1994, propõem-se, atualmente, novas questões em matéria de interpretação constitucional, como aquelas que suscitam a incorporação dos novos direitos e garantias no plexo constitucional, especialmente aquele concernente a seu grau de operatividade, o critério para resolver os casos de colisão entre direitos ou princípios, os limites dos direitos e a competência do legislador, a aplicação do *ius cogens* e o problema da hierarquia dos tratados internacionais, que alguma doutrina sustenta que possuem uma categoria superior à Constituição quando se referem aos Direitos Humanos, doutrina seguida pela maioria do Tribunal no caso "Simón".[274]

Com efeito, os tratados internacionais, tenham ou não como objetivo o regulamento de garantias concernentes aos direitos humanos, possuem, no Direito Público argentino, hierarquia constitucional subordinada à própria Constituição, pois, embora sejam superiores às leis internas[275], segundo o prescrito no art. 75 inc. 22, este preceito estabelece que "(...) *não derrogam nenhum artigo da primeira parte dessa Constituição e devem ser considerados complementos dos direitos e garantias por ela reconhecidos*".[276]

Consequentemente, os princípios, direitos e garantias que se encontram na primeira parte da Constituição (v.g., não há delito sem lei prévia, a imutabilidade da coisa julgada etc.) não podem ser deixados de lado pela aplicação nem pela interpretação que se faça dos tratados internacionais sobre direitos humanos, porque são princípios básicos e fundamentais de nosso Estado de Direito.[277]

---

[274] Sentenças 328:2056.

[275] VANOSSI, Jorge R.; DALLA VÍA, Alberto R. *Régimen Constitucional de los Tratados*. 2ª ed. Buenos Aires: Lexis-Nexis, 2000, p. 325.

[276] No mesmo sentido: GARCÍA BELSUNCE, Horacio. *Los tratados internacionales de derechos humanos y la Constitución Nacional*. Buenos Aires: Separata da Academia Nacional de Ciências Morais e Políticas, 2006, especialmente, p. 10 ss.

[277] Ver: Dissidência do Juiz FAYT no caso "Simón, Julio Héctor y otros" (Sentenças 328:2056). *La Ley*, 2005-E, 331 de 14/06/2005. Em sentido semelhante: BARRANCOS

O risco que o novo cenário constitucional apresenta se baseia tanto nas interpretações rígidas e absolutas que se predicam na tendência natural de se seguir as tendências de turno adotadas como paradigmas revolucionários (Khun), ainda quando necessitam de uma fundamentação baseada nos princípios gerais do direito e em uma lógica argumentativa básica e, especialmente, na própria Constituição.

Nesse ponto, interessa, principalmente, a distinção entre princípios e direito, em particular, os direitos fundamentais e/ou Direitos Humanos, diferenciação que certos setores doutrinários rejeitam em função de designação da plena exigibilidade ou operatividade dos princípios, ainda quando se sustenta que alguns dos princípios constituem "mandamentos de otimização".[278] Os princípios são ou estão no mundo jurídico enquanto os direitos (independentemente de se basearem em princípios ou em outras fontes, como a lei ou os contratos), existem ou são exercidos[279], pois são faculdade ou poderes jurídicos. Dessa forma, os princípios, ao serem mandamentos (com operatividade direta ou derivada, segundo o tipo de princípio) geram o direito de reclamar, perante a Administração e os juízes, seu cumprimento efetivo.

Os direitos pertencem a um sujeito determinado e fazem parte de toda a comunidade ou Estado ou são exercidos por sujeitos determinados. São os direitos subjetivos que uma sistematização jusfilosófica e

---

Y VEDÍA, Fernando. "Acerca del equilibrio y control entre los poderes del Estado". In: *Anais da Academia Nacional de Direito e Ciências Sociais*, 1ª série, 2ª época, Vol LIII-46. Academia Nacional de Direito e Ciências Sociais, Buenos Aires, 2008, pp. 45-65 e BADENI, Gregorio. "El caso Simón y la supremacía constitucional". *La Ley*, 2005-D, 639 ss. Nesse sentido, ainda quando se defendeu que os referidos tratados integram a Constituição e que o juízo de sua compatibilidade foi formulado pela constituinte, colocou-se ênfase na circunstância (que implica um juízo constituinte expresso e terminante) de que não podem derrogar "nenhum artigo da primeira parte dessa Constituição" (BARRA, Rodolfo Carlos. *Tratado de derecho administrativo*. tomo I. Buenos Aires: Abaco, 2002, p. 318 ss., especialmente p. 347).

[278] Tese defendida por Robert ALEXY em seu livro *Teoría de los derechos fundamentales*. 2ª reimpressão. Madrid: Centro de Estudos Constitucionais, 2001 e em obras posteriores.

[279] Ver MASSINI CORREAS, Carlos I. "El Derecho, los Derechos Humanos y el Derecho Natural". *Filosofía del derecho*. tomo I. Buenos Aires: Abeledo Perrot, 2005, p. 88.

CAPÍTULO II – OS PRINCÍPIOS GERAIS NO DIREITO ADMINISTRATIVO

jurídica recente descreveu com nove componentes, a saber: 1) sujeito titular do direito subjetivo; 2) sujeito obrigado a satisfazer o direito subjetivo; 3) objeto do direito subjetivo; 4) título ou qualidade atribuída ao sujeito credor; 5) título ou qualidade atribuída ao sujeito devedor; 6) circunstâncias que tornam viável o direito subjetivo; 7) possibilidade de cobrar a satisfação do direito subjetivo; 8) o bem que se satisfaz com o direito subjetivo; e 9) fundamentos que justificam a existência do direito subjetivo.[280]

Nesse sentido, ensaiou-se também um ponto de partida para conseguir uma aproximação ao conceito do direito subjetivo, de acordo com a linguagem habitual sobre os direitos que as normas e os juristas usam. Nessa linha, considera-se que, em sentido subjetivo, por "direitos" deve-se entender "(...) certas possibilidades de exigir – em sentido deôntico – condutas ou abstenções de outros sujeitos jurídicos que supõem nesses deveres, e que remetem uma determinada justificação – ou fundamentação – racional através de um – ou alguns – princípios práticos".[281]

De nossa parte, afirmamos[282] – seguindo a teoria tradicional – que o direito subjetivo pertence ao gênero dos poderes jurídicos, categoria que atualmente não se distingue do interesse legítimo, considerado como uma situação jurídica de hierarquia equivalente e proteção jurisdicional semelhante àquela que um setor da doutrina espanhola denomina "direito reacional".[283]

Ao mesmo tempo, não se pode esquecer que o núcleo fundador e básico para a realização dos direitos subjetivos encontra-se na pessoa humana e em sua condição e dignidade[284] e que, portanto, o

---

[280] VIGO, Rodolfo L. *De la ley al derecho*. 2ª ed. México: Porrúa, 2005, pp. 232/233.

[281] MASSINI CORREAS, Carlos I. "El Derecho, los Derechos Humanos y el Derecho Natural". *Filosofía del derecho*. tomo I. Buenos Aires: Abeledo Perrot, 2005, p. 89.

[282] Em nosso *Derecho administrativo*. 8ª ed. Buenos Aires: Lexis-Nexis, 2006, p. 41 ss.

[283] GARCÍA DE ENTERRÍA, Eduardo; FERNÁNDEZ, Tomás R. *Curso de derecho administrativo*. 6ª ed. tomo II. Madrid: Civitas, 1977, p. 37 ss.

[284] PERELMAN, Chaim. *La lógica jurídica y la nueva retórica*. 1ª ed. Madrid: Civitas, 1988, pp. 103/104, afirma a configuração do direito relativo ao respeito e dignidade

direito à vida[285], que representa a máxima proteção no âmbito dos direitos humanos, possui caráter absoluto.

Contudo, o colapso do sistema positivista potencializou certa tensão entre os princípios, bem como entre os direitos fundamentais e, atualmente, não se postula que todos possuam o mesmo valor jurídico nem proteção semelhante. Por sua vez, a falta de um critério objetivo aumenta o grau de sua ponderação axiológica e existencial[286] para permitir sua otimização pelo legislador ou juiz, conforme as possibilidades factuais e jurídicas, o que implica a observância, em qualquer caso, do princípio de proporcionalidade em sentido amplo (que compreende os subprincípios de idoneidade, necessidade e proporcionalidade em sentido restrito).[287]

A colisão entre os princípios gerais ou dos direitos fundamentais entre si parece apresentar-se, em algumas ocasiões, como inevitável. Esse seria o caso de determinar como atua o direito ao meio ambiente sadio e equilibrado frente ao direito de trabalhar e ao direito de exercer atividade industrial. Não acreditamos que se possa determinar *a priori* a prevalência de um direito sobre outro porque a interpretação constitucional ou legal deve operar, analisando o conteúdo axiológico junto às circunstâncias econômicas e sociais do caso, bem como aos direitos individuais e coletivos das pessoas em jogo. Trata-se, simplesmente, de recorrer ao princípio de razoabilidade e à interdição de arbitrariedade como limites da interpretação e integração constitucional ou, caso se prefira, à técnica proposta por Alexy, de aplicar a chamada lei ou margem de ponderação.

---

da pessoa humana como um princípio geral do direito das nações civilizadas que abriu o movimento aos princípios a partir do processo de Nüremberg; ver também COVIELLO, Pedro J. J. "Los principios generales del derecho frente a la ley y al reglamento en el derecho administrativo argentino". *REDA*, Buenos Aires: Lexis-Nexis, n. 62, 2007, p. 1089.

[285] SAGUÉS, Néstor Pedro. *Manual de Derecho Constitucional*. Buenos Aires: Astrea, 2007, p. 642 ss.

[286] SAGUÉS, Néstor Pedro. *Manual de Derecho Constitucional*. Buenos Aires: Astrea, 2007, p. 45

[287] ALEXY, Robert. *Epílogo a la teoría de los derechos fundamentales*. Madrid: Centro de Estudos, 2004, p. 80 ss.

CAPÍTULO II – OS PRINCÍPIOS GERAIS NO DIREITO ADMINISTRATIVO

Como foi dito, com razão, não é possível conceber uma teoria dos princípios suscetível de configurar uma hierarquia restrita entre eles, tampouco que faça possível a elaboração de uma ordem mínima que facilite sua aplicação em forma ponderada aos efeitos de servir como "fundamento das decisões jurídicas".[288]

Outra questão de interesse reside em estabelecer a possibilidade de estabelecer limites ao exercício dos direitos fundamentais. A princípio, o legislador está habilitado a fazê-lo, conforme o art.14 da CN que prescreve que os direitos são desfrutados de acordo com as leis que regulamentam seu exercício. É claro que regulamentar ou limitar os direitos não implica degradá-los, mas sim tornar seu exercício compatível com o interesse público ou bem comum.

Ao mesmo tempo, a doutrina distinguiu, entre limites intrínseco e extrínsecos dos Direitos Humanos, incluindo entre estes últimos o direito alheio, a moral vigente (a moral pública de nosso art. 19 da CN), a ordem pública e o bem comum[289], em sintonia com o que afirma a Declaração Universal, em seu art. 29 inciso 2.[290]

II.4.2 Princípios fundamentais e princípios institucionais ou setoriais

Em um sentido diferente, uma visão sobre os princípios gerais permite notar duas classes diferenciadas no ponto de sua hierarquia e relações de contato e interferência. Portanto, pode-se ver que certos princípios gerais constituem a fundação do edifício em que o ordenamento jurídico em geral se baseia e fundamenta, inserindo-se, especialmente, na Constituição, mesmo que possam existir também

---

[288] ZACAGNINO, María Eugenia. "Teoría de la argumentación jurídica (III)". *In:* SACRISTÁN, Estela B. (coord.). *Manual de doctrina y jurisprudencia*. Buenos Aires: La Ley, 2013, p. 735.

[289] FERNÁNDEZ SALGADO, F. *La dogmática de los derechos humanos*. Lima: Ediciones Jurídicas, 1994, p. 102, cit. por VIGO, Rodolfo L. *De la ley al derecho*. 2ª ed. México: Porrúa, 2005, p. 155.

[290] Prescreve que a limitação será pela lei e "para satisfazer as exigências justas da moral, da ordem pública e do bem estar geral de uma sociedade democrática".

princípios fundamentais que não foram incorporados de forma positiva e expressa à lei fundamental (por exemplo, o princípio geral da boa-fé).

Entre os princípios fundamentais, cabe incluir os que se vinculam e derivam do Estado de Direito, com as adaptações que correspondem a cada país. Se, perante tudo, um Estado de Direito deve ser um Estado de Justiça[291], um lugar destacado entre os princípios fundamentais, seria o de "reforçar a justiça", como afirma o Preâmbulo de nossa Constituição com particular ênfase.

Outros princípios fundamentais que constam no Constituição e que têm relevância particular no direito administrativo são os que surgem do Estado de Direito com base na separação de poderes e, consequentemente, a proibição que veda o exercício de funções judiciais ao Executivo (art. 109 da CN); o da supremacia constitucional (art. 31 da CN); o da legalidade (que inclui a supremacia dos tratados de Direitos Humanos sobre as leis, contanto que nenhum artigo da primeira parte da Constituição seja violado – art. 75 inc. 22 da CN); os tratados de integração e do direito derivado sobre as leis enquanto sejam celebradas em condições de reciprocidade e igualdade e respeitem a ordem democrática e os Direitos Humanos (art. 75 inc. 23 da CN); a proibição de arbitrariedade dos poderes públicos (que se depreende do art.19 segunda parte da CN) e o princípio da razoabilidade (art. 28 da CN). Nesse núcleo fundamental de princípios gerais do direito também cabe incluir aqueles que são derivados do princípio de justiça, como o da proteção da vida[292] e da dignidade da pessoa, o princípio da tutela jurisdicional que amplia a inviolabilidade da defesa (art. 18 da CN), o da boa-fé[293], o

---

[291] GOLDSCHMIDT, Werner. *Introducción filosófica al derecho*. 4ª ed. Buenos Aires: Depalma, 1973, p. 438 ss., sustenta que "o princípio supremo de justiça" compreende o humanismo e a tolerância e tem tendência a que cada pessoa disponha da mais ampla liberdade possível para desenvolver sua personalidade. A expressão "Estado de Justiça" pertence a DEL VECCHIO, que apesar de ser considerada correta por GOLDSCHMIDT, prefere referir-se a "Regime de Justiça".

[292] Ver: MARIENHOFF, Miguel S. *Tratado de derecho administrativo*. tomo I. Buenos Aires: Abeledo Perrot, 1965, p. 287.

[293] GONZÁLEZ PÉREZ, Jesús. *El principio general de la buena fe en el derecho administrativo*. 2ª ed. Madrid: Civitas, 1989, p. 34 ss.

CAPÍTULO II - OS PRINCÍPIOS GERAIS NO DIREITO ADMINISTRATIVO

do enriquecimento sem causa, o de não danificar terceiros (*alterum non leadere*) e o da confiança legítima.[294] A maioria deles foi reconhecida pela jurisprudência.[295]

O quadro dos princípios gerais se completa com aqueles que constituem a chave de alguma instituição ou setor do direito administrativo[296], como, por exemplo, a autotutela dos bens do domínio público;[297] a continuidade e regularidade dos serviços públicos;[298] a especialidade da competência[299]; o *ius variandi* na contratação administrativa; a presunção de legitimidade do ato administrativo; a alegação da própria torpeza para invalidar um ato administrativo através da ação de nocividade etc. Esses são alguns que fazem parte de uma lista tão extensa como *in fieri*, em virtude da mobilidade e transformação que caracterizaram o direito administrativo nas etapas diferentes de sua evolução histórica.[300] Entre eles, cabe destacar a transcendência que adquiriram os princípios gerais próprios do procedimento administrativo (v.g., eficácia, celeridade, imparcialidade etc.).[301]

---

[294] COVIELLO, Pedro J. J. *La protección de la confianza del administrado*. Lexis-Nexis. Buenos Aires: Abeledo Perrot, 2004, p. 33 ss.

[295] Ver: COVIELLO, Pedro J. J. "Los principios generales del derecho frente a la ley y al reglamento en el derecho administrativo argentino". *REDA*, Buenos Aires: Lexis-Nexis, n. 62, 2007, pp. 1095-1098.

[296] No mesmo sentido: DANÓS ORDOÑEZ, Jorge. "Los principios generales del derecho en el derecho administrativo peruano", na obra coletiva *Los principios en el derecho administrativo iberoamericano*, Junta de Castela e Leão/La Coruña: Netbilo, 2008, pp. 534/535.

[297] MARIENHOFF, Miguel S. *Tratado de derecho administrativo*. tomo V. Buenos Aires: Abeledo Perrot, 1968, p. 320 ss.

[298] Ver nosso trabalho *La huelga en los servicios públicos esenciales*. Madrid: Civitas, 1993, pp. 49/50.

[299] COMADIRA, Julio Rodolfo. *Acto administrativo municipal*. Buenos Aires: Depalma, 1992, p. 24 e nosso *Derecho administrativo*. 8ª ed. tomo I. Buenos Aires: Lexis-Nexis, 2006, pp. 253/254.

[300] Ver: CASSESE, Sabino. *La globalización jurídica*. Tradução do Instituto Nacional de Administración Pública. Madrid: Marcial Pons, 2006, p. 176 ss.

[301] SARRÍA OLCOS, Consuelo. "Los principios generales del derecho y el procedimiento administrativo en Colombia". *In: Los principios en el derecho administrativo*

Nas instituições – como foi dito – realiza-se

> (...) o encontro de valores provenientes do direito natural (...) com os resultados do pensamento tópico sobre os problemas singulares cuja configuração como princípios gerais não pode ser desconhecida ainda quando se imponham a todo o ordenamento em virtude da estrutura tópica ou descontínua deste último.[302]

Essa categoria de princípios institucionais constitui uma fonte extremamente importante no campo do direito administrativo, em que as relações jurídicas não se encontram tão tipificadas nem regidas pela lei como no Direito Privado, abrindo novas perspectivas à criação jurídica para responder às situações concretas sempre cambiantes mediante formulações dotadas de estabilidade sobre a articulação da conjunção dos valores superiores com a experiência.

Os princípios jurídicos, quando consagrados no direito positivo, podem representar uma formulação diferente e inclusive podem ter preferência com relação a um princípio mais geral do ordenamento escrito. É o que acontece, por exemplo, com o princípio segundo o qual se permite à Administração alegar sua própria torpeza, promovendo a respectiva ação de nulidade, o que resulta totalmente oposto ao que é regido pelo direito civil.

Um princípio típico dessa índole é o da competência objetiva dos órgãos administrativos que tem admitido interpretações progressivas, sem relegar a ideia organizacional de toda instituição estatal nem os requisitos essenciais que caracterizam a aptidão de realização da Administração Pública.

Mas qual relação existe entre os princípios no caso de conflito ou concorrência? Ao mesmo tempo, nessa matéria inverte-se a regra

---

Íbero-americano. Actas do VII Foro Íbero-americano de direito administrativo. Valladolid e Salamanca: Netbiblo, 2008, p. 141 ss.

[302] GARCÍA DE ENTERRÍA, Eduardo. *Reflexiones sobre la ley y los principios generales del derecho*. Madrid: Civitas, 1984, pp. 64 e 66, especialmente observação 123.

CAPÍTULO II – OS PRINCÍPIOS GERAIS NO DIREITO ADMINISTRATIVO

interpretativa que designa prevalência do especial sobre o geral, pois a hierarquia dos princípios fundamentais se impõe aos princípios institucionais cuja observância deve se ajustar àqueles. Por sua vez, em caso de confluência de vários princípios da mesma categoria prevalece aquele que possuir maior dimensão de peso à luz da Constituição interpretada em função do problema em jogo (ou seja, através da tópica), ou melhor, da justiça material, caso haja carência histórica de normativa constitucional ou legal. Por fim, quando os bens a tutelar são *supra* individuais ou indivisíveis[303], a aptidão dos direitos coletivos para acessar a justiça pode ser maior do que a correspondente aos titulares de direitos individuais, naqueles casos em que o legislador designe a legitimação extraordinária para atuar, em exercício de uma ação pública ou popular, como titulares de direitos coletivos em determinados setores como o urbanismo, em que a Administração e o Legislativo desenvolvam, com maior intensidade, as técnicas diferentes de intervenção estatal [304] que configurem e delimitem os direitos subjetivos dos particulares. Contudo, isso não implica que a dimensão de peso seja maior em relação ao direito substancial que deve harmonizar os diferentes critérios em jogo em função dos princípios constitucionais, os direitos coletivos, os subjetivos de natureza individual e os critérios de justiça aplicáveis ao caso.

A recepção dos princípios gerais do direito pelo direito administrativo obedece a origens diversas. Além da origem positiva ou natural que possam ter, conforme o caso, os princípios gerais do direito, seu acolhimento no direito administrativo se produz a partir de seu reconhecimento na Constituição Nacional, assim como nas Constituições das Províncias.

Nesse âmbito, cabe incluir não apenas os princípios positivos expressos das Constituições[305], mas também aqueles que surgem de forma

---

[303] SANTOFIMIO GAMBOA, Jaime Orlando. "Principios del derecho Urbanístico Colombiano". In: *Los Principios en el derecho administrativo Íbero-americano*. Junta de Castela e Leão: Netbilo, 2008, p. 184.

[304] Ampliar em: GARCÍA DE ENTERRÍA, Eduardo. "Los Principios de la Organización del Urbanismo". *RAP*, Madrid, n. 87, 1978, p. 302 ss.

[305] Nesse sentido, podemos mencionar, entre outros, os seguintes princípios: a igualdade perante a lei (art. 16 da CN); a intangibilidade da propriedade privada e seu sacrifício

implícita e informal, o ordenamento constitucional[306] e aqueles que por falta de regulação positiva encontram-se no direito natural, considerando que um dos principais objetivos do Preâmbulo consiste em "consolidar a justiça". Entre os princípios que surgem, de forma implícita ou virtual, da Constituição, encontra-se o concernente à publicidade dos atos estatais como derivação do sistema republicano de governo por aplicação dos artigos 33 e 42 da CN, em que se baseia o direito à vista das atuações administrativas.[307]

Por outro lado, outros provêm do Direito Privado, especialmente do Código Civil, do qual grande parte das disposições se inspiram no direito romano[308] que, como se sabe, chegou a formular e a reconhecer os mais transcendentes princípios do direito natural. Neste ponto, sem o propósito de ser exaustivo, pode-se destacar o princípio do enriquecimento sem

---

somente por lei declaratória de utilidade pública (art. 17 da CN); a inviolabilidade da defesa (art. 18 da CN); e ninguém é considerado obrigado a fazer o que a lei não manda nem privado do que ela não proíbe (art. 19 da CN), entre outros. Tais princípios gerais provenientes do direito natural estendem-se, em alguns casos, ao âmbito das relações entre os particulares e a Administração (v.g., a igualdade). Contudo, a bem da verdade, o princípio geral de igualdade perante a Administração, mais do que uma projeção da igualdade perante a lei, traduz o da igualdade jurídica por cujo mérito somente cabe admitir discriminações razoáveis (com relação aos elementos que justificam a discriminação: BANDEIRA DE MELLO, Celso Antonio. *O conteúdo jurídico do princípio da igualdade*. São Paulo: Revista dos Tribunais, 1978, pp. 53/54). *Cf. Manual de derecho constitucional argentino*. Buenos Aires: Depalma, 1984, p. 221. Sobre o princípio de inviolabilidade da propriedade como garantia constitucional, ver: GARCÍA BELSUNCE, Horacio A. *Garantías constitucionales*. Buenos Aires: Depalma, 1984, p. 139.

[306] Os princípios que surgem de uma forma implícita também encontram fundamento na dignidade da pessoa e na razão natural. Como exemplo do primeiro caso, encontra-se o direito à vida e do segundo, o princípio da separação dos poderes feita pela forma republicana de governo (art. 33 da CN); ver: SAGUÉS, Nelson. *Los derechos no enumerados en la Constitución Nacional*. Buenos Aires: Academia Nacional de Ciências Morais e Políticas, 1985. p. 7 ss., e BREWER CARÍAS, Allan Randolph. *Derecho administrativo*. Carácas: Funeda, 1975, p. 211 ss.

[307] MONTI, Laura. "Limitaciones a la vista de las actuaciones administrativas". *Cuestiones de derecho administrativo*. Jornadas organizadas por la Faculdade de Direito. Universidade Austral, Buenos Aires: RAP, 2006, p. 131.

[308] Ver: MARIENHOFF, Miguel S. *Tratado de derecho administrativo*. tomo I. Buenos Aires: Abeledo Perrot, 1965, p. 275.

CAPÍTULO II – OS PRINCÍPIOS GERAIS NO DIREITO ADMINISTRATIVO

causa[309], o da boa-fé[310], o que estabelece que o objeto dos atos jurídicos não deve ser contrário à moral nem aos bons costumes[311] ou o que se refere à validade e exigibilidade dos pactos voluntariamente consentidos.[312] Todos eles tiveram recepção jurisprudencial.

Por outro lado, existem princípios gerais incorporados no Código Civil –como o da responsabilidade pela atividade ilegítima – que podem encontrar, como primeiro fundamento positivo princípios de enraizamento constitucional inerentes ao Estado de Direito;[313] tal é o que acontece com o princípio da responsabilidade do Estado e suas entidades, em cuja construção o direito administrativo amplia o critério privatista a partir de três ângulos diferentes, a saber: a) enquanto admite – como regra geral e exclusiva – uma responsabilidade direta e objetiva que substitui a ideia de culpa; b) no que diz respeito ao reconhecimento, como regra geral, da responsabilidade por atividade estatal legítima; e c) na admissão da responsabilidade do Estado pela atividade legislativa e judicial.

---

[309] O princípio do enriquecimento sem causa aparece reconhecido de forma constante, na jurisprudência do Supremo Tribunal de Justiça da Nação, tanto nas relações de Direito Privado, quanto nas do Direito Público (v.g., Sentenças 279:76). Na doutrina nacional: ABAD HERNANDO, Jesús L. *Estudios de derecho administrativo*. Mendoza, 1985, p. 77.

[310] Art. 9º, CCyda CN; GONZÁLEZ PÉREZ, Jesús. *El principio general de la buena fe en el derecho administrativo*. 2ª ed. Madrid: Civitas, 1989, p. 26 ss.; MAIRAL, Héctor A. *Control judicial de la administración pública*. tomo I. Buenos Aires: Depalma, 1984, p. 270, especialmente observação 29, onde salienta que a vigência do princípio pelo qual a Administração possa alegar a sua própria lentidão, não impede que seja aplicada a doutrina dos próprios atos, tendo em conta as diferentes finalidades que perseguem os dois princípios; o primeiro, a sanção do ato irregular; o segundo, a proteção da boa-fé, a segurança jurídica, a estabilidade e a confiança nos negócios. Por sua vez, a doutrina dos atos próprios considerou-se que constitui uma derivação necessária e imediata do princípio de boa-fé (*Cf.* MORELLO, Augusto M.; STIGLIZ, Rubén S. "La doctrina del propio acto". *La Ley*, 1984-A, 865).

[311] CCeda CN, art. 279; MARIENHOFF, Miguel S. *Tratado de derecho administrativo*. tomo I. Buenos Aires: Abeledo Perrot, 1965, p. 279, aponta que uma regra jurídica carente de conteúdo moral constituiria um sarcasmo.

[312] *Cf.* DEL VECCHIO, Giorgio. *Los principios generales del derecho*. 3ª ed. Barcelona: Bosch, 1979, p. 108; MARIENHOFF, Miguel S. *Tratado de derecho administrativo*. 4ª ed. tomo III-A. Buenos Aires: Abeledo Perrot, 1994, p. 440; art. 959, CCyda CN.

[313] MARIENHOFF, Miguel S. *Tratado de derecho administrativo*. 1ª ed. tomo IV. Buenos Aires: Abeledo Perrot, 1973, pp. 699-702.

Em outro plano, o da atividade sancionatória da Administração Pública (quando exerce a função de polícia) rege, com as adaptações necessárias que a matéria administrativa requer, os princípios gerais do direito penal substantivo, prescritos no Direito Penal. Nesse sentido, os princípios clássicos do direito penal possuem vigência no direito administrativo, como o princípio dos fatos puníveis e as penas a serem aplicadas que devem estar previstas em lei (*nullum crimen, nulla poena sine lege*)[314] e o princípio *non bis in eadem*.[315]

Por sua vez, o direito internacional também constitui um manancial inesgotável de princípios gerais do direito em virtude do prescrito na cláusula constitucional que atribui aos tratados internacionais a aptidão de serem fontes do ordenamento.[316] É o que acontece – por exemplo – com o direito a uma tutela jurisdicional efetiva estabelecido no Pacto de São José da Costa Rica, que derrogou o princípio *solve et repete*[317] como obstáculos e ápices formais estabelecidos para o acesso à instância judicial.[318]

---

[314] O Supremo Tribunal da Justiça da Nação reconheceu esse princípio na causa "Raúl Oscar Mouviel y otros", Sentenças 337:636.

[315] *Cf.* VEDEL, Georges. *Droit administratif.* Paris: PUF, 1961, p. 233.

[316] Art. 31 da CN, sobre a operatividade dos tratados no direito argentino e a jurisprudência do Supremo Tribunal de Justiça: VANOSSI, Jorge Reynaldo A. *Régimen constitucional de los Tratados.* Buenos Aires: El Coloquio, 1969, p. 179 ss.; BIDART CAMPOS, Germán J. *El derecho constitucional del poder.* tomo I. Buenos Aires: Ediar, 1967, p. 338.

[317] A Câmara Nacional de Apelações no Contencioso Administrativo Federal, Sala IV, considerou que a regra que postula no ordenamento interno, o princípio *solve et repete* foi derrogada pelo Pacto de São José da Costa Rica, com fundamento no prescrito no art. 8º, parágrafo 1 do referido tratado, ratificado pela Lei n. 23.054 (caso "Telesud SA", *La Ley*, 1987-A, 327). Também sustentou-se o princípio contido no artigo 25, inc. 1, do citado pacto diretamente operativo "ainda naqueles países que não tiveram o recurso judicial ao qual ele faz referência". *Cf.* EKMEKDJIAN, Miguel Angel. "La ejecutoriedad de los derechos y garantías reconocidas en el Pacto São José da Costa Rica". *La Ley*, 1987-B, 263 e o mesmo autor *Temas de Derecho Constitucional*. Buenos Aires: Ediar, 1987, p. 19 ss.

[318] É o caso das prescrições do art. 2 da Lei n. 16.986, que limitam a admissibilidade da ação amparo. Sobre este ponto: SAGUÉS, Néstor Pedro. *Ley de amparo.* Buenos Aires: Astrea, 1979, p. 139 ss.

CAPÍTULO II – OS PRINCÍPIOS GERAIS NO DIREITO ADMINISTRATIVO

O último grupo de princípios gerais do direito se constitui dos que provêem das próprias instituições administrativas, muitos dos quais não foram incorporados na legislação positiva. Reconhecido pela doutrina – e, em alguns casos, pela jurisprudência – esse grupo se integra com duas vertentes não necessariamente opostas, conforme sejam originadas na natureza das respectivas instituições ou no estabelecimento dos princípios peculiares que implicam uma derrogação especial de princípios mais gerais do direito.

Em rigor, nesses casos, mais do que princípios gerais do direito no direito administrativo trata-se de princípios gerais próprios do direito administrativo, no sentido de que sua especialidade e fundamento institucional não permite estendê-los a todos os ramos do direito, especialmente ao Direito Privado.

Pertence a esse grupo uma gama considerável de princípios gerais do direito administrativo, e sem a pretensão de estabelecer uma nominata completa nem taxativa podemos encontrar nesse setor o princípio da continuidade dos serviços públicos[319], o do paralelismo das competências[320], o estado de necessidade para fundamentar a edição de regulamentações de urgência[321], aquele que prescreve que, nos contratos administrativos de atribuição, toda dúvida deve ser interpretada a favor do contratante particular – ao contrário dos contratos de

---

[319] RIVERO, Jean. "Los principios generales del derecho en el derecho francês contemporáneo". *RAP*. Madrid, n. 6, 1951, p. 295. Esse jurista defende que há um "grupo de princípios que o Conselho de Estado extrai da análise das realidades 'da natureza das coisas (...)' e agrega que 'é próprio da natureza do serviço público funcionar sem interrupção, deduzindo, portanto, o princípio da continuidade do serviço público'". Ver também: BIELSA, Rafael. *Derecho administrativo*. 5ª ed. tomo I. Buenos Aires: Depalma, 1955, pp. 466/467; DIEZ, Manuel M. *Derecho administrativo*. tomo III. Buenos Aires: Bibliográfica Omeba, 1967, pp. 206-208, entre outros. No direito colombiano, VIDAL PERDOMO, Jaime. *Derecho administrativo*. 8ª ed. Bogotá: Temis, 1985, p. 206.

[320] *Cf.* MARIENHOFF, Miguel S. *Tratado de derecho administrativo*. 4ª ed. tomo III-A. Buenos Aires: Abeledo Perrot, 1994, p. 406.

[321] Sobre o estado de necessidade no Direito Público constitucional e administrativo, diz-se que os atos realizados pelo poder público em determinados casos não podem lesionar uma garantia constitucional se não se compensa essa garantia com outra. (BIELSA, Rafael. "El estado de necesidad con particular referencia al derecho constitucional y al derecho administrativo". *Anuário do Instituto de Direito Público*. Rosário, 1940, p. 125 e ss).

colaboração[322], a autotutela coativa na proteção do domínio público[323], a criação de obrigações por ato administrativo unilateral[324], a irrevogabilidade dos atos administrativos criadores de direitos subjetivos[325] e a necessidade de motivar os atos que afetam os direitos e interesses individuais ou coletivos[326], o informalismo[327] e o silêncio administrativo[328], ambos a favor dos particulares, junto à presunção de legitimidade e ao princípio de executoriedade dos atos administrativos[329], uma de cujas consequências principais reside na regra geral da não suspensão dos recursos que se interpõem em sede administrativa.[330]

---

[322] MARIENHOFF, Miguel S. *Tratado de derecho administrativo*. 4ª ed. tomo III-A. Buenos Aires: Abeledo Perrot, 1994, pp. 618/619; CASSAGNE, Juan Carlos. "En torno a la figura del contrato administrativo". In: *Cuestiones de derecho administrativo*. Buenos Aires: Depalma, 1987, pp. 85/86.

[323] MARIENHOFF, Miguel S. *Tratado del dominio público*. Buenos Aires: Abeledo Perrot, 1960, p. 271 ss.; CASSAGNE, Juan Carlos. *La ejecutoriedad del acto administrativo*. Buenos Aires: Abeledo Perrot, 1970, p. 98.

[324] LAUBADÈRE, André de. *Traité de Droit administratif*. 9ª ed. atual. por Jean-Claude Venezia; Yves Gaudemet. tomo I. Paris: LGDJ, 1984, p. 282 ss.; RIVERO, Jean. *Droit administratif*. 3ª ed. Paris: Dalloz, 1968; 18ª ed. atualizada por Jean Waline. Paris: Dalloz, 2000, p. 88 ss.

[325] Cf. JEANNEAU, Benoit. *Les principes généraux du droit dans la jurisprudence administrative*. Paris: Sirey, 1954, p. 99 ss. Tal princípio, reconhecido pela doutrina e a jurisprudência, foi incorporado ao direito positivo pelo art. 17 da Lei n. 19.549, reformada pela Lei n. 21.686; a respeito, ver: ESTRADA, Juan Ramón de. "La primera reforma a la ley de procedimientos administrativos". In: *Revista Legislación Argentina*, 1978, pp. 951-954.

[326] VEDEL, Georges. *Droit administratif*. Paris: PUF, 1961, p. 232.

[327] GORDILLO, Agustín A. *Tratado de derecho administrativo*. tomo II. Buenos Aires: Macchi, 1980, Cap. XVII ss.; HUTCHINSON, Tomás. *Ley Nacional de Procedimientos Administrativos Ley 19.549:* comentada, anotada y concordada con las normas provinciales. tomo I. Buenos Aires: Astrea, 1985, pp. 27-29; DROMI, José Roberto *El procedimiento administrativo*. Madrid: IEAL, 1986, p. 78.

[328] Ver: MUÑOZ, Guillermo Andrés. *Silencio de la Administración y plazos de caducidad*. Buenos Aires: Astrea, 1982, p. 114 GRECCO, Carlos Manuel. "Sobre el silencio de la Administración". *La Ley*, 1980-C, 777; FRANCO, Sobrinho Manoel de Oliveira. *Curso de direito administrativo*, São Paulo, 1967, pp. 157-158.

[329] Art. 12, Lei 19.549; BARRA, Rodolfo Carlos. *Principios de derecho administrativo*. Buenos Aires: Ábaco, 1980, pp. 158/159.

[330] CANDA, Fabián Omar. "La suspensión del acto administrativo estable". *Procedimiento Administrativo*. Jornadas organizadas pela Faculdade de Direito, Universidade Austral, Ciências da Administração, Buenos Aires, 1998, p. 106 ss.

CAPÍTULO II - OS PRINCÍPIOS GERAIS NO DIREITO ADMINISTRATIVO

II.4.3 Os princípios gerais são fontes formais e materiais: seu grau de preferência

A clássica distinção entre fontes formais e materiais[331] que efetuou a doutrina deste século deu origem a uma classificação que, segundo Cueto Rúa, criou e continua criando graves dificuldades teóricas em virtude do fato de que as fontes do direito exibem uma estrutura formal -material, cuja complexidade participa da natureza do fenômeno jurídico.[332]

Dessa peculiaridade também participam os princípios gerais do direito, aqueles que, por não estarem formalmente legislados, permanecem como fontes materiais sem deixar gravitar, entretanto, em todo o ordenamento.

---

[331] CUETO RÚA, Julio. *Fuentes del derecho*. Buenos Aires: Abeledo Perrot, 1965, p. 25, especifica que "o pensamento orientador parece ter sido o de considerar fontes formais somente às normas jurídicas gerais mediante as que se estabelecem obrigações emanadas de autoridade competente e nas que se pode englobar logicamente as normas de inferior herarquia normativa. Nesse sentido, fonte formal de 'normatividade geral' agregando que ' a lei seria fonte formal' porque expressa conceitualmente uma imputação geral elaborada por pessoas (os legisladores) a quem o grupo social confiou tal tarefa; e também o costume seria porque a partir do comportamento repetido pelos integrantes de um determinado grupo social, extraem-se normas gerais pelos órgãos do grupo social. Conforme a teoria tradicional, a jurisprudência somente seria fonte formal no caso de o ordenamento jurídico vigente na respectiva comunidade lhe atribuir o caráter de obrigatoriedade. Nesse caso, os juízes, passariam por delegação a assumir uma espécie de faculdade legislativa. Com relação à doutrina, somente em raras ocasiões poderia ser considerada como fonte formal do Direito. O exemplo histórico mais importante, encontra-se no Direito Romano, com relação aos juristas a quem o Imperador concedeu o *ius respondendi ex autorictate principe*, ou seja, o privilégio de falar de forma obrigatória. Conforme defendiam diferentes romanistas, as opiniões desses juristas adquiriam força normativa, em virtude da disposição imperial que o referido domínio lhes havia reconhecido".

[332] CUETO RÚA, Julio. *Fuentes del derecho*. Buenos Aires: Abeledo Perrot, 1965, pp.25/26. Por sua vez, LINARES sustenta que quando os princípios gerais do direito "são utilizados por órgãos do Estado, constituem padrões incorporados como fonte formal às sentenças, atos administrativos e leis em suas decisões. Mas antes que isso ocorra, o processo consistente continua em uma primeira etapa, na qual são apenas opiniões doutrinárias individuais; e logo, em uma segunda etapa – pode ou não ser de opinião pública jurídica, professada pelo jurista médio. Esses princípios são – em tal etapa – fonte material de direito" (*Cf.* LINARES, Juan Francisco. *Derecho administrativo*, Buenos Aires: Astrea, 1986, p. 37).

Contudo, sua vigência como fontes não depende de sua recepção formal pelo ordenamento positivo, já que constituem o fundamento das demais fontes do direito. Assim, os princípios gerais do direito, mesmo os não legislados, possuem primazia tanto sobre as normas legais e regulamentares, quanto sobre o costume e a jurisprudência. No direito civil, já que seu desenvolvimento legislativo e a circunstância de ter transformado a maior parte dos princípios do direito natural em direito positivo, aquela consequência não aparece tão evidente, mas no Direito Público, onde é comum que o juiz e o órgão administrativo apliquem princípios não escritos para resolver um conflito determinado, a questão se vê com maior clareza.

Com efeito, da separação dos poderes até o princípio de inderrogabilidade singular dos regulamentos, a autotutela em matéria de domínio público, a continuidade dos serviços públicos e a igualdade na licitação pública constituem princípios gerais do direito administrativo e mesmo que não estivessem expressamente incorporados ao direito positivo, teriam plena acolhida por parte da doutrina e da jurisprudência.

II.5 O papel dos princípios no ordenamento

II.5.1 Distintas funções que os princípios gerais cumprem

Os princípios gerais do direito cumprem funções distintas, mas articuladas entre si. Essas funções referem-se a sua essência ontológica, a seu valor preceptivo ou a seu alcance cognitivo[333], seja para elucidar o sentido de uma norma seja dar a razão dela e, inclusive, para integrar novas formulações jurídicas.

Essas funções dos princípios jurídicos gerais, que não podem ser confundidos com os princípios lógicos da ciência (os que possuem valor meramente instrumental e servem para conhecer a realidade jurídica)[334],

---

[333] Ver: VIGO, Rodolfo L. "Los principios generales del derecho". *JA,* 1986-III, 860.
[334] *Cf.* GONZÁLEZ PÉREZ, Jesús. *El principio general de la buena fe en el derecho administrativo.* 2ª ed. Madrid: Civitas, 1989, p. 57.

CAPÍTULO II – OS PRINCÍPIOS GERAIS NO DIREITO ADMINISTRATIVO

são levados a cabo conforme se recorre a eles como fundamento, interpretação ou integração da ordem jurídica.

Em sentido ontológico, os princípios gerais do direito constituem a causa e a base do ordenamento, por serem os suportes centrais de todo o sistema ao qual prestam seu sentido.[335] Por essa razão, não se pode conceber que uma norma legal os infrinja, pois eles existem independentemente de seu reconhecimento legal ou jurisprudencial[336], embora a jurisprudência seja uma das fontes mais importantes de sua manifestação[337] externa. Um caso de incompatibilidade entre uma norma e os princípios gerais é a disposição que prescreve a garantia da impugnação nos processos licitatórios que viola seriamente os princípios fundamentais do procedimento administrativo como o devido processo adjetivo, entre outros.[338]

Por sua vez, funcionam como orientadores e relatores do ordenamento permitindo, através de sua interpretação, realizar um trabalho corretivo ou extensivo das normas.[339] A partir dessa função dos princípios jurídicos gerais, González Pérez[340], seguindo um setor da doutrina espanhola, extrai três regras fundamentais:

---

[335] GARCÍA DE ENTERRÍA, Eduardo; FERNÁNDEZ, Tomás R. *Curso de derecho administrativo*. tomo I. Madrid: Civitas, 1977, p. 67.

[336] *Cf.* GONZÁLEZ PÉREZ, Jesús. "El método en el derecho administrativo". *RAP*, n. 22, p. 55.

[337] GARCÍA DE ENTERRÍA, Eduardo; FERNÁNDEZ, Tomás R. *Curso de derecho administrativo*. tomo I. Madrid: Civitas, 1977, p. 71.

[338] Ampliar em DRUETTA, Ricardo T°. "Garantía de impugnación en los procesos de selección del cocontratante. Su incompatibilidad con los principios fundamentales del procedimiento administrativo". *Procedimiento administrativo*. Jornadas organizadas pela Faculdade de Direito, Universidade Austral. Buenos Aires: RAP, 1998, p. 23 ss. Por exemplo, o art. 99 da Lei n. 2095 de Compras e Contratações da Cidade de Buenos Aires prevê a mencionada garantia de impugnação.

[339] Ver: SENDÍN GARCÍA, Miguel Angel. "Los principios generales del derecho en el derecho administrativo español". *Actas del VII Foro Ibero-americano de derecho administrativo*. Junta de Castela e Leão, Valladolid e Salamanca: Netbilo, 2008, pp. 435-437.

[340] GONZÁLEZ PÉREZ, Jesús. *El principio general de la buena fe en el derecho administrativo*. 2ª ed. Madrid: Civitas, 1989, p. 78.

a) As indeterminações das normas que surgem devido a diferentes possibilidades que a aplicação normativa propõe, devem ser resolvidas da maneira mais compatível com o princípio;[341]

b) a interpretação extensiva é imposta "(...) se a disposição se expressa em termos excessivamente restritos e a letra da lei deve ser ampliada até contemplar todos os casos que o princípio exige; a interpretação será restritiva se a disposição se expressar em termos excessivamente amplos e for necessário reduzir o alcance da letra do texto até que compreenda apenas os que forem coerentes com o princípio".[342]

c) deve-se recusar toda interpretação que leve a uma consequência que contradiga direta ou indiretamente o princípio.[343]

Finalmente, os princípios cumprem a função de integrar o ordenamento jurídico perante a carência das normas que regem a questão. Assim o prescrevia, entre nós, o antigo artigo 16 do Código Civil, preceito que resultava diretamente aplicável ao direito administrativo. Por outro lado, o novo CCeC atribui apenas o caráter de fonte aos princípios positivos que estão na Constituição e nos tratados internacionais (art. 1º).

No campo do direito administrativo, essas funções dos princípios não se limitam ao âmbito da interpretação e integração do direito, mas eles agem, muitas vezes, como verdadeiras garantias que podem invocar os particulares frente ao Estado.

E já que existem princípios que são estatuídos sempre a favor dos particulares ou administrados – tais como o informalismo ou o silêncio administrativo – há outros em que o núcleo central reside na proteção

---

[341] SÁNCHEZ DE LA TORRE, *Los principios clásicos del derecho*, Madri, 1975, p. 122 ss., cit. por GONZÁLEZ PÉREZ, Jesús. *El principio general de la buena fe en el derecho administrativo*. 2ª ed. Madrid: Civitas, 1989, p. 78.

[342] DE CASTRO, Federico. *Derecho civil de España*. tomo I. Madrid: S.L. Civitas, 2008. p. 473 ss.; GONZÁLEZ PÉREZ, Jesús. *El principio general de la buena fe en el derecho administrativo*. 2ª ed. Madrid: Civitas, 1989, p. 78.

[343] GARCÍA DE ENTERRÍA, Eduardo. *La Constitución como norma y el Tribunal Constitucional*. Madrid, 1981, p. 102; GONZÁLEZ PÉREZ, Jesús. *El principio general de la buena fe en el derecho administrativo*. 2ª ed. Madrid: Civitas, 1989, p. 78.

CAPÍTULO II – OS PRINCÍPIOS GERAIS NO DIREITO ADMINISTRATIVO

do interesse público, em forma prevalecente, como acontece com a autotutela dos bens do domínio público.

II.5.2 Os princípios gerais como garantias jurídicas

Certos princípios não cumprem a função de compensar a desigualdade que marca a posição jurídica do particular em relação ao Estado, senão que implicam meios de proteção pendentes a impedir as arbitrariedades dos poderes públicos, as quais costumam, lamentavelmente, caracterizar a atuação estatal.

Nesse sentido, se encontram, entre outros, aquele que traduz a instrumentação do devido processo adjetivo, o princípio segundo o qual toda privação da propriedade pode se levar a cabo apenas mediante lei declaratória de utilidade pública, juntamente com a proteção dos demais direitos individuais (v.g., a liberdade e a igualdade) cuja vigência é garantida através de outros princípios, como o da separação e independência de cada um dos poderes que compõem o poder estatal, técnicas que, definitivamente, configuram autênticas garantias dos particulares frente ao Estado.

II.5.3 Os princípios gerais como limites ao exercício do poder regulamentar

Os princípios gerais do direito também agem como limites ao poder regulamentar por parte da Administração, cujo exercício deve ajustar-se a eles. A compatibilidade entre os regulamentos e os princípios gerais do direito se subordina a que, por serem eles a causa ou a fonte do ordenamento, sua violação tornaria ilegítima qualquer norma geral emitida pela Administração, já que se trata de regulamentos de execução, autônomos, delegados ou de necessidade e urgência, os quais se encontrariam, em tais casos, viciados em seu elemento objeto[344], pois, como defendido

---

[344] Sobre o vício no objeto nos reportamos a: MARIENHOFF, Miguel S. *Tratado de derecho administrativo*. tomo II. Buenos Aires: Abeledo Perrot, 1966, p. 300; CASSAGNE, Juan Carlos. *Derecho administrativo*. 8ª ed. tomo II. Buenos Aires: Lexis-Nexis, 2006, p. 194; DIEZ, Manuel María. *Derecho administrativo*. 2ª ed. tomo II. Buenos Aires: Plus

pelo Conselho de Estado francês, um regulamento que viola um princípio configura o mesmo tipo de invalidade que a violação de uma lei.[345]

Isso acontece porque os princípios integram o bloco de legitimidade que pertence à ordem pública administrativa, cujo afastamento por parte da Administração provoca uma nulidade absoluta, sendo essa, por outro lado, a solução que consagra de forma expressiva a lei nacional de procedimentos administrativos, ao sancionar as consequências da violação da lei.[346]

Merece consideração à parte o que se refere à potestade de emitir atos administrativos que não só se encontra limitado pelas leis e os princípios gerais do direito, mas também pelos próprios atos de alcance geral que a Administração produz, em exercício de seu poder regulamentar. É o que se chama de inderrogabilidade singular do regulamento.

A raiz desse princípio não escrito no direito europeu, anterior à Revolução Francesa, foi suficientemente demonstrada pela doutrina administrativa contemporânea[347] e se contrapõe com os critérios constitucionais que, baseados na concepção da soberania do poder legislativo, admitem, com amplitude, a legalidade das leis especiais ou particulares sobre as que revestem maior generalidade[348], mesmo sobre as que não são iguais no sentido material.

Ultra, 1976, p. 317.

[345] *Cf.* RIVERO, Jean. "Los principios generales del derecho en el derecho francês contemporáneo". *RAP,* Madrid, n. 6, 1951, p. 296.

[346] Lei n. 19.549, art. 14 inc. b); para HUTCHINSON, "este vicio provoca la nulidad del respectivo acto" (*La Ley nacional de procedimientos administrativos.* Buenos Aires: Astrea, 1985, p. 332) por sua parte, a jurisprudência so Supremo Tribunal também aplicou a mesma interpretação (ver o caso "Rodríguez Blanco de Serrao, I. C.", LL 1982-D, 633).

[347] GARCÍA DE ENTERRÍA, Eduardo. *Legislación delegada, potestad reglamentaria y control judicial.* Madrid: Thomson, 1970, p. 271 ss.

[348] A jurisprudência do Supremo Tribunal admitiu a subsistência de leis especiais anteriores e posteriores à edição de uma lei de maior generalidade, contanto que suas disposições não repugnem e nem sejam incompatíveis com as da última (Sentenças 202:48). Entretanto, uma lei especial que estabeleceria uma exceção singular para uma determinada pessoa ou um grupo de pessoas alteraria o princípio de igualdade perante a lei (art. 16 da CN) por cuja causa seria inconstitucional.

CAPÍTULO II – OS PRINCÍPIOS GERAIS NO DIREITO ADMINISTRATIVO

Seu fundamento conecta-se, sem dúvida, com o princípio geral de igualdade jurídica, que não se limita apenas à igualdade perante a lei que prevê a Constituição (art. 16 da CN), mas também que se projeta perante a Administração, não só sobre as normas gerais e objetivas, como sobre os atos administrativos concretos e criadores de situações jurídicas subjetivas e, embora não esteja incorporado ao direito positivo, sua concepção foi plena em sede administrativa pela gravitação que tiveram os pareceres da Procuração do Tesouro da Nação que o acolheram.[349]

II.5.4 A extensão do dever de resolver alcança a Administração

A natureza eminentemente prática do direito e sua aderência à vida revelam-se pelo fato de que "(...) não há controvérsia possível, por mais complicada e inesperada que seja, que não admita e exija uma solução jurídica certa".[350]

Nosso ordenamento, igual a muitos outros, capta o sentido dessa exigência da razão prática ao prever que "(...) o juiz deve resolver os assuntos que forem submetidos a sua jurisdição mediante uma decisão

---

A doutrina do direito constitucional não avançou muito no fundamento de tal princípio que altera as relações que devem existir no direito, entre o geral e o particular, em detrimento do princípio de igualdade que, mais do que igualdade perante a lei, é uma aplicação parcial da igualdade jurídica. Para aceitar sua legitimidade, ele implicaria postular as concepções mais absolutistas em matéria de soberania (substituindo apenas os titulares do poder), que não só violaria a referida igualdade, mas a separação dos poderes, que é o eixo dos sistemas constitucionais modernos.

[349] Procuração do Tesouro da Nação, Pareceres 34:201; 87:145; 97:241; 100:191; 102:213 e 114:495, este último publicado na revista Dictámenes de la Procuración del tesoro de la Nación, n. 4, p. 84.

[350] *Cf.* DEL VECCHIO, Giorgio. *Los principios generales del derecho*. 3ª ed. Barcelona: Bosch, 1979, p. 41. Esse autor observa (observação 1, p. 41) que isto não acontece por "megalomania jurídica", mas sim fundamentalmente "por necessidade prática que cada um sente de coordenar, de certo modo, sua atuação própria com a dos demais. É nisso que consiste essencialmente o Direito; e um Direito que, resolvendo alguns casos da vida, se mostrou incapaz de resolver os demais, se anularia *ipso facto* a si mesmo, já que resultaria inferior a sua função, que consiste exatamente em estabelecer uma ordem entre os seres que vivem juntos (*hominis ad hominem proportio*).

razoavelmente fundada"[351], observando também que a interpretação das leis deve ser efetuada "(...) levando em consideração suas palavras, suas finalidades, as leis análogas, as disposições que surgem sobre tratados de Direitos Humanos, os princípios e os valores jurídicos, de forma coerente com todo o ordenamento".[352]

Esse dever de resolver – que é um verdadeiro princípio geral aplicável a todos os ramos do direito – se estende, além dos juízes, aos funcionários públicos frente às petições, reclamações e recursos que os administrados interpõem. Além da possibilidade de aplicar esse princípio inserido no título preliminar do Código Civil e Comercial (cujo alcance não se limita ao Direito Privado), o legislador consagrou-o em duas oportunidades, ambas na Lei Nacional de Procedimentos Administrativos. A primeira, articulando dentro do devido processo adjetivo o direito a uma decisão fundada, o qual pressupõe o dever de resolver[353], e a segunda, quando tipifica o processo de amparo por mora da Administração que habilita o particular, nos casos em que "(...) a autoridade administrativa deixou vencer os prazos fixos – e, no caso destes não existirem, transcorreu um prazo que excederia o razoável – sem emitir o parecer ou a resolução do mero trâmite ou de fundo que o interessado requerer", a processar a Administração judicialmente para que os juízes ordenem que esta "(...) envie as atuações no prazo prudencial que lhe seja estabelecido (...)".[354]

---

[351] Art. 3º, CCeC.

[352] Art. 2º, CCeC.

[353] Lei n. 19.549, art. 1º inc. f), ap. 3º; entre nós, MUÑOZ considera, com razão, que o dever jurídico de resolver da Administração, também se baseia no previsto no art. 7º inc. c) da citada lei, conforme o qual se devem resolver todas as petições formuladas (*Silencio de la Administración y plazos de caducidad*. Buenos Aires: Astrea, 1982, p. 66). No mesmo pensamento, cabe mencionar um trabalho anteior de GRECCO, que defende que o silencio administrativo se conecta com o Direito Público de petição ("Sobre el silencio de la Administración". *La Ley,* 1980-C, 777).

[354] O art. 28 da Lei n. 19.549 (com as modificações introduzidas pela Lei n. 21.686) prevê que: "Quem fizer parte de um expediente administrativo poderá solicitar judicialmente ordem de pronto envio. A referida ordem será procedente quando a autoridade administrativa tiver deixado vencer os prazos fixos e, em caso de não existirem, terá transcorrido um prazo que excedeu o razoável, sem emitir o parecer ou

CAPÍTULO II - OS PRINCÍPIOS GERAIS NO DIREITO ADMINISTRATIVO

O cumprimento do dever de resolver está intimamente conectado com o princípio geral do direito que constitui uma fonte natural do direito administrativo e, com relação ao texto anterior do Código Civil (art.16), foi dito que se trata de uma fonte de natureza subsidiária[355], a circunstância de constituir uma fonte residual, quando se esgotam as possibilidades de aplicação das normas e princípios do direito positivo e a congruência que deve haver com os princípios[356] faz com que estes constituam uma fonte autônoma – em algumas circunstâncias, separável do direito escrito –, tendo em conta que são o fundamento de todo o ordenamento.

II.6 Os princípios gerais no campo da interpretação jurídica

II.6.1 Diferentes classes de interpretação

Como a interpretação normativa sempre é dinâmica, no caso de existirem discrepâncias entre o sentido gramatical e o lógico das normas

---

a resolução de mero trâmite ou de fundo que necessite o interessado. Após ter apresentado o petitório, o juiz expedirá sobre sua procedência, tendo em consideração as circunstâncias do caso e, se estimar pertinente, requererá a autoridade administrativa interveniente que, no prazo fixado, informará sobre as causas do atraso aduzido. A decisão do juiz é inapelável. Contestado o requerimento ou vencido o prazo sem ter sido feita a avaliação, o pertinente será resolvido sobre a mora, livrando a ordem, caso corresponder, para que a autoridade administrativa responsável envie as atuações no prazo prudencial que for estabelecido, conforme a natureza e complexidade do parecer ou trâmites pendentes.

[355] GARRIDO FALLA, Fernando. *Tratado de derecho administrativo*. tomo I. Madrid, 1980, p. 330; ALTAMIRA GIGENA, Julio Isidro. *Los principios generales del derecho como fuente del derecho administrativo*. Buenos Aires: Astrea, 1972, p. 76.

[356] Segundo BUSSO – por exemplo – são os princípios fundamentais da legislação positiva que, mesmo não encontrados em nenhum lugar por escrito, constituem os pré-requisitos lógicos da norma legislativa (*Cf.* BUSSO, Eduardo. *Código Civil Anotado*. tomo I. Buenos Aires: Ediar, 1944, p. 155). Por sua vez, BORDA considera que o espírito da legislação a qual faz referência a primeira parte do art. 16, expressa a ideia dos princípios que informam a legislação e que, ao estabelecer a remissão final aos princípios gerais do Direito, o codificador "quis dar uma solução para todo caso que possa propor e, prevendo a possibilidade de que alguns deles não encontrarão resposta na lei, remeteu ao Juiz uma norma que abarca todos, absolutamente, todos os casos possíveis" (BORDA, Guillermo A. *Tratado de derecho civil:* parte geral. 3ª ed. Buenos Aires: Abeledo Perrot, 1999, p. 92) critério que compartilha também LLAMBÍAS (*Tratado de derecho civil*: parte general. 6ª ed. tomo I. Buenos Aires: Perrot, 1975, p. 116).

(que compreende a análise da *telesis* em virtude dos antecedentes, a ocasião e a função social que elas desempenham na atualidade) recorre-se à adaptação daquelas mediante a substituição ou limitação de seus conceitos linguísticos (interpretação restritiva) ou sua ampliação (interpretação extensiva), com o objetivo de realizar a adaptação da letra ao fim normativo.

Agora, já que é um fato evidente que o ordenamento positivo apresenta lacunas, a ideia fictícia da plenitude do direito pode ganhar vida com base na integração que, definitivamente, orientam os princípios gerais do direito natural suprindo a carência normativa. O certo é que, se existir no ordenamento positivo outra norma similar que possibilite a autointegração, deve-se recorrer primeiramente à analogia.[357]

Existem duas formas distintas de analogia, conforme diz respeito à integração da ausência de uma fonte formal que utiliza uma norma destinada a reger outro caso semelhante (*analogia legis*), ou melhor, quando determinadas matérias ou outras não reguladas são aplicadas por inteiro ou em bloco (*analogia iuris*).[358]

As características próprias do direito administrativo, como ramo não codificado com uma incessante mutabilidade e falta de previsão da lei para abarcar os problemas que a atividade administrativa propõe, levam a designar à analogia, como procedimento de integração das normas, um papel de maior relevância do que no Direito Privado.

---

[357] *Cf.* GOLDSCHMIDT, Werner. *Introducción filosófica al derecho*. 4ª ed. Buenos Aires: Depalma, 1973, p. 254 ss., especialmente p. 299; no direito administrativo: REVIDATTI, Gustavo A. *Derecho administrativo*. tomo I. Buenos Aires: Fundación de derecho administrativo, 1984, p. 227.

[358] *Cf.* GOLDSCHMIDT, Werner. *Introducción filosófica al derecho*. 4ª ed. Buenos Aires: Depalma, 1973, pp. 296/297; CASSAGNE, Juan Carlos. *Derecho administrativo*. 8ª ed. Atualizada. tomo II. Buenos Aires: Lexis-Nexis, 2006, p. 213, observação 172. O conceito de *analogía iuris* que é utilizado no texto é diferente do adotado por uma grande parte da doutrina, cuja crítica foi feita por DEL VECCHIO, já que da *analogia iuris* os princípios gerais não podem ser induzidos, já que ela sempre tem uma tendência ao particular, indo do particular ao particular semelhante ou coordenado, mas nunca ao geral (*Cf. Los principios generales del derecho*. 3ª ed. Barcelona: Bosch, 1979, p. 57; LEGAZ Y LACAMBRA, Luis. *Filosofía del derecho*. 2ª ed. Barcelona: Bosch, 1961; 5ª ed. Barcelona: Bosch, 1979, p. 516).

CAPÍTULO II – OS PRINCÍPIOS GERAIS NO DIREITO ADMINISTRATIVO

Entretanto, é necessário distinguir a analogia da denominada supletoriedade ou subsidiariedade. A primeira pressupõe uma carência histórica de norma aplicável ao caso e implica a realização de um processo prévio de adaptação e integração com os princípios que regem cada matéria ou instituição. Em contrapartida, a aplicação subsidiária ou supletiva não pressupõe propriamente uma carência normativa, já que a falta aparente de uma norma é coberta com a aplicação da outra pelo império da lei.

Por sua vez, como a carência normativa leva quase sempre a cobrir o vazio legal com um princípio geral, não se deve perder de vista que a forma de aplicação de um princípio (em que a possibilidade de um processo de subsunção não cabe) é a ponderação.[359]

II.6.2 A analogia e os princípios gerais do direito

A analogia, como técnica de interpretação, encontra-se subordinada aos princípios gerais do direito, já que nem por um processo de "generalização crescente", nem por uma restrita aplicação analógica é possível construir verdades gerais.

O método para descobrir os princípios gerais do direito não pode consistir "(...) em ascender, por meio de abstração das disposições particulares da lei a determinações cada vez mais amplas; continuando nessa 'generalização crescente' até chegar a compreender o caso duvidoso na esfera do direito positivo"[360] pois, ao proceder dessa forma, mais

---

[359] ZACAGNINO, María Eugenia. "Teoría de la argumentación jurídica (III)". *In:* SACRISTÁN, Estela B. (coord.). *Manual de doctrina y jurisprudencia*. Buenos Aires: La Ley, 2013, p. 735, com fundamento na obra de ALEXY, que salienta que os princípios são "mandamentos de otimização que se caracterizam por serem cumpridos em diversos graus" (mesmo que para nós, haja alguns mandamentos que são diretamente exigíveis sem opção para sua incaplicabilidade, por exemplo, os que derivam do direito à vida); ver ATIENZA, Manuel. *Las razones del derecho: teorías de la argumentación jurídica*. México: Instituto de Investigaciones Jurídicas/Universidade Nacional Autônoma do México, 2005, p. 174.

[360] Cf. DEL VECCHIO, Giorgio. *Los principios generales del derecho*. 3ª ed. Barcelona: Bosch, 1979, p. 51.

do que encontrar os princípios gerais do direito corre-se o risco de elaborar princípios sem conexão necessária com a causa do direito e, inclusive, contrários ao direito positivo ou à solução analógica do caso.

Além disso, a imprecisão do método da generalização crescente leva ao perigo de incorrer na chamada *aequitas cerebrina,* ou seja, o arbítrio judicial exercido de forma contrária à lei.[361]

Em contrapartida, a analogia, em seu sentido prático e perante a ausência da norma aplicável, é o método de interpretação ao qual se deve recorrer em primeiro lugar, para encontrar a solução particular para o caso, e isso não apenas pelo domínio do disposto no Código Civil e Comercial, mas também por um princípio lógico e racional de interpretação jurídica leva a integrar o vazio que a norma apresenta, com o previsto para casos semelhantes ou afins, sempre que a *ratio legis* puder se estender, em função da natureza da matéria ou instituição.

Todavia, isso é algo bem diferente do que afirmar que os princípios gerais do direito são os que derivam da analogia[362], já que esse procedimento não é idôneo para descobrir uma verdade geral, pois – como foi dito – vai do particular ao particular coordenado, em sentido oposto à indução.[363]

---

[361] *Cf.* DEL VECCHIO, Giorgio. *Los principios generales del derecho.* 3ª ed. Barcelona: Bosch, 1979, p. 52. Não compartilho, entretanto, a interpretação formulada nesse ponto sobre o princípio da separação dos poderes no sentido de que a função dos juízes encontra-se subordinada à legislativa, porque cada poder é independente e supremo em sua esfera, sem prejuízo das relações óbvias de harmonia e colaboração que devem imperar entre os poderes fundamentais do Estado. Com alcance restrito, os juízes não criam direito como os legisladores, pois formulam o ordenamento positivo, mas seu papel não se limita também aos dos meros órgãos de aplicação e interpretação das leis, já que são obrigados a falhar, especialmente nos casos de carência normativa. Nesses casos, ao recorrer aos princípios gerais do direito, a aplicação destes com o primeiro fundamento no direito positivo e último, no direito natural, procedem como órgãos que criam direito.
[362] LEGAZ Y LACAMBRA, Luis. *Filosofia del derecho.* 2ª ed. Barcelona: Bosch, 1961; 5ª ed. Barcelona: Bosch, 1979, p. 516.
[363] *Cf.* DEL VECCHIO, Giorgio. *Los principios generales del derecho.* 3ª ed. Barcelona: Bosch, 1979, p. 56, aponta que essa doutrina, comum em lógica, tem raiz aristotélica.

CAPÍTULO II – OS PRINCÍPIOS GERAIS NO DIREITO ADMINISTRATIVO

Dessa forma, apesar do transcendente papel que a analogia cumpre no âmbito do direito administrativo, ela deve ajustar-se aos princípios gerais que regem no Direito Público compatibilizando, em primeiro lugar, a aplicação da norma semelhante ou afim com os princípios que regem cada instituição e culminando com os princípios básicos ou fundamentais do ordenamento administrativo, seja reconhecendo sua origem no direito administrativo, seja provindo do direito positivo ou natural.

Nesse sentido, o princípio geral do direito civil que prevê que ninguém pode alegar sua própria torpeza, cede perante o direito administrativo mais específico que permite a Administração processar a nulidade de seus próprios atos.[364]

Entretanto, a incompatibilidade não implica substituir a aplicação analógica de um princípio geral do direito contido em outra lei, tal como acontece com o princípio geral da boa-fé estabelecido no Código Civil[365], o qual resulta aplicável também aos contratos que a Administração celebra e à matéria administrativa, conforme a doutrina espanhola[366] demonstrou, já que a boa-fé é exigível em todas as relações que vinculam a Autoridade aos particulares.[367]

II.6.3 A submissão da Administração à lei e ao direito

A submissão da Administração à lei e ao direito é um postulado que deriva da concepção da separação dos poderes e do princípio de legalidade própria do Estado de Direito ou Estado de Justiça.

Consagrado expressamente em duas Constituições europeias (como a alemã que foi sancionada ao culminar a Segunda Guerra mundial e a

---

[364] MARIENHOFF, Miguel S. *Tratado de derecho administrativo.* tomo II. Buenos Aires: Abeledo Perrot, 1966, p. 183; FIORINI, Bartolomé A. *Manual de derecho administrativo.* tomo I. Buenos Aires: La Ley, 1968, pp. 360/361.

[365] Art. 9º, CCyda CN.

[366] *Cf.* GONZÁLEZ PÉREZ, Jesús. *El principio general de la buena fe en el derecho administrativo.* 2ª ed. Madrid: Civitas, 1989, p. 34 ss.

[367] GARCÍA DE ENTERRÍA, Eduardo. "La interdicción de la arbitrariedad en la potestad reglamentaria". *RAP*, Madrid, n. 30, 1959, p. 164 ss.

espanhola de 1978), o postulado está longe de submeter absolutamente a Administração ao Poder Legislativo, como aconteceu nas primeiras Constituições francesas, mas traduz a submissão às leis sancionadas pelos representantes do povo, mas também ao direito, ou seja, à justiça.[368]

A menção ao direito não constitui uma fórmula isolada que prescreve a vinculação à lei positiva, pois a Administração também se encontra vinculada aos princípios gerais do direito[369], se bem que o que se entende por tal conceito responde a variadas tendências filosóficas e jurídicas. Todavia, por um caminho ou outro, seja pelo fato dos princípios gerais provierem do jusnaturalismo clássico ou do racionalista, ou da justiça material, ou em um processo que recorra à tópica para integrá-lo na solução do caso, o correto é que eles não podem ser reduzidos "a normas implícitas (...)" resultantes de prescrições expressas e que "(...) se obtêm por um processo lógico indutivo das normas escritas".[370]

Entretanto, como a maioria dos princípios gerais vinculados ao princípio de legalidade têm sua ancoragem positiva, expressa ou implícita em textos constitucionais, não se pode ter nenhuma dúvida sobre sua prevalência sobre as leis e regulamentos, em atenção à hierarquia da lei suprema que a Constituição possui (art. 31 da CN).

Além disso, o postulado da submissão da Administração à lei e ao direito guarda conexão íntima com outro princípio fundamental do constitucionalismo moderno que é a interdição de arbitrariedade dos poderes públicos[371], que rege tanto o Executivo como o

---

[368] FERNÁNDEZ, Tomás Ramón. *De la arbitrariedad de la Administración*. Madrid: Civitas, 1994, p. 148 ss. explica a origem e o sentido da fórmula constitucional espanhola.

[369] BREWER CARÍAS, Allan R. "Los principios de legalidad y eficacia en las leyes de procedimientos administrativos en América Latina". *In: La relación jurídico-administrativa y el procedimiento administrativo*. IV Jornadas Internacionales de derecho administrativo "Allan Randolph Brewer Carías". Carácas: Funeda, 1999, p. 34.

[370] *Cf.* SILVA TAMAYO, Gustavo. *Desviación de poder y abuso de derecho*. Buenos Aires: Lexis-Nexis, 2006, p. 29.

[371] Ver: GARCÍA DE ENTERRÍA, Eduardo. "La interdicción de la arbitrariedad en la potestad reglamentaria", originalmente publicado no n. 30 da *Revista de Administración Pública*, Madrid, 1959, reproduzido em seu livro *Legislación delegada, potestad reglamentaria y control judicial*. Madrid: Thomson, 1970.

CAPÍTULO II – OS PRINCÍPIOS GERAIS NO DIREITO ADMINISTRATIVO

Legislativo e o Judiciário, atualmente previsto no art. 9.3 *in fine* da Constituição espanhola.[372]

Mas para que os princípios gerais funcionem de maneira a manter o equilíbrio de poderes e beneficiar a liberdade dos cidadãos, é necessário reconhecer uma ampla potestade aos juízes para exercer um controle judicial suficiente, com a maior plenitude que o esquema divisório admita, consequentemente, sem zonas isentas ou imunes ao referido controle. Afirma-se, dessa forma, outro princípio cardeal do Estado de Direito: o da tutela jurisdicional efetiva[373], reconhecido nos artigos 8 e 25 da Convenção Americana dos Direitos Humanos[374] (por aplicação do art. 75 inc. 22 da CN) que complementa e amplia a garantia da defesa prevista no art. 18 da CN.

II.6.4 As faculdades discricionárias da Administração e os princípios gerais do direito

Afirmou-se que as potestades discricionárias constituem uma exigência inevitável do governo humano, levando em conta que ele não pode ser reduzido a uma aplicação automática, objetiva e neutra das normas.[375]

A discricionariedade se configura quando a norma atribui um poder ou faculdade ao órgão administrativo sem estatuir o critério que deve orientar e servir de base à respectiva decisão[376] podendo referir-se tanto à emissão do ato administrativo quanto a seus elementos.[377]

---

[372] Ver: RODRÍGUEZ-ARANA, Jaime. "Los principios generales en la jurisprudencia administrativa en el derecho administrativo Español". *In: Los principios en el derecho administrativo Íbero-americano*. La Coruña: Netbilo, 2008, pp. 383-385.

[373] ABERASTURY, Pedro. *La justicia administrativa*. Buenos Aires: Lexis-Nexis, 2006, p. 51, destaca sua transcendência no acesso à jurisdição.

[374] Nos art. 2, inc. 3 e 14 do Pacto Internacional sobre Direitos Civis e Políticos e no art. 10 da Declaração Universal dos Direitos Humanos.

[375] GARCÍA DE ENTERRÍA, Eduardo; FERNÁNDEZ, Tomás R. *Curso de derecho administrativo*. tomo I. Madrid: Civitas, 1977, p. 269; BIELSA, Rafael. *Derecho administrativo*. 6ª ed. tomo II. Buenos Aires: La Ley, 1964, p. 6.

[376] Cf. SÁINZ MORENO, Fernando. *Conceptos jurídicos, interpretación y discrecionalidad administrativa*. Madrid: Civitas, 1976, p. 347.

[377] Assim defende MARIENHOFF, Miguel S. *Tratado de derecho administrativo*. tomo II. Buenos Aires: Abeledo Perrot, 1966, p. 422.

Na realidade, mais do que uma margem privativa e exclusiva da liberdade ou arbítrio – como postulada pela doutrina clássica – implica um caso de remissão legal[378] que habilita a Administração a escolher uma solução entre várias soluções igualmente justas.

Mas a discricionariedade não implica um arbítrio ilimitado tampouco absoluto. Antes, encontra-se circunscrita tanto pelos limites substanciais e formais do ordenamento positivo, tais como as regras que preveem a concorrência dos órgãos ou entes e, fundamentalmente, pelos princípios gerais do direito.

É dessa forma que os princípios gerais do direito atuam como garantias que impedem o abuso das potestades discricionárias por parte da Administração, pois se aqueles são a causa ou base do ordenamento jurídico, não se pode conceber que o exercício dos poderes discricionários pudesse chegar a contrariá-los. Por esse motivo, juízes ou funcionários públicos devem sempre confrontar a norma que permite a potestade discricionária e seu desencadeamento com os princípios gerais do direito.

Por outro lado, se o poder discricionário constitui um caso de remissão legal, a respectiva faculdade não pode se basear nas lacunas do ordenamento positivo[379], mesmo que para habilitar a atuação de um órgão este possa basear-se em um princípio geral do direito como o princípio da especialidade ou os que informam o domínio público. Isso é o que acontece com o princípio geral da autotutela em matéria do domínio público, que não precisa de norma positiva para sua vigência, como reconheceram a doutrina[380] e a jurisprudência de nossos

---

[378] GARCÍA DE ENTERRÍA, Eduardo; FERNÁNDEZ, Tomás R. *Curso de derecho administrativo*. tomo II. Madrid: Civitas, 1977, p. 268.

[379] CLAVERO ARÉVALO, Manuel Francisco. "La doctrina de los principios generales del derecho". *Revista de la administración pública*, n. 44, p. 88 ss., especialmente p. 91. No exercício do poder discricionário, não existe relação entre o conteúdo do ato e os princípios gerais do direito, ao contrário do que parece insinuar Clavero (*op. cit.* p. 92).

[380] MARIENHOFF, Miguel S. *Tratado del dominio público*. Buenos Aires: Abeledo Perrot, 1960, p. 271 ss.; BIELSA, Rafael. *Derecho administrativo*: legislación administrativa argentina. 4ª ed. tomo III. Buenos Aires: El Ateneo, 1947, p. 491; LAUBADÈRE,

CAPÍTULO II – OS PRINCÍPIOS GERAIS NO DIREITO ADMINISTRATIVO

tribunais[381], além de tal poder ser, por sua própria natureza, essencialmente discricionário (mesmo quando tiver de ser exercido por órgão competente, estará ajustada a uma finalidade de interesse público e cumprirá todos os requisitos, substanciais e formais consagrados pelo ordenamento).

André de *Traité de Droit administratif*. 9ª ed. atual. por Jean-Claude Venezia; Yves Gaudemet. tomo II. Paris: LGDJ, 1984, p. 175; DIEZ, Manuel María. *Derecho administrativo*. 2ª ed. tomo II. Buenos Aires: Plus Ultra, 1976, p. 441 ss.; CASSAGNE, Juan Carlos. *El acto administrativo*. 2ª ed. Buenos Aires: Abeledo Perrot, 1981, p. 343 e em CASSAGNE, Juan Carlos. *La ejecutoriedad del acto administrativo*. Buenos Aires: Abeledo Perrot, 1970, p. 98.

[381] Diversos tribunais aceitaram a autotutela com relação aos bens do domínio público: Cámara Federal de La Plata, Sala II, *in re*, "Hijos de Isidoro Gorillo S.A.", publicado na Lei, tomo 119, p. 242, Câmara Nacional Criminal e Correccional dla Capital Federal – caso "Mariscal, Luis M. J.", na Lei, tomo 107, p. 256.

Capítulo III
O PRINCÍPIO DA SEPARAÇÃO DE PODERES

Sumário: III.1 Sobre a origem da doutrina da separação de poderes: as características principais que envolvem a concepção política de Montesquieu. III.2 A separação de poderes e o Estado de Direito. A evolução do Estado de Direito. O Estado Subsidiário. Populismo e Estado. III.3 A finalidade básica da teoria da separação de poderes. III.4 As confusões terminológicas: os conceitos de poder, órgão e função. III.5 Sobre a função administrativa. III.5.1 Concepções subjetivas ou orgânicas. III.5.2 O critério objetivo ou material. III.5.3 Outras teorias. III.6 Continuação: as funções normativa ou legislativa e jurisdicional da Administração Pública. III.6.1 A atividade regulamentar é de substância normativa ou legislativa. III.6.2 As funções jurisdicionais da Administração. III.7 Continuidade da jurisprudência emitida pelo Tribunal a partir do caso "Fernández Arias". III.8 Resumo sobre a interpretação da doutrina da separação de poderes na Constituição argentina. III.9 A independência do Poder Judiciário: antecedentes hispânicos das prescrições constitucionais. III.9.1 A proibição de exercer funções judiciais por parte do Rei e os Tribunais. III.9.2 A inamovibilidade dos juízes. III.9.3 A criação do Tribunal Supremo. III.10 A independência do Poder Judiciário como princípio e garantia do regime democrático e republicano. III.11 Sentido atual da separação de poderes. III.12 O princípio da independência das autoridades reguladoras. III.13 Constitucionalidade da criação das autoridades regulatórias independentes.

III.1 Sobre a origem da doutrina da separação de poderes: as características principais que envolvem a concepção política de Montesquieu

A unidade do poder estatal não foi principalmente debatida no campo da filosofia política nem no da doutrina constitucional. Na era Moderna foi publicado na França um livro destinado a marcar dali em diante o rumo de todos os Estados democráticos da Europa e América, embora sua interpretação e consequente aplicação na doutrina constitucional não tenham sido sempre as mesmas, devido ao peso das singularidades de cada país (história, tradições, ideologias políticas etc.).

A influência desse livro, intitulado *O espírito das leis,* publicado em 1748 por Charles-Louis de Secondat, barão de Brède e de Montesquieu, ainda continua gravitando sobre os Estados modernos, mesmo com as adaptações que a realidade política e social vai impondo. Como veremos mais adiante, a gravitação da teoria da separação de poderes não se compromete com o direito constitucional, mas com a abordagem da questão das funções estatais e as relações entre a Administração (ou o Governo, conforme terminologia europeia) e, os outros poderes são configurados como um dos princípios fundamentais do direito administrativo contemporâneo. Pode-se inclusive afirmar que, ao lado dos princípios da supremacia constitucional, essa obra constitui um dos grandes princípios do Direito Público (constitucional e administrativo).

A teoria da separação dos poderes foi objeto de múltiplos e variados desenvolvimentos voltados para expressivos estudos e pesquisas, tanto no direito comparado quanto em nosso país[382], e a maior parte de seus autores coincidiu, ao afirmar que sua paternidade corresponde a Montesquieu[383], sem negar as influências de outros filósofos que

---

[382] BOSCH, Jorge Tristán. *Ensayo de interpretación de la doctrina de la separación de los poderes.* Buenos Aires: Universidade de Buenos Aires, Faculdade de Direito e Ciências Sociais, 1944, p. 35 ss.

[383] BIELSA, Rafael, no "Prólogo" à obra de BOSCH, Jorge Tristán. *Ensayo de interpretación de la doctrina de la separación de los poderes.* Buenos Aires: Universidade de Buenos Aires, Faculdade de Direito e Ciências Sociais, 1944, p. 9. Alguns atribuíram

CAPÍTULO III – O PRINCÍPIO DA SEPARAÇÃO DE PODERES

abordaram o assunto, como Locke. O certo é que a originalidade de sua concepção (especialmente no que se refere ao equilíbrio entre os órgãos que exercem as funções administrativas e legislativas com o órgão judicial) não pode ser colocada em questão.

Sem analisar a totalidade do pensamento exposto por Montesquieu em diferentes capítulos da referida obra e nas *Lettres persanes* [Cartas persas] ou em *Considérations sur les causes de la grandeur des Romains et de leur décadence* [Considerações sobre as causas da grandeza dos romanos e sua decadência][384], alguns limitaram o exame ao Capítulo VI do Título XI, dedicado à Constituição inglesa.

Para desvendar o pensamento de Montesquieu sobre a separação dos poderes, cabe notar que o desenvolvimento escasso dos conceitos utilizados pela ciência política da época provocou uma série de confusões, muitas das quais chegaram até os dias de hoje, sobre os conceitos de poder, órgão e função, cujo sentido correto abordaremos no ponto seguinte. Na realidade, mais do que a confusão conceitual que costuma ser atribuída a Montesquieu em *O espírito das leis*, parece mais lógico sustentar que se trata de polissemias próprias da época. Entretanto, se o termo segundo o sentido técnico atual for substituído em cada lugar da obra, é possível descobrir a trama da verdadeira doutrina que expõe, mesmo que muitas vezes os conceitos apareçam entrelaçados (v.g., poder e função). De alguma maneira, ainda hoje, os diferentes conceitos utilizados por Montesquieu sobre o poder continuam em uso, por comodidade de linguagem.

Essa trama foi desenvolvida de forma notável por Jorge Tristán Bosch, marco de nossa vocação pelo direito administrativo, a quem seguimos na parte medular de suas opiniões sobre a referida teoria e as funções do Estado.[385]

---

a paternidade da teoria da separação de poderes a LOCKE, mas ele não concebeu ao Poder Judiciário como um órgão separado e independente.

[384] BOSCH, Jorge Tristán. *Ensayo de interpretación de la doctrina de la separación de los poderes*. Buenos Aires: Universidade de Buenos Aires, Faculdade de Direito e Ciências Sociais, 1944, pp. 35-37, cujo trabalho rigoroso realizado em 1941, no Seminário dirigido pelo Professor BIELSA constitui uma das realizações mais completas sobre a doutrina comparada.

[385] Ver: *Ensayo de interpretación de la doctrina de la separación de los poderes*. Buenos Aires: Universidade de Buenos Aires, Faculdade de Direito e Ciências Sociais, 1944, p. 45 ss.

Quais foram as duas ideias que guiaram o edificador da teoria da separação dos poderes? Bielsa, no "Prólogo" à obra de seu discípulo Bosch, a explica com clareza meridiana, ao recordar que as ideias dominantes na concepção de Montesquieu eram a prevenção e defesa da liberdade natural do ser humano, para protegê-lo "do despotismo da autoridade".[386]

Considerando que todo ser humano que detém o poder se vê tentado a abusar dele (como pensava, de forma realista, Montesquieu, na mesma linha de David Hume)[387], é necessário que o poder encontre seus limites, e a fórmula mais adequada para ele é *le pouvoir arrête le pouvoir*. Essa fórmula significa que "(...) a solução do problema que propõe o possível abuso do poder encontra-se (...)" em separar o poder e conseguir que as partes separadas "(...) deste poder se detenham entre si, de forma recíproca".[388]

Resulta inegável que esse freio recíproco leva ao equilíbrio entre os diferentes poderes do Estado[389], o qual é conquistado "(...) distribuindo-se as funções estatais entre diferentes órgãos, constituídos por pessoas em princípio diferentes, de maneira tal que nenhum deles possa impor sua vontade a outros e nem permaneça submetido à uma vontade alheia à própria". Não se trata – acrescenta Bosch – "de os órgãos estarem isolados; pelo contrário, é necessário que possam deter-se entre si e nada impeça que se promovam relações de recíproca colaboração entre eles".[390]

---

[386] "Prólogo" à obra *Ensayo de interpretación de la doctrina de la separación de los poderes*. Buenos Aires: Universidade de Bueanos Aires, Faculdade de Direito e Ciências Sociais, 1944. p. 10.

[387] BOSCH, Jorge Tristán. *Ensayo de interpretación de la doctrina de la separación de los poderes*. Buenos Aires: Universidade de Buenos Aires, Faculdade de Direito e Ciências Sociais, 1944, p. 50.

[388] BOSCH, Jorge Tristán. *Ensayo de interpretación de la doctrina de la separación de los poderes*. Buenos Aires: Universidade de Buenos Aires, Faculdade de Direito e Ciências Sociais, 1944, p. 42. Para uma compreensão melhor do pensamento de BOSCH, utilizamos o termo "separação ou separar", ao invés de "divisão ou dividir".

[389] BIDART CAMPOS, Germán J. *Derecho constitucional*. tomo II. Buenos Aires: Ediar, 1966, pp. 698 e 703, obs. 31.

[390] *¿Tribunales judiciales o tribunales administrativos para juzgar a la Administración pública?*. Buenos Aires: Zavalía, 1951, p. 37.

CAPÍTULO III – O PRINCÍPIO DA SEPARAÇÃO DE PODERES

Em resumo, pode-se afirmar que a doutrina da separação dos poderes constitui um dos pilares centrais do edifício constitucional, que implica vários elementos que devem funcionar de forma harmoniosa e equilibrada para que se cumpra o Estado de Direito. Além de consagrar a submissão da Administração à lei e ao direito (legalidade e justiça), presume-se uma partilha de funções em órgãos separados e independentes com especialização funcional relativa e poderes limitados. A separação é tanto orgânica quanto pessoal[391] e, em nosso sistema, não é absoluta[392] sendo, em suma, uma separação relativa de poderes limitados e coordenados entre si.[393]

A partir dessas premissas, é possível concluir que o chamado regime de separação de poderes compreende não somente a partilha do poder do Estado em funções especializadas adjudicadas em forma predominante a cada órgão conforme um critério material[394], mas também o cumprimento de sua finalidade básica que reside em consagrar um recíproco freio de atribuições para evitar o despotismo[395] em benefício das liberdades.

---

[391] VILE, Maurice J. C. *Constitucionalismo y separación de los poderes*. Madrid: Centro de Estudos Políticos e Constitucionais, 2007, pp. 17/18.

[392] LUQUI, Roberto Enrique. *Revisión judicial de la actividad administrativa*. tomo I. Buenos Aires: Astrea, 2005, p. 49.

[393] ESTRADA, José Manuel. *Curso de derecho constitucional*. tomo II. Buenos Aires: Sudamericana de Billetes de Banco, 1902, p. 37 ss., especialmente p. 52.

[394] CASSAGNE, Juan Carlos. *Curso de derecho administrativo*. 10ª ed. tomo I. Buenos Aires: La Ley, 2011, p. 32 ss. Um antecedente valioso dessa interpretação constitucional encontramos em ESTRADA, José Manuel. *Curso de derecho constitucional*. tomo II. Buenos Aires: Sudamericana de Billetes de Banco, 1902, pp. 45-52.

[395] Afirmou-se que "é preciso deixar bem estabelecido, como princípio, que a doutrina da separação dos poderes consiste realmente naquilo que seu nome indica; vale dizer, que consiste em sustentar que a maior garantia da liberdade é dada em um Estado no qual, em vez de existir um só *poder*, existem vários, que opondo-se entre si moderam-se reciprocamente, o que impede o abuso de qualquer um deles. Geralmente, quando abordamos, como estudantes, o exame dessa teoria, nos é ensinado que a mesma consiste em que as *funções* legislativa, executiva e judicial encontram-se distribuídas em *órgãos* diferentes, independentes entre si. Não se pode defender a tese que tal definição seja totalmente falsa; mas cabe destacar que a mesma abre as portas ao erro; estereotipada na mente de quem empreende uma investigação mais profunda sobre a teoria de MONTESQUIEU, impede ver claramente e desvendar o sentido íntimo da mesma;

Definitivamente, mesmo que o princípio da separação de poderes seja colhido na Constituição (escrito ou não, rígido ou flexível) de todos os Estados[396], suas duas consequências primordiais, que são a independência orgânica e a especialização, nunca foram interpretadas e aplicadas de forma absoluta.[397] Essa interpretação foi considerada simplista e elementar demais, e não leva em consideração a complexidade da estrutura e funções existentes no Estado moderno, no qual aparecem, além disso, conforme veremos mais adiante, novos órgãos e entidades estatais dotados de independência funcional.

é necessário, por último, desfazer-se dela para seguir adiante. Com efeito, essa tão divulgada definição refere-se a uma questão de segundo plano (o das funções e os órgãos), colocando-a em um plano anterior à fundamental (a dos poderes); cumpre lembrar da fórmula célebre *il faut que le pouvoir* (...), mas dando como evidente a existência de vários poderes e sua contraposição, sem aprofundar-se em seu conteúdo, sem pensar em seu significado, expressando-o todo na linguagem mais concreta das funções e dos órgãos. Qualificamos a noção antes aludida como simplista; teremos a oportunidade de comprovar que essa especialização funcional que pretende (um dita a lei, outro a executa, um terceiro a aplica) é, em seus efeitos, totalmente contrária ao fim que se persegue: a liberdade política. Em resumo, veremos nas páginas seguintes a confirmação de que convém notar desde o começo que o essencial aqui é a existência de mais de um poder dentro do Estado e da possibilidade de detenção recíproca. A questão funcional (classificação das funções estatais, número das mesmas), vinculada à estruturação dos órgãos do Estado, faz parte do segundo plano; pertence ao campo da realização do princípio da separação de poderes; mas não se deve confundir com o próprio princípio; não é possível admitir que a definição do princípio seja substituída pela descrição do sistema que o realiza e muito menos se a descrição, por simplista que seja, for falsa. Agrega-se a possibilidade de realizar o princípio de várias maneiras (vale a pena dizer, de fornecer a sua aplicação distinguindo e distribuindo as funções estatais em várias formas distintas) e, não haverá dúvidas sobre a razão que nos assiste, ao recusar uma definição do mesmo que alude uma determinada – e não única – forma de realização (ver *id.*, parágrafo 61 e suas obs.)". BOSCH, Jorge Tristán. *Ensayo de interpretación de la doctrina de la separación de los poderes*. Buenos Aires: Universidade de Buenos Aires, Faculdade de Direito e Ciências Sociais, 1944, p. 43, obs. 16 bis.

[396] BISCARETTI DI RUFFIA, Paolo. *Derecho constitucional comparado*. Madrid: Tecnos, 1987, p. 208.

[397] BOSCH, Jorge Tristán. *Ensayo de interpretación de la doctrina de la separación de los poderes*. Buenos Aires: Universidade de Buenos Aires, Faculdade de Direito e Ciências Sociais, 1944, p. 68 ss.

CAPÍTULO III - O PRINCÍPIO DA SEPARAÇÃO DE PODERES

III.2 A separação de poderes e o Estado de Direito. A evolução do Estado de Direito. O Estado Subsidiário. Populismo e Estado

A concretização constitucional do princípio da separação dos poderes aparece no mundo ocidental nas primeiras cartas e declarações do constitucionalismo moderno. No direito norte-americano, na Constituição de Filadélfia de 1787 e no direito francês, na Declaração dos Direitos do Homem e do Cidadão[398], e pode-se dizer que, em forma deliberada ou inconsciente, ela gravitou na formulação de uma categoria fundamental do Estado moderno.

A categorização do Estado de Direito foi utilizada por Robert von Mohl para opô-la ao sistema do absolutismo monárquico vigente no século XVIII e nos anteriores, baseado no "Estado policial"[399], período no qual os governantes se encontravam desconectados da obediência às normas jurídicas.

Entretanto, tal afirmação, reiterada na maioria das principais obras do direito constitucional argentino e comparado, seria equivocada, como sugere o lúcido trabalho de Martín Laclau, que não só esclarece os conceitos, como também se dedica a desvendar a filiação filosófica das teorizações distintas existentes na Alemanha sobre o Estado de Direito (algo indispensável para captar o significado teórico e, inclusive, o sentido prático de cada uma delas).

Nesse sentido, destaca-se que "(...) aparentemente quem primeiro utiliza o termo *Rechtsstaat* é Johann Wilhelm Placidus" no livro publicado

---

[398] O artigo 15 da DUDH prescreve: "Toda sociedade na qual a garantia dos direitos não estiver assegurada, nem [estiver] determinada a separação de poderes, carece de Constituição".

[399] VEDEL, Georges; DELVOLVÉ, Pierre. *Droit administratif*. 12ª ed. tomo II. Paris: PUF, 1992, ressaltam que os antigos autores opunham o "Estado policial" ao "Estado de Direito" onde o poder não pode atuar mais do que é imposto pelas regras (*op. cit.* p. 247). A distinção hoje em dia reveste o interesse histórico devido ao surgimento do "Estado de Direito" na maior parte dos sistemas comparados da Europa e América. Entretanto, alguns autores aprofundam a distinção aos efeitos comparativos, coisa que parece incomensurável fazer na atualidade.

em Estrasburgo em 1798, ao conceber um modelo de Estado baseado nos princípios jurídicos da liberdade e da igualdade com o objetivo de dar total validade às pretensões do direito natural.[400] Resulta inegável o influxo kantiano na referida concepção e nos juristas que o precederam (v.g., Laband) que consideravam o direito "(...) como o conjunto das condições por meio das quais o arbítrio de um indivíduo pode estar em conformidade com o arbítrio de outro de acordo com uma lei universal de liberdade (...)".[401]

A partir desse momento, embora direito e liberdade se apresentem como duas noções inseparáveis, abrem-se na Alemanha duas direções diferentes sobre o Estado de Direito. Enquanto a primeira, representada por Rotteck e Welcker, pode ser qualificada como jusnaturalista no sentido que reconhece a existência de direito inalienáveis do ser humano fora do Estado, a outra corrente – que influiu decisivamente na evolução posterior – adota a tese central do positivismo jurídico ao propugnar que, como todo direito é produto da crença estatal, que os direitos pertencem aos cidadãos de cada Estado determinado e que não é possível, portanto, que existam direitos fora do Estado. Essa é a doutrina de Von Mohl que tanto gravitou no desenvolvimento posterior do positivismo constitucional[402], cujas raízes liberais terminaram sendo cortadas com as teses de Laband (que postulou a substituição do direito subjetivo pelo direito objetivo, algo semelhante ao que Duguit fez) e, finalmente Jellinek, que, com sua teoria da autolimitação, reconhecia apenas os direitos das pessoas dentro dos limites que o poder estatal estabelece.

Em todas as concepções positivistas, logo aperfeiçoadas por Kelsen, a lei positiva é o eixo do sistema jurídico do Estado de Direito e o princípio democrático se baseia na separação de poderes, fundamentalmente na independência do Poder Judiciário. É comum, para elas, a pretensão de purificar o direito mediante a depuração do direito natural e que consideram algo metafísico e estranho ao direito, da mesma forma que a moral.

---

[400] LACLAU, Martín. *Soberanía y Estado de Derecho*. Buenos Aires: Astrea, 2014, p. 76.
[401] LACLAU, Martín. *Soberanía y Estado de Derecho*. Buenos Aires: Astrea, 2014, p. 77.
[402] LACLAU, Martín. *Soberanía y Estado de Derecho*. Buenos Aires: Astrea, 2014, pp. 76-81.

CAPÍTULO III – O PRINCÍPIO DA SEPARAÇÃO DE PODERES

Quanto ao conteúdo do modelo que configura o Estado de Direito, participa da condição de categoria histórica que cabe atribuir as principais instituições do Direito Público[403] e tem, portanto, caráter evolutivo.[404] Nesse sentido, o modelo parte de uma concepção formal com base na proteção da liberdade e demais direitos individuais para assumir, na segunda parte do século XIX, um conteúdo material que se projeta na realização efetiva dos direitos fundamentais ou humanos, como veremos mais adiante, e, apesar de as versões clássicas do Estado de Direito conterem concepções personalistas[405] que, definitivamente, procuram a proteção do ser humano, a filosofia que as preside não é a mesma, já que enquanto as teorias de raiz kantiana propugnam que o ser humano é um fim em si mesmo, para aquelas de origem cristã representadas pelo pensamento que flui das encíclicas papais, o fim está em Deus[406], ou seja, é um fim sobrenatural que transcende o ser humano, mesmo que, ao mesmo tempo, nele esteja presente.[407]

Sem se aprofundar sobre o curso da evolução, pode-se dizer que o atual "Estado de Direito" se nutre de um conjunto de princípios gerais que integram o que se poderia chamar – parafraseando Hauriou – o bloco de constitucionalidade dos respectivos sistemas jurídicos nos quais, apesar de suas diversidades, existe uma certa unidade em torno das observações comuns que o caracterizam, sem prejuízo aos subprincípios que derivam da noção básica.

---

[403] CASSAGNE, Juan Carlos. *Curso de derecho administrativo*. 10ª ed. tomo I. Buenos Aires: La Ley, 2011, pp. 58 e 62.

[404] LACLAU, Martín. *Soberanía y Estado de Derecho*. Buenos Aires: Astrea, 2014, p. 96.

[405] LAPLACETTE, Carlos José. "La Corte Suprema como sujeto pasivo de la delegación legislativa". *La Ley,* 2010-B, 1199, p. 1.

[406] Especialmente na encíclica *Veritatis Splendor*, de João Paulo II, se alude ao fim último do ser humano: Vs.72a e 73b.

[407] Por outro lado, o eixo da filosofia kantiana encontra-se em ser o ser humano um fim em si mesmo e tem plena autonomia pessoal e liberdade, sem outras limitações que as fixadas pelas leis. Entretanto, sendo concepções opostas, ambas as coincidem na defesa das liberdades do ser humano, mesmo que a Igreja católica não conceba a liberdade fora da verdade e da moral, que relaciona a liberdade com o bem autêntico que é o fim último do ser humano.

Entre essas observações do Estado de Direito sobressaem-se: a) a afirmação da separação de poderes em órgãos estatais diferentes e sua consequente limitação recíproca; b) o reconhecimento dos direitos das pessoas exigíveis frente ao poder público com as correspondentes garantias; c) a vinculação positiva da Administração ao princípio da legalidade (abrangente na legalidade, no sentido restrito, e na razoabilidade ou justiça) [408]; e d) o funcionamento efetivo de um controle judicial independente e imparcial, exigência, esta última, que se estende às entidades ou autoridades regulatórias independentes.

Neste último sentido, cabe, nesse caso, destacar que a Lei Fundamental de Bonn prevê que o Poder Executivo e os tribunais estejam vinculados à lei e ao direito (art. 20, parágrafo 3), enquanto a Constituição espanhola encontra-se também em direção semelhante, ao estabelecer que "(...) a Administração Pública serve aos interesses gerais com objetividade e atua (...) com submissão plena à lei e ao Direito " [409]. Ambos os preceitos refletem, sem dúvida, uma tendência já insinuada pelo Conselho de Estado francês, ao reconhecer que os princípios gerais do direito são fonte do ordenamento, que concretiza o abandono do positivismo legalista[410], particularmente de origem kelseniana.

De fato, para Kelsen o sistema era outro. A principal diferença residia na pretensão kelseniana de identificar o Estado com o direito e defender que este é apenas um produto normativo dos órgãos estatais. Como se sabe, o eixo do positivismo kelseniano (também do administrativista Merkl) se baseia em uma construção que concebe o ordenamento normativo como uma pirâmide (na qual a validade da norma inferior está dada por sua adequação e subordinação à norma superior), considerando que as normas são juízos hipotéticos (afirmação finalmente

---

[408] GARCÍA DE ENTERRÍA, Eduardo; FERNÁNDEZ, Tomás R. *Curso de derecho administrativo*. 13ª ed. tomo I. Thomson-Madrid: Civitas, 2006, p. 444 ss. apontam a coincidência entre a fórmula da Constituição alemã (art. 20 parágrafo 3 da Lei Fundamental de Bonn) e a espanhola (art. 103.1 CE).

[409] Art. 103.1 da UE.

[410] GARCÍA DE ENTERRÍA, Eduardo; FERNÁNDEZ, Tomás R. *Curso de derecho administrativo*. 13ª ed. tomo I. Thomson-Madrid: Civitas, 2006, p. 445.

CAPÍTULO III – O PRINCÍPIO DA SEPARAÇÃO DE PODERES

banida de sua teoria nos últimos trabalhos)[411] e que as sentenças dos juízes constituem normas individuais que criam direito.[412]

Definitivamente, a identificação kelseniana entre o Estado e Direito é a expressão do postulado que defende que todo poder é um poder jurídico, o que equivale dizer que "toda forma histórica de Estado é um Estado de Direito"[413], algo que hoje em dia (sem necessidade de remontar ao absolutismo, pois basta recordar o ocorrido sob a ditadura nazista e fascista) ninguém se atreveria a compartilhar e defender, pelo simples temor de ser qualificado de totalitário.[414]

O Estado de Direito encerra, em si mesmo, alguns valores de caráter político-social, como a democracia, o humanismo personalista e a tolerância[415] que fazem parte de seu acervo natural, os quais, através de diversos princípios e normas, resultam direitos exigíveis perante o poder do momento.

Ao mesmo tempo, o Estado de Direito se integra por uma série de princípios de garantia dos direitos dos cidadãos perante os quais encontra-se o princípio da dignidade da pessoa, seguindo com os princípios *pro homine, pro libertate* e *pro actione* junto aos que se referem à tutela jurisdicional e administrativa efetiva, responsabilidade do Estado e dos funcionários, entre outros.[416]

---

[411] "Derogación y Derecho y Lógica". Tradução do Instituto de Investigaciones Jurídicas da Universidade Nacional Autônoma do México. *Boletín Mexicano de Derecho Comparado*, México, n. 21, 1974, p. 258 ss.

[412] Ver: GOLDSCHMIDT, Werner. *Introducción filosófica al derecho*. 4ª ed. Buenos Aires: Depalma, 1973, pp. 28/29.

[413] GARCÍA DE ENTERRÍA, Eduardo; FERNÁNDEZ, Tomás R. *Curso de derecho administrativo*. 13ª ed. tomo I. Thomson-Madrid: Civitas, 2006, p. 437.

[414] O abandono das teses centrais de KELSEN tem a ver com o que dizemos no texto.

[415] Ver: GOLDSCHMIDT, Werner. *Introducción filosófica al derecho*. 4ª ed. Buenos Aires: Depalma, 1973. p. 439 ss.

[416] GARGARELLA, Roberto. "El contenido igualitario del constitucionalismo". *In: Teoría y crítica del derecho constitucional*. tomo I. Buenos Aires: Abeledo Perrot, 2010, pp. 17/18, de uma visão progressista igualitária (não populista) reconhece o serviço que o constitucionalismo individualista prestou à causa da liberdade, e de ter sido barreira contra o autoritarismo.

Debateu-se, talvez demais, se cabe identificar o Estado de Direito ao Estado liberal (alguns agregam a conotação ideológica de burguês) e, se não cabe defender com mais frequência o Estado de Bem-estar ou o Estado Social de Direito para incorporar as transformações havidas no campo das políticas sociais e econômicas seguidas na maior parte dos países no século passado.[417]

Afinal, qualificar o Estado de Direito de liberal ou burguês encerra um preconceito político que não corresponde à realidade já que, durante esse período, houve muitos países que usaram fórmulas mistas que incluíam um grau de intervencionismo e de socialização da economia em compatibilidade com os postulados do Estado de Direito. Assim, para deter a crise de 1929, tanto os Estados Unidos (onde foi cunhada a fórmula *Welfare Estate*) sob a presidência de Roosevelt, como o Brasil e a Argentina[418], na década de trinta do século passado, foram os países que recorreram a políticas intervencionistas sem contudo modificar, por essa direção de sua política, o sistema de garantias próprio do Estado de Direito.

A crise do Estado Benfeitor desvendou a incógnita sobre a volta a outra política estatal, caracterizada pelo abandono crescente do intervencionismo (principalmente do Estado empresário), a defesa da concorrência e os princípios da economia de mercado no final do século, praticamente na maioria do mundo europeu e americano, o que mostra muito claramente que o Estado de Direito, com suas bases essenciais, manteve-se inalterável apesar das transformações e pouco ou nada foi o que mudou de sua estrutura fundamental.[419]

---

[417] Ver: GORDILLO, Agustín. *Tratado de derecho administrativo*. 5ª ed. tomo I. Buenos Aires: FDA, 1998, pp. III-38 ss.

[418] BIANCHI, Alberto B. *La delegación legislativa*. Buenos Aires: Abaco, 1990, p. 205 ss.

[419] Ver: PAREJO ALFONSO, Luciano. *Lecciones de derecho administrativo*. Valência: Tirant lo Blanch, 2007, p. 34 ss. analisa as observações definidoras da situação atual, recolhendo a opinião de SCHMIDT-ASMANN, ao destacar que a crise do Estado Social (em sua forma de Estado de Bem-estar) se projeta sobre a Administração basicamente de três formas: "1) a redução dos meios pessoais, econômicos e materiais disponíveis e, paralelamente, a exigência de produtividade, economia e celeridade; 2)

CAPÍTULO III – O PRINCÍPIO DA SEPARAÇÃO DE PODERES

Tampouco resulta totalmente correto falar de Estado Constitucional de Direito, já que é uma categoria, de certo modo, redundante, cuja formulação representa uma *contradictio* levando em conta que não se concebe um Estado de Direito contrário à Constituição e, em nossos países americanos, jamais desconheceu-se o princípio de supremacia da Constituição, tomado a partir da Carta Magna dos Estados Unidos da América.

A rigor, com a referida expressão pretende-se estratificar de forma definitiva os princípios e critérios de interpretação que propicia o chamado neoconstitucionalismo, não se podendo estimar com certeza como evoluirá, no futuro, esse movimento jurídico que, além do mais, abriga visões opostas sobre a natureza do direito e seus fins.

O Estado de Direito implica a adoção de uma forma única que não é suscetível de ser confundida com as diferentes formas do populismo democrático, já que, apesar da orientação política que os governos do momento aplicam, com independência do tipo regido no plano da experiência da cada país (representativa, participativa ou delegativa) de acordo com as circunstâncias reais que a conformam, os referidos regimes costumam não respeitar seus postulados essenciais.

Faz tempo que propugnamos – para a definição política do Estado – o uso da fórmula Estado Subsidiário[420], totalmente compatível com os axiomas do sistema jurídico comumente denominado "Estado de Direito", cuja utilização com tal objeto, ou seja, como sistema jurídico constitucional, continuamos defendendo, consoante um setor da doutrina espanhola.[421]

---

a reformulação crítica do número e características das funções e tarefas da Administração e 3) o questionamento do conceito básico de direção da sociedade, até agora reconhecido sem problemas a favor do Estado e da Administração, por se entender que as técnicas administrativas clássicas (ordem, proibição etc.) são insuficientes e emergem técnicas de atuação administrativa de caráter 'informal' ou 'cooperativo'" (*op. cit.* p. 36).

[420] Ver nosso *Curso de derecho administrativo*. 10ª ed. tomo I. Buenos Aires: La Ley, 2011, pp. 25-28 e SPACAROTEL, Gustavo D. "Aplicación del régimen de contratos administrativos a los contratos celebrados por los concesionarios de servicios públicos". In: *Cuestiones de derecho administrativo*. Jornadas da Universidade Austral, Buenos Aires: Rap, 2007, p. 182.

[421] GARCÍA DE ENTERRÍA, Eduardo; FERNÁNDEZ, Tomás R. *Curso de derecho administrativo*. 13ª ed. tomo I. Thomson-Madrid: Civitas, 2006, p. 437 ss.

O princípio da subsidiariedade – que se encontra na raiz desse tipo de Estado[422] – tem vantagem sobre os esquemas intervencionistas do passado que fomenta a iniciativa individual e coletiva, sem limitar a intervenção do Estado como gestor econômico perante a insuficiência dos particulares ou o estado de necessidade que justifica uma emergência econômica.

O Estado Subsidiário condensa e combina as funções de regulador e garante[423] com a de promotor da atividade econômica e gestor de prestações sociais básicas, em termos razoáveis, no que diz respeito às disponibilidades orçamentárias e as políticas fiscal e tributária, e o sucesso das ações da Administração depende da colaboração dos cidadãos[424] e empresas.[425]

Uma deformação do Estado Subsidiário é o denominado Estado populista, com vigência atual na Venezuela e em menor escala na Argentina e Bolívia, os quais se afastam do modelo de economia de mercado a fim de adotar um intervencionismo gradual que finalmente conduz à estatização de toda a economia com a finalidade de eliminar as desigualdades naturais dos setores sociais, suprimir ou reduzir a independência do Poder Judiciário, substituindo a soberania nacional por uma suposta soberania popular que aprova as decisões de um líder carismático que costuma apoiar seu poder em uma política distributiva de receitas e de subsídios aos produtos de primeira necessidade e serviços públicos.

Esse modelo, no qual se mescla uma dose máxima de confronto social e de eliminação do humanismo e da tolerância, está destinado ao

---

[422] GUARIGLIA, Carlos E. *El reto de la responsabilidad:* misión y visión del Estado contemporáneo. Montevidéu: Polo, 2003, pp. 105-115.

[423] MUÑOZ MACHADO, Santiago. *Tratado de derecho administrativo y derecho público general*. 1ª ed. tomo IV. Madrid: Iustel, 2011, p. 497 ss.

[424] PAREJO ALFONSO, Luciano. *Lecciones de derecho administrativo*. Valência: Tirant lo Blanch, 2007, p. 40 faz uma boa análise da evolução das prestações sociais encarando a crise do Estado Social e concluindo que ele não impedirá que a Administração continue sendo responsável pelas prestações. A função do mercado, em qualquer caso, será financiá-las.

[425] MUÑOZ MACHADO, Santiago. *Tratado de derecho administrativo y derecho público general*. 2ª ed. tomo I. Madrid: Iustel, 2006, p. 1021 ss.

CAPÍTULO III – O PRINCÍPIO DA SEPARAÇÃO DE PODERES

fracasso e ao aumento dos déficits estatais, porque é evidente que o investimento, a economia e a capacidade criativa dos empresários sofrem um desestímulo.

A saída não está, logicamente, na prática desenfreada das receitas de um capitalismo selvagem, como o que nos levou à última crise financeira mundial, mas na justa harmonia de todos os interesses em jogo e na regulação necessária do mercado financeiro que, longe de servir ao investimento, está mais preocupado em obter grandes lucros através da criação, sem limites, de moeda artificial o que, diante de qualquer processo de desaceleração da economia, provoca uma crise em cadeia nas empresas que financiaram acima de sua capacidade para obter crédito.

III.3 A finalidade básica da teoria da separação de poderes

O equilíbrio de poderes que se conquista contrastando o poder de cada órgão com o poder de outro, mediante um sistema de freios e contrapesos e baseado na independência e especialização das funções estatais (nunca de uma forma absoluta), visa, como finalidade essencial, garantir a liberdade dos cidadãos e evitar o despotismo.

Mas o objetivo da teoria de Montesquieu parece se concentrar na abordagem da separação (melhor dizer, distribuição) das funções do Estado e nos controles recíprocos que devem agir entre os diferentes órgãos que o compõem. O verdadeiro centro da concepção reside na proteção das liberdades, respeitando o que se engloba, de forma moderna, no conjunto de direitos e princípios que protegem a dignidade da pessoa humana.

Nesse sentido, a teoria da separação pode muito bem ter início na concepção básica ou ponto de partida da defesa dos Direitos Humanos. Pois ainda quando não se ocupa dos meios instrumentais para efetivá-los e nem de outros elementos interpretativos (por exemplo, prevalência e operatividade dos princípios gerais), lança as bases para o futuro desenvolvimento teórico e prático do referido neoconstitucionalismo que não pode prescindir de seus postulados essenciais.

Com efeito, deve-se notar, a esse respeito, que o pensamento de Montesquieu encontrava-se mais orientado para a proteção da liberdade[426] do que para o império da lei positiva.

Para o grande bordelês, a liberdade não reside na vontade do ser humano (como defendeu Rousseau), pois não consiste em fazer o que se quer, mas "(...) em poder fazer o que se deve querer, e não ser obrigado a fazer o que não se deve querer (...) a liberdade – continua – é o direito de fazer tudo o que as leis permitem".[427]

Na concepção de Montesquieu, a preservação da liberdade se apresenta como o princípio fundamental do sistema político que faz o equilíbrio do poder e a necessidade de evitar o abuso deste último. Portanto, defende-se que uma Constituição apenas "(...) pode ser de maneira a que ninguém seja obrigado a fazer as coisas não requisitadas pela lei e a não fazer as permitidas".[428]

Ao receber também a influência de Rousseau e sua concepção política, a Declaração de Direitos de 1789, assim como a Constituição francesa de 1791, torna-se muitas vezes contraditória. Pode-se dizer que a teoria rousseauísta foi a causa, no plano histórico-filosófico, dos excessos nos quais incorreram os revolucionários ao se afastarem do modelo da separação de poderes de Montesquieu e basearem-se na primazia absoluta da lei positiva emanada da Assembleia e na radicação da soberania na Nação (a qual, segundo Sièyes, só incorporava o Terceiro Estado).

Entretanto, no aspecto relativo à proteção da liberdade, prevaleceu, na doutrina constitucional francesa de então, a tese de Montesquieu que, por outro lado, tinha um conceito de lei que recusava tanto a ideia de que ela fosse produto de uma vontade geral soberana e infalível, quanto as concepções absolutistas fundadas na origem divina do poder. Essas teorias contradiziam a filosofia política da neo-escolástica, particularmente

---

[426] DUGUIT, Léon. *Traité de Droit Constitutionnel*. Paris: Boccard, 1923, p. 23.
[427] MONTESQUIEU. *O espírito das leis*. Livro XI, cap. III.
[428] *O espírito das leis*. Livro XI, cap. IV.

CAPÍTULO III – O PRINCÍPIO DA SEPARAÇÃO DE PODERES

a obra de Suárez, que baseava a legitimidade do governante não na soberania da Nação, mas no consentimento do povo, origem do princípio da soberania do povo mais tarde adotado pela Constituição norte-americana e pela nossa (expressamente em seu art. 33).

De fato, na primeira parte de sua obra, logo após afirmar que "(...) as leis, em seu mais amplo significado, são as relações necessárias que derivam da natureza das coisas" (Livro I, Cap. I), refere-se tanto à lei natural (salientando alguns princípios que hoje são considerados princípios de justiça ou de direito natural, conforme a concepção que se adote), quanto à lei positiva, em várias passagens de sua obra. Ressalta, precisamente, que, "(...) dizer apenas que o que as leis positivas ordenam ou proíbem é a mesma coisa que dizer que antes de traçar um círculo, todos os seus raios não eram iguais" [429] e, assim foi, em linhas gerais, a filosofia na qual Alberdi se baseou ao redigir o Projeto que serviu de base para a Constituição de 1853.[430]

Esses antecedentes têm, portanto, uma importância capital para desvendar o sentido correto que corresponde à atribuição ao art. 19 da CN, em que o conceito da lei deve ser interpretado ou integrado combinando, conforme as circunstâncias, a lei positiva com a lei natural ou a justiça. A esse respeito, cabe notar que o Preâmbulo de nossa Constituição, embora bastante semelhante ao da Constituição norte-americana, diferentemente desta, contempla o objetivo de afiançar a justiça "como valor, a justiça como fim", conforme ressalta Vanossi[431], com um

---

[429] MONTESQUIEU. *O espírito das leis*. Livro XI, cap. II.

[430] ALBERDI sofreu influência de MONTESQUIEU ao redigir as *Bases* e o projeto que serviu como fonte para a Constituição de 1853. Ele sustenta que "é uma espécie de sacrilégio definir a lei, a vontade geral de um povo (...)" e se pergunta se "a vontade geral expressada por um Congresso Constituinte que obrigasse a todos os argentinos a pensar com seus joelhos e não com suas cabeças seria uma lei. Para concluir, citamos uma frase de RIVADAVIA que alude à falsa ilusão que o legislador padece quando pretende que, por obra de sua vontade, possa mudar "a natureza das coisas" (ALBERDI, Juan Bautista. *Bases*. 4ª ed. São Paulo: Plus Ultra, 1984, cap. XVII). Mais adiante, o autor discorre sobre as leis naturais que o constituinte deve observar.

[431] *Teoría constitucional*. tomo II. Buenos Aires: Depalma, 1976, p. 80. Depois de recordar que, enquanto o preâmbulo da Constituição da Filadélfia fala sobre "constituir a justiça",

sentido que contribui e reforça a posição institucional do juiz argentino para controlar a arbitrariedade administrativa que, em uma de suas principais acepções, é um todo ato contrário à razoabilidade ou justiça.

Conforme a hermenêutica histórico-filosófica descrita, para que a norma tenha um significado razoável dentro do contexto constitucional, resulta evidente que se ninguém está obrigado a fazer o que a lei ou o direito não ordena, a Administração não pode determinar condutas contrárias à lei ou ao direito e nem privar do que a lei (em sentido amplo) não proíbe. Em outros termos, estando a Administração sujeita à lei e ao direito, o preceito contém a regra da proibição de arbitrariedade que é configurada como um princípio geral de Direito Público que tem fundamento em outras normas constitucionais que completam a regra contida no art. 19 da CN.[432]

A preocupação de Montesquieu por evitar o despotismo constitui outro dos objetivos centrais da teoria, já que, se a dignidade humana pode ser abalada em sistemas de poderes separados ou independentes, precisa praticamente de toda proteção nos governos despóticos, em que a lei, sua aplicação e o julgamento das causas civis, penais e administrativas sejam o produto da vontade e ação de uma só pessoa (ou de um grupo reduzido).

Alguns parágrafos de *O espírito das leis* definem o governo despótico (que era comum no Oriente) com termos que se assemelham às modernas concepções hegemônicas (o decisionismo do líder), que serviram de base para as ditaduras nacional-socialista e fascista, concepções replicadas pelos populismos de esquerda na América, sob fórmulas aparentemente democráticas.

Ao traçar as linhas dos governos, Montesquieu nos ensina que "(...) no governo despótico o poder também reside em apenas um [a pessoa]

---

ressalta que "Por outro lado, nós dizemos 'afiançar a justiça' porque usamos, em nosso preâmbulo, a palavra 'justiça' com um sentido totalmente diferente: não é a justiça como tribunal ou como simples administração de justiça, tal como consta no preâmbulo norte-americano, mas a justiça como valor, a justiça como fim" (*op. cit.* pp. 79/80).

[432] Prevê que "Nenhum habitante da Nação será obrigado a fazer o que a lei não manda, nem privado do que ela não proíbe".

CAPÍTULO III – O PRINCÍPIO DA SEPARAÇÃO DE PODERES

(como na monarquia), mas sem lei e nem regra, pois o soberano governa conforme sua vontade e caprichos"[433] agregando mais adiante que o princípio que predomina no governo despótico é o temor[434] e a obediência extrema.[435]

III.4 As confusões terminológicas: os conceitos de poder, órgão e função

Não faremos aqui a resenha das confusões terminológicas que a utilização dos conceitos usados por Montesquieu na construção teórica da separação dos poderes gerou, confusão produzida principalmente pelo uso promíscuo do termo poder, que usou, tanto em seu sentido próprio quanto no equivalente ao órgão e também às respectivas funções estatais no sentido material, conceitos distintos diferenciados com bastante precisão pela doutrina do Estado nos séculos posteriores[436], bem como no campo da filosofia em geral, particularmente, na filosofia do direito.

Guardini ressalta que por não ser um fenômeno natural o poder não se dissocia da pessoa nem da responsabilidade. O efeito do poder sempre é uma ação voluntária ou, pelo menos, um deixar fazer.[437] Constitui um dos elementos do Estado – ou, como se dizia antigamente, da soberania – que deve estar a serviço do bem comum e não da pessoa que o exerce. Embora o poder seja "regido essencialmente pela liberdade", ele só adquire sentido quando respeita a dignidade da pessoa humana e seus direitos. Sempre deve ser limitado, porque o perigo de seu abuso (como bem observou Montesquieu) "cresce ao aumentar o poder".[438]

---

[433] MONTESQUIEU. *O espírito das leis*. Livro II, cap. I.
[434] MONTESQUIEU. *O espírito das leis*. Livro II, cap. IX.
[435] MONTESQUIEU. *O espírito das leis*. Livro II, cap. X.
[436] Ver CARRÉ DE MALBERG, Raymond. *Teoría general del Estado*. Reimpressão da edição de 1998. México: Fondo de Cultura Económica, 2000, p. 249 ss., especialmente p. 264.
[437] *El poder*. 2ª ed. Madrid: Cristiandad, 1977, pp. 16/17.
[438] GUARDINI, Romano. *El poder*. 2ª ed. Madrid: Cristiandad, 1977, p. 19.

As confusões terminológicas em que se incidiu ao interpretar a teoria de Montesquieu resultam da utilização das "(...) expressões genéricas 'poder legislativo', 'poder executivo' e 'poder judiciário', para com elas denominar, de forma sucessiva, cada uma das três séries de poderes, de órgãos e de funções, respectivamente (...). Como ocorre em muitos casos, essas expressões tornaram-se tradicionais e adquiriram, especialmente em matéria política, tal vigor e força que hoje valem por si próprias, livres do significado que suas palavras constituintes encerram".[439]

Contudo, a depuração técnica dos conceitos ocorrida na ciência política e no direito constitucional não afeta a medula da tese central de Montesquieu, em termos da independência orgânica e separação funcional no cenário complexo das democracias atuais. Além disso, ao ter ampliado a separação orgânica historicamente concebida (e incorporar outros órgãos ou entidades independentes ao sistema) realizou-se uma ampliação das bases de comprovação da teoria.

O conceito de órgão sempre traduz a configuração de um centro de competências ou, se preferir, de imputação normativa carente de personalidade jurídica, cujos titulares são pessoas físicas individuais ou organizações coletivas ou colegiadas (órgãos indivíduos) que representam a instituição que integram (órgãos institucionais). O órgão, dentro da pessoa moral ou jurídica, traduz algo como a fusão de duas atitudes; a própria da pessoa física que representa o órgão, e a competência objetiva atribuída pela norma constitucional, legal ou regulamentária.[440] A princípio, não cabe definir o órgão pela natureza das funções que ele exerce, o que se nota claramente no modelo norte-americano e ainda na Europa, e em determinados países da América Latina, a raiz do fenômeno das autoridades regulamentares independentes que levam a cabo as três clássicas funções estatais.

---

[439] BOSCH, Jorge Tristán. *Ensayo de interpretación de la doctrina de la separación de los poderes*. Buenos Aires: Universidade de Buenos Aires, Faculdade de Direito e Ciências Sociais, 1944, p. 49.

[440] MARIENHOFF, Miguel S. *Tratado de derecho administrativo*. 4ª ed. tomo I. Buenos Aires: Abeledo Perrot, 1990, p. 519 ss.

CAPÍTULO III - O PRINCÍPIO DA SEPARAÇÃO DE PODERES

Entretanto, a partir do fato de que cada um dos três órgãos clássicos do poder do Estado cumpra uma função predominante, ainda que com uma especialização funcional relativa, derivou-se o costume de designar o órgão com o nome da função e dizer – dependendo do caso – "Executivo" no lugar de "Presidente da República" ou "Legislativo", em vez de "Parlamento" ou "Congresso".

Conforme veremos em seguida, a questão inerente às funções do Estado produziu uma série inesgotável de divergências doutrinárias. Por hora, ficamos com a frase de Bosch que reflete o desenvolvimento de nosso pensamento na matéria: "(...) a distinção por natureza é própria das funções, as quais podem ser qualificadas, com toda propriedade, como legislativas, executivas e judiciárias (...)"[441] e aparentemente Montesquieu tinha a mesma opinião, pelo menos é o que se observa em alguns parágrafos de *O espírito das leis*.[442] Continuamos acreditando que o critério material para definir as funções do Estado é, a princípio, o que melhor explica a natureza e o regime dos atos que cada órgão do poder emite, tendo sido adotado também pela maioria de nossos grandes mestres[443], mesmo quando não coincide com a distinção de funções que cada Constituição efetua, onde se nota

---

[441] BOSCH, Jorge Tristán. *Ensayo de interpretación de la doctrina de la separación de los poderes*. Buenos Aires: Universidade de Buenos Aires, Faculdade de Direito e Ciências Sociais, 1944, p. 50.

[442] MONTESQUIEU. *O espírito das leis*. Livro XI, cap. VI, especialmente o parágrafo onde diz: "Estaria tudo perdido se o mesmo ser humano, a mesma corporação de próceres, a mesma assembleia do povo exercesse os três poderes: o de ditar as leis, o de executar as resoluções públicas e o de julgar os delitos ou os pleitos entre particulres". A partir de uma só leitura desse parágrafo, deduz-se que MONTESQUIEU adotou um critério substancial para definir as funções do Estado.

[443] BIELSA, Rafael. *Derecho administrativo*: legislación administrativa argentina. 4ª ed. tomo III. Buenos Aires: El Ateneo, 1947, p. 206 ss. e tomo II, p. 18, obs. 4; MARIENHOFF, Miguel S. *Tratado de derecho administrativo*. 4ª ed. tomo I. Buenos Aires: Abeledo Perrot, 1990, 1995, p. 55 ss.; VILLEGAS BASAVILBASO, Benjamín. *Derecho administrativo*. tomo I. Buenos Aires: Tea, 1949, p. 34 ss.; BOSCH, Jorge Tristán. *¿Tribunales judiciales o tribunales administrativos para juzgar a la Administración pública?*. Buenos Aires: Zavalía, 1951, p. 95 ss.; LINARES, Juan Francisco. *Derecho administrativo*. Buenos Aires: Astrea, 1986, p. 166 ss. e nosso *Curso de derecho administrativo*. 10ª ed. tomo I. Buenos Aires: La Ley, 2011, p. 35 ss.

a combinação de elementos materiais e formais baseada na atribuição de uma função material predominante.[444]

III.5 Sobre a função administrativa

A gênese da Administração Pública contemporânea (no sentido estritamente orgânico ou subjetivo) encontra sua localização histórica na época napoleônica onde se realiza uma mutação fundamental do papel e da gravitação que, desde então, havia tido o poder administrador: produz-se, a partir desse instante, o fenômeno de ampliação progressiva de suas competências, o que continuou se desenvolvendo de forma incessante até hoje. Dessa forma, efetua-se o abandono, por parte da Administração, da função abstrata de sustentar a lei (Locke e Montesquieu) para converter-se em um complexo orgânico que cumpre atividades múltiplas.[445]

Contudo, além da acepção estritamente orgânica ou subjetiva da Administração Pública, como o complexo de órgãos e sujeitos enquadrados no Poder Executivo[446] que servirá para o estudo da organização e do processo histórico de ampliação das competências dos órgãos e sujeitos administrativos, cabe fazer referência também àquela com um alcance e sentido funcional.

---

[444] LUQUI, Roberto Enrique. *Revisión judicial de la actividad administrativa.* tomo I. Buenos Aires: Astrea, 2005, pp. 20/21 esclarecendo que não é impossível definir as funções conforme um critério exclusivamente material ou formal. O que resulta impossível, pelo menos em nosso sistema, é realizar uma separação material absoluta e exclusiva para cada órgão.

[445] Para GARCÍA DE ENTERRÍA, a Administração é um sujeito de atividades gerais e particulares, de fatos e de direito, formais e materiais, atividades que, em sua multiplicidade, interferem nas próprias atividades dos particulares, com os quais são normalmente permutáveis (*Revolución Francesa y administración contemporánea.* Madrid: Taurus, 1972, p. 96).

[446] TREVIJANO FOS, José A García. *Tratado de derecho administrativo.* tomo I. Madrid: Revista de Derecho Privado, 1964, p. 50; WALINE, Marcel. *Droit administrative.* 9ª ed. Paris: Sirey, 1963, p. 4, que define a Administração como um conjunto de organismos que não têm qualidade de autoridade legislativa nem jurisdicional.

CAPÍTULO III – O PRINCÍPIO DA SEPARAÇÃO DE PODERES

Esse conceito técnico da função administrativa considerada como "atividade" resulta útil para diferenciá-la das funções restantes do Estado e para caracterizar uma de suas manifestações: o ato administrativo, submetido a um regime de Direito Público, exorbitante do Direito Privado.

Sem desconhecer a importância de uma análise integral das diferentes e variadas noções que foram formuladas historicamente sobre a Administração Pública[447] ou sobre a função administrativa, examinaremos seguidamente as principais doutrinas que foram propugnadas ou são defendidas, atualmente na matéria.

III.5.1 Concepções subjetivas ou orgânicas

Dentro dessa corrente encontram-se as tendências que consideram a função administrativa como um todo ou a maior parte da atividade realizada pelo Poder Executivo e pelos órgãos e sujeitos que atuam em sua esfera. Embora, a princípio, alguns tenha defendido que a Administração era uma atividade inteira que desenvolvia o Poder Executivo[448], a doutrina atualmente partidária da concepção subjetiva considera que ela constitui um setor ou uma zona da atividade desdobrada pelo Poder Executivo.[449] Nesse sentido, não falta quem inclua no conceito de Administração atividades que materialmente não são administrativas (atividade regulamentar e atividade jurisdicional), sem deixar de

---

[447] Ver: MARIENHOFF, Miguel S. *Tratado de derecho administrativo.* 5ª ed. tomo I. Buenos Aires: Abeledo Perrot, 1995, p. 48 ss.; VILLEGAS BASAVILBASO, Benjamín. *Derecho administrativo.* tomo I. Buenos Aires: Tea, 1949, p. 2 ss.; LUQUI, Roberto Enrique. "Algunas consideraciones sobre el concepto de Administración Pública". *La Ley,* 151-1076 ss.

[448] Essa orientação se nota na doutrina espanhola do fim do século XIX, SANTAMARÍA DE PAREDES, Vicente. *Curso de derecho administrativo.* 4ª ed. Madrid: Establecimiento Tipográfico de Ricardo Fe, 1890, pp. 36/37.

[449] GARRIDO FALLA, Fernando. *Tratado de derecho administrativo.* 4ª ed. tomo I. Madrid: Instituto de Estudos Políticos, 1966, p. 34, apesar de qualificar tal critério como "objetivo", ENTRENA CUESTA, Rafael. *Curso de derecho administrativo.* 3ª ed. tomo I. Madrid: Tecnos, 1970, p. 25; DIEZ, Manuel M. *Derecho administrativo.* tomo I. Buenos Aires: Bibliográfica Omeba, 1963, pp. 99 ss.

reconhecer, ao mesmo tempo, que a Administração não constitui a única atividade que exerce o Poder Executivo, pois também tem atribuída a função de governo.[450]

Defendeu-se que o fenômeno da personalidade jurídica do Estado se dá apenas na Administração Pública, que é como uma constelação de entidades personificadas. Consequentemente, tal categoria de pessoa jurídica separa e distingue a Administração de outras atividades do Estado. Essa Administração Pública (pessoa jurídica) aparece regulamentada por um direito próprio de natureza estatutária: o Direito Administrativo, que nasce para explicar as relações "(...) das classes singulares de sujeitos que se agrupam sob o nome de Administrações Públicas, isolando-os da regulação própria dos Direitos Gerais".[451] Essa concepção, inspirada nas ideias de García de Enterría, que imperou durante muitos anos na Espanha, foi objeto da crítica de um setor doutrinário importante, que reconhece a entidade jurídica e lógica do critério material para definir a função administrativa.[452]

III.5.2 O critério objetivo ou material

As concepções que fundamentam a noção de função administrativa no critério material têm, em comum, o reconhecimento das atividades materialmente administrativas, não apenas do Poder Executivo, mas também dos órgãos Legislativo e Judiciário.[453]

---

[450] VEDEL, Georges. *Droit administratif.* tomo II. 12ª ed. Paris: PUF, 1992, p. 17. Essa tese encontra apoio, atualmente, no art. 99, inc. 1º, da CN (reformada em 1994).

[451] "Verso un concetto di diritto amministrativo como diritto statutario". *Riv. Trimestrale di Diritto Pubblico*, n. 2/3, 1960, pp. 330-333 (cit. por BOQUERA OLIVER, José M. *Derecho administrativo.* tomo I. Madrid: Instituto de Estudios de Administración Local, 1972, pp. 54/55). Ver também GARCÍA DE ENTERRÍA, Eduardo; FERNÁNDEZ, Tomás R. *Curso de derecho administrativo.* 4ª ed. tomo I. Madrid: Civitas, 1983, p. 36 ss. De todo modo, a tese não seria inteiramente aplicável em nosso país, onde nem o ordenamento constitucional nem o legal (art. 146, CCyda CN) atribuem personalidade à Administração Pública.

[452] Ver: MUÑOZ MACHADO, Santiago. *Tratado de derecho administrativo y derecho público general.* tomo I. Thomson-Madrid: Civitas, 2004, p. 56 ss.

[453] Entre a doutrina que se filia à concepção objetiva ou material, MARIENHOFF, Miguel S. *Tratado de derecho administrativo.* 5ª ed. tomo I. Buenos Aires: Abeledo Perrot,

CAPÍTULO III – O PRINCÍPIO DA SEPARAÇÃO DE PODERES

As observações que caracterizam a Administração e que permitem diferenciá-la da legislação e da jurisdição são, principalmente, seu caráter concreto, a imediatez e a continuidade. Alguns autores também acrescentam a característica de construir uma atividade prática[454] e normalmente espontânea.[455]

Os partidários da concepção objetiva completam a noção com a referência ao aspecto teleológico que a função administrativa deve visar: segundo alguns, a atenção dos interesses públicos que assume nos próprios fins[456], e, segundo outros, a satisfação das "necessidades" coletivas[457] ou de interesse público.[458]

É evidente que o aspecto finalista da função administrativa deve orientar-se à realização do bem comum[459], satisfazendo as exigências, tanto da comunidade, quanto dos indivíduos que a integram.[460] Entretanto,

---

1995, p. 66; SAYAGUÉS LASO, Enrique. *Tratado de derecho administrativo*. tomo I. Montevidéu: Talleres Gráficos Barreiro, 1963, p. 46; BIELSA, Rafael. *Derecho administrativo*. 6ª ed. Buenos Aires: La Ley, 1964, p. 209, obs. 64, *in fine*; RIVERO, Jean. *Droit administratif*. 3ª ed. Paris: Dalloz, 1968, pp. 11/13.

[454] MARIENHOFF, Miguel S. *Tratado de derecho administrativo*. 5ª ed. tomo I. Buenos Aires: Abeledo Perrot, 1995, p. 66, que a define como "a atividade permanente, concreta e prática do Estado, que tem inclinação à satisfação imediata das necessidades do grupo social e dos indivíduos que o integram".

[455] TREVIJANO FOS, José A García. *Tratado de derecho administrativo*. tomo I. Madrid: Revista de Derecho Privado, 1964, p. 50.

[456] ZANOBINI, Guido. *Corso di diritto amministrativo*. tomo I. Milão: Giuffrè, 1958, p. 13.

[457] VILLEGAS BASAVILBASO, Benjamín. *Derecho administrativo*. tomo I. Buenos Aires: Tea, 1949, p. 43.

[458] RIVERO, Jean. *Droit administratif*. 3ª ed. Paris: Dalloz, 1968, p. 13.

[459] CASSAGNE, Juan Carlos. "Los contratos de la administración pública". *El Derecho*, 57-793 (obs. 1); a função administrativa deve buscar o bem comum, que é a causa final ou o fim do Estado, ainda que aceitamos que tal fim também pode ser cumprido através de outras atividades estaduais (v.g., a gestão comercial do Estado, submetida, em grande parte, ao Direito Privado), com regimes jurídicos diversos.

[460] Uma visão teleológica do Direito Administrativo (e por fim, da função administrativa) leva a reconhecer que a principal finalidade do direito administrativo consiste na realização do bem comum e na proteção dos direitos fundamentais das pessoas; ver: BEJAR RIVERA, Luis José. "El concepto de derecho administrativo". *Derecho administrativo*. México: Porrúa e Universidade Panamericana, 2010, p. 107 ss.

apesar de o bem comum poder ser alcançado por meio de formas e regimes jurídicos regulados pelo Direito Privado, todas as atividades tipicamente privadas, especialmente a atividade industrial e a comercial, devem ser excluídas da noção de função administrativa, em sentido material. Isto não é obstáculo para admitir a existência, em tais casos, de atos de regime jurídico mesclado, que não copiam plenamente o exercício da função materialmente administrativa.

III.5.3 Outras teorias

Existem posturas que se baseiam em outras fundamentações para proporcionar o conceito de Administração. Dentro desse conjunto de teorias, não se pode deixar de fazer uma referência sucinta às concepções expostas na doutrina alemã, vinculadas, em grande parte, ao positivismo jurídico.

Para a concepção chamada "residual"[461], a Administração era toda aquela atividade que restava excluindo-se a legislação e a função jurisdicional.

Outra teoria, desenvolvida por Merkl, partindo da mesma sustentação da teoria residual, considera a atividade dos órgãos Executivos vinculados por relações de hierarquia e de subordinação[462] como tal. A fim de realizar as diferentes dissecações que permitirão chegar ao conceito negativo, Merkl adota um conceito formal de legislação, distinguindo-a da Administração pela distância relativamente à Constituição. A primeira será execução imediata da Constituição, enquanto a segunda será execução mediata, igual à função jurisdicional. A Administração, como a Justiça, resulta em atividades sublegais, mas, nesta última, existem

---

[461] Ver: MAYER, Otto. *Derecho administrativo alemão*. tomo I. Buenos Aires: Depalma, 1949, p. 10. Diz-se que o critério residual constitui uma porção negativa e, portanto, é difícil que ele possa constituir uma definição, (LUQUI, Roberto Enrique. "Algunas consideraciones sobre el concepto de Administración Pública". *La Ley*, 151-1082).

[462] *Teoría general del derecho administrativo*. Madrid: Revista de Derecho Privado, 1935, p. 15 ss.

CAPÍTULO III – O PRINCÍPIO DA SEPARAÇÃO DE PODERES

relações de coordenação (função jurisdicional) e naquela, por outro lado, subsiste a subordinação (função administrativa).

Da mesma forma, é uma definição negativa de Administração, inspirada nas concepções precedentes, a que proporciona um setor da doutrina vernácula ao caracterizá-la como tudo o que não é jurisdição, dentro da execução, por atos individuais, da Constituição e da lei, fora de situações contenciosas.[463]

Para encerrar o quadro deste grupo de doutrinas, procurou-se também ensaiar um critério misto que, no fundo, aparece com base em uma antiga teoria residual da Administração. Sustenta-se que, já que a função administrativa não é realizada por nenhum órgão em forma excludente e não reconhece nenhum conteúdo próprio que a tipifique, ela deve ser definida como toda atividade que desenvolve os órgãos administrativos e a atividade que os órgãos legislativos e jurisdicionais realizam, sendo excluídos, respectivamente, os feitos e os atos materialmente legislativos e jurisdicionais.[464]

III.6 Continuação: as funções normativa ou legislativa e jurisdicional da Administração Pública

Se partirmos da adoção do critério material para realizar o deslinde das funções estatais e abandonarmos correlativamente o elemento orgânico ou formal como observação distintiva da atividade pertinente, o reconhecimento do exercício das funções legislativa e jurisdicional

---

[463] LINARES, Juan Francisco. *Fundamentos del derecho administrativo*. Buenos Aires: Astrea, 1975, pp. 58/59.

[464] GORDILLO, Agustín A. *Introducción al Derecho administrativo*. 2ª ed. Buenos Aires: Abeledo Perrot, 1966, p. 99, critério que continua mantendo em suas útimas edições de seu *Tratado de derecho administrativo*. 4ª ed. tomo III. Buenos Aires: FDA, 1999, cap. I, p. 9, obs. 5.2. Na realidade, essa proposta resulta ser semelhante à da teoria residual e também aparece em autores modernos como Adamovich, que define a Administração como "toda atividade dos órgãos estatais estáveis ou de entidades públicas que, considerados em si mesmos, não são atos legislativos nem jurisdicionais" (ADAMOVICH, Ludwing, *apud* GARRIDO FALLA, Fernando. *Tratado de derecho administrativo*. 4ª ed. tomo I. Madrid: Instituto de Estudos Políticos, 1966, p. 30, obs. 17).

(no sentido material) por órgãos da Administração Pública resulta em uma consequência obrigatória.

III.6.1 A atividade regulamentar é de substância normativa ou legislativa

Na realidade, mesmo que não haja uma total uniformidade doutrinária, com relação à função normativa ou legislativa, o conceito da atividade de legislação definida como aquela que traduz a edição de normas jurídicas, que têm, como característica própria, seu alcance geral e sua obrigatoriedade[465], constitutiva de uma situação impessoal e objetiva para os administrados a quem as normas são destinadas, é o que tem uma explicação mais lógica e realista. Nesse sentido, os diferentes Regulamentos que são emitidos no âmbito do Poder Executivo constituem o exercício de funções que, do ponto de vista material, não são diferenciadas das leis gerais sancionadas pelo Congresso[466], mesmo quando elas possuem uma hierarquia normativa superior. Entretanto, o Poder Executivo não é o único que tem o poder regulamentar reconhecido, pois este é um poder que, em menor escala, o Poder Judiciário[467] também exerce.

III.6.2 As funções jurisdicionais da Administração

Por sua vez, caso as polêmicas em torno do conceito da função jurisdicional sejam reduzidas, definindo-a como a atividade estatal que

---

[465] MARIENHOFF, Miguel S. *Tratado de derecho administrativo*. 5ª ed. tomo I. Buenos Aires: Abeledo Perrot, 1995, pp. 225-228.

[466] A autorizada doutrina defende que o regulamento é atividade de legislação (LINARES, Juan Francisco. *Fundamentos del derecho administrativo*. Buenos Aires: Astrea, 1975, p. 205). Nesse sentido, diz-se que os regulamentos integram o conceito de lei material ou substancial MARIENHOFF, Miguel S. *Tratado de derecho administrativo*. 5ª ed. tomo I. Buenos Aires: Abeledo Perrot, 1995, pp. 252/253). Logicamente que ele não impede de reconhecer a supremacía da lei formal e material sobre aqueles regulamentos que consistem na execução das leis ou no exercício de um poder regulamentar delegado.

[467] da CN, art. 113.

CAPÍTULO III – O PRINCÍPIO DA SEPARAÇÃO DE PODERES

decide controvérsias com força de verdade legal, observa-se que essa função pode ser cumprida por órgãos que se encontram enquadrados no Poder Executivo (v.g., o Tribunal Fiscal), por questões de especialização e sempre que forem cumpridos determinados requisitos que o sistema constitucional impõe.

Na doutrina, houve autores que sustentaram que tendo a Revolução Francesa abolido todo tipo de "jurisdição administrativa", ao submeter as controvérsias administrativas à decisão de agentes públicos da mesma Administração as funções materialmente jurisdicionais que a última exerce são administrativas.[468]

Em nosso país, outros juristas, por argumentos diferentes, chegaram à mesma conclusão; como o caso de Lascano, defensor da tese de que o essencial para caracterizar a função jurisdicional era a circunstância de que o Estado agira como terceiro, imparcial para dirimir um conflito de interesse entre duas partes com o objetivo de aplicar a lei.[469]

Para outro setor da doutrina argentina, o que é realmente decisivo para definir a função jurisdicional é o caráter independente do órgão que a exerce, sua localização dentro do Poder Judiciário e, além disso, a circunstância de que existe contenda entre as partes.[470]

---

[468] Defendeu-se que tal postura é inaceitável, uma vez que se admite que apenas um critério orgânico pode aceitar tal conclusão (*Cf.* BOSCH, Jorge Tristán. *¿Tribunales judiciales o tribunales administrativos para juzgar a la Administración pública?*. Buenos Aires: Zavalía, 1951, p. 94). Em nosso país convém localizar nessa posição, LESTANI, Humberto H. *La jurisdicción contencioso administrativa o ejercicio de la jurisdicción conforme al régimen constitucional argentino*. Buenos Aires: Ariel, 1937, pp. 51 ss.

[469] LASCANO, David. *Jurisdicción y competencia*. Buenos Aires: Guillermo Kraft, 1941, pp. 29/30; para a Espanha, *Cf.* GONZÁLEZ PÉREZ, Jesús. *Derecho procesal administrativo*. 2ª ed. tomo II. Madrid: Instituto de Estudos Políticos, 1966, p. 37.

[470] FIORINI, Bartolomé A. *Manual de derecho administrativo*. tomo I. Buenos Aires: La Ley, 1968, p. 35. Ver também do mesmo autor "Inexistencia del acto administrativo jurisdiccional". *La Ley*, 101-1027 ss. A posição de LASCANO e FIORINI é compartilhada em nosso país por Gordillo (GORDILLO, Agustín A. *Introducción al Derecho administrativo*. 2ª ed. Buenos Aires: Abeledo Perrot, 1966, p. 97), na qual quem exerça função jurisdicional deve ter caráter de órgão imparcial e independente; no mesmo sentido: DOCOBO, Jorge J. "El reglamento de procedimientos administrativos aprobado por el dec. 1759/1972". *JA.* n. 4028, p. 9.

Convém destacar que, anteriormente, Bosch havia refutado o critério que, ao definir a função jurisdicional, salienta o caráter imparcial independente do órgão que a exerce, aceitando a possibilidade de que, quando a lei designa a atribuição para resolver contendas ao poder administrador, isso pode ser considerado como função jurisdicional e, sustentando, definitivamente, que os problemas relativos à natureza da função jurisdicional e aos caracteres de que o órgão jurisdicional deve estar investido, são questões diferentes e sem relação de interdependência entre elas.[471]

Além de a análise retrospectiva sobre a função jurisdicional ter demonstrado que ela existiu com anterioridade à distribuição das funções do Estado em órgãos diferenciados, é evidente que a tese denota um simples critério orgânico, inutilizável para distinguir a atividade que é realizada na órbita de um dos órgãos que o poder estatal exerce: o Poder Executivo. De fato, por mais que neguemos no plano teórico a possibilidade de que determinadas entidades ou tribunais administrativos exerçam funções jurisdicionais, o certo é que a realidade legislativa e jurisprudencial acabou impondo seu reconhecimento (mesmo que de forma limitada e excepcional) e obriga a diferenciar o ato jurisdicional da Administração do ato administrativo, cujo regime jurídico é consideravelmente diferente.

A questão não reside, portanto, em pretender uma assimilação restrita entre o ato jurisdicional da Administração e o que emana dos juízes[472], pois, além de ser preciso aceitar diferenças entre duas espécies de um mesmo gênero sem violar o princípio da não contradição, nesse caso o essencial é distinguir se no âmbito do Poder Executivo coexistem funções materialmente diferentes, com regimes jurídicos também diferentes.

As dificuldades às quais o critério exposto conduz não impedem que a doutrina enfrente a tarefa de distinguir o ato jurisdicional

---

[471] BOSCH, Jorge Tristán. ¿Tribunales judiciales o tribunales administrativos para juzgar a la Administración pública?. Buenos Aires: Zavalía, 1951, p. 96, texto e observação III.

[472] Ao contrário, GORDILLO, Agustín A. *Introducción al Derecho administrativo*. 2ª ed. Buenos Aires: Abeledo Perrot, 1966, pp. 126-135.

CAPÍTULO III – O PRINCÍPIO DA SEPARAÇÃO DE PODERES

do ato administrativo, apoiando-se em um parâmetro que permita reconhecer a possibilidade de que uma entidade ou órgão administrativo exerça funções jurisdicionais.[473] Portanto, Bosch, seguindo Lampué[474] defende que, do ponto de vista material, o ato jurisdicional "(...) é aquele que consiste em uma comprovação sobre a conformidade ou não conformidade de um ato, de uma situação ou de um fato com o ordenamento jurídico e uma decisão que realiza suas consequências e que, a partir do ponto de vista formal, apresenta-se como definitiva e imutável, no sentido de que, exceto mediante as vias do recurso, não pode ser revogada ou modificada, ou seja, possui o que se denomina em doutrina 'a autoridade formal da coisa julgada'".[475]

Pois bem, entre as posturas que se opõem a seu reconhecimento, o argumento pelo qual não se aceita o exercício de funções jurisdicionais por parte da Administração com base na proibição que emerge do art. 109 da CN, possui uma entidade maior.

Frente a essa norma (antigo art. 95 da CN), um setor da doutrina tentou, naquela altura, justificar o exercício de funções jurisdicionais por parte da Administração, afirmando que o que a Constituição Nacional veda é o exercício de funções judiciais, não jurisdicionais; dessa forma, o jurisdicional seria o gênero e o judicial, a espécie.[476]

---

[473] PALACIO, Lino E. "Algunas consideraciones sobre los actos jurisdiccionales de la administración". *In: 120 años de la procuración del Tesoro.* Buenos Aires, 1983, p. 75 ss., que caracteriza o ato jurisdicional com base na existência de um conflito.

[474] LAMPUÉ, Pierre. "La notion d'acte jurisdictionel". *Revue de Droit Public*, tomo 62, 1946, p. 5 ss.

[475] BOSCH, Jorge Tristán. *¿Tribunales judiciales o tribunales administrativos para juzgar a la Administración pública?.* Buenos Aires: Zavalía, 1951, p. 95, critério também seguido por VILLEGAS BASAVILBASO, Benjamín. *Derecho administrativo.* tomo I. Buenos Aires: Tea, 1949, pp. 34 ss.; DIEZ, Manuel M. *El acto administrativo.* Buenos Aires: Tea, 1956, p. 38; LUQUI, Roberto E. "Nociones sobre la revisión jurisdiccional de los actos administrativos". *La Ley,* 144-1207.

[476] BIELSA, Rafael. *Derecho administrativo.* 6ª ed. tomo V. Buenos Aires: La Ley, 1966, p. 201, e do mesmo autor, *Derecho administrativo:* legislación administrativa argentina. 4ª ed. tomo III. Buenos Aires: El Ateneo, 1947, p. 255 (obs. 79).

Tal interpretação, além de contrariar as fontes nas quais se alimenta o realizado art. 109 da CN[477], foi objeto de críticas por parte da doutrina.[478]

Face a uma realidade que reconhece a possibilidade de habilitar órgãos ou entidades administrativas para o exercício de funções jurisdicionais, um setor da doutrina apelou, para fundar sua constitucionalidade , ao procedimento da delegação de funções jurisdicionais na Administração sempre que o órgão Judicial conservar a decisão final da controvérsia.[479]

Em linhas gerais, pode-se dizer que somente se respeitarmos o equilíbrio que traduz a teoria da separação de poderes, instrumentada em nossa Constituição, será possível aceitar a existência de entidades ou tribunais administrativos que realizem as típicas funções jurisdicionais do ponto de vista material, mesmo quando o poder dos juízes tiver de ser conservado para controlar seu exercício, mediante um controle judicial suficiente, com amplitude de debate e prova.

Nesse sentido, um de nossos maiores constitucionalistas (Joaquín V. González) destacou, referindo-se à divisão de funções entre os órgãos

---

[477] Art. 108, Constitución de la República de Chile, e em nosso país o art. 7º, Regulamento de 22 de outubro de 1811.

[478] BOSCH, Jorge Tristán. ¿Tribunales judiciales o tribunales administrativos para juzgar a la Administración pública?. Buenos Aires: Zavalía, 1951, pp. 100/101, indica que essa tese que restringe a possibilidade de que o Estado exerça funções jurisdicionais à agência contenciosa administrativa se revela insuficiente para justificar o exercício de funções jurisdicionais em outras matérias (quando as circunstâncias o tornam necessário). Na realidade, a referida tese não pode servir para justificar o exercício de funções jurisdicionais *iure proprio* por parte da Administração, pois ainda aceita que o jurisdicional judicial seja a espécie, quando o art. 109 da CN se refere à função judicial, e não se pode interpretar no sentido de que exclui as causas contencioso administrativas. Além disso, tal distinção é essencialmente orgânica, não obstante corresponder às funções que se distinguem conforme a natureza e substância delas. Consequentemente, quando o art. 109 da CN, proíbe o exercício de funções judiciais ao Poder Executivo, é óbvio que se refere às que têm esse caráter, do ponto de vista material.

[479] *Cf.* BOSCH, Jorge Tristán. ¿Tribunales judiciales o tribunales administrativos para juzgar a la Administración pública?. Buenos Aires: Zavalía, 1951, pp. 101-103; IMAZ, Esteban. "Acerca de la interpretación constitucional". *JA,* 1949-III-8 ss., seç. "Doctrina".

CAPÍTULO III – O PRINCÍPIO DA SEPARAÇÃO DE PODERES

que exercem o poder estatal (Executivo, Legislativo e Judiciário), que "(...) cada um deles tem sua própria esfera de ação, mas não estão inteiramente separados, porque combinam e se completam entre si: são coordenados. Os três representam a soberania da Nação para seus objetivos principais; suas faculdades derivam diretamente da Constituição e, em seu exercício, da lei: e ambas estabeleceram poderes estritamente legislativos, estritamente executivos e estritamente judiciários; mas no cumprimento de suas funções necessitam, em muitos casos, uns e outros, exercitar poderes de natureza diferente dos que lhe são exclusivos: a linha divisória não se encontra precisamente demarcada".[480]

A interpretação de González revela-se acertada, na medida em que abre um campo amplo para a atividade do Estado em seu conjunto e se desenvolva conforme as exigências da sociedade contemporânea e, além disso, porque ela se baseia em intérpretes renomados da Constituição estado-unidense.[481]

Com relação à objeção que parte da interpretação do art. 109 (antigo art. 95 da CN), o qual veda o exercício de funções judiciais ao Poder Executivo, uma avaliação do problema à luz da sistemática e da dinâmica constitucionais leva a compartilhar a tese que circunscreve a proibição de exercer funções judiciais ao presidente da República, ou seja, ao Poder Executivo, considerando o caráter unipessoal do órgão superior da Administração.[482]

Sem se pronunciar plenamente a favor do sistema de tribunais administrativos, diz-se que a impugnação de inconstitucionalidade é fraca, sustentando que o objetivo da Constituição não é deixar a faculdade

---

[480] GONZÁLEZ, Joaquín V. *Manual de la Constitución argentina*. Buenos Aires: Ángel Estrada, p. 311 e *In:* ESTRADA, José Manuel. *Curso de derecho constitucional.* tomo II. Buenos Aires: Sudamericana de Billetes de Banco, 1902, p. 37 ss., especialmente p. 52.

[481] COOLEY, Thomas M. *Principios del derecho constitucional en los Estados Unidos de América*. Buenos Aires: J. Peuser, 1898, p. 44.

[482] BIDART CAMPOS, Germán J. *Derecho constitucional.* tomo I. Buenos Aires: Ediar, 1968, p. 789. Ver também AFTALIÓN, Enrique. "Las faltas policiales, la garantía de legalidad y el formalismo". *La Ley*, 88-254.

de resolver questões jurisdicionais livre da vontade do presidente, por ser o governante supremo do Estado e o órgão de maior potencialidade no exercício do poder.[483]

Por esse motivo, o art. 109 da Constituição, que é produto da raiz histórica e, por fim, de uma realidade, não pode ser julgado à luz da versão absoluta e restrita da doutrina da separação dos poderes, no sentido de que todo comportamento de entidades enquadradas no Poder Executivo ser sempre atividade administrativa e nunca jurisdicional.[484]

A faculdade de exercer funções jurisdicionais por parte da Administração Pública aparece condicionada naqueles países – assim como o nosso – que acolheram a doutrina da divisão dos poderes, consagrando, como regra geral, o sistema judicialista para julgar a atividade administrativa (art. 109, 116 e 117 da CN). Porém, não há nenhuma dúvida de que se pode aceitar o exercício excepcional de funções jurisdicionais por entidades ou tribunais administrativos independentes, sempre que as grandes diretrizes do sistema forem respeitadas. Por sua vez, no plano da realidade, também é possível desconhecer que as necessidades atuais levaram à instituição de tribunais administrativos por via legislativa (que, de um ponto de vista material ou substancial, realizam funções de verdadeiros juízes).[485]

---

[483] BIDART CAMPOS, Germán J. *Derecho constitucional.* tomo I. Buenos Aires: Ediar, 1968, p. 789, salienta que determinada jurisprudência acreditou resolver o problema através de um caminho simples, afirmando que, como a Constituição veda ao Poder Executivo o exercício de funções de índole judicial, não é possível sustentar a natureza jurisdicional de certas decisões de órgãos administrativos. Tal argumento, a juízo desse autor, nada prova, porque "mesmo que a Constituição escrita regule atualmente determinadas situações, a realidade constitucional registra condutas ao contrário, com o qual, não obstante a proibição do art. 109, a ordem existencial poderia muito bem mostrar casos de exercício jurisdicional por parte da Administração", como acontece na realidade (p. 790).

[484] GORDILLO, Agustín A. *Introducción al Derecho administrativo.* 2ª ed. Buenos Aires: Abeledo Perrot, 1966, p. 135. Nesse sentido, destacou-se que esse enfoque prescinde por completo de um dado jurídico essencial: a "situação contenciosa" (*Cf.* LINARES, Juan Francisco. *Fundamentos del derecho administrativo.* Buenos Aires: Astrea, 1975, p. 63).

[485] *Cf.* Lei n. 11.683 (t.o. 1978) e suas modificações, geradas pelo Tribunal Fiscal da Nação, e as leis de criação das autoridades regulatórias de serviços públicos (Leis n. 24.065 e n. 24.076).

CAPÍTULO III – O PRINCÍPIO DA SEPARAÇÃO DE PODERES

Se iniciarmos, então, a partir deste enfoque, caberia fixar os limites que regem a atividade jurisdicional da Administração Pública:

1) a atribuição de funções jurisdicionais a autoridades ou tribunais administrativos deve provir de lei formal para não alterar o equilíbrio onde se encontra o sistema constitucional a favor do Poder Executivo;

2) tanto a idoneidade do órgão quanto a especialização das causas atribuídas à Administração devem estar suficientemente justificadas, para tornar razoável o afastamento excepcional do princípio geral de julgamento da atividade administrativa pelo Poder Judiciário (v.g., em matéria fiscal);

3) caso funções de substância jurisdicional vierem a ser atribuídas de forma exclusiva, seus integrantes devem gozar de garantias para assegurar a independência de seu juízo frente à Administração ativa, tal como a relativa à inamovibilidade em seus cargos;

4) os respectivos atos jurisdicionais não podem ser controlados pelo Poder Executivo;

5) os tribunais que integram o Poder Judiciário devem conservar o poder de dirimir os conflitos que têm como objetivo o julgamento de decisões de natureza jurisdicional, seja através de ações ordinárias ou de recursos diretos.

O Tribunal especificou que o pronunciamento jurisdicional emanado de órgãos administrativos tem de estar sujeito ao "controle jurisdicional suficiente" e que o alcance desse controle "(...) não depende de regras gerais ou abrangentes, mas deve ser, mais ou menos, vasto e profundo, conforme as modalidades de cada situação jurídica". Nesse sentido, destacou que: "(...) controle jurisdicional suficiente significa: a) reconhecimento aos litigantes do direito ao interpor recurso perante os juízes ordinários; e b) negação aos tribunais administrativos do poder de ditar resoluções finais com relação aos fatos e ao direito controvertidos, com exceção dos casos em que, existindo opção legal, os interessados teriam escolhido a via administrativa, privando-se de forma voluntária da judicial", e que "(...) a simples faculdade de deduzir recurso extraordinário com base na inconstitucionalidade ou arbitrariedade não satisfaz as exigências que (...) devem permanecer imperativas".[486] Por não reunir o requisito do controle jurisdicional suficiente, o Tribunal declarou a inconstitucionalidade das leis organizadas pelas Câmaras Paritárias de Arrendamentos e Parcerias Rurais, por violação dos art. 18 e 109 (antigo art. 95 da CN), em função de não se admitir a revisão judiciária das decisões administrativas; considerou também – em relação à Câmara de Apelação da Justiça Municipal de Faltas da Cidade de Buenos Aires – que, em se tratando da aplicação de sanções de natureza penal que importavam privação da liberdade, o controle resultava insuficiente quando o recurso perante o Poder Judiciário era admissível ao único efeito devolutivo.[487]

Todavia, os requisitos destacados não impedem aceitar excepcionalmente a procedência do exercício de funções jurisdicionais por parte do Poder Executivo ou de seus órgãos dependentes naqueles casos que possuam fundamento direto na Constituição Nacional.[488] É o caso da jurisdição militar, que foi organizada não apenas como consequência do poder atribuído ao Congresso Nacional para estabelecer as forças armadas em tempos de paz e de guerra e ditar regulamentos para o governo dos referidos exércitos, mas essencialmente em virtude das faculdades que o Poder Executivo tem como Comandante em Chefe das Forças Armadas para aprovar ou revogar as sentenças dos tribunais militares.[489]

---

[486] "Fernández Arias, Elena v. Poggio, José", Sentenças 247:646 (1960); "Gerino Hnos. SRL", Sentenças 249:715 (1961); "Ceballos, Fernando", Sentenças 255:124 (1963). A jurisprudência do Tribunal aparece exposta ínteiramente na primeira das sentenças citadas: "Fernández Arias, Elena *versus* Poggio, José", resolvido no ano de 1960.

[487] *In re* "Fernández Arias", *apud ut supra* y "Di Salvo, Octavio s/ hábeas corpus", Sentenças 311:334 (1988) e em *La Ley*, 1988-D-269, com observação de Ekmekdjian.

[488] Tal é o caso das funções jurisdicionais que as autoridades reguladoras cumprem quando resolvem conflitos entre os usuários e concessionários ou licenciados. Nesse contexto, mais do que a denominação, o que interessa é a possibilidade de atribuir o poder a um órgão ou autoridade administrativa para julgar uma controvérsia entre particulares, o regime que rege o procedimento administrativo jurisdicional e o alcance da revisão judicial; ver HUICI, Héctor. "La potestad jurisdiccional en el control administrativo de los servicios públicos". *La Ley*, 1996-B, 981 ss.

[489] Em sentido concordante: da CNCont. Adm. Fed., sala 2ª, 6.11.1974, "Sinardo, Javier *versus* Gobierno Nacional", ED 61-518 ss.

CAPÍTULO III – O PRINCÍPIO DA SEPARAÇÃO DE PODERES

III.7 Continuidade da jurisprudência emitida pelo Tribunal a partir do caso "Fernández Arias"

A solução adotada pelo Tribunal no caso "Ángel Estrada"[490] tem o mérito de estabelecer a unidade das regras que constituem o sistema judicialista, reafirmando suas fontes e características fundamentais.

A sentença confirma a tese que temos defendido, em dois pontos centrais, que são: a) a criação de tribunais administrativos, para ser compatível com a interdição do art. 109 e o sistema constitucional (art. 18, 116 e 117 da CN), deve estar justificada no princípio da especialização, interpretado de forma razoável (ou seja, nunca como competência estabelecida em uma cláusula geral de jurisdição); e b) a competência para dirimir conflitos entre particulares, regidos pelo direito comum[491], não compete às autoridades reguladoras, mas sim aos juízes, que são os únicos com competência para dirimir controvérsias nas quais estejam presentes questões reguladas pelos Códigos de fundo.[492]

É evidente que esses requisitos e mais outros que os complementam (criação por lei, independência dos órgãos e controle jurisdicional suficiente) indicam que ao menos enquanto essa jurisprudência for mantida, fecha-se o caminho que alguns pretendem abrir, de criação de tribunais administrativos que entendam, com competência estabelecida como cláusula geral, nos litígios administrativos (assim como parece ter se cerrado totalmente a possibilidade de habilitar a estes tribunais o julgamento de controvérsias entre particulares, reguladas pelo direito comum).

Outra questão é designar funções jurisdicionais a autoridades administrativas por lei, não com competência geral no contencioso

---

[490] "Ángel Estrada y Cía. SA *versus* Res. 71/1996 SEeP", Sentenças 328:651 (2005) e JA, 2005-III- 74 a 87, número especial "El caso 'Ángel Estrada'", de 31.8.2005.

[491] Ver: BIANCHI, Alberto B. "Reflexiones sobre el caso 'Ángel Estrada' y sus efectos en la jurisdicción arbitral". *O direito administrativo*, 2005-487, com alusão ao princípio que denomina de limitação material da competência.

[492] Ampliar em ABERASTURY, Pedro. "La decisión de controversias del derecho común por parte de tribunales administrativos"a. *JA*, 2005-III-5 ss., ao analisar o voto da minoria, no caso "Fernández Arias", com base no antigo art. 67, inc. 11, da CN (atualmente art. 75, inc. 12, da CN).

-administrativo, mas por razões de especialização (v.g., autoridades regulatórias independentes) para resolver conflitos regidos pelo Direito Administrativo ou "estatutário", como denominado perlo Supremo Tribunal. Nesse cenário, deverá ater-se ao restrito cumprimento dos requisitos exigidos pela doutrina e pela jurisprudência indicados anteriormente, a fim de não cair em transgressões constitucionais violatórias da separação de poderes. Pelo contrário, não seria arriscado supor que tais irregularidades motivarão a impugnação da inconstitucionalidade por parte da Suprema Corte.

Nesse contexto, há algum tempo já Bosch definiu um esquema negativo sobre a criação de tribunais administrativos na Argentina, com fundamentação constitucional impecável, demonstrando que em nosso sistema não era possível: a) atribuir jurisdição *jure proprio* ao Poder Executivo nem a seus órgãos dependentes; b) criar tribunais administrativos separados do Poder Judiciário (mesmo sendo independentes da Administração ativa), aos que adjudica uma competência como cláusula geral para dirimir os conflitos regidos pelo Direito Administrativo, atribuindo-lhe jurisdição para adotar decisões finais sem controle jurisdicional posterior (como o modelo francês); e c) que a função jurisdicional seja exercida nas causas contenciosas administrativas pelo Poder Legislativo, como aconteceu no início da evolução constitucional nos Estados Unidos[493] e se interpretou na Argentina.[494]

Apesar de a grande maioria da doutrina acabar por concordar que a função jurisdicional se define, com base em um critério substancialmente material, como a atividade que resolve conflitos com força de verdade legal, e que a interdição estabelecida no art. 109 da CN (antigo art. 95) não admite distinção entre funções jurisdicionais e judiciais (contrário à opinião de Bielsa[495], então devidamente refutada pela

---

[493] *Cf.* BOSCH, Jorge Tristán. "Lo contencioso administrativo y la Constitución Nacional". *La Ley,* 81-834, seç. "Doctrina".

[494] Ampliar em GARCÍA PULLÉS, Fernando. "Ángel Estrada. La Corte Suprema y el fundamento de la potestad jurisdiccional. Facultades del legislador y de los justiciables", *JA* 2005-III-41 a 42.

[495] *Derecho administrativo:* legislación administrativa argentina. 4ª ed. tomo III. Buenos

CAPÍTULO III – O PRINCÍPIO DA SEPARAÇÃO DE PODERES

doutrina[496] e a jurisprudência do Tribunal[497]) recentemente voltou-se a insistir[498] nesse ponto de vista, tentando ressuscitar uma teoria mais do que cinquentenária que, ao ficar esquecida, conservava apenas um interesse histórico.

Em primeiro lugar, convém notar que ninguém supõe – acreditamos – que a finalidade da tese seja, na opinião objeto da crítica, de reviver a concepção do "administrador-juiz" do antigo Direito francês, mesmo não se podendo ignorar a circunstância de ser ela tributária desse sistema.[499] Entretanto, ainda com o adubo inserido nesse enxerto no sistema judicialista, a verdade é que acaba matando a própria árvore que, nessa metáfora, seria simplesmente o sistema de separação de poderes instituída por nossa Constituição.

Não reiteraremos aqui a crítica construtiva que, de forma lúcida, Bosch[500] fez sobre a tese de seu mestre, Bielsa. O erro da referida tese é notório e resulta de seu ponto de partida, ao atribuir o adjetivo "judiciário" apenas aos atos ditados por esse poder[501], o que implica

---

Aires: El Ateneo, 1947, p. 255, obs. 79 e do mesmo autor "Acto jurisdiccional y acto judicial", La Ley 104-825.

[496] Entre outros: BOSCH, Jorge Tristán. ¿Tribunales judiciales o tribunales administrativos para juzgar a la Administración pública?. Buenos Aires: Zavalía, 1951, p. 100; GORDILLO, Agustín A. Introducción al Derecho administrativo. 2ª ed. Buenos Aires: Abeledo Perrot, 1966, pp. 132-134.

[497] Como destacou LUQUI, Roberto Enrique. Revisión judicial de la actividad administrativa. tomo I. Buenos Aires: Astrea, 2005, p. 57, obs. 58.

[498] LUQUI, Roberto Enrique. Revisión judicial de la actividad administrativa. tomo I. Buenos Aires: Astrea, 2005, pp. 56 ss. As críticas que fizemos sobre as opiniões desse autor não desmerecem a qualidade científica de sua obra, nem a seriedade das propostas doutrinárias que são desdobradas com verdadeira ênfase, mesmo quando muitas delas – segundo nosso ponto de vista – resultem equivocadas e, em alguns casos, opostas ao princípio da tutela jurisdicional efetiva.

[499] BOSCH, Jorge Tristán. ¿Tribunales judiciales o tribunales administrativos para juzgar a la Administración pública?. Buenos Aires: Zavalía, 1951, pp. 177 ss., e "Lo contencioso administrativo y la Constitución Nacional". La Ley, 81-834, seç. "Doctrina".

[500] ¿Tribunales judiciales o tribunales administrativos para juzgar a la Administración pública?. Buenos Aires: Zavalía, 1951, p. 21 ss.

[501] LUQUI, Roberto Enrique. Revisión judicial de la actividad administrativa. tomo I. Buenos Aires: Astrea, 2005, p. 53.

estabelecer um critério orgânico para definir as funções do Poder Judiciário e um critério também orgânico para definir a atividade (como o conjunto das funções executivas, normativas e jurisdicionais, exercidas pelo Poder Executivo).[502]

Além de esse equívoco de definir as funções estatais pelos órgãos que as exercem se encontrar no centro dessa interpretação e de outras semelhantes (o qual seria possível somente no sistema francês), isso resulta contrário ao princípio da separação de poderes fixado e nossa Constituição, que, como se sabe, postula a separação relativa entre órgãos e funções.[503]

Resulta evidente que a chave para afirmar uma interpretação harmoniosa nessa matéria passa pelo equilíbrio do sistema. Entretanto, não é o equilíbrio que institui qualquer modelo, mas sim aquele conquistado ao assentar os institutos nas verdadeiras bases de nosso sistema, que é judici alista. Ela foi a fundamentação que inspirou tanto a jurisprudência do Tribunal[504] (seguindo, consideravelmente, a doutrina exposta por Bosch), quanto os requisitos que defendemos em diferentes trabalhos e obras.[505]

Mas já que esse equilíbrio não se mantém por si só, nem pela inércia do sistema, é extremamente importante que a atribuição de

---

[502] A concepção de LUQUI sobre o Poder Executivo e a supremacia de poderes copia um critério correto para definir materialmente as funções estatais (executiva, normativa e jurisdicional), mas logo incorre no equívoco de definir a atividade administrativa segundo um critério orgânico. Outros autores consideram que a função administrativa é inteira atividade do Poder Executivo (critério orgânico), mais a atividade dos outros poderes, excluídas as funções materialmente jurisdicionais (critério semi-misto); tal é a postura adotada por GORDILLO, entre outros (*Cf.* GORDILLO, Agustín A. *Introducción al Derecho administrativo*. 2ª ed. Buenos Aires: Abeledo Perrot, 1966, p. 97 ss.).

[503] BOSCH, Jorge Tristán. *Ensayo de interpretación de la doctrina de la separación de los poderes*. Buenos Aires: Universidade de Buenos Aires, Faculdade de Direito e Ciências Sociais, 1944, p. 39 ss.

[504] Fundamentos que o Tribunal tem afirmado a partir do caso "Fernández Arias" (Sentenças, 247:646) e reafirmado de forma mais categórica em "Ángel Estrada".

[505] *Cf.* CASSAGNE, Juan Carlos. *Derecho administrativo*. 7ª ed. tomo II. Buenos Aires: Lexis-Nexis, 2002, p. 86.

CAPÍTULO III - O PRINCÍPIO DA SEPARAÇÃO DE PODERES

funções jurisdicionais seja feita por lei do Congresso[506], que também foi definida como delegação legislativa[507], seguindo a terminologia estado-unidense.

Finalmente, no que diz respeito ao órgão ou autoridade à qual a lei designa competência para exercer funções jurisdicionais, à luz do exposto entendemos que ele jamais pode ser o Poder Executivo[508], mas

---

[506] *In re* "Ángel Estrada", consid. 12.

[507] BOSCH, Jorge Tristán. *¿Tribunales judiciales o tribunales administrativos para juzgar a la Administración pública?*. Buenos Aires: Zavalía, 1951, pp. 88-120 e 195/196, critério que o Tribunal emprega no caso "Ángel Estrada", consid. 14. Embora critiquemos o uso da referida terminologia em diferentes edições do nosso Direito Administrativo, uma releitura sobre o pensamento de BOSCH nos leva à conclusão que existe uma identidade substancial entre sua opinião e a nossa que é, definitivamente, a adotada pelo Tribunal no caso "Ángel Estrada". De fato, cabe observar que o erro de BOSCH não foi ter usado uma fórmula (delegação de funções judiciais) existente no direito norte-americano, mas sim tê-la trasferido, sem mais, ao nosso modelo constitucional, em que o sentido do termo resulta mais restrito e se refere à transferência a outra pessoa de faculdades que pertencem ao delegante. Contudo, a doutrina norte-americana continuou usando a figura da delegação para se referir à atribuição de funções jurisdicionais a órgãos administrativos, bem como à criação de tribunais administrativos pelo Congresso. De fato, nos países anglo-saxônicos o termo delegação é usado (além do sentido clássico de origem romântica ou canônica) como sinônimo de designação, e tal é o sentido que corresponde atribuir ao conceito de "poder não delegado" previsto pelo art. 121, da CN, já que não são as Províncias as que delegam os poderes, mas sim a Constituição, como prega o princípio constitucional (ver, por exemplo, SCHWARTZ, Bernard. *Administrative Law*. 2ª ed. Boston: Little Brown and Company, 1984, p. 7). Dessa maneira, no direito constitucional norte-americano a Constituição "delega" diferentes poderes nos ramos executivo, legislativo e judiciário do Governo (*Cf. Black's Law Dictionnary*. 6ª ed. West Publishing Co., 1990). No mesmo sentido, a *Enciclopédia Britânica* explica que, no direito constitucional norte-americano, "delegação de poderes" refere-se aos diferentes poderes atribuídos, respectivamente, a cada um dos ramos do governo (*Cf.* www.britannica.com/eb/article9061134). Na doutrina do Direito Público – apesar do peso de algumas interpretações diferentes – interpretou-se o art. 109 da CN, no sentido de que quem distribui ou delega poderes é a Constituição e não as Províncias (*Cf.* AJA ESPIL, Jorge A. *Constitución y poder: historia y teoría de los poderes implícitos y de los poderes inherentes*. Buenos Aires: Tea, 1987, p. 39, e SAGUÉS, Néstor P. *Elementos de Derecho Constitucional*. 3ª ed. tomo II. Buenos Aires: Astrea, 1999, p. 37).

[508] Foi BIDART CAMPOS quem defendeu essa interpretação que, em sua hora, compartilhamos. (*Derecho constitucional*. tomo I. Buenos Aires: Ediar, 1968, p. 789), e CASSAGNE (*Derecho administrativo*. tomo I. Buenos Aires: Lexis-Nexis, 1986, p. 95), e motivou a crítica de Luqui, que afirma que a referida interpretação é equivocada. Em síntese, sustenta – com citação de BOSCH – que "não seria razoável que se proíba ao

sim um órgão independente, ou seja, não submetido ao poder hierárquico nem à chamada tutela administrativa.

III.8 Resumo sobre a interpretação da doutrina da separação de poderes na Constituição argentina

Além de encontrar o erro em definir as funções estatais pelos órgãos que as exercem no centro dessa interpretação e outras semelhantes (o que seria possível apenas no sistema francês), isto resulta ser contrário ao princípio da separação de poderes fixado em nossa Constituição, o qual, como se sabe, postula a separação relativa entre órgãos e funções.[509]

Com efeito, a interpretação correta do princípio em nosso sistema constitucional é que a ideia de equilíbrio que a alimenta não é incompatível com uma relativa separação, nem orgânica nem funcional. Definitivamente, essa regra leva a interpretar que a Constituição distribui funções predominantes, segundo um critério material, entre os três poderes do Estado (Executivo, Legislativo e Judiciário), sem identificar completamente as funções com os órgãos. Dessa forma, os três poderes exercerão, de forma relativa e com as limitações constitucionais estabelecidas de forma expressa, implícita ou inerente, as três funções em sentido

---

Presidente o que se permite aos subordinados" (*Revisión judicial de la actividad administrativa*. tomo I. Buenos Aires: Astrea, 2005, pp. 57/58, obs. 59). Com o respeito que nosso colega merece, acreditamos que uma leitura atenta de nossa obra seria suficiente para refutar essa crítica, já que nunca defendemos a tese de os órgãos dependentes ou subordinados ao Poder Executivo escaparem da interdição constitucional, opinião esta que, definitivamente, também é a de BOSCH ("Lo contencioso administrativo y la Constitución Nacional". *La Ley*, 81-834, p. 830). Pelo contrário, coincidindo com esse autor, nossa opinião sempre foi a de aceitar o exercício de funções jurisdicionais por parte de órgãos ou autoridades administrativas só quando forem independentes do Poder Executivo e houver causalidades razoáveis de especialização (por exemplo, Tribunal Fiscal da Nação), além dos outros requisitos que foram expostos. Cabe agregar, por outro lado, que BOSCH aceita, mesmo com reservas, que se atribuam funções jurisdicionais a órgãos administrativos independentes por parte do Congresso, o qual confirma a interpretação que fazemos.

[509] *Cf.* BOSCH, Jorge Tristán. *Ensayo de interpretación de la doctrina de la separación de los poderes*. Buenos Aires: Universidade de Buenos Aires, Faculdade de Direito e Ciências Sociais, 1944, p. 39 ss.

CAPÍTULO III – O PRINCÍPIO DA SEPARAÇÃO DE PODERES

material, mesmo que a função predominante venha a prevalecer, em alguns poderes mais que em outros (já que, por exemplo, o Poder Executivo exerce funções materialmente normativas quando coloca seu poder regulamentar em exercício, tanto privativo como delegado, atribuição que, para o Poder Judiciário, é implícita). Assim, enquanto, principalmente, a função administrativa foi adjudicada ao Poder Executivo e a função de legislar (atividade normativa) corresponde materialmente ao Poder Legislativo, o Poder Judiciário recebe a atribuição – talvez de uma forma mais absoluta que nos dois casos anteriores – do exercício da função materialmente jurisdicional (resolver litígios com força de verdade legal).[510] Essa é a explicação que nos parece mais lógica e coerente, para interpretar o sentido que a separação de poderes tem em nossa Constituição, pois caso contrário não se poderia aceitar que alguns órgãos ou autoridades administrativas pudessem exercer, excepcionalmente, funções jurisdicionais, sob certos requisitos, fundamentalmente, de independência e especialidade.

É que o sentido da interdição constitucional do art. 109 da CN, mesmo referido ao exercício de funções jurisdicionais por parte do Poder Executivo, deve ser interpretado de maneira equilibrada: não de uma forma absoluta e nem rígida, mas sim, relativa, e tampouco de forma tão flexível a fim de admitir a possibilidade de exercer qualquer classe de jurisdição por parte de qualquer órgão da Administração.

III.9 A independência do Poder Judiciário: antecedentes hispânicos das prescrições constitucionais

Entre os antedecentes hispânicos de nossas prescrições constitucionais, convém destacar que a Constituição de Cádiz criou um Supremo

---

[510] CANOSA, Armando N. *Procedimiento administrativo: recursos y reclamos.* Buenos Aires: Abeledo Perrot, 2008, p. 5; *Introducción al Derecho administrativo.* Madrid: Grouz, 1986, p. 72, com relação ao aspecto substancial da função jurisdicional; HUTCHINSON, Tomás. *Elementos de derecho administrativo.* Buenos Aires: La Ley, 2003, e no trabalho de LÓPEZ VERGARA, Patricia, "Función administrativa del Poder Judicial", publicado no referido livro, p. 20 ss. (mesmo que o qualifique como um critério misto).

Tribunal de Justiça como verdadeiro poder da Nação ou Estado[511], afirmando, portanto, a independência dos juízes frente aos outros poderes (Executivo e Legislativo ou Cortes).

As raízes desse princípio encontram-se no antigo direito espanhol, ao qual se remete o *Discurso Preliminar* quando constitui as respectivas prescrições constitucionais nos princípios da chamada Constituição histórica da Espanha.[512]

O que realmente chama a atenção de qualquer jurista que aprofunde o estudo das instituições do direito hispano-americano (deveria também surpreender aqueles que consideram que, no geral, ele é um produto derivado das concepções da Revolução Francesa) é o fato de que conquistas transcendentes do Direito Público ocidental moderno nem tanto encontram sua origem nas ideias dos revolucionários franceses, mas sim no antigo direito espanhol (anterior ao absolutismo) e, em menor escala, nas concepções do liberalismo ilustrado.

À frente desse catálogo de garantias e de direitos, encontra-se a instituição de *Justicia de Aragón*, magistrado independente encarregado de dirimir as controvérsias entre o Rei, a nobreza e, posteriormente, os habitantes das cidades (a burguesia). E mesmo que não haja precisão com relação à data na qual se instaurou a figura (desaparecida após a morte de Juan de Lanuza em 1591, durante o reinado de Felipe II), seu prestígio transpassou as fronteiras espanholas muitos séculos depois, já que essa denominação (*Justice* e não *Judge*) é a que tiveram e têm, atualmente os juízes do Supremo Tribunal dos Estados Unidos.

Por sua vez, entre as instituições mais arraigadas nesse antigo direito espanhol, além de uma concepção embrionária da divisão de poderes[513],

---

[511] A doutrina constitucionalista argentina considera que o Supremo Tribunal constitui um poder do Estado e que mais que um tribunal é, na realidade, um terço do governo, ver a respeito: VANOSSI, Jorge Reinaldo. *Teoría constitucional.* tomo II. Buenos Aires: Depalma, 1976, pp. 117 e 121.

[512] Ver: MUÑOZ MACHADO, Santiago. *Tratado de derecho administrativo y derecho público general.* tomo I. Thomson-Madrid: Civitas, 2004, p. 186 ss.

[513] Sobre a influência da neo-escolástica em LOCKE e na divisão de poderes, RODRÍGUEZ VARELA, Alberto. "*La neoescolástica y las raíces del constitucionalismo.*"

CAPÍTULO III – O PRINCÍPIO DA SEPARAÇÃO DE PODERES

encontramos desde o direito de resistência à opressão (Victória)[514], a declaração de nulidade *ipso foro*[515], o princípio de legalidade e igualdade em matéria tributária[516] e, inclusive, nada menos que o juízo ou recurso de manifestação que, segundo os antecedentes e estudos realizados[517], equivale ao *habeas corpus* do direito anglo-saxão[518], tendo instituído, anteriormente, o nascimento da referida instituição na Inglaterra. Outro antecedente é representado pelo conceito igual ao do "cidadão", que aparece no direito de Aragão, Castela e Navarra, o qual demonstra que séculos de absolutismo não podem apagar a história nem o fato de que a cultura jurídica dos povos espanhóis (em geral, toda sua cultura), durante a Idade Média, tenha sido superior à existente na Inglaterra.

Por último, se olharmos para o futuro, não podemos ignorar que o *Discurso Preliminar* faz referência ao paradigma moderno da tutela jurisdicional efetiva que, mesmo sem as atuais projeções, foi enunciado por Argüelles nos seguintes termos: "A justiça, senhor, tem de ser efetiva e,

---

Buenos Aires: Separata da Academia Nacional de Ciências Morais e Políticas de Buenos Aires, 2005, pp. 30 ss. Com relação à gravitação nos foros de ARAGÃO, ver: LINARES QUINTANA, Segundo V. "El derecho constitucional de huelga". In: *La huelga.* tomo I. Santa Fé: Instituto de Derecho del Trabajo, Universidade Nacional del Litoral. El Instituto, 1951, p. 17.

[514] RODRÍGUEZ VARELA, Alberto. "*La neoescolástica y las raíces del constitucionalismo.* Buenos Aires: Separata da Academia Nacional de Ciências Morais e Políticas de Buenos Aires, 2005, p. 12.

[515] Significa que ela surge do próprio foro cumprindo uma função semelhante à violação de direitos e garantias constitucionais por arbitrariedade ou ilegalidade manifesta, cuja formulação encontra-se na regulação dos processos de amparo dos países ibero-americanos (v.g., Argentina e México).

[516] Cujas origens se reportam aos ordenamentos de Castela e Aragão; ver: *Constitución Política de la Monarquía española promulgada en Cádiz el 19 de marzo de 1812*, fac-símile que repete a reprodução efetuada na Imprensa Nacional de Madri em 1820, Madrid: Civitas, 1999, p. 12.

[517] LINARES QUINTANA, Segundo V. "El derecho constitucional de huelga". In: *La huelga.* tomo I. Santa Fé: Instituto de Derecho del Trabajo, Universidade Nacional del Litoral. El Instituto, 1951, p. 23 ss.

[518] *Cf.* GARCÍA DE ENTERRÍA, Eduardo; FERNÁNDEZ, Tomás R. *Curso de derecho administrativo.* 6ª ed. tomo II. Madrid: Civitas, 1999, pp. 66/67.

para tal, seu curso tem de ser rápido,"[519] tendo dito antes que "(...) um dos principais objetivos da Constituição é fixar as bases do Poder Judiciário, para que a administração de justiça seja, em todos os casos, efetiva, ágil e imparcial".[520] Como se não bastasse, o princípio da imparcialidade é obtido na fórmula do juramento dos juízes.[521]

Como veremos a seguir, para garantir a efetividade do dogma da independência do Poder Judiciário, a Constituição de Cádiz incorporou em seu texto: a) a interdição de exercer funções judiciais por parte do rei ou dos Tribunais; b) a inamovibilidade dos juízes; e, c) a criação de um Supremo Tribunal.

III.9.1 A proibição de exercer funções judiciais por parte do Rei e os Tribunais

Ao consagrar a Constituição de Cádiz, a interdição do exercício de funções judiciais por parte do Rei e dos Tribunais estabeleceu um princípio fundamental que copia a aplicação da separação dos poderes mediante uma versão original que continua e aperfeiçoa a tendência refletida nas instituições do antigo direito espanhol, que é individualizado na figura de *Justicia de Aragón* [Justiça de Aragão].[522]

De fato, não se pode argumentar-se que o citado princípio estivesse contemplado na Constituição francesa de 1791, proibindo o exercício do Poder Judiciário[523] ao Rei e ao Corpo Legislativo, já que seu conteúdo copia uma interdição orgânica e não material, como consequência do princípio da soberania da lei, cuja determinação competia à Assembleia Legislativa. Assim, além disso, depreende-se do próprio texto do

---

[519] *Constitución Política de la Monarquía española promulgada en Cádiz el 19 de marzo de 1812*. Madrid: Civitas, 1999, p. 65.

[520] *Constitución Política de la Monarquía española promulgada en Cádiz el 19 de marzo de 1812*. Madrid: Civitas, 1999, p. 57.

[521] *Constitución Política de la Monarquía española promulgada en Cádiz el 19 de marzo de 1812*. Madrid: Civitas, 1999, art. 279.

[522] *Constitución Política de la Monarquía española promulgada en Cádiz el 19 de marzo de 1812*. Madrid: Civitas, 1999, Discurso Preliminar, pp. 12-13.

[523] Cap. V, Artigo Primeiro da Constituição de 1791.

CAPÍTULO III – O PRINCÍPIO DA SEPARAÇÃO DE PODERES

articulado constitucional francês quando prevê, entre as faculdades do corpo legislativo, a de *décréter la création ou la suppression des offices publics* [decretar a criação ou a supressão dos ofícios públicos].[524]

Por outro lado, a *interdição* de Cádiz refere-se às funções judiciais e é próprio de sua natureza concebê-las no sentido material[525], representando um dos poucos princípios rígidos, no marco da separação de poderes que admite – na interpretação mais flexível – a colaboração recíproca entre o Legislativo e o Executivo em funções que, do ponto de vista material, são as preponderantes em cada órgão.

A originalidade do princípio estabelecido pela Constituição de Cádiz, projetado às Constituições ibero-americanas[526], implica instaurar o sistema judicialista puro. Por esse motivo, as concepções elaboradas pelo direito norte-americano em matéria de jurisdição administrativa primária[527] resultam incompatíveis, algo que não é concebível na América Latina, já que afetaria a concepção, estrutura e competência dos sistemas judicialistas, sem nos esquecermos dos perigos causados pelo fato de adotar instituições contrárias à nossa idiossincrasia.[528] Se a independência do Poder Judiciário consta muitas vezes violada ainda com a recepção do princípio que tomamos da Constituição de Cádiz, convém presumir

---

[524] Título Terceiro, cap. III, part. 1º, inc. 5º. Cabe apontar que, na língua francesa, o termo ofício público compreende tanto a função como o cargo.

[525] BOSCH, Jorge Tristán. *Ensayo de interpretación de la doctrina de la separación de los poderes*. Buenos Aires: Universidade de Buenos Aires, Faculdade de Direito e Ciências Sociais, 1944, p. 50.

[526] Entre outros, nas Constituições da Argentina (art. 109 C.N.), Paraguai, (art. 248) e Perú (art. 139).

[527] SCHWARTZ, Bernard. *Administrative Law*. 3ª ed. Boston: Little Brown and Company, 1991, p. 481 ss.

[528] Interessa colocar em evidência que no Preâmbulo do Estatuto Provisório do Perú, de 1821, SAN MARTÍN declarou que enquanto o governo estiver constituído "(...) *me absterei de me misturar ao exercício das funções judiciárias, porque sua independência é a única e verdadeira salvaguarda da liberdade do povo e nada importa se máximas primorosamente filantrópicas forem ostentadas, pois quem faz a lei ou quem a executa, também é quem a aplica*". Em concordância com esse princípio, o Regulamento Provisório do Poder Executivo, de 15 de outubro de 1822, em seu art. 3ª, proibiu à Junta "(...) *conhecer nenhum assunto contencioso, civil ou criminal*", interdição que é retomada na Constituição de 1823 (art. 81 inc. 3º).

a situação de avassalamento que poderia chegar a ser causada se os juízes de primeira instância (outra coisa é a jurisdição administrativa primária) dependessem da Administração.

III.9.2 A inamovibilidade dos juízes

Costumamos acreditar que a inamovibilidade dos juízes provém do direito anglo-saxão, do qual a Constituição dos Estados Unidos da América do Norte a teria tomado que, por sua vez, foi a fonte direta de um preceito semelhante ao existente na Constituição Argentina.[529] Tal crença está errada, conforme demonstraram os próprios autores norte-americanos, do historiador William Prescott até o constitucionalista dos Estados Unidos James Kent.

O antecedente do princípio da inamovibilidade dos juízes reside em um foro de Alfonso V de Aragão, de 1442, que dispôs que o *Justicia* "obtivesse seu ofício por vida e que só poderia ser removido com causa bastante pelo Rei e os Tribunais reunidos".[530] Nesse sentido, Kent registra que se trata "(...) do precedente mais antigo a favor do estabelecimento judiciário independente (...)" e que, na Inglaterra, um preceito semelhante ao de 1641 foi acolhido, sob o reinado de Carlos I, consolidando o princípio após a restauração da dinastia real dominante com Carlos II, passando, de lá, para várias Constituições europeias.[531]

Consequentemente, a Constituição de Cádiz[532], nesse ponto, a exemplo da norte-americana e da francesa[533], permanece definitivamente

---

[529] Art. 110 da CN, sobre o princípio no direito argentino, ver: BADENI, Gregorio. *Tratado de derecho constitucional*. 3ª ed. tomos III. Buenos Aires: La Ley, 2010, p. 796.

[530] PRESCOTT, William H. *Historia de los Reyes Católicos*. tomo I. Reprodução facsímile da primeira edição da obra em idioma espanhol de 1845. Junta de Castela e Leão, Salamanca, 2004, p. 84.

[531] KENT, James. *Del gobierno constitucional de los Estados Unidos*. 10ª ed. Tradução de A. Carrasco Albano. Buenos Aires: Imprensa de Buenos Aires, 1865, p. 127 e obs. a) e c).

[532] O art. 252 da Constituição de Cádiz prevê: "Os magistrados e juízes não poderão ser depostos em seus destinos, sejam temporais ou perpétuos, mas por causa legalmente comprovada e sentenciada, ou suspensos, mas por acusação legalmente tentada".

[533] Constituição francesa 1791, Título Terceiro, cap. V, Artigo Primeiro, inc. 2.

CAPÍTULO III – O PRINCÍPIO DA SEPARAÇÃO DE PODERES

no antigo direito aragonês. O desconhecimento do antecedente citado por parte da historiografia foi bastante grande no mundo hispânico, apesar de a primeira tradução ao castelhano publicada na Espanha da obra de Prescott ter sido efetuada em Madrid em 1845 e a de Kent, publicada em Buenos Aires, no ano de 1865.

III.9.3 A criação do Tribunal Supremo

Uma das mudanças mais profundas que a Constituição de Cádiz introduziu, com o objetivo de garantir a separação de poderes e a independência dos juízes, consistiu na criação de um Supremo Tribunal como cabeça imparcial e independente do Poder Judiciário.[534]

Desse modo, a reforma realizou a unificação do Poder Judiciário em um órgão superior ao qual foi atribuído uma ampla competência originária para entender, em matérias administrativas (ou governamentais) e uma competência por apelação nos recursos de nulidade que façam interposição contra as sentenças ditadas em última instância "(...) para o exato efeito de repor o processo (...)".[535] A leitura única da jurisdição que foi atribuída ao Supremo Tribunal indica, claramente, que se trata de um sistema visceralmente oposto ao que se instaurou na França a partir do processo revolucionário, onde a função de julgar a Administração foi considerada de natureza administrativa, isenta do julgamento pelo Poder Judiciário.

Entre as competências materiais que compõem a jurisdição originária do Supremo Tribunal, convém ressaltar:

a) julgamento dos secretários de Estado e do Gabinete quando os Tribunais dão lugar à formação de causa (art. 261, inc. 2º);

b) conhecimento nas causas de separação e suspensão dos Conselheiros de Estado (art. 261, inc. 3º);

---

[534] Art. 259, 260 e 261 da Constituição Política.
[535] Art. 261, especialmente, incisos 2º, 3º, 6º e 9º da Constituição Política.

c) conhecimento nos juízos de residência de todo funcionário público (art. 261, inc. 6º);

d) conhecimento em todos os assuntos contenciosos do Real Patronato (art. 261, inc. 7º), e;

e) entendimento nos recursos de nulidade antes observados (art. 261, inc. 9º).

A competência material designada ao Supremo Tribunal é algo semelhante à outra faceta da proibição de exercer funções judiciais que o art. 243 da Constituição de Cádiz prevê com relação ao Rei e aos Tribunais.

Nesse entendimento, mesmo com o costume de acreditar que o Supremo Tribunal não realizou atividade judiciária digna de ser destacada, encontramos, ao remexer na documentação histórica, a interpretação correta que o referido tribunal fez de suas faculdades judiciais no processo segundo contra D. Pedro Acuña e outros, ao reivindicar, ao Executivo, a remissão dos antecedentes da causa promovida em La Coruña contra o referido Acuña, para poder resolver a apelação interposta.

Na referida causa, ao reivindicar os antecedentes, o Tribunal não só marcou o limite da separação de poderes, de acordo com o art. 17 da Constituição de Cádiz, mas também considerou que a decisão de julgar era exclusiva dos tribunais, conforme o preceito contido no art. 243 da referida Constituição.[536]

III.10 A independência do Poder Judiciário como princípio e garantia do regime democrático e republicano

Não cabe qualquer dúvida no sentido de a separação dos poderes constituir um princípio comum e generalizado em todos os sistemas republicanos e democráticos e, inclusive, nas monarquias parlamentaristas.

---

[536] Ver: CASTRO, Adolfo. *Cortes de Cádiz:* complementos de las sesiones verificadas en la Isla de León y en Cádiz. tomo II. Reimpressão da obra original de 1913. Pamplona: Analecta, 2004, p. 188 ss.; é interessante destacar que os Tribunais, na sessão de 12 de julho de 1812 ordenaram ao Executivo (então a Regência) que entregasse ao Supremo Tribunal a documentação aludida para seguir entendimento no processo e ditar sentença.

CAPÍTULO III – O PRINCÍPIO DA SEPARAÇÃO DE PODERES

No sistema constitucional argentino consiste em algo mais do que um simples princípio ou doutrina, pois configura um princípio geral do direito que, no caso dos juízes, afirma sua independência com um alcance mais absoluto do que nos sistemas restantes comparados, conforme o modelo da Constituição de Cádiz, que foi a fonte que irrigou a raiz do atual preceito constitucional que prevê a interdição do exercício das funções judiciais por parte do Executivo (art. 109 da CN), sendo uma última norma, a qual prevê um mandamento obrigatório que a Administração nem o Congresso poderiam violar, sob pena de incorrer em uma inconstitucionalidade manifesta.

Ao constituir um mandamento vinculante e não apenas um valor moral, é necessário reconhecer uma operatividade própria e plena, já que, por outro lado, exigiria toda eficácia se sua observância fosse eximida ao capricho ou a discricionariedade dos governantes de turno.

Especificamente, para garantir seu respeito, existe uma série de soluções processuais que vão desde a ação de amparo regulada constitucionalmente em forma expressa até a procedência de uma ação genérica ou autônoma declaratória de inconstitucionalidade que, sem cair na ação popular, concede legitimação aos atingidos por atos, regulamentos ou leis que sejam violatórias da independência do poder judiciário.

Os preceitos constitucionais que tendem a preservar a independência do Poder Judiciário são basicamente dois: a) a inamovibilidade dos juízes; e b) a intangibilidade de suas remunerações.[537]

Da mesma forma que no antecedente norte-americano, nossa Constituição garantiu a inamovibilidade dos juízes no art. 110 da CN, primeira parte, norma constitucional que, ao contrário do que se costuma acreditar e afirmar, tem origem, como destacamos anteriormente, no antigo direito espanhol do século XV, posteriormente – e a partir daquele – assumido pelo direito anglo-saxão, passando deste último para a Constituição estado-unidense.

---

[537] GAUNA, Juan Octavio; BARBAGELATA, Jorge A. S. "Independencia del Poder Judiciário". *In:* CASSAGNE, Juan Carlos (coord.). *Tratado General de Derecho procesal administrativo.* 2ª ed. tomo I. Buenos Aires: La Ley, 2011, p. 101 ss.

Enquanto os membros da Suprema Corte são designados pelo Executivo com acordo do Senado (art. 99 inc. 4 da CN) e removidos pelo procedimento do juízo político por parte do Congresso (art. 53 da CN), após a reforma constitucional de 1994, a remoção dos juízes dos tribunais inferiores é efetuada por um novo órgão constitucional criado para efeito, o Conselho da Magistratura, que "(...) será integrado periodicamente de modo que se busque o equilíbrio entre a representação dos órgãos políticos resultantes da eleição popular, dos juízes de todas as instâncias e dos advogados da inscrição federal. Será integrado, da mesma forma, por outras pessoas do âmbito acadêmico e científico, no número e forma que a lei indicar" (art. 114 da CN).

À luz da integração dos membros do Conselho, prevista na Lei n. 26.080 (13 membros, dos quais seis são legisladores, três representam os juízes, dois, os advogados inscritos na inscrição federal, um representa o Executivo e outro, o setor acadêmico e científico) resulta evidente que sua composição exibe um desequilíbrio notório a favor do setor político (que tem 7 membros sobre 13), frustrando a finalidade considerada pelos próprios constituintes, que não era outra senão "(...) atenuar a influência dos poderes políticos nos processos de seleção e remoção dos juízes".[538] De forma direta ou, se quiser, indireta, a Lei n. 26.080 implica uma violação à inamovibilidade dos juízes que, ao ser uma das garantias de sua independência, torna-se inconstitucional ao transtornar o princípio da separação dos poderes.[539]

A outra garantia que a Constituição prevê para garantir a independência do Poder Judiciário é a chamada intangibilidade das remunerações dos juízes (art. 100, 2ª parte da CN), a qual foi considerada pela Suprema Corte como dotada de operatividade frente à degradação das remunerações, sem que seja necessário provar a repercussão sobre a independência dos magistrados em razão de se tratar de uma presunção *iure et de iure*.[540]

---

[538] GELLI, María Angélica. *Constitución de la Nación argentina:* comentada y concordada. 4ª ed. tomo II. Buenos Aires: La Ley, 2008, p. 493.

[539] A lei 26.080 foi modificada pela Lei n. 26.855 a qual foi declarada inconstitucional pela Suprema Corte no caso "Rizzo", reolvido com a data de 18.06.2013.

[540] *In re*, "Bonorino Peró, Abel contra Nación argentina", Sentenças 307:966 (1985).

CAPÍTULO III – O PRINCÍPIO DA SEPARAÇÃO DE PODERES

III.11 Sentido atual da separação de poderes

A doutrina da separação dos poderes, circunscrita à tripartição das atividades estatais em três órgãos distintos e diferentes pontualmente a sua especialização funcional, não atua conforme os critérios do século XVIII que instauram o modelo propugnado por Montesquieu[541], pois, mesmo que se continua afirmando a necessidade de evitar a concentração do poder e seu consequente abuso, na verdade apareceram novos órgãos no cenário do poder estatal que o tornam mais complexo e garantidor, para assegurar os regulamentos e prestações com tendência a satisfazer as necessidades coletivas indispensáveis para a comunidade e a consequente dignidade da pessoa.

Esses novos órgãos do Estado não ocasionam nenhuma mutação material das funções do poder estatal que pudessem variar em seu conteúdo ou alcance sem alterar sua substância (administrativa, normativa e jurisdicional), pelo fato de concentrá-las em algum outro órgão (autoridade reguladora independente) ou de separá-las do tronco comum ao que estavam atribuídas anteriormente (v.g., as funções do Conselho da Magistratura a respeito do Poder Judiciário e, inclusive, o Ministério Público).

Dado nosso sistema constitucional ter consagrado a interdição do exercício de funções judiciais por parte do Executivo (art. 109 da CN), todo acantonamento e, inclusive, atribuição de funções mistas a outros órgãos, não impedem que o Poder Judiciário continue sendo o controlador final dos atos dos novos órgãos independentes conforme a fórmula que usa a Suprema Corte para qualificar a referida atividade como "(...) controle judicial suficiente com amplitude de debate e prova".

É certo que cada escola jurídica tenha interpretado o princípio da separação de poderes a sua maneira (começando pelo positivismo), sem ter advertido a mudança profunda efetuada no mundo real que exibe o

---

[541] GAUNA, Juan Octavio; BARBAGELATA, Jorge A. S. "Independencia del Poder Judiciário". *In:* CASSAGNE, Juan Carlos (coord.). *Tratado General de Derecho procesal administrativo.* 2ª ed. tomo I. Buenos Aires: La Ley, 2011, p. 98.

direito comparado à raiz do novo sentido designado ao citado princípio que, antes da divisão do poder que, por natureza, é in divisível, acarreta uma distribuição das funções estatais.

Ao afastar-se da mentalidade positivista reinante no século passado, o mundo jurídico deslocou a prevalência da norma positiva afirmando, em seu lugar, a primazia dos princípios gerais sobre as fontes restantes do direito (a ideia básica de principalidade), na medida em que se baseiam na dignidade da pessoa e na natureza das coisas. A rigor, os princípios gerais constituem a causa e a base do ordenamento público (constitucional e administrativo), existindo independentemente de seu reconhecimento legal ou jurisprudencial.

O fato de os princípios gerais constituírem mandamentos e possuem, portanto, caráter imperativo, faz com que prevaleçam, orientem e informem o ordenamento, facilitando o trabalho interpretativo dos juízes, em conformidade com as técnicas da ponderação judicial e as regras da razoabilidade prática (descrito pelo grande jusfilósofo Finnis).

No cenário sobre o qual discorremos, boa parte dos princípios gerais recebeu acolhimento constitucional ou supranacional, em um processo de positivização que chegou a confundir mais de uma cabeça doutrinária, que seguem sem aceitar que o direito se baseie em princípios de justiça, desconhecendo, ao mesmo tempo, que os valores morais são ingredientes essenciais e complementares do fenômeno jurídico, mesmo quando não se encontrem incorporados ao direito positivo.

Esse processo de decantação dos princípios gerais sempre existiu no direito administrativo da Europa continental que, a partir da exemplar jurisprudência elaborada pela jurisprudência do Conselho do Estado francês, deu início e operatividade aos princípios gerais, tal como aconteceu mais tarde na maioria dos países europeus e hispano-americanos que seguiram os passos da jurisprudência francesa, atualmente da alemã e, em geral, europeia.

Ao mesmo tempo, muitos princípios gerais incorporaram-se positivamente aos textos constitucionais (por exemplo, a Convenção Americana sobre Direitos Humanos), que veio a potencializar a função

CAPÍTULO III – O PRINCÍPIO DA SEPARAÇÃO DE PODERES

dos juízes como criadores do direito, que já não se limita, como vimos, à simples aplicação da lei. Pelo contrário, a indeterminação que é própria dos princípios e a necessidade de resolver novas situações não regradas acentuaram o papel dos juízes no processo de criação do direito que consegue, muitas vezes, positivar-se por via jurisprudencial. De alguma forma, resulta ser paradoxal que o sistema descrito tenha recebido a denominação de neoconstitucionalismo[542] quando, precisamente, é a culminação de um processo de signo inverso ao positivismo constitucional e legalista.

Nesse contexto, mesmo quando for mantida a essência de um Estado de Direito baseado na separação de poderes e, sobretudo, no funcionamento independente do poder judiciário, é evidente que assistamos a uma remodelação do sistema clássico da separação de poderes para garantir a imparcialidade das decisões que afetam as pessoas.

De fato, não se pode ignorar que a função do Estado evoluiu de acordo com as mudanças econômicas e sociais, e com a necessidade de satisfazer necessidades coletivas que aparecem na base das inovações tecnológicas. Embora não seja possível afirmar que o Estado liberal se absteve de cumprir funções sociais básicas, no campo da saúde e da educação, tampouco que o intervencionismo do chamado Estado benfeitor tenha produzido a estatização da totalidade das empresas privadas, o certo é que hoje, mais do que nunca, impôs-se a concepção de um Estado regulador e garantidor de prestações que estão no comando de empresas privadas. A gestão estatal somente se justifica frente à falta ou insuficiência da gestão privada na satisfação das necessidade coletivas.

A generalização desse modelo na maioria das nações democráticas da América Latina, cujas instituições encontram muitas de suas raízes (além das vernáculas) em seus semelhantes no direito europeu continental ou anglo-saxão, mostra uma nova concepção sobre o tipo de Estado que vem regendo no mundo nesta era que pode muito bem ser qualificada como a do Estado subsidiário, que legitima e reforça a

---

[542] Expressão que, por comodidade da linguagem, utilizamos e continuamos utilizando, mesmo com um sentido oposto ao que o positivismo constitucional prega.

intervenção estatal em caso de autênticas carências sociais, e não como forma política de outorgar prebendas ou benefícios próprios do clientelismo populista.

Precisamente, o clássico princípio constitucional da separação dos poderes Executivo, Legislativo e Judiciário, que tanto contribuiu para a proteção das liberdades, cobrou uma dimensão nova, já que agora coexistem nos governos dos Estados democráticos múltiplos e diversos poderes.

A adoção do sistema constitucional em poderes compartilhados e separados, feita pela primeira vez na Constituição norte-americana de 1787 e, logo após, na francesa de 1791, longe de limitar-se à divisão de competências entre os órgãos dos poderes clássicos e aos controles recíprocos, viu seu campo de ação consideravelmente ampliado, com o surgimento de novos poderes que, sob o controle dos juízes ou dos tribunais administrativos, foram exercendo funções separadas e autônomas, relativamente à Administração ou ao Congresso (v.g., Conselhos da Magistratura ou do Poder Judiciário, Defensores do Povo, Ministério Público etc.). Entre esses novos poderes, existe um fenômeno que não recebeu aprofundamento por parte da doutrina vernácula do Direito Público: trata-se das autoridades regulatórias independentes, as quais, embora não tenham tido acolhimento nas diferentes constituições, generalizaram-se de forma surpreendente em quase todos os sistemas comparados. De tal modo, pode-se muito bem falar de um novo princípio geral que afirma instituições que precisam contar com garantias de independência, imparcialidade e especialização funcional, tirando-as da órbita dos poderes políticos do governo para colocá-las em mãos de funcionários idôneos e técnicos que atuam com neutralidade política e eficácia indiferente.

Esse novo princípio substituiu a noção de autarquia ligada a um controle de tutela a cargo do Executivo ou da administração central. De fato, a simples autarquia junto às faculdades para designar os membros dos órgãos diretivos mais os poderes de intervenção do Executivo tornam ilusória, em muitos casos, a independência ou autonomia das autoridades reguladoras.

CAPÍTULO III – O PRINCÍPIO DA SEPARAÇÃO DE PODERES

A tendência atual no campo das autoridades regulatórias consiste em atribuir-lhes a mais ampla independência técnica e funcional juntamente com múltiplas competências, inclusive de natureza jurisdicional, com controle amplo e suficiente de legitimidade (legalidade e razoabilidade) por parte dos juízes.

Por fim, tanto no desenvolvimento dos princípios gerais do direito administrativo, quanto nos princípios e técnicas de interpretação, o novo constitucionalismo exibe uma confluência de valores baseada na dignidade da pessoa humana e na defesa de suas liberdades, que constitui algo semelhante ao suporte de todos os mecanismos de proteção dos direitos fundamentais dos cidadãos e empresas frente ao Estado. A função de regulação e garantia do Estado subsidiário, bem como os fins de bem comum que se busca, cobram, dessa forma, um novo sentido protetor, distanciado, certamente, das tendências ideológicas de um populismo que prega o estatismo através de práticas clientelistas que exigem uma adesão cega às normas, sem garantir aos habitantes as prestações mínimas e indispensáveis para a satisfação das necessidades coletivas, nem para poder alcançar níveis razoáveis de crescimento econômico-social.

Entre esses novos órgãos independentes que surgem no cenário da separação dos poderes, convém mencionar o Ministério Público (art. 120 da CN), o Conselho da Magistratura (art. 114 da CN), a Auditoria Geral da Nação (art. 85 da CN) (embora, com autonomia funcional usufrua – nos fatos – de certa independência, enquanto seu Presidente for designado pelo Congresso à proposta do partido da oposição com maior número de legisladores no Congresso) e a Defensoria Pública (art. 86 da CN).

Pelas transcendências que projetam ao campo do direito administrativo, analisaremos a seguir as denominadas agências reguladoras, organismos de controle ou, como preferirmos, (seguindo a doutrina europeia) "autoridades regulatórias independentes", mencionadas de forma inorgânica e sem maior precisão no que se refere a sua natureza e funções, no art. 42 da CN.

III.12 O princípio da independência das autoridades reguladoras

A circunstância de que o termo "autoridades", ao qual se refere o art. 42, 2ª parte da CN, tenha sido descrito de maneira genérica e indefinida (podendo ser aplicado indistintamente à Administração Pública ou ao Congresso), não constitui um obstáculo para seu uso, para efeitos de qualificar a figura das autoridades regulatórias dos serviços públicos e atividades de interesse público[543] (v.g., regulação bancária e financeira pelo Banco Central, as funções da Comissão Nacional de Valores e da Autoridade Federal de Serviços de Comunicação Audiovisual [AFSCA] etc.).

Com anterioridade, a fim de localizar as referidas autoridades nos esquemas clássicos, defendemos a postura que os localizava como espécies de entidades autárquicas.[544]

Por outro lado, tal afirmação deve modificar-se à luz do novo sentido que adquire a separação de poderes em determinados setores da regulação econômica e social, pois se aceitamos que a independência desses novos organismos se constrói como uma condição necessária para a preservação do Estado de Direito (em suas diferentes versões garantidoras: Estado Social e Democrático, Estado de Justiça ou Estado Constitucional de Direito[545]), cujo funcionamento se garante designando operatividade ao princípio da separação de poderes, a consequência do princípio que impõe a independência orgânica e especialização funcional configura-se como princípio geral de direito, em virtude de sua universalidade e supremacia (ou principalidade).

Pode-se dizer que se trata de organismos de controle dos serviços públicos (por extensão das atividades de interesse público) criados pelo Congresso em virtude da cláusula constitucional contida no art. 42, ou

---

[543] CASSAGNE, Juan Carlos. *Curso de derecho administrativo*. 10ª ed. tomo II. Buenos Aires: La Ley, 2011, p. 111 ss.

[544] CASSAGNE, Juan Carlos. *Curso de derecho administrativo*. 10ª ed. tomo I. Buenos Aires: La Ley, 2011, p. 306.

[545] SAMMARTINO, Patricio Marcelo E. *Amparo y Administración*. tomo I. Buenos Aires: La Ley, 2012, p. 150 ss.

CAPÍTULO III - O PRINCÍPIO DA SEPARAÇÃO DE PODERES

melhor, de entidades cuja criação emana de uma norma como autoridade organicamente separada do Executivo ou do Legislativo para garantir a imparcialidade de suas diretivas caracterizadas, em todos os casos, por sua especialização funcional (v.g., Banco Central da República Argentina), essas entidades, denominadas em alguns ordenamentos "autoridades regulatórias independentes", gozam de plena independência dos setores políticos representativos precisamente para assegurar as liberdades e direitos de todos os protagonistas do setor objeto da regulação, bem como a qualidade e eficiência dos serviços públicos.[546]

O princípio da independência das autoridades regulatórias vem coincidir com os objetivos da doutrina da separação de poderes, completando o quadro tripartido das funções que, de alguma forma, aparecem concentradas nas referidas autoridades, mas separadas dos clássicos órgãos que exercem a representação política. As autoridades cumprem, portanto, as três funções estatais no sentido material (administrativas, legislativas e jurisdicionais) dentro dos limites constitucionais (controle final das decisões pelo Poder Judiciário e os limites que, para as delegações legislativas, o art. 76 da CN prevê).[547]

A Suprema Corte de Justiça da Nação reconheceu o princípio geral de independência das autoridades regulatórias com relação à lei de criação da Autoridade Federal de Serviços de Comunicação Audiovisual (AFSCA). No caso "Grupo Clarín SA" expressou: "É de vital importância recordar que também não se pode garantir que os fins da lei sejam cumpridos se o encarregado de aplicá-la não é um órgão técnico e independente, protegido contra interferências indevidas, tanto do governo quanto dos grupos de pressão".[548]

---

[546] NALLAR, Daniel M. "La regulación económica del servicio público como factor de seguridad jurídica". *In:* MIRABELLI, Cesare; BARRA, Rodolfo C. (coord.). *Primeiras Jornadas ítalo-argentinas de serviço público.* Universidade católica de Salta, 2006, n. 350, Buenos Aires: RAP, p. 209.

[547] Os limites constitucionais da delegação legislativa se reduzem em dois: a) o estabelecimento das bases da delegação; e b) a determinação de um prazo para seu exercício (art. 76, primeira parte, da CN).

[548] *In re* "Grupo Clarín SA y otros contra Poder Ejecutivo Nacional y otro s/ acción

É certo que não se trata de um aspecto relacionado à pretensão processual articulada no mencionado juízo "Grupo Clarín SA", nem faz dele o objeto central da controvérsia, mas também não se trata de um simples argumento ou opinião sobre o assunto jurídico. Pois bem, o que o Tribunal fez – sob a forma de um *obiter dictum* – foi o enunciado ou reconhecimento de um princípio geral do qual convém extrair múltiplas consequências. Uma delas é a procedência da impugnação de todo ato ou norma que violasse o princípio da separação dos poderes e a independência das autoridades regulatórias criadas pelo Congresso mediante uma ação de amparo ou autônoma de inconstitucionalidade, levando em conta a textura aberta que cabe atribuir ao conceito de "caso", como pressuposto básico da intervenção judicial[549] para efetuar uma declaração de inconstitucionalidade.

III.13 Constitucionalidade da criação das autoridades regulatórias independentes

A criação de autoridades regulatórias independentes é produto de critérios de justiça fundados na circunstância histórica de cada país, o que não impede reconhecer que, de alguma maneira, o fenômeno tenha se universalizado na Europa e em boa parte da América.

Essa extensão ou globalização nos leva a perguntar se, ao estar diante de um processo universal em culturas jurídicas afins, não se efetuou a geração de um princípio geral do Direito Público que afirma que, perante determinadas situações nas quais se apresente a necessidade de uma regulação imparcial, se requer também que as autoridades encarregadas da referida regulação (que se destaca por ser uma sorte de atividade arbitral entre todos os interesses em jogo) usufruam de independência ou autonomia funcional.[550] A nosso juízo, isso é evidente em muitos países, mas resulta, talvez, mais necessário naqueles países da

---

meramente declaratória", da data 29 de outubro de 2013 (considerando 74 do voto dos Drs. Lorenzetti e Highton e considerando 39 do voto do juiz Petracchi).

[549] SAMMARTINO, Patricio Marcelo E. *Amparo y Administración*. tomo II. Buenos Aires: La Ley, 2012, p. 430 ss.

[550] MATA, Ismael. "La independencia funcional del Banco Central". In: *El derecho administrativo hoy, 16 años después*. Jornadas da Universidade Austral. Buenos Aires: RAP, 2013, p. 25.

CAPÍTULO III – O PRINCÍPIO DA SEPARAÇÃO DE PODERES

América Latina que enfrentam situações de despotismo que, sob a máscara de uma democracia formal populista, destroem a finalidade da separação de poderes e, ainda pior, a dignidade das pessoas.

É certo que a Constituição não toma o fenômeno, mas também não consta nela nenhuma cláusula de interdição. Mais ainda, entre os antecedentes que abonam a constitucionalidade da criação dessa classe de entidades, encontra-se a lei primitiva de criação do Banco Central,[551] que o configurou como autoridade independente[552] da Administração.

Por outro lado, a criação de autoridades regulatórias independentes é compatível com a tese da separação de poderes que busca, definitivamente, preservar a dignidade humana e os direitos fundamentais[553], evitando a concentração do poder público em detrimento das liberdades das pessoas.

Precisamente, o princípio da dignidade da pessoa humana, que constitui a pedra angular de toda construção dos direitos fundamentais e dos princípios gerais do direito, possui supremacia constitucional, por encontrar-se expressamente contemplado no Pacto de São José da Costa Rica.[554]

Tanto na Espanha[555] quanto em outros países da União Europeia[556,] debateu-se a conveniência e constitucionalidade da criação de autoridades regulatórias independentes.

---

[551] Lei n. 12.155.

[552] MATA, Ismael. "La independencia funcional del Banco Central". *In: El derecho administrativo hoy, 16 años después.* Jornadas da Universidade Austral. Buenos Aires: RAP, 2013, p. 25.

[553] RALLO LOMBARTE, Artemi. *La constitucionalidad de las Administraciones independientes.* Madrid: Tecnos, 2002, p. 225 e ss

[554] Art. 11 da CADH e normas concordantes da Declaração Universal dos Direitos Humanos, o Pacto sobre Direitos Civis e Políticos e o Pacto sobre Direitos Econômicos, Sociais e Culturais; ver nosso *Acto administrativo.* 3ª ed. Buenos Aires: La Ley, 2012, p. 64 ss. e Sentenças 314:421 (1991).

[555] PARADA VÁZQUEZ, José Ramón. *Derecho administrativo.* tomo I. Madrid: Marcial Pons, 1989; 6ª ed. tomo II. Madrid: Marcial Pons, 1992, pp. 249-283; RALLO LOMBARTE, Artemi. *La constitucionalidad de las Administraciones independientes.* Madrid: Tecnos, 2002, especialmente p. 161 ss.

[556] BRAIBANT, Guy. "Les Autorités administratives indépendantes". *In:* COLLIARD, Claude-Albert; TIMSIT Gérard. (coord.). *Les autorités administratives indépendantes.* Paris: PUF, 1988, pp. 290-292.

Esse novo fenômeno, generalizado na maior parte do mundo ocidental, é produto de uma realidade incontrolável que impôs o princípio da imparcialidade nos órgãos que resolvem conflitos e que regulam setores da economia, os quais resulta conveniente afastar a influência dos setores políticos, a fim de garantir a independência dos juízes (Conselho da Magistratura), o bem comum e a legalidade da Administração (através da Defensoria Pública) ou melhor, para regular setores chaves de relevância econômica ou fazê-lo em defesa do valor da moeda (Banco Central) e da concorrência (da CNDC), bem como da liberdade de expressão no sentido amplo (v.g., AFSCA).

Os principais questionamentos invocados são o déficit democrático e a afetação do princípio da separação de poderes, ao subtrair do Executivo uma porção do poder de dirigir a Administração.

O primeiro argumento nos lembra aquele célebre artigo de Ortega intitulado "La democracia morbosa" [557] e é, de alguma forma, uma projeção das teses de Rousseau sobre a origem do poder e a soberania do povo, as quais, além de não traduzir o pensamento de Montesquieu, atualmente não foram seguidas por nenhum ordenamento comparado, inclusive pelo ordenamento comunitário europeu. Caso a referida tese fosse aplicada, teriam de desaparecer do cenário do Direito Público desde a descentralização administrativa e o consequente poder regulamentar, até as figuras da delegação, as autorregulações e as sociedades anônimas de titularidade estatal ou sob seu controle majoritário e, por certo, na Europa, as potestades da União Europeia.

---

[557] ORTEGA Y GASSET, José. "La democracia morbosa". *In: Obras completas.* tomo II. Madrid: Alianza Editorial, 1983, p. 135 ss. No artigo citado, publicado *In: El Espectador* em 1917, vincula-se a democracia exasperada e fora de si ao ressentimento, à inveja e ao igualitarismo do credo socialista, chegando a afirmar que a pretensão de estender a democracia a todas as coisas alheias a sua estrita forma jurídica de Direito Público "é o flagelo mais perigoso de que pode padecer uma sociedade". Apesar de o tema por nós abordado se encontrar na zona que é própria do Direito Público, acreditamos que o pensamento completo de ORTEGA, que deve se integrar aos distintos e inúmeros trabalhos por ele escritos, permite estender sua opinião a outras instituições de Direito Público, como as universidades e, atualmente, as chamadas autoridades regulatórias independentes.

CAPÍTULO III – O PRINCÍPIO DA SEPARAÇÃO DE PODERES

A exemplo dos juízes e membros do Ministério Público, as autoridades regulatórias independentes são instituições que servem aos regimes democráticos, contribuindo para com o equilíbrio de poderes e, ainda sem encarnar a ideia democrática representativa, cumprem o papel de afian çar a dignidade humana e as liberdades fundamentais.

Como dito anteriormente, a teoria constitucional "envelheceu"[558] e está na hora de repensar sobre as bases que proporcionam a realidade, sendo vã a pretensão de encerrá-la nos dogmas arcaicos que interpretam a Constituição como uma instituição estática, presa ao passado mais do que ao futuro.

Isso não implica dar luz verde à criação de todo tipo de entidades, que devam se submeter a um escrutínio baseado no consenso social e político, bem como considerá-la justificada em um valor constitucionalmente relevante[559], cuja concreção institucional não implique uma ruptura dos vínculos com o Executivo e o Parlamento (por exemplo, nos mecanismos de seleção dos funcionários diretivos).

No ordenamento constitucional argentino há entes cuja existência é reconhecida pela Constituição de forma expressa confiando o poder de organizá-las ao Congresso (por exemplo, Conselho da Magistratura, Bancos e Universidades)[560], cuja independência e especialização não podem ser questionadas e se vinculam positivamente ao cumprimento de um mandamento implícito de sua articulação constitucional.

---

[558] FERNÁNDEZ, Tomás Ramón. "Reflexiones sobre las llamadas Autoridades Administrativas Independientes". *In: Administración instrumental*, livro em homenagem a Manuel Francisco Clavero Arévalo, vol. I, Civitas, Madri, 1994, p. 439.

[559] FERNÁNDEZ, Tomás Ramón. "Reflexiones sobre las llamadas Autoridades Administrativas Independientes". *In: Administración instrumental*, livro em homenagem a Manuel Francisco Clavero Arévalo, vol. I, Civitas, Madri, 1994, pp. 438/439; ver também, PAREJO ALFONSO, Luciano. "La potestad normativa de las llamadas Administraciones independientes: apuntes para un estudio del fenómeno". *In: Administración instrumental*: livro em homenagem a Manuel Francisco Clavero Arévalo. vol. I. Madrid: Civitas, 1994, p. 650, chama a atenção para o risco de um acúmulo excessivo de casos de "independência" de entidades subtraídas à direção do Executivo.

[560] Artigo 75, inc. 6, 18 e 19 e Artigo 114 da CN.

Assim, diante da neutralidade que a Constituição exibe com relação à criação genérica de autoridades regulatórias independentes, diferentes às destacadas de forma expressa em seu texto positivo, impõe-se uma construção constitucional dinâmica e realista, no marco dos objetivos que a realização do princípio da separação de poderes persegue.

Nesse sentido, embora por si próprio insuficiente, o preceito da Constituição contido no artigo 42, que faz referência aos organismos de controle, aos direitos dos consumidores e usuários cuja proteção confia às "autoridades", e prescreve que a legislação estabeleça "(...) procedimentos eficazes para a prevenção dos conflitos e os marcos reguladores dos serviços públicos de competência nacional", o referido preceito é um ponto de partida para determinar o valor constitucional relevante implicado pela criação de entidades para cumprir com os fins objetivados pela prescrição constitucional.

Definitivamente, a criação de autoridades regulatórias independentes configura um dos poderes implícitos do Congresso[561] e ele é um dos aspectos desta problemática em que há maior coincidência na doutrina comparada, não obstante as posições (de certo Constituições[562] para superar o obstáculo que representa, para o Executivo, a subtração de sua competência diretriz genérica sobre a Administração.

Contudo, em nosso sistema constitucional, mesmo quando é possível defender que a operatividade do princípio da independência das autoridades regulatórias não seja direta, mas derivada, no sentido de que sua concreção efetiva demanda a edição de uma lei por parte do Congresso, órgão habilitado para estabelecer a independência das autoridades que acredita no exercício de seus poderes implícitos[563], também é certo que o princípio encontra seu fundamento no direito supranacional (art. 75 inc. 22 da CN), reconhecido no Pacto de São José da Costa Rica, que estendeu as garantias de imparcialidade e independência

---

[561] Artigo 32 da CN.
[562] Ver: RALLO LOMBARTE, Artemi. *La constitucionalidad de las Administraciones independientes*. Madrid: Tecnos, 2002, p. 324 ss.
[563] Art. 75, inc. 32 da CN.

CAPÍTULO III – O PRINCÍPIO DA SEPARAÇÃO DE PODERES

que estabelecem a respeito dos juízes (art. 8º da CADH) aos órgãos administrativos que cumprem funções de natureza jurisdicional, tal como reconhecido pela Corte Interamericana de Direitos Humanos.[564]

Diferentemente do esquema clássico da separação de poderes, baseado em uma distribuição *ad intra* de atribuições a órgãos diferentes, o que se busca com a criação das autoridades regulatórias independentes é a configuração de "contrapoderes" que, com a finalidade de equilibrar o poder, atuem de fora do Executivo e do Legislativo e, definitivamente, com independência dos setores políticos, com o objetivo de limitar o poder crescente dos governantes de turno e fazer possível o chamado "equilíbrio constitucional"[565], sempre com controle jurisdicional suficiente.

Evidentemente, ao declarar a vigência do princípio da independência reguladora com relação a uma autoridade criada por ele, o Congresso não poderia no próprio ato negá-lo, já que, ao contrário, estaria sancionando uma lei carente de razoabilidade que vai contra seus próprios atos. Nesse caso, por um axioma de coerência funcional, impõe-se a prevalência do princípio da independência reguladora, e não sua negação ou restrição.

---

[564] *In re* "Baena, Ricardo *versus* Panamá", Sentença de 02.02.2001.
[565] RALLO LOMBARTE, Artemi. *La constitucionalidad de las Administraciones independientes*. Madrid: Tecnos, 2002, pp. 225/226.

Capítulo IV
OS PRINCÍPIOS DA LEGALIDADE E DA RAZOABILIDADE. A INTERDIÇÃO DE ARBITRARIEDADE

Sumário: IV.1 O princípio da legalidade. IV.1.1 Precisões conceituais. IV.1.2 Legalidade e legitimidade. Distintas formulações do princípio da legalidade. IV.1.3 Legalidade e reserva legal. A chamada preferência de lei. IV.2 Poder discricionário e arbitrariedade. IV.3 A interdição de arbitrariedade no direito argentino. IV.4 O princípio da razoabilidade como fundamento da proibição de arbitrariedade. IV.4.1 Aspectos da razoabilidade. IV.4.2 Razoabilidade e igualdade. A razoabilidade ponderativa. IV.4.3 Devido processo substantivo e devido processo adjetivo no direito norte-americano. *A equal protection*. IV.4.4 O princípio da proporcionalidade. Subprincípios que integram o princípio da proporcionalidade nas doutrinas alemã e espanhola. IV.5 Em direção a uma resposta jusnaturalista centrada no bem humano: a diretriz de interpretação preponderante que deveria reger a hermenêutica do art. 28 da Constituição Nacional. IV.6 A interdição de arbitrariedade. A inconstitucionalidade de ofício. IV.6.1 O artigo 43 da Constituição Nacional prevê um mandamento implícito. IV.6.2 A inconstitucionalidade de ofício. IV.6.3 A declaração judicial oficiosa da inconstitucionalidade das leis na jurisprudência da Corte.

IV.1 O princípio da legalidade

IV.1.1 Precisões conceituais

No modelo de Estado que surgiu a partir da Revolução Francesa, o princípio da legalidade significava, fundamentalmente, o monopólio atribuído ao parlamento para ditar normas gerais e obrigatórias (legicentrismo) que implicava, além do mais, o submissão do Executivo à lei.

Esse modelo alcançou uma projeção generalizada no direito constitucional europeu e, apesar dos inconvenientes teóricos propostos pela diversidade de suas fontes doutrinárias, acabou afirmando-se na era do positivismo legalista.

Entretanto, um problema – não menor – foi traçado ao se constatar a insuficiência da lei para regular todos os casos possíveis originados a partir de mudanças econômicas, sociais e tecnológicas. Da simples função do Executivo de aplicar normas através do exercício do poder regulamentar passou, inicialmente, ao reconhecimento de atribuições delegadas (o que ocorreu também no direito norteamericano), logo após à admissão de potestades excepcionais de urgência para reger casos que anteriormente eram apenas patrimônio das leis, até, finalmente, conduzir desembocar no reconhecimento, em alguns ordenamentos constitucionais, de uma zona reguladora independente a favor do Executivo ou de uma função reguladora residual, quando o Parlamento não legisla sobre uma determinada instituição ou situação geral (por exemplo, o caso da França, a partir da Constituição de 1958).

A este processo de fragmentação do princípio clássico da legalidade, que atribuía o monopólio da lei (legicentrismo) ao Legislativo, foi acrescentado a criação de normas por entidades não estatais de caráter público (*v.g.*, Colégios Profissionais), bem como com autorregulações que emanam de pessoas privadas (*v.g.*, Bolsas e Mercados de Valores) e, n na área trabalhista, com as chamadas Convenções Coletivas de Trabalho, que costumam conter normas de Direito Público.

Por sua vez, o positivismo legalista, fortemente influenciado por Kelsen, entrou em crise, o que provocou o retorno à justiça material,

CAPÍTULO IV – OS PRINCÍPIOS DA LEGALIDADE E DA...

através de concepções diferentes das sustentadas pelo direito natural racionalista, como a tópica[566] e a técnica de comaltar as lacunas legislativas com os princípios gerais do direito. Retorna-se, de alguma forma, à concepção de tradicional da lei, baseada em um dualismo que possibilita distinguir a positividade da norma da justiça (lei positiva e lei natural), o qual levou à submissão da Administração tanto à lei positiva quanto aos princípios gerais do direito.

Dessa forma, apesar de a Administração ter de exercer sua potestade com base em uma habilitação outorgada previamente pela lei (potestades que podem surgir de normas expressas ou implícitas ou inerentes), a lei positiva deixou de ser o centro do sistema jurídico, já que o clássico bloco de legalidade sobre o qual falava Hauriou (integrado pela lei e costume) também se integra principalmente com os princípios gerais do direito[567], que se expandem e desenvolvem de extraordinária[568], prevalecendo sobre as leis positivas.[569]

O processo descrito, caracterizado pela decadência do legicentrismo e a necessidade de uma vinculação com a justiça material[570], se completa, nos países da Europa continental, com o fenômeno da chamada constitucionalização da legalidade[571], ao se ter incorporado à Constituição numerosos princípios e declarações de direitos que atuam

---

[566] Ver: SILVA TAMAYO, Gustavo. *Desviación de poder y abuso de derecho*. Buenos Aires: Lexis-Nexis, 2006, p. 25 ss.

[567] MUÑOZ MACHADO, Santiago. *Tratado de derecho administrativo*. 2ª ed. tomo I. Madrid: Iustel, 2006, p. 420.

[568] Ver: COVIELLO, Pedro J. J. "Los principios generales del derecho frente a la ley y al reglamento en el derecho administrativo argentino". *ReDA*, Buenos Aires: Lexis-Nexis, n. 62, 2007, p. 1088 ss.

[569] Conforme defendemos em trabalho anterior "Los principios generales del derecho en el derecho administrativo". Separata da Academia Nacional de Direito e Ciências Sociais de Buenos Aires, 1988, p. 34; ver também: BIELSA, Rafael. *Metodología jurídica*. Santa Fé: Castellví, 1961, p. 102 ss.

[570] GARCÍA DE ENTERRÍA, Eduardo. *Reflexiones sobre la ley y los principios generales del Derecho*. Madrid: Civitas, 1984, p. 39.

[571] MUÑOZ MACHADO, Santiago. *Tratado de derecho administrativo*. 2ª ed. tomo I. Madrid: Iustel, 2006, p. 403 ss.

como garantias das liberdades e demais direitos dos cidadãos. Para os ordenamentos latino-americanos que seguiram, desde suas origens constitucionais, um sistema como o norteamericano, que consagra a primazia da Constituição, esta última parte do processo constitucional europeu não representa uma novidade de peso, exceto no que diz respeito ao direito comunitário, cujas instituições, entretanto, não são comparáveis com nosso incipiente direito da integração.

Consequentemente, o panorama das fontes do direito se caracteriza por um declíneo da lei positiva ao que se soma o fato de que, como consequência da primazia das normas comunitárias ou das emanadas dos tratados internacionais, a lei perdeu a prevalência hierárquica que tinha antes nos ordenamentos nacionais, tendo sido deslocada pelo predomínio da norma internacional, que é considerada hierarquicamente superior, mesmo que o esquema monista das fontes tenha se relativizado em algumas constituições e o dualismo siga imperando em um dos países mais importantes do mundo (como os Estados Unidos da América).

Contudo, apesar de as mudanças realizadas terem provocado a diluição do legicentrismo estatal ou do reino da lei, concebido como centro absoluto do sistema das fontes do direito, a lei continua sendo, no direito interno e, abaixo da supremacia da Constituição (bem como dos Tratados Internacionais e os Princípios Gerais do Direito), a fonte jurígena hierarquicamente superior em determinadas matérias que se declaram reservadas. Ao mesmo tempo, existe sempre a possibilidade do exercício de poderes de legislação residuais naqueles campos nos quais se operou a fragmentação da lei (*v.g.*, autorregulações público-privadas).

IV.1.2 Legalidade e legitimidade. Distintas formulações do princípio da legalidade.

Em qualquer caso, o princípio da legalidade é suscetível de ser explicado em dois planos, não necessariamente opostos. O primeiro é o da lei positiva, em sentido formal e material. Tal é o entendimento que cabe atribuir às normas constitucionais que consagram reservas legais (v.g., em matéria tributária o art. 4º da CN). Concebida dessa forma, a

CAPÍTULO IV – OS PRINCÍPIOS DA LEGALIDADE E DA...

legalidade integra o princípio da legitimidade[572] (um setor da doutrina usa, no mesmo sentido, o termo juridicidade[573]), que compreende tanto a legalidade no sentido estrito quanto a razoabilidade ou justiça. O outro sentido da legalidade, com suas raízes na escolástica, "(...) que não repugnou a identificação da lei com o direito",[574] é o que utiliza o artigo 19 da CN, como veremos mais adiante.

A esse respeito, pensamos que o conceito de juridicidade, de raiz positivista (Kelsen), não expressa a ideia do conteúdo de justiça nem dos princípios gerais do direito, mas sim a de um princípio que baseia a validade de um ato administrativo a partir de uma norma superior que o fundamente, o que resulta coerente em autores que se pautam por essa tendência (como, por exemplo, Fiorini). Entretanto, na doutrina espanhola a juridicidade também costuma ser usada como abrangência da legalidade e da justiça ou razoabilidade.[575]

IV.1.3 Legalidade e reserva legal. A chamada preferência de lei

No campo da Administração Pública, o princípio da legalidade pode ser concebido em várias acepções. De pronto, toda atuação administrativa deve basear-se na lei material (lei formal, regulamento administrativo, ordenanças etc.) que é o sentido que se atribui ao art. 19 da

---

[572] LEGAZ Y LACAMBRA, Luis. *Filosofía del derecho*. 5ª ed. Barcelona: Bosch, 1979, p. 598 ss., especialmente p. 601 ss.; BIDART CAMPOS, Germán. *Derecho constitucional*. tomo I. Buenos Aires: Ediar, 1996, p. 108 ss., especialmente p. 116 e nosso *Derecho administrativo*. 8ª ed. tomo II. Buenos Aires: Lexis-Nexis, 2006, pp. 29/30.

[573] Utilizam o conceito de juridicidade com o conteúdo do princípio da legitimidade ou de legalidade em sentido amplo: COMADIRA, Julio R. *Derecho administrativo*. Buenos Aires: Abeledo Perrot, 1996, pp. 125/126; SESÍN, Domingo J. *Administración pública, actividad reglada, discrecional y técnica*. 2ª ed. Lexis-Nexis. Buenos Aires: Depalma, 2004, p. 47; e COVIELLO, Pedro J. J. *La protección de la confianza del administrado*. Lexis-Nexis. Buenos Aires: Abeledo Perrot, 2004, pp. 363-367.

[574] COVIELLO, Pedro J. J. *La protección de la confianza del administrado*. Lexis-Nexis. Buenos Aires: Abeledo Perrot, 2004, p. 365.

[575] *Cf.* GONZÁLEZ NAVARRO, Francisco. *El Estado social y democrático de derecho*. Pamplona: Editorial Universidade de Navarra, 1992, p. 211 ss.

CN[576], que joga como uma garantia a favor das pessoas e afiança a separação de poderes. Precisamente em matéria tributária, o referido princípio de que não se pode impor qualquer tributo sem lei, com a clássica fórmula *nullo tributum sine lege*, constitui "(...) uma clara derivação do princípio genérico de legalidade que consagra o art. 19 da Constituição Nacional".[577] Ao mesmo tempo, o princípio da legalidade opera como uma restrição ao exercício do poder público e exige lei formal ou lei formal-material para aquelas atuações que interferem na liberdade jurídica dos particulares (*v.g.*, art. 16, 17, 18, 19 e 28 da CN). Como disse Linares, isto pode acontecer "(...) seja imediatamente seja mediatamente, através de normas intermediárias de aplicação de uma lei formal ou material interpretadas restritivamente".[578]

Por sua vez, a reserva de lei constitui a máxima expressão do princípio da legalidade em sentido estrito, enquanto prescreve uma regra superior no plano constitucional que consiste em que determinadas matérias só podem ser reguladas por leis do Congresso (*v.g.*, geração de tributos). Contudo, a rigidez da regra se torna mais forte e absoluta em matéria penal, em virtude do princípio *nullun crimen sine lege* que consagra o art. 18 da CN, o qual se projeta sobre a determinação dos fatos ou da conduta das ações humanas suscetíveis de configurar delitos e as penas que os juízes podem aplicar.[579] Em outros âmbitos do ordenamento, como no Direito Tributário e o Direito Aduaneiro[580], a reserva de lei também constitui o princípio

---

[576] CASÁS, José O. *Derechos y garantías constitucionales del contribuyente*. Buenos Aires: Ad Hoc, 2002, p. 232.

[577] Ver: SANABRIA, Pablo D. "Las retenciones a la exportación. ¿Un impuesto inconstitucional?". *La Ley*, 2008-B, 1034.

[578] LINARES, Juan F. "Términos para recurrir a la justicia administrativa fijados por analogía". *La Ley*, tomo 54, pp. 777/778.

[579] SOLER, Sebastián. *Derecho Penal Argentino*. tomo I. Buenos Aires: Tipográfica Editora Argentina, 1956, p. 118 ss.; ZAFFARONI, Eugenio R. *Tratado de derecho penal*. tomo I. Buenos Aires: Ediar, 2004, p. 131 ss. Ver o que dizemos mais adiante sobre a degradação do princípio da legalidade.

[580] Sobre o princípio da legalidade no Direito aduaneiro: ALAIS, Horacio F. *Los principios del derecho aduanero*. Buenos Aires: Marcial Pons, 2008, p. 215 ss.

CAPÍTULO IV – OS PRINCÍPIOS DA LEGALIDADE E DA...

(...) para a configuração do fato imponível e seus elementos integradores, para a atribuição indelegável do poder tributário a um sujeito ativo determinado, para a escolha dos sujeitos passivos, para a configuração de isenções ou liberações, para a tipificação dos ilícitos tributários e suas sanções e de todos aqueles elementos da relação jurídica tributária em que não for conveniente ou mais eficaz delegar no órgão administrativo, por razões de imediatidade ou de melhor elaboração técnica ou casuística, sua fixação dentro das previsões contidas expressamente na lei.[581]

Essa interpretação mais flexível do princípio não implica violar a regra geral da legalidade formal em matéria tributária, tal como acontece quando a lei delega ao Executivo, com base em pautas pré-determinadas, a determinação de certos elementos da relação jurídica tributária que não sejam estruturais (*v.g.*, a determinação das alíquotas do imposto dentro de limites máximos e mínimos).[582]

Um assunto não de menor importância é o de diferenciar a reserva de lei da preferência legislativa. No primeiro caso, a determinação é efetuada pela própria Constituição; no segundo, é a própria lei do congresso que prevê que determinados regulamentos devem ser efetuados por lei formal-material e não por regulamento.[583] É uma situação parecida com o denominado congelamento de classe que se sustentou na doutrina espanhola[584], com referência a seu ordenamento constitucional.

---

[581] GARCÍA BELSUNCE, Horacio A. "La delegación legislativa". *In: Estudios de derecho constitucional Tributario:* obra coletiva em homenagem a Dr. Juan Carlos Luqui. Buenos Aires: Depalma, 1984, parágrafo VIII, p. 1 ss. Ver também: TAVEIRA TORRES, Heleno. *Derecho tributario y derecho privado:* autonomía privada, simulación y elusión tributaria. Buenos Aires: Marcial Pons, 2008, p. 55 ss.

[582] CASÁS, José O. *Derechos y garantías constitucionales del contribuyente.* Buenos Aires: Ad Hoc, 2002, pp. 647-650.

[583] CASÁS, José O. *Derechos y garantías constitucionales del contribuyente.* Buenos Aires: Ad Hoc, 2002, pp. 234-237.

[584] GARCÍA DE ENTERRÍA, Eduardo; FERNÁNDEZ, Tomás R. *Curso de derecho administrativo.* 13ª ed. tomo I. Thomson-Madrid: Civitas, 2006, p. 251.

IV.2 Poder discricionário e arbitrariedade

Em muitas ocasiões, a linguagem jurídica se presta a grandes equívocos, devido a sua formação natural, especialmente quando os juristas não estão de acordo sobre a utilização de convenções *ad hoc* para definir os conceitos.

Por exemplo, se alguém afirma que o poder discricionário implica ditar um ato arbitrário, está simplesmente usando uma das acepções do termo linguístico que consiste na faculdade de escolher uma solução preferencialmente a outra. Entretanto, ao mesmo tempo, como se trata de conceitos análogos (no sentido de que não são necessariamente opostos nem iguais) também se pode definir a arbitrariedade como o ato contrário à razão, produto da simples vontade ou capricho do funcionário, que é o sentido de maior emprego convencional no mundo jurídico.

O conceito de "arbitrariedade" (tal como o define o Dicionário da Real Academia Espanhola) corresponde ao "(...) ato ou procedimento contrário à justiça, à razão ou às leis, ditado somente pela vontade ou capricho". Nesse sentido, resulta evidente que a discricionariedade não pode ser confundida com a arbitrariedade[585], outrora conhecida na Espanha como "lei do encaixe"[586], cujo significado figura em antigos dicionários franceses[587], que a definem

---

[585] Mesmo que o procedimento discricionário – em um dos sentidos do termo – possa ser arbitrário.

[586] Na Espanha, a referência mais antiga, que saibamos, remonta ao *Don Quixote*, de Cervantes. Nesse sentido, na edição que comemorou o IV Centenário de *Don Quijote de la Mancha*, da Real Academia Espanhola (Madrid, 2004), refere-se duas vezes à expressão "ley del encaje" (Primeira Parte, cap. XI e Segunda Parte, cap. XLII) como equivalente à Sentença arbitrária (p. 98, obs. 17) ou ao fato de julgar com arbitrariedade (p. 869, obs. 29). Por sua vez, no *Diccionario de la Lengua Española*, a lei do encaixe é descrita como uma forma coloquial aparecendo referida ao "(...) parecer ou juízo formal de forma discricionário pelo juiz, sem atender ao que as leis dispõem".

[587] No *Nouveau dictionnaire* de SOBRINO, *Français, espagnol et latin*, por François CORMON, tomo II. Paris: A Anvers, Aux défens de Piestre & Delamolliere, 1789, p. 512, se define "a lei do encaixe", como a "lei que um juiz interpreta conforme seu capricho, a resolução que ele mesmo toma, sem levar em conta o que as leis determinam"

CAPÍTULO IV – OS PRINCÍPIOS DA LEGALIDADE E DA...

como "(...) a resolução que o juiz toma de acordo com o que lhe foi encaixado na cabeça".[588]

Em resumo, o conceito de arbitrariedade é amplo e compreende o injusto, irrazoável e ilegal, fundado somente na vontade do funcionário[589], sendo um dos limites substantivos da discricionariedade.[590]

Uma situação semelhante é apresentada sobre o que se entende por irrazoabilidade[591], já que é possível sustentar que ela implica uma atuação injusta (no sentido de afetar o valor justiça ou os princípios gerais do direito), ou melhor, uma atividade contrária à razão e, como tal, contraditória ou absurda, no plano lógico. Em um ou em outro caso, a irrazoabilidade integra o conteúdo da arbitrariedade e é esse o sentido que sugerem algumas decisões da Suprema Corte da Justiça da Nação já que, em outros, a Corte Suprema utiliza ambos os termos como sinônimos.[592]

---

indicando que seu equivalente em latim era *lex ad arbitrium excogitato*, ou seja, algo assim como a lei imaginada ou originada na vontade do próprio.

[588] *Cf.*, CEJADOR Y FRANCA, Julio S. J. *La lengua de Cervantes:* gramática y Diccionario de la Lengua Castellana en el Ingenioso Hidalgo D. Quijote de la Mancha. tomo II. Obra premiada no certame público aberto pelo Ateneu de Madrid por ocasião do III Centenário da publicação do "Quijote". Madrid: J. Rates, 1906, p. 441.

[589] Há autores que consideram que a essência da arbitrariedade reside "em substituir a vontade da lei pela pessoal do funcionário" (*Cf.* LUQUI, Roberto E. *Revisión judicial de la actividad administrativa.* tomo I. Buenos Aires: Astrea, 2005).

[590] Ver: BREWER CARÍAS, Allan R. "Sobre los límites al ejercicio del poder discrecional". *In: Estudios jurídicos en homenaje al Profesor Mariano R. Brito*. Montevidéu: Fundação de Cultura Universitária, 2008, p. 622 ss., com outra terminologia, mas na mesma orientação doutrinária que desenvolvemos, destaca como são os limites à discricionalidade aos princípios de proporcionalidade, racionalidade ou razoabilidade e justiça.

[591] O *Diccionario de la Real Academia Española* não contempla os termos "razoabilidade" e "irrazoabilidade", mesmo se definir a racionalidade e irracionalidade. Os primeiros são valores convencionais entendidos que utilizam, de forma comum, os juristas, como em outros casos (v.g., o termo "executoriedade").

[592] A afirmação do texto não reflete, entretanto, na unanimidade doutrinária, já que alguns pensam que a arbitrariedade configura um vício diferente ao da irrazoabilidade, mais vinculado ao obajeto do ato administrativo do que a seus fins; ver: TAWIL, Guido S. "La desviación de poder. ¿Noción en crisis?". *In: Estudios de derecho administrativo*. Buenos Aires: Abeledo Perrot, 2012, p. 11.

IV.3 A interdição de arbitrariedade no direito argentino

Uma vez perfilado o conceito de arbitrariedade que, no caso da Administração, compreende toda a atuação administrativa contrária à justiça, a razão ou a lei, vejamos qual é o fundamento da regra que a proíbe, concebida como um princípio geral derivado dos textos constitucionais.

Uma primeira regra de hermenêutica, que conta com aceitação geral na doutrina e jurisprudência, ensina que as prescrições constitucionais não devem ser interpretadas em forma literal, mas, fundamentalmente, com atenção aos fins que perseguem, principalmente quando se trata de princípios gerais ou de garantias jurídicas. Dessa forma, por exemplo, o princípio que consagra a garantia do devido processo (art. 18 da CN) estendeu-se à defesa do direito dos particulares frente à Administração[593] e o mesmo ocorre com o princípio da tutela jurisdicional efetiva[594], cuja projeção, em sede administrativa, foi destacada pela doutrina.[595]

Não há em nossa Constituição um texto tão preciso quanto aquele que na Constituição espanhola (art. 103.1, que prevê que a Administração deve agir "com submissão plena à lei e ao Direito"), mas existe no ordenamento constitucional argentino um conjunto de preceitos que permitem afirmar que o princípio de proibição ou interdição da arbitrariedade administrativa possui fundamento constitucional.

---

[593] MARIENHOFF, Miguel S. *Tratado de derecho administrativo*. 4ª ed. tomo I. Buenos Aires: Abeledo Perrot, 1990, p. 673 ss.

[594] SESÍN, Domingo J. *Administración pública, actividad reglada, discrecional y técnica*. 2ª ed. Lexis-Nexis. Buenos Aires: Depalma, 2004, pp. 34-37, ABERASTURY, Pedro. *La justicia administrativa*. Buenos Aires: Lexis-Nexis, 2006, p. 37 ss.; CASSAGNE, Juan Carlos. "Perspectivas de la justicia contencioso-administrativa argentina en el siglo XXI". In: *Estudios de derecho administrativo*. tomo X. Mendoza: Diké, 2004, pp. 39-42.

[595] PERRINO, Pablo E. "El derecho a la tutela judicial efectiva y el acceso a la justicia contencioso-administrativa". *Revista de derecho público, Proceso Administrativo I*. Santa Fé: Rubinzal Culzoni, 2003, p. 257 ss.; CANOSA, Armando N. "El debido proceso adjetivo en el procedimiento administrativo". In: CASSAGNE, Juan Carlos (coord.). *Procedimiento y proceso administrativo*. Buenos Aires: Lexis-Nexis, 2007, pp. 50/51.

CAPÍTULO IV – OS PRINCÍPIOS DA LEGALIDADE E DA...

Ao mesmo tempo, o princípio contido no art. 19 da CN possui dois mandamentos transcendentes. Enquanto o primeiro prevê que "As ações privadas dos homens que de forma alguma ofendam a ordem e a moral pública e não prejudicam terceiros, estão apenas reservadas a Deus e isentas da autoridade dos magistrados", o segundo dispõe que "Nenhum habitante da Nação será obrigado a fazer o que não manda a lei, tampouco será privado do que ela não proíbe". Como veremos a seguir, o preceito possui dois princípios fundamentais: o de privacidade (abrange direito e a intimidade) e o de legalidade.[596]

A gênese da primeira parte da norma reconhece antecedentes pré-constitucionais, entre os quais se destaca o Estado Provisório de 1815 (Seção Sétima, cap. I, art. 1 e 2)[597], cujo principal redator teria sido o presbítero e doutor Antonio Sáenz[598], formado na Universidade de Charcas, de cuja obra se infere a influência de Tomás de Aquino e de Suárez, o que permite desvendar o sentido filosófico do preceito.

Nesse sentido, sustentou-se que a filosofia do art. 19 da CN é simplesmente a justiça centrada no direito natural[599], tendo-se interpretado que – em sua primeira parte – a norma consagra a proibição a qualquer magistrado da República (sejam autoridades legislativas, executivas ou judiciais) para ditar atos administrativos, regular condutas gerais ou julgar pessoas para interferir no que o artigo denomina "ações privadas dos Homens".[600] Por outro lado, a Suprema Corte tem dito

---

[596] *Cf.* LAJE, Alejandro. *Derecho a la intimidad:* su protección en la sociedad del espectáculo. Buenos Aires: Astrea, 2014, pp. 26/27.

[597] *Cf.* SÁNCHEZ VIAMONTE, Carlos. *Manual de Derecho Constitucional.* 3ª ed. Buenos Aires: Kapelusz, 1958, p. 39.

[598] SAMPAY, Arturo E. *La filosofía jurídica del artículo 19 de la Constitución Nacional.* Buenos Aires: Cooperadora de Derecho y Ciencias Sociales, 1975, pp. 11/12, com citação de Emilio RAVIGNANI em *Antonio Sáenz*: fundador y organizador de la Universidade de Buenos Aires. 1925, p. 5.

[599] SAMPAY, Arturo E. *La filosofía jurídica del artículo 19 de la Constitución Nacional.* Buenos Aires: Cooperadora de Derecho y Ciencias Sociales, 1975, pp. 13-17.

[600] Ver: GELLI, María Angélica. *Constitución de la Nación argentina:* comentada y concordada. 2ª ed. Buenos Aires: La Ley, 2003, p. 183 ss. destaca as diferenças com as cláusulas da Declaração do Homem e do Cidadão de 1789 (art. 4 e 5) e afirma que "o

que o art. 19 da CN estabelece o princípio geral que proíbe prejudicar os direitos de terceiros (*alterum non laedere*) e que a norma condensa um princípio geral aplicável a todo o direito[601] e não apenas ao direito privado.

Por sua vez, a segunda parte do art. 19 da CN, destinada à esfera pública das pessoas (no sentido de ações exteriores), ao prever que "(...) ninguém é obrigado a fazer o que a lei não manda e tampouco será privado do que ela não proíbe", contém um mandamento dirigido tanto à Administração quanto ao juiz. É preciso que o preceito constitucional contenha um mandamento implícito, já que se ninguém se acha obrigado a fazer o que a lei não manda (em todos os aspectos em que a arbitrariedade é concebida) é porque os funcionários (em seu caso) da Administração estão proibidos de ditar ordens ou emitir atos administrativos contrários às leis positivas, à razão ou à justiça. Esse princípio constitucional implícito (a proibição de arbitrariedade), não destacado de forma suficiente em nosso direito, é, sem dúvidaindubitavelmente, uma peça fundamental de proteção das liberdades e demais direitos consagrados pela Constituição (o qual também se estende à arbitrariedade judicial.).

A fonte histórica mediata e positiva dessa segunda parte do art. 19 da CN encontra-se no art. 5 da Declaração dos Direitos do Homem e do Cidadão, que estabelece: "A lei só tem o direito de proibir as ações prejudiciais à sociedade. Tudo aquilo que não é proibido pela lei não pode ser impedido e ninguém é obrigado a fazer o que a lei não ordena".

Qual é o conceito de lei a que se refere a segunda parte do art. 19 da CN? É a legalidade positiva? Acolhe, por acaso, a concepção de

---

desenvolvimento doutrinário jurisprudencial do art. 19 da Constituição Argentina ampliou os horizontes da liberdade e do respeito às opções das pessoas na sociedade democrática" (*op. cit.* p. 184).

[601] "Aquino, Isacio contra Cargo Servicios Industriales s/ accidentes ley 9688", Sentenças 327:3753 (2004); ver também: Sentenças 308:118 (1986); "Diaz, Timoteo Filiberto contra Vaspia SA", Sentenças 329:473 (2006); "Ramírez, Juan Carlos contra E. B. Y. s/ danos e prejuízos", Sentenças 330:2548 (2007).

CAPÍTULO IV – OS PRINCÍPIOS DA LEGALIDADE E DA...

Rousseau sobre a norma legislativa como produto da vontade geral soberana? Qual princípio consagra?

De pronto, convém notar que a filiação filosófica do preceito não constitui uma criação original dos convencionais da França revolucionária tampouco dos genebrinos, mas tem sua fonte doutrinária na obra de Montesquieu, através das concepções que expôs em *O espírito das leis*, como o reconheceram, oportunamente, autores franceses que defendiam ideias tão opostas como Hauriou e Duguit.[602]

Aqui cabe formular uma digressão. Costuma-se afirmar que o art. 19 da CN encarna o princípio da legalidade[603] o qual (com a devida interpretação no ponto de seus alcances) não impede levar em conta, também, que o pensamento de Montesquieu encontrava-se mais orientado à proteção da liberdade[604] do que ao império da lei positiva.

Para o grande bordelês, a liberdade não reside na vontade do Homem (como defendia Rousseau), pois não consiste em fazer o que se quer, mas "(...) em poder fazer o que se deve e não ser obrigado a fazer o que não se deve querer (...). A liberdade – continua – é o direito de fazer tudo o que as leis permitem".[605]

Na concepção de Montesquieu, a preservação da liberdade apresenta-se como o princípio fundamental do sistema político que ocasiona o equilíbrio do poder e a necessidade de evitar o abuso deste último. Por isso, defende que uma Constituição só "(...) pode ser de tal maneira que ninguém seja obrigado a fazer as coisas não exigidas pela lei e a não fazer as permitidas".[606]

Ao receber a Declaração de Direitos de 1789 também a influência de Rousseau, sua concepção política, como a da Constituição de

---

[602] *Précis de Droit administratif et de Droit Public*. Paris: Sirey, 1923, p. 91 e DUGUIT, Léon. *Traité de droit constitutionnel*. Paris: Boccard, 1923, p. 373.

[603] GELLI, María Angélica. *Constitución de la Nación argentina*: comentada y concordada. 2ª ed. Buenos Aires: La Ley, 2003, pp. 183 e 208.

[604] DUGUIT, Léon. *Traité de droit constitutionnel*. Paris: Boccard, 1923, p. 373.

[605] MONTESQUIEU. *O espírito das leis*. Livro XI, cap. III.

[606] MONTESQUIEU. *O espírito das leis*. Livro XI, cap. IV.

1791, torna-se muitas vezes contraditória. Pode-se dizer que a teoria rousseauista foi a causa, no plano histórico-filosófico, dos excessos nos quais os revolucionários incorreram, ao se afastarem do modelo da separação de poderes de Montesquieu e ao se basearem na primazia absoluta da lei positiva emanada da Assembléia e no estabelecimento da soberania na Nação (a qual, segundo Sièyes, só encarnava o Terceiro Estado).

Contudo, no aspecto relativo à proteção da liberdade, prevaleceu, na doutrina constitucional francesa, a tese de Montesquieu que, além disso, tinha um conceito de lei que não se encaixava na ideia de que ela havia sido o produto de uma vontade geral soberana e infalível, tampouco nas concepções absolutistas fundadas na origem divina do poder. Tais teorias contradiziam a filosofia política neo-escolástica, particularmente, a obra de Suárez, que baseava a legitimidade do governante não na sabedoria da Nação, mas no consentimento do povo, origem do princípio da soberania do povo posteriormente adotado tanto pela Constituição norte-americana quanto pela nossa (expressamente em seu art. 33).

Fica assim evidente que Montesquieu, na primeira parte de seu genial ensaio, assim que afirmou que "(...) as leis, em seu significado mais amplo, são relações necessárias que derivam da natureza das coisas" (Livro I, cap. I), referiu-se tanto à lei natural (especificando alguns princípios que hoje em dia são considerados princípios de justiça ou de direito natural, conforme a concepção que se adota), quanto à lei humana ou positiva, em várias passagens de seu ensaio. Destaca, exatamente, que, "(...) dizer que só as leis positivas são as que ordenam ou proíbem, é a mesma coisa que dizer que antes de traçar qualquer círculo, todos os raios[607] não eram iguais". Tal foi, em linhas gerais, a filosofia na qual Alberdi se baseou, ao redigir o Projeto que serviu de base para a Constituição de 1853.[608]

---

[607] MONTESQUIEU. *O espírito das leis*. Livro XI, cap. II.
[608] ALBERDI sofreu influência de MONTESQUIEU ao redigir as *Bases* e o projeto que serviu de fonte para a Constituição de 1853. ALBERDI sustenta que "é uma espécie de sacrilégio definir a lei, a vontade geral de um povo (...) " e se pergunta se "seria lei a vontade geral expressada por um Congresso Constituinte que obrigasse a todos os argentinos a pensar com seus joelhos e não com a sua cabeça?", para concluir citando uma frase de RIVADAVIA que se refere à falsa ilusão de que o legislador padece,

CAPÍTULO IV – OS PRINCÍPIOS DA LEGALIDADE E DA...

Esses antecedentes têm, portanto, uma importância crucial para desvendar o sentido correto que se deve atribuir ao art. 19 da CN, em que o conceito da lei deve ser interpretado ou integrado, combinando, conforme as circunstâncias, a lei positiva com o direito ou a justiça. Nesse sentido, convém notar que o Preâmbulo de nossa Constituição, muito semelhante ao da Constituição norte-americana, difere no objetivo de afiançar a justiça, "como valor, a justiça como fim", aspecto certamente destacado por Vanossi[609], marcando um princípio que contribui e reforça a posição institucional do juiz argentino para controlar a arbitrariedade administrativa que, em uma de suas principais acepções, é todo ato contrário à razoabilidade ou justiça.

Para que a norma ganhe sentido razoável dentro do contexto constitucional, conforme a hermenêutica histórico-filosófica descrita, resulta evidente que se ninguém é obrigado a fazer o que a lei ou o direito não manda, a Administração não pode ordenar condutas contrárias à lei, ao direito tampouco privar o que a lei (em sentido amplo) não proíbe. Em outras palavras, ao estar a Administração sujeita à lei e ao direito, o preceito contém a regra da proibição de arbitrariedade que se configura como um princípio geral de Direito Público que, como veremos a seguir, tem fundamento em outras normas constitucionais que completam o sentido do preceito contido no art. 19 da CN.

IV.4 O princípio da razoabilidade como fundamento da proibição de arbitrariedade

Na doutrina defendeu-se, de forma pacífica, que o princípio da razoabilidade se baseia no preceito contido no art. 28 da CN, fórmula

---

quando pretende que, por obra de sua vontade, possa mudar "a natureza das coisas" (ALBERDI, Juan Bautista. *Bases*. 4ª ed. São Paulo: Plus Ultra, 1984, cap. XVII). Mais adiante, fala sobre as leis naturais que o constituinte deve observar.

[609] VANOSSI, Jorge Reinaldo. *Teoría constitucional*. tomo II. Buenos Aires: Depalma, 1976, p. 80. Depois de recordar que, enquanto o preâmbulo da Constituição da Filadélfia fala sobre "constituir a justiça" anota que "Por outro lado, nós dizemos 'afiançar a justiça' porque utilizamos, em nosso preâmbulo, a palavra "justiça" com um sentido totalmente diferente: não é a justiça como tribunal ou como simples administração de justiça, tal como está no preâmbulo norte-americano, mas a justiça como valor, a justiça como fim" (*op. cit.* pp. 79/80).

original da Constituição argentina[610], que estabelce: "Os princípios, garantias e direitos reconhecidos nos artigos anteriores não poderão ser alterados pelas leis que regulamentam seu exercício".

Esta prescrição constitucional, que também fundamenta a proibição de arbitrariedade, embora apareça circunscrita a normas ditadas pelo legislativo, foi julgada extensiva aos atos dos órgãos Executivo (particularmente[611] ao procedimento administrativo) e Judicial.[612] Precisamente, Linares destaca que, na ciência do direito, o assunto da razoabilidade aparece conectado à busca da razão suficiente da conduta estatal. "Essa razão pode ser de essência, quando a conduta se baseia em uma norma jurídica, de existência, quando o fundamento é o simples fato de que o comportamento jurídico se dá; e, de verdade quando tem fundamentos de justiça".[613]

Caso se projete o princípio do art. 28 da CN à atividade do Executivo, a cláusula atua, obrigatoriamente, sobre o conjunto da atividade administrativa ou regulamentar, já que se trata de atos vinculados ou discricionários, em qualquer de seus elementos constitutivos, sem que se possa alterar os princípios, direitos e garantias consagrados nos artigos 14, 16, 17 e 18, entre outros

Tal era o pensamento de Alberdi[614], inspirador da cláusula constitucional, que não tem antecedentes no modelo norte-americano,

---

[610] LINARES, Juan Francisco. *La razonabilidad de las leyes*. Buenos Aires: Astrea, 1970, pp. 165-166.

[611] "El principio de razonabilidad en el procedimiento administrativo". *In:* POZO GOWLAND, Héctor; HALPERIN, David Andrés; AGUILAR VALDEZ, Oscar; JUAN LIMA, Fernando; CANOSA, Armando (coord.). *Procedimiento administrativo*. tomo I. Buenos Aires: La Ley, 2012, p. 689, considera que se trata de um princípio orientador de todo o direito que deriva do princípio geral da dignidade da pessoa.

[612] BADENI, Gregorio. *Tratado de derecho constitucional*. 2ª ed. Buenos Aires: La Ley, 2006, p. 121; LINARES, Juan Francisco. *La razonabilidad de las leyes*. Buenos Aires: Astrea, 1970, pp. 224-225 e GELLI, María Angélica. *Constitución de la Nación argentina*: comentada y concordada. 2ª ed. Buenos Aires: La Ley, 2003, p. 248.

[613] LINARES, Juan Francisco. *La razonabilidad de las leyes*. Buenos Aires: Astrea, 1970, p. 108.

[614] ALBERDI, Juan Bautista. *Bases*. 4ª ed. São Paulo: Plus Ultra, 1984, p. 247, escreveu que "Não basta que a Constituição contenha todas as liberdades e garantias reconhecidas".

CAPÍTULO IV – OS PRINCÍPIOS DA LEGALIDADE E DA...

parcialmente seguido, em outros transcendentes aspectos, por nossa Lei Suprema[615], o que demonstra, mais uma vez, que a arquitetura da Constituição foi projetada com base em uma mistura de fontes (norte-americanas, europeias e hispano-americanas).[616]

IV.4.1 Aspectos da razoabilidade

Cabe notar, por outro lado, que a alteração da Constituição implica, a princípio, uma irrazoabilidade de essência, enquanto o ato administrativo contradiz ou não guarda proporção com o texto ou os fins objetivados pelos princípios e garantias constitucionais, o mesmo acontece quando o ato administrativo exibe uma desproporção entre as medidas que envolve e a finalidade que persegue.[617] Definitivamente, a proporcionalidade integra o conceito de razoabilidade que, como vimos, é mais amplo.[618] A ausência de proporção faz com que o ato careça de razão suficiente, convertendo-se em um ato afetado de irrazoabilidade (uma das formas da arbitrariedade), sendo eivado de inconstitucionalidade.

Ora, a razoabilidade pode se dar de forma parcial ou total (nos aspectos que se relacionam com a existência, essência e justiça). Em linhas

---

É necessário, como foi dito antes, que contenha declarações formais de que não haverá lei que, com pretexto de organizar e regulamentar o exercício dessas liberdades, as anule e falseie com disposições regulamentares (cap. XXXIII).

[615] LINARES, Juan Francisco. *La razonabilidad de las leyes*. Buenos Aires: Astrea, 1970, p. 160.

[616] *Cf.* DALLA VÍA, Jorge R. "La Constitución de Cádiz y los antecedentes de la Constitución de la Nación argentina". *EDC*, 2008-429 , faz um trabalho profundo de pesquisa e análise sobre as fontes hispânicas da nossa Constituição.

[617] LNPA, art. 7º inc. f), primeira parte, *in fine*. Sobre o princípio da proporcionalidade, ver o excelente trabalho de GRECCO, Carlos M.; GUGLIELMINETTI, Ana P. "El principio de proporcionalidad en la Ley Nacional de Procedimientos Administrativos de la República Argentina (Glosas preliminares)". *Documentación Administrativa*, Madrid: INAP, n. 267/268, 2004, p. 121 ss.

[618] Ver: BRITO, Mariano. "De la razonabilidad del acto administrativo: la cuestión de su contralor jurisdiccional anulatorio". *In: Derecho administrativo:* supremacía-contemporaneidad-prospectiva. Montevidéu: Universidade de Montevidéu/Faculdade de Direito, 2004, p. 457 ss.

gerais, fala-se em razoabilidade, tanto na doutrina[619] quanto nas decisões que a jurisprudência de nossa Suprema Corte exibe, e na dos Estados Unidos, com referência às leis, atos ou sentenças que contam com um fundamento de justiça.[620] Outros autores entendem por "razoável" tudo aquilo que resulta aceitável pela comunidade.[621]

Por sua vez, no plano dos fatos ou condutas, nossa Corte lida com os três sentidos de irrazoabilidade que se destacaram para fundamentar a causade abertura do recurso extraordiário fundado na causa de arbitrariedade das sentenças.[622]

Por outro lado, diferentemente do que acontece em nosso sistema, nos Estados Unidos aplica-se a regra da deferência, a qual, a princípio, leva a respeitar o critério da Administração, contanto que suas decisões não sejam abertamente arbitrárias[623], o que implica um controle judicial limitado e, portanto, não pleno, da razoabilidade, particularmente em matéria de regulamentos delegados, em uma linha

---

[619] LUQUI, Roberto E. *Revisión judicial de la actividad administrativa*. tomo I. Buenos Aires: Astrea, 2005, pp. 221-224; LINARES, Juan Francisco. *La razonabilidad de las leyes*. Buenos Aires: Astrea, 1970, p. 108; nós também identificamos a razoabilidade com a justiça em nosso *Derecho administrativo*. 8ª ed. tomo II. Buenos Aires: Lexis-Nexis, 2006, pp. 28/29. Entretanto, temos de reconhecer que se trata de um conceito suscetível de ser usado em diversos sentidos não necessariamente opostos, mesmo quando a "razão suficiente" constitui o núcleo mais forte do conceito.

[620] LINARES, Juan Francisco. *La razonabilidad de las leyes*. Buenos Aires: Astrea, 1970, p. 109.

[621] "Principio de legalidad, discrecionalidad y arbitrariedad". *In:* REIRIZ, María Graciela (coord.). *Derecho administrativo:* aportes para el rediseño institucional de la República. Buenos Aires: Abeledo Perrot, 2005, p. 312, adota a noção de STAMMLER que, na época, recolheu IMAZ, Esteban. *Arbitrariedad y Recurso Extraordinario*. Buenos Aires: Arayú, 1954, p. 93.

[622] Ver, por ejemplo, as causalidades de arbitrariedade na jurisprudência do Tribunal que sistematiza a doutrina *In:* MORELLO, Augusto M. *Recurso extraordinario*. Buenos Aires: Abeledo Perrot/Librería Editora Platense, 1987, p. 187 ss.

[623] BIANCHI, Alberto B. "Las autoridades administrativas del Presidente de la Nación". *Organización administrativa, función pública y dominio público*, Jornadas organizadas pela Universidade Austral. Buenos Aires: RAP, 2005, p. 55 ss., especialmente p. 70. Esse trabalho de BIANCHI constitui um exemplo de pesquisa e reflexão sobre o assunto, feito com seriedade e equilíbrio.

CAPÍTULO IV – OS PRINCÍPIOS DA LEGALIDADE E DA...

semelhante à adotada por algumas decisões de nossa jurisprudência que violam o princípio geral do controle judicial suficiente, que exige amplitude de debate e prova.

IV.4.2 Razoabilidade e igualdade. A razoabilidade ponderativa

No campo dos princípios jurídicos, nem sempre se distinguiu a razoabilidade da igualdade com observações próprias e o mesmo ocorreu no plano das garantias constitucionais que constituem o suporte dos direitos e liberdades cuja realização pretende-se reivindicar ao Estado em uma ação judicial ou recurso administrativo. O assunto foi proposto em matéria de controle de constitucionalidade particularmente nos direitos comparados que a doutrina segue (norte-americano, germânico, espanhol e italiano).

A forma promíscua e discricionária na qual a jurisprudência norte-americana mescla, indistintamente, a garantia do devido processo substancial com a da igual proteção frente às leis (Emenda XIV)[624] é uma demonstração das dificuldades que existem caso se queira transferir, sem as cautelas devidas, o esquema jurisprudencial norte-americano para nosso país. Existem dois tipos de razoabilidade: a razoabilidade ponderativa e a razoabilidade da igualdade.

---

[624] Ver: SOLA, Juan Vicente. *Tratado de derecho Constitucional*. 1ª ed. tomo II. Buenos Aires: La Ley, 2009, p. 415 ss., especialmente p. 586 destaca que não parece ser possível, no direito norte-americano, estabelecer limites precisos entre a *equal protection* (Emenda XIV) e o devido processo legal (Emenda V), pois "esses conceitos se superpõem, ao menos parcialmente, transcrevendo um parágrafo de uma Sentença da Corte Warren – no caso "Bolling *versus* Sharpe", em que se afirmou que "os conceitos de *equal protection* e *due process*, ambos os originados no ideal norte-americano de justiça, não são mutuamente exclusivos. A *equal protection of the laws* é uma salvaguarda mais explícita frente à discriminação (*unfairness*) proibida, que o devido processo" (347 US 497-1954). Uma crítica ao direito norte-americano sobre a falta de distinção entre o princípio da igualdade (igual proteção frente às leis) e o devido processo substancial (ou razoabilidade ponderativa) pode-se ver na obra de LINARES, Juan Francisco. *El 'debido proceso' como garantía innominada de la Constitución Nacional:* la razonabilidad de las leyes. Buenos Aires: Depalma, 1944, que chegou a dizer que "nos Estados Unidos essa vinculação nunca foi esclarecida" (p. 154).

Nossa Constituição consagra a garantia de razoabilidade de todos os atos estatais no artigo 28 da CN (complementada com o princípio do art. 33 da CN) intitulada 'devido processo substancial' (para assimilá-la à fórmula norte-americana), sem designação na Constituição, mas, sem dúvida, prevista[625]. Essa garantia compreende o que se chama de razoabilidade ponderativa, no sentido de que toda lei, regulamentação ou ato deve guardar uma proporção adequada entre antecedente e consequente, ou seja, observar uma racionalidade que resulta em um equilíbrio ou ajustamento de conveniência.[626]

A razoabilidade da igualdade[627] vincula-se com uma comparação que exige que a antecedentes iguais sejam imputados a consequentes iguais, sem exceções arbitrárias. Para determinar sua violação, efetua-se uma análise que tem como eixo os termos de comparação que são utilizados para aplicar um trato igual ou desigual[628], fórmula básica que condensa o princípio da igualdade perante a lei, prescrito no art. 16 da CN. A rigor, mais que uma igualdade formal, integra um princípio geral mais amplo: o da igualdade jurídica.[629]

IV.4.3 Devido processo substantivo e devido processo adjetivo no direito norte-americano. A *equal protection*

Talvez esse seja um dos pontos cruciais na interpretação da garantia ou princípio da razoabilidade, tanto pelo uso promíscuo dos conceitos (favorecido pela liberdade de estipulação), quanto pelas confusões

---

[625] LINARES, Juan Francisco. *El 'debido proceso' como garantía innominada de la Constitución Nacional:* la razonabilidad de las leyes. Buenos Aires: Depalma, 1944, p. 157 ss.

[626] LINARES, Juan Francisco. *El 'debido proceso' como garantía innominada de la Constitución Nacional:* la razonabilidad de las leyes. Buenos Aires: Depalma, 1944, pp. 150/151.

[627] LINARES, Juan Francisco. *El 'debido proceso' como garantía innominada de la Constitución Nacional:* la razonabilidad de las leyes. Buenos Aires: Depalma, 1944, p. 152.

[628] Ver: DIDIER, María Marta. *El principio de igualdad en las normas jurídicas.* 1ª ed. Buenos Aires: Marcial Pons, 2012, p. 59 ss.

[629] BIDART CAMPOS, Germán J. *Derecho constitucional.* tomo II. Buenos Aires: Ediar, 1966, p. 157 ss.

CAPÍTULO IV – OS PRINCÍPIOS DA LEGALIDADE E DA...

nas quais se costuma incorrer ao lidar com concepções provenientes de diferentes direitos e autores.

A confusão é relativamente fácil de se observar e provém do caráter abrangente e amplo do conceito de razoabilidade, que abraça dois critérios substantivos: a ponderação e a igualdade. A dificuldade aumenta quando a doutrina, para interpretar a fórmula norte-americana do *due process of law* a intitula como devido processo substantivo[630] ou devido processo fundamental, como se o princípio da igualdade (a garantia da *equal protection*) tivesse caráter adjetivo e material.

O devido processo fundamental é diferente do 'devido processo adjetivo' (em inglês *procedural due process*). A diferença entre o fundamental e o processual deriva do detalhe da frase *due process of law* ('devido processo legal').[631] O objetivo do devido processo adjetivo é proteger os indivíduos do poder coercitivo do governo, garantindo que os processos de decisão sejam regidos por leis válidas, imparciais e justas (por exemplo, o direito ao anúncio suficiente, o direito ao árbitro imparcial, o direito a testemunhar e a admitir provas relevantes nas vistas etc.).[632] Por outro lado, o objetivo do devido processo substantivo é proteger os indivíduos contra políticas para a maioria que ultrapassa o limite do que é a autoridade governamental, os tribunais estabelecem que a promulgação da maioria não é a lei, e não pode se impor como tal, apesar de o processo de imposição ser justo.[633]

O termo 'devido processo fundamental' ou seu equivalente "devido processo substantivo" foi usado pela primeira vez, explicitamente, nas compilações legais dos anos 1930 como uma distinção na catalogação

---

[630] Sobre a origem da fórmula do devido processo no direito norte-americano, ver: LINARES, Juan Francisco. *El 'debido proceso' como garantía innominada de la Constitución Nacional:* la razonabilidad de las leyes. Buenos Aires: Depalma, 1944, p. 18 ss.

[631] SANDEFUR, Timothy. *The Right to Earn a Living:* economic freedom and the law. Washington DC: Cato Institute, 2010, pp. 90/100.

[632] SANDEFUR, Timothy. *The Right to Earn a Living:* economic freedom and the law. Washington DC: Cato Institute, 2010, pp. 90/100.

[633] SANDEFUR, Timothy. *The Right to Earn a Living:* economic freedom and the law. Washington DC: Cato Institute, 2010, pp. 90/100.

de casos de processos devidos selecionados e, já em 1950, foi mencionado doze vezes nas opiniões da Suprema Corte.[634] O termo devido processo fundamental se usa comumente em dois sentidos: o primeiro para identificar a linha de um caso e o segundo para indicar uma atitude política particular para as revisões judiciais por meio das duas cláusulas do devido processo.[635]

Entre os casos nos quais se mencionou o *substantive due process*, convém destacar:

- *Loving* versus *Virginia*, 388 US 1 (1967), direito de se casar com uma pessoa de outra raça.

- *Skinner* versus *Oklahoma*, 316 US 535 (1942), direito de não ser esterilizado como condenação penal e poder ter filhos (mesmo que rejeitado).

- *Meyer* versus *Nebraska*, 262 US 390 (1923), direito dos pais de educar seu filho em outro idioma até o ensino secundário (com dissidências de Holmes e Sutherland, cujos fundamentos foram explicitados no caso análogo Bartels *versus* Iowa, 262 US 404 (1923).

- *Rochin* versus *California*, 342 US 165 (1952), direito de não esvaziar o estômago a um acusado.

- *O'Connor* versus *Donaldson*, 422 US 563 (1975), direito de um deficiente mental não violento, de não ficar confinado em uma instituição mental e viver livremente.

- *BMW* versus *Gore*, 517 US 559 (1996), danos punitivos excessivos são inconstitucionais (mesmo que houvesse 3 dissidências).

- *Cruzan* versus *Missouri*, 497 US 261 (1990), não há violação do devido processo substantivo em desconectar uma pessoa em estado vegetativo persistente e diagnosticado como permanente.

---

[634] WHITE, G. Edward. *The Constitution ant the New Deal*. Cambridge: Harvard University Press, 2000, p. 259.

[635] WHITE, G. Edward. *The Constitution ant the New Deal*. Cambridge: Harvard University Press, 2000, pp. 244-246.

CAPÍTULO IV – OS PRINCÍPIOS DA LEGALIDADE E DA...

O devido processo substantivo teve e tem sofrido críticas contundentes, como as do *Justice* Oliver Wendell Holmes (em *Baldwin* versus *Missouri*, 281 US 586, 595, de 1930, por exemplo) e de originalistas[636] como os *Justice* Antonin Scalia e Clarence Thomas, que qualificaram o devido processo substantivo como "oximoro" e de "usurpação judicial em funções de outros poderes".

Por mais arraigado que esteja no *common law* e no direito norte-americano, estender a fórmula do devido processo aos direitos continentais e, inclusive, aos latino-americanos, é algo no mínimo carente de lógica, já que não se trata de garantias ou princípios que fazem o desenvolvimento do processo (como canal formal da criatividade dos juízes) e sua consequente violação ao não cumprir as regras que garantem o direito de defesa, mas da própria substância que constitui o objeto do processo, ou seja, dos direitos substantivos, cujas respectivas pretensões se protegem com a garantia da razoabilidade.

No direito norte-americano, o princípio da igual proteção ou igualdade perante a lei chegou a se separar do devido processo legal (*due process of law*), sem que tenha causado maiores preocupações doutrinárias, apesar do tema do direito de igualdade (Emenda XIV) ser tão substancial quanto os demais direitos protegidos pela Emenda V da Constituição norte-americana.[637]

---

[636] No contexto da interpretação constitucional nos Estados Unidos, o originalismo é uma família de teorias que compartilham um ponto de partida. Esse ponto é que a Constituição (ou o estatuto) tem um sentido fixo e conhecido, o qual se estabelece no momento da ratificação e da entrada em vigência do texto em questão. O 'originalismo' é uma teoria legal semelhante ao formalismo misturado com o textualismo. Atualmente, essa teoria tem se tornado popular entre os políticos conservadores, sendo os mais conhecidos Antonin SCALIA, Clarence THOMAS e Robert BORK, mas alguns políticos liberais também a adotaram, como o *Justice* Hugo BLACK e Akhil AMAR.

[637] Já em sua obra de 1944, LINARES afirmava, com citação de Howard J. GRAHAM (*The Conspiracy Theory of the Fourteenth Amendment*, S. E. I. 283) que "há poucos anos, apenas, notou-se que a interpretação exegética da Emenda XIV permite dar um alcance substantivo também" (LINARES, Juan Francisco. *El 'debido proceso' como garantía innominada de la Constitución Nacional:* la razonabilidad de las leyes. Buenos Aires: Depalma, 1944, p. 31 e obs. 20).

Outros ordenamentos resolveram o esquema constitucional de maneira diferente, apelando, inclusive, a um princípio semelhante à razoabilidade, que é designado como princípio da proporcionalidade e, como foi desenvolvido pela doutrina e jurisprudência alemãs e *a posteriori* pelo direito espanhol, sua doutrina coincide parcialmente com os outros direitos (como o nosso), o que também é fonte de confusões.

IV.4.4 O princípio da proporcionalidade. Subprincípios que integram o princípio da proporcionalidade nas doutrinas alemã e espanhola

Quer do ponto de vista substantivo quer do processual, o princípio que ordena que todos os atos estatais sejam razoáveis e que os direitos das pessoas não possam ser afetados por leis do Congresso (art. 17, 18, 19 e 28 da CN) configura uma garantia constitucional[638] que resguardam os particulares dos excessos ou arbitrariedades estatais.

A ausência de fórmulas dogmáticas ou prescritivas no direito norte-americano para interpretar judicialmente quando uma lei deve ser considerada violadora da garantia de razoabilidade (denominado, como vimos anteriormente, 'devido processo substantivo') obedece ao risco que implica constituir um precedente, o qual, conforme a regra do *stare decisis,* estabelece uma regra obrigatória para os tribunais inferiores.

Nossa Suprema Corte também não consagrou uma fórmula precisa dos passos do raciocínio judicial a que se deve recorrer para declarar a inconstitucionalidade de uma norma por violação da garantia da razoabilidade, destacando a iniquidade manifesta da lei[639], limitando-se à invocação genérica da garantia do art. 28 da CN ou à análise da proporcionalidade entre o meio empregado e o fim escolhido para a implementação

---

[638] Ver: LINARES, Juan Francisco. *El 'debido proceso' como garantía innominada de la Constitución Nacional:* la razonabilidad de las leyes. Buenos Aires: Depalma, 1944, p. 205 ss.
[639] Sentenças 306:1560 (1984), entre outros.

CAPÍTULO IV – OS PRINCÍPIOS DA LEGALIDADE E DA...

da norma[640], critério que não se revela equivocado, mas que pode, em alguns casos, resultar insuficiente. Por outro lado, a Corte foi mais precisa no julgamento da afetação do princípio da igualdade perante a lei (art. 16 da CN) que, como dissemos anteriormente, também é uma espécie que integra a razoabilidade.

Pelos motivos já expostos, uma parte da doutrina, advertida da ausência de formulações que brindam uma maior segurança jurídica aos jurisdicionados, permite aplicar os subprincípios elaborados pela doutrina e a jurisprudência alemãs sobre o princípio da proporcionalidade.[641]

Este princípio, equivalente a nosso princípio da razoabilidade e, inclusive, ao devido processo substantivo do direito norte-americano, que vigora com diversa fundamentação, praticamente em toda a Europa continental e, certamente, no direito supranacional da União Europeia[642], traduz a expressão da justiça agindo como limite a todas as restrições que alteram os direitos fundamentais. Integra-se a três subprincípios: a) adequação; b) necessidade; e c) proporcionalidade no sentido estrito. Na Espanha, onde o Tribunal Constitucional considera que o princípio da proporcionalidade é inerente ao Estado de Direito[643], os três subprincípios foram aplicados em poucas ocasiões, reduzinde seu conteúdo à proporcionalidade em sentido estrito.[644]

O juízo de adequação presume valorizar a idoneidade ou atitude para alcançar a finalidade procurada com seu decreto, na medida em que

---

[640] Sentenças 325:32 (2002), *in re* "Smith", especialmente Considerando 15ª.

[641] Na doutrina constitucional abordou-se o princípio da proporcionalidade. Ver: SOLA, Juan Vicente. *Tratado de derecho Constitucional*. 1ª ed. tomo II. Buenos Aires: La Ley, 2009, p. 598 ss. e GELLI, María Angélica. *Constitución de la Nación argentina:* comentada y concordada. Buenos Aires: La Ley, 2008, p. 430, com relação à jurisprudência do Tribunal Constitucional da Espanha.

[642] BARNÉS VÁZQUEZ, Javier. "Introducción al principio de proporcionalidad en el derecho comparado y comunitario". *Revista de Administración Pública,* Madrid, n. 135, 1994, p. 495 ss.

[643] STC 85/1992.

[644] BARNÉS VÁZQUEZ, Javier. "Introducción al principio de proporcionalidad en el derecho comparado y comunitario". *Revista de Administración Pública,* Madrid, n. 135, 1994, p. 531.

a decisão judicial (*ex ante*)[645] seja razoável e de acordo com a natureza das coisas.[646] Entretanto, a exigência de que o juízo de idoneidade seja realizado no momento de ditar a norma para que seja legítimo e não *ex post*, tem sido passível de objeções[647] e resulta evidente que existem normas que sendo idôneas ou úteis no momento de seu decreto, não o são no momento em que são questionadas judicialmente.[648] O fim escolhido deve ser, em todos os casos, um fim que não afronte a Constituição, tampouco os princípios gerais de direito, sejam estes de origem nacional ou provenientes dos tratados internacionais de direitos humanos.

Por sua vez, o juízo sobre a necessidade (segundo subprincípio) exige avaliar "(...) se a medida adotada pelo legislador é a menos restritiva das normas jusfundamentais dentre as igualmente eficazes"[649] e que "(...) a restrição imposta pela norma será necessária se não há outra que resulte menos onerosa sobre os direitos afetados e que seja, ao mesmo tempo, suscetível de alcançar a finalidade perseguida com a mesma eficácia".[650]

---

[645] BERNAL PULIDO, Carlos. *El principio de proporcionalidad y los derechos fundamentales:* el principio de proporcionalidad como criterio para determinar el contenido de los derechos fundamentales vinculante para el legislador. Madrid: Centro de Estudos Políticos e Constitucionais, 2003, p. 279.

[646] BARNÉS VÁZQUEZ, Javier. "Introducción al principio de proporcionalidad en el derecho comparado y comunitario". *Revista de Administración Pública*, Madrid, n. 135, 1994, p. 503.

[647] CIANCIARDO, Juan. *El principio de razonabilidad:* del debido proceso sustantivo al moderno juicio de proporcionalidad. Buenos Aires: Abaco, 2004, p. 73.

[648] *Cf.* DIDIER, María Marta. *El principio de igualdad en las normas jurídicas.* 1ª ed. Buenos Aires: Marcial Pons, 2012, com citação do voto do juiz Carlos FAYT *in* Sentenças 311:2272 (1984), onde considerou irracional, atualmente, o requisito da nacionalidade argentina para exercer a docência. Para nós, se o preceito era de 1980, a irrazoabilidade também existia no momento de ditar a norma, pois a integração dos imigrantes já havia sido realizada na Argentina.

[649] CIANCIARDO, Juan. *El principio de razonabilidad:* del debido proceso sustantivo al moderno juicio de proporcionalidad. Buenos Aires: Abaco, 2004, p. 79.

[650] BARNÉS VÁZQUEZ, Javier. "Introducción al principio de proporcionalidad en el derecho comparado y comunitario". *Revista de Administración Pública*, Madrid, n. 135, 1994, p. 505.

CAPÍTULO IV – OS PRINCÍPIOS DA LEGALIDADE E DA...

Como se sabe, a postura que a Suprema Corte argentina assumiu – em muitas ocasiões – em matéria de controle de razoabilidade das leis é restritiva, porquanto parte de um axioma dogmático que não encontra sua concreção na própria Constituição, amparando-se na fórmula genérica, segundo a qual, entre suas faculdades, não se encontra a de julgar a oportunidade ou conveniência das medidas adotadas pelo legislador[651], por entender que tal procedimento viola o princípio da separação de poderes.

Entretanto, em muitos casos não se trata de emitir um juízo sobre a oportunidade ou conveniência da medida em si mesma, mas de julgar, com base nos princípios de justiça, se a necessidade que leva ao decreto não resulta arbitrária e se ajusta a pautas mínimas de razoabilidade, no ponto de sua eficácia. Em outros termos, se existem outras medidas que se revelam idôneas, que sejam menos onerosas dos direitos fundamentais, tal como ocorreu nos poucos casos em que o Supremo Tribunal julgou, há a necessidade da medida questionada.[652]

O terceiro subprincípio se concentra na análise da proporcionalidade em sentido estrito e presume um juízo de avaliação sobre "(...) se os meios escolhidos e o sacrifício que geram sobre os cidadão (custos) compensam ou guardam uma relação razoável ou proporcional com os benefícios que, de sua aplicação, resultariam para o interesse geral".[653]

A partir de um bom critério, sustentou-se que o princípio da proporcionalidade não deve se limitar à realização de um balanço entre custos e benefícios, sem antes avaliar se a restrição afeta ou não o conteúdo

---

[651] Ver: LUQUI, Roberto E. *Revisión judicial de la actividad administrativa*. tomo I. Buenos Aires: Astrea, 2005, pp. 238-241 e CIANCIARDO, Juan. *El principio de razonabilidad:* del debido proceso sustantivo al moderno juicio de proporcionalidad. Buenos Aires: Abaco, 2004, p. 80 e as Sentenças do Tribunal que faz a citação.

[652] *In re* "Gottschau, Evelyn Patricia contra Consejo de la Magistratura de la Ciudad s/ amparo", Sentenças 329:2986 (2006); ver também DIDIER, María Marta. *El principio de igualdad en las normas jurídicas*. 1ª ed. Buenos Aires: Marcial Pons, 2012, p. 69.

[653] BARNÉS VÁZQUEZ, Javier. "Introducción al principio de proporcionalidad en el derecho comparado y comunitario". *Revista de Administración Pública,* Madrid, n. 135, 1994, p. 507.

essencial de um direito fundamental[654] que, na Espanha e Alemanha, configura uma garantia constitucional.[655]

Essa circunstância aproxima o sistema de ambos os países à garantia da razoabilidade prevista no art. 28 da CN[656], cuja fonte (o Projeto de Alberdi) continha a proibição de que as leis alterassem a essência dos direitos fundamentais.[657]

Por sua vez, talvez por inadvertência, a doutrina europeia não reconheceu que a construção alemã do princípio da proporcionalidade é, em grande parte, uma reprodução de teorias norte-americanas, mesmo que estas estejam mais bem sistematizadas.

Entre nós, Linares já havia coletado, em sua primeira obra, uma série de fórmulas no direito norte-americano com citação de Kales, Powell e Brown, e proporciona os seguintes casos:

"a) É a comparação e o equilíbrio das vantagens que leva a comunidade a um ato estatal, com o peso que lhe causa.

---

[654] CIANCIARDO, Juan. *El principio de razonabilidad:* del debido proceso sustantivo al moderno juicio de proporcionalidad. Buenos Aires: Abaco, 2004, p. 99.

[655] Na Alemanha existe como garantia constitucional, a interdição de afetar o conteúdo essencial dos direitos fundamentais por parte das leis (art. 19.2 da Lei Fundamental de Bonn) e o mesmo acontece na Espanha (art. 53.1 da CE).

[656] *Cf.* CIANCIARDO, Juan. *El principio de razonabilidad:* del debido proceso sustantivo al moderno juicio de proporcionalidad. Buenos Aires: Abaco, 2004, p. 41; SERNA, Pedro; TOLLER, Fernando. *La interpretación constitucional de los derechos fundamentales:* una alternativa a los conflictos de derechos. Buenos Aires: La Ley, 2000, pp. 44/45 e DIDIER, María Marta. *El principio de igualdad en las normas jurídicas.* 1ª ed. Buenos Aires: Marcial Pons, 2012, p. 73.

[657] O art. 20 do Projeto de Alberdi previa que "as leis regulam o uso destas garantias de Direito Público; mas o Congresso não poderá aprovar uma lei que, com a ocasião de regulamentar ou organizar seu exercício, a diminua, restrinja ou adultere em sua essência". Mesmo que a redação do art. 28 da CN utilize uma gramática correta e, de certo modo, um estilo mais sóbrio, (talvez graças à escrita de GOROSTIAGA ou de GUTIÉRREZ) o certo é que o texto de ALBERDI, ao proibir ao Congresso diminua ou restrinja a 'essência' das garantias de Direito Público, é juridicamente superior enquanto especifica o limite que as leis não podem transpassar, em conformidade com a tese europeia que nasceu um século depois.

CAPÍTULO IV – OS PRINCÍPIOS DA LEGALIDADE E DA...

b) É a adequação entre o meio empregado pelo ato e a finalidade que persegue.

c) É a conformidade do ato com uma série de princípios filosóficos, políticos, sociais, religiosos, aos quais se considera ligadas a existência da sociedade e da civilização nos Estados Unidos".[658]"

Essa fórmula, proposta por Albert M. Kales com base nas reflexões do *Justice* Holmes no *Lochner case* (1905, 198 US 45,76) é para Linares "a mais aceitável de um ponto de vista científico".[659]

Finalmente, cumpre dizer que a construção germânica do princípio da proporcionalidade fica fora do âmbito conceitual que configura a garantia do conteúdo essencial dos direitos fundamentais (art. 19.2 da LF), cujo embasamento prefere-se radicar no Estado de Direito, ao invés do que ocorre em nossa experiência judicial na qual, em algumas ocasiões, aparece vinculado à garantia da razoabilidade do art. 28 da CN, tal como destacado pela doutrina vernácula, embora se admita que se trate de dois passos diferentes de hermenêutica, pois "(...) uma coisa é a razoabilidade da medida como contrapeso de custos e benefícios e outra, a razoabilidade entendida como não alteração dos direitos em jogo".[660]

De fato, na Suprema Corte argentina defendeu-se o critério que vincula a razoabilidade à garantia de inalterabilidade do conteúdo essencial dos direitos fundamentais ao expressar que "(...) quando a substância de um direito constitucional se vê aniquilada pelas normas que o regulamentam, sequer as circunstâncias de emergência são levadas em conta, inclusive no terreno patrimonial".[661]

---

[658] LINARES, Juan Francisco. *El 'debido proceso' como garantía innominada de la Constitución Nacional:* la razonabilidad de las leyes. Buenos Aires: Depalma, 1944, p. 30 e autores *in* nota 30.

[659] LINARES, Juan Francisco. *El 'debido proceso' como garantía innominada de la Constitución Nacional:* la razonabilidad de las leyes. Buenos Aires: Depalma, 1944, p. 30.

[660] CIANCIARDO, Juan. *El principio de razonabilidad:* del debido proceso sustantivo al moderno juicio de proporcionalidad. Buenos Aires: Abaco, 2004, p. 98; no mesmo sentido: DIDIER, María Marta. *El principio de igualdad en las normas jurídicas.* 1ª ed. Buenos Aires: Marcial Pons, 2012, p. 63.

[661] Sentenças 318:1894 (1995), considerando 12 do voto dos ministros FAYT, PETRACCHI e BOGGIANO no caso "Dessy".

IV.5 Em direção a uma resposta jusnaturalista centrada no bem humano: a diretriz de interpretação preponderante que deveria reger a hermenêutica do art. 28 da Constituição Nacional

Quando se refere ao direito natural, pretende-se aplicar o direito de uma perspectiva diferente àquela que preconizava o positivismo legalista que dominou a cena da filosofia do direito durante a primeira metade do século XX. Superado o horror *naturalis* sobre o qual Del Vecchio falava, a maioria dos positivistas abandonaram as premissas básicas dessa escola e, empurrados pelas consequências enormes do nazismo e, em menor escala, do comunismo, começaram a perceber que o direito não se encontrava apenas nas normas legais, mas nos princípios gerais que o fundamentam, e que a moral e os valores não podem se divorciar do direito positivo, como principal garantia, para não cair em sistemas aberrantes que violam a dignidade das pessoas e aniquilam suas liberdades e demais direitos fundamentais. Todo esse processo, que é levado a cabo no âmbito de um modelo que alguns denominam Estado Social e Democrático de Direito, tem um núcleo duro que foi sustentado também pelo Estado liberal do século XIX, mas que, a rigor, eliminando suas deformações, tem suas raízes na filosofia clássica aristotélico-tomista, tal como demonstrou Finnis.

Neste contexto, o direito natural, longe de suprimir o direito positivo, considera-o como um dos principais componentes do modelo, na tendência representada por aqueles autores inscritos na nova escola do direito natural (NEDN), como Germán Grisez e John Finnis ou afins, e em nosso país, Carlos Massini Correas, Rodolfo Vigo e Renato Rabbi-Baldi Cabanellas, entre outros.

Começamos a partir do axioma que as normas jurídicas constituem "(...) ordenações ou preceitos racionais imperativos e diretivos da ação humana para o bem comum, no âmbito da comunidade completa e política".[662]

---

[662] FINNIS, John. *Ley natural y derechos naturales*. Tradução de Cristóbal Orrego S. Buenos Aires: Abeledo Perrot, 2000, p. 284 ss.

CAPÍTULO IV – OS PRINCÍPIOS DA LEGALIDADE E DA...

Com relação à origem do direito natural, deve-se levar em consideração que as proposições da lei natural sobre os deveres humanos não se inferem diretamente da natureza e nem têm origem metafísica. Não são inferidas a partir de princípios especulativos tampouco de fatos e, embora sejam primários ou não derivados, não são inatos. São indemonstráveis e apreendidos por evidência apresentando uma questão de caráter ético ou jurídico, tal como acontece com o princípio básico: *o bem deve ser feito e o mal evitado*.[663] Qualquer ato é considerado desviado quando está fora da ordem da razoabilidade.[664]

Nesse sentido, afirmou-se "(...) que as normas mais concretas da lei natural, entre elas as da lei jurídica natural ou direito natural normativo, não são deduzidas tampouco inferidas a partir de proposições descritivas do modo de ser humano".[665]

O ponto de partida de toda a análise sobre a razoabilidade da uma norma ou um ato estatal em harmonia com o primeiro princípio da lei natural e o art. 28 da CN, consiste em determinar se a essência de algum dos direitos fundamentais ou humanos reconhecidos positivamente na Constituição é ou não é afetada, entendendo-se que eles se degradam ou se alteram quando são privados de suas notas essenciais (*v.g.*, um regulamento do direito de propriedade que impeça o proprietário de gozá-lo e dispô-lo).

A partir dessa análise, entra no jogo a a chamada razoabilidade ponderativa e a igualdade à qual nos referimos anteriormente estão envolvidas, com o alerta de que o escrutínio deve ser feito mediante a interrelação e a aplicação dos princípios gerais do direito[666], respeitando-se

---

[663] FINNIS, John. *Ley natural y derechos naturales*. Tradução de Cristóbal Orrego S. Buenos Aires: Abeledo Perrot, 2000, p. 67.

[664] Tomás de AQUINO, S. tomo I-II, q. 94, a 3 ad 3; q. 18, a 5, citações feitas por FINNIS, John. *Ley natural y derechos naturales*. Tradução de Cristóbal Orrego S. Buenos Aires: Abeledo Perrot, 2000, p. 69, obs. 41, cujo sentido correto verificamos.

[665] MASSINI CORREAS, Carlos I. "La nueva escuela anglo-sajona de derecho natural". *In:* RABBI-BALDI CABANELLAS, Renato (coord.). *Las razones del derecho natural: perspectivas teóricas y metodológicas ante la crisis del positivismo jurídico*. 2ª ed. Buenos Aires: Abaco, 2008, p. 316.

[666] Observa FINNIS, John. *Ley natural y derechos naturales*. Tradução de Cristóbal Orrego S. Buenos Aires: Abeledo Perrot, 2000, p. 315, entre outros princípios do direito, os

os bens humanos básicos – que têm caráter pré-moral[667] – cuja realização ocorre por meio da aplicação das regras da razoabilidade prática.[668]

Nesse esquema, também se pode recorrer, contanto que resultem compatíveis com os princípios antes enunciados, às fórmulas de razoabilidade que prevê o direito europeu sobre o princípio da proporcionalidade, atentando-se sempre para que a positivização de normas e princípios não caia em um processo de positivização *contra natura*[669], no sentido exposto anteriormente.

A interpretação judicial é, como se advertiu, uma operação complexa e delicada que não pode apoiar-se em fórmulas genéricas e órfãs de fundamentação em princípios éticos ou morais, desprovidas deles ou em análises leviandas que simplesmente tentariam fugir da questão submetida a julgamento, especialmente quando a garantia da razoabilidade do art. 28 da CN opera também como princípio geral do direito que

---

seguintes: (i) a privação forçada dos direitos de propriedade deve ser compensada, com relação à *damnum emergens* (perdas efetivas) e, porventura, também de *lucrum cessans* (perda de lucros esperados); (ii) não há responsabilidade por danos não intencionais, sem culpa; (iii) não há responsabilidade penal sem *mens rea*; (iv) a doutrina dos próprios atos (*estoppel*) (*nemo contra factum proprium venire protest*); (v) não cabe assistência judicial a quem alega seu próprio ato ilícito a seu favor (quem busca equidade deve agir com equidade); (vi) o abuso dos direitos não está protegido; (vii) a fraude o anula por inteiro; (viii) os benefícios recebidos sem justificativa e às custas de outro devem ser restituídos; (ix) *pacta sunt servanda* (os contratos devem ser cumpridos); (x) existe liberdade relativa para mudar os modelos de relações jurídicas existentes mediante acordo; (xi) a estimativa dos efeitos jurídicos de supostos atos jurídicos, os sujeitos fracos devem ser protegidos de sua fraqueza; (xii) as disputas não devem ser resolvidas sem dar a oportunidade às duas partes de serem ouvidas; (xiii) não é permitido a ninguém ser o juiz em sua própria causa".

[667] VIGO, Rodolfo L. *El iusnaturalismo actual*. México: Fontamara, 2003, p. 115.

[668] Conforme FINNIS, são bens humanos básicos, entre outros, a vida, o conhecimento da verdade, a sociabilidade, a razoabilidade prática e a religião; ver também a análise que faz SALDAÑA SERRANO, Javier, no trabalho "La falacia iusnaturalista", publicado *In:* RABBI-BALDI CABANELLAS, Renato (Dir.), *Las razones del derecho natural* (...), cit. p. 340 ss.

[669] Ver: OLLERO, Andrés, "España: límites del normativismo a la luz de la jurisprudencia sobre la igualdad". *In:* RABBI-BALDI CABANELLAS, Renato (coord.). *Las razones del derecho natural:* perspectivas teóricas y metodológicas ante la crisis del positivismo jurídico. 2ª ed. Buenos Aires: Abaco, 2008. p. 440 ss.

CAPÍTULO IV – OS PRINCÍPIOS DA LEGALIDADE E DA...

não se circunscreve apenas às leis do Congresso, mas a qualquer outro ato estatal (seja ato administrativo, regulamento ou sentença)[670], inclusive os provenientes dos órgãos 'extra poder'.[671]

Em qualquer caso, a ponderação e a seleção fetas pelo juiz se baseiem em uma regra elementar que prescreve que "(...) a toda norma jurídica deve atribuir-se um significado conforme a finalidade (ou o bem) que persegue a instituição à qual pertence a norma, e que "(...) deve sempre procurar aquela solução que conduza à solução mais justa do caso jurídico sobre a qual se trata", que é "(...) a que melhor busca pelo bem comum e, portanto, os bens humanos básicos",[672] conforme as regras da razoabilidade prática.[673]

Para analisar uma questão na qual se propõe a razoabilidade de um ato estatal, não se trata, portanto, de fazer, apenas, uma simples ponderação baseada na proporção entre meios e fins, tampouco, apenas no balanço da conveniência ou eficácia ou da proporcionalidade, mas sim, inclusive, partindo da não violação do conteúdo essencial de um direito fundamental, deverá ser realizado o escrutínio da razoabilidade e dos fins em si mesmos e separadamente, para logo proceder aos juízos de adequação, necessidade e proporcionalidade (se se optar por usar a técnica do princípio da proporcionalidade) tudo conforme os princípios gerais do direito e as regras da razoabilidade prática.

---

[670] LINARES, Juan Francisco. *El 'debido proceso' como garantía innominada de la Constitución Nacional:* la razonabilidad de las leyes. Buenos Aires: Depalma, 1944, p. 204.

[671] GELLI, María Angélica. *Constitución de la Nación argentina:* comentada y concordada. Buenos Aires: La Ley, 2008, p. 422.

[672] MASSINI CORREAS, Carlos I. "Iusnaturalismo e interpretación jurídica". In: ALARCÓN CABRERA, Carlos; VIGO, Rodolfo Luis (coord.). *Interpretación y argumentación jurídica*. Buenos Aires: Marcial Pons, 2001, p. 72.

[673] Ver: FINNIS, John. *Ley natural y derechos naturales*. Tradução de Cristóbal Orrego S. Buenos Aires: Abeledo Perrot, 2000, p. 165 ss. Entre as regras, não inclui-se nenhuma preferência arbitrária entre os valores, como também entre as pessoas, eficiência dentro do razoável, o bem comum e a moral. *A posteriori*, FINNIS incluiu, como derivação do amor ao próximo, a regra da plenitude humana integral, ver: ORREGO, Cristóbal S., "Estudio preliminar" ao livro de FINNIS, John. *Ley natural y derechos naturales*. Tradução de Cristóbal Orrego S. Buenos Aires: Abeledo Perrot, 2000, pp. 26/27 e suas citações.

IV.6 A interdição de arbitrariedade. A inconstitucionalidade de ofício

IV.6.1 O artigo 43 da Constituição Nacional prevê um mandamento implícito

É óbvio que se um preceito constitucional como o art. 43 regulariza a ação de amparo contra atos de autoridades públicas (e, inclusive, de particulares) que lesam, com arbitrariedade manifestada, direitos reconhecidos pela Constituição, um tratado ou uma lei, é porque o pressuposto dessa ação é um mandamento constitucional que não é outra coisa senão a interdição de arbitrariedade. Tal proibição, que passou despercebida pela doutrina, salvo exceções[674], traduz um mandamento implícito do constituinte que possui a entidade de um princípio supremo do ordenamento que, além do mais, faculta os juízes a "declarar a inconstitucionalidade da norma ou ato em que se baseia na omissão lesiva".

Em tais casos, a declaração de inconstitucionalidade da norma ou ato, quando for manifestada, pode ser efetuada de ofício pelos juízes, conforme a atual jurisprudência da Suprema Corte, já que o juiz possui poder, sem alterar a pretensão processual, de declarar a inconstitucionalidade, ainda que a parte não tenha pedido.

IV.6.2 A inconstitucionalidade de ofício

Até meados do século XX, o direito constitucional argentino resistia em aceitar a possibilidade que os juízes declarassem de ofício a inconstitucionalidade das leis, com base em três argumentos básicos: a) a presunção de constitucionalidade das leis; b) o princípio da separação de poderes; e c) a violação do direito de defesa ou devido processo adjetivo[675]. Uma exceção foi, oportunamente, a opinião de Bielsa, quando

---

[674] JEANNERET DE PÉREZ, María Cortes. *Acto administrativo y contrato administrativo*. Jornadas organizadas pela Universidade Austral da Faculdade de Direito, Ciências da Administração, Buenos Aires, 2000, p. 147.

[675] Ver: GONZÁLEZ CALDERÓN, Juan Antonio. *Curso de derecho constitucional*. Buenos Aires: Depalma, 1994, p. 90; BIDEGAIN, Carlos María. *Curso de derecho constitucional*. tomo I. Buenos Aires: Abeledo Perrot, 1994, pp. 131/132; atualmente:

CAPÍTULO IV – OS PRINCÍPIOS DA LEGALIDADE E DA...

afirmou "(...) tanto a Corte Suprema quanto qualquer outro tribunal devem declarar de ofício a inconstitucionalidade de uma lei (em um caso concreto) pela mesma razão de que deve prevalecer a ordem pública"[676] tese que, no essencial, seguiu boa parte da doutrina posterior[677], ao admitir tal possibilidade na interpretação do sistema constitucional.[678]

Entretanto, se o juiz está sempre obrigado a decidir, inclusive, por aplicação do princípio *iura novit curia* e se, além disso, a Constituição exercer supremacia sobre as leis (art. 31 da CN), os argumentos contrários a que os juízes declarem de ofício a inconstitucionalidade das leis devem ceder, uma vez que os princípios destacados são a arquitetura básica do controle de constitucionalidade.

Em primeiro lugar, em nenhuma norma da Constituição está previsto o princípio da presunção de constitucionalidade das leis. Ao contrário, no plano dogmático, há dois preceitos da Constituição Argentina que não são compatíveis com uma presunção semelhante. O art. 31 da CN prevê, de forma expressa, a supremacia da Constituição sobre as leis[679] e o art. 28 diz, claramente, que as leis não podem alterar os "princípios, direitos e garantias reconhecidos nos artigos anteriores".

Em segundo lugar, o equilíbrio que o princípio da separação de poderes impõe não pode ser favorável Legislativo, principalmente quando o mesmo se baseia na distinção entre poder constituinte e poder

---

AMAYA, Jorge Alejandro. *El control de constitucionalidad*. Buenos Aires: Astrea, 2012, pp. 209/210.

[676] BIELSA, Rafael. *Derecho constitucional*. Buenos Aires: Depalma, 1954, pp. 573/574.

[677] BIDART CAMPOS, Germán J. *Tratado elemental del derecho constitucional argentino*. tomo I. Buenos Aires: Ediar, 2001, p. 97; *Derecho procesal constitucional*: recurso extraordinario. 4ª ed. tomo I. Buenos Aires: Astrea, 2002, pp. 144-146; BADENI, Gregorio. *Tratado de derecho constitucional*. 3ª ed. tomos I. Buenos Aires: La Ley, 2010, p. 452 ss.; BIANCHI, Alberto B. *Control de constitucionalidad*. Buenos Aires: Abaco, 2002, p. 182.

[678] GRECCO, Carlos Manuel. *Impugnación de disposiciones reglamentarias*. Buenos Aires: Abeledo Perrot, 1988, p. 197, obs. 99.

[679] É óbvio que não é lógico fundamentar o princípio da supremacia constitucional na concepção positivista kelseniana sobre a norma básica e a pirâmide jurídica cuja teorização se articula *a posteriori*, mais de meio século após a sanção da Constituição de 1853.

constituído. A ideia de proibir o exercício de controle de inconstitucionalidade de ofício ao Poder Judiciário coloca um dos poderes constituídos (o Congresso) acima dos juízes, que são, exatamente, os órgãos encarregados de controlar sua constitucionalidade e/ou legalidade.

Por último, o direito de defesa ou princípio do devido processo adjetivo é o argumento de maior peso contra a declaração de ofício. Entretanto, essa eventual objeção é compensada, a nosso juízo, pelo fato de que a declaração de ofício é excepcional e a circunstância que deve existir sempre um caso ou causa, agindo apenas em casos de uma inconstitucionalidade manifestada, ou seja, de forma notória ou patente, sem necessidade de debate e prova. Contudo, parece razoável a postura de um setor da doutrina que propicia que, em tais casos, os juízes concedam prazo breve para manifestação das partes antes de declarar a inconstitucionalidade de ofício.[680]

IV.6.3 A declaração judicial oficiosa da inconstitucionalidade das leis na jurisprudência da Corte

Enquanto no caso "Mill de Pereyra" a Suprema Corte (com o voto da maioria de seus integrantes) sustentou que a declaração de inconstitucionalidade de uma lei provincial (n. 23.928) não afeta o princípio da separação dos poderes contanto seja ela manifestada e não seja possível valer-se de outros argumentoes presentens na causa[681]; o certo é que se resolveu, no caso, que a inconstitucionalidade mencionada não se configurava.

Recentemente, no caso "Banco Comercial de Finanzas SA (em liquidação pelo Banco Central da República Argentina) s/ falência", o Supremo Tribunal, sem referir-se ao caráter manifesto, valeu-se de postura favorável à declaração oficiosa da inconstitucionalidade das leis nos seguintes termos:

---

[680] HARO, Ricardo. *Constitución, poder y control*. México: Universidade Nacional Autônoma do México, 2002, p. 237.

[681] Sentenças 324:3219 (2001).

CAPÍTULO IV – OS PRINCÍPIOS DA LEGALIDADE E DA...

Embora seja justo que os tribunais não possam efetuar declarações de inconstitucionalidade das leis em abstrato, ou seja, fora da causa concreta na qual deva ou possa ocorrer a aplicação das normas supostamente em conflito com a Constituição, não implica a necessidade de pedido expresso da parte interessada, pois, como o controle de constitucionalidade incide sobre uma questão de direito e não de fato, o poder dos juízes de suprir o direito que as partes não invocam ou invocam erroneamente, transmutando o adágio *iura novit curia* inclui o dever de manter a supremacia da Constituição (art. 31 Carta Magna) aplicando, em caso de colisão de normas, a de maior hierarquia, vale dizer, a constitucional, descartando a de hierarquia inferior.[682]

Como se constata, embora a Corte não exija a configuração manifesta da inconstitucionalidade e embora se pudesse chegar o mesmo resultado ao declarar que se trata de uma questão de direito e não de fato (onde a necessidade de provas se encontra excluída), o certo é que a declaração de inconstitucionalidade de uma norma pode exigir, ainda como questão de direito, que seja debatida pelas partes do litígio.

---

[682] Sentenças 327:3117 (2004).

Capítulo V
O PRINCÍPIO DA IGUALDADE

Sumário: *Seção Primeira: Os sentidos da igualdade.* V.1.1 A generalização do princípio constitucional da igualdade e a necessidade de uma teoria integral. V.1.2 A igualdade: um assunto clássico na era das nivelações. V.1.3 Justiça e igualdade. V.1.4 Sobre as espécies de igualdade e a noção positivista. Os critérios da igualdade distributiva. V.1.5 A igualdade perante a lei e a razoabilidade. V.1.6 O chamado paradoxo da igualdade. V.1.7 A igualdade real de oportunidades e a cláusula para o progresso, o bem-estar e a justiça social (art. 75 inc. 23, parágrafo primeiro e inc. 19 da CN). A discriminação racial. V.1.8 O direito de igualdade dos estrangeiros para desfrutar dos direitos civis. As discriminações em matéria de cidadania. *Seção Segunda: O controle jurisdicional das discriminações arbitrárias.* V.2.1 Preliminar sobre o controle de razoabilidade na jurisprudência. V.2.2 Caráter formal e material do princípio da igualdade. V.2.3 O princípio da igualdade e as chamadas "categorias suspeitas" do direito norte-americano. V.2.4 Dois casos emblemáticos sobre discriminação que afetaram nacionais e estrangeiros. V.2.5 A discriminação por idade. V.2.6 A proibição constitucional de discriminação contra a mulher. O chamado matrimônio igualitário. V.2.7 As discriminações que afetam o direito à vida: o aborto. V.2.8 Continuação: parecer da Academia Nacional de Ciências Morais e Políticas.

Seção Primeira
Os sentidos da igualdade

V.1.1 A generalização do princípio constitucional da igualdade e a necessidade de uma teoria integral

Um dado não muito divulgado, proporcionado pela história comparada dos direitos fundamentais revela que Jean-Antoine Nicolas Caritat, marquês de Condorcet, uma espécie de "filósofo universal" (conforme Voltaire), que serviu de ligação entre o Iluminismo e a Revolução Francesa, foi o primeiro a elaborar um Projeto de Constituição no qual a igualdade era a base dos demais direitos, no âmbito de um modelo constitucional republicano. Em seu projeto de Declaração dos Direitos Naturais, Civis e Políticos dos Homens, de 1792, que apresentou na Assembleia francesa, definiu no art. 1º da seguinte maneira: "Uma Constituição republicana que tem como base a igualdade é a única em conformidade com a natureza, com a razão e a justiça, a única que pode conservar a igualdade dos cidadãos e a dignidade da espécie humana".[683]

Como se sabe, as Constituições do século XIX tomaram outro caminho, apresentando uma inclinação pela fórmula da "igualdade perante a lei", sem lhe atribuir a condição de base e fundamento do sistema republicano, nem preferência alguma sobre a liberdade e demais direitos fundamentais. A rigor, foi a consagração de uma igualdade jurídica, e não a concepção da igualdade material e substancial preconizada pelo marquês de Condorcet, a qual, definitivamente, se impôs durante o curso da práxis constitucional através da legislação e a jurisprudência, sem reconhecer uma prevalência absoluta nem ainda relativa à igualdade sobre as liberdades e demais direitos fundamentais.

Dessa forma, com as devidas cautelas interpretativas para harmonizá-lo com a justiça e os direitos fundamentais, o princípio constitucional de igualdade perante a lei generalizou-se de tal forma que

---

[683] Ver: PECES-BARBA MARTÍNEZ, Gregorio; FERNÁNDEZ GARCÍA, Eusebio; DE ASIS ROIG, Rafael (coord.). *Historia de los derechos humanos.* tomo II. vol. II: la filosofía de los derechos humanos. Madrid: Dykinson, 2005, p. 335 ss., especialmente p. 342.

CAPÍTULO V – O PRINCÍPIO DA IGUALDADE

configura um princípio geral de Direito Público, cujo conteúdo formal e material se estendeu para diferentes setores e situações no constitucionalismo moderno (v.g., igualdade real de oportunidades, não discriminação etc.).

O processo descrito determina a necessidade de contar com uma construção integral do princípio da igualdade que sirva como fundamento, o qual sustente a interpretação do princípio nas leis, nas decisões administrativas e na jurisprudência. Ele é o principal propósito que guia o método e a sistematização que propomos, para analisar a teoria geral, com suas raízes e os elementos diferentes que integram o princípio, separando-a da práxis jurisprudencial e da projeção do princípio a diferentes setores especificamente determinados. Em outros termos, evitar o perigo de fazer da igualdade uma teoria holística que não discrimine os diferentes elementos e situações que integram sua realidade no mundo do direito.

Essa construção integral não deve esquecer que se a igualdade tem como finalidade proteger a dignidade do Homem, a desproteção à qual algumas legislações expõem seres humanos concebidos (que obviamente não podem se defender), ao legalizar o aborto, implica impedir a pessoas ainda não nascidas o direito humano mais fundamental de todos, que é o direito à vida, já que esses seres são pessoas humanas desde sua concepção no ventre materno[684], como foi reconhecido durante o século XIX e boa parte do século XX por parte de antigos liberais que (fossem eles ateus ou agnósticos) tinham plena consciência dos princípios do direito natural e dos direitos fundamentais do Homem.

V.1.2 A igualdade: um assunto clássico na era das nivelações

Ao mesmo tempo, convém notar que se buscou a igualdade como um objetivo, com distinta intensidade, no decorrer da História. Não se deve confundir o princípio geral de igualdade com o que costumamos

---

[684] Ver: SERNA, Pedro. "El derecho a la vida en el horizonte europeo de fin de siglo". *In:* MASSINI, Carlos Ignacio; SERNA, Pedro. *El derecho a la vida.* Pamplona: Eunsa, 1998, p. 25 ss.

mencionar como "igualitarismo social", ou seja, aquela tendência política que preconizava o desaparecimento ou atenuação das diferenças sociais cuja aplicação desmesurada na ambiguidade provocou sucessivas crises econômicas e políticas que arrastaram grandes cidades ou impérios à ruína tendo, certamente, uma raiz que tem pouco a ver com a solidariedade social pregada pelo cristianismo. Como destacou Ortega, vivemos em plena era das nivelações[685] e uma das principais consequências é a busca de uma igualdade desenhada pelo poder público.

O princípio geral de igualdade é parte do princípio maior da dignidade humana e o caráter jurídico que lhe é atribuído tem sempre como objetivo o ser humano, de forma direta (pessoas físicas) ou indireta (pessoas jurídicas). Certamente, seu conteúdo varia em função da finalidade que a igualdade cumpre nas formas diferentes de justiça da filosofia clássica (comutativa, distributiva e legal).

Como princípio jurídico, a igualdade aparece como um direito ou garantia a favor dos particulares, perante o Estado, na maioria das Constituições antigas e contemporâneas, o que não impediu que a projeção do princípio, através da interdição legal da discriminação, tenha sido estendida às relações entre particulares.[686] Como todo direito humano fundamental, seu reconhecimento não provém do Estado, nem da sociedade, mas da própria natureza e dignidade humanas.

Nesse sentido, o princípio da igualdade foi consagrado em tratados internacionais que, em nosso sistema, possuem hierarquia constitucional (art. 75 inc. 22 da CN). Assim, a Declaração Universal dos Direitos Humanos proclama que "todos os Homens nascem livres e iguais em dignidade e direitos" enquanto a Convenção Americana dos Direitos Humanos prevê que "Os Estados-Parte nesta Convenção se comprometem a respeitar os direitos e liberdades nela reconhecidos e a garantir seu exercício livre e pleno a qualquer pessoa que estiver sujeita a sua jurisdição, sem nenhuma discriminação por motivos de raça, cor,

---

[685] ORTEGA Y GASSET, José. "La rebelión de las masas". In: Obras completas. tomo IV. Madrid: Alianza Editorial/Revista de Occidente, 1983, p. 154.

[686] Na Argentina, por exemplo, a Lei n. 23.592 (que regula a proibição de discriminação).

CAPÍTULO V – O PRINCÍPIO DA IGUALDADE

sexo, idioma, religião, opiniões políticas ou de qualquer outra índole, origem nacional ou social, posição econômica, nascimento ou qualquer outra condição social".[687]

Por sua vez, o Tribunal Interamericano de Direitos Humanos salientou que "(...) existe um vínculo indissolúvel entre a obrigação de respeitar e garantir os direitos humanos e o princípio da igualdade e não discriminação" observando que "O descumprimento pelo Estado, mediante qualquer tratamento discriminatório, da obrigação geral de respeitar e garantir os direitos humanos, lhe gera responsabilidade internacional".[688]

V.1.3 Justiça e igualdade

A justiça presume uma relação de igualdade cujo objetivo final é sempre a realização do bem comum nas diferentes espécies de justiça, mesmo na chamada justiça particular.[689]

A noção de justiça é integrada em três elementos: a) é uma relação de alteridade, ou seja, intersubjetiva, o que significa que se orienta sempre a outra pessoa (somente no sentido figurado uma pessoa pode falar de fazer justiça); b) o devido (o *debitum*) a outro e, correlativamente, o direito que essa pessoa tem de reivindicar o que considera como seu; e c) a igualdade que, por constituir um elemento analógico, pode se apresentar-se em formas variadas.[690]

A classificação feita pela escolástica, através de Tomás de Aquino, fundamenta-se basicamente na doutrina de Aristóteles e distingue duas grandes espécies de justiça: geral e particular.

---

[687] Art. 1.1 da Convenção Americana sobre Direitos Humanos.
[688] Opinião consultiva 18/03, de 17.09.2003, Serie A, n. 18, parágrafos 85/86, no caso "Condición jurídica de los migrantes indocumentados".
[689] FINNIS, John. *Ley natural y derechos naturales*. Tradução de Cristóbal Orrego S. Buenos Aires: Abeledo Perrot, 2000, p. 203.
[690] FINNIS, John. *Ley natural y derechos naturales*. Tradução de Cristóbal Orrego S. Buenos Aires: Abeledo Perrot, 2000, pp. 191-193.

A justiça geral, também chamada legal, ordena todas as relações humanas (tanto das partes com a comunidade quanto das partes entre si), bem como as demais virtudes ao bem comum. Começa a partir do princípio que reconhece que "(...) a parte, na condição de tal, é algo do todo, onde todo o bem da parte é ordenável ao todo". A partir dele, segue-se que a matéria comum desse tipo de justiça é a esfera de atuação das demais virtudes, pois todos os atos humanos devem orientar-se ao bem comum, "ao menos de uma maneira negativa e mediata"".[691]

Depreende-se de tal doutrina que "(...) não há plenitude fora da sociedade e a condição primordial da existência da sociedade é a primazia do bem comum. Trata-se da relação de reciprocidade entre o individual e o social".[692] É claro que o bem comum, mesmo devendo ser seu objetivo primordial, não se identifica com o Estado e nem com as concepções populistas que deformam a raiz filosófica do princípio de prevalência do bem comum, que se encontra regido pela regra da subsidiariedade.

Subordinada à justiça legal ou geral encontra-se a justiça particular, cujas espécies são as chamadas justiças comutativa e distributiva. Ao explicar essas formas da justiça, Tomás de Aquino expressa que "(...) a justiça particular se ordena a uma pessoa privada que, com relação à comunidade, é como a parte do todo. Dessa forma, toda parte pode ser considerada em um duplo aspecto: primeiro, na relação de parte a parte, ao que corresponde na vida social à ordem de uma pessoa privada a outra, e essa ordem é dirigida pela justiça comutativa, consistente nos intercâmbios feitos entre duas pessoas; o outro aspecto é o de todo respeito às partes, e a essa relação se assemelha a ordem existente entre a

---

[691] URDANOZ, Teófilo. *Introducción a la cuestión 58 de la Suma teológica.* tomo VII. Madrid: BAC, 1956, p. 264.

[692] CASARES, Tomás D. *La justicia y el derecho.* 2ª ed. Buenos Aires: Cursos de Cultura católica, 1945, p. 65, destaca: "Para nossa plenitude pessoal, a vida em sociedade é necessária, e quanto mais perfeita for a vida social, maiores possibilidades de plenitude ou perfeição pessoal existirão para aqueles que integram a comunidade. E será dada a medida da perfeição social de um certo ponto de vista da nossa perfeição pessoal. Esse movimento circular do bem comum e do bem individual se desnaturaliza substituindo a perfeição pessoal pela liberdade individual, com o qual a pessoa e a sociedade se desarticulam após um tempo, porque a liberdade não é um fim, mas apenas um meio; ou atribuindo toda a virtude à ação da comunidade pelo órgão de governo".

CAPÍTULO V – O PRINCÍPIO DA IGUALDADE

comunidade e cada uma das pessoas individuais: tal ordem é dirigida pela justiça distributiva, que divide proporcionalmente os bens comuns".[693]

Na justiça comutativa, a igualdade se estabelece de objeto a objeto (exceto que a condição pessoal seja causa de distinções reais), ao passo que na justiça distributiva a igualdade realizada é proporcional à condição da pessoa e às exigências do meio social.[694] Com relação à distribuição realizada na justiça distributiva, deve-se ter em mente que a medida dessas condições deve ser proporcional à qualidade, aptidão ou função de cada um dos membros do corpo social.[695]

Para resolver os problemas de distribuição não existe uma fórmula única universalmente aplicável[696], e será preciso se adaptar aos critérios sugeridos pela razão prática, ou seja, às chamadas regras da razoabilidade prática.

O equilíbrio da doutrina sobre a justiça se baseia na subordinação do que é político, social, econômico e jurídico à moral e, definitivamente, na perfeição humana, sem a qual a ordem e a paz não podem se impor, pela simples razão de que a comunidade não pode proporcionar o que as partes integrantes nela não tenham posto nela.[697]

---

[693] *Cf. Suma teológica.* tomo VII, Biblioteca de Autores Cristãos, pp. 350/351 (*S. Tª* 2.2. q. 61 a. 1). Ver especialmente PIEPER, Josef. *Justicia y fortaleza*. Madrid: Rialp, 1968, pp. 78 ss. e as Sentenças da Suprema Corte, "Valdez, José Raquel contra Nación", Sentenças 295:937 (1976) e "Vieytes de Fernández, Juana suc. contra Prov. de Buenos Aires", Sentenças 295:973 (1976) sobre justiça comutativa. Ver, também, para um exemplo de justiça distributiva nas relações privadas: "SA Barbarella CIFI", Sentenças 300:1087 (1978).

[694] PIEPER, Josef. *Justicia y fortaleza*. Madrid: Rialp, 1968, pp. 111/112.

[695] "Então, na justiça distributiva, a comunidade deve à pessoa na proporção que merece – critério moral – e, em atenção ao benefício, a distribuição garante à comunidade aperfeiçoando sua estrutura. A comunidade pode dever a uma pessoa uma hierarquia do ponto de vista moral, e, entretanto, não lhe deverá poder, porque pode não ter aptidão para exercê-lo" (*Cf.* CASARES, Tomás D. *La justicia y el derecho*. 2ª ed. Buenos Aires: Cursos de Cultura católica, 1945, pp. 63/64).

[696] FINNIS, John. *Ley natural y derechos naturales*. Tradução de Cristóbal Orrego S. Buenos Aires: Abeledo Perrot, 2000, p. 203.

[697] CASARES, Tomás D. *La justicia y el derecho*. 2ª ed. Buenos Aires: Cursos de Cultura católica, 1945, p. 66.

Continuamos pensando que o desenvolvimento atual dos Direitos Público e Privado não admite, absolutamente, a identificação do Direito Público à justiça legal e distributiva, nem do Direito Privado à justiça comutativa.[698]

Os inúmeros exemplos que a realidade atual do mundo jurídico oferece confirmam a conclusão que acabamos de defender, já que se pode notar que enquanto o Direito Privado incorpora normas e se ocupa de relações fundadas na justiça distributiva (v.g., em matéria trabalhista e direito das associações), o Estado comparece, no âmbito do Direito Público, à conclusão de acordos com os particulares, cujas prestações se determinam, de forma equilibrada, por um ato comutativo, em que o débito e o crédito têm uma relação direta entre si em função da coisa devida e não da pessoa ou exigências sociais (v.g., o contrato de fornecimento).[699]

Por outro lado, o Estado costuma não ter a administração do bem comum muitas vezes em um sentido exclusivo e imediato, já que ele

---

[698] A conclusão que defendemos no texto se ajusta plenamente à doutrina tomista sobre a justiça (cit., Tº VII, p. 351 [2.2. q. 61 a. 1] e pp. 360/361 [2.2. q. 61 a. 4]), e, nessa parte, faz-se referência a uma relação de serviço para a comunidade regida pela justiça comutativa. Tal postura, que expusemos a partir de 1980 nas diferentes edições dessa obra, foi também defendida por URRUTIGOITY, Javier. "El derecho subjetivo y la legitimación procesal administrativa". *In:* SARMIENTO GARCÍA, Jorge H. (coord.). *Estudios de derecho administrativo.* Buenos Aires: Depalma, 1995, pp. 219 ss., esp. pp. 287/288.

[699] Contrapartida: BARRA, Rodolfo Carlos. *Principios de derecho administrativo.* Buenos Aires: Ábaco, 1980, pp. 89 ss. Segundo esse autor, "não é circunstancial definir a relação jurídica determinada como regida pela justiça distributiva ou bem pela comutativa. É um critério objetivo que se torna independente das circunstâncias históricas como fundamento direto da distinção...". De fato, é evidente que as circunstâncias históricas não são fonte da distinção entre a justiça distributiva e a comutativa, que obedece a sua relação entre o bem comum (em forma imediata ou mediata) e o bem individual e a forma na qual se estabelece a igualdade (com relação à coisa, pessoa ou meio social). Entretanto, essas circunstâncias históricas são, contudo, o fundamento real da distinção entre Direito Público e Direito Privado, uma prova oferecida pelo Direito Comparado (do mundo ocidental), em que não reina uniformidade com relação à localização de instituições importantes. A conclusão formulada pela referida doutrina é uma consequência forçada da identificação que preconiza entre o Direito Público e a justiça distributiva, e entre o Direito Privado e a justiça comutativa.

CAPÍTULO V – O PRINCÍPIO DA IGUALDADE

pode ser realizado pelas chamadas associações intermediárias, as quais podem configurar-se – no plano jurídico – como pessoas públicas não estatais ou como pessoas jurídicas privadas.[700] Deve-se observar, por último, que no âmbito das transformações que vêm sendo realizadas no mundo após o desmoronar do socialismo, João Paulo II, ao aprovar a encíclica *Centesimus Annus,* destacou a positividade do mercado e da empresa, sempre que forem orientados para a realização do bem comum.[701]

Por influência da doutrina social da Igreja, introduziu-se uma nova denominação de um tipo específico de justiça, frequentemente usado a partir da encíclica *Quadragesimo anno,* de Leão XIII, que aparece diretamente relacionada às exigências do bem comum e aos deveres do Estado e das pessoas, na aplicação dos princípios de solidariedade e de subsidiariedade, para corrigir as carências sociais e para proteger os direitos dos trabalhadores e operários.[702] É a chamada justiça social que se considerou equivalente à justiça legal ou geral.

Com base na clássica formulação tomista sobre as diferentes espécies de justiça, a justiça social pode ser concebida como aquela que compreende todo o movimento circular do ato justo, ou seja, tanto a justiça geral quanto a justiça particular (distributiva e comutativa).[703] A circunstância de incluir a justiça particular se explica pelo fato de as obrigações impostas às pessoas não serem norteadas para a comunidade, mas para as partes da relação. Deve-se notar que o termo "comutação"

---

[700] PIEPER, Josef. *Justicia y fortaleza*. Madrid: Rialp, 1968, p. 115. Tomás de AQUINO não acolhe a clássica divisão entre Direito Público e Privado esboçada por ARISTÓTELES e colhida por ULPIANO (*Suma teológica.* tomo VIII, p. 227, na *Introducción a la cuestión 57*, efetuada por URDANOZ).

[701] Cf. *Centesimus Annus*. cap. V, ponto 43.

[702] FINNIS, John. *Ley natural y derechos naturales*. Tradução de Cristóbal Orrego S. Buenos Aires: Abeledo Perrot, 2000, p. 225, obs. VII-6, seguindo a opinião de DEL VECCHIO, *In: Justice*. Edimburgo: A. H. Campbell, 1952, pp. 35/36.

[703] Em sucessivos trabalhos anteriores, expusemos uma opinião mais restritiva sobre a justiça social que agora, seguindo FINNIS, consideramos necessário ampliar (ver nosso *Curso de derecho administrativo.* 10ª ed. tomo I. La Ley: Buenos Aires, 2009, p. 33).

não se circunscreve aos intercâmbios, mas se refere a uma expressão do latim clássico *commutatio,* que equivale a troca, em que, ao deixar de lado "(...) os problemas de um patrimônio comum e outros similares, o problema consiste em determinar quais tratos são adequados entre as pessoas (incluindo os grupos)".[704]

V.1.4 Sobre as espécies de igualdade e a noção positivista. Os critérios da igualdade distributiva

Os caminhos da filosofia e os do direito nem sempre confluíram. Enquanto, do ponto de vista filosófico clássico, a igualdade é concebida como uma proporcionalidade[705] que se refere a um determinado equilíbrio ou contrapeso estabelecido conforme a razão prática, o direito constitucional do século XIX e os ordenamentos subsequentes cunharam um conceito jurídico da igualdade: a igualdade perante a lei.

Entretanto, ao fazer a análise deste último princípio, nota-se que a igualdade pode referir-se tanto a uma relação formal, (v.g., o procedimento), quanto substancial ou material (por exemplo, vantagens ou benefícios que lembra uma lei, regulamento ou ato administrativo).

Por sua vez, no âmbito constitucional positivista no qual prevalecia a concepção formal que pregava a igualdade perante a lei, a tendência mais evoluída chegou a preconizar uma fórmula que pretendia cumprir com o dogma da plenitude do ordenamento e, sobretudo, através de Hart, difundiu a ideia de que a igualdade consiste em "(...) tratar como semelhantes, os casos semelhantes e de maneira diferente, os casos diferentes"[706], ao qual considera um elemento central da noção

---

[704] FINNIS, John. *Ley natural y derechos naturales.* Tradução de Cristóbal Orrego S. Buenos Aires: Abeledo Perrot, 2000, p. 207.

[705] Ver: ARISTÓTELES. *Etica a Nicomaco.* vol. 3. Madrid: Centro de Estudios Constitucionales, 1985, 1131a31 (*Cf.* cit. de FINNIS, John. *Ley natural y derechos naturales.* Tradução de Cristóbal Orrego S. Buenos Aires: Abeledo Perrot, 2000, p. 193, obs. 3).

[706] HART, Herbert L. A. *El concepto de derecho.* Tradução de Genaro R. Carrió. Buenos Aires: Abeledo Perrot, 1977, p. 198. Na realidade, a fórmula de HART se refere a

CAPÍTULO V – O PRINCÍPIO DA IGUALDADE

de justiça, embora reconheça que, em si mesmo, é incompleto e que, enquanto não alcançar o complemento, não pode ser utilizado como guia da conduta a seguir. Ele considera necessário estabelecer um critério relevante para definir as semelhanças e diferenças ou o que equivale ao reconhecer que a fórmula é, em si mesma, uma fórmula vazia de conteúdo, como o próprio Hart comprova, quando se refere aos critérios diferentes que justificam o trato diferenciado na justiça distributiva. Finnis percebe a deficiência da fórmula e a resolve afirmando que o importante é saber quais são aqueles princípios que permitem "(...) avaliar como se deve tratar cada pessoa (ou que direito uma pessoa tem ao ser tratada de determinada maneira) prescindindo se outros estão ou não sendo tratados assim".[707] Dá como exemplo o princípio que proíbe a tortura, o qual é incontrastável, pois se aplica aos desiguais do mesmo modo que aos iguais, em todos os casos. O pensamento de Finnis sobre essa regra consiste em reconhecer que todos os membros de uma comunidade gozam por igual do direito a uma consideração respeitosa, mesmo que para resolver problemas de justiça distributiva a igualdade seja um princípio residual, que se aplica quando outros critérios não são suficientes, não para realizar a igualdade, mas sim o bem comum, que pode resumir-se na realização plena da vida e dos bens humanos básicos, por parte de todos os membros de uma comunidade.

E mesmo reconhecendo que não existem padrões exatos para avaliar tais questões, ele recorre – seguindo Hart[708] nesse caso – à necessidade, como critério principal de distribuição, o que completa com outros critérios, como (i) o da função, referindo-se não diretamente ao bem humano básico, mas aos papéis e responsabilidades de cada um no seio da comunidade; (ii) à capacidade para cumprir com os papéis nas empresas comuns e com relação às oportunidades para o progresso in-

---

ARISTÓTELES (*Etica a Nicomaco*. vol. 6. Madrid: Centro de Estudios Constitucionales, 1985[1131a] e *Política* III-9 [1280x]).

[707] FINNIS, John. *Ley natural y derechos naturales*. Tradução de Cristóbal Orrego S. Buenos Aires: Abeledo Perrot, 2000, pp. 193/194.

[708] *El concepto de derecho*. Tradução de Genaro R. Carrió. Buenos Aires: Abeledo Perrot, 1977, p. 203 ss.

dividual (v.g., o acesso à educação superior); (iii) os méritos e as contribuições que derivam do sacrifício próprio ou do esforço e habilidade das pessoas; e (iv) na distribuição para compensar os custos e as perdas de uma empresa, onde o equitativo vai depender de as pessoas terem criado ou pelo menos previsto e aceitado riscos evitáveis, enquanto outras pessoas nem os criaram e nem tiveram a oportunidade de prevê-los, de evitá-los ou de se garantir contra referidos riscos. Definitivamente, não se trata de avaliar estados de coisas, mas a exigência da razoabilidade prática com relação a pessoas determinadas em seus tratos recíprocos.[709]

O certo é que a distinção entre justiça distributiva e comutativa apenas constitui uma forma com tendência em facilitar a análise e que – como temos defendido desde nossos primeiros trabalhos – muitas ações do Estado e, mesmo dos particulares, são, no mínimo, "(...) distributivas e comutativamente justas (ou injustas)".[710]

De toda forma, a igualdade não constitui um princípio absoluto, mas relativo, considerando que, exceto o direito à vida e seus derivados, (v.g., proibição de tortura) não existem princípios nem direitos absolutos e eles são desfrutados conforme as leis que regulamentam seu exercício (art. 14 da CN). A jurisprudência da Corte sustentou, de forma expressa,[711] o caráter relativo do princípio da igualdade.

V.1.5 A igualdade perante a lei e a razoabilidade

Caso aceitemos como válido o raciocínio elaborado por Finnis, ao sustentar que a fórmula de Hart da igualdade apresenta um caráter residual na justiça distributiva, devem os apontar, definitivamente, os

---

[709] FINNIS, John. *Ley natural y derechos naturales*. Tradução de Cristóbal Orrego S. Buenos Aires: Abeledo Perrot, 2000, p. 204.

[710] FINNIS, John. *Ley natural y derechos naturales*. Tradução de Cristóbal Orrego S. Buenos Aires: Abeledo Perrot, 2000, p. 208.

[711] Sentenças 151:359 (1928), *in re* "Eugenio Díaz Vélez contra Provincia de Buenos Aires".

CAPÍTULO V – O PRINCÍPIO DA IGUALDADE

critérios de razoabilidade prática para justificar as desigualdades. De qualquer forma, a igualdade perante a lei pregada pelo art. 16 da CN apresenta uma série de características que traduzem pautas derivadas do princípio da razoabilidade (art. 28 da CN), para declarar tanto a inconstitucionalidade de uma lei ou regulamento, quanto um ato administrativo, particularmente frente a casos de decisões administrativas que aplicam a lei de forma desigual.[712] Por essa razão, como a igualdade não se limita a exigi-la apenas perante a lei formal ou material, por ser um princípio de maior amplitude, caberia falar de "igualdade jurídica".[713]

Em nosso país, a doutrina do Direito Público não abordou a tarefa de realizar uma construção dogmática completa sobre o princípio da igualdade jurídica, que é uma exigência da justiça e, portanto, da razoabilidade[714] e, em geral, socorre as categorias inorgânicas que são extraídas da jurisprudência da Suprema Corte dos Estados Unidos, o qual não deixa de ser um paradoxo, já que no grande país do norte a igualdade racial, por exemplo, foi imposta recentemente após a segunda metade do século XX, enquanto na Europa já existia havia mais de um século, sendo evidente, além disso, que lá outorgaram, durante muitos anos, uma forte preferência à liberdade sobre os outros direitos fundamentais.[715] A razão que justifica o rumo adotado pela generalidade de nosso direito constitucional provavelmente obedece à inclinação histórica que o faz

---

[712] GARAY, Alberto. *La igualdad ante la ley*. Buenos Aires: Abeledo Perrot, 1989, p. 25 ss. faz uma análise ponderada dos principais casos que a jurisprudência da Corte exibe até o ano da publicação do livro; ver: a jurisprudência da Corte em GELLI, María Angélica. *Constitución de la Nación argentina*: comentada y concordada. tomo I. Buenos Aires: La Ley, 2001, p. 232 ss., SOLA, Juan Vicente. *Tratado de derecho Constitucional*. 1ª ed. tomo II. Buenos Aires: La Ley, 2009, p. 257 ss.; SABSAY, Daniel; MANILI, Pablo L. (coord.). *Constitución de la Nación argentina*: comentario al artículo 16 de Saba, Roberto. Buenos Aires: Hammurabi, 2009, p. 599 ss.

[713] BIDART CAMPOS, Germán J. *Derecho constitucional*. tomo II. Buenos Aires: Ediar, 1966, p. 158 ss.; BADENI, Gregorio. *Tratado de derecho constitucional*. tomo I. Buenos Aires: La Ley, 2004, p. 690 ss.

[714] LINARES, Juan Francisco. *Poder discrecional administrativo*. Buenos Aires: Abeledo Perrot, 1958, p. 136.

[715] Ver: BIANCHI, Alberto B. *Historia constitucional de los Estados Unidos*. Buenos Aires: Cathedra Jurídica, 2008, p. 33 ss. e especialmente p. 135 ss.

seguir, com todo rigor, o modelo da Constituição estado-unidense e suas categorias jurisprudenciais junto ao maior desenvolvimento que houve ali – com seus vaivéns – da doutrina da razoabilidade. Em qualquer circunstância, não é possível ignorar que a construção de nosso artigo 16, que provém do Projeto de Alberdi[716], baseado em uma mistura entre antecedentes europeus e norte-americanos (a Constituição da Virgínia de 1776 e o art. 6º da Declaração francesa dos Direitos Humanos, de 1789), seja muito mais sóbria e precisa[717], não obstante predicar também uma igualdade formal: a igualdade perante a lei.

Contudo, se o centro ou vértice onde concorrem os diferentes graus de justiça na igualdade se encontra no princípio da razoabilidade das leis, regulamentos ou atos administrativos (aplicável extensivamente também a relações entre particulares), a concepção da igualdade não pode se separar das espécies diferentes de razoabilidade (tanto na avaliação quanto nos critérios de seleção).

Já que é impossível observar a igualdade do trato em todas as adjudicações jurídicas (sendo prestacionais ou sancionatórias), a determinação da desigualdade desemboca, finalmente, na análise da avaliação e conteúdo das diferenças específicas consideradas pelas normas e atos para justificar as desigualdades formais e materiais que elas exibem.

Enquanto a chamada razoabilidade ponderativa é uma operação pela qual pondera ou pesa (metaforicamente, como em uma balança) o sentido axiológico ou finalístico do antecedente e consequente da norma e a proporção que existe entre eles[718], a outra espécie de razoabilidade age na seleção das circunstâncias do caso ou propriedades (em

---

[716] SÁNCHEZ VIAMONTE, Carlos. *Manual de Derecho Constitucional*. 3ª ed. Buenos Aires: Kapelusz, 1958, pp. 144/145.

[717] O projeto de Constituição de ALBERDI estabelece que: "a Nação argentina não admite prerrogativas de sangue nem de nascimento: não há nela foros pessoais nem títulos de nobreza. Todos os habitantes são iguais perante a lei e admissíveis nos empregos sem outra condição, exceto a idoneidade. A igualdade é a base do imposto e dos encargos públicos" (art. 16).

[718] LINARES, Juan Francisco. *Poder discricional administrativo*. Buenos Aires: Abeledo Perrot, 1958, p. 137.

CAPÍTULO V – O PRINCÍPIO DA IGUALDADE

sentido lógico) que integram o antecedente e o consequente, sem recorrer a um termo de comparação[719] como acontece com o princípio da igualdade perante a lei.

A primeira (razoabilidade ponderativa) coincide com a teoria norte-americana do devido processo substantivo (instituição jurídica em que a jurisprudência estado-unidense aloja essa violação peculiar do princípio dos direitos fundamentais) e consiste em uma operação de imputação normativa (*the balance of convenience rule*), mediante a ligação "dever ser".[720]

Na segunda (razoabilidade de escolha ou de igualdade) "(...) leva-se em consideração o imputado ao escolher as circunstâncias ou propriedades que compõem o antecedente e o consequente incorrendo-se na irrazoabilidade quando se formulam distinções sem fundamento axiológico suficiente (...), o que acontece se os fatos ou condutas criados na diferença específica com base em uma diferença de trato, são determinados arbitrariamente"[721], conclusão que postula também a doutrina germana e o Tribunal Constitucional alemão[722], com posterioridade à formulação teórica efetuada por Linares.

V.1.6 O chamado paradoxo da igualdade

Caso o princípio da igualdade jurídica do artigo 16 de nossa Constituição Nacional (todos os habitantes são iguais perante as leis e por extensão perante os regulamentos administrativos) seja interpretado como excedente de seu conteúdo formal e consagrador de uma igualdade de fato ou material (designando um caráter abrangente), incorrer-se-á em

---

[719] DIDIER, María Marta. *El principio de igualdad en las normas jurídicas*. 1ª ed. Buenos Aires: Marcial Pons, 2012, p. 60.

[720] LINARES, Juan Francisco. *Poder discrecional administrativo*. Buenos Aires: Abeledo Perrot, 1958, p. 136.

[721] LINARES, Juan Francisco. *Poder discrecional administrativo*. Buenos Aires: Abeledo Perrot, 1958, p. 138.

[722] Ver: ALEXY, Robert. *Teoría de los derechos fundamentales*. 2ª ed. Tradução de Carlos Bernal Pulido. Madrid: Centro de Estudos Políticos e Constitucionais, 2007, p. 354 ss.

uma contradição lógica insuperável toda vez que aquilo que segundo o princípio abrangente de igualdade implicar um trato igual, conforme o princípio da igualdade de fato, configurar um trato desigual e vice-versa.

Essa situação que, para Alexy, constitui o paradoxo da igualdade[723], geralmente se apresenta como um dilema complexo que leva e escolher entre dois princípios opostos. Em nossa opinião, a tentativa de articulá-lo em um princípio unitário gera confusões, achando-se fortemente influenciado pelas concepções ideológicas da cada autor. Além disso, o reconhecimento do princípio da igualdade de fato e sua aplicação, de forma imperativa pelo Estado, gera um conjunto de dificuldades de envergadura[724], que se aconselha deixar dentro da esfera de competência do legislador, cuja liberdade de configuração deve prevalecer no Estado de Direito.

Isso não implica que o legislador disponha de uma liberdade absoluta que justifique evitar a problemática que implica a realização da igualdade material nos casos em que se torna necessário suprir ou amenizar graves carências sociais, nem evitar as distorções graves que poderiam existir na distribuição da riqueza na sociedade, conforme os recursos existentes em uma determinada comunidade, porque os males de uma distribuição irracional e desproporcionada podem ser maiores do que os bens que a política distributiva venha a produzir.

Os princípios do Estado de Direito (fundamentalmente o de separação de poderes), junto à série de dificuldades que a realização de um "igualitarismo social" e suas características apresentam, impedem que os

---

[723] *Teoría de los derechos fundamentales*. 2ª ed. Tradução de Carlos Bernal Pulido. Madrid: Centro de Estudos Políticos e Constitucionais, 2007, p. 368. O paradoxo da igualdade se apresenta, na medida em que se concebe a igualdade como um princípio abrangente. ALEXY destaca, com razão, que, do ponto de vista constitucional "deve-se excluir a possibilidade de renunciar ao princípio da igualdade jurídica porque não pode existir nenhuma dúvida quanto a esse princípio ser um elemento do direito constitucional vigente (p. 369). Essa conclusão, válida para o direito alemão, apresenta-se mais forte no direito constitucional argentino, que contém preceitos mais exatos que permitem aplicar, indistintamente e de forma coordenada, os princípios de razoabilidade e de igualdade.

[724] Enquanto a igualação é estática (como uma fotografia que reflete um momento), as desigualdades são constantes e dinâmicas. O igualitarismo leva a efetuar correções infinitas que não garantem a realização da competência e nem premiam o esforço ou eficiência de uma parte da sociedade com relação aos que esperam que tudo provenha do Estado.

CAPÍTULO V – O PRINCÍPIO DA IGUALDADE

juízes se transformem em legisladores que decidam a política distributiva de um Estado. Entre essas características, Finnis (com base no procedimento de falência como exemplo de justiça) registra o seguinte: "(...) a) porque os critérios razoáveis para avaliar a justiça distributiva não geram um único modelo de distribuição (nem sequer um conjunto determinável de modelos) em que todas pessoas razoáveis seriam obrigadas a concordar (...)"; e b) porque garantir e manter um modelo de distribuição sem referência a nenhuma das liberdades, responsabilidades e pretensões justas de forma comutativa que os indivíduos, as famílias ou outros grupos criam para si mesmos, só seriam possíveis se toda a iniciativa individual fosse sufocada e os atos de injustiça de todo indivíduo fossem ignorados. Não se pode defender de forma razoável, se isso não disser respeito a projetos muito limitados, uma distinção excludente de forma recíproca entre "situações finais" que podem ser avaliadas como justas de forma distributiva e "processos" que criam e satisfazem pretensões e responsabilidades de justiça comutativa. Na escala da comunidade completa, que busca o bem comum da plena realização de todos os seus membros, a distinção falha (i) porque a realização das pessoas inclui entre seus aspectos intrínsecos (enquanto diferentes dos meios puramente extrínsecos) e a oportunidade de se comprometer em determinados processos (tais como dar e receber, escolher os próprios compromissos e onde investir a habilidade ou o esforço etc.), e (ii) porque a existência de tal comunidade pertence à realização radicalmente ilimitada, com membros que continuam nascendo de forma contínua nela, vão-se embora e morrem, de tal maneira que nem um único espaço de tempo (por referência ao qual um modelo como justo em sentido puramente distributivo poderia ser avaliado) tem a condição privilegiada de uma 'situação final'".[725]

Além de tudo isso, as políticas distributivas fundadas no "igualitarismo social" (que não têm muito a ver com o fundamento da justiça social) melhor relacionado com tendências socialistas totalitárias vinculadas ao marxismo ou com um jacobinismo insustentável no mundo atual, representam um enfoque abrangente da igualdade que colide com o discutido problema da relação entre a liberdade e a igualdade.[726]

---

[725] FINNIS, John. *Ley natural y derechos naturales*. Tradução de Cristóbal Orrego S. Buenos Aires: Abeledo Perrot, 2000, p. 220.

[726] ALEXY, Robert. *Teoría de los derechos fundamentales*. 2ª ed. Tradução de Carlos Bernal Pulido. Madrid: Centro de Estudos Políticos e Constitucionais, 2007, p. 368/369 e obs. 66 com suas citações.

Dissemos, no início deste tópico, que o paradoxo da igualdade se apresentava geralmente como um dilema que implica uma opção a favor do legislador para escolher entre a igualdade formal e a matéria ou de fato. Entretanto, essa afirmação requer a formulação de algumas precisões adicionais.

Se a igualdade perante a lei tem um conteúdo que excede o formal, contanto adjudica vantagens ou desvantagens às pessoas, é possível que o critério de comparação na qual se baseia a política distributiva do Estado beneficie alguns setores sem prejudicar outros (pelo menos de forma direta ou imediata). Isso acontece no campo da saúde e, particularmente, nos regimes de proteção aos deficientes ou de promoção industrial, bem como nos sistemas que estabelecem subsídios sociais (por exemplo, nos serviços públicos, a denominada tarifa social) ou subvenções por razões de bem comum (por exemplo, aos estabelecimentos educativos).

Conforme afirmou Finnis, "(...) o sonho de uma justiça puramente distributiva compartilha, com o consequencialismo utilitarista, a ilusão de que o bem humano é adequadamente justificável, a ilusão de que a busca do bem comum é a de um objetivo atingível de uma vez por todas, como fazer um *omelete* e a ilusão de que é razoável postular um ponto ou espaço de tempo privilegiado por referência ao qual as consequências das ações poderiam, teoricamente, ser resumidas e avaliadas, designadas e distribuídas".[727]

V.1.7 A igualdade real de oportunidades e a cláusula para o progresso, o bem-estar e a justiça social (art. 75 inc. 23, parágrafo primeiro e inc. 19 da CN). A discriminação racial

A reforma constitucional de 1994 e o novo *status* constitucional que nela são designados determinados tratados internacionais (art. 75 inc. 22 da CN), além da questão inerente à opção entre igualdade de

---

[727] FINNIS, John. *Ley natural y derechos naturales*. Tradução de Cristóbal Orrego S. Buenos Aires: Abeledo Perrot, 2000, p. 221.

CAPÍTULO V – O PRINCÍPIO DA IGUALDADE

fato ou material e a igualdade jurídica que traduz o conceito de igualdade previsto no art. 16 da CN[728], propõem determinar o alcance dos preceitos constitucionais no que se refere à possibilidade de que gerem direitos subjetivos a favor dos particulares. Em outros termos, trata-se, ou não, de cláusulas programáticas ou de operatividade derivada (na terminologia atual da Suprema Corte) ou, por outro lado, constituem pautas ou guias de ação legislativa que entram na liberdade de configuração dos meios para alcançar os fins constitucionais de competência do legislador, cuja responsabilidade, nesse conceito, é basicamente política (se excluir o controle judicial de razoabilidade sobre as medidas adotadas).

Enquanto no parágrafo primeiro do art. 75 inc. 23 da CN se diz que cabe ao Congresso: "Legislar e promover medidas de ação positiva que garantam a igualdade de oportunidades e de trato e o pleno desfrute e exercício dos direitos reconhecidos pela Constituição e pelos tratados internacionais sobre direitos humanos, em particular com relação às crianças, aos idosos e às pessoas com deficiência", o art. 75 inc. 19 (que, metodologicamente, deveria situar-se depois) refere-se, de uma forma especial, à igualdade de oportunidades e possibilidades, sem discriminação, no âmbito educativo.

Ao incluir as referidas normas entre as atribuições do Congresso, resulta óbvio que não se trata da consagração de direitos constitucionais que dão base para efetuar queixas judiciais com fundamento nos tais preceitos, os quais possuem uma clara natureza programática[729] e não diretamente operativo. É evidente que a seleção das políticas legislativas nessas matérias traduz o exercício dos poderes discricionários do Congresso e que não é possível processar o Estado para que dite determinadas medidas[730], sem prejuízo do controle de razoabilidade que os juízes fazem sobre as leis, regulamentos e atos administrativos.

---

[728] Posto que, na prática, muitas poucas vezes aparece a proteção de uma igualdade formal pura desconectada da pretensão processual, o que se reflete nos casos jurisprudenciais.

[729] *Cf.* DIDIER, María Marta. *El principio de igualdad en las normas jurídicas*. 1ª ed. Buenos Aires: Marcial Pons, 2012, p. 58.

[730] GELLI, María Angélica. *Constitución de la Nación argentina:* comentada y concordada. 4ª ed. tomo II. Buenos Aires: La Ley, 2008, p. 200.

Uma situação diferente é a que gera o art. 37 da CN, quando prevê que as ações positivas com tendência a concretizar a igualdade real de oportunidades entre homens e mulheres a acessar cargos eletivos e partidos não poderão ser inferiores às que eram vigentes no período da reforma da Constituição. Dessa forma, a CN reconhece um direito fundamental à manutenção da cota feminina, prevista pela Lei n. 24.012, o que implica uma "discriminação inversa" que, à primeira vista, parece irrazoável, devido à igualdade humana ontológica que existe entre o homem e a mulher. Por isso, a chamada discriminação inversa contradiz o artigo 16 da CN.

Seria uma situação diferente se alguma lei discriminasse contra a mulher, mas, no mundo atual, nem os constituintes e/ou legisladores pensariam em sancionar semelhante discriminação.

No que se refere à discriminação racial, embora não tenha sido um problema proposto entre nós, cabe destacar que, após a reforma de 1994, também a Convenção Internacional sobre Eliminação de todas as formas de Discriminação Racial adquiriu *status* constitucional. O art. 1º dessa Convenção – em seu inciso 1 – define a discriminação racial como "(...) toda distinção, exclusão, restrição ou preferência baseada em motivos de raça, cor, linhagem ou origem nacional ou étnica, que tenha como objetivo ou resultado anular ou menosprezar o reconhecimento, desfrute ou exercício, em condições de igualdade, dos direitos humanos e liberdades fundamentais nas esferas política, econômica, social, cultural ou em qualquer outra esfera da atividade pública", prevendo, além do mais, a proibição de discriminar entre cidadãos e não cidadãos (inciso 2) e a interdição de consagrar discriminações contra alguma nacionalidade em particular (inciso 3).[731]

É interessante destacar que, devido ao amplo alcance de nosso artigo 20 da CN, a proibição de discriminar no ponto da nacionalidade permanece coberta pelo mencionado preceito constitucional, cuja análise faremos a seguir.

---

[731] Aprovada pela Lei n. 17.722.

CAPÍTULO V - O PRINCÍPIO DA IGUALDADE

V.1.8 O direito de igualdade dos estrangeiros para desfrutar dos direitos civis. As discriminações em matéria de cidadania

O artigo 20 da CN equipara, em matéria de direitos civis, os estrangeiros aos cidadãos argentinos nos seguintes termos:

> Os estrangeiros gozam de todos os direitos civis de cidadão no território da Nação; podem exercer sua indústria, comércio e profissão; possuir bens imóveis, comprá-los e aliená-los; navegar os rios e costas; exercer livremente seu culto; testar e casar-se conforme as leis. Não são obrigados a admitir a cidadania, nem a pagar contribuições forçadas extraordinárias. Obtêm nacionalização residindo dois anos contínuos na Nação; mas a autoridade pode encurtar este termo a favor de quem o solicitar, alegando e prestando serviços à República.

Como se sabe, a fonte da norma encontra-se no Projeto de Alberdi, com a finalidade de promover a imigração européia, com o objetivo de povoar o país[732], tal como é confirmado pelo texto do art. 25 da CN, que prevê:

> O Governo federal fomentará a imigração europeia; e não poderá restringir, limitar e nem onerar, com nenhum imposto, a entrada dos estrangeiros em território argentino que trarão, por objeto, o cultivo do solo, a melhora das indústrias e a introdução e o ensinamento das ciências e das artes.

Consequentemente, a obrigação constitucional, além da equiparação de direitos civis entre os estrangeiros e os cidadãos argentinos, consagra o direito de obter nacionalização junto à interdição de obrigá-los a "(...) admitir a cidadania nem a pagar contribuições forçadas extraordinárias" (art. 20 da CN).

Entretanto, essa equiparação não é absoluta e os estrangeiros, assim como todos os habitantes, desfrutam de seus direitos conforme as leis

---

[732] Cap. IV, obs. no art. 21 do Projeto de Alberdi.

que regulamentam seu exercício (art. 14 da CN). Essa regra aplica-se, particularmente, em matéria de admissão e expulsão de estrangeiros, quando o ingresso no país for efetuado de forma ilegal, sem prejuízo de que, em tais casos, todos os habitantes tenham como garantia o direito de defesa mencionado no art. 18 da CN.[733]

Além disso, na própria Constituição consagram-se requisitos para o acesso aos cargos supremos do Estado, aos que os estrangeiros não podem acessar (art. 89, que consagra o requisito de ser argentino nativo para ser eleito presidente ou vice-presidente da República), o que justifica, em função de que tal qualidade garante, de forma predominante, a preservação da identidade da Nação (que faz tanto para sua história e tradições e para os demais elementos que configuram a nacionalidade, quanto a cultura e o território).

Mesmo que a igualdade de que desfrutam os estrangeiros impeça que a legislação interna faça distinções entre os estrangeiros, o mesmo acontece, embora de forma indireta, nos tratados que consagram preferências a favor de países que integram uma organização supranacional, tenham ou não personalidade jurídica, tal como ocorre com o direito à livre circulação de bens, serviços e fatores produtivos, direitos que podem invocar todas as pessoas radicadas nos países que integram o MERCOSUL, como previsto no Tratado de Assunção.[734]

Ora, não se pode perder de vista que, como reflete a própria jurisprudência da Corte, a discriminação pode se basear tanto em razões de nacionalidade quanto na exigência de adquirir a cidadania para o

---

[733] GELLI, María Angélica. *Constitución de la Nación argentina*: comentada y concordada. tomo I. Buenos Aires: La Ley, 2001, p. 373 critica a jurisprudência do Tribunal que recusou um *habeas corpus* interposto por um cidadão uruguaio detido e expulso do território argentino, com o argumento que, ao estar fora do país, (por ter sido expulso), a questão tornara-se abstrata (*in re* "De la Torre Juan C.", Sentenças 321: 3646 [1998]), cons. 5º, publicado *in* La Ley com observação de BIDART CAMPOS, Germán J. "*Habeas corpus* e expulsão de estrangeiros. O abstrato e o concreto". *La Ley,* 1999-C, 62. Compartilhamos a crítica fundada que formula GELLI ao Tribunal, que não aplicou um próprio precedente anterior ("Solari Yrigoyen"), já que o raciocínio usado se revela contrário ao artigo 20 da CN e constitui um verdadeiro sarcasmo.

[734] Tratado de Assunção, art. 1º.

CAPÍTULO V – O PRINCÍPIO DA IGUALDADE

acesso a determinados cargos públicos nas forças que controlam a segurança nas fronteiras ou nos órgãos encarregados da polícia migratória.

Em todos os casos em que se questiona judicialmente alguma discriminação nessa matéria será obrigatória a realização de um exame sobre a razoabilidade da exclusão ou restrição de acordo com o princípio que surge no artigo 28 da CN.

Seção Segunda
O controle jurisdicional das discriminações arbitrárias

V.2.1 Preliminar sobre o controle de razoabilidade na jurisprudência

A garantia de razoabilidade, com fundamento, principalmente, nos art. 28 e 33 da Constituição, concluída com os direitos e garantias que emergem dos art. 6 e 17 da CN[735], foi invocada em diferentes sentenças de nossa Suprema Corte, sem poder afirmar que existe uma elaboração sistemática[736], situação, em certo modo, justificável, já que a Corte poderia ter seguido as grandes diretrizes da construção doutrinária formuladas a seu momento por Linares[737], inspirada nos antecedentes que outrora proporcionava o direito norte-americano, com base em uma teorização coerente baseada na aplicação e interpretação dos textos constitucionais vernáculos.

Em termos gerais, pode-se dizer que os critérios que são extraídos da jurisprudência da Suprema Corte sobre o juízo de razoabilidade

---

[735] O primeiro estudo completo sobre essa garantia constitucional no direito argentino e comparado e realizado em nosso país foi feito por LINARES, Juan Francisco, no livro *El debido proceso como garantía innominada en la Constitución Argentina:* razonabilidad de las leyes. Buenos Aires: Depalma, 1944, especialmente p. 158 ss.; ver também: CIANCIARDO, Juan. *El principio de razonabilidad:* del debido proceso sustantivo al moderno juicio de proporcionalidad. Buenos Aires: Abaco, 2004, p. 38.

[736] SOLA, Juan Vicente. *Tratado de derecho constitucional.* tomo II. Buenos Aires: La Ley, 2009, p. 517.

[737] LINARES, Juan Francisco. *El debido proceso como garantía innominada en la Constitución Argentina:* razonabilidad de las leyes. Buenos Aires: Depalma, 1944, p. 15 ss.

referem-se à proporção entre os meios e os fins que as leis buscam e à ausência de iniquidade manifestada[738], tendo também vinculado a irrazoabilidade com a alteração ou afetação dos direitos fundamentais das pessoas.[739]

Várias foram as razões que conspiraram para levar a cabo uma construção jurídica aceitável no plano da lógica e da justiça. Entre elas, convém registrar a falta de coerência da jurisprudência da Suprema Corte norte-americana e ainda de boa parte da doutrina, limitada pelos temores de generalizar regras com base no princípio *stare decisis* que governa o sistema jurisprudencial dos EUA.[740] A essas circunstâncias, cabe acrescentar a quantidade de casos que nossa Corte teve de resolver, as mudanças frequentes em sua integração por circunstâncias políticas e determinado desconhecimento das operações lógicas e aplicação dos princípios gerais do direito aos casos submetidos à decisão do Supremo Tribunal. Tal situação gera uma incerteza que afeta a segurança jurídica, embora reconheça os esforços que um setor da doutrina realizou para articular pautas de razoabilidade aceitáveis.[741]

O sistema de controle constitucional difuso, mesmo com as vantagens que traduz, não contribuiu para que o direito constitucional argentino tivesse uma construção orgânica sobre o controle jurisdicional de razoabilidade das leis e atos administrativos que, a rigor, garantissem a primazia da Constituição sobre os demais atos do Estado.

Entretanto, a doutrina que a Corte elaborou em torno do conceito de arbitrariedade das sentenças constitui um aspecto do controle extraordinário de constitucionalidade que contribuiu para a função primordial de garantir os direitos fundamentais das pessoas.

---

[738] DIDIER, María Marta. *El principio de igualdad en las normas jurídicas*. 1ª ed. Buenos Aires: Marcial Pons, 2012, p. 63, com citação de vários precedentes: Sentenças 263:460 (1965), 290:245 (1974) e 305:1560 (1984), entre outros.

[739] *Idem*, p. 63; Sentenças 266:299 (1966) e 318:1894 (1995), entre outros.

[740] LINARES, Juan Francisco. *El debido proceso como garantía innominada en la Constitución Argentina*: razonabilidad de las leyes. Buenos Aires: Depalma, 1944, p. 28 ss.

[741] GELLI, María Angélica. *Constitución de la Nación argentina*: comentada y concordada. 4ª ed. tomo I. Buenos Aires: La Ley, 2008, pp. 425-431.

CAPÍTULO V – O PRINCÍPIO DA IGUALDADE

Não se pode ignorar que o centro da construção do controle da razoabilidade das leis e demais atos estatais está no princípio da interdição da arbitrariedade, cujo fundamento mais forte encontra-se nos art. 19 e 28 da CN.[742] Essa conclusão é óbvia, se observarmos que, conforme os antecedentes do art. 19 da CN, a exigência de fazer o que a lei não manda ou de privar alguma pessoa do que ela não proíbe constitui um mandamento operativo referido tanto à lei positiva quanto à lei natural ou, em termos atuais, aos princípios gerais do direito. Ao mesmo tempo, deve-se considerar, como fez a maior parte da doutrina, que o preceito constitucional contido no art. 28 da CN, (na formulação original de Alberdi), configura também um mandamento operativo, enquanto veta ao Congresso alterar, mediante a legislação, os direitos individuais reconhecidos nos artigos anteriores da Constituição, principalmente os que emergem do artigo 14 da CN. Tudo sem prejuízo de fundar a interdição de arbitrariedade no art. 33 da CN, que concorda com a proteção constitucional aos direitos não enumerados que nascem da soberania do povo (entendida no sentido do constituinte norte-americano, e não no que provém do postulado rousseauista – que ignorou aquele) e da forma republicana de governo.

A outra questão que dificulta a sistematização jurisprudencial é a relação de gênero e espécie que existe entre a razoabilidade e igualdade. Nesse aspecto de hermenêutica constitucional, a circunstância de que, ao ser a igualdade perante a lei jurídica uma fórmula constitucional mais precisa que a ressaltada pelo princípio da razoabilidade, faz que a jurisprudência sobre o art. 16 da CN exiba uma melhor sistematização, mesmo com as falências metodológicas que as sentenças costumam mostrar.

Não devemos esquecer, em linhas gerais, que, da mesma forma que há uma razoabilidade na ponderação ou avaliação, também há na igualdade, e as construções de base germânica sobre o princípio da proporcionalidade (seguidas pela jurisprudência do Tribunal Constitucional Espanhol) guardam uma grande analogia com as diversas construções efetuadas no direito norte-americano.

---

[742] CASSAGNE, Juan Carlos. *El principio de legalidad y el control judicial de la discrecionalidad administrativa*. Buenos Aires: Marcial Pons, 2009, pp. 197-201.

V.2.2 Caráter formal e material do princípio da igualdade

O princípio da igualdade perante a lei, consagrado pelo art. 16 da CN, implica um mandamento constitucional que proíbe – como princípio – que as normas concedam um tratamento desigual a quem estiver em circunstâncias iguais ou cumprir as mesmas condições e requisitos. Nas palavras que são extraídas das sentenças do Supremo Tribunal, o princípio da igualdade "(...) não é nada além do direito a que não se estabeleçam exceções ou privilégios que excluam a alguns o que é concedido a outros em iguais circunstâncias, de onde se segue, de forma forçada, que a verdadeira igualdade consiste em aplicar, nos casos ocorrentes, a lei segundo as diferenças constitutivas deles"[743], doutrina que foi mantida na jurisprudência, esclarecendo que ele é assim, contanto que as distinções não sejam formuladas com critérios arbitrários.[744]

Contrariamente ao que tem se defendido, o preceito constitucional não se ajusta à igualdade formal, pois pode incluir um conteúdo inerente à realização material do direito de cada pessoa, o que, definitivamente, dependerá da natureza da pretensão processual (que pode ser formal ou material).

Isso não impede que exista a possibilidade de que o ordenamento concedea poderes às pessoas, em exercício de seus direitos individuais e coletivos, para promover ações positivas nas quais se busque a realização da igualdade material (v.g., o acesso às facilidades de um plano oficial de moradias).

O correto é que o princípio da igualdade perante a lei leva à interdição de discriminação arbitrária e irrazoável de forma inerente e se conecta, portanto, com a garantia de razoabilidade das leis e decisões administrativas (o denominado "devido processo substantivo" do direito norte-americano), cuja jurisprudência será examinada mais adiante.

---

[743] Sentenças 16:118.
[744] Sentenças 310:849; 330:855, entre outros.

CAPÍTULO V – O PRINCÍPIO DA IGUALDADE

V.2.3 O princípio da igualdade e as chamadas "categorias suspeitas" do direito norte-americano

Diversas sentenças de nossa Suprema Corte tomaram o conceito de "categoria suspeita" para se referir a um grupo de casos nos quais existe uma presunção de inconstitucionalidade na discriminação efetuada.

O principal efeito dessa categoria consiste – a juízo da jurisprudência – na circunstância que, em tais casos, a carga da prova é invertida e quem deve demonstrar que a discriminação resulta constitucional é a Administração demandada, além de a análise dos juízes sobre a razoabilidade tem de ser mais restrita.[745]

Entre as categorias suspeitas incluem-se as relacionadas a: a) nacionalidade ou a condição de estrangeiro; b) raça; e c) sexo. Já que a condição racial diferente das pessoas não tem sido motivo de discriminações legislativas e nem administrativas em nosso país, diferentemente do ocorrido no direito norte-americano, não há jurisprudência sobre o ponto passível de menção. Por outro lado, em matéria de nacionalidade e condição de estrangeiro, tem havido discriminações que nosso Supremo Tribunal julgou inconstitucionais.

O critério de "categoria suspeita" não permite avançar sobre a medula da desigualdade tampouco considera necessário o julgamento sobre a irrazoabilidade do preceito questionado independente do bom resultado de um recurso pragmático ao qual os tribunais apelam para resolver o agravo judicial sem definir o assunto a fundo. A norma declarada inconstitucional pode, portanto, continuar vigente sem que o dever de analisar sua constitucionalidade seja imposta a ninguém. Embora isso ocorra quase sempre como consequência do caráter difuso de nosso sistema de controle de constitucionalidade das leis, uma coisa é que a sentença declare a inconstitucionalidade com base nos argumentos lógico-racionais e de justiça ou em um juízo de adequação, de necessidade e

---

[745] Caso "Hooft, Pedro contra Provincia de Buenos Aires", Sentenças 327:5118 (2004). A doutrina constitucional e muitas sentenças da Corte usam o termo escrutínio para referir-se à simples análise ou ponderação, sem atentar para o fato do significado em espanhol, de "análise exata e inteligente", que, comumente, não costuma ser realizada.

de proporcionalidade, e outra muito diferente é que se limite a declarar a inconstitucionalidade de uma norma ou de uma decisão administrativa com base em uma simples presunção.

Perante um juízo fundado naqueles critérios lógico-racionais, o administrador ou o legislador, se atuarem com a devida diligência, são obrigados a promover a derrogação ou revogação, em seu caso, do preceito ou disposição que se declarou inconstitucional.

A inutilidade da "categoria suspeita" revela-se, nos próprios votos ou sentenças que argumentam a cada vez que, mesmo quando de forma incompleta ou inorgânica, se referem também aos critérios lógico-racionais e de justiça como fundamentos que acompanham os respectivos decisórios judiciais.

V.2.4 Dois casos emblemáticos sobre discriminação que afetaram nacionais e estrangeiros

A partir da análise das sentenças da Suprema Corte, selecionamos duas sentenças que, a nosso juízo, refletem de modo exemplar o critério do Supremo Tribunal para considerar configurada, em matéria de discriminação entre nacionais e, por sua vez, entre nacionais e estrangeiros, uma discriminação contrária ao princípio da igualdade perante a lei.

1. O caso "*Hofft, Pedro contra a Província de Buenos Aires*" (2004)

Nesse precedente da Corte, citado na observação anterior, o ator promoveu uma ação propensa a declarar a inconstitucionalidade do art. 177 da Constituição da Província de Buenos Aires enquanto prescrevia, com requisito para ser juiz de Câmara o de "(...) ter nascido em território argentino ou ser filho de cidadão nativo, se tivesse nascido em país estrangeiro".

Entre as circunstâncias do caso, convém registrar que o ator, nascido na Holanda, havia chegado aos seis anos a nosso país, onde completou seus estudos primários, secundários e universitários, além da pós-graduação, obtendo a nacionalidade argentina e tendo iniciado a

CAPÍTULO V – O PRINCÍPIO DA IGUALDADE

carreira judiciária, na qual chegou a ser titular de um Tribunal, na Província de Buenos Aires.

Toda a construção técnica da sentença se baseia na presunção de inconstitucionalidade que reveste o fato de que o preceito constitucional questionado distinga entre cidadãos de primeira (argentinos nativos ou por opção) e de segunda classe (argentinos naturalizados) e, embora destaque isto enquadra nos motivos de discriminação à se referem qual o Pacto de São José da Costa Rica (art. 1.1) e o Pacto Interamericano sobre Direitos Civis e Políticos (art. 26), a Corte declara a inconstitucionalidade do artigo 177 da Constituição da Província de Buenos Aires, como o argumento que, por se tratar de uma "categoria suspeita" que leva consigo a presunção de inconstitucionalidade, era necessário que a Província em questão levantasse a referida presunção com uma "prova cuidadosa" sobre os fins que o preceito e os meios que haviam usado para tal.[746] Na realidade, como se pode auferir, sem recorrer à excêntrica categoria norte-americana (que pode servir de guia), o caso brindava todos os elementos – especialmente a violação da igualdade com base nos juízos de educação, necessidade e proporcionalidade – para declarar a inconstitucionalidade do preceito violatório das garantias nacional e supranacional.

2. O caso "Gottschau, Evelyn Patrizia contra o Conselho da Magistratura da cidade de Buenos Aires" (2006)

A discriminação que motivou a promoção de um juízo de amparo por parte da atriz pertencia a uma natureza diferente daquela resolvida no caso "Hooft", pois aqui não se tratava de distinguir entre diferentes categorias de cidadãos, mas de discriminar entre argentinos e estrangeiros, contra o disposto no art. 20 da CN.

No que se refere aos antecedentes da causa, convém mencionar que a demandante, de nacionalidade alemã, esteve radicada de forma permanente na República Argentina, onde cursou estudos secundários

---

[746] Sentenças 327:5118 (2004), considerandos 4º e 5º.

e universitários e obteve seu título de advogada. Fundamentou sua pretensão na circunstância de que o Conselho da **Magistratura da Cidade de Buenos Aires** lhe havia negado a solicitação feita para se apresentar ao concurso convocado para o provimento do cargo de Secretário de Primeira Instância do Poder Judiciário da referida cidade, em virtude do previsto no Regulamento de Concursos, que impunha o requisito da nacionalidade argentina para concursar mencionado cargo. A Corte declarou, por unanimidade, a inconstitucionalidade do preceito local questionado, com fundamentação diferente nos votos dos magistrados intervenientes.

A maioria apelou à reconhecida fórmula da presunção de inconstitucionalidade, por considerar que se tratava, no caso, de uma "categoria suspeita" transferindo à demandada a carga de demonstrar que não existiam outras exigências menos onerosas (juízo de necessidade). Assim mesmo, considera, em uma forma de juízo de adequação (habitual nas jurisprudências da Alemanha e Espanha), que as funções de Secretariado não implicavam o exercício de funções de jurisdição que puseram em jogo os "fins substanciais" que o teste de "Hooft" menciona, afirmando que, com exceção do que está relacionado às raízes do país, não pode sequer se vislumbrar ao que se refere, levando em consideração que termina sem declarar, de forma inequivocamente, a irrazoabilidade ou a desigualdade da discriminação. Entretanto, na parte resolutiva da sentença, declara-se a inconstitucionalidade da norma[747] pela insuficiência probatória na qual incorreu a demandada, mais do que por qualquer outro argumento substantivo.

A dissidência dos juízes Highton de Nolasco e Maqueda chega a uma conclusão semelhante, mas sem compartilhar o fato de que se trata de um caso de "categoria suspeita", com a inerente presunção de constitucionalidade, o que se revela correto, já que não se trata de uma situação semelhante à resolvida no caso "Hooft".

Definitivamente, a dissidência segue o mesmo raciocínio desenvolvido no voto da maioria, ao sustentar que a demandada teve de

---

[747] Sentenças 329:2986 (2006), considerando 11.

CAPÍTULO V – O PRINCÍPIO DA IGUALDADE

provar que "(...) a exigência de nacionalidade argentina para exercer o cargo de secretário de primeira instância é razoável ou inclusive conveniente para a cidade de Buenos Aires e que, por essa única apreciação, resulta adequada a seu objetivo e evidencia uma justificação suficiente no âmbito do art. 16 da Constituição Nacional".[748]

Essa asserção implica dizer que a norma questionada se presume inconstitucional, exceto se o Conselho da Magistratura demonstrar que é razoável ou conveniente, o que torna esse voto passível da crítica que fizemos à decisão majoritária, enquanto se declara a inconstitucionalidade com base em uma presunção quando sua inconstitucionalidade havia sido proposta com base na notória e manifesta violação de um preceito constitucional estabelecendo o acesso à função pública (art. 16 da CN), que não exige outra condição a não ser a idoneidade, especialmente quando impera o princípio da igualdade entre nacionais e estrangeiros (art. 20 da CN) que, mesmo quando se refere aos direitos civis, estabelece um princípio geral que não pode ser alterado com exceções irrazoáveis, como a aplicação dos requisitos do regulamento de autos a uma pessoa que contava com suficientes raízes no país.

V.2.5 A discriminação por idade

Outro aspecto no qual os tribunais consideraram que o princípio da igualdade não se altera é o da determinação do limite de idade para o acesso à docência universitária. O principal argumento ao qual se apela consiste em propugnar que o referido limite é o usado comumente nos sistemas de aposentadoria em todo o país.[749]

A objeção que merece fundamento, que pretende justificar a discriminação por idade, baseia-se no fato de que o juízo de adaptação não resiste, já que os fins que a norma busca carecem de aptidão para alcançar tal finalidade, uma vez que o art. 16 da CN prevê, de forma

---

[748] Sentenças 329:2986 (2006), considerando 8º.
[749] *In re* "Fernández, Emilio Manuel contra UBA y otro s/ amparo", da CNCAF, Sala I, Sentença de 09.05.2000.

clara e precisa, que o único requisito para o acesso à função pública é a idoneidade, sem que uma lei possa alterar esse princípio, com base em uma norma que presume a falta de idoneidade.

A falta de idoneidade, devido à idade avançada, é algo que deve ser experimentada submetendo aqueles que exercerem a docência ou desejarem continuar depois de determinado limite a exames médicos periódicos para demonstrar a aptidão psicofísica que o conceito de idoneidade exige, principalmente quando, graças aos avanços da medicina moderna, aos setenta anos uma pessoa encontra-se em condições de ensinar. A esse respeito, deve-se levar em consideração que, em muitos países, a média de vida estendeu-se até chegar aos oitenta anos. O que deve interessar para cumprir o comando constitucional não é a idade, mas sim a idoneidade que, por razões de saúde, se pode, inclusive, perder antes de alcançar o limite que a lei estabelece de uma forma arbitrária.

Por outro lado, se a jurisprudência da Corte admitiu que um juiz do Supremo Tribunal[750] possa continuar no exercício quando excedeu a idade máxima dos setenta e cinco anos, como previsto pela reforma da Constituição (em seu art. 99 inc. 4 e Disposição transitória Décima Primeira), resulta irrazoável e violatório da igualdade que não esteja habilitado para continuar na titularidade de uma cátedra de ensino universitário, ainda mais quando se admitiu que os professores titulares que não são substituídos (por atraso na realização dos concursos) continuem durante vários anos como titulares de cátedra.

O fato de os Professores Titulares poderem ministrar cursos universitários como Eméritos ou Consultorias[751] não modifica aquela injustiça, tendo levado em conta que, nos fatos, sua habilitação para ensinar se encontra vinculada à boa vontade dos titulares[752] e da organização burocrática da respectiva faculdade, cerceando-lhes o direito de ensinar.

---

[750] Não conhecido caso "Fayt", Sentenças 322:1616.

[751] GELLI, María Angélica. *Constitución de la Nación argentina:* comentada y concordada. 4ª ed. tomo I. Buenos Aires: La Ley, 2008, p. 244.

[752] Em épocas anteriores, na Faculdade de Direito da UBA os novos titulares de cátedra convidavam em variadas ocasiões os que haviam sido seus professores às suas aulas, costume que parece ter desaparecido.

CAPÍTULO V – O PRINCÍPIO DA IGUALDADE

V.2.6 A proibição constitucional de discriminação contra a mulher. O chamado matrimônio igualitário

O princípio da igualdade, no ordenamento argentino, obriga o Estado a eliminar qualquer forma de discriminação contra a mulher, conforme a Convenção aprovada por uma lei do Congresso[753] à qual a reforma constitucional de 1994 atribuiu hierarquia constitucional, no art. 75 inc. 22 da CN.

Consequentemente, qualquer distinção feita nas leis ou atos públicos ou privados que outorgue um tratamento desigual às mulheres com relação aos homens, resulta passível de impugnação de inconstitucionalidade, enquanto a razoabilidade do critério usado não for demonstrada (v.g., os operários do porto são os que devem carregar as mercadorias pesadas).

Pretendeu-se, também, levar ao seio das instituições do direito de família o assunto da igualdade e agora tenciona-se legalizar o chamado matrimônio igualitário (união de duas pessoas do mesmo sexo), com o consequente direito à adoção de filhos, o que se revela contrário à lei natural e ao próprio conceito de igualdade, já que atribuir um trato igual para os desiguais altera o referido princípio.[754] Para esse tipo de relações, o mais adequado seria o reconhecimento de uma categoria de vínculo ou união civil, com efeitos patrimoniais, particularmente com relação ao regime hereditário.

Interessa destacar que o igualitarismo absoluto entre os sexos que atualmente se propicia nunca foi propugnado pelos liberais filosóficos de outrora, que proclamavam o agnosticismo sem tentar mudar a natureza das coisas ou das pessoas e nem buscar soluções legais que pretendessem igualar instituições jurídicas radicadas, como o casamento[755], que

---

[753] Lei n. 23.179.

[754] A união igualitária havia sido legalizada pela Lei n. 26.618, tendo sido incorporada ao novo Código Civil e Comercial da Nação, aprovado pela Lei n. 26.994 (e promulgado pelo Decreto 1795/2014).

[755] Ver: GARGARELLA, Roberto. "Razones para el matrimonio igualitario: la igualdad". *In*: ALEGRE, Marcelo; GARGARELLA, Roberto (coord.). *El derecho a la igualdad*: aportes para un constitucionalismo moderno. 2ª ed. Buenos Aires: Abeledo

a humanidade reconhece como tal há já muitos séculos. A admissão do casamento entre pessoas do mesmo sexo discrimina tanto o homem quanto a mulher, ao igualar uma instituição que busca a procriação ou, pelo menos, a promove ou a possibilita, com uma união de dois seres do mesmo sexo que não buscam essa finalidade como fruto de tal união.

Muito bem: a aplicação do princípio da igualdade às mulheres encontra também apoio no art. 1º da Lei n. 23.592. Esta lei proíbe uma série de atos administrativos (refere-se a quem, arbitrariamente, impeça, obstrua, restrinja ou, de alguma forma, menospreze o pleno exercício sobre as bases igualitárias dos direitos e garantias fundamentais reconhecidos na Constituição Nacional) e se ocorrer algum desses atos o sujeito que viola a referida proibição "(...) será obrigado, a pedido do danificado, a deixar sem efeito o ato discriminatório ou cessar em sua realização e reparar o dano moral e material ocasionado".[756]

Perrot, 2012, p. 655 ss. O autor acorre a uma série de argumentos lógico-racionais com tendência a refutar as opiniões de quem se opõe ao casamento igualitário, algumas das quais se baseiam em premissas difíceis de aceitar, pelo que reconhecemos o valor e vigência da tradição que, longe de ser sinônimo de obsolescência, é capaz de ressurgir de forma inesperada, como aconteceu na atual Rússia (por exemplo, a volta do nome da cidade de Leningrado para o tradicional, São Petersburgo), sendo que foram muitas instituições que ressurgiram (v.g., o direito de propriedade).

O casamento tem sua raiz e natureza na criação de uma instituição que vincula o homem e a mulher para gerar seres humanos, e é como a proteção à mãe em comum que une dois seres de sexo diferente. O fato de admitir o casamento entre anciãos implica apenas uma extensão da ideia fundacional que não altera as bases da instituição, mesmo que os fins dos cônjuges sejam diferentes dos que buscam os casamentos entre pessoas com possibilidade de procriar, mas sempre ocorre entre seres com sexo desigual. Dar um trato igual a quem se encontra em situação desigual (paradoxalmente com igualdade de sexo) é violatório do princípio da igualdade. Uma análise mais detida da fundamentação de GARGARELLA a favor do casamento igualitário, permite a constatação de que ela gira em torno de um círculo argumentativo que parte da igual dignidade de todas as pessoas, mesmo que no final termine reconhecendo que o casamento entre pessoas do mesmo sexo constitui uma situação diferente e merece um trato melhor do que o casamento entre um homem e uma mulher. A verdade é que não há motivos para igualar uma situação a outra e não se compreendem as vantagens da igualação perante a lei, que pode muito bem resolver a questão sob outro esquema, como o da união civil, que não dê lugar à adoção indiscriminada, pois o natural é que um filho tenha um pai e uma mãe.

[756] Art. 1º Lei n. 23.592.

CAPÍTULO V – O PRINCÍPIO DA IGUALDADE

Um assunto vinculado à discriminação da mulher consiste na criação de contingentes para a escolha dos representantes do povo nos Parlamentos[757] e sua extensão ao âmbito trabalhista, o que originou uma jurisprudência interessante.

Dessa forma, no caso "Fundación de Mujeres en Igualdad y otro contra Freddo SA"[758] deu-se lugar a um amparo coletivo promovido por uma ONG defensora do direito de igualdade às mulheres, a fim de que a empresa cessasse dentro de sua política discriminatória de acesso ao emprego, já que a proporção de homens em seu departamento pessoal era de 681 homens e contava apenas com 35 mulheres. Dando lugar ao amparo, o Tribunal condenou a empresa processada para que contratasse apenas mulheres, a partir daquele momento, até equilibrar a proporção com os empregados homens e que a mesma informasse à ONG demandante, anualmente, o grau de cumprimento da ordem judicial inerente à sentença, sob advertência de se aplicarem multas por descumprimento da sentença.

A nosso juízo, a doutrina, com um bom critério, pronunciou-se no sentido de que os cargos nos quais se exigem "capacidades específicas", devem prevalecer sobre o sexo das pessoas[759], o que coincide com o critério do Conselho Constitucional francês.

Entretanto, o agregado efetuado em 2008, no artigo 1º da Constituição francesa, ao prever que "(...) a lei promove a igualdade de acesso das mulheres e dos homens a mandamentos eleitorais e funções,

---

[757] No direito comparado, o debate permanece aberto. De fato, uma lei sancionada pela Assembleia Nacional francesa em 2006 previu a progressiva igualdade de representação de ambos os sexos nos conselhos de administração e vigilância das pessoas públicas e privadas, fixando cotas diversas objetivando que as mulheres tenham acesso a tais cargos. O Conselho Constitucional francês declarou inconstitucional a referida lei, dando prevalência à igualdade entre homens e mulheres, como reconhecido pela Declaração dos Direitos do Homem e do Cidadão, o Preâmbulo da Constituição e o art. 1º da Constituição de 1958.

[758] LL 2003-B, 970, Sentença de da CNCiv., Sala H (2002).

[759] BELLUSCIO, Augusto C. "Equiparación de sexos en los órganos de las personas jurídicas". *La Ley,* 2006-C, 1457.

bem como profissionais e de responsabilidades sociais", abre uma série de questões à legislação futura a ser ditada sobre tal matéria.[760]

Um caso interessante sobre o sexo como causa de discriminação é o registrado pelo repertório jurisprudencial da Suprema Corte[761], nos autos "González de Delgado Cristina y otros contra Universidad Nacional de Córdoba".

Tratava-se de uma ação de amparo interposta por um grupo de pais de alunos do Colégio Nacional de Montserrat, subordinado à Universidade Nacional de Córdoba, que questionaram a constitucionalidade de uma ordenança que havia decretado que as inscrições fossem realizadas sem distinção de sexo, quando, anteriormente, a inscrição de mulheres era proibida.

A sentença do Tribunal, nesse caso, pronunciou-se pela constitucionalidade da ordenança do Conselho Superior da Universidade Nacional de Córdoba, por considerar que, já que as mulheres não tinham acesso ao ensino no Colégio Montserrat, pertencente à universidade pública, e, por ser aquele o único curso superior com orientação humanista dentro da mencionada Universidade, a restrição que impedia o acesso das mulheres ao referido ensino era incompatível com o princípio da igualdade.

Embora tal decisão tenha sido adotada por unanimidade pela Corte, os votos dos juízes Fayt, Petracchi e Bossert sustentaram a tese de que o ensino misto constituía um imperativo constitucional por império do inc. c) do artigo 10 da Convenção sobre a Eliminação de todas as formas de Discriminação contra a Mulher.

Por outro lado, o juiz Boggiano considerou que o que garante o art. 10 da Convenção "(...) é o acesso pleno do mesmo ensino dos homens", sem impor que seja fornecido "(...) no mesmo estabelecimento e pelos mesmos docentes" e que o referido texto não imponha a educação

---

[760] GELLI, María Angélica. *Constitución de la Nación argentina:* comentada y concordada. 4ª ed. tomo I. Buenos Aires: La Ley, 2008, pp. 252/253.

[761] Sentenças 323:2659.

CAPÍTULO V – O PRINCÍPIO DA IGUALDADE

mista, mas sim que empregue a expressão estímulo, contemplando outros tipos de educação para alcançar a finalidade que o Tratado[762] busca. Além desse argumento principal, o referido voto também destacou que o mencionado preceito deve estar em harmonia com o direito preferencial dos pais, ao escolher o tipo de educação que desejam para seus filhos (art. 2.6.3 da Declaração Universal dos Direitos Humanos), já que impor uma educação exclusivamente diferenciada ou exclusivamente mista lesionaria esse direito preferencial dos pais.[763]

Embora pensemos que tal questão não está absolutamente relacionada à necessidade de garantir o pluralismo democrático que o juiz Boggiano[764] argumenta, nem aos direitos de uma eventual maioria ou minoria, nem a razões religiosas, é evidente que quando a igualdade perante a Administração Pública está em jogo o ensino misto se impõe quando não se pode lecionar em estabelecimentos separados. Esta última parece ser a solução mais adequada, de acordo com os recentes estudos levados a cabo, que preconizam um ensino separado e diversificado "para superar os estereótipos sexuais".[765]

Definitivamente, na sentença nota-se um emprego implícito do juízo de adequação quanto à aptidão da ordenança para alcançar a almejada finalidade que não era outra senão que os homens e mulheres recebessem a mesma qualidade educacional, e a medida adotada era a menos restritiva (juízo de necessidade). Por sua vez, a interpretação que solicita a imposição exclusiva do ensino misto em todos os estabelecimentos deve ser descartada, por ser contrária à letra e ao sentido do preceito e aos princípios da razoabilidade prática que ordenam não julgar de acordo com preferências subjetivas. Na base desse raciocínio existe uma falha na razoabilidade ponderativa.

---

[762] Considerandos 6, 8 e 10 do voto do juiz BOGGIANO.
[763] Considerandos 9 e 11 do voto do juiz BOGGIANO.
[764] Considerandos 9 e 11 do voto do juiz BOGGIANO.
[765] *Cf.* DIDIER, María Marta. *El principio de igualdad en las normas jurídicas*. 1ª ed. Buenos Aires: Marcial Pons, 2012, pp. 272-274 contribui e comenta uma série nutrida de estudos e pesquisas para refutar a opinião do juiz BOGGIANO.

V.2.7 As discriminações que afetam o direito à vida: o aborto

O art. 4 da Convenção Americana sobre Direitos Humanos prevê que toda pessoa tenha o direito de ter sua vida respeitada, e que esse direito estará protegido, no geral, a partir do momento da concepção. Mesmo não tendo sido reconhecido como direito positivo expresso, o mesmo se evidencia do bloco de constitucionalidade, sendo como "o primeiro dos bens da personalidade"[766] que, como tal deve gozar da proteção do direito, ou sendo como um direito implícito dos princípios e textos constitucionais (art. 18, 29 e 33 da CN).[767]

Atualmente, sua vigência como princípio do ordenamento constitucional emerge de um tratado internacional que não só resulta da hierarquia genérica de todo o tratado sobre as leis (art. 75 inc. 22, parágrafo primeiro da CN), mas, ao incorporar de forma expressa a Convenção Americana sobre Direitos Humanos à Constituição (art. 75 inc. 22), faz que ela possua valor constitucional em si mesma, já que seria irrazoável argumentar que a proteção do direito à vida fragiliza alguns dos direitos e garantias reconhecidos na primeira parte da Constituição. A evidência dessa asserção torna desnecessário recorrer à tese da Corte no sentido de que o juízo de compatibilidade constitucional ou de convencionalidade tenha sido feito pelo constituinte, ao incorporar os Pactos Internacionais sobre Direitos Humanos[768] na Constituição, porque é impossível que os constituintes tivessem feito tal análise na época em que ocorreram as deliberações (não há constâncias dessa análise no debate, ao menos na maior parte dos chamados conflitos de direitos). De outro modo, a cláusula constitucional, que impede que os princípios da primeira parte sejam afetados pelo direito emergente dos Pactos Internacionais, os quais possuem hierarquia constitucional, carece de sentido, pois o

---

[766] GONZÁLEZ PÉREZ, Jesús. *La dignidad de la persona*. 1ª ed. Madrid: Civitas, Madri, 1986, p. 99.

[767] BADENI, Gregorio. *Tratado de derecho constitucional*. 3ª ed. tomo I. Buenos Aires: La Ley, 2010, p. 735.

[768] Sentenças 319:3241 (1996), no caso "Chocobar", doutrina reiterada posteriormente na Sentença "Arancibia Clavel", de 2004 (Sentenças 322:3312), com dissidência do ministro FAYT (considerando 28).

CAPÍTULO V – O PRINCÍPIO DA IGUALDADE

constituinte previu que esses tratados não derrogam nenhum artigo da primeira parte da Constituição e que "(...) devem ser entendidos como complementares dos direitos e garantias reconhecidos por ela".[769]

No que se refere ao começo da vida da pessoa, fica muito claro que o direito positivo está alinhado ao direito natural básico à vida, e que o ser humano existe desde a concepção no ventre materno.[770] As dúvidas que foram expostas sobre essa questão recorrem a pseudo argumentos científicos (por exemplo, o tempo decorrente a partir da concepção), para negar condição de pessoa ao ser gerada no ventre materno, pois não se trata de um assunto "(...) que diz respeito à biologia. Estamos perante uma questão antropológica de significado vital", já que – como foi destacado – a fusão do espermatozóide com o óvulo implica "(...) o começo da existência dessa substância individual que denominamos pessoa humana, cuja definição diz respeito tanto à filosofia antropológica, quanto ao mundo jurídico".[771]

Por outro lado, ao ratificar a Convenção sobre Direitos da Criança – com relação ao art. 1º –, a Argentina declara que, para nosso país, "(...) entende-se por criança todo ser humano desde o momento de sua concepção". Embora tenha sido discutida, em doutrina, a distinção entre as reservas feitas aos tratados das declarações interpretativas como manifestação estatal de um ato complexo (a ratificação do Tratado), o princípio possui valor, no mínimo, como lei do Congresso.

De qualquer forma, sempre vai prevalecer o art. 4.1. da Convenção Americana sobre Direitos Humanos. A interpretação que um setor da doutrina realiza para admitir a legalização do aborto com base na frase do preceito que diz que o direito à vida é protegida, *em geral*, a partir da concepção e que, consequentemente, convém admitir exceções[772],

---

[769] Art. 75 inc. 22 da CN.

[770] Sentenças 310:112; 323:1339 e 325:292, entre outros.

[771] RODRÍGUEZ VARELA, Alberto. "La persona por nacer al comenzar el siglo veintiuno". In: *El derecho humano a la vida*. Buenos Aires: Academia Nacional de Ciências Morais e Políticas, 2006, p. 43, com citação de Olsen A. GHIRARDI.

[772] RODRÍGUEZ, Marcela V. "Entre la justicia y la justicia formal: la discriminación

implica uma falácia lógica de interpretação. De fato, a legalização do aborto (sem fazer referência à despenalização, quando coloca em perigo a vida da mãe, conforme o art. 86, parágrafo segundo, inc. 1 do Código Penal) implicaria legalizar o direito a matar um ser humano, cuja causa, além de suas crenças religiosas, muitos médicos se negam a praticar. Essa expressão, retirada do contexto conceitual, carece de sentido, visto que, se fosse interpretada como a "quase totalidade" ou a "generalidade", sem descrever as pautas de exceção, não seria possível determinar em quais casos algum sistema pode negar proteção legal ao nascituro, desde o início da concepção. Como a norma não descreve nenhum suposto de fato e nem implica nenhum mandamento positivo ou negativo, não é lógico interpretar a consagração de um princípio oposto ao direito à vida. A única hermenêutica idônea consiste em supor que se quis dizer "em comum" (porque dizer geral também equivale dizer em comum), ou seja, refere-se ao comum da legislação americana.

Se a indeterminação da suposta exceção for absoluta e total, mal pode configurar um princípio válido; de qualquer forma, seria como um preceito inexistente, e uma das regras da hermenêutica leva a interpretar os princípios e as normas no sentido mais favorável a sua validade. O direito à vida é praticamente um dos direitos mais absolutos que existe e o direito só justifica a morte do próximo em casos de legítima defesa, precisamente para preservar a própria vida de quem sofre a agressão.

Ao nascer, a pessoa carece de capacidade para defender sua vida, que não pode permanecer à mercê da decisão discricionária da mãe e do pai que não estão autorizados, nem pela lei natural, nem em nosso país, pelo direito positivo, a privar da vida um ser humano indefeso.

Dessa maneira, a jurisprudência da Suprema Corte da Justiça da Nação entendeu em três casos, entre outros, que passamos, de forma sumária, a descrever em sua doutrina essencial.

---

por género en la jurisprudencia de la Corte Suprema de la Nación argentina". *In:* ALEGRE, Marcelo; GARGARELLA, Roberto (coord.). *El derecho a la igualdad*: aportes para un constitucionalismo moderno. 2ª ed. Buenos Aires: Abeledo Perrot, 2012, p. 536.

CAPÍTULO V – O PRINCÍPIO DA IGUALDADE

1. Caso "T.S. contra o governo da cidade de Buenos Aires"[773]

Encontrando-se em estado avançado de gestação, a autora interpôs uma ação de amparo contra o Hospital Ramón Sardá, da cidade de Buenos Aires, com o objetivo que a justiça, perante o diagnóstico de um feto anencefálico e da negativa do hospital a praticar uma indução ao parto, a autorizasse que fosse levado a cabo.

A sentença da Suprema Corte, ao confirmar a sentença do Supremo Tribunal da cidade de Buenos Aires, com distinta fundamentação nos votos da maioria e da minoria dissidente, resolveu ordenar a indução do parto, considerando que a pretensão da amparista não implicava a autorização para efetuar um aborto e que o pronunciamento doTribunal Superior da cidade de Buenos Aires ordena preservar especialmente a vida do feto na medida do possível e que, do ponto de vista científico, cabe qualificar como prematuro, não constituindo um meio com aptidão para causar a morte da pessoa através do nascimento. O Supremo Tribunal considerou que, adiantar ou postergar o parto no estado avançado de gravidez da amparista (que levava oito meses nessa situação) não beneficiava e nem piorava o tipo da pessoa pelo nascimento, já que seu eventual falecimento não seria consequência normal de seu nascimento, mas da grave patologia que afetava o feto.

A parte medular do voto da maioria considerou que "(...) o alumbramento somente colocará em evidência que (...)" a pessoa, por nascer (...) "não pode sobreviver de forma autônoma, sem que a solução que aqui é adotada afete a proteção de sua vida desde a concepção, tal como é estabelecido no art. 2 da Lei n. 23.849 – aprobatória da Convenção sobre os Direitos da Criança – e o art. 4 da Convenção Americana sobre os Direitos Humanos".

2. Caso "Portal de Belém contra o ministério da Saúde e da Ação Social"[774]

A associação civil sem fins lucrativos "Portal de Belém" havia promovido, na Província de Córdoba, uma ação de amparo contra o

---

[773] Sentenças 324:5 (2001).

[774] Sentenças 325:292 (2002).

Estado Nacional, com o objetivo de revogar a autorização e proibir a fabricação, distribuição e comercialização do fármaco "Lemdiat" por considerar que se tratava de uma pílula com efeitos abortivos cuja venda afetava o direito das pessoas de nascer.

O Tribunal, ao revogar a sentença da Câmara Federal de Apelações de Córdoba, que havia recusado o amparo por entender que se tratava de uma questão que merecia maior debate e prova, considerou, por maioria dos votos, seguindo a opinião colocada pelo Procurador Geral da Nação, o recurso extraordinário deduzido pela autora admissível, já que "(...) no caso, encontra-se em jogo o direito à vida previsto na Constituição Nacional, em diversos tratados internacionais e na lei civil (art. 75 inc. 22 da Lei Fundamental; 4.1. do Pacto de São José da Costa Rica; 6º da Convenção sobre os Direitos da Criança; 2º da Lei n. 23.849 e Títulos III e IV da Seção Primeira do Livro I do Código Civil)".

A maioria destacou, de acordo com a opinião de vários cientistas de renome internacional, entre os quais se encontrava Jean Rostand – Prêmio Nobel de Biologia –, que a vida humana começa com a fecundação. Consequentemente, defendeu-se que se o uso da pílula podia provocar a morte de uma pessoa pelo nascimento não se podia permitir seu uso, já que isto seria violatória do direito à vida que é "(...) o primeiro direito natural da pessoa humana, pré-existente a toda legislação positiva, e que resulta garantido pela Constituição Nacional".

3. Caso "*Sánchez, Elvira Berta contra o ministério da Justiça e dos Direitos Humanos*"[775]

Nesse caso, o Tribunal revogou a sentença da Câmara que, por maioria, havia recusado a pretensão de indenização solicitada por uma mãe cuja filha foi morta – sendo encontrada no final da gestação –, reivindicando a reparação patrimonial correspondente pela morte da filha e da neta (a pessoa pelo nascimento).

---

[775] Sentenças 330:2304 (2007).

CAPÍTULO V - O PRINCÍPIO DA IGUALDADE

O Supremo Tribunal, em acordo com a dissidência formulada na sentença da Câmara feita pela Dra. María Jeanneret de Pérez Cortés, reiterou, no voto concorrente dos ministros Zaffaroni e Highton de Nolasco, a opinião colocada nas sentenças anteriores,[776] de acordo com o parecer do Procurador Geral da Nação, destacando que "(...) o direito à vida é o primeiro direito natural da pessoa humana, pré-existente a toda legislação positiva e resulta garantido pela Constituição Nacional, direito presente desde o momento da concepção, reafirmada nos tratados internacionais com hierarquia constitucional".[777]

A definição que o Tribunal faz sobre o direito à vida, como o primeiro direito natural que pré-existe a toda legislação positiva, implica atribuir-lhe a condição de um princípio geral que encerra um mandamento operativo – em uma escala superior a qualquer norma – e é, talvez, um dos reconhecimentos mais fortes de sua jurisprudência nesse assunto, sobre o abandono da teoria do positivismo legalista, que afirmava que o direito vigente era apenas o emanado das normas positivas e que, ao limitá-lo às normas, destacava-o da moral e da justiça. O conteúdo do direito natural, conforme a Nova Escola do Direito Natural (NEDN) liderada por John Finnis, é produzido, de um modo principal, pela captação dos bens humanos básicos e do primeiro princípio da lei natural que prega que "o bem deve ser feito e o mal, evitado".[778] A evidência mostra que, sendo o direito à vida um bem humano básico, o direito da mãe não pode se antepor ao direito de seu filho prestes a nascer. A tese oposta que afirma o direito irrestrito ao aborto implica a apello à denominada falácia categorial na qual se realiza (ainda sem intenção retórica) uma transposição de argumentos aplicáveis às realidades

---

[776] Sentenças 323:1339, entre outros.
[777] Sentenças 330.2304 (2007).
[778] MASSINI CORREA, Carlos I. "Iusnaturalismo e interpretación jurídica". *In:* ALARCÓN CABRERA, Carlos; VIGO, Rodolfo Luis (coord.). *Interpretación y argumentación jurídica*. Buenos Aires: Marcial Pons, 2001, p. 328; GOLDSCHMIDT, Werner. *Introducción Filosófica al Derecho*. 4ª ed. Buenos Aires: Depalma, 1973, destaca que o direito natural de raiz aristotélico-tomista é idêntico à justiça e que não consiste em regras abstratas ou derivadas de deduções, mas em soluções justas a problemas de repartições de bens e males. (*op. cit.* p. 382).

e a situações distintas que, além disso, não são comparáveis, mesmo que a dimensão de peso do direito à vida seja muito superior a qualquer outro direito (com exceção da causa que justifica a defesa da própria vida), o que não foi nem refutado nem colocado em dúvida.

Os ataques feitos por alguns setores que postulam o igualitarismo até a morte[779] giram em torno da prevalência do direito da mulher de decidir sobre seu corpo, com base no princípio da autonomia da pessoa que não pode nunca interferir no direito à vida que outra pessoa tem, o que tratados internacionais classificaram como direito primordial. Além da interpretação tendenciosa que isto supõe, em benefício da ideologia igualitária extrema – uma categoria de decisionismo intelectual *a priori* –, a argumentação utilizada não deixa de ser circular, levando-se a sustentar que sua interpretação implica legalizar o direito de decretar a morte de uma pessoa, direito que é disfarçado pela falácia de que o feto não reúne as características do ser humano, em contradição com as afirmações contundentes da ciência. Do ponto de vista lógico, não se pode conceber que uma coisa seja e não seja ao mesmo tempo, e ninguém demonstrou ainda que a vida humana não começa com a concepção (nem se vai conseguir demonstrar), razão pela qual para legitimar o aborto ou ignorar que se está matando um ser humano deveriam fundar a tese pró-aborto, em que a vida humana começa a partir do parto, o que resulta numa afirmação tão absurda que ninguém se animou a defendê-la.

Em geral, a linha jurisprudencial da Corte é considerada compatível com os princípios e normas estabelecidos na Constituição e nos Tratados internacionais, que protegem e preservam o direito do nascituro.[780]

---

[779] RODRÍGUEZ, Marcela V. "Entre la justicia y la justicia formal: la discriminación por género en la jurisprudencia de la Corte Suprema de la Nación argentina". *In:* ALEGRE, Marcelo; GARGARELLA, Roberto (coord.). *El derecho a la igualdad.* aportes para un constitucionalismo moderno. 2ª ed. Buenos Aires: Abeledo Perrot, 2012, p. 515 ss.

[780] Porque outros valores (como evitar uma sanção social), por mais legítimos que sejam, não alcançam hierarquia suficiente para justificar o cerceamento de uma vida inocente; *Cf.* RODRÍGUEZ VARELA, Alberto. "El valor de la vida inocente". *El Derecho,*

CAPÍTULO V - O PRINCÍPIO DA IGUALDADE

V.2.8 Continuação: parecer da Academia Nacional de Ciências Morais e Políticas

Pela transcendência institucional de que se reveste, os antecedentes que a colação traz, bem como pela doutrina e argumentos que desenvolve, cabe destacar o parecer produzido com a data de 26 de novembro de 2008 pela Academia Nacional de Ciências Morais e Políticas, com relação à preservação do direito à vida, concebido nos seguintes termos:

"As escusas absolutórias previstas no art. 86 do Código Penal, que se tenta regulamentar e ampliar no projeto de 'aborto não punível' encontrado em trâmite nas comissões do Direito Penal, Família e Saúde Pública da Câmara de Deputados da Nação (expediente 5212-D-2008 e complementário elaborado pelos assessores das referidas comissões), foram incorporadas ao mencionado ordenamento punitivo perante proposta da Comissão de Códigos do Honorável Senado da Nação, formulada no parecer emitido em 26 de setembro de 1919.

No referido parecer, a Comissão fundamentou sua proposta em doutrinas eugênicas e racistas que se encontravam em voga, sem advertir a seus aderentes sobre as mesmas terem levado e servido de base ao regime nacional-socialista instaurado na Alemanha a partir de 1933.

Ao promover a não punibilidade da interrupção provocada pela gestação praticada em uma mulher 'idiota ou demente' que teria sido violentada, a Comissão expressou que era ' a primeira vez que uma legislação se atreverá a legitimar o aborto com um fim eugênico, para evitar que de uma mulher idiota ou alienada (...) nasça um ser anormal ou degenerado'. Em seguida, argumentou sobre o 'interesse da raça' e se perguntou, citando a doutrina espanhola, 'o que se pode ter de bom de uma mulher cretina ou demente?' Definitivamente, a Comissão considerou que 'é indiscutível que a lei deva consentir o aborto

---

191-424; ver também: BADENI, Gregorio. *Tratado de derecho constitucional.* 3ª ed. tomo I. Buenos Aires: La Ley, 2010, p. 749 ss.; e GELLI, María Angélica. *Constitución de la Nación argentina:* comentada y concordada. 4ª ed. tomo II. Buenos Aires: La Ley, 2008, pp. 236/237.

quando é praticado, com intervenção facultativa, para fins do aperfeiçoamento da raça'.

Com esses argumentos racistas, que poucos anos depois contribuíram para a criação de um regime doentio que empurrou o mundo à Segunda Guerra mundial e que não hesitou em imolar deficientes, judeus, cristãos e ciganos, e que perseguiu todos os que se opuseram a seus desígnios totalitários, as escusas absolutórias foram introduzidas no Código Penal, sendo que hoje estão tentando ampliá-las no Congresso da Nação.

As escusas absolutórias do art. 86 do Código Penal resultam manifestamente inconstitucionais perante textos explícitos que amparam, de forma irrestrita, o nascituro desde o instante de sua concepção. Por isso, em uma sentença recente, a Suprema Corte da Justiça da Nação recordou que 'o direito à vida é o primeito direito natural da pessoa humana, pré-existente em toda legislação positiva e resulta garantido pela Constituição Nacional (doutrina de Sentenças 323:1339, entre muitos), direito presente desde o momento da concepção, reafirmado com a incorporação de tratados internacionais com hierarquia constitucional' (CSJN, "Sánchez, Elvira Berta contra Ministerio de Justicia y Derechos Humanos", parecer da Procuração Geral de 28.02.2006 e votos dos ministros Highton de Nolasco e Eugenio Zaffaroni).

Além dessa normativa com hierarquia constitucional, devemos ressaltar alguns preceitos que destacam a impossibilidade jurídica de sancionar o projeto sobre 'abortos não puníveis'.

1º) A Lei n. 23.849, cujo art. 2º, ao aprovar a Convenção sobre os Direitos da Criança, declarou que o art. 1º desse instrumento internacional 'deve ser interpretado no sentido de se entender por criança todo ser humano desde o momento de sua concepção até os 18 anos de idade'. Com tal reserva, 'nas condições de sua vigência', a Convenção adquiriu hierarquia constitucional (art. 75 inc. 22 da CN).

2º) O artigo 3 da referida Convenção textualmente expressa:

'Em todas as medidas referentes às crianças, tomadas por instituições públicas ou privadas de bem-estar social, os tribunais,

CAPÍTULO V – O PRINCÍPIO DA IGUALDADE

as autoridades administrativas ou os órgãos legislativos, uma consideração primordial a ser atendida será o interesse superior da criança'.

3º) O art. 6 da mesma Convenção expressa textualmente:

'1. Os Estados-Parte reconhecem que toda criança tem direito intrínseco à vida.

2. Os Estados-Parte garantirão, em toda a extensão possível, a sobrevivência e o desenvolvimento da criança.'

4º) A Lei n. 26.061, sancionada pela unanimidade em 28 de setembro de 2005, regulamentar da Convenção sobre os Direitos da Criança, ratifica e amplia a salvaguarda integral da vida inocente. Seu artigo 2º declara que a Convenção sobre os Direitos da Criança é de aplicação obrigatória nas condições de sua vigência (ou seja, desde a concepção), em todo ato, decisão ou medida que se adota com relação às pessoas até os 18 anos de idade. O mesmo artigo cobre a defesa em exercício dos menores, reconhecendo que têm o direito de serem ouvidos, obviamente por intermédio de quem os representa que deverá ser um curador, principalmente quando os pais pretendem, de forma direta, colocar fim a sua vida por meio do aborto.

O art. 3º da Lei n. 26.061 destaca que por interesse superior da criança entende-se 'a máxima satisfação, integral e simultânea dos direitos e garantias reconhecidos nesta lei'. O primeiro desses direitos é, de acordo com o art. 8º, o direito à vida.

O mencionado art. 3 declara que se deve respeitar a 'condição de sujeito de direito' que toda criança tem, agregando, em sua parte final, que quando existir conflito entre os direitos e interesses da criança 'perante outros direitos e interesses igualmente legítimos, os primeiros prevalecerão'.

5º) O art. 75 inc. 23 da Constituição Nacional atribui ao Congresso a faculdade de 'legislar e promover medidas de ação positiva que garantam a igualdade real de oportunidades e de trato, e o pleno desfrute e exercício dos direitos reconhecidos por essa Constituição e pelos tratados internacionais vigentes sobre direitos humanos, em particular com relação às crianças, mulheres, anciãos e pessoas com deficiência'.

'Ditar um regime de segurança social especial e integral da criança em situação de desamparo, desde a gravidez até a finalização do período de ensino elementar, e da mãe durante a gravidez e o tempo de amamentação'.

Pensamos que essas normas, que poderiam também ser ampliadas com outras de nível constitucional, são suficientes para moldurar as obrigações assumidas pelo Estado Argentino na Convenção sobre os Direitos da Criança, em sua regulamentação n. 26.061 e no art. 75 inc. 23 da Constituição com relação aos direitos à vida e à saúde do nascituro.

Através da primazia dessa normativa de hierarquia constitucional, todas as normas de nível nacional, provincial ou municipal que foram contraditas permaneceram tacitamente revogadas. No direito argentino não é possível desculpar e, muito menos, justificar nenhum atentado direto contra a vida de uma criança desde sua concepção. Consequentemente, as escusas absolutórias do art. 86 do Código Penal, introduzidas em seu texto sob proposta da Comissão de Códigos do Honorável Senado da Nação, no relatório emitido em 26 de setembro de 1919, permaneceram sem efeito, a partir da vigência das normas de hierarquia constitucional já citadas.

A derrogação implícita ou tácita constitui um princípio elementar da lógica jurídica em cuja virtude duas normas contraditórias sobre a mesma conduta não podem ser simultaneamente válidas. No caso das escusas absolutórias do art. 86, aprovadas pela Lei n. 11.179 sancionada pelo Código Penal e restabelecidas em seu texto original pela Lei n. 23.077, é evidente que perderam vigência a partir da data em que entraram em vigor as normas da Convenção sobre Direitos da Criança, com hierarquia constitucional desde a reforma de 1994.

A partir de tais normas, fica constitucionalmente desautorizada a pretensão de considerar a pessoa antes de seu nascimento como *pars*

CAPÍTULO V – O PRINCÍPIO DA IGUALDADE

viscerum matris, ou seja, como uma simples víscera ou órgão da mãe, semelhante aos rins, ao estômago ou à vesícula. Assim como essas partes do corpo humano não são sujeitos de direito, a pessoa humana, na etapa mais prematura, tampouco o seria, se considerada apenas como uma parte do organismo materno.

Definitivamente, conforme destaca acertadamente Abelardo Rossi, o núcleo do problema reside em determinar se o embrião ou feto no ventre materno e, inclusive, o concebido de forma extracorpórea é, ou não, um ser humano.

A resposta afirmativa já havia sido dada pelo Código Civil desde o início de sua vigência. Contudo, agora é fornecida, de forma enfática, pelas normas que citamos, especialmente as de hierarquia constitucional.

À luz dos critérios nelas fixados, hoje não se pode fazer objeção, em termos jurídicos, que o direito à vida se estende desde a concepção até a morte natural. Qualquer discriminação que se tente, como as incorporadas ao projeto sobre "abortos não puníveis", fundadas no tempo de gestação da criança por nascer, resultará violatória dos preceitos de garantia constitucional e da igualdade consagrada no art. 16 da Lei Fundamental. As normas de qualquer nível sancionadas pelo Congresso e que autorizem a morte, provocada de forma direta, de uma pessoa inocente, carecem de validade constitucional, resultando irrelevante que os afetados tenham uma semana ou três meses de gestação, um ano ou oitenta anos de vida. Todos têm o mesmo direito à vida.

Ao exposto, devemos agregar que o projeto sobre 'abortos não puníveis' piora o texto do art. 86 do Código Penal por várias razões que, sinteticamente, indicaremos neste parecer:

1º) Transforma as primitivas escusas absolutórias em um suposto direito à interrupção da gravidez, eufemismo que acoberta a atribuição discricionária de matar uma criança concebida de forma direta, acentuando, portanto, a incompatibilidade do projeto com as normas constitucionais que amparam a vida inocente.

2º) Ao se referir ao perigo para a vida e a saúde da mãe, modifica o texto do art. 86 inc. do Código Penal e suprime o requisito de que tal perigo não possa ser evitado através de outros meios. O projeto prescinde que o avanço da medicina oferece enormes possibilidades que permitem preservar a vida, tanto da mãe, quanto a da criança, conforme destacado pela Academia Nacional de Medicina em sua declaração de 4 de agosto de 1994. Essa é a obrigação do médico e, em nenhum caso, pode-se sustentar, como indicação terapêutica, que deva matar a criança ou a mãe de forma direta. O médico deve procurar, com os meios que tem a seu alcance, salvar a vida de ambos. Por outro lado, as estatísticas do ministério da Saúde indicam – contra o que se sustenta nos fundamentos do projeto – que há várias décadas a mortalidade materna por abortos se encontra em ligeiro declínio.

3º) Aumenta a impunidade a todos os casos nos quais a gravidez tenha sido efetivada por um alegado estupro. Dessa forma que a criança paga pela ausência de pai, configurando-se, dessa maneira, uma segunda iniquidade que agrava as consequências do estupro. Além disso, prescinde-se do que foi expresso pelos senadores que, em 1919, introduziram no Código Penal as escusas absolutórias do art. 86, referindo-se no ditame da Comissão de Códigos apenas ao estupro de uma mulher 'idiota ou demente' e não a todo estupro.

4º) O projeto complementar também estende a impunidade aos casos nos quais 'existirem deformações fetais incompatíveis com a vida extrauterina'. Tal disposição tem reminiscências do Plano T.4 estabelecido pelo regime nacional-socialista para a eliminação obrigatória de recém-nascidos deficientes.

5º) Amplia o âmbito do 'aborto terapêutico' ao campo da saúde física, 'mental e social', eufemismo através dos quais generalizou-se a descriminação do aborto no continente europeu, especialmente na Espanha, considerada hoje o centro do 'aborto turístico', ou seja, praticado por mulheres não residentes. A ampliação a uma suposta 'saúde social' demonstra que o propósito do projeto destaca uma legalização sem limites do aborto provocado.

6º) Não é fornecida à criança não nascida uma representação que possa ser ouvida em defesa de seu direito de nascer e viver, contrariando,

CAPÍTULO V – O PRINCÍPIO DA IGUALDADE

portanto, as normas da Lei n. 26.061 que regulamentou a Convenção sobre Direitos da Criança.

7º) O projeto impõe aos titulares de todos os estabelecimentos assistenciais do Sistema de Saúde Pública, inclusive os privados, a obrigação de praticar todo 'aborto não punível' que lhes seja requerido, negando-lhes o direito constitucional à objeção de consciência. Obriga, inclusive, os titulares de tais estabelecimentos a promover a execução do aborto através de cartazes cujo texto redigido pelos autores do projeto constitui um convite para que a interrupção da gravidez seja efetuada e, além disso amplia – como já foi mencionado –, o conceito de 'saúde da mãe', o que deverá ser entendido como 'um estado de completo bem estar físico, mental e social, e não como a simples ausência de doença ou deficiência'.

Em pareceres anteriores dirigidos às autoridades nacionais e da cidade de Buenos Aires, a Academia Nacional de Ciências Morais e Políticas destacou o enraizamento constitucional da objeção da consciência, destacando que constituía um direito que nenhuma lei pode desconhecer nem ignorar. Porque tal direito consiste, exatamente, em que ninguém deva ser forçado a contrariar as próprias convicções morais e científicas, executando ou fazendo executar atos incompatíveis com elas. Em outras palavras, estamos perante o direito de se negar a observar determinadas condutas quando elas violentam a própria consciência.

A Academia Nacional de Medicina, em sua declaração de 28 de setembro de 2000, ratificou sua recusa a 'todo método que interrompa a gravidez' e reivindicou que não se nega aos médicos 'a liberdade de atuar segundo o critério de sua consciência perante situações consideradas repreendidas com a ética'.

A Suprema Corte da Justiça da Nação, ao reconhecer, nas Sentenças 312:496, a objeção de consciência como direito de hierarquia constitucional, especificou que nossa própria Lei Fundamental é a que 'reconhece os limites do Estado perante a autonomia individual. O art. 19 estabelece a esfera na qual o Estado não pode intervir' (considerando 16, *in fine*).

O Supremo Tribunal, ao reconhecer a objeção de consciência, que resulta aplicável em diversos campos, entre eles nos temas bioéticos, atuou com extremo cuidado exegético, porque, como destaca no considerando 15 'a disjuntiva de seguir os ditames das crenças e da consciência, ou a eles renunciar e agir contra, é coisa grave'.

Acrescentemos que o direito à objeção de consciência – que, obviamente, assiste aos profissionais médicos e também às autoridades dos estabelecimentos às quais se pretende obrigar que atuem contra os ditados de sua própria consciência –, deriva de forma direta dos art. 14 e 33 da Constituição Nacional e das convenções internacionais que amparam a liberdade de consciência. Nos referimos, concretamente, aos art. 18 da Declaração Universal dos Direitos Humanos, 18 do Pacto Internacional sobre Direitos Civis e Políticos e 12 da Convenção Americana sobre Direitos Humanos. Todos esses instrumentos têm hierarquia constitucional (art. 75 inc. 22 da CN).

Perante o preceituário tão claro, a Academia resolve dirigir-se às autoridades da Câmara Nacional de Deputados e do Honorável Senado solicitando a recusa do projeto".

Capítulo VI
O PRINCÍPIO DA LIBERDADE

Sumário: I.1 Sobre o conceito da liberdade e as raízes da concepção constitucional argentina. VI.2 A face dupla da liberdade: direito e princípio. As garantias da liberdade. VI.3 Natureza política ou civil das liberdades. Direitos sociais e novos direitos. VI.4 As declarações de direitos que consagram liberdades: sua caracterização. VI.5 Continuação: limites constitucionais ao exercício do poder regulamentar. VI.6 As liberdades e o princípio da subsidiariedade. VI.7 As liberdades não patrimoniais: a liberdade de expressão. Alcance e fundamento. VI.7.1 A proibição de censura prévia. VI.7.2 O princípio protetor sem denominação da liberdade de expressão e as responsabilidades ulteriores. VI.7.3 A interdição constitucional de impor, por parte do Congresso, restrições à liberdade de expressão e a proibição de estabelecer a jurisdição federal nessa matéria. VI.7.4 O direito de retificação ou resposta. VI.7.5 Os meios indiretos restritivos da liberdade de expressão: a distribuição da publicidade oficial. VI.8 A liberdade religiosa. VI.8.1 O caso da Virgem em Tribunais. VI.8.2 Os crucifixos nas escolas públicas. VI.9 As liberdades econômicas. VI.9.1 Subsistência da liberdade econômica no novo constitucionalismo. VI.9.2 Liberdade de contratar e controle de preços. VI.9.3 Principais questões que a Lei n. 26.991 suscita. VI.10 Inaplicabilidade da jurisprudência do Tribunal em matéria de controle de preços. VI.11 Liberdade econômica e propriedade. O estado de emergência. VI.11.1 Estado de Direito e estado de necessidade. VI.11.2 Os limites constitucionais da emergência. Os decretos de necessidade e urgência. VI.12 Emergência e direitos adquiridos. VI.13 A liberdade de associação.

VI.14 O direito de ensinar e aprender (o direito à educação). VI.15 Outros direitos e liberdades. Os direitos de petição e de livre circulação. VI.15.1 O direito de peticionar às autoridades. VI.15.2 A liberdade de trânsito ou direito à livre circulação.

VI.1 Sobre o conceito de liberdade e as raízes da concepção constitucional argentina

O tema da liberdade não só levanta uma questão metafísica, como diz também respeito ao direito e à sua filosofia, à economia e, em geral, à ciência política, todas disciplinas nas quais foram objeto de numerosos estudos que deram lugar às mais diversas concepções teóricas.[781]

No quadro das teorias políticas sobressaem-se, pela influência que tiveram no plano das ações buscadas pelos diferentes tipos de Estado, três orientações básicas, a saber: a) a tese individual da liberdade, que a concebe como o poder de realizar o que cada pessoa quer[782], sem outro limite a não ser o respeito pela liberdade dos demais; b) as doutrinas que negam da liberdade desenvolvidas a partir do idealismo dialético de Hegel e o posterior materialismo também dialético de Marx, Engels e Lenin[783] e, de uma forma diferente, as chamadas teorias do desespero (Heidegger e Sartre), ou as que desenvolvem posturas niilistas (Schopenhauer) que postulam a negação da liberdade humana;[784] e, finalmente, c) a direção filosófica-cristã, que vincula a liberdade à noção de bem supremo do ser humano, à responsabilidade e à verdade, considerando que se trata da possibilidade de escolher decisões livremente, de acordo com a dignidade da pessoa humana, sem outro limite a não ser o bem

---

[781] Ver: LINARES QUINTANA, Segundo V. *Tratado de la ciencia del derecho constitucional argentino y comparado.* tomo III. Buenos Aires: Alfa, 1956, p. 37 ss.

[782] No campo da filosofia e da ciência política não foram desenvolvidas, em geral, concepções que preconizem o individualismo absoluto em matéria de liberdade. Foi, mais precisamente, no campo econômico, no qual o liberalismo absoluto alcançou seu maior auge.

[783] Ver: RÍO, Manuel. *Estudio sobre la libertad humana.* Buenos Aires: Guillermo Kraft, 1955, p. 193 ss.

[784] RÍO, Manuel. *Estudio sobre la libertad humana.* Buenos Aires: Guillermo Kraft, 1955, p. 211 ss.

CAPÍTULO VI – O PRINCÍPIO DA LIBERDADE

comum.[785] A doutrina cristã não concebe a liberdade para fazer o mal, por ser ele um princípio básico da lei natural. A liberdade do ser humano, segundo o cristianismo, está sempre voltada ao bem último, que é Deus e, em sua concepção, não cabe a presença de uma autonomia pessoal absoluta do Homem, como postulado por Kant e seus acólitos. Menos ainda, seguramente a perspectiva cristã pode aceitar as ideias que se aninham no fundo do materialismo histórico, as quais implicam a negação absoluta da liberdade humana.

Essa é, exatamente, a doutrina que o art. 19 de nossa Constituição reúne, quando consagra o âmbito de reserva das liberdades ao prever que "(...) *as ações privadas dos Homens que, de forma alguma, ofendem a ordem e a moral pública estão apenas reservadas a Deus e isentas da autoridade dos magistrados*", fórmula que foi atribuída ao presbítero Sáenz[786], formado na Universidade de Charcas, em que prevalecia a orientação marcada pela neo-escolástica salmantina.

A segunda parte do art. 19 da CN, quando estabelece que "(...) *nenhum habitante da Nação é obrigado a fazer o que a lei não manda e nem privado do que ela não proíbe*" ampara a concepção libertária sustentada por Montesquieu em seu *O espírito das leis*, tal como destacamos anteriormente[787], conforme a interpretação que, a seu momento, fizeram autores ideologicamente tão opostos como Duguit e Hauriou.[788]

De fato, o art. 5º da Declaração dos Direitos do Homem e do Cidadão, que é reconhecido como fonte de nosso art. 19 da CN[789], não

---

[785] A doutrina social da Igreja seguiu uma linha uniforme e coerente. Em tal sentido, cabe destacar o que João Paulo II expressou nas encíclicas *Centesimus Annus* (ponto 17) e *Veritatis Splendor* (pontos 31 ss.), entre outras.

[786] SAMPAY, Arturo E. *La filosofía jurídica del artículo 19 de la Constitución Nacional*. Buenos Aires: Cooperadora de Derecho y Ciencias Sociales, 1975, pp. 11/12.

[787] Em nosso livro: *El principio de legalidad y el control judicial de la discrecionalidad administrativa*. Buenos Aires-Madrid: Marcial Pons, 2009, pp. 198-201.

[788] *Précis de droit constitutionnel*. Paris: Sirey, 1923, p. 91 e DUGUIT, Léon. *Traité de Droit Constitutionnel*. Paris: Boccard, 1923, p. 373.

[789] A esse respeito, é de grande interesse a análise que María Angélica GELLI faz, em sua obra *Constitución de la Nación argentina*: comentada y concordada. 2ª ed. Buenos Aires: La Ley, 2003, p. 183 ss., em que destaca as diferenças entre as cláusulas da

se baseia na teoria rousseauista da lei como vontade geral infalível, mas sim na doutrina humanista cristã de Montesquieu, cuja concepção da lei compreende tanto a lei positiva quanto a lei natural. Para o grande bordelês, a liberdade não consiste em fazer o que se quer, mas no direito de fazer o que as leis permitem.

No mencionado preceito constitucional reside, precisamente, o fundamento constitucional positivo do princípio da interdição de arbitrariedade que encerra o mandamento negativo de ditar leis ou atos administrativos injustos (contrários à lei natural e ao ordenamento positivo).

VI.2 A face dupla da liberdade: direito e princípio. As garantias da liberdade

Enquanto a liberdade como direito traduz o empoderamento de uma faculdade, de exigir sua realização efetiva ao Estado ou a uma pessoa privada (direito subjetivo na linguagem moderna), também é possível conceber a liberdade como um princípio geral do direito[790], ou seja, como um mandamento positivo com tendência a realizá-la e, inclusive, como um mandamento negativo que permite desencadear ações que impedem sua violação de forma preventiva ou reacional.

Desse modo, por exemplo, a liberdade de exercer comércio ou indústria pode se ver afetada no caso onde a Administração não outorgue uma autorização para funcionar a uma empresa quando tem direito a concessão, conforme o ordenamento, ou bem resultando a referida liberdade violada no caso em que a Administração decida revogar, sem causa justificada, a autorização para realizar determinada atividade industrial ou comercial. Em ambos os exemplos, o princípio da liberdade integral[791]

Declaração dos Direitos do Homem e do Cidadão (art. 4 e 5) com nosso artigo 19 da CN e o desenvolvimento doutrinário e jurisprudencial do preceito.

[790] MARIENHOFF, Miguel S. *Tratado de derecho administrativo*. 4ª ed. tomo I. Buenos Aires: Abeledo Perrot, 1990, p. 290 e "El derecho a la libertad integral del ciudadano". *In*: Anais da Faculdade de Direito e Ciências Sociais de Buenos Aires, Série I, n. 9, pp. 81-85.

[791] MARIENHOFF, Miguel S. *Tratado de derecho administrativo*. 4ª ed. tomo I. Buenos Aires: Abeledo Perrot, 1990, p. 290 e seu trabalho "El principio de la libertad (...)", p. 81 ss.

CAPÍTULO VI – O PRINCÍPIO DA LIBERDADE

estaria sendo afetado, levando-se em conta que o sistema constitucional argentino está projetado como um conjunto de princípios e normas favoráveis à liberdade[792] (e assim confirma o Preâmbulo, ao garantir os benefícios da liberdade para todos os habitantes) sem prejuízo de, ao mesmo tempo, as pessoas afetadas poderem reivindicar ao Estado o exercício de seus direitos e o restabelecimento das liberdades violadas.

Por outro lado, há que não confundir direitos e princípios com garantias, que são os remédios instrumentais (de caráter processual) para fazer que os direitos se tornem efetivos, no sentido restrito ou muito restrito[793], tal como acontece, não só com a ação de amparo consagrada pelo art. 43 da CN com relação aos direitos individuais (primeira parte), quanto aos direitos de incidência coletiva (segunda parte). Esta última legitimação, denominada anômala ou extraordinária, que o preceito constitucional estabelece a favor dos afetados, a Defensoria Pública e as associações constituídas com a finalidade de tender à proteção do meio ambiente, a concorrência, os direitos de usuários e consumidores, bem como, em geral, os direitos de incidência coletiva, abriram, por analogia, a base processual das ações declaratórias de inconstitucionalidade.[794] Outras das garantias processuais protegem diretamente a liberdade pessoal, como o *habeas corpus* ou os direitos pessoais através de *habeas data*.

VI.3 Natureza política ou civil das liberdades. Direitos sociais e novos direitos

Os autores clássicos do direito constitucional classificaram as liberdades segundo seu objeto como político ou civil.[795] Atribuía-se

---

[792] BIDART CAMPOS, Germán J. *Tratado elemental del derecho constitucional argentino.* tomo I. Buenos Aires: Ediar, 1989, p. 251 ss.

[793] A terminologia pertence a Juan Francisco LINARES e foi recolhida por BIDART CAMPOS, Germán J. *Tratado elemental del derecho constitucional argentino.* tomo I. Buenos Aires: Ediar, 1989, p. 440.

[794] Sentenças 320:691; 332:111 e no caso "Padec contra Swiss Medical" de 21.08.2013. A analogia que as referidas sentenças postulam encontra-se entre a ação do art. 322 de CPCda CN e a prevista no art. 43 da CN.

[795] ESTRADA, José Manuel. *Curso de derecho constitucional.* 2ª ed. tomo I. Buenos Aires:

caráter político aos direitos dos cidadãos em participar da eleição periódica dos governantes. Tal direito, também qualificado como liberdade eleitoral, distinguia-se da liberdade civil por abarcar uma categoria de maior magnitude e densidade, que compreende toda a vida de uma pessoa dentro da sociedade e perante o Estado. A maioria dessas liberdades encontra-se expressamente consagrada no art. 14 da CN, sem prejuízo dos direitos não enumerados ou implícitos ao qual o art. 33 da CN faz referência.

A clássica liberdade civil inclui, entre outros, o direito constitucional concernente ao exercício de toda indústria lícita, bem como o de trabalhar, de navegar e comercializar, de entrar, permanecer, transitar e sair do território argentino, de publicar suas ideias por meio da imprensa, sem censura prévia, de usar e dispor da propriedade, de associar-se com fins úteis, de professar livremente seu culto e de ensinar e aprender.

Não se pode ignorar que muitas das liberdades civis perseguem finalidades políticas, pois o deslinde entre direitos civis e políticos está longe de ser exato. Por exemplo, o exercício dos direitos de reunião e de petição pode ser guiado pelo objetivo de determinadas forças políticas, de exercer influência sobre os órgãos do poder[796] e o mesmo acontece com o direito de associação ou com a liberdade de imprensa.

Consequentemente, a liberdade política ultrapassa o conteúdo da liberdade eleitoral[797] e essa imprecisão deve ter influenciado para que a doutrina argentina praticamente abandonasse a classificação clássica, não obstante tenha sido reunida no Pacto Internacional sobre Direitos Civis e Políticos de Nova York e seu Protocolo Facultativo do ano de 1966, que possui hierarquia constitucional conforme o art. 75 inc. 22 da CN.

Científica y Literaria Argentina, 1927, p. 1 ss.; RIVAROLA, Rodolfo. *La Constitución argentina y sus principios de ética política*. Rosário: Rosário Sociedad Anónima, 1944, p. 126 ss.

[796] BIDART CAMPOS, Germán J. *Tratado elemental del derecho constitucional argentino*. tomo II. Buenos Aires: Ediar, 1989, p. 34.

[797] RIVAROLA, Rodolfo. *La Constitución argentina y sus principios de ética política*. Rosário: Rosário Sociedad Anónima, 1944, p. 127.

CAPÍTULO VI – O PRINCÍPIO DA LIBERDADE

Os direitos políticos se circunscrevem aos cidadãos e aos partidos e não podem ter uma finalidade diferente da que persegue seu objetivo central, que é a política, estreitando o campo dos direitos políticos, em vez de conseguir uma caracterização mais precisa.[798]

Em matéria de direitos políticos, não se pode obviar a incorporação em nosso ordenamento constitucional dos tratados internacionais sobre direitos humanos, cujas cláusulas devem ser consideradas complementares dos direitos e garantias estabelecidas na primeira parte da Constituição (art. 75 inc. 22). A partir dele, segue-se a aplicação no plexo constitucional argentino do art. 23 da Convenção Americana sobre Direitos Humanos (Pacto de São José da Costa Rica), que prevê o seguinte: *"Todos os cidadãos devem gozar dos seguintes direitos e oportunidades: a) de participar da direção dos assuntos públicos, diretamente ou através de representantes livremente escolhidos; b) de votar e ser eleito em eleições periódicas autênticas realizadas por sufrágio universal e igual, e por voto secreto que garanta a livre expressão da vontade dos eleitores; e c) de ter acesso em condições de igualdade às funções públicas de seu país[799]"*.

No que se refere ao direito de participação, cabe notar que o preceito convencional da CADH não impõe a chamada participação direta, mas deixa a opção de escolher a participação pública aos Estados conforme mecanismos próprios do sistema representativo que é, por outro lado, o que acolhe nossa Constituição em seu art. 1, como forma de governo.

Às liberdades clássicas vêm se somar os denominados direitos sociais ou de segunda geração (*Cf.* prescrito no art. 14 bis da CN, na Convenção Constituinte de 1957) e os novos direitos constitucionais incorporados após a reforma constitucional de 1994, principalmente o direito a um meio ambiente sadio e equilibrado, e apto para o desenvolvimento humano (art. 41 da CN), os direitos de usuários e consumidores na relação de consumo, o direito à defesa da concorrência

---

[798] BIDART CAMPOS, Germán J. *Tratado elemental del derecho constitucional argentino.* tomo II. Buenos Aires: Ediar, 1989, p. 34.

[799] CADH, art. 23.

contra toda forma de distorção dos mercados, o de exigir qualidade e eficiência nos serviços públicos, e os direitos a constituir associações de consumidores e usuários e de participar nos organismos de controle (art. 42 da CN), aos que se somam os direitos de incidência coletiva que a Constituição enuncia de forma genérica sem definir, acordando-lhes, entretanto, proteção constitucional através da ação de amparo prevista no art. 43 da CN. A recepção constitucional desses novos direitos implica uma ampliação do âmbito das liberdades dos cidadãos[800] que se protegem mediante as garantias judiciais que a própria Constituição reformada consagra em seu artigo 43.

Concreta e resumidamente, pode-se dizer que o quadro dos direitos constitucionais (vinculados à liberdade e à propriedade) é composto, agora, de três categorias de direitos fundamentais ou humanos: a) os direitos individuais previstos no art. 14 da CN; b) os direitos sociais e econômicos contemplados no art. 14 *bis* e, particularmente, no Pacto Internacional sobre Direitos Sociais e Econômicos (art. 75 inc. 22 da CN); e c) os direitos de incidência coletiva aos quais os art. 41, 42 e 43 da CN se referem.

A vinculação das liberdades ao direito de propriedade resulta clara e, além disso, evidente, por um dos principais elementos ser o direito de usar e dispor da propriedade (art. 14 da CN), direito que, no fundo, implica o exercício de uma das liberdades fundamentais da pessoa humana, da qual só pode ser privada mediante sentença baseada na lei e sempre que interceda a declaração legislativa de utilidade pública e prévia indenização (art. 17 da CN).

VI.4 As declarações de direitos que consagram liberdades: sua caracterização

Após descrever o quadro geral das liberdades e conseguintes direitos constitucionais, interessa precisar sua caracterização, pelo que

---

[800] Ampliar em DALLA VÍA, Alberto R. *Derecho constitucional económico*. Buenos Aires: Abeledo Perrot, 1999, pp. 297-299.

CAPÍTULO VI – O PRINCÍPIO DA LIBERDADE

partiremos da regra constitucional que prevê que os direitos são desfrutados segundo as leis que regulamentam seu exercício (art. 14 da CN). Essa regra parece consagrar, a princípio, o caráter relativo dos direitos constitucionais, seguindo as linhas da doutrina[801] e jurisprudência da Suprema Corte.[802]

Entretanto isso nem sempre ocorre, embora na maioria dos casos os direitos constitucionais sejam desfrutados conforme as leis que os regulamentam, já que, ao mesmo tempo, há alguns direitos fundamentais (v.g., o direito à vida ou a não ser objeto de torturas), que revestem caráter absoluto. O mesmo sucede com o âmbito das ações privadas das pessoas que não afetem a ordem ou a moral pública e nem prejudiquem terceiros (art. 19 da CN), e com a liberdade de imprensa (e, de forma extensiva, a liberdade genérica de expressão), cuja restrição pelas leis é vedada por primazia do art. 32 da CN.

Observe-se que a Constituição não condiciona o exercício do direito à necessidade de ser regulamentado, o que permitiu que a doutrina considerasse que ainda são operacionais os preceitos constitucionais que declaram direitos e que se a atividade da Administração para efetivar o respectivo direito (operatividade derivada) for especificada, sua omissão prolongada resulta inconstitucional e gera o direito do particular de exigir seu cumprimento em sede judiciária.[803] Em todos os casos, a regulamentação dos direitos constitucionais deve ser feita mediante lei formal ou material[804], com os limites que marcam os princípios de interdição de arbitrariedade (art. 19 da CN) e de razoabilidade (art. 28 da CN), o que exige que as restrições não degradem e nem aniquilem o

---

[801] VILLEGAS BASALVILBASO, Benjamín. *Derecho administrativo*. tomo V. Buenos Aires, 1954, pp. 103-105; MARIENHOFF, Miguel S. *Tratado de derecho administrativo*. 4ª ed. tomo IV. Buenos Aires: Abeledo Perrot, 1987, p. 531.

[802] Sentenças 136:161 ("Ercolano"), entre outros.

[803] BIDART CAMPOS, Germán J. *Tratado elemental del derecho constitucional argentino*. tomo I. Buenos Aires: Ediar, 1989, p. 217.

[804] GELLI, María Angélica. *Constitución de la Nación argentina*: comentada y concordada. tomo I. 4ª ed. Buenos Aires: La Ley, 2008, p. 87 com citação da Opinião Consultiva 6/86, da Corte Interamericana de Direitos Humanos.

respectivo direito e se ajustem às exigências do bem comum ou princípio de justiça.

A limitação dos direitos constitucionais pela lei pode assumir caráter normal e permanente, ou então ser transitória e excepcional, sempre que forem fornecidas as condições para que se configure uma emergência constitucional.[805]

VI.5 Continuação: limites constitucionais ao exercício do poder regulamentar

Embora um dos pilares primordiais objetivados pelo Direito Administrativo seja orientado para a proteção das liberdades dos cidadãos e empresas e, em geral, de todos os direitos reconhecidos, tanto nos art. 14 e 14 *bis* da CN quanto nos novos preceitos constitucionais (art. 41, 42 e 43 da CN, entre outros), cabe notar que o sistema de nossa Carta Magna se encontra organizado em uma série de princípios fundamentais, a saber:

a) Os direitos são exercidos conforme as leis que regulamentam seu exercício (art. 14 da CN). Isso implica que, conforme reconhecido pela jurisprudência da Suprema Corte[806], não há direitos absolutos na medida em que seu conteúdo e alcance devam ser estabelecidos pelo Congresso, salvo se forem determinados expressamente na Constituição, ou se trate de direitos fundamentais cuja existência for anterior a ela (v.g., direito à vida);

b) como consequência, a princípio, se os direitos forem relativos e se seu exercício se encontrar limitado pela lei, sua operatividade

---

[805] BIDART CAMPOS, Germán J. *Tratado elemental del derecho constitucional argentino.* tomo I. Buenos Aires: Ediar, 1989, p. 508.

[806] Sentenças, 136:164; "Hogg, David y Cía. SA", Sentenças, 242:353 (1958); "Beneduce, Carmen Julia y otras contra Casa Auguste", Sentenças, 251:472 (1961), entre outros; ver também: LINARES QUINTANA, Segundo V. "El derecho constitucional de huelga". In: *La huelga.* tomo I. Santa Fé: Instituto de Derecho del Trabajo, Universidade Nacional del Litoral. El Instituto, 1951, p. 131, destaca que no sistema republicano de governo os direitos absolutos não são concebidos com exceção da liberdade de consciência ou de pensamento.

CAPÍTULO VI – O PRINCÍPIO DA LIBERDADE

permanece limitada àqueles casos nos quais a cláusula constitucional que reconhece um direito possuir um grau de determinação e precisão em seu conteúdo e alcance de maneira que torne possível sua aplicação direta sem afetar outros direitos constitucionais. Nesse sentido, apesar de as tendências chamadas progressistas, que preconizam uma judicialização das medidas legislativas e administrativas que correspondem à promulgação ao Congresso e ao Poder Executivo, em seu caso, o princípio da separação de poderes o impede, e os juízes não podem converter-se em legisladores ou administradores, principalmente quando a Constituição não contém nenhum preceito expresso, implícito e nem inerente que o autorize. Sobretudo, estabelece o princípio oposto, ao precisar no art. 19 da CN, que ninguém "(...) está obrigado a fazer o que não manda a lei e nem privado do que ela não proíbe";

c) a regulamentação dos direitos não pode incidir no campo das ações privadas e nem afetar aos direitos de terceiros, à luz do princípio prescrito no art. 19 da CN (que resulta uma originalidade de nosso Direito Público), o que implica na proibição de legislar ou controlar as denominadas ações interiores e o mandamento de proceder conforme a justiça que ordena não infringir a moral pública e não prejudicar os direitos de terceiros. Este último princípio (*alterum non leadere*) condensa a clássica fórmula aristotélica que define a ação justa, recolhida por Ulpiano em sua definição do direito;[807]

d) o fundamento das limitações legais aos direitos das pessoas (também qualificado como poder de polícia) reside na necessidade de torná-los compatíveis com o interesse geral ou bem comum. Mesmo que o referido fundamento se deduza – *a contrario sensu* – do art. 19 da CN (por se referir à ordem e à moral pública como fatores habilitantes da regulamentação legislativa), atualmente, a causa da hierarquia constitucional

---

[807] Ampliar em SAMPAY, Arturo E. *La filosofía jurídica del artículo 19 de la Constitución Nacional*. Buenos Aires: Cooperadora de Derecho y Ciencias Sociales, 1975, p. 38 ss.

que a Declaração Americana dos Direitos e Deveres do Homem adquiriu, conforme o art. 75, inc. 22 da CN, pode-se lançar mão de um preceito explícito que contém o fundamento da potestade para regulamentar os direitos, o qual, referindo-se especificamente aos Direitos Humanos, possui uma força expansiva que, juntamente com o art. 19 da CN, permite interpretar que, em nosso sistema constitucional, exista um princípio geral no sentido indicado anteriormente.

De fato, o art. XXVIII da citada Declaração, prevê: *"Os direitos de cada pessoa estão limitados pelos direitos dos demais, pela segurança de todos e pelas exigências justas do bem estar geral e do desenvolvimento democrático"*.

Esse preceito da Declaração Americana dos Direitos e Deveres do Homem deve ser interpretado à luz do art. 19 da CN. A Convenção Americana sobre Direitos Humanos, que admite a possibilidade de limitar os direitos das pessoas, não pode ser entendida no sentido de "(...) permitir alguém dos Estados-Parte, grupo ou pessoa, suprimir o gozo e exercício dos direitos e liberdades reconhecidos na Convenção ou limitá-los na maior medida do que a nela prevista";[808]

e) para possuir validade constitucional, as regulamentações de direitos devem ser razoáveis, conforme surge do princípio consagrado no art. 28 da CN. Esse é o limite principal ao exercício da potestade legislativa que exige harmonizar, como regra geral, os fins procurados pela política legislativa com os meios usados (equação que deve respeitar o princípio da proporcionalidade), havendo distintas variantes em que se projeta

---

[808] Cabe destacar que, ao ratificar a Convenção pela Lei n. 23.054, o instrumento de ratificação introduziu várias declarações e reservas, entre as que se encontram: a) o caráter não retroativo dos efeitos das obrigações estabelecidas na Convenção; b) que sua interpretação será levada a cabo em concordância com os princípios e cláusulas da Constituição Nacional vigente ou com os que resultarem de reformas feitas em virtude dela; e c) que as questões inerentes à política econômica do governo nem o que os tribunais nacionais determinem como causas de utilidade pública ou interesse social nem o que entendam por "indenização justa" não fiquem sujeitas à competência de tribunais internacionais.

CAPÍTULO VI – O PRINCÍPIO DA LIBERDADE

a razoabilidade (ponderação e seleção etc. (...)[809] e os critérios de justiça que fazem a avaliação das normas limitativas de direitos, particularmente, em matéria de igualdade.[810]

VI.6 As liberdades e o princípio da subsidiariedade

De nada valeria o reconhecimento constitucional das liberdades se os cidadãos não tiverem possibilidades reais e concretas de exercê-las porque o Estado decidiu suplantá-los no desenvolvimento de suas atividades no âmbito político, econômico, social, educativo etc.[811], o que implica absorver a força espontânea da sociedade e a livre iniciativa dos particulares.

Em termos gerais, o princípio da subsidiariedade apresenta duas facetas. Enquanto sua face passiva traduz a não ingerência estatal em atividades que podem ser levadas a cabo por pessoas privadas (ou no plano político, que as comunidades maiores não façam o que podem levar a cabo as menores), sua faceta ativa obriga o Estado a atuar, sobretudo, no âmbito econômico, social e educativo, perante a insuficiência da atividade privada.[812]

Esse princípio, acunhado precocemente pela Doutrina Social da Igreja[813], foi-se estendendo, de forma progressiva, na maioria dos Estados chamados ocidentais, dando lugar a um modelo de Estado que se despoja

---

[809] _Ampliar em LINARES, Juan F. *La razonabilidad de las leyes*. Buenos Aires: Astrea, 1970, pp. 111 ss.

[810] _GELLI, María Angélica. *Constitución de la Nación argentina*: comentada y concordada. 2ª ed. Buenos Aires: La Ley, 2003, p. 257.

[811] RODRÍGUEZ VARELA, Alberto. *Historia de las ideas políticas*. Buenos Aires: A-Z editora, 1989, p. 378 ss.

[812] BARRA, Rodolfo Carlos. *Principios de derecho administrativo*. Buenos Aires: Ábaco, 1980, p. 35 ss.; SAGUÉS, Néstor Pedro. "Principio de subsidiariedad y principio de antisubsidiariedad". *Revista de derecho público*, Santiago do Chile, n. 39/40, p. 59 ss.; MASSINI, Carlos I. "Acerca del fundamento del principio de subsidiariedad". *Revista de Derecho Público*, Santiago do Chile, n. 39/40, p. 51 ss.

[813] A Doutrina Social da Igreja, que afirma o princípio da subsidiariedade foi mantida invariável: RN, 26; RA, 79; MM, 53 e CA, 15 e, 48 cd.

de sua carga ideológica, tanto proveniente do socialismo quanto do liberalismo individualista absoluto, para enfatizar o caráter social de sua intervenção e, por consequência, a dignidade da pessoa humana.

O novo Estado Subsidiário[814] (no sentido histórico de sua concretização real) impôs-se, praticamente, na civilização ocidental e nos países que seguiram seus rastros (v.g., Japão) e guarda coincidência com os postulados da economia social de mercado[815], na medida em que esta, no plano econômico, procura harmonizar as liberdades econômicas com o bem comum, promovendo a defesa da concorrência e garantindo a qualidade e eficiência dos serviços públicos. Cabe notar, entretanto, que há concepções (seguidas em alguns Estados) que consideram que a economia social de mercado procura, como objetivo principal, a realização efetiva e real do princípio da igualdade com base em um projeto do Estado (igualitarismo social), o que resulta contrário ao princípio da liberdade.

A quebra do modelo que caracterizou o denominado "Estado benfeitor" se oferece à vista de todos. A sociedade já não aceita que o Estado intervenha ativa e diretamente no campo econômico-social, assumindo atividades que correspondem aos particulares *iure proprio*. O pretexto da soberania, a defesa nacional, a justiça social ou a independência econômica não servem mais como títulos que legitimam a ingerência estatal nas atividades industriais ou comerciais e, inclusive, nos serviços públicos que podem ser prestados por particulares.

A sociedade desse tempo histórico, que conta com uma informação masiva, soube retirar rapidamente o véu que cobria aos verdadeiros responsáveis pelas crises e já não admite a presença desses falsos gerentes do bem comum, que perseguem benefícios pessoais ou de grupo, ao mesmo tempo que crescem o déficit e a ineficiência.

---

[814] CASSAGNE, Juan Carlos. *Curso de derecho administrativo*. 10ª ed. tomo I. Buenos Aires: La Ley, 2001, pp. 25-28.
[815] DALLA VÍA, Alberto R. *Derecho constitucional económico*. Buenos Aires: Abeledo Perrot, 1999, p. 56.

CAPÍTULO VI – O PRINCÍPIO DA LIBERDADE

As queixas no sentido de uma maior liberdade econômica, suscetíveis de permitir o desenvolvimento espontâneo da iniciativa privada, são canalizadas nas políticas oficiais dos governos através de diferentes medidas, como as desregulações e a eliminação de privilégios e monopólios.

Paralelamente, desencadeia-se um processo de transferência de empresas e bens do Estado para particulares, privatizando importantes setores da atividade estatal, inclusive aquelas prestações que se englobam sob a figura do serviço público, o que acentua a colaboração dos administrados na gestão pública, que não perde esse caráter pelo fato de ser gerida por pessoas privadas.

Cabe notar, contudo, que ainda com o fato de as mudanças descritas serem profundas e radicais, elas não implicam a eliminação de certas funções que o "Estado do bem-estar" cumpria, tampouco um retorno à época dourada e romântica do Estado liberal do século XIX. Talvez o que se tenha, aqui seja a síntese de ambos ou, melhor ainda, um novo modelo de Estado, no qual a realidade predomina sobre a ideologia. Definitivamente, é um modelo tão diferente e oposto aos anteriores quanto estes o foram entre si.

Seus traços predominantes o tipificam como uma organização binária que se integra a uma unidade de superior hierarquia que exerce as funções indelegáveis (justiça, defesa, segurança, relações exteriores, legislação), pertencentes ao Estado como comunidade perfeita e soberana, unidade que se completa ao próprio tempo com outra, mediante funções desenvolvidas por um conjunto de organizações menores que cumprem uma missão supletiva de atividade privada (educação, saúde, serviços públicos). Nesse contexto, canaliza-se a realização do bem comum, com predomínio do Direito Público nas estruturas e procedimentos das funções indelegáveis e, com recorrência a formas privadas ou mistas para a atividade supletiva, conforme o objeto buscado em cada caso (se a atividade é industrial ou comercial, a atuação da empresa aparece regulada pelo Direito privado).

Deve-se notar que esse "Estado subsidiário", ao ter nascido no marco de um processo de transformação das estruturas socioeconômicas e jurídicas existentes, não implica uma ruptura total com os modelos anteriores. Dessa forma, produz-se o abandono por parte do Estado daqueles âmbitos reservados à iniciativa privada, de forma gradual ou acelerada (conforme as circunstâncias nacionais), com o que se aumenta o grau de participação dos particulares na economia, ditam-se as normas requeridas para desregular e desmonopolizar atividades, eliminando-se os privilégios existentes que travam o livre exercício das diferentes atividades humanas, sejam elas de natureza individual ou coletiva. No campo econômico, observa-se uma maior ênfase, ainda na legislação, como o propósito declarado de garantir o funcionamento livre dos mercados, ao mesmo tempo que se potencializa a potestade interventora para corrigir os abusos e as práticas monopólicas.

Contudo, o Estado não pode renunciar a sua função supletiva, exclusiva ou concorrente com a atuação privada, em matéria de previsão social, saúde, educação etc., quando tais atividades não forem cobertas, de forma bastante e suficiente, pelos particulares. Opera-se, dessa forma, a separação entre a titularidade da regulação dos serviços públicos – cuja potestade indelegável é retida pelo Estado – e a gestão privada através das distintas figuras concessionais. Neste último sentido, seria interessante ressaltar, perante as confusões em que alguma doutrina possa incorrer e os consequentes excessos interpretativos (para negar a noção de serviço público ou para levá-la a um grau superlativo ao ponto das prerrogativas do poder público, v.g., o resgate da concessão), que a referida titularidade estatal não implica assumir a posição de dono do serviço público, mas encontra-se delimitada ao poder regulamentar que surge do ordenamento. Por sua vez, no marco da gestão privada, qualquer que seja a figura jurídica de uso, os portadores são titulares dos bens afetados ao serviço público ou, pelo menos, administradores dos bens que o Estado lhes facilite ou forneça para o cumprimento das prestações.

Por sua vez, apareceram movimentos e tendências para a descentralização e a autonomia, cuja força centrífuga precisa ser canalizada, a fim de que as mutações do processo transformador não provoquem o desequilíbrio do conjunto e a paralisação de determinados setores às custas de outros.

CAPÍTULO VI – O PRINCÍPIO DA LIBERDADE

VI.7 As liberdades não patrimoniais: a liberdade de expressão. Alcance e fundamento

Em suas origens, a liberdade de expressão nasceu estritamente conectada ao direito de publicar as ideias pela imprensa escrita sem censura prévia. Em linguagem moderna, adquire um alcance muito maior, pois compreende toda forma de exteriorização de pensamento (rádio, televisão, internet etc.). A proteção constitucional que vem do conhecimento desse transcendente direito subjetivo recai mais precisamente sobre sua exteriorização[816] do que sobre o pensamento em si mesmo.

Essa maior amplitude que a liberdade de expressão assume atualmente permite concebê-la como o direito de exteriorizar ideias, opiniões, notícias, imagens etc., mediante sua publicação ou difusão pública por qualquer meio[817], seja este escrito, radiofônico, televisivo, digital, para citar as atividades mais conhecidas, cujo objeto é a exteriorização de pensamento, informações e imagens.

É interessante destacar que a CADH (aplicável em virtude do estabelecido no art. 75 inc. 12 da CN) prevê que o referido direito *"(...) compreende a liberdade de buscar, receber e difundir informações e ideias de toda índole, sem consideração de fronteiras, seja oralmente, por escrito ou em forma impressa ou artística, ou por qualquer outro procedimento de sua escolha"*.[818]

No que se refere a seu fundamento, as diferentes posturas que exibem a doutrina e a jurisprudência latino-americanas exibem uma cadeia de argumentos.

Desde observar que a liberdade de expressão possui uma dimensão individual e outra social[819] (algo bastante óbvio) até a fundamentação

---

[816] BIDART CAMPOS, Germán J. *Tratado elemental del derecho constitucional argentino*. tomo I. Buenos Aires: Ediar, 1989, p. 269.

[817] VENTURA, Adrián. "El derecho a la libertad de expresión". *In:* SABSAY, Daniel A.; MANILI, Pablo L. (coord.). *Constitución de la Nación argentina y normas complementarias: análisis doctrinal y jurisprudencial*. tomo I. Buenos Aires: Hammurabi, 2009, p. 408; BIDART CAMPOS, Germán J. *Tratado elemental del derecho constitucional argentino*. tomo I. Buenos Aires: Ediar, 1989, p. 269.

[818] Art. 13.1, 2ª parte, da CADH.

[819] Opinião Consultiva 5/85.

política, ou a que atribui mais relevância ao aspecto substantivo do direito da pessoa (como direito natural) e sua fundamentação sociológica, enquanto a livre expressão das idéias contribui para alcançar a verdade[820], são numerosas as opiniões defendidas por juristas e especialistas em política.[821]

No plano da lógica política, não pode haver dúvidas sobre a transcendência que reveste a liberdade de expressão para a democracia[822] nem para o regime republicano tão ligado ao princípio que prega a publicidade dos atos de governo.

Em um fundamento constitucional positivo concreto (sem esquecer que, no fundo, abriga o direito natural de toda pessoa à informação), todo cidadão goza do direito de ser informado por meios independentes e imparciais. Esse direito se respalda no artigo 13.1 da CADH, ao consagrar que toda pessoa tem o direito de receber informação e que esta seja proveniente de organismos independentes e imparciais, ou seja, primordialmente de titularidade privada. O que se deduz do próprio art. 13.1 da CADH, já que, ao proibir a censura indireta através do *"(...) abuso de controles oficiais (...)"*, pressupõe-se obrigatoriamente a existência de meios privados independentes não submetidos ao controle estatal. De outra forma, a cláusula careceria de sentido.

Definitivamente, a liberdade de expressão configura um direito fundamental ou humano individual e, ao mesmo tempo, um direito coletivo suscetível de ser invocado por associações que tenham tendência a sua proteção (art. 43 da CN), sem chegar a se transformar em um direito absoluto[823], o que não exclui que goze de uma avaliação constitucional preferente que diminui seu grau de relatividade.

---

[820] GELLI, María Angélica. *Constitución de la Nación argentina*: comentada y concordada. tomo I. Buenos Aires: La Ley, 2001, p. 128.

[821] Uma síntese pode ser vista *In:* VENTURA, Adrián. "El derecho a la libertad de expresión". *In:* SABSAY, Daniel A.; MANILI, Pablo L. (coord.). *Constitución de la Nación argentina y normas complementarias:* análisis doctrinal y jurisprudencial. tomo I. Buenos Aires: Hammurabi, 2009, p. 409.

[822] CSJN, Sentenças 248:291; 311:2559.

[823] FINNIS, John. *Ley natural y derechos naturales.* Tradução de Cristóbal Orrego S. Buenos Aires: Abeledo Perrot, 2000, pp. 248/249. Propugnou-se, também, que a

CAPÍTULO VI – O PRINCÍPIO DA LIBERDADE

Caso se observe que a principal garantia que circunda seu exercício reside na interdição de censura prévia (art. 14 da CN) e na proibição de o Congresso federal impor restrições a sua realização efetiva (art. 32 da CN), o *status* da liberdade de expressão é o de um direito com uma proteção constitucional preferente. Nessa linha, a jurisprudência da Suprema Corte defendeu que a garantia contra a censura prévia constitui um direito absoluto[824] da pessoa afetada.

VI.7.1 A proibição de censura prévia

Os constituintes de 1853, em conformidade com o Projeto de Alberdi[825], incorporaram à Constituição Argentina a proibição de censurar as ideias ou informações pela imprensa (art. 14 da CN) antes de sua publicação. Embora a referida interdição constitucional tenha como objetivo a imprensa escrita, a CADH a ampliou em dois sentidos: a) por meio da extensão da proibição de censura prévia a outros meios de comunicação (tais como rádio, cinema, televisão, publicidade e internet, e qualquer outro que surja a partir do desenvolvimento tecnológico[826]); e b) mediante a adoção do conceito jurídico de censura prévia indireta, que permite incluir, na proteção, as medidas que restringem arbitrariamente a liberdade de expressão, entre as que enunciam os controles oficiais de papel para jornais, a regulação das frequências radioelétricas e os controles sobre a importação de aparelhos destinados a difundir informações.[827]

---

liberdade de expressão sem censura prévia é um direito que, como todos os direitos, é relativo porque se admite a existência de responsabilidades futuras; *Cf.* VENTURA, Adrián. "El derecho a la libertad de expresión". *In:* SABSAY, Daniel A.; MANILI, Pablo L. (coord.). *Constitución de la Nación argentina y normas complementarias:* análisis doctrinal y jurisprudencial. tomo I. Buenos Aires: Hammurabi, 2009, pp. 410 e 423.

[824] CSJN, Sentenças 308:709, *in re* "Campillay contra La Razón, Crónica y Diario Popular".

[825] O art. 16 do Projeto de Alberdi garante, a todos os habitantes, o direito de "publicar pela imprensa sem censura prévia".

[826] CADH, art. 13.1.

[827] CADH, art. 13.3.

Na Argentina, cabe acrescentar, por inteiro, a proteção que, aos meios de comunicação, outorgam determinados regimes em matéria tributária que consagram o dereito de gozar de benefícios fiscais diferenciados (v.g., diminuição do Imposto sobre o Valor Agregado – IVA [TVA] – ou compensação com outros impostos) com o objetivo de amparar a subsistência de meios gráficos, radiofônicos e televisivos e proteger – como última *ratio* – a concorrência, a liberdade de expressão[828] e o acesso à informação independente e imparcial por parte dos cidadãos.

A proibição de censura prévia, conforme a Constituição e as convenções internacionais, não está submetida à discricionariedade do legislador e nem à do Executivo. Somente cede em circunstâncias como a possibilidade de revisar os espetáculos públicos para regular o acesso de crianças e adolescentes[829], a difusão de propaganda a favor da guerra, ódio racial ou religioso que constituem incitações à violência[830], e a publicidade de sucessos referentes a menores de dezoito anos em situação de perigo moral ou material[831], proibição, esta última que permanece em harmonia com o que foi determinado na Convenção sobre os Direitos da Criança.[832]

Não podemos deixar de mencionar, pela transcendência que têm para nosso direito constitucional, dois precedentes que provêm de organismos internacionais. O primeiro é um relatório da Comissão Americana de Direitos Humanos (no caso "Martorell *versus* Chile"), no qual se considerou que o Estado chileno, ao proibir a circulação de um livro por decisão de sua Corte Suprema, violou o art. 13 da CADH[833], enquanto o segundo foi uma sentença da Corte Interamericana de Direitos Humanos (*in re* "A última tentação de Cristo"), que decidiu que o

---

[828] *In re* "Asociación de Diarios de Buenos Aires (AEDBA) y otros contra EN – doc. 746/03-AFIP s/ medida cautelar (autônoma)", de 28.10.2014.
[829] CADH, art. 13, inc. 4.
[830] CADH, art. 13, inc. 5.
[831] Lei n. 20.056.
[832] CDN, art. 2 e 16.
[833] Relatório CADDHH 11/96.

CAPÍTULO VI – O PRINCÍPIO DA LIBERDADE

Chile havia violado o art. 13 da CADH, ao proibir a exibição da respectiva obra cinematográfica, solicitando ao governo daquele país que modificasse sua norma interna, com o objetivo de suprimir a censura prévia em um prazo razoável.[834]

VI.7.2 O princípio protetor sem denominação da liberdade de expressão e as responsabilidades ulteriores

A proteção constitucional da liberdade de expressão apresenta-se como um princípio rígido, no sentido de que não admite gradações nem para mais nem para menos, estando o exercício do correspondente direito regido por um conjunto de subprincípios e regras especiais.

Trata-se de uma proteção que, além de sua rigidez e caráter não discricionário, exibe um tratamento constitucional preferente (que alguns fazem referência com o conceito de liberdade estratégica)[835], que tem sua concretização em duas interdições constitucionais exatas e determinadas, como são a proibição de censura prévia (art. 14 da CN) e a de que o Congresso federal imponha restrições legais a seu exercício (art. 32 da CN). Esse bloco constitucional se completa com o reconhecimento do princípio protetor na Convenção Americana sobre Direitos Humanos (art. 13).

Estamos, portanto, na presença de um mandamento (como todo princípio) de hierarquia preferencial constitucional que, pelos fins comuns e sociais que busca, pertencem ao Direito Público, na medida em que constitui a ferramenta fundamental que garante a livre informação no sistema democrático e o pluralismo político que exige o respeito dos direitos das minorias em uma democracia.

---

[834] CIDH, "La última tentación de Cristo *versus* Chile", Sentença de 05.02.2001.

[835] Postura defendida, entre outros, por BADENI, Gregorio. *Tratado de derecho constitucional*. 3ª ed. tomo II. Buenos Aires: La Ley, 2010, p. 50 ss., conceito que julgamos impreciso e ambíguo, sendo preferível recorrer, como fundamento constitucional, a um princípio geral do Direito Público, como é o princípio geral protetor sem denominação da liberdade de expressão que age, por sua vez, como direito e garantia, conforme explicamos anteriormente (VI.2).

Por não ter notado a configuração desse verdadeiro princípio geral sem denominação do Direito Público, a doutrina complicou-se em discussões bizantinas que a jurisprudência tratou de minimizar, mais recentemente, aplicando a teoria da "malícia real", proveniente do direito norte-americano, a qual, embora represente um passo positivo na defesa da liberdade de expressão, foi motivo de debates doutrinários carentes de sentido, além de sua aplicação no direito interno não ter sido explicada em sua verdadeira essência.

De fato, o problema apresentado nessa matéria reside na resposta a dois aspectos básicos da responsabilidade pelos danos provocados às pessoas com base na difusão de notícias jornalísticas, radiofônicas e televisivas (ou qualquer outro meio de comunicação social), falsas ou agravantes que lesionam os direitos das pessoas. Esses aspectos básicos consistem em: a) determinar se o campo da responsabilidade deve ser regido por princípios do Direito Público ou do Direito Privado (civil na espécie) e, ao mesmo tempo, como atua o princípio protetor no âmbito do direito penal; e b) qual é o fator de atribuição da responsabilidade (malícia real, incluindo dolo eventual) ou melhor, os fatores básicos do direito civil (dolo ou culpa).[836]

O caráter inorgânico e contraditório da jurisprudência de nossos tribunais levou, oportunamente, o Supremo Tribunal[837] a buscar uma solução que oferecesse maior segurança, por meio da adoção de um critério baseado na veracidade objetiva das notícias (doutrina "Campillay"), que se presumia ser configurada e, portanto, atuava como excludente de responsabilidade sempre que alguma destas opções fosse escolhida:

a) Que a informação fosse difundida, individualizando a fonte da qual provém, sendo insuficiente uma menção genérica da fonte;

---

[836] Constituiria um absurdo (mesmo que não se deva descartar nele incorrer) que, entre as teorias favoráveis à responsabilidade objetiva se pretenda aplicar a teoria de risco, a qual é abertamente incompatível com o princípio protetor sem denominação da liberdade de expressão que, dessa forma, precisaria de vigência efetiva.

[837] CSJN, Sentenças 308:709, *in re* "Campillay contra La Razón, Crónica y Diario Popular".

CAPÍTULO VI – O PRINCÍPIO DA LIBERDADE

b) que fosse utilizado um tempo verbal condicional;

c) que a identidade dos envolvidos na notícia não fosse informada.

Definitivamente, a doutrina "Campillay" afirma a responsabilidade dos jornalistas ou meios de comunicação social perante a difusão de notícias inexatas, mesmo quando não tenham sido transmitidas com intenção de dolo (real ou eventual), ficando a prova da imprecisão da notícia e da culpa ou dolo a cargo do requerente.[838]

Mesmo que à primeira vista possa parecer uma doutrina aplicável para as responsabilidades regidas pelo direito privado ou pelo direito penal em caso de injúrias, nesse tipo de relação, em que o interesse público não está diretamente em jogo, resulta evidente que, mesmo quando a citada concepção a esses casos, conforme foi propiciado[839], fosse limitada, produzir-se-ia uma violação do princípio protetor da liberdade de expressão, já que a celeridade e a amplitude da informação que os meios produzem aos cidadãos se restringiriam em função da tutela de interesses individuais, dificultando o exercício efetivo da liberdade de informar e de receber informação.

Por outro lado, a adoção da doutrina "Campillay", ao identificar, como regra de isenção de responsabilidade, a revelação da fonte informativa, choca-se abertamente contra o subprincípio constitucional que ordena que se preservem as fontes de informação, cuja aplicabilidade não se restringe ao recurso ou ação de *habeas data* (mesmo que se encontre mencionado na última parte do parágrafo 3, *in fine*, do art. 43), toda vez que constituir uma derivação lógica do princípio protetor sem denominação que tutela a liberdade de expressão.

O certo é que o princípio protetor cobra total plenitude no âmbito do Direito Público, e resulta perfeitamente coerente com a estrutura de

---

[838] Ver: BUSTAMANTE ALSINA, Jorge. "El marco normativo dentro del cual debe ejercerse la libertad de prensa". *La Ley*, 1992-B, 848 e "Nuestro derecho común interno frente a la doctrina jurisprudencial norteamericana de la *actual malice*". *La Ley,* 1997-A, 936.

[839] BADENI, Gregorio. *Tratado de derecho constitucional*. 3ª ed. tomo II. Buenos Aires: La Ley, 2010, p. 251.

nosso sistema constitucional a adoção da teoria da "malícia real", derivada da jurisprudência da Suprema Corte dos EUA[840], quando a notícia se refere a funcionários públicos, figuras públicas ou particulares envolvidos em questões de interesse institucional ou de relevante interesse público, tal como reconhecido por nosso Supremo Tribunal.[841]

Nesses casos, o princípio protetor da liberdade de expressão, próprio do Direito Público, fende a estrutura do direito privado, fato que não representa nenhuma novidade constitucional, já que acontece com outras instituições (v.g., a expropriação perante o direito de propriedade privada). A nosso juízo, nada impede que, no futuro, a doutrina da "malícia real"[842] seja adotada para resolver a problemática da responsabilidade nas relações entre pessoas privadas devido à difusão de notícias inexatas.

A coerência institucional da doutrina da "malícia real", seguida pela Suprema Corte dos Estados Unidos a partir do caso "New York Times Co. *versus* Sullivan" baseia-se em uma construção singular perfeitamente compatível com a estrutura de nosso ordenamento constitucional.

Quem criticou a adoção dessa doutrina através de nossa Suprema Corte não notou que a diferenciação feita pela Corte norte-americana, entre as regras do *common law* e os princípios das Emendas I e XIV, equivale, em nosso sistema, às exceções do caso, à opção entre aplicar as regras de nosso Código Civil e os princípios constitucionais, já que, por um lado, a fonte do art. 32 de nossa Constituição foi precisamente a Emenda I e, por outro lado, a *common law* se aproxima, em boa parte, do direito civil de raiz continental europeia.

---

[840] No caso "New York Times Co. *versus* Sullivan", 376 U.S. 255 (1964).

[841] A partir dos casos "Morales Solá" (Sentenças 319:2741) e "Gesualdi" (Sentenças 319:3085), ver: GELLI, María Angélica. *Constitución de la Nación argentina*: comentada y concordada. tomo I. Buenos Aires: La Ley, 2001, p. 144 ss.

[842] A jurisprudência da Corte seguiu os precedentes da Corte Suprema norte-americana, sobretudo no caso "Costa" de 1987 (Sentenças 310:508); ver: LAJE, Alejandro. *Derecho a la intimidad:* su protección en la sociedad del espectáculo. Buenos Aires: Astrea, 2014, pp. 148/149 (mesmo que se tratasse mais precisamente de um caso em que se debateu, principalmente, a liberdade de expressão e o direito à honra).

CAPÍTULO VI – O PRINCÍPIO DA LIBERDADE

O que a Suprema Corte dos Estados Unidos não fez (tampouco a nossa) foi fundar a doutrina da "malícia real" em um princípio geral de Direito Público sem denominação, como é o princípio protetor ao qual fizemos referência precedentemente.

A principal diferença entre aplicar as regras privadas da responsabilidade e a doutrina da "malícia real" não se baseia em inverter o ônus da prova (já que a culpa e o dolo não se presumem no direito civil), mas no fator de atribuição, pois na concepção publicística da "malícia real" não é possível imputar a responsabilidade por culpa ou negligência de jornalistas, diretores de diários ou editores. O fator de atribuição que configura a "malícia real" é, exclusivamente, o dolo real ou eventual, entendendo-se tal conceito como o desdobramento de uma conduta temerária que revela uma notória despreocupação pela falsidade ou exatidão da notícia.[843]

VI.7.3 A interdição constitucional de impor, por parte do Congresso, restrições à liberdade de expressão e a proibição de estabelecer a jurisdição federal nessa matéria

Nos parágrafos VI.4 e VI.5 abordamos, em geral, o referente à regulamentação das leis e aos limites constitucionais que dizem respeito ao exercício do poder regulamentar. Agora cabe fazer referência ao sentido que atualmente convém atribuir ao art. 32 da CN, quando prevê que *"O Congresso federal não ditará leis que restringem a liberdade de imprensa ou estabelecem a jurisdição federal sobre ela"*. Consideramos que esse preceito – seguindo um setor da doutrina[844] – encontra sua fonte na Emenda I da Constituição norte-americana que diz: *"(...) que o Congresso*

---

[843] *In re* "Pandolfi contra Rajneri", Sentenças 320:1273 (1997), voto dos ministros FAYT e BOGGIANO.

[844] *Cf.* BADENI, Gregorio. *Tratado de derecho constitucional.* 3ª ed. tomo II. Buenos Aires: La Ley, 2010, p. 276, entre outras citações e trabalhos. Assim mesmo, para a Corte Suprema, a fonte da primeira parte do art. 32 da CN é a Emenda I da Constituição dos Estados Unidos: Sentenças, 167:121 (1932) no caso "Procurador Fiscal contra Diario La Provincia". Contra: GELLI, María Angélica. *Constitución de la Nación argentina*: comentada y concordada. tomo I. Buenos Aires: La Ley, 2001, pp. 481/482.

não menosprezará a liberdade de palavra ou de imprensa", já que o sentido de proibir a imposição de restrições à liberdade de imprensa guarda analogia com a proibição de menosprezá-la toda vez que toda restrição presume ajustar ou reduzir um direito a seus menores limites.[845]

A interpretação sobre o alcance que cumpre atribuir ao art. 32 da CN deu lugar a diferentes posturas doutrinárias e jurisprudenciais cuja história completa carece de fazer sentido aqui, portanto optamos pelas interpretações que encerram maior justificação, especialmente a doutrina acolhida pela Suprema Corte de Justiça da Nação.

A primeira questão a ser elucidada é se o art. 32 da CN (e também, logicamente, o art. 14 enquanto consagra a proibição de censura prévia) compreende apenas a liberdade de imprensa ou de imprensa gráfica ou se, por outro lado, cabe interpretar que abrange um âmbito maior de aplicação que protege, de forma genérica, a liberdade de expressão, que inclui não só a liberdade de imprensa gráfica ou de imprensa, mas também qualquer manifestação de pensamento que seja objeto de divulgação na sociedade.

Contrariamente a alguma opinião[846], cabe interpretar que se o texto literal da Constituição de 1853 só se refere à liberdade de imprensa ou de imprensa gráfica, produziu-se *a posteriori* uma carência histórica de norma com relação à proteção da liberdade de expressão que devem gozar outros meios de comunicação social, como as rádios e televisões ou qualquer outro que venha a surgir futuramente.[847] Esse também é o entendimento que designou nossa Suprema Corte[848], de acordo com a aplicação da proteção constitucional, a outros meios de comunicação diferentes da imprensa gráfica.

Posteriormente, e como consequência da hierarquia constitucional de diferentes tratados internacionais (art. 75 inc. 22), aquela lacuna

---

[845] Conforme o *Diccionario de la Real Academia Española*.

[846] BADENI, Gregorio. *Tratado de derecho constitucional*. 3ª ed. tomo II. Buenos Aires: La Ley, 2010, p. 23.

[847] BIDART CAMPOS, Germán J. *Tratado elemental del derecho constitucional argentino*. tomo I. Buenos Aires: Ediar, 1989, p. 270.

[848] No caso "Servini de Cubría", Sentenças 315:1943 (1992).

CAPÍTULO VI – O PRINCÍPIO DA LIBERDADE

foi coberta pela regulação da Convenção Americana sobre Direitos Humanos (art. 13) que se refere, de forma genérica, à liberdade de expressão, abrangente de todas as manifestações de difusão social de pensamento (rádio, televisão etc.)[849], razão pela qual, atualmente, não se pode manter uma carência histórica de normas, levando-se em consideração que a mudança radical de circunstâncias foi recepcionada pelo direito positivo internacional incorporado à nossa Constituição.

A primeira parte do art. 32 da CN configura um dos subprincípios gerais que derivam do princípio protetor da liberdade de expressão ao consagrar a interdição – dirigida ao Congresso – de ditar leis que estabeleçam restrições à liberdade de imprensa gráfica que, como foi destacado anteriormente, deve ser considerada referida à liberdade de expressão.

Sobre as diferentes interpretações que foram feitas sobre o alcance da proibição constitucional de impor restrições à liberdade de expressão, nos inclinamos por aquela que entende que nem o Legislativo e, ainda menos, o Executivo, possam ditar normas que menosprezem a referida liberdade, restringindo a faculdade de pessoas, jornalistas e empresas gráficas, rádiotelevisivas, de difundir notícias ou opiniões.[850] O preceito se propõe, sem dúvida, a impedir que se ditem normas que tenham, como objetivo exclusivo, limitar ou restringir a liberdade de expressão, mas não impede que a atividade – por exemplo, das empresas jornalísticas – esteja compreendida na legislação geral impositiva e trabalhista, na medida em que não cerceie aquela liberdade básica e fundamental.

Nessa linha, não estamos de acordo com as posturas que defenderam a possibilidade de uma regulamentação da liberdade de expressão[851], nem com aquela interpretação que postula que o proibido pelo

---

[849] *Cf.* GELLI, María Angélica. *Constitución de la Nación argentina*: comentada y concordada. tomo I. Buenos Aires: La Ley, 2001, pp. 133/134.

[850] Ver: BADENI, Gregorio. *Tratado de derecho constitucional*. 3ª ed. tomo II. Buenos Aires: La Ley, 2010, pp. 50-54.

[851] Ver: GELLI, María Angélica. *Constitución de la Nación argentina*: comentada y concordada. tomo I. Buenos Aires: La Ley, 2001, pp. 481, esclarecendo que se refere à regulamentação razoável.

art. 32 é a restrição arbitrária[852] dessa liberdade, já que, se assim fosse, tal preceito constitucional seria redundante, à luz do prescrito no art. 28 da CN.

Entende-se por si só que nem sempre a regulamentação legislativa é sinônimo de restrição[853], levando em conta a proliferação de leis que regulam atos favoráveis que reconhecem e ampliam os direitos das pessoas ou estabelecem requisitos necessários para seu exercício efetivo.

O Congresso tampouco vedou, por imposição do art. 32 da CN, a configuração de delitos penais cometidos por meio dos meios de comunicação (calúnias, injúrias, apologia de delitos etc.) porque, para esse objeto encontra-se facultado pelo art. 75 inc. 12 da CN, e a proibição de estabelecer restrições à liberdade de expressão não pode ser confundida com a faculdade legislativa de configurar tipos extracontratuais não referidos especificamente à imprensa, pois as leis não podem criar os chamados delitos de opinião ou de imprensa.[854]

Cabe perguntar se é possível, em nosso sistema constitucional, admitir a regulamentação da liberdade de expressão com base no preceito do Pacto Internacional sobre Direitos Civis e Políticos, que autoriza restrições à liberdade de expressão para garantir os direitos ou a reputação das pessoas e, por motivos de segurança nacional, ordem pública, saúde ou moral públicas.[855]

Em nossa opinião, tal preceito convencional não tem qualquer pertinência em nosso bloco de constitucionalidade e, mesmo logo após o reconhecimento na Constituição da hierarquia constitucional do referido Tratado, prevalece o princípio mais favorável à liberdade de

---

[852] BIDART CAMPOS, Germán J. *Tratado elemental del derecho constitucional argentino*. tomo I. Buenos Aires: Ediar, 1989, p. 278.

[853] Contra: BADENI, Gregorio. *Tratado de derecho constitucional*. 3ª ed. tomo II. Buenos Aires: La Ley, 2010, p. 53.

[854] Nesse sentido, a literatura jurídica foi abundante e, atualmente, se reconhece que tais delitos não são concebidos no Estado de Direito. Ver: BADENI, Gregorio. *Tratado de derecho constitucional*. 3ª ed. tomo II. Buenos Aires: La Ley, 2010, p. 119 ss.

[855] Art. 19 inc. 3 do Pacto Internacional sobre Direitos Civis e Políticos.

CAPÍTULO VI – O PRINCÍPIO DA LIBERDADE

expressão, que proíbe toda e qualquer restrição legislativa. Sem dúvida, esse é o princípio geral de interpretação dos tratados internacionais, expressamente amparado pela Convenção Americana sobre Direitos Humanos[856], além de, conforme nossa Constituição, os tratados internacionais de hierarquia constitucional não derrogarem nenhum artigo da primeira parte da Constituição (entre os que se encontram no art. 32) e deverem ser considerados complementares dos direitos e garantias ali reconhecidos (art. 75 inc. 22 da CN).

A interpretação da segunda parte do art. 32 da CN ficou resolvida após a evolução efetuada na jurisprudência da Suprema Corte. De início, a jurisprudência do Supremo Tribunal inclinou-se a declarar a incompetência da justiça federal para entender no julgamento de delitos comuns cometidos por meio da imprensa[857] e, a partir de 1932, determinou-se uma linha firmada no caso "Ramos contra Batalla", de 1970, estabelecendo o princípio que rege a distribuição da competência para decidir as causas vinculadas aos citados delitos, a qual resulta finalmente atribuída aos tribunais federais, conforme as coisas e pessoas caiam sobre suas respectivas jurisdições[858], em função do art. 75 inc. 12 da CN.

De acordo com essa corrente jurisprudencial, a doutrina propugna uma distinção: a) se os delitos que são cometidos através da imprensa (ou de outros meios de comunicação social) não lesam nenhum bem (nós agregamos pessoas) de natureza federal, a competência para serem julgados compete aos tribunais provinciais; e b) se os delitos produzem lesão a bens ou pessoas de natureza federal, seu julgamento compete à justiça federal, em conformidade à regra do art. 75 inc. 12 da CN.[859]

---

[856] Art. 29 da CADH prevê que as disposições da Convenção não possam restringir os direitos reconhecidos com maior amplitude pelo direito interno.

[857] No caso "Argerich", Sentenças 1:131.

[858] *In re* "Ramos contra Batalla", Sentenças 278:73 (1990) e "Acuña contra Gainza", Sentenças 312: 1114 (1989).

[859] BIDART CAMPOS, Germán J. *Tratado elemental del derecho constitucional argentino*. tomo I. Buenos Aires: Ediar, 1989, pp. 283-285.

VI.7.4 O direito de retificação ou resposta

A defesa dos direitos inerentes à personalidade, como a honra e a dignidade, deu origem, em alguns sistemas comparados e, no que concerne a nosso país, no sistema interamericano de direitos humanos, ao direito de retificação ou resposta frente à difusão pela imprensa de informações falsas ou agravantes.

As vicissitudes que acompanharam a evolução desse direito, que adquiriu transcendência na última década do século XVIII (em pleno auge da Revolução Francesa), indicam que, frente à crítica e ataques à imprensa opositora e independente, prevaleceu a finalidade política de preservar a imagem dos governantes e funcionários públicos, sobre a defesa da honra das pessoas e demais direitos inerentes à personalidade (v.g., direito à intimidade).

O direito de retificação ou resposta não se encontra legislado nos textos da Constituição nem sequer como um dos novos direitos constitucionais expressamente incorporados nela após a reforma de 1994. Seu reconhecimento ocorreu por via pretoriana na jurisprudência da Corte a partir do caso "Ekmekdjian", de 1992[860], com fundamento no art. 14 da CADH (Pacto de São José da Costa Rica), norma que o declarou operativo com base em uma construção jurídica discutível, como se verá a seguir.

Mais tarde, a Corte reiterou a doutrina no caso "Petric"[861], de 1998, com o mesmo fundamento positivo, ainda que naquela oportunidade baseado na hierarquia constitucional do Pacto de São José da Costa Rica. Em ambos os precedentes, destaca-se a dissidência do juiz Belluscio, que se inclinou à não aplicação e inconstitucionalidade do direito de retificação ou resposta no sistema constitucional argentino, cuja postura compartilhamos, substancialmente, não apenas porque o artigo 14 da CADH deva ser objeto de regulamentação legal (pois prevê que o direito é exercido nas condições que a lei estabelece) e a referida

---

[860] CSJN, Sentenças 315: 1492 (1992).
[861] Sentenças 321:885.

CAPÍTULO VI – O PRINCÍPIO DA LIBERDADE

legislação não foi ditada, mas porque o direito de retificação ou resposta, em seu alcance mais amplo, colide abertamente com o princípio protetor da liberdade de expressão consagrado pelos artigos 14 e 32 da CN.

De fato, se a liberdade de expressão constitui um direito que goza de preferência constitucional, por estar amparado por duas proibições absolutas (a de censura prévia e imposição de restrições por parte do Congresso), atribuir caráter preceptivo e automático ao direito de retificação e resposta, para não se submeter ao risco de se transformar em órgãos de difusão das respostas ou retificações em cadeia dos supostamente afetados, faz que os meios não tenham outra opção a não ser praticar um tipo de autocensura[862] que, em si mesma, resulta lesiva da liberdade de expressão como pilar insubstituível da democracia.

Pois uma coisa é um direito de retificação ou resposta sujeito a um regime de reconhecimento obrigatório por parte dos meios de imprensa (no sentido amplo deste conceito) e outra muito diferente é subordinar seu exercício à intervenção judicial prévia, tal como se reconhece na ordem civil (art. 1770, CCCN) perante expressões agravantes que não configurem delitos do Código Penal. Por sua vez, embora não se trate, tecnicamente, do direito de retificação ou resposta, o regime determinado pelo Código Penal para a proteção da honra das pessoas contempla a possibilidade de que o juiz ordene a publicação da sentença condenatória, se o ofendido assim o solicitar.[863]

Pretendeu-se também[864] inserir o direito de retificação ou resposta dentro das "responsabilidades futuras" a que se refere o art. 13 inc. 2º da Convenção Americana sobre Direitos Humanos[865], o que implica

---

[862] BADENI, Gregorio. *Tratado de derecho constitucional*. 3ª ed. tomo II. Buenos Aires: La Ley, 2010, p. 204.

[863] Art. 114 CP.

[864] Opinião consultiva n. 7 da Corte Interamericana de Direitos Humanos de 29.08.1986 e considerando 13º do voto do juiz VÁZQUEZ no caso "Petric", anteriormente citado.

[865] O inciso 2º do artigo 13 prevê que a liberdade de pensamento ou de expressão não pode estar sujeita "à censura prévia, mas a responsabilidades futuras estabelecidas pela

confundir o novo direito que institui esse Pacto internacional com as responsabilidades ulteriores a que o preceito se refere, alegando que não podem ser outras a não ser as civis ou penais que devem, em todos os casos, ser declaradas pelos juízes.

Além disso, a dose de consenso doutrinário dada em torno da interpretação do art. 14 da Convenção Americana sobre Direitos Humanos, no sentido de o direito de retificação ou respostas vigorar apenas para informações incorretas ou agravantes, e não corresponde às opiniões geradas pela imprensa[866], não é suficiente para superar os obstáculos que sua vigência propõe, na ordem interna em função do princípio protetor da liberdade de expressão.

Em resumo, já que o direito de retificação ou resposta surge de um Pacto Internacional e de um preceito nele contido que, embora possua hierarquia constitucional, não derroga nenhum artigo da primeira parte da Constituição e deve ser considerado complementar dos direitos e garantias por ela reconhecidos (conforme o próprio art. 75 inc. 22 da CN)[867], sua vigência obrigatória e automática não pode ser concebida (sem intervenção oficial), já que, de outra forma, a liberdade de expressão que nosso sistema constitucional protege de forma preferente seria lesionada (art. 14 e 32 da CN) e, portanto, não pode ser submentida a restrições.

O exposto não implica afirmar que a liberdade de expressão, em si mesma, tenha caráter absoluto e não reconheça limites, no sentido de a difusão de notícias, imagens ou frases falsas e agravantes deixae seus autores isentos de responsabilidade no plano civil ou penal. Contudo, esses limites não atuam para justificar a procedência da censura prévia e nem a habilitação para impor restrições impostas pelos respectivos mandamentos constitucionais que traduzem proibições absolutas.

---

lei e ser necessárias para garantir: a) o respeito aos direitos ou à reputação dos demais; e b) a proteção da segurança nacional, a ordem pública ou a saúde ou moral pública".

[866] GELLI, María Angélica. *Constitución de la Nación argentina*: comentada y concordada. tomo I. Buenos Aires: La Ley, 2001, p. 154.

[867] Argumento utilizado pelo juiz BELLUSCIO, no voto que emitiu no caso "Petric", Sentenças 321: 885.

CAPÍTULO VI – O PRINCÍPIO DA LIBERDADE

VI.7.5 Os meios indiretos restritivos da liberdade de expressão: a distribuição da publicidade oficial

Entre os meios indiretos aos quais alguns Estados acorrem para silenciar a crítica dos meios de comunicação ou conseguir sua adesão incondicional, encontra-se a distribuição da publicidade oficial que, nos últimos tempos, adquiriu uma magnitude ainda maior do que os outros aos quais apelaram, oportunamente, muitos dos governos despóticos e ditatoriais que houve na América Latina (por exemplo, as cotas para a importação de papel), com a finalidade de pressionar ou afogar a imprensa independente. Como destacamos anteriormente, o art. 13 inc. 3 da Convenção Americana sobre Direitos Humanos prevê uma enunciação dos diferentes meios indiretos restritivos da liberdade de expressão, formulação esta que deve ser entendida como meramente enunciativa[868], ou seja, que não exclui a possibilidade de questionar outros cursos de ação estatal que violem a referida liberdade. Nesse sentido, a Suprema Corte declarou que "(...) *a política fiscal não pode ser utilizada como instrumento para excluir um grupo dos beneficiários que são outorgados a todos os demais setores da economia e, dessa forma indireta, afetar a liberdade de expressão*"[869], tendo ressaltado em seus precedentes que "(...) *o governo não só deve evitar ações intencionais ou exclusivamente orientadas para limitar o exercício da liberdade de imprensa, mas também aquelas que chegam a um resultado idêntico de maneira indireta*" e que "(...) *os atos indiretos são, particularmente, aqueles que se valem de meios econômicos para limitar a expressão das ideias*".[870]

É evidente que não existe um direito subjetivo dos meios aos quais se distribui a publicidade oficial[871], mas daí a se defender que a seleção

---

[868] GELLI, María Angélica. *Constitución de la Nación argentina*: comentada y concordada. tomo I. Buenos Aires: La Ley, 2001, p. 164.

[869] *In re* "Asociación de Editores de Diarios de Buenos Aires (...)" (considerando 9º) de 28/10/2014.

[870] Sentenças 330:3908 e 334:109.

[871] GELLI, María Angélica. *Constitución de la Nación argentina*: comentada y concordada. tomo I. Buenos Aires: La Ley, 2001, p. 166 e considerando 6º do voto do juiz MAQUEDA no caso "Editorial Río Negro", Sentenças 330:3908 (2007).

dos critérios de distribuição seja discricionária[872], através de uma diferença lógica jurídica considerável, já que se trata de categorias jurídicas diferentes. O direito subjetivo é o poder que é reconhecido, nesse caso, a uma pessoa para reivindicar a prestação supostamente devida pelo Estado, ao passo que o poder discricionário constitui um feixe de opções que o Estado possui para emitir um ato administrativo ou regulamento, ou melhor, para instaurar uma licitação ou concurso a fim de contratar a prestação de bens ou serviços com um particular.

Em matéria de distribuição da publicidade oficial, uma vez que a Administração resolveu – em exercício de seu poder discricionário – determinar a difusão em meios privados de notícias ou informação vinculada à atividade do governo, os atos que concretizam essa decisão passam a ser vinculados, regidos substancialmente pelo princípio da igualdade e, consequentemente, da não discriminação.

Quando o Estado adota a decisão genérica de contratar publicidade nos meios privados, nasce, na liderança da empresa jornalística gráfica, radiofônica ou televisiva, o respectivo direito subjetivo de reivindicar que as pautas publicitárias sejam distribuídas conforme um critério equitativo e não discriminatório, o que configura um princípio reconhecido na jurisprudência da Suprema Corte.[873]

De acordo com a vigência do princípio da não discriminação na distribuição da publicidade oficial, a Declaração de Chapultepec, aprovada pela Conferência Hemisférica sobre Liberdade de Expressão, realizada no México em 1994, apontou que *"(...) a concessão ou supressão da publicidade estatal não deve ser aplicada para premiar ou castigar os meios jornalísticos"* e um critério semelhante, porém mais exato foi adotado pela Relatoria para a Liberdade de Expressão da Comissão Interamericana de Direitos Humanos na Declaração de Princípios

---

[872] BADENI, Gregorio. *Tratado de derecho constitucional*. 3ª ed. tomo II. Buenos Aires: La Ley, 2010, p. 141.

[873] "Editorial Río Negro", Sentenças 330:3908 (2007), "Editorial Perfil", Sentenças 334:109 (2011) e "Arte Radiotelevisivo Argentino SA contra Estado Nacional-JGM-SMC s/ amparo lei 16.986", de 11.02.2014.

CAPÍTULO VI – O PRINCÍPIO DA LIBERDADE

sobre a Liberdade de Expressão aprovada pelo mencionado organismo internacional, ao defender que *"(...) a designação arbitrária e discriminatória de publicidade oficial e créditos fiscais (...) com o objetivo de pressionar e castigar ou premiar e privilegiar as comunicações sociais e os meios de comunicação em função de suas linhas informativas, atenta contra a liberdade de expressão (...)"*.[874]

Outros fundamentos que se destacam na jurisprudência da Suprema Corte, exposta nos votos da minoria no caso "Editorial Rio Negro", referem-se à necessidade de o meio que invoca o trato discriminatório ter de provar o prejuízo econômico e verificar a relação de causalidade entre a ação estatal e o dano, o que nos parece uma exigência desnecessária, que dificulta a tutela jurisdicional efetiva do direito ao qual o Estado não discrimine na designação da pauta publicitária.

Por sua vez, na doutrina, negou-se a possibilidade de os meios invocarem razões feitas a sua subsistência para requerer o auxílio da publicidade oficial[875], o que resulta ser um argumento rigoroso que, embora possa obter vigência em épocas de estabilidade econômica, poderia, perfeitamente, ser invocado em virtude do bloco de princípios que regem a matéria. Porque s e levarmos em consideração o princípio da publicidade dos atos de governo e o direito à informação de todos os cidadãos junto aos valores democráticos que objetiva nosso regime constitucional, o princípio da subsidiariedade obrigaria o Estado a manter uma pauta constante de publicidade oficial, a fim de que a imprensa independente subsista nas circunstâncias críticas da economia. Tampouco devemos nos esquecer da função do Estado como garantidor da liberdade de expressão.[876]

---

[874] As referidas Declarações foram citadas no parecer que o Procurador Geral da Nação produziu no caso "Editorial Río Negro c/ Neuquén, Provincia del s/ acción de amparo", registrado nas Sentenças 330:3908.

[875] BADENI, Gregorio. *Tratado de derecho constitucional*. 3ª ed. tomo II. Buenos Aires: La Ley, 2010, p. 141.

[876] Causa G439, XLIX, "Grupo Clarín SA y otros contra Poder Ejecutivo Nacional y otro s/ acción meramente declarativa", Sentença de 29.10.2013.

VI.8 A liberdade religiosa

Embora a Constituição Argentina não tenha adotado nenhuma religião como religião de Estado e tenha reconhecido o direito de todos os habitantes a professar livremente seu culto (art. 14 da CN), o texto do Preâmbulo constitucional não é neutro nem agnóstico, enquanto invoca a "(...) proteção de Deus, fonte de toda razão e justiça". Ademais, se o governo federal sustentar o culto católico apostólico romano (art. 2º da CN), não se pode ignorar a existência de uma regulação constitucional preferente. Em sintonia com tais preceitos, o Código Civil confere à Igreja católica o *status* de pessoa jurídica de Direito Público (art. 33, CC de Vélez Sarsfield e art. 146 inc. C do Código Civil e Comercial da Nação). Existe, pois, uma supremacia constitucional[877] com relação à religião católica, por razões vinculadas à tradição histórica e não incomoda a ninguém que, nos dias em que festejamos o aniversário do primeiro governo pátrio, celebre-se um *Tedeum* na Catedral de Buenos Aires, ao qual assistem os principais funcionários do governo nacional.

A consequência fundamental que se deduz do direito a professar livremente o culto de cada cidadão consiste na liberdade de crenças que a Constituição impõe como um princípio praticamente absoluto, que só pode ceder em circunstâncias excepcionais, quando a moral e a saúde públicas, a defesa do próprio Estado ou os direitos e liberdades dos demais cidadãos estão em jogo.[878]

Dessa forma, a liberdade religiosa se complementa com a liberdade de consciência, que faz parte do princípio da privacidade pessoal (art. 19 da CN) que menciona que o Estado carece de direito de interferir

---

[877] *Cf.* BIDART CAMPOS, Germán J. *Tratado elemental del derecho constitucional argentino.* tomo I. Buenos Aires: Ediar, 1989, p. 182. Dita supremacia não implica que o sistema constitucional adote a religião católica como religião oficial ou de Estado (nem o Estado sacro), mas que, dentro da secularidade, o Estado reconheça a realidade de uma determinada religião cuja existência institucionaliza, mediante um trato favorável que não viola a liberdade de professar outros cultos *(op. cit.,* tomo I, p. 181). Por outro lado, o Estado laico propugna uma postura indiferente, agnóstica, porém compulsiva, que costuma ser semelhante e confundir-se com a neutralidade.

[878] Pacto Internacional sobre Direitos Econômicos, Sociais e Culturais, art. 18, ap. 3 e CADH, art. 12 ap. 3.

CAPÍTULO VI – O PRINCÍPIO DA LIBERDADE

ou de restringir com regulamentações irrazoáveis este âmbito extremamente pessoal do Homem.

É certo que a religião – como destaca Habermas – já não é centro da vida política, como na Idade Média, e que em boa parte do mundo se generalizou o reconhecimento da importância e transcendência que têm para a sociedade a liberdade de culto e a prática autêntica da tolerância entre as diferentes religiões, em um processo que se originou após a secularização do Estado. Mas também é verdade que o autêntico pluralismo exige não só o respeito entre crentes de distintos cultos, como também a mesma atitude dos que não creem, em seu trato com os crentes.[879]

A princípio, as crenças religiosas não devem ser motivo para restringir o exercício dos direitos conforme declarado pela Suprema Corte, ao afirmar que a manifestação de pertença a um culto determinado (no caso, as Testemunhas de Jeová) consignada em um formulário não pode ser levada em consideração para denegar a radicação definitiva de uma pessoa no país e dispor de sua expulsão (o afetado era estrangeiro), já que mencionada pertença configura uma ação privada[880] que, como tal, encontra-se isenta da "autoridade dos magistrados", conforme o art. 19 da CN.

A Convenção Americana sobre Direitos Humanos prevê que "toda pessoa tem liberdade de consciência e de religião"[881] e que esse direito abrange tanto a liberdade de conservar a religião ou crenças quanto a liberdade de professar e divulgá-las, de forma individual ou coletiva, quer de maneira privada, quer em lugares públicos.[882]

VI.8.1 O caso da Virgem em Tribunais

Uma questão ligada à liberdade de culto é a que diz respeito à colocação de imagens religiosas em edifícios públicos, aspecto sobre o qual a doutrina jurisprudencial não estabeleceu ainda critérios estáveis

---

[879] HABERMAS, Jürgen; RATZINGER, Joseph. *Entre religión y razón*. México: Fondo de Cultura Económica, 2013, pp. 30-32.

[880] Sentenças 302:604 (1980).

[881] CADH, art. 12, ap. 1.

[882] CADH, art. 12, ap. 1.

nem definitivos. O caso que, na época, suscitou maiores controvérsias, teve como objeto o questionamento da entronização de uma imagem da Virgem [católica] no Palácio dos Tribunais e foi promovido por uma Associação pelos Direitos Civis, tendo diferentes advogados do foro (que invocaram sua condição de católicos) e a Corporação de Advogados Católicos intervido também a favor de sua manutenção na sede de tribunais.

O amparo que a Associação pelos Direitos Civis apresentou direcionava-se a obter a declaração de inconstitucionalidade da resolução de três Ministros da Suprema Corte, que havia autorizado a colocação de uma imagem da Virgem católica no Palácio de Tribunais abaixo da estátua da justiça, considerando que isso violava a Constituição, a Convenção Americana sobre Direitos Humanos e o Pacto Internacional sobre Direitos Civis e Políticos.

Em primeira instância, o amparo foi realizado com o argumento de que não havia ato administrativo prévio que violasse o art. 2º da CN[883], e que aceitar a entronização da Virgem implicava um compromisso perigoso, semelhante ao adotar uma religião de Estado.

Com base na sentença da primeira instância, que teve uma grande difusão na imprensa, a Corte, em exercício de suas faculdades de superintendência, determinou a manutenção da imagem, o que implicava acatar a sentença de primeira instância que, longe de permanecer firme, sofreu apelação por parte de um grupo de advogados e pela Corporação antes mencionada.

A apelação foi resolvida pela Câmara Nacional no Contencioso Administrativo, a qual considerou que a questão não havia se tornado abstrata e resolveu, por maioria, com apoio no Preâmbulo e nos art. 2º, 14, 20 e 93 da CN e art. 12.3 da Convenção Americana sobre Direitos Humanos e 18.3 do Pacto Internacional sobre Direitos Civis e Políticos,

---

[883] Argumento por demais equivocado, pois esse preceito circunscreve-se ao dever que o Estado assume com relação a sustentar o culto católico e, a partir disso, só se pode inferir que existe uma preferência institucional.

CAPÍTULO VI – O PRINCÍPIO DA LIBERDADE

que a colocação de um símbolo religioso em um edifício do Poder Judiciário não implicava um ato discriminatório suscetível de afetar a liberdade de cultos sobre bases igualitárias.[884] É interessante destacar que, no voto da maioria da Câmara, ficou estabelecido que a decisão adotada "(...) não implicava um juízo sobre a conveniência da forma e lugar da localização".

Quando os autos chegaram à Suprema Corte, como consequência de um recurso de queixa deduzido pelos amparistas, o Supremo Tribunal, embora tenha declarado a questão abstrata, considerando-a não oficial por ter cumprido a pretensão articulada pelos amparistas (mesmo que tenha sido através da superintendência), resolveu, através do voto da maioria, "revogar a sentença apelada", ressaltando que não implicava emitir opinião sobre a questão que havia sido objeto da ação de amparo promovida. A fim de reforçar tal argumentação, ficou estabelecido "(...) que ficara resolvido que não importa fazer julgamento com relação à legitimidade ou ilegitimidade dos fatos e situações colocados em dúvida, vinculados à existência da imagem religiosa no lugar assinalado".[885] Por outro lado, o voto da minoria[886] limitou-se a declarar o pronunciamento não oficial, sustentando que a Corte deve atender as circunstâncias existentes no momento da decisão. Essa teria sido – a nosso juízo – a solução correta, pois a doutrina da maioria, sob a aparência de adotar uma postura neutra na matéria encerra a tese de que o ato de colocação da imagem era inconstitucional, pois é evidente que, ao revogar a sentença da Câmara que declarou a constitucionalidade da situação questionada no pleito, deixa subsistente o conteúdo da sentença de primeira instância, que tinha inclinação à inconstitucionalidade.[887]

---

[884] *In re* "Asociación por los Derechos Civiles - ADC - y otros contra EN-PJN s/ amparo", da CNACAF, Sala II, Sentença de 20/04/2004, votos dos Doutores María del Carmen Jeanneret de Pérez CORTÉS e Guillermo P. GALLI.

[885] Sentenças 329:5261 (2006). A maioria formou-se com o juiz LORENZETTI e quatro juízes substitutos.

[886] Sentenças 329:5261 (2006). A minoria esteve integrada pelas doutoras ARGIBAY e HIGHTON de Nolasco e dos juízes substitutos.

[887] A doutrina constitucionalista salientou uma série de dúvidas interpretativas que a sentença propõe; ver: GELLI, María Angélica. *Constitución de la Nación argentina*: comentada y concordada. tomo I. Buenos Aires: La Ley, 2001, p. 183.

VI.8.2 Os crucifixos em escolas públicas

A manutenção ou a colocação de crucifixos em edifícios públicos, particularmente em escolas estatais, vem apresentando, no direito comparado, uma série de conflitos gerados por particulares ou associações que agrupam defensores dos direitos civis que, com o argumento de que se viola, fundamentalmente, a liberdade de cultos e o princípio da não discriminação, promoveram recursos administrativos e ações judiciais com tendência a ordenar a inconstitucionalidade das normas que dispuseram sua colocação, ou melhor, a retirada dos crucifixos das dependências públicas.

No direito europeu, discutiu-se se a presença do crucifixo nas aulas em escolas públicas implicava uma violação das prescrições do Primeiro Protocolo (art. 2º) e da Convenção para a Proteção dos Direitos Humanos e das Liberdades Fundamentais (que consagravam, respectivamente, o direito dos pais de que a educação de seus filhos seja feita sob os princípios de laicidade e o direito à liberdade de pensamento, consciência e religião).

A questão foi promovida pela Sra. Lautsi, contra o Estado italiano, assumindo a representação de duas crianças menores de idade, que, ao assumir a maioridade, expressaram sua vontade de constituir-se em partes do pleito, como demandantes, em uma ação promovida pela "Unione degli Atei et degli Agnostici Razionalisti". O caso adquiriu uma repercussão extraordinária e após passar por várias instâncias, com sentenças adversas no Estado italiano e uma favorável na Segunda Seção do Tribunal Europeu dos Direitos Humanos, esta última foi finalmente apelada perante a Grande Câmara (*Grande Chambre*) do Tribunal Europeu dos Direitos Humanos, integrado por dezessete membros.

Essa Grande Câmara do Tribunal Europeu dos Direitos Humanos foi finalmente expedida, revogou a sentença da Segunda Seção do Tribunal e declarou que a instalação de crucifixos nas aulas em escolas públicas não violava os direitos reconhecidos no art. 2º do Primeiro Protocolo e no art. 9 da Convenção para a Proteção dos Direitos Humanos e das Liberdades Fundamentais, por considerar,

CAPÍTULO VI – O PRINCÍPIO DA LIBERDADE

além do mais, que toda decisão a esse respeito fazia parte da margem discricionária de cada Estado.

Não abordaremos aqui todas as vicissitudes da causa comentada, com profusão, pela doutrina que aderiu às conclusões dessa histórica sentença do Tribunal Europeu[888], tentando nos concentrar nos grandes princípios que fluem do mesmo, paralelamente com o *status* de que goza a Igreja católica, segundo a Constituição que nos rege e os tratados internacionais que possuem hierarquia constitucional.

Se o primeiro precedente da Segunda Seção do Tribunal Europeu for qualificado com justiça e propriedade como um caso de "intolerância laica"[889], essa sentença da *Grande Chambre* é difícil de enquadrar com uma doutrina determinada em razão de, por sua amplitude conceitual, não se identifica com a condenação ao laicismo do Estado e tampouco defende até as últimas consequências, como princípio, o chamado Estado sacro ou a religião de Estado.

Pelo contrário, se olharmos o conteúdo dessa sentença de uma forma mais detida, pode-se dizer que o mesmo constitui uma doutrina flexível, com base na tradição e nos valores históricos de cada país, de acordo com o princípio da secularidade ou neutralidade do Estado que, mesmo sendo por vezes confundido com o da laicidade, não se identifica com ela.

De fato, enquanto o laicismo é coercitivo e imposto como princípio universal, por ser um expoente filosófico do niilismo que nega

---

[888] Ver: LIMODIO, Gabriel Fernando. "El crucifijo y la reforma del Código Civil a partir del caso *Lautsi*". *El Derecho*, 242-579; PADILLA, Norberto. "El respeto a la legítima diversidad. El caso *Lautsi* II". *El Derecho*, 242-584; RANIERI DE CECHINI, Débora. "El viraje producido por la CEDH en el caso del crucifijo en las escuelas públicas de Italia: la puesta en escena de dos modelos jurídico-políticos irreconciliables". *El Derecho*, 242-590; LO PRETE, Octavio. "La Corte Europea y el crucifijo: laicidad bien comprendida en un caso emblemático". *El Derecho*, 242-609 e NAVARRO FLORIA, Juan G. "Brevísimas apostillas a la sentencia del caso *Lautsi*. En memoria de Pedro J. Frías, maestro y amigo, estadista y cristiano cabal". *El Derecho*, 242-597.

[889] PADILLA, Norberto. "Un caso de intolerancia laica". *ElDial*. Suplemento de direito constitucional, 07.12.2009. Disponível em http://www.calir.org.ar/docs.

Deus[890], a secularidade do Estado é comparável a uma preferência ou preeminência de um determinado culto por razões históricas, condensadas nas fórmulas constitucionais de cada Estado nação.

O niilismo filosófico, com a negação de Deus e a afirmação de que fora do nada não existe nada, foi o fundamento das políticas mais atrozes da história (as que foram levadas a cabo por Hitler, Mussolini e Stalin)[891] e implica a desvalorização ou destruição dos valores supremos[892], como surge do pensamento de Nietzsche, considerado um de seus defensores mais radicais, mesmo existindo várias versões do niilismo e, discuta-se a paternidade e projeção nas diferentes correntes da filosofia Moderna.[893] O correto é que a afinidade entre niilismo e laicismo, e o caráter coercivo que os caracteriza indicam que a laicidade, longe de ser um fenômeno neutro, toma partido por essa corrente de pensamento filosófico. O pensamento nietzscheano, em vez de ver a plenitude do bem em Deus, vê sua própria limitação e a causa de sua alienação radical "como se o ser humano fosse expropriado de sua humanidade". Daí, a recusa e o ódio a Deus, chegando, inclusive, até a declaração de sua morte".[894]

Muito bem, a Grande Câmara do Tribunal Europeu dos Direitos Humanos, reconhecendo ainda os valores religiosos encarnados pelo crucifixo, defende a tese que sua colocação nas escolas públicas não interfere no exercício das liberdades de culto e de consciência, por não traduzir a imposição ou coerção sobre as pessoas e nem representar, por si só, a realização de um ato de doutrinamento religioso.

---

[890] Ver: VOLPI, Franco. *El nihilismo*. 2ª ed. trad. do italiano. Buenos Aires: Biblos, 2011, p. 49 ss.

[891] CAMUS, Albert. *El hombre rebelde*. 14ª ed. Buenos Aires: Losada, 2003, p. 166; VOLPI, Franco. *El nihilismo*. 2ª ed. trad. do italiano. Buenos Aires: Biblos, 2011, p. 99.

[892] VOLPI, Franco. *El nihilismo*. 2ª ed. trad. do italiano. Buenos Aires: Biblos, 2011, pp. 16 e 109.

[893] VOLPI, Franco. *El nihilismo*. 2ª ed. trad. do italiano. Buenos Aires: Biblos, 2011, p. 19 ss.

[894] D.V. 386.

CAPÍTULO VI – O PRINCÍPIO DA LIBERDADE

Além disso, o referido Tribunal Europeu considerou que o crucifixo também representa – além do valor religioso – um sistema de valores que expressa a liberdade, igualdade, dignidade da pessoa humana e tolerância.[895]

VI.9 As liberdades econômicas

A liberdade, como princípio, propõe uma relação estreita entre as pessoas e a economia, constituindo, ao mesmo tempo, um dos direitos humanos fundamentais que reconhece e garante nossa Constituição.

Através de suas diferentes manifestações, a proteção da liberdade econômica, indistintamente, de nacionais e estrangeiros, constituiu um dos fins centrais do constituinte originário, assim como das posteriores reformas constitucionais, seguindo a tendência adotada pelo direito constitucional comparado.

Entre as principais projeções da liberdade econômica figuram a liberdade de exercer indústria, a de navegar, a de usar e dispor da propriedade, junto à liberdade de contratar que, embora não tenha sido enumerada de forma explícita no texto constitucional, foi considerada implicitamente compreendida.[896] Entretanto, embora todas essas liberdades estejam vinculadas à economia, algumas delas não demandam, em quem a exerce, o objetivo de uma finalidade de lucro (por exemplo, a navegação desportiva por prazer ou a atividade de uma cooperativa ou associação). Por sua vez, não pretendemos, inclusive, que a respectiva atividade seja habitual ou permanente, senão que o exercício ocasional da respectiva liberdade também resulte compreendido pelo princípio protetor da liberdade.

---

[895] Item 11.9 da sentença da Grande Câmara do Tribunal Europeu dos Direitos Humanos, de 18.03.2011, no caso *Lautsi II*.

[896] BIDART CAMPOS, Germán J. *Tratado elemental del derecho constitucional argentino*. tomo I. Buenos Aires: Ediar, 1989, p. 298. Em nossa opinião, é um direito que deriva, necessariamente, do princípio da liberdade de exercer indústria e comércio, mesmo que seu alcance resulte mais amplo, já que inclui, entre outros, os acordos gratuitos, como as doações e outros.

Já que o princípio da liberdade não tem caráter absoluto, mas relativo, todos os direitos são exercidos conforme as leis que os regulamentam em função do bem comum (art. 14 da CN), e seu principal limite encontra-se na moral pública e na proibição de prejudicar os direitos de terceiros (art. 19 da CN), além de toda restrição deve superar o teste de legitimidade (legalidade e razoabilidade), conforme o art. 28 da CN.

As liberdades econômicas – com relação à atribuição de regulamentá-las ou de criar condições para seu nascimento – foram contempladas pela regulação constitucional em um conjunto de cláusulas feitas à distribuição da competência dos governos nacional e provincial e também ao da cidade de Buenos Aires. A partir desse conjunto de cláusulas, destacam-se:

a) A competência do Congresso Nacional para prover a promoção das indústrias e a introdução e criação de outras novas (art. 75 inc. 18 da CN) em concorrência com as Províncias (art. 125 da CN);

b) a atribuição do Congresso para ditar a legislação comercial de fundo para todo o país (art. 75 inc. 12 da CN);

c) a de regular o comércio com as nações estrangeiras e das Províncias entre si (art. 75 inc. 13 da CN);

d) a interdição de afetar a livre circulação territorial de bens, produtos, veículos etc. (art. 9 a 12 da CN);

e) a competência para regulamentar a livre navegação dos rios internos e para autorizar a instalação e funcionamento dos portos (art. 75 inc. 10 da CN);

f) a proteção constitucional da propriedade privada, que só pode ser expropriada por razões de interesse público qualificada por lei do Congresso e com prévia indenização (art. 17 da CN).

A proteção das liberdades econômicas não foi ressaltada de forma genérica pela maioria das convenções internacionais de direitos humanos que nosso país subscreveu, ao circunscrever o direito de

CAPÍTULO VI – O PRINCÍPIO DA LIBERDADE

propriedade[897] e ao direito de toda pessoa "ao uso e gozo de seus bens", com a proibição consequente de privar as pessoas de sua propriedade, o que só pode ser feito por razões de utilidade pública ou interesse social nos casos e conforme os procedimentos que estabelecem as leis mediante o pagamento de uma justa indenização.[898] Como se pode notar, tais cláusulas convencionais, aplicáveis em virtude do prescrito no art. 75 inc. 22 da CN, nada agregam ao sistema constitucional protetor do direito de propriedade, consagrado pelo art. 17 da CN, sobretudo por a Constituição vernácula conter uma fórmula mais garantidora, ao prever que a indenização ao proprietário deve ser prévia.

VI.9.1 Subsistência da liberdade econômica no novo constitucionalismo

Assim como não se podem fragmentar as diferentes ideologias e tendências políticas destacadas pelo Estado Constitucional vigente a partir do século XVIII, deixando-as ancoradas no tempo histórico em que foram formuladas e adquiriram vigência, separando-as das transformações posteriores, que não foram produto de processos revolucionários, mas da evolução produzida especialmente pela força de acontecimentos mundiais, não se pode tampouco falar de um novo constitucionalismo como algo que encarna princípios radicalmente diferentes dos sustentados pelo constitucionalismo clássico.

O que ocorreu mostra mais precisamente a evolução das instituições constitucionais em um sentido oposto a sua mudança revolucionária, como propugnado por alguns com base em premissas ideológicas, pretendendo amputar as liberdades econômicas em favor de uma igualdade absoluta impraticável.

Não se pode, portanto, supor que a evolução que se nota no novo constitucionalismo (caracterizado, substancialmente, pela perda

---

[897] Art. 17 da Declaração Universal dos Direitos do Homem, aprovada pela Assembleia Geral das Nações Unidas em 1948.

[898] Art. 21 da Convenção Americana sobre Direitos Humanos.

da centralidade da lei, pelo auge dos princípios gerais, pela proteção dos direitos humanos e pela potenciação do papel do juiz no sistema de separação de poderes) implique o declínio dos princípios que nutrem o Estado de Direito e suas liberdades fundamentais.

A liberdade econômica é um dos direitos fundamentais ou humanos [do Homem] e não é possível conceber que ela possa ser substituída por outros direitos (v.g., como os direitos coletivos), já que, definitivamente, proporcionar primazia abstrata a um princípio ou direito sobre outro vulnera o princípio da não contradição toda vez que se torna lógico sustentar que um direito afirme sua supremacia sobre a negação de outro. O aparente conflito de direito não o é (já que as pretensões são as que se contrapõem), e sempre cabe alcançar, em primeiro lugar, sua harmonização e compatibilidade, bem como a busca do conteúdo essencial de cada direito na ponderação ou ajuste que os juízes realizam ao resolver um conflito jurídico.[899] Só de um modo excepcional e em texto expresso é possível propugnar a preferência constitucional de um direito sobre outro.

VI.9.2 Liberdade de contratar e controle de preços

Em alguns países, especialmente os que sofrem regimes populistas, a liberdade de contratar encontra-se assediada por regimes autoritários de controle de preços, cuja constitucionalidade foi questionada a partir de visões jurídicas diferentes. A raiz dessa política é evidente, na medida em que se pretende que os empresários e comerciantes absorvam o custo da inflação sem aumentar os preços de seus produtos, como acontece em toda economia normal, ainda na chamada economia social de mercado.

Naturalmente que, sendo a liberdade de contratar um princípio relativo, não se pode negar o direito do Estado de sancionar, em casos de emergência pública (v.g., situação de guerra), um regime de controle

---

[899] Ver: SERNA, Pedro; TOLLER, Fernando. *La interpretación constitucional de los derechos fundamentales:* una alternativa a los conflictos de derechos. Buenos Aires: La Ley, 2000, p. 24 ss.

CAPÍTULO VI – O PRINCÍPIO DA LIBERDADE

de preços que, como tal, sempre deve ser excepcional e transitório. Assim foi a justificativa invocada, inicialmente, pela Suprema Corte[900], frente a acontecimentos de características excepcionais nos quais as regras extraordinárias que fundam o "Estado de necessidade" tornam-se aplicáveis.

Entretanto, justificar o controle de preços como política ordinária e permanente do Estado implica em um abismo jurídica, porque as próprias características de um controle estatal desnecessário e abusivo introduz elementos e critérios autoritários (geralmente como produto da arbitrariedade dos funcionários), que se tornam incompatíveis com o princípio da liberdade de contratação que pretendem regulamentar, para adequar a respectiva atividade ao bem, o que não deixa de ser uma falácia técnico-jurídica. Por outro lado, um direito natural básico de toda pessoa ou empresa é afetado, ao participar no mercado de vendas e produção de bens e serviços, ao mesmo tempo que, dessa forma, destrói-se o mecanismo espontâneo e livre da formação de preços dos bens e serviços.

Os objetivos declarados de tais regimes são sempre enganosos, pois, em vez de admitir que procuram resolver os problemas provocados pela inflação, pelo baixo nível de emprego e pelo desabastecimento, desvencilhados com base a políticas econômicas errôneas ou contingências internacionais que afetam o comércio exterior, tendem a se refugiar em dogmas indemonstráveis (como a mudança das estruturas econômicas para alcançar a liberação nacional)[901], ou melhor, em notórias falácias, como a defesa da concorrência e o controle das concentrações econômicas[902], que constituem desvios da economia social de mercado que não se corrigem pelos próprios mecanismos do regime de controle de preços, mas com as leis de defesa da concorrência e com tribunais especializados e independentes.

Lamentavelmente, mesmo que os antecedentes nacionais do controle de preços indiquem que o regime prescrito no contexto da Segunda

---

[900] Sentenças 200:450, *in re* "Vicente Mattini e hijos" (1944).
[901] Tal foAi o principal fundamento no qual se pretendeu basear a sanção da Lei n. 20.680.
[902] Essas razões foram invocadas para justificar o prescrito na Lei n. 26.991.

Guerra mundial[903] tenham tido caráter transitório, o caminho percorrido a partir de 1974, após a sanção da Lei n. 20.680 e posteriores, baseou-se em sancionar um regime inquisitorial permanente que substitui o estado da norma objetiva e o respeito das liberdades econômicas pela vontade discricionária do funcionário do momento, em aberta transgressão dos princípios nucleares do Estado de Direito.

A nefasta experiência dessa lei, denominada de Abastecimento, e a contradição com o princípio da defesa da concorrência previsto nos artigos 42 e 43 da CN não impediram que, não obstante o Decreto n. 2284/91, ratificado pela Lei n. 24.307, haver suspendido sua aplicação, o Poder Executivo, por intermédio da secretaria do Comércio, continuasse a aplicá-lo. Chegou-se, inclusive, a modificar, a pedido da referida Secretaria, a jurisprudência administrativa da Procuração do Tesouro da Nação, que havia propugnado que a Lei n. 20.680 encontrava-se suspensa.[904]

Nesse contexto, sancionou-se a Lei n. 26.991 (em 2014) oriunda de um projeto do Executivo que, praticamente, reproduziu o sistema e a estrutura interna da Lei n. 20.680, com apenas alguns retoques que não implicavam reduzir os vícios graves por ela contidos (v.g., a eliminação das penas corporais da lei anterior que, além do mais, eram abertamente inconstitucionais, pela violação extremamente clara das garantias constitucionais em matéria penal).

Diante de todo esse quadro, o mais grave é que a Lei n. 26.991 pretende remover do âmbito do direito penal administrativo o procedimento e o regime punitivo para levá-lo a ser regido inteiramente pelo direito administrativo. Consequentemente, para resolver os recursos contra as sanções, a competência que o foro federal havia designado anteriormente no penal econômico foi atribuída ao foro contencioso administrativo (dentro do breve prazo de dez [10] dias, que torna vul-

---

[903] Lei n. 12.591.

[904] Pareceres da Procuradoria do Tesouro da Nação, tomo 263:064. O parecer jurídico da PTN foi emitido no mês de outubro de 2007, a pedido do secretário de Comércio, impulsionando-se contra a suspensão disposta pelo Decreto n. 2284/91 e ratificada pela Lei n. 24.037, embora para estar em conformidade com a normativa legal vigente a fim de levantar a suspensão da Lei n. 20.680, fosse imprescindível o prescrito de uma lei que declarasse a emergência, condição esta que não ocorreu.

CAPÍTULO VI – O PRINCÍPIO DA LIBERDADE

nerável o princípio da tutela jurisdicional efetiva).[905]

Mediante uma ação golpista do Legislativo, consolidou-se o caráter administrativo do sistema de controle de preços e, embora ele possa gerar determinadas vantagens às pessoas físicas ou empresas que são consideradas sujeitos passivos da lei (pela maior especialização), isto teria se justificado, na medida em que a nova legislação teria abandonado o caráter oficioso e inquisitivo do processo penal, abrangendo os atos administrativos de aplicação das devidas garantias constitucionais. As novas normas de controle de preços implicam a ressurreição da Lei n. 20.680, e isso é tão notório que a nova regulação conserva o nome e até o número da velha lei e dos respectivos artigos, o que obrigou a elaborar um texto ordenado (algo desnecessário de ter procedido com adequada técnica legislativa).

O sistema regulador da Lei n. 26.991 não se ajusta apenas ao prescrito nas normas que regulam o abastecimento. Em linhas gerais, compreende faculdades que colidem, abertamente, com os princípios de concorrência e de liberdade econômica e, portanto, com os da liberdade de contratação, enquanto a normativa pretende legitimar um regime ordinário e permanente.

Existem três atribuições genéricas incompatíveis com a vigência de tais princípios, uma vez que a lei permite à autoridade de aplicação dispor: a) do congelamento ou a definição de preços máximos; b) da produção ou venda forçada de bens e serviços; e c) da intervenção (apropriação ou confisco) de mercadorias e a consequente venda sem indenização quando o abastecimento for insuficiente.[906]

VI.9.3 Principais questões que a Lei n. 26.991 suscita

Como o caráter de legislação de emergência não foi atribuído à

---

[905] Lei n. 26.991, art. 13, que substitui o art. 16 da Lei n. 20.680.
[906] Lei n. 26.991 art. 2º incisos a) e c) e art. 12 e 14, que substituíram sucessivamente os art. 2º, 3º, 12 inc. d e 17 da Lei n. 20.680.

lei de abastecimento, a finalidade do legislador foi a de consagrar um regime ordinário e permanente. A rigor, se as prescrições da nova lei pouco diferem da lei anterior, cabe supor que o verdadeiro objetivo tenha sido deixar sem efeito a suspensão condicionada, prevista pela legislação antecedente, e aproveitar para tornar mais rigoroso o mecanismo que rege a apelação das sanções, transferindo em bloco todas as questões que pudessem suscitar o direito administrativo e seu foro especializado.

Ao proceder dessa forma, os defeitos que a lei demonstra tornam-se mais notórios em razão de que, se vigorasse apenas frente a uma emergência, poder-se-ia chegar a justificar um maior rigorismo em função, sempre, da razoabilidade das medidas que comprimem ou suspendem o exercício pleno dos direitos constitucionais. Entretanto, como veremos mais adiante, nem sequer o estado de emergência pode chegar a justificar as falhas de inconstitucionalidade de seu conteúdo formal e substancial já que, a princípio, embora seja possível comprimir, diferir ou suspender direitos, a emergência não autoriza e nem justifica sua degradação ou aniquilamento.

As principais questões, fora das transgressões clássicas vinculadas à violação dos artigos 14 (liberdade de exercer indústria e comércio) e 17 (garantia da propriedade) da CN, que suscita estão centradas nos seguintes aspectos:

A) Delegação de faculdade

Ao superar-se a doutrina do caso "Delfino"[907], que, literalmente, restringia o poder de delegar (não da forma no âmago da sentença que declarou a criação de uma multa administrativa constitucional com base em uma habilitação genérica)[908], a reforma constitucional de 1994 plasmou o abandono do dogma de Locke *delegata potestas non potest delegari* em uma norma de deficiente técnica legislativa, pois estabeleceu primeiramente a interdição de delegar para consagrar ato seguido uma exceção muito ampla em matéria de direito privado, penal tributário e

---

[907] Sentenças 148:434 (1927).
[908] Circunstância não observada principalmente pela doutrina do direito constitucional.

CAPÍTULO VI – O PRINCÍPIO DA LIBERDADE

demais matérias compreendidas no art. 99 inc. 3 da CN. De fato, o art. 76 permite que o Congresso delegue no Executivo *"(...) em matérias determinadas de administração ou de emergência pública"*.

Acontece que o art. 76 da CN impõe dois requisitos inevitáveis: a) que a lei que delega estabeleça um prazo para o exercício da delegação; e b) que o Congresso determine as bases da delegação, o que, em outros termos, significa o mesmo que prever a interdição de uma delegação genérica.

Se as disposições da Lei n. 26.991 forem observadas de forma objetiva, fica fácil, por sua evidência, concluir que as delegações prescritas não cumprem com os postulados constitucionais toda vez que: 1) a lei não puder delegar a designação da autoridade de aplicação[909] no Executivo, sem estabelecer as bases (critérios ou o procedimento) com as garantias suficientes, levando em consideração que ela será a encarregada de aplicar sanções de natureza penal-administrativa; 2) tampouco puder habilitar a lei ao Poder Executivo nem à autoridade de aplicação ao determinar, discricionariamente, os elementos dos tipos penais ou condutas administrativas que serão objeto das sanções punitivas.[910]

B) A criação de tipos penais genéricos e procedimentos sancionatórios draconianos, violadores dos novos princípios constitucionais (tutela jurisdicional efetiva e princípio *pro libertate*)

Para aplicar as sanções previstas na lei[911], as faculdades que dizem respeito à criação de figuras penais indeterminadas e abertas são outorgadas à autoridade de aplicação, algo semelhante aos delitos penais em branco [ou incompletos]. Alguns exemplos são suficientes para captar a dimensão desse grave atentado aos princípios mais elementares que prevalecem em matéria penal, mesmo quando, no caso, trate-se de in-

---

[909] Lei 26.991, art. 12, que substitui o art. 15 da Lei n. 20.680.
[910] Lei 26.991, art. 3º, que substitui o art. 4º da Lei n. 20.680.
[911] Lei 26.991, art. 4º, que substitui o 5º da Lei n. 20.680.

frações ou faltas de natureza penal-administrativa.[912] Repare-se, nas condutas puníveis que o art. 4º da nova Lei n. 26.991 prevê que serão passíveis de sanções penais administrativas aqueles que elevarem, injustificadamente, os preços, reavaliem existências, monopolizem mercadorias (ou seja, criem estoque), ou intermediem desnecessariamente. Salta aos olhos que se trata de conceitos jurídicos indeterminados, cujos vazios ou indeterminações a autoridade de aplicação pode preencher, discricionariamente, não em conformidade com as normas operacionais, mas de acordo apenas a sua vontade, o que se opõe à chamada primazia da lei, um dos postulados básicos do Estado de Direito.[913]

Por outro lado, a criação de figuras penais genéricas – e sua consequente complementação em forma discricionária pela autoridade administrativa – viola os princípios de legalidade e tipicidade próprios do direito penal, sustentados nos art. 18 e 19 da CN. Nesse sentido, a Corte Interamericana de Direitos Humanos afirmou que "(...) *as leis que estabeleçam restrições devem utilizar critérios exatos, e não conferir uma discricionariedade sem impedimentos aos órgãos encarregados de sua aplicação*".[914]

Por último, as atribuições que a lei lhe reconhece, na liderança da autoridade de aplicação no procedimento sancionatório que implicam execução direta sobre bens dos particulares (sequestrar livros, intervir sobre mercadorias etc.), colidem com a proibição inerente ao exercício de faculdades judiciais (art. 109 da CN). Como podemos apreciar à luz do contexto da lei, a intervenção judicial é mínima, sendo evidente que contradiz, abertamente, a sistemática constitucional e seus mandamentos.

VI.10 Inaplicabilidade da jurisprudência do Tribunal em matéria

---

[912] Sobre a aplicação dos princípios do direito penal às infrações administrativas, remetemo-nos ao exposto em nosso *Curso de derecho administrativo*. 10ª ed. tomo II. Buenos Aires: La Ley, 2011, p. 255 ss.

[913] Ver LAPLACETTE, Carlos José. "El olvidado imperio de la ley". *La Nación*, 16.12.2014.

[914] Caso "Ricardo Canese *versus* Paraguay", sentença de 31 de agosto de 2004.

CAPÍTULO VI – O PRINCÍPIO DA LIBERDADE

de controle de preços

Antes da reforma constitucional de 1994, a jurisprudência da Corte registra casos em que a Lei n. 20.680[915] foi aplicada.

Apesar da tendência favorável à sua constitucionalidade, que poderia chegar a ser inferida a partir de tais pronunciamentos, o correto é que se trata de uma jurisprudência inorgânica e anti-funcional que repugna os princípios que informam a Constituição, contornando, em uma postura estatista inconcebível, a análise circunstanciada dos defeitos da inconstitucionalidade, sendo pela remissão a pareceres insubstanciais da Procuradoria Geral da Nação[916], ou melhor, em casos de uma injustificada política de deferência ao Poder Executivo do momento. Nessas circunstâncias, a Corte chegou a convalidar verdadeiras delegações e subdelegações em branco no Ministério do Comércio[917] e chegou mesmo a defender, com certo farisaísmo jurídico, que "(...) o direito de propriedade da sancionada não foi avassalado, pois não se discute seu direito legítimo de fabricar e vender seus produtos, alcançando, através dele, uma rentabilidade, mas a questão apresentada referia-se, simplesmente, ao fato de que os valores de venda sejam objeto de verificação apropriada e acordo por parte do Ministério de Comércio Interior".[918]

Porém o substancial, todavia, é que a jurisprudência da Corte sobre a lei de abastecimento resulta atualmente inaplicável, não só por sua indeterminação e falta de profundidade quanto à argumentação

---

[915] Sentenças 310:2069 ("tomo I.M.") e 311.1633 ("Fernacutti"), entre outros.

[916] Sentenças 311:499 ("Alpargatas").

[917] Sentenças 311:2339 ("Verónica SRL") e 311:2453 ("Cerámica San Lorenzo"); PADILLA, Miguel M. "Inconstitucionalidad de la ley 20.680". *El Derecho,* 112-901, interpreta que a Lei n. 20.680 viola o critério de delegação imprópria que o Tribunal havia acolhido no caso "Delfino", o qual admitia apenas a delegação dos detalhes e pormenores necessários para a execução da lei. Na realidade, como dissemos anteriormente, a doutrina dessa sentença foi mal interpretada, já que, neste caso, a criação de uma infração penal foi convalidada com base em uma delegação genérica. Atualmente, a questão precisa de interesse prático à luz do novo preceito constitucional sobre delegação legislativa.

[918] No caso "Roemmers", Sentenças 313:1594.

desdobrada, mas por uma circunstância de maior envergadura jurídica, como o princípio de supremacia constitucional (art. 31 da CN). Se a nova lei de abastecimento tiver de ser julgada conforme os princípios que emanam da Constituição, o escrutínio sobre sua constitucionalidade deve ser efetuado, basicamente e, entre outros, de acordo com os princípios incorporados pela reforma de 1994. O primeiro, já destacado, é a admissão da delegação apenas quando forem atribuídos estes três requisitos simultaneamente: a) que se trate de matérias de Administração Pública ou de emergência econômica; b) que a lei defina as bases da delegação (o chamado *standard* inteligível da jurisprudência norte-americana); e c) que o exercício da delegação esteja submetido a um prazo pela lei (art. 76 da CN). O segundo princípio que qualquer lei que regula a matéria do denominado controle de preços deve respeitar reside na observância do princípio da tutela jurisdicional e administrativa efetiva[919], que confere uma proteção maior aos direitos fundamentais em jogo.

À luz do que descrevemos, é evidente que a lei não resiste ao escrutínio mínimo sobre sua razoabilidade, senão que altera, de forma notória, os dois princípios que, sucintamente, foram aqui destacados.

VI.11 Liberdade econômica e propriedade. O estado de emergência

A conexão entre liberdade econômica e propriedade como direito humano fundamental atua em diferentes contextos constitucionais e planos jurídicos.

O clássico conceito de propriedade, que compreende o direito ao uso, gozo e disposição, não pode ser concebido como um direito absoluto em um sentido quádruplo: a) porque é um direito que é exercido conforme as leis que o regulamentam, pois se encontra sujeito, a princípio, às restrições administrativas (em matéria de urbanismo, vizinhança etc.); b) por encontrar-se a propriedade submetida ao poder tributário do Congresso (art. 75 inc.2), que pode criar contribuições de acor-

---

[919] Art. 8 e 25 da CADH.

CAPÍTULO VI – O PRINCÍPIO DA LIBERDADE

do com os princípios de legalidade, igualdade (que inclui a razoabilidade) e não confiscatoriedade (art. 4, 16 e 17 da CN); c) por ser um direito suscetível de ser comprimido, em seus alcances, por razões de emergência pública, ainda que de uma forma excepcional e transitória; e d) porque a privação de direito só pode ocorrer conforme a lei em dois casos: 1) com motivo de uma sentença judicial que concretiza e confere execução ao princípio segundo o qual o patrimônio é peça comum dos credores; e 2) por causa de utilidade pública qualificada por lei e com prévia indenização (art. 17 da CN).

A propriedade, conforme os ensinamentos cristãos[920] e determinadas filosofias do segmento do jusnaturalismo racionalista, configura um direito natural[921] básico do ser humano que faz de sua dignidade direito que se torna legítimo, contanto que sua titularidade e exercício sejam compatíveis com o bem comum. Assim, já que sua configuração não deriva da lei positiva (como pretendia J. Bentham), por ser anterior a ela e inato à pessoa, enquanto contribui com os fins de desenvolvimento e subsistência e, definitivamente, com o objetivo de sua criação, a potestade sobre os direitos de propriedade não é ilimitado e deve ajustar-se aos princípios de liberdade, legalidade, razoabilidade e utilidade pública.

Nesse emaranhado de princípios e potestades, o contexto constitucional que define o modelo de Estado de Direito adotado por cada país cobra transcendência, à medida que um enfoque marcadamente liberal tenha prevalência no mesmo (ao estilo do propugnado modernamente por Hayek), uma opção intervencionista e estatista (que tanto regimes de direita como de esquerda seguiram), ou o modelo de

---

[920] encíclica *Rerum Novarum,* de Leão XIII, 99-107; 131-133 e C.A., de João Paulo II, 30-43, apontam que "(...) o uso dos bens confiados à própria liberdade está subordinado ao destino comum e primigênio dos bens criados" (C.A. 30 b).

[921] Ver GELLI, María Angélica. *Constitución de la Nación argentina*: comentada y concordada. tomo II. Buenos Aires: La Ley, 2001, p. 103 e a opinião da referida autora *In:* MILLER, Jonathan; GELLI, María Angélica; CAYUSO, Susana. *Constitución y derechos humanos.* tomo II. Buenos Aires: Astrea, 1991, pp. 1225-1227.

Estado Subsidiário ou Estado Social de Direito[922], caracterizado por postular a denominada "(...) economia social de mercado" (em que o Estado atua como regulador e garantidor, com as prestações sociais que lhe permitam as disponibilidades financeiras e sejam compatíveis com o princípio da subsidiariedade).

Dependendo de como for o modelo de Estado que acolhe o respectivo sistema constitucional, assim será o conteúdo e alcance do direito de propriedade e, mesmo sendo difícil que uma Constituição seja totalmente neutra nesse sentido, o correto é que, nos ordenamentos constitucionais, princípios e formulações dos diferentes modelos econômico-sociais podem chegar a ser configurados, de forma embaralhada, nos ordenamentos constitucionais, o que já confundiu mais de uma cabeça doutrinária.

Com essas exceções, de nossa própria Carta Magna se destaca que o modelo que prevalece é o de um Estado regido conjuntamente pelo princípio da subsidiariedade e o de economia social de mercado. Nesse sentido, tal modelo se deduz da própria Constituição por:

A) estabelecer que os direitos individuais, como é o direito de propriedade, são reconhecidos a favor dos habitantes e não do

---

[922] Ver: HERRERO Y RODRÍGUEZ DE MIÑON, Miguel. "¿Unión Europea *versus* Estado Social?". Separata da Real Academia de Ciências Morais e Políticas, ano LXV, n. 90, Madrid, 2013, p. 387 ss. afirma que o Estado Social não considera uma economia ortodoxa de mercado nem uma economia dirigida ou controlada pelo Estado. Trata-se, mais precisamente, de uma economia que, baseada em um princípio da liberdade de empresa, "(...) não só organiza o mercado, mas corrige sua dinâmica e distribui seus benefícios atendendo a critérios que são alheios ao próprio mercado". Nesse sentido, "(...) considera a negação do Estado liberal" (*op. cit.* p. 388) o que não implica, logicamente, abdicar de todas as conquistas políticas da democracia nem do regime de garantias jurídicas que protegem a liberdade, a igualdade e a propriedade. Em nossa visão, o Estado Social não seria tanto uma figura oposta ao Estado Liberal, porém, mais precisamente, seu continuador, em um processo histórico evolutivo, mesmo que é certo que seus caracteres peculiares e traços distintivos também permitem defender a tese de que se trata de modelos opostos. Por outro lado, o modelo de Estado intervencionista (atualmente tornou-se populista) resulta radicalmente diferente, porque destrói a liberdade de empresa e a espontaneidade e iniciativa dos operadores econômicos do mercado.

CAPÍTULO VI - O PRINCÍPIO DA LIBERDADE

Estado (argumento derivado do art. 14 da CN), o qual se encontra limitado pelos princípios de legalidade (art. 19 da CN) e de razoabilidade (art. 28 da CN);[923]

B) prever o direito de usar e dispor da propriedade (art. 14 da CN) da mesma forma que a Convenção Americana sobre Direitos Humanos (art. 21.1), aplicável em virtude do previsto no art. 75 inc. 22 da CN, a favor, tanto de nacionais quanto de estrangeiros (art. 20 da CN);

C) estabelecer o princípio da inviolabilidade do direito de propriedade e a regra de que nenhuma pessoa pode ser privada dela, só em virtude de sentença fundada em lei que qualifique a utilidade pública e que, previamente, o expropriado deve receber uma indenização (art. 17 da CN);

D) afirmar o princípio da defesa da concorrência (art. 42 e 43 da CN) que pressupõe a propriedade privada dos meios de produção e das empresas comerciais;

E) reconhecer uma série de direitos sociais, em particular, a promoção do desenvolvimento humano, o progresso econômico com justiça social e a igualdade de oportunidades, a pesquisa e o desenvolvimento tecnológico (art. 14 bis e 75 inc. 19 da CN);

F) promover a indústria e outras atividades econômicas, especialmente o estabelecimento de novas indústrias, mediante leis de promoção (art. 75 inc. 18 da CN).

Esse conceito de concorrência e poderes implica a configuração do modelo de Estado Subsidiário, como versão moderna do Estado Social de Direito, o qual não se caracteriza por uma intervenção total do poder público, mas por uma inter-relação harmoniosa entre a Administração Pública e os agentes privados. A função do Estado no campo econômico é, fundamentalmente, a de regulador e garantidor de atividades privadas e, em subsídio, a de prestador de serviços públicos ou sociais.

---

[923] Ver nosso *Curso de derecho administrativo*. 10ª ed. tomo II. Buenos Aires: La Ley, 2011, p. 27 e obs. 87.

Assentado em tais bases é como deveria funcionar o sistema constitucional, apoiado no princípio da inviolabilidade do direito de propriedade que proclama a Constituição, e das liberdades econômicas que com ele formam um todo indivisível. Entretanto, devido às sucessivas crises econômicas, o Estado adotou medidas de exceção que, com fundamento no estado de necessidade, desencadearam a construção da chamada doutrina da emergência, que só se revela legítima na medida em que for compatível com os princípios constitucionais e com o Estado de Direito. Por isso, a emergência, como "estado de exceção" somente é concebida de forma transitória para suspender ou comprimir o exercício de direitos e nunca de forma permanente.[924]

Como veremos a seguir, a emergência constitucional configura-se quando a subsistência da sociedade e das instituições do Estado se encontrem em risco, sem que implique subordinar o direito nem seus fins à necessidade, nem à vontade discricionária dos governantes.

VI.11.1 Estado de Direito e estado de necessidade

Quando nos referimos ao estado de necessidade, mencionamos uma situação em que se encontra uma realidade dada, que nos obriga a agir de uma determinada maneira ou nos dispensa de fazê-lo, conforme as regras ordinárias que regem o curso de nossas condutas.

Nesse sentido, a jurisprudência da Suprema Corte destacou que a situação de emergência origina um estado de necessidade.[925]

Tal afirmação nos leva a outra direção: na ordem jurídica constitu-

---

[924] Contra: AGAMBEN, Giorgio. *El estado de excepción*. Tradução de Adrián Hidalgo Editora. Buenos Aires: Adrián Hidalgo, 2007, p. 23, defende a tese que afirma que o 'estado de exceção' se transformou atualmente em um paradigma de governo, de forma permanente.
[925] "Peralta, Luis A. y otro v. Estado nacional - Ministerio de Economía - BCRA s/ amparo", Sentenças 313:1513 (1990); "Videla Cuello, Marcelo sucesión de v. La Rioja, Provincia de s/daños y perjuicios", Sentenças 313:1638 (1990), voto dos Doutores FAYT e BARRA.

CAPÍTULO VI – O PRINCÍPIO DA LIBERDADE

cional, bem como no Direito Administrativo, não cabe conceber um Estado de Necessidade com maiúsculas (a não ser pelo costume de destacar a transcendência de determinadas instituições), já que, se o Estado é a comunidade perfeita e soberana por excelência, não convém instituir uma situação de necessidade que o justifique e o absorva. O factual não pode prevalecer sobre o jurídico, pois é o jurídico que permite a vida na sociedade.

Menos ainda pode o Estado de Direito – que é a fórmula que condensa a distribuição dos poderes e as garantias devidas aos particulares – chegar a ser traduzido em um direito de emergência, entendido como o conjunto de normas que autorizam a suspensão transitória dos direitos constitucionais ou a dispensa de determinadas cláusulas da Constituição, pela carência dos casos realmente reais previstos nas respectivas normas.

Este último, que foi sempre considerado como um remédio extraordinário ao qual os Estados recorrem, a fim de defender a subsistência da sociedade ou a própria conservação institucional, não constitui um tipo de *bill* de indenidade apto a justificar o aumento dos poderes dos governantes, mas requer que se ajuste à doutrina que Sagués qualifica como "ética de mínima".[926] Tal doutrina, que se baseia no fato de a necessidade poder gerar direito (*necessitas jus constituit*) admite seu funcionamento como remédio extraordinário e restritivo dentro da Constituição, opondo-se à chamada "ética de máxima", que subordina o direito e seus fins à própria necessidade, como produto do poder dos governantes. Tal necessidade de Estado, somente justificada no poder, contraria os princípios do direito natural e constitui a negação do Estado de Direito que é o principal embasamento da ordem constitucional, nos países ocidentais.

---

[926] SAGUÉS, Néstor P. "Derecho Constitucional y derecho de emergencia". *Anais XXXV*. Separata da Academia Nacional de Direito e Ciências Sociais de Buenos Aires, segunda época, n. 28, Buenos Aires, 1990, pp. 11/12, aponta Francisco Suárez como antecedente dessa doutrina, citado no trabalho clássico de BIELSA, Rafael. "El estado de necesidad con particular referencia al Derecho constitucional y administrativo", que foi publicado originariamente no *Anuário do Instituto de Direito Público*. tomo III, Rosário, 1940, p. 85.

O destino dos direitos de propriedade e, consequentemente, a estabilidade dos contratos, não podem ficar submetidos à decisão dos governantes do momento, sem respeitar os limites constitucionais e legais.

Dessa forma, impõe-se a denominada "ética mínima", cujo fundamento pode estar localizado – como foi dito antes – no princípio da subsistência da sociedade e do Estado, ou então, como contrapartida, o direito de a sociedade possuir um Estado no qual abriga um poder inerente à defesa da comunidade, com base em uma interpretação extensiva dos direitos não enumerados prescrito no art. 33 da CN.[927]

VI.11.2 Os limites constitucionais da emergência. Os decretos de necessidade e urgência

Situando-nos no plano da emergência como opção constitucional, ou, caso assim se deseje, no terreno da denominada dispensa constitucional[928], deve-se entender que sequer em tal caso anormal e extremo possam ser afetados princípios elementares do direito natural e positivo como são, por exemplo, os princípios de igualdade e de razoabilidade em suas distintas facetas aplicativas.

Em qualquer caso, a configuração da emergência no âmbito do Direito Público e, fundamentalmente, nos aspectos substanciais e processuais do Direito Administrativo, condensa um conjunto de fórmulas preceptivas que justificam sua inserção na ordem constitucional, tal como ela foi concebida no modelo da Constituição argentina e em sua fonte norte-americana, as quais foram desenvolvidas através dos precedentes da Suprema Corte da Justiça da Nação.

O conteúdo dessas regras – oriundas dos precedentes jurisprudenciais – constitui um repertório de princípios que devem ser respei-

---

[927] Cf. SAGUÉS, Néstor P. "Derecho Constitucional y derecho de emergencia". *Anais XXXV*. Separata da Academia Nacional de Direito e Ciências Sociais de Buenos Aires, segunda época, n. 28, Buenos Aires, 1990. p. 36 ss.
[928] LINARES, Juan F. *La razonabilidad de las leyes:* el debido proceso como garantía innominada en la Constitución argentina. 2ª ed. Buenos Aires: Astrea, 1989.

CAPÍTULO VI – O PRINCÍPIO DA LIBERDADE

tados para garantir a constitucionalidade da legislação de emergência e tem, como ponto de partida, o reconhecimento dos fatos que configuram o estado de necessidade que dá origem à situação excepcional de emergência, a qual pode justificar a delegação de faculdades no Poder Executivo, conforme o art. 76 da CN. A partir disso, a jurisprudência da Suprema Corte estabeleceu uma série de exigências que atuam como pressupostos para determinar a constitucionalidade de qualquer legislação de emergência.[929]

Em alguns precedentes, a Corte ocupou-se, especificamente, de apontar as pautas que permitem definir uma situação de grave perturbação social e econômica para os efeitos de justificar o uso de soluções extraordinárias e excepcionais.[930] Entre os principais requisitos estabelecidos pela Corte, se encontram:

Em primeiro lugar, a emergência não pode consistir na supressão ou aniquilamento dos direitos constitucionais, levando-se em consideração que as leis que a consagram não podem escapar das garantias e normas apontadas pela Constituição Nacional. Por sua vez, a Constituição é um estatuto para regular e garantir as relações e os direitos das pessoas que vivem na República, tanto em tempo de paz como em tempo de guerra, e suas previsões não poderiam ser suspensas em nenhuma das grandes emergências de caráter financeiro ou de outra ordem em que os governos possam encontrar-se.[931] Dessa forma, a sanção de uma lei, ainda que de emergência, pressuporá a submissão da mesma à Constituição e ao Direito Público e administrativo do Estado, enquanto ele não tiver sido revogado.

Por fim, a emergência não permite frustrar um direito adquirido por uma lei ou um contrato, mas permite apenas suspender seu gozo de

---

[929] Assim foi feito na oportunidade de se pronunciar sobre a constitucionalidade das Leis n. 23.696 e n. 23.697.

[930] "Peralta, Luis Arcenio y otro *versus* Estado nacional - Ministerio de Economía - BCRA s/amparo", Sentenças 313:1513 (1990); "Videla Cuello, Marcelo sucesión de *versus* La Rioja, Provincia de s/daños y perjuicios", Sentenças 313:1638 (1990).

[931] "Compañía Azucarera Tucumana *versus* Provincia de Tucumán", Sentenças 150:150 (1927).

uma forma razoável, entendendo que a suspensão não implica desnaturalizar o Direito Constitucional regulamentado.[932] A emergência está sujeita, em um Estado de Direito, aos mesmos princípios que amparam a propriedade em épocas normais.[933]

Em resumo, e como se depreende da doutrina judicial norte-americana, a emergência não dá origem a poderes inconstitucionais a favor dos governantes, "(...) não suprime e nem diminui as restrições impostas sobre o poder outorgado ou reservado"[934] e, muito menos, justifica o enfraquecimento dos controles que "(...) desaceleram a improvisação que sacrifica a liberdade em benefício da urgência".[935]

Em segundo lugar, a nova regulamentação de emergência não deve destruir ou frustrar, definitivamente, o direito regulamentado, privando-o da eficácia prática.[936] Exige-se que a restrição ou suspensão que prescreve a norma de emergência seja essencialmente transitória.[937] Caso contrário, uma situação fática fagocitaria o direito.

Nesse aspecto, o art. 1º, Lei n. 25.561, ao declarar a emergência pública em matéria social, econômica, administrativa, financeira e cambial, delegou uma série de faculdades ao Poder Executivo até o dia

---

[932] "Russo, Ángel, y otra *versus* C. de Delle Donne, E.", Sentenças 243:467 (1959).

[933] "Nación *versus* Lahusen, Valdemar Düring", Sentenças 237:38 (1957).

[934] LINARES QUINTANA, Segundo V. "La legislación de emergencia en el Derecho argentino y comparado". *La Ley*, 30-908 ss.

[935] Ver: PÉREZ HUALDE, Alejandro. *Decretos de necesidad y urgencia*. Buenos Aires: Depalma, 1995, p. 83, e a coincidência destacada por VÍTOLO entre essa apreciação e o precedente da Suprema Corte norte-americana *US versus Brown*, 381 US 437 (1965); ver VÍTOLO, Alfredo M. "La crisis del sistema constitucional de control del poder", *REDA*, n. 47, Buenos Aires: Lexis-Nexis/Depalma, 2004, pp. 35-45, esp. p. 43, n. 35.

[936] "Roger Balet, José *versus* Alonso, Gregorio", Sentenças 209:405 (1947).

[937] A jurisprudência da Corte sobre o assunto foi reiterada em numerosos precedentes; ver: "Ercolano *versus* Ranteri de Renshaw", Sentenças 136:171 (1922); "Vicente Matini y hijos", Sentenças 200:450 (1944); "Ghiraldo, Héctor *versus* Pacho, Samuel", Sentenças 202:456 (1945).

CAPÍTULO VI – O PRINCÍPIO DA LIBERDADE

10.12.2003[938], tendo este prazo sido estendido até fins de 2004 pela Lei n. 25.820[939], bem como em 2005, pela Lei n. 25.972.

Em terceiro lugar, a Lei de Emergência deve suportar um tipo de *teste* de razoabilidade que demanda, além da acreditação das circunstâncias justificantes, que se verifiquem, por um lado, a existência de uma finalidade pública que consulte os interesses gerais da comunidade[940], sem impor os sacrifícios especiais que recaiam sobre determinadas pessoas e excluam as demais, de forma arbitrária; por outro lado, uma adequada proporção entre os meios que preveem a emergência e os fins de bem comum[941], objetivo da legislação.

Em conclusão, o marco constitucional da emergência requer que não seja violado de forma definitiva o núcleo de direitos básicos da Constituição, em especial os direitos de propriedade dos particulares (art. 17), o princípio da igualdade perante a lei (art. 16), e a garantia da razoabilidade ou justiça consagrada no art. 28 da CN.

Por sua vez, quando a legislação de emergência delega faculdades ao Poder Executivo para ditar as medidas de exceção ou de limitação dos direitos constitucionais, o cumprimento das arrecadações do art. 76 da CN resulta preceptivo, a saber:

a) declaração legislativa da emergência;

---

[938] "Declara-se, em conformidade com o disposto no art. 76, da CN, a emergência pública em matéria social, econômica, administrativa, financeira e cambial, delegando ao Poder Executivo nacional as faculdades compreendidas na presente lei, até o dia 10.12.2003, de acordo com as bases que são especificadas a seguir (...)".

[939] "Modifica-se o texto do parágrafo 1º do art. 1º, Lei n. 25.561, pelo seguinte: Art. 1º "Declara-se, em conformidade com o disposto no art. 76, da CN, a emergência pública em matéria social, econômica, administrativa, financeira e cambial, delegando ao Poder Executivo nacional as faculdades compreendidas na presente lei, até o dia 31.12.2004, de acordo com as bases que são especificadas a seguir (...)".

[940] "Ghiraldo, Héctor *versus* Pacho, Samuel", Sentenças 202:456 (1945); "Perón, Juan Domingo", Sentenças 238:76 (1957), entre outros.

[941] "Vicente Martini e hijos", Sentenças 200:450 (1944); "Ghiraldo, Héctor *versus* Pacho, Samuel", Sentenças 202:456 (1945); entre outros.

b) definição de um prazo para o exercício das faculdades delegadas; e

c) determinação das bases da delegação, isto é, determinação da política legislativa ou criação do padrão inteligível.

É esse o caso da Lei n. 25.561 que, neste ponto, se encaixa ao referido preceito constitucional. Por fim, é uma norma delegante, de emergência, válida.

Finalmente, não se deve confundir o exercício das faculdades delegadas que o Poder Executivo exerce, através dos respectivos regulamentos, conforme o art. 76, com a figura do regulamento de necessidade e urgência que autoriza, a partir da reforma constitucional de 1994, o novo art. 99, inc. 3º da CN.[942]

Como sublinha Perrino, a emergência surge tanto em uma como na outra disposição citada.[943] Nessa perspectiva, caso interpretemos que ambas as causas – emergência, necessidade e urgência – são equivalentes, chegaremos à conclusão que existiriam duas vias que autorizariam o princípio de ambas as classes de regulamentos. Inclusive, o raciocínio da Suprema Corte na sentença "San Luis"[944] pareceria um eco referente a tal possibilidade interpretativa. Com efeito, por um lado, a inconstitucionalidade da delegação é declarada por excesso na mesma, ou seja, por

---

[942] Ampliar em PERRINO, Pablo E. "Algunas reflexiones sobre los reglamentos delegados en la reforma constitucional". *In:* CASSAGNE, Juan Carlos. *Derecho administrativo*: obra colectiva em homenaje al ao Professor Miguel S. Marienhoff. Buenos Aires: Abeledo Perrot, 1998, pp. 971-992, que efetua a exceção de que a questão tinha de ser objeto de interpretação jurisprudencial. Ver, para tal fim, obs.32 e texto correspondente.

[943] Sobre as diferenças entre ambos os conceitos – emergência, necessidade e urgência – pode ver-se COMADIRA, Julio R. "Los reglamentos de necesidad y urgencia (Fundamento. Seu possível regulamento legislativo)". *La Ley,* 1193-D-750 ss.; bem como "Algunas reflexiones sobre los reglamentos delegados en la reforma constitucional". *In:* CASSAGNE, Juan Carlos. *Derecho administrativo*: obra colectiva em homenaje al ao Professor Miguel S. Marienhoff. Buenos Aires: Abeledo Perrot, 1998, p. 980.

[944] "San Luis, provincia de *versus* Estado nacional s/acción de amparo", Sentenças 326:417 (2003), esp. consid. 32 e 30.

CAPÍTULO VI – O PRINCÍPIO DA LIBERDADE

encontrar-se o decreto delegado impugnado fora do padrão inteligível da lei delegante. Contudo, por outro lado, o Supremo Tribunal chega a afirmar que se o regulamento analisado fosse concebido como decreto de necessidade e urgência, caberia razoar no sentido de que o Poder Executivo nacional não pode emitir um decreto de necessidade e urgência para regularizar a mesma emergência que já foi declarada e regulamentada pelo Congresso.[945]

O certo é que tanto o regulamento delegado quanto o decreto de necessidade e urgência se encontram baseados no estado de necessidade. Mas um decreto de necessidade e urgência – que pode ou não compreender a limitação dos direitos constitucionais que é própria da doutrina da emergência – pode estabelecer, por motivos de urgência imperiosa, normas relativas a matérias que, normalmente, pertencem à competência do Congresso (consideremos matérias tais como migrações, contratos do Estado). Em outras palavras, o Poder Executivo nacional, mediante um decreto de necessidade e urgência, pode legislar em qualquer matéria do Congresso, na medida em que não sejam matérias proibidas no art. 99.3 da CN. E, por sua vez, tais regulamentos de necessidade e urgência encontram-se sujeitos à aprovação do Congresso[946], um extremo código processual para efeitos de encarar a determinação da natureza dos regulamentos que adotam a prática inadequada de serem ditados com invocação simultânea tanto do art. 99.3 da CN quanto do art. 76 da CN.

Sob essa perspectiva, uma interpretação correta deveria salientar que o Congresso não pode delegar, ao Poder Executivo nacional, por razões de emergência, as matérias proibidas no art. 99.3 da CN (eleitoral, tributária, penal, partidos políticos) e sim pode delegar matérias como as delegadas na Lei n. 25.561. Além do mais, por sua vez, o Poder Executivo nacional não poderia ditar decretos de necessidade e urgência nas

---

[945] BIANCHI, Alberto B. "El caso San Luis o de cómo la emergencia fue encarada desde la delegación legislativa". *ReDAA*, n. 45. Buenos Aires: Abeledo Perrot, 2003, p. 611 ss.
[946] Sobre esse item, ver a doutrina que expusemos em nosso *Curso de derecho administrativo*. 10ª ed. tomo I. Buenos Aires: La Ley, 2011, pp. 159/160.

matérias referidas, que foram proibidas naquela norma constitucional.[947] No que nos concerne, mediante um decreto de necessidade e urgência, ele poderia legislar, de forma autônoma, em matérias tais como as legisladas pelo Congresso na Lei n. 25.561, pois a tais matérias não se fazem proibições. Isso, sem prejuízo naquelas matérias que poderiam ter sofrido uma deslegalização.

VI.12 Emergência e direitos adquiridos

Em íntima conexão com a doutrina da emergência, encontra-se o princípio que menciona a proteção dos direitos adquiridos, como derivado do sistema constitucional que garante a inviolabilidade do direito de propriedade (art. 17 da CN). Nesse ponto, a práxis constitucional poderia, erroneamente, levar a supor que o conceito de emergência resulta semelhante, nos fatos, ao da utilidade pública, previsto na Constituição. Entretanto, embora possa existir, em situações excepcionais, determinada analogia entre ambos os conceitos, o correto é que, enquanto as causas de utilidade pública devem ser concretas, exatas e claras[948], o estado de emergência visa resolver uma situação genérica e relativamente indeterminada que realiza à subsistência da sociedade e do Estado.

Cabe perguntar: em que medida uma situação de emergência declarada pelo legislador pode afetar os direitos adquiridos? A resposta a essa pergunta, relativamente fácil desde o ponto de vista teórico, é que

---

[947] Ora, segundo destaca BIANCHI, o Poder Executivo nacional poderia evitar a mencionada proibição relativa às matérias, acudindo à invocação do art. 99.2, da CN. Dessa forma, mediante um regulamento executivo, poderia ocultar aquela proibição e a jurisprudência, em matéria de convalidação de regulamentos executivos, pareceria ter sido extremamente benevolente sob a doutrina da deferência. Ampliar em BIANCHI, Alberto B. "Dimensión actual de la delegación legislativa". *ReDA*, Buenos Aires: Depalma, n. 42, p. 723 e, do mesmo autor, "El control judicial bajo la doctrina de la deferencia". *In: Control de la Administración Pública*. Buenos Aires: Ediciones Rap, 2003, pp. 523-569.

[948] MARIENHOFF, Miguel S. *Tratado de derecho administrativo*. 4ª ed. tomo IV. Buenos Aires: Abeledo Perrot, 1987, p. 186.

CAPÍTULO VI – O PRINCÍPIO DA LIBERDADE

isso só seria possível se os direitos que fazem parte do patrimônio das pessoas não forem degradados ou frustrados, e só se refira a uma suspensão ou limitação transitória de seu exercício por razões de bem comum, na condição de superar o teste de razoabilidade que o art. 28 da CN impõe.

Em outras palavras, a partir dessa ótica, a decisão que a Suprema Corte[949] adotou, oportunamente, ao declarar o sistema de bancarização compulsiva inconstitucional (denominado *"corralito financiero"*) com o fundamento de que se realizava uma afetação dos direitos adquiridos (embora expusesse uma série de argumentos com tendência a justificar a inconstitucionalidade) resulta, ao menos nesse ponto, contrária a uma correta hermenêutica constitucional.

Tal doutrina foi retificada mais tarde em duas ocasiões pela nova integração da Corte (na raiz da renúncia dos Ministros Nazareno, López e Vázquez e a remoção do Ministro Moliné O'Connor por juízo político) no caso "Bustos".[950] Em tal oportunidade, declarou-se constitucional a transformação em pesos argentinos dos depósitos, por meio de uma sentença na qual um dos votos concorrentes que a maioria formou (o ministro Zaffaroni) considerou que transformar em pesos argentinos os depósitos inferiores a setenta mil dólares estado-unidenses era irrazoável.

A incerteza que essa sentença provocou, somada às críticas da doutrina[951] e as provocadas entre os poupadores, levaram a Corte, finalmente, a uma solução de equidade que implicou o reconhecimento de uma taxa de juros nos depósitos que foram transformados em pesos argentinos, para compensar o detrimento patrimonial dos direitos de propriedade dos poupadores, direitos que, conforme a tradicional postura do Supremo Tribunal, não foram considerados direitos absolutos

---

[949] *In re* "Smith", Sentenças 325:28 (2002).
[950] Sentenças 327:4495 (2004).
[951] BIANCHI, Alberto B. "El caso 'Bustos' y sus efectos, por ahora". *Pesificación de los depósitos bancarios*. Suplemento especial La Ley, 28.10.2004, p. 11.

pela maioria votante.[952]

VI.13 A liberdade de associação

A exemplo das demais liberdades, a de associação pode ser concebida no campo do direito de diversas maneiras, ou seja, tanto como direito fundamental que habilita as pessoas a reclamar do poder público seu reconhecimento e efetividade, ou então como princípio, enquanto constitui um mandamento tácito de não violar as liberdades cidadãs dirigido às autoridades públicas, qualquer que seja a função que desempenhem. Assim mesmo, o ordenamento constitucional fornece um sistema de garantias basicamente processuais que tendem a proteger as liberdades em sede judicial por meio de ações de amparo ou declaratórias de inconstitucionalidade (art. 43 da CN). Trata-se de um direito natural, próprio e inalienável da pessoa humana.[953]

A Constituição e a Convenção Americana sobre Direitos Humanos regulamentaram a liberdade de associação através de uma série de preceitos de classe constitucional (art. 75 inc. 22 da CN). Nesse sentido reconhece-se: a) o direito "de se associar com fins úteis" (art. 14 da CN), o qual foi interpretado como uma finalidade não nociva ao bem comum[954] ou compreensiva deste último conceito jurídico indeterminado, como nos parece mais correto; b) o direito à organização sindical e democrática reconhecida pela simples inscrição em um registro especial (art. 14 *bis* da CN); e c) o direito das associações que tendem aos fins de incidência coletiva que gozam de proteção constitucional (v.g., em defesa dos direitos que protegem o meio ambiente ou a concorrência) aos efeitos de interpor ações de amparo (art. 43 da CN) e, inclusive, ações declaratórias de constitucionalidade.[955]

---

[952] No caso "Massa", Sentenças 329:5913 (2006).

[953] C.A. 7b.

[954] BIDART CAMPOS, Germán J. *Tratado elemental del derecho constitucional argentino*. tomo I. Buenos Aires: Ediar, 1989, p. 292.

[955] Sentenças 310:2342 (1987), no caso "Colombo Murúa".

CAPÍTULO VI – O PRINCÍPIO DA LIBERDADE

Existem diversas categorias de associações como as governadas pelo direito civil, desde as que contam com personalidade jurídica reconhecida pelo Estado até as meras ou simples associações[956], as reguladas pelo direito do trabalho ou sindical e as que pertencem ao Direito Público, que podem ser estatais ou não estatais.[957]

Por outro lado, a CADH do Pacto de São José da Costa Rica prevê a liberdade de associação em seu art. 16, nos seguintes termos: *"1. Todas as pessoas têm o direito de se associar livremente para fins ideológicos, religiosos, políticos, econômicos, trabalhistas, sociais, culturais, desportivos ou de qualquer outra índole. 2. O exercício de tal direito só pode estar sujeito às restrições previstas pela lei que sejam necessárias em uma sociedade democrática, no interesse da segurança ou da ordem pública, ou a fim de proteger a saúde ou a moral pública, ou os direitos e liberdades dos demais. 3. O disposto neste artigo não impede a imposição de restrições legais e, inclusive, a privação do exercício do direito de associação aos membros das Forças Armadas e da polícia"*.

A liberdade de associação, já sendo um direito individual ou coletivo, mostra uma face positiva e outra negativa. Enquanto o aspecto positivo traduz o direito de se associar como núcleo primário desse poder jurídico (que compreende o direito de constituir uma associação e o direito de ingressar em uma associação existente), o aspecto negativo refere-se à faculdade de toda pessoa a não ser compelida a fazer parte de uma associação, ou melhor, à possibilidade de renunciar à mesma.

O direito de não se associar suscitou a promoção de conflitos nem sempre resolvidos de forma harmoniosa pela Suprema Corte. De fato, apesar de, a princípio, as leis ou decretos que preveem a obrigatoriedade da pertença de uma determinada associação merecerem repreensão constitucional e de assim ter sido decidido pela Suprema Corte, em

---

[956] Art. 148 do novo Código Civil e Comercial da Nação.

[957] A categoria da pessoa pública não-estatal não regulamentada pelo novo Código Civil e Comercial foi todavia reconhecida pela Suprema Corte, sob a vigência do Código de Vélez Sarsfield.

alguns casos[958], em outros foi adotada uma postura favorável ao reconhecimento de sua constitucionalidade.[959]

A doutrina jurisprudencial que emana das sentenças nas quais se declarou a constitucionalidade da afiliação obrigatória a uma associação, sendo de Direito Público ou de direito privado, pode ser resumida nos seguintes pontos: a) exige a presença da razão de bem comum suficiente para impor a associação compulsiva (v.g., promoção e/ou proteção industrial, bem-estar econômico etc.), cujas finalidades estão reconhecidas na Constituição de forma expressa ou implícita; b) a contribuição que for imposta às pessoas deve ter relação com os benefícios que se buscam, ou melhor, com o fundo ou entidade aos quais a contribuição se destina; c) a condição de sócios ou afiliados não cerceia o direito de trabalhar e comercializar livremente e eles participam da administração da entidade; e d) a contribuição legal que for imposta não deve ser, objetivamente, de grande significância econômica. Caso os referidos requisitos sejam cumpridos, a obrigação legal que a afiliação obrigatória ordena considera-se razoável do plano constitucional, por considerar que não viola a liberdade de associação.[960] Nessa matéria, a afiliação obrigatória em entidades que agrupam profissionais liberais foi reconhecida por uma jurisprudência invariável da Corte a partir de 1957[961] e pela opinião da doutrina constitucional[962], tendo reafirmado essa linha com motivo da criação do Colégio Público de Advogados da Capital Federal no caso "Ferrari".[963]

---

[958] No caso "Outon", Sentenças 267:215 (1967); nessa sentença, a Corte declarou inconstitucional o decreto 280/64, ao estimar que a agremiação coativa limitava a liberdade de trabalho de forma desproporcionada.

[959] Nos casos "Inchauspe", Sentenças 199:483 (1944); "Cavia", Sentenças 277:147 (1970); "Guzmán", Sentenças 289:238 (1974).

[960] BIDART CAMPOS, Germán J. *Tratado elemental del derecho constitucional argentino.* tomo I. Buenos Aires: Ediar, 1989, p. 295.

[961] Sentenças 237:397, "Colegio de Médicos contra Sialle".

[962] VANOSSI, Jorge R. *El Estado de derecho en el constitucionalismo social.* Buenos Aires: Eudeba, 1982, p. 383 ss.

[963] Sentenças 308:987 (1986).

CAPÍTULO VI – O PRINCÍPIO DA LIBERDADE

O princípio que rege a atuação das associações no mundo do direito é o de especialidade que implica o poder de disposição para realizar todo tipo de atos jurídicos, na medida em que não contradizem os fins próprios que a entidade busca. Definitivamente, no marco da regra da especialidade, as associações têm permitido fazer tudo que não é proibido dentro do próprio fim que informa sua constituição.

A outorga da pessoa jurídica das associações por parte do Estado suscitou uma série de conflitos na hora de definir a autoridade administrativa, se os fins que procuram devem ser os fins úteis ou os de bem comum, à luz do preceito contido no art. 14 da CN. Entre os conflitos, destacam-se os relativos aos objetivados pelas entidades defensoras dos direitos dos homossexuais, tendo sustentado que o conceito de finalidade útil, no marco do art. 19 da CN, é dinâmico e que o que a sociedade e os indivíduos consideram nocivo e ilegítimo em determinado momento "(...) pode deixar de ser, se a ideia social predominante"[964] mudar. Esse critério peca por um relativismo excessivo, já que nos levaria ao extremo de legitimar uma associação criada para impedir – por exemplo – a discriminação de ladrões e, inclusive, de autores de delitos sexuais, caso mudasse o critério social predominante, questão esta que, com o exagerado mal chamado progressismo que alguns setores propiciam, poderia ser possível, se a sociedade chegar a se degradar a esse extremo. Contudo, a degradação da sociedade e dos indivíduos não pode mudar a valorização do núcleo central do direito humano que é o direito à vida, direito a que essas associações se opõem, ao promover a homossexualidade. Porque uma coisa é se associar para combater a discriminação com base na condição sexual dos indivíduos, e outra coisa muito diferente é o objetivo de promover a defesa da homossexualidade que, pelo motivo mencionado anteriormente, não pode ser considerado um objetivo de bem comum.

Nessa linha, encontrava-se a jurisprudência da Corte que não

---

[964] BADENI, Gregorio. *Tratado de derecho constitucional*. 3ª ed. tomo II. Buenos Aires: La Ley, 2010, p. 818.

reconheceu o direito da "Comunidade Homossexual Argentina"[965] à outorga de personalidade, sem prejuízo em destacar que ele não impedia que os membros da entidade desenvolvessem atividades lícitas, dentro dos limites que o art. 19 da CN estabelece.

Entretanto, em sua composição atual a Suprema Corte efetuou uma mudança significativa com relação à jurisprudência anterior, ao admitir que os objetivos que a "Associação Travesti-Transexual"[966] procura constituem fins de bem comum, entendendo que não cabe negar essa qualificação de bem comum às metas estabelecidas, devido à orientação sexual dos componentes da associação. Mesmo que não o diga de forma expressa, conclui-se, a partir de seu alicerce, que a promoção da homossexualidade permanece compreendida entre os fins do bem comum que a Constituição reconhece.

Em resumo, reiteramos que, enquanto a situação dos homossexuais é digna de proteção constitucional, por não dever ser ela objeto de discriminação, por outro lado o ordenamento não pode tutelar ações que promovam a homossexualidade, como parte de uma política social reconhecida pelo Estado.

VI.14 O direito de ensinar e aprender (o direito à educação)

Com base no Projeto de Alberdi[967], o art. 14 da CN consagra, entre os direitos de que gozam os habitantes, o de ensinar e aprender. Atualmente, fala-se de direito à educação[968], mas tanto no significado linguístico quanto em seu sentido jurídico, as expressões "educação", "ensino" e "instituição" aludem a uma mesma realidade, cuja dimensão foi descrita pela doutrina como o direito de toda pessoa humana "(...)

---

[965] Sentenças 314:1534 (1991).
[966] Sentenças 329:5266 (2006).
[967] Cap. II, art. 16 do Projeto de Constituição de ALBERDI.
[968] Ver: SABSAY, Daniel A.; MANILI, Pablo L. (coord.). *Constitución de la Nación argentina y normas complementarias:* análisis doctrinal y jurisprudencial. tomo I. Buenos Aires: Hammurabi, 2009, p. 545 ss.

CAPÍTULO VI – O PRINCÍPIO DA LIBERDADE

de seu desenvolvimento pleno, por meio da educação, da aquisição dos conhecimentos científicos da época em que se vive e do desenvolvimento das atitudes vocacionais para alcançar, a partir de cada indivíduo, o máximo rendimento possível em benefício da sociedade"[969] e – acrescentamos – sua própria formação intelectual e moral.

Além do art. 14 da CN, há outros preceitos constitucionais referidos à liberdade de ensino: a) o art. 5º que impõe, às Províncias, a garantia da instrução primária com uma obrigação essencial a seu cargo, atribuição que concorre com as faculdades da Nação na matéria;[970] b) o art. 25, ao prever que o fomento da imigração estrangeira tenha, como fim, "introduzir e ensinar as ciências e as artes"; e c) o art. 75 inc. 18, enquanto permite, ao Congresso "o progresso da ilustração, ditando planos de instrução geral[971] e universitária".

Assim, após a reforma constitucional de 1994, o direito dos cidadãos e o dever do Estado projetam o direito à educação a uma série de âmbitos, como a educação ambiental (art. 41 da CN); a do consumidor (art. 42 da CN); dos povos autóctones (art. 75 inc. 17 da CN) e do desenvolvimento humano (art. 75 inc. 19 da CN).[972] Ao mesmo tempo, os tratados internacionais acrescentam o direito à educação, como a Convenção sobre os Direitos da Criança (art. 12), o Pacto Internacional sobre Direitos Econômicos, Sociais e Culturais (art. 13), a Convenção Internacional sobre a Eliminação de todas as Formas de Discriminação Racial (art. 5º inc. d) e a Convenção sobre a Eliminação de Todas as Formas de Discriminação contra a Mulher (art. 10).

---

[969] SÁNCHEZ VIAMONTE, Carlos. *Manual de Derecho Constitucional*. 3ª ed. Buenos Aires: Kapelusz, 1958, p. 156 (cap. XXIX).

[970] ESTRADA, José Manuel. *Curso de derecho constitucional*. tomo I. Buenos Aires: Compañía Sudamericana de Billetes de Banco, 1901, pp. 296/297.

[971] Instrução geral equivale à instrução primária, *Cf.* ESTRADA, José Manuel. *Curso de derecho constitucional*. tomo I. Buenos Aires: Compañía Sudamericana de Billetes de Banco, 1901, p. 295.

[972] Ampliar em SABSAY, Daniel A.; MANILI, Pablo L. (coord.). *Constitución de la Nación argentina y normas complementarias:* análisis doctrinal y jurisprudencial. tomo I. Buenos Aires: Hammurabi, 2009, pp. 548-556.

O direito à educação envolve uma série de interesses feitos aos pais, às crianças, aos alunos, à sociedade e ao Estado, dando lugar a uma gama variada de sujeitos ativos e passivos. As pautas fundamentais do direito de ensinar e aprender previsto no art. 14 da CN podem ser resumidos da seguinte forma: a) os pais têm o direito de escolher o tipo de ensino e doutrinas[973] que preferem para a educação dos filhos menores, e ainda os professores e o lugar onde preferem que o ensino seja realizado; b) o Estado não pode impor um tipo único de ensino obrigatório – nem religioso e nem laico[974]; c) o ensino não constitui um serviço público, mas uma atividade de interesse público[975] que não se encontra monopolizada pelo Estado e nem submetida a *publicatio,* pois, a princípio, é um direito reconhecido às pessoas privadas, segundo o art. 14 da CN; d) conforme o princípio da subsidiariedade ou suplência, o Estado não pode restringir a iniciativa privada em ordem à abertura e funcionamento de estabelecimentos educacionais, nem negar o reconhecimento dos títulos que eles expedirem[976]; e e) não resulta legítima a outorga de privilégios a favor dos estabelecimentos oficiais de ensino, por lesar o princípio da igualdade.[977]

É claro que a liberdade de ensino não configura um princípio absoluto, encontrando-se submetida às leis que regulamentam seu exercício, sem que a faculdade do Estado possa ser desconhecida para regulamentar as condições inerentes ao reconhecimento do ensino privado e à aprovação dos planos de ensino, sem intervir na orientação espiritual ou ideológica do estabelecimento educativo. Entretanto, como foi dito, o poder regulamentar do legislador sobre o direito de ensino deve ser

---

[973] ESTRADA, José Manuel. *Curso de derecho constitucional.* tomo I. Buenos Aires: Compañía Sudamericana de Billetes de Banco, 1901, p. 277 e CADH, art. 12.4.

[974] BIDART CAMPOS, Germán J. *Tratado elemental del derecho constitucional argentino.* tomo I. Buenos Aires: Ediar, 1989, p. 288.

[975] ESTRADA, Juan Ramón de. "Enseñanza privada y servicio público". *El Derecho,* 119-955 e BARRA, Rodolfo C. "Hacia una interpretación restrictiva del concepto jurídico de servicio público". *La Ley,* 1983-B, 363.

[976] BIDART CAMPOS, Germán J. *Tratado elemental del derecho constitucional argentino.* tomo I. Buenos Aires: Ediar, 1989, p. 288.

[977] BIDART CAMPOS, Germán J. *Tratado elemental del derecho constitucional argentino.* tomo I. Buenos Aires: Ediar, 1989, p. 288.

CAPÍTULO VI – O PRINCÍPIO DA LIBERDADE

interpretado com caráter restritivo, considerando-se que a incidência do Estado deva ser aquela rigorosamente necessária para garantir políticas de educação que tendam ao desenvolvimento humano e social das pessoas.[978]

Com base na reforma constitucional de 1994 estabeleceram-se dois princípios com relação à educação pública estatal: o da gratuidade e equidade no ensino, e o da autonomia das universidades nacionais (art. 75 inc. 19, ap. 3).

O princípio da equidade tende a corrigir a falta de justiça social e de igualdade de oportunidades, procurando suprir as desigualdades no acesso e manutenção nos estabelecimentos educativos através de políticas assistenciais que podem consistir em diversos meios (por exemplo, bolsas de estudo, salário escolar, leite nas escolas etc.), no entanto, o princípio de gratuidade no ensino parece excessivo, já que implica que setores da população de baixos e médios recursos financiem quem se encontra em condições econômicas de contribuir para os custos do ensino, especialmente do ensino universitário. Por isso, na prática, o princípio teve um impacto drástico sobre o ensino administrado nos cursos e seminários de pós-graduação em universidades no âmbito oficial, os quais são custeados pelos alunos.

O outro princípio é o da autonomia universitária (que inclui o da autarquia), segundo o qual as universidades se autogovernam e ditam suas próprias regulamentações, embora em conformidade com uma lei geral comum. É um princípio de tradição antiga defendida na prática mais clássica de nosso direito constitucional.[979]

VI.15 Outros direitos e liberdades. Os direitos de petição e de livre circulação

A seguir, passaremos a nos dedicar, de forma sumária, a outros

---

[978] SABSAY, Daniel A.; MANILI, Pablo L. (coord.). *Constitución de la Nación argentina y normas complementarias:* análisis doctrinal y jurisprudencial. tomo I. Buenos Aires: Hammurabi, 2009, p. 553.

[979] ESTRADA, José Manuel. *Curso de derecho constitucional.* tomo I. Buenos Aires: Compañía Sudamericana de Billetes de Banco, 1901, p. 289-291.

direitos e liberdades reconhecidos, expressamente, na Constituição e tratados com hierarquia constitucional, tais como: a) o direito de peticionar às autoridades; e b) a liberdade de circulação [direito de ir e vir].

VI.15.1 O direito de peticionar às autoridades

A Constituição, em seu art. 14, consagra o direito de peticionar às autoridades, de modo amplo. Por ser um direito, é natural que a Administração não possa fragilizá-lo, mas deva efetivá-lo dentro da margem que os princípios constitucionais aplicáveis estabelecem.

Uma antiga doutrina defendia que era um direito carente de exigibilidade[980], por entender que só consiste em pedir, e que o particular ou associação que peticiona não tem direito de obter uma resposta. Entretanto, supor que existe um direito carente de efetividade implica um contrassenso jurídico, já que a possibilidade de exigir seu cumprimento é feita pelo núcleo central do direito.

Após a reforma constitucional de 1994, cujo art. 75 inc. 22 prevê que determinados tratados internacionais possuem hierarquia constitucional, como a Declaração Americana dos Direitos e Deveres do Homem, o direito de obter uma resposta sobre a petição formulada se impõe de forma indubitável, ao prever que "(...) toda pessoa tem o direito de apresentar petições respeitosas a qualquer autoridade competente, seja por motivo de interesse geral, seja de interesse particular e de obter pronta resposta".[981]

O preceito deve ser interpretado no sentido de que o objeto da petição possa consistir tanto em ditar ou elaborar medidas de caráter geral (leis e regulamentos) ou na oposição a textos que se projetam a sancionar

---

[980] SÁNCHEZ VIAMONTE, Carlos. *Manual de Derecho Constitucional*. 3ª ed. Buenos Aires: Kapelusz, 1958, p. 147; BIDART CAMPOS, Germán J. *Tratado elemental del derecho constitucional argentino*. tomo I. Buenos Aires: Ediar, 1989, p. 303 parece inclinar-se por essa posição, salvo que a petição se canalize "no curso regular de um procedimento administrativo". Contra: GELLI, María Angélica. *Constitución de la Nación argentina*: comentada y concordada. tomo I. Buenos Aires: La Ley, 2001, p. 119, postura que compartilhamos, conforme o que expusemos no texto.

[981] DADDH, art. XXIV.

CAPÍTULO VI – O PRINCÍPIO DA LIBERDADE

ou ditar, como a emitir atos administrativos de caráter particular.

Afirmou-se que o direito se circunscreve a que o particular obtenha uma resposta, e não a que o peticionado aceite[982], o que requer um matiz, pois as situações jurídicas da relação do peticionado com a autoridade pública costumam ser diferentes. Se o requerido na petição é o estabelecido em uma norma ou ato de alcance geral, o peticionário necessita, a princípio, o direito de obter o que solicita. Por outro lado, se, por exemplo, peticiona a outorga de um benefício reconhecido em uma lei, regulamento ou mesmo contrato, a que tem direito legítimo (v.g., a aposentadoria), a Administração deve outorgá-la e qualquer negativa dela abre caminho à interposição de uma demanda judicial. Nesses casos, a omissão desencadeia a possibilidade de apresentar a configuração do silêncio administrativo, pedido prévio de pronto despacho[983], o qual, se persistir, dá direito ao particular de promover a ação judicial de amparo por mora da Administração.[984]

Dessa forma, o sistema processual administrativo encontra a forma de aliar o direito de petição ao dever de resolver o qual constitui um princípio geral do direito[985], que inclui os juízes e funcionários públicos. Precisamente, o fundamento do dever de resolver reside no direito de petição às autoridades estabelecido no art. 14 da CN[986] e, em caso de silêncio, implica uma claríssima violação da garantia da defesa (art. 18 da CN) e, particularmente, ao direito de uma decisão baseada no previsto no art. 1º inc. f) ap. 1º da LNPA[987], todos os direitos compreendidos no princípio da tutela administrativa e judicial efetiva[988], como

---

[982] GELLI, María Angélica. *Constitución de la Nación argentina*: comentada y concordada. tomo I. Buenos Aires: La Ley, 2001, p. 119,

[983] Art. 10 LNPA.

[984] Art. 28 LPNA.

[985] Assim o defendemos, In: *Los principios generales del derecho en el derecho administrativo*. Buenos Aires: Abeledo Perrot, 1992, p. 56.

[986] GORDILLO, Agustín; DANIELE, Mabel. *Procedimiento administrativo*. Buenos Aires: Lexis-Nexis, 2006.

[987] *Cf.* nossa *Ley nacional de procedimientos administrativos:* comentada y anotada. Buenos Aires: La Ley, 2009, p. 267.

[988] Ver CANOSA, Armando N. "Principio de la tutela administrativa efectiva". In:

reconhecido pelos art. 8 e 25 da CADH.

O princípio geral inerente ao dever de resolver havia sido reconhecido, tanto na jurisprudência da Suprema Corte[989], quanto na doutrina da Procuração do Tesouro da Nação.[990]

VI.15.2 A liberdade de trânsito ou direito à livre circulação

Sob a formulação genérica de liberdade de trânsito, englobam-se vários direitos consagrados no art. 14 da CN (de entrar, permanecer, transitar e sair do território argentino). O princípio geral que está em jogo, em todas essas hipóteses, é o da livre circulação, princípio este expressamente reconhecido no Pacto Internacional sobre Direitos Civis e Políticos, que estabelece que "(...) toda pessoa que se encontre legalmente no território de um Estado, terá direito de por ele circular livremente e nele decidir livremente fixar sua residência"[991], e terá ainda "(...) direito de sair livremente de qualquer país, inclusive, o próprio"[992] e que "(...) ninguém poderá ser privado, arbitrariamente, do direito de entrar em seu próprio país".[993]

Entretanto, o PIDCP admite a possibilidade de que os Estados imponham restrições à livre circulação quando elas forem necessárias por razões referentes à segurança nacional, à ordem pública, à saúde ou à moral pública ou aos direitos e liberdades de terceiros, com a condição de estarem previstas na lei e serem compatíveis com os demais direitos reconhecidos no Pacto.[994]

POZO GOWLAND, Héctor; HALPERIN, David Andrés; AGUILAR VALDEZ, Oscar; JUAN LIMA, Ferna ndo; CANOSA, Armando (coord.). *Procedimiento administrativo*. tomo I. Buenos Aires: La Ley, 2012, p. 645 ss.

[989] *In re* "Villareal", Sentenças 324:1405 (2001).

[990] Pareceres 192:198 e 210:355, entre outros.

[991] PIDCP, art. 12.1.

[992] PIDCP, art. 12.2.

[993] PIDCP, art. 12.4.

[994] PIDCP, art. 12.3.

CAPÍTULO VI – O PRINCÍPIO DA LIBERDADE

De forma semelhante, a Convenção Americana sobre Direitos Humanos admite restrições, na medida indispensável para uma sociedade democrática.[995] Logicamente, conforme nosso ordenamento constitucional, tais restrições devem respeitar os princípios de legalidade, razoabilidade e igualdade (não discriminação), evitando cair em decisões arbitrárias fundadas no mero capricho dos governantes do momento.

A face negativa do direito à livre circulação das pessoas encontra-se na admissão do chamado direito de protesto que alguns propiciam com o esquecimento desse direito natural humano básico para a vida em sociedade, conquanto nos permita trabalhar e exercer o comércio, conforme o exercício das liberdades que cada pessoa pode exercer para transitar ou deslocar-se de um lugar a outro. A interrupção do trânsito em pontes e caminhos pode dar lugar, inclusive, a conflitos internacionais suscetíveis de gerar a responsabilidade do Estado, pela omissão em impedir a obstrução das vias e pontes que permitem que as pessoas se desloquem de um lugar a outro.

Aqueles que toleram tais atividades, que podem inclusive infringir preceitos do Código Penal[996], o fazem em defesa de uma concepção errada da soberania popular, da democracia e do direito à participação do cidadão, cujos conteúdos se expressam para obter o viés teórico que justifica o protesto desordenado e caótico por meio de piquetes, diferentes interrupções de vias e pontes, aglomerações não autorizadas etc.

Definitivamente, sem chegar a reconhecer o direito ao protesto, tudo é uma questão de grau e medida e enquanto uma reunião de pessoas se fizer pelas vias de uma regulamentação razoável, equilibrando os interesses diferentes em jogo, não deve ser proibida pelas autoridades. Diferentes são os casos de interrupções de vias ou pontes que excedam a finalidade de uma reunião e cujo exercício provoque graves prejuízos à população e a países terceiros, praticados, geralmente, mediante violência e intimidação.

---

[995] CADH, art. 22.1, 2, 3, 4 e 5.

[996] Art. 190 a 196 do Código Penal, previstos sob o título "Delitos contra la seguridad del tránsito y de los medios de transporte y comunicación".

Nesses casos, o Estado costuma exercer, em alguns países como o nosso, uma atitude passiva que afeta não apenas os direitos anteriormente descritos, mas, principalmente, o princípio da segurança jurídica e da ordem, que resultam fundamentais para a convivência social e para a democracia, já que os direitos derivados da representação popular (art. 22 da CN) não podem ser atribuídos a nenhum grupo armado nem reunião de pessoas. A esse respeito, destacou-se que "(...) se o Estado resiste a exercer sua autoridade para aplicar as consequências que o direito prevê quando suas normas são infringidas, não só ignorará a lei, mas preparará, além disso, o caminho para a anarquia" e que "(...) a autoridade legalmente exercida, longe de ser inimiga da liberdade, constitui a melhor garantia para seu exercício".[997]

---

[997] LUQUI, Roberto E. *El orden y la seguridad como valores del derecho*. Academia Nacional de Derecho y Ciencias Sociales de Buenos Aires. Buenos Aires: La Ley, 2008, p. 27.

Capítulo VII
OS NOVOS DIREITOS E GARANTIAS

Sumário: VII.1 A incorporação de novos direitos à Constituição. VII.2 A proteção ambiental e o direito a um meio ambiente sadio. VII.2.1 As novas cláusulas constitucionais. VII.2.2 O núcleo do direito ambiental. VII.2.3 O dever legal de preservação do ambiente. Proibições. VII.2.4 O dano ambiental e a obrigação de recomposição. VII.2.5 O amparo ambiental. VII.2.6 Competência em matéria ambiental. VII.3 O princípio da proteção da concorrência. VII.4 Os direitos de consumidores e usuários. VII.4.1 A falsa oposição entre o interesse público e o interesse particular ou privado. VII.4.2 A regra da interpretação restritiva dos privilégios e sua abrangência às concessões e licenças. VII.5 A participação pública no controle dos serviços públicos. VII.5.1 Tipologias da participação pública nos órgãos reguladores. VII.5.1.1 Direitos individuais e coletivos. A participação das associações defensoras de usuários. VII.5.1.1.1 Direitos individuais. VII.5.1.1.2 Direitos coletivos. VII.5.1.2 O regime de audiências públicas dos órgãos reguladores. VII.6. O direito de reunião. VII.7 O direito à saúde. VII.8 Problemática da legitimação nos processos administrativos. VII.8.1 Tendências atuais em matéria de legitimação. VII.8.2 Os elementos que configuram a legitimação processual ativa (ordinária e anômala ou extraordinária). VII.9 Os direitos de incidência coletiva e o amparo constitucional. VII.10 A tutela da legalidade e a ação popular. VII.11 A globalização: sua influência sobre o princípio da legalidade.

VII.1 A incorporação de novos direitos à Constituição

O bloco de constitucionalidade da primeira parte da Constituição de 1853/1860 – denominado parte dogmática – foi ampliado de acordo com uma série de cláusulas incorporadas após a reforma constitucional de 1994.

Essa ampliação da parte dogmática do bloco de constitucionalidade produziu-se, apesar da Lei n. 24.309, que declarou a necessidade da reforma, ter proibido, de forma expressa, que fossem introduzidas modificações na primeira parte da Constituição. Por sorte, a interpretação constitucional – não contestada majoritariamente pela doutrina – feita pela Convenção reformadora entendeu que a ampliação dos direitos expressamente reconhecidos não implicava na violação da interdição apontada, provavelmente por considerar que ampliar os direitos não implica modificar os que já possuíam *status constitucional*, e que constituíam "cláusulas de eternidade"[998] ou pétreas, além de poderem sempre ser considerados dentro dos direitos implícitos do art. 33 da CN, não cabendo falar de mutação constitucional. Disso decorre a impossibilidade de interpretar, sustentacomo sustenta alguma doutrina, que os novos direitos prevalecem sobre os direitos fundamentais reconhecidos na primeira parte da Constituição, assunto que será objeto de nossa análise neste capítulo.

Na doutrina fala-se de direitos de terceira geração para diferenciá-los dos da primeira (os direitos fundamentais do art. 14 da CN) e dos de segunda geração (os direitos incorporados à Constituição em 1957 no artigo 14 *bis*), também denominados direitos sociais e econômicos. Por outro lado, esse novo grupo de direitos responderia mais a uma política constitucional que se acentua na solidariedade[999], enquanto os direitos anteriores protegem fundamentalmente os princípios de liberdade, igualdade e propriedade (art. 14 da CN), e justiça social (art. 14 *bis* da CN).

Essa informação é parcialmente correta, porque é fundamental levar em consideração que os novos direitos realizamtambém realizam a mais plena justiça social, e não podemos ignorar que boa parte dos direitos fundamentais previstos no art. 14 da CN possuem conteúdo econômico e, inclusive, social (*v.gr.*, associar-se com fins úteis).

---

[998] HÄBERLE, Peter. *El Estado constitucional*. Buenos Aires: Astrea, 2007, p. 258 ss.
[999] DALLA VÍA, Alberto R. *Derecho constitucional económico*. Buenos Aires: Abeledo Perrot, 1999, p. 298.

CAPÍTULO VII – OS NOVOS DIREITOS E GARANTIAS

A reforma constitucional de 1994 introduziu nos artigos 41 e 42 uma série de direitos qualificados como direitos de incidência coletiva (conforme o art. 43 da CN designa) ou direitos de terceira geração, que têm como objetivo a proteção do meio ambiente, da concorrência, dos usuários de serviços públicos e dos consumidores, neste último caso, no que se refere à relação de consumo.[1000]

Dessa forma, o novo cenário constitucional ampliou não só o âmbito de proteção dos direitos individuais, como também conferiu um atestado de nacionalidade a uma nova categoria de direitos *supra-individuais* de titularidade indivisível (o direito a um meio ambiente sadio)[1001] e a outros direitos que representam titularidades individuais homogêneas (v.g., os dos usuários que reclamam a ilegalidade de uma tarifa).[1002] A esse respeito, propugnaram-se diferentes categorias de direitos protegidos.[1003]

[1000] Sobre a tutela dos consumidores (que compreende os usuários de serviços públicos), ver: MURATORIO, Jorge I. "La regulación económica del servicio público como factor de seguridad jurídica". *In:* MIRABELLI, Cesare; BARRA, Rodolfo C. (coord.). *Primeiras Jornadas ítalo-argentinas de serviço público*. Universidade católica de Salta, 2006, n. 350, Buenos Aires: RAP, p. 97 ss., especialmente pp. 116-118.

[1001] MERTEHIKIAN, Eduardo. "La protección jurisdiccional del derecho de incidencia colectiva a gozar de un ambiente sano (Breves comentarios a los procesos colectivos a propósito del Sentença de la Corte Suprema de Justicia de la Nación recaído en la causa "Mendoza, Beatriz Silvia y otros contra Estado Nacional y otros s/ daños y perjuicios", no dia 20 de junho de 2006)". *Primeras jornadas ítalo-argentinas de derecho público*. Buenos Aires: RAP, Ano XXX-350, 2007, p. 239 ss.

[1002] GIL DOMÍNGUEZ, Andrés. "Los derechos de incidencia colectiva individuales homogéneos". *La Ley*, 2008-E, 1021; CAFFERATA, Néstor A. "Los derechos de incidencia colectiva". *La Ley* 2006-A, 1196, ver mais: LORENZETTI, Ricardo L. "Daños masivos, acciones de clase y pretensiones de operatividad". *JA*, 2002-II, pp. 237/238; GOZAÍNI, Osvaldo A. "Tutela de los derechos de incidencia colectiva. Conflictos de interpretación en las cuestiones de legitimación procesal". *La Ley*, 2005-B, 1393; por sua vez, sobre a necessidade de regulamentar o processo coletivo: OTEIZA, Eduardo. "La constitucionalización de los derechos colectivos y la ausencia de un proceso que los ampare". *In:* OTEIZA, Eduardo (coord.). *Procesos colectivos*. Santa Fe: Rubinzal-Culzoni, 2006, p. 21 ss.

[1003] FALCÓN, Enrique M. *Tratado de derecho procesal civil y comercial*. tomo I. Buenos Aires: Rubinzal-Culzoni, 2006, p. 359 ss. Destaca que, no Brasil, o art. 81 da LDC prevê, para a defesa dos direitos dos consumidores e das vítimas, três situações jurídicas: a) direitos difusos, quando se trata de direitos transindividuais, de natureza indivisível,

Os problemas dos novos direitos, complexos e de natureza diferente, são agravados pela imprecisão ou falta de definição dos textos constitucionais que deram lugar a interpretações opostas com relação aos mecanismos de proteção constitucional.[1004] A isso, acrescenta-se a questionável interpretação feita pela Suprema Corte, com relação à prevalência absoluta dos tratados internacionais de direitos humanos sobre a Constituição, pois por mais que tenham sido incorporados ou reconhecidos constitucionalmente "não derrogam nenhum artigo da primeira parte", sendo complementares (são entendidos como não opostos) "aos direitos e garantias reconhecidos por ela".[1005] A força constitucional do referido preceito não pode se enfraquecer de acordo com critérios subjetivos e precisa ser aplicada sem discriminações, qualquer que seja a repreensão moral, social ou política da pessoa julgada.

A instauração dessas novas categorias jurídicas, embora elas estejam relacionadas à realização da dignidade da pessoa humana, não podem ser consideradas opostas aos direitos individuais reconhecidos no art. 14 da CN, que também são fundamentais. Porque dois dos objetivos principais

---

cuja titularidade corresponde a pessoas indeterminadas e ligadas por circunstâncias de fato; b) direitos coletivos, também de natureza transindividual, de natureza indivisível, cuja titularidade corresponde a um grupo, categoria ou classe de pessoas vinculadas por uma relação jurídica base e c) direitos individuais homogêneos, sendo entendidos como tais os que provêm de origem comum. Ao comentar a referida normativa, FALCÓN nota que "Se observamos as três categorias, na primeira encontramos a categoria difusa da indeterminação; no segundo caso, nos encontramos perante as ações de classe ou grupo e, no terceiro, encontramos se origina em causas de origem comum, que podem ser mediatas ou imediatas, mas à medida que se afastam no tempo (...) se tornam mais remotas, os direitos serão menos homogêneos, limitando-se à ação de responsabilidade civil pelos danos efetivamente causados" (*op. cit.* pp. 360/361).

[1004] DALLA VÍA, Alberto R. "Comentario al artículo 43 de la Constitución Nacional". *In:* DALLA VÍA, Alberto R.; GARCÍA LEMA, Alberto M. (coord.). *Nuevos derechos y garantías*. Buenos Aires: Rubinzal-Culzoni, 2008, pp. 283/284; uma opinião restritiva sobre o conceito da legitimação do afetado, sustenta BARRA, Rodolfo C. "La legitimación para accionar. Una cuestión constitucional". *In: Temas de Derecho Público*. Buenos Aires: Rap, 2008, p. 43 ss.

[1005] Ver: GARCÍA BELSUNCE, Horacio A. *Los tratados internacionales de derechos humanos y la Constitución Nacional*. Buenos Aires: Separata da Academia Nacional de Ciências Morais e Políticas, 2006, p. 5 ss.

CAPÍTULO VII – OS NOVOS DIREITOS E GARANTIAS

que o Preâmbulo constitucional prescreve, consistem em afiançar a justiça e garantir a paz interior, o que leva a interpretar que o sistema, em comparação com outros preceitos e em seu conjunto, deve procurar o equilíbrio e a harmonia dos direitos antes que a luta ou confrontação oponha o público ao privado, o coletivo ao individual. Não acreditamos, portanto, que o eixo do direito administrativo comece agora a deixar de lado a defesa das liberdades e demais direitos dos cidadãos perante a autoridade tampouco o declínio da clássica equação entre prerrogativas e garantias, mas pensamos que os novos direitos devam se integrar de forma harmônica no sistema, buscando o equilíbrio justo entre os interesses diferentes que eles representam.

A equação não passa por opor os direitos coletivos dos direitos individuais como foi anunciado[1006] pois, no fundo, se potencializaria uma luta entre certos grupos sociais organizados contra as empresas e/ou cidadãos individuais, quando a função do Estado é a de afiançar a justiça sem discriminações ou supremacias de um setor sobre outro.

Em outro sentido, fala-se de uma "mudança paradigmática" enquanto se deve levar em consideração a separação das clássicas funções da Administração – no que diz respeito à restrição dos direitos individuais e à manutenção da ordem pública –, com as ações positivas que demandam um papel mais ativo da Administração como prestadora de serviços, sendo de forma direta ou através da gestão de particulares que colaboram nas diferentes prestações públicas.[1007] Esse processo suscita um conjunto variado de problemas, que vão desde o tipo de direito aplicável à relação jurídica, até a determinação da jurisdição competente para ver entendimento nos conflitos que forem suscitados.

Um problema adicional é representado pela transformação da justiça administrativa em um processo objetivo com responsabilidades,

---

[1006] Sintetizada na fórmula "derechos *versus* derechos"; ver: BALBÍN, Carlos. *Curso de derecho administrativo*. Buenos Aires: La Ley, 2007, pp. 95-98.
[1007] BACELLAR FILHO, Romeu Felipe. "Direito Público e direito privado: panorama atual da doutrina e estabelecimento de pontos de contato". XXXIII Jornadas Nacionais de Direito Administrativo, Buenos Aires: RAP, ano XXIX-348, 2007, pp. 345/346.

a cargo de particulares, com base no risco ou na atividade lícita, tal como foi legislado em matéria ambiental (art. 27 Lei n. 25.675).[1008]

Outro problema, não menos importante, e que não foi previsto na Constituição ou nas leis, reside nos efeitos *erga omnes* que alguns precedentes atribuem às sentenças nos processos coletivos nos quais não houve intervenção de terceiros. Nesse sentido, uma parte da doutrina postulou (para casos nos quais existem numerosos autores com pretensões de objeto similar e coincidentes) a instrumentação das *class actions* do direito norte-americano[1009], instituto que, além de englobar, necessariamente, direitos que não são de incidência coletiva (por exemplo, uma ação de ressarcimento das vítimas de um sinistro em que múltiplos autores pretendem a satisfação de seus direitos patrimoniais) requer a adoção de um processo adaptado à realidade vernácula para evitar abusos que poderiam ser gerados. Por sua vez, cabe diferenciar – como faz Falcón[1010] – o *litis consorcio* de uma eventual ação de classe, no sentido de que, enquanto no primeiro se trata de um processo fechado, o segundo constitui um processo aberto a um número indeterminado de autores que se unificam *ope legis* (mesmo que a iniciativa tenha origem voluntária) em virtude de um procedimento estatal pré-estabelecido.

A rigor, a metodologia que foi usada é bastante deficiente, pois após uma abrangente enunciação de princípios e direitos de diferentes naturezas (por exemplo, a preservação do patrimônio cultural, prevista no art. 42 da CN) acaba delimitando-os, fundamentalmente, a três direitos determinados (o direito a um meio ambiente sadio, à defesa da concorrência e aos direitos de consumidores e usuários) conforme o art. 43 da CN.

[1008] Norma que, enquanto impõe um sacrifício especial sem indenização, viola o princípio contido no art. 17 da CN.

[1009] SOLA, Juan Vicente. "Los derechos de incidencia colectiva". Separata da Academia Nacional de Ciências Morais e Políticas, Buenos Aires, 2007, p. 5 ss.

[1010] FALCÓN, Enrique M. *Tratado de derecho procesal civil y comercial*. tomo I. Buenos Aires: Rubinzal-Culzoni, 2006, pp. 345-347, observa sobre a necessidade de "(...) encontrar equilíbrio e de exercer moderação no tratamento de casos nos quais a parte, representante da classe, atribui essa qualidade por si mesma à margem dos procedimentos clássicos de apropriação para agir em juízo" (*op. cit.* p. 359).

CAPÍTULO VII – OS NOVOS DIREITOS E GARANTIAS

A confusão que existe nessa matéria é resultante da circunstância de que o referido preceito, ao incluir esses direitos determinados na ação judicial de amparo ou declaratória de inconstitucionalidade, estende a mesma proteção constitucional, de forma genérica, aos direitos de incidência coletiva em geral (art. 43 da CN).

Trata-se, obviamente, de uma técnica constitucional deficiente, já que mistura os direitos fundamentais substantivos de terceira geração com os direitos de incidência coletiva em geral, cuja titularidade pode corresponder – por exemplo – a um conjunto de proprietários afetados por uma medida da polícia administrativa.

A solução que o art. 43 da CN oferece não é uma má solução, mas sim a técnica utilizada, já que teria sido suficiente prescrever que poderão interpor ação de amparo os titulares de direitos de incidência coletiva em geral ,quando os princípios, direitos e garantias reconhecidas na Constituição fossem afetados com arbitrariedade e ilegalidade manifestada, particularmente no que se refere aos direitos que protegem o ambiente, a concorrência e aos consumidores e usuários.

VII.2 A proteção ambiental e o direito a um meio ambiente sadio

A questão ambiental nasceu envolvida em um dos grandes paradoxos de nosso tempo, de pretensão do homem em transformar a natureza, em benefício de um determinado crescimento econômico-social. Quando os progressos realizados no campo da ciência e das tecnologias aplicadas alcançaram um nível tão extraordinário (em relação ao estado da ciência no início do século) paradoxalmente produziu-se e desenvolveu-se simultaneamente o maior processo de degradação do ambiente.

Não se trata de supor que até então não tenham ocorrido degradações ambientais e, nesse sentido, as cidades antigas não foram um modelo na matéria, por não existir políticas que tendessem a proteger os bens e recursos naturais. Entretanto, é evidente que a magnitude dos danos era, então, muito antemenor, ante a ausência de indústrias de grande escala que contaminam o ambiente.

O processo atual de deterioração obedece a vários fatores, que ao se combinarem geraram a situação que afeta, em maior ou menor magnitude, todos os países do mundo. Um desses fatores reside no fato de que se todo desenvolvimento industrial sempre provoca algum dano ao ambiente, e o dilema político (desenvolvimento econômico *versus* preservação ambiental) revela-se difícil de ser resolvido e geralmente inclinageralmente inclina-se pela opção desenvolvimentista, afetando a qualidade de vida da futura população. Em segundo lugar, deve-se levar em consideração a própria natureza dos bens e recursos naturais (muitos deles não renováveis) que sofrem prejuízo na raiz, principalmente, das atividades industriais ou de utilização massiva, por parte dos particulares, dos instrumentos e produtos que as empresas fabricam. O problema que se coloca nesse caso é a complexidade e o alto custo das operações de recuperação ou saneamento, além do tempo que estas ações demandam (v.g., limpeza e saneamento de um curso de água). E, por último, outro fator significativo que levou à atual deterioração do meio ambiente é, sem dúvida, a inexistência de uma política ambiental por parte dos Estados e, em alguns casos, a ausência de medidas administrativas de aplicação e execução das normas vigentes. Esse vazio, que foi substituído por uma anarquia sem precedentes, na qual cada indivíduo se converteu em um sujeito impune do dano causado à natureza, é o que veio para cobrir o moderno direito ambiental, disciplina especial do direito cujos principais ingredientes proporcionam diversas instituições de Direito Público (principalmente o direito administrativo e o Direito Penal) e o Direito Civil (em matéria de responsabilidade ambiental).

Para complicar ainda mais a análise desse panorama, surgiu no centro do debate, a questão ideológica, já que não faltaram setores que atribuíram (e ainda hoje o fazem) a responsabilidade pela degradação do ambiente ao sistema capitalista. Entretanto, a deterioração ambiental passocaminhou passo a passo, em certos casos, foi mais intenso, naqueles países em que governou o socialismo (v.g., o acidente de Chernobyl) o que demonstra que a agressão ao meio ambiente não é o efeito de um sistema determinado, mas de uma imprevisão, imperícia e falta de solidariedade. Em resumo, o Estado, como comunidade superior que é, não soube ver tampouco advertir a magnitude do problema que estava sendo gerado no meio ambiente.

CAPÍTULO VII – OS NOVOS DIREITOS E GARANTIAS

Após alcançar seu ponto culminante, o processo de deterioração descrito começou a se deter, dando origem a um processo inverso, que procura a melhoria do meio ambiente, tanto com medidas positivas tendentes a reestabelecer a situação dos bens e recursos danificados, como através de políticas preventivas que estimulam a realização de atividades de conservação dos recursos naturais. Hoje em dia, ao vincular a proteção do ambiente ao crescimento econômico, fala-se de um novo conceito: o desenvolvimento sustentável.[1011]

Ao convocar os juristas, abre-se passagem, com algumas reservas no início e uma aceitação bastante generalizada em seguida, a uma nova disciplina jurídica: o direito ambiental. Sua existência pode ser discutida à luz da conhecida concepção da autonomia científica, pois embora possua um objeto e um fins próprios, precisa de uma metodologia e substantividade de princípios verdadeiramente diferenciados dos existentes nos diferentes ramos do direito dos quais se nutre (constitucional, administrativo, penal e civil). Entretanto, é evidente que até o próprio conceito de autonomia é acientífico e relativo, não se podendo desconhecer que o direito ambiental constitui uma nova realidade. Nesse sentido, o direito ambiental configura-se como um direito especial[1012], com uma autonomia relativa no campo da interpretação, cuja especificidade requer levar a cabo uma tarefa de harmonização entre os fins e objetivos ambientais com as técnicas e princípios próprios de cada disciplina jurídica.

Há quem acredite que uma das características singulares que o direito ambiental possui é sua natureza multidisciplinar[1013] (no qual excede

---

[1011] Sobre o assunto, ver BOTASSI, Carlos Alfredo. *Derecho administrativo ambiental*. La Plata: Librería Editora Platense, 1997, pp. 33-36.

[1012] *Cf.* PIGRETTI, Eduardo. *Derecho ambiental*. Buenos Aires: Depalma, 1993, p. 52, afirma que "o novo direito ambiental constitui uma especialidade que se nutre de diversos ramos do conhecimento jurídico", Por sua vez, BUSTAMANTE ALSINA sustenta que se trata de um novo ramo que faz parte do conjunto do direito, mas cuja unidade de problemática e características específicas permitem falar de uma identidade própria dentro dos sistemas jurídicos ("Responsabilidade civil por dano ambiental". *La Ley*, 1994-C, 1052).

[1013] JAQUENOD DE ZSOGON, Silvia. *El derecho ambiental y sus principios rectores*. Madrid: Dykinson, 1991, p. 350.

o Direito). Essa opinião implica confundir a ciência jurídica que se ocupa do ambiente com fenômeno ou problemática ambiental, que sempre exige a colaboração estreita entre técnicos e juristas para modelar o sistema normativo. Uma consequência extrema que deriva de tal crença levou, muitas vezes, os técnicos a prescindir dos juristas na elaboração das receitas normativas, o que implica um perigo grave para a segurança jurídica.

VII.2.1 As novas cláusulas constitucionais

Diz-se que a proteção do meio ambiente tem dois sentidos.[1014] De um lado, a configuração da política ambiental, com seus conteúdos setoriais e técnicas diferentes; do outro, traduz um sentido mais geral e teleológico, que faz com que a finalidade protetora do meio ambiente se infiltre em todas as atividades públicas ou privadas, o qual propõe uma série de problemas interpretativos, como é o relativo à hierarquia e dimensão de peso de outros valores e princípios perante os que infoma-minformam a proteção ambiental.

Na Argentina, a partir da reforma constitucional de 1994, a análise da problemática jurídica ambiental tem seu ponto de partida no artigo 41 da CN, sem prejuízo da legislação que complementa a referida norma básica, a qual prevê:

> *Todos os habitantes gozam do direito a um meio ambiente sadio, equilibrado, apto para o desenvolvimento humano e para que as atividades produtivas satisfaçam as necessidades presentes sem comprometer as das gerações futuras; e têm o dever de preservá-lo. O dano ambiental gerará, prioritariamente, a obrigação de recompor, conforme estabeleça a lei. As autoridades proporcionarão a proteção desse direito, a utilização racional dos recursos naturais, a preservação do patrimônio natural e cultural, e da diversidade biológica e a informação e educação ambientais. Cabe à Nação ditar as normas que contenham pressupostosos pressupostos mínimos*

[1014] LOPEZ, Ramón Fernando. *In:* GARCIA DE ENTERRIA; GONZALEZ CAMPOS; MUÑOZ MACHADO. *Tratado de derecho comunitario.* tomo III. Madrid: Civitas, 1986, p. 503.

CAPÍTULO VII – OS NOVOS DIREITOS E GARANTIAS

de proteção, e às províncias, aquelas necessárias para complementá-las, sem que alterem as jurisdições locais. Proíbe-se a entrada no território nacional de resíduos atual ou potencialmente além perigosos, além dos radioativos.

Ao efetuar a dissecação constitucional, a primeira coisa que se observa é a configuração de um direito ambiental (direito a um meio ambiente sadio, equilibrado etc.) a favor de todos os habitantes. É óbvio que tal direito, da mesma forma que os consagrados no art. 14 da CN, encontra-se submetido às leis que regulamentam seu exercício (exceto se tivesse operatividade por si) e, entretanto, conforme uma reiterada doutrina e a jurisprudência de nosso Supremo Tribunal, não se concedem direitos absolutos; a lei, ao regulamentar os direitos constitucionais, não pode degradá- tampoucolos tampouco alterar sua essência (art.28 da CN).

Contudo, não se pode falar de uma fórmula meramente declaratória, carente de efeitos no plano da realidade jurídica, já que sua eficácia opera e se projeta a partir dos diversos ângulos que compõem o cerne da problemática jurídica, enquanto:

a) Informa o ordenamento jurídico em que penetra como fator determinante em matéria interpretativa com relação à legislação, regulamentos e atos administrativos;

b) sua violação habilita a impugnação daquelas leis ou atos da Administração (de conteúdo geral ou individual) que cerceiam o direito a um meio ambiente sadio, equilibrado etc.;

c) gera a responsabilidade estatal pelas condutas lesivas do direito ambiental que ocasionarem danos às pessoas;

d) amplia o círculo dos legitimados para promover a ação de amparo, ao incluir a Defensoria Pública e as associações de defesa ambiental registradas conforme a lei (a qual determina os requisitos e as formas de sua organização).[1015]

[1015] Art. 43, parte 2ª, Constituição Nacional.

VII.2.2 O núcleo do direito ambiental

A partir da análise do preceito constitucional, podemos inferir que o núcleo do direito ambiental é configurado por duas circunstâncias:

a) O direito a um meio ambiente sadio, equilibrado, apto para o desenvolvimento humano. A primeira parte se assemelha à fórmula existente na Constituição de Portugal (art. 66.1), a última guarda semelhança com o preceito contido no art. 45 da Constituição Espanhola de 1978;

b) que as atividades produtivas satisfaçam as necessidades presentes, sem comprometer as necessidades das gerações futuras. Trata-se de uma cláusula excessivamente genérica, já que o critério diretor para reger a transcendência de uma atividade produtiva no futuro não pode ser outro a não ser a configuração do dano ambiental, o qual requer uma dupla avaliação: incidência atual e projeção futura.

VII.2.3 O dever legal de preservação do ambiente. Proibições

A norma constitucional também prevê o dever de preservar o meio ambiente a cargo de todos os habitantes. Embora essa cláusula não permita determinar, por si mesma, os sujeitos obrigados – pois, como todo dever, em sentido estrito, opera genericamente[1016] – o preceito constitui a norma de habilitação da competência do Congresso para regulamentar o referido dever.

Correlativamente, o citado art. 41 da CN impõe uma série de deveres às autoridades: 1) a utilização racional dos recursos naturais (igual à Constituição Espanhola, art. 45); 2) a preservação do patrimônio natural, cultural e da diversidade biológica; 3) a informação[1017], o que contribui para favorecer a participação do cidadão;[1018] e 4) a educação ambiental.

[1016] GARCÍA DE ENTERRÍA, Eduardo; FERNÁNDEZ, Tomás R. *Curso de derecho administrativo*. 13ª ed. tomo I. Thomson-Madrid: Civitas, 2006, pp. 31/32.

[1017] Para Ramón MARTIN MATEO, o direito à informação supõe a prévia adoção do princípio da transparência e a paulatina eliminação dos segredos públicos (*Nuevos instrumentos para la tutela ambiental*. Madrid: Trivium, 1994, p. 163).

[1018] Ampliar em: BRAIBANT, G.; QUESTIAUX, N.; WIENER, C. "Le contrôle de

CAPÍTULO VII – OS NOVOS DIREITOS E GARANTIAS

O descumprimento desses deveres pode gerar a responsabilidade do Estado e dos funcionários (na medida em que houver dano), ainda quando as respectivas condutas não forem diretamente exigíveis pois, por admitir a exigibilidade, o particular teria, a seu cargo, a determinação do conteúdo do dever, transformando-se em legislador.

Ao mesmo tempo, a norma constitucional estabelece a interdição de entrada "no território nacional de resíduos atual ou potencialmente perigosos além dos radioativos", cujas respectivas definições correspondem à legislação ambiental.[1019]

VII.2.4 O dano ambiental e a obrigação de recomposição

No que se refere ao dano ambiental, devemos observar que se trata de uma fórmula dual[1020], compreensiva não só dos prejuízos que alteram o patrimônio ambiental da comunidade, mas daqueles danos que afetam os direitos das pessoas. Vamos ver, ao abordar especificamente o tema da legitimação processual, como a proteção dos interesses públicos se encontra atribuída a sujeitos que não exercem a representação ou defesa de interesses privados de caráter pessoal, mas dos interesses da comunidade, em seu conjunto, naquelas ocasiões nas quais os danos recaem sobre o patrimônio ambiental comum.

O critério para determinar quando estamos na presença de um dano ambiental é eminentemente técnico e não pode ser objeto de interpretações subjetivas tampouco discricionárias.[1021]

---

l'administration et la protection des citoyens (Etude comparative)". *Revue internationale de droit comparé.* Paris, vol. 28, n. 1, pp. 176/177, 1977.

[1019] Lei n. 24.051 (Adla, LII-A, 52).

[1020] *Cf.* BUSTAMANTE ALSINA, Jorge. "Responsabilidade civil por dano ambiental". *La Ley*, 1994-C, 1052, p. 3.

[1021] A jurisprudência destacou que nem todo dano à natureza comporta um dano antijurídico e que resulta necessário compatibilizar ou acomodar a proteção do meio ambiente com outros bens igualmente valiosos (v.g., necessidades de comunicação) para a comunidade (no caso "Louzan, Carlos contra Ministerio de Economía s/acción de amparo", resolvido pela sala I da Câmara Federal de San Martín, com data de 26.7.93, publicado em *El Derecho*, 156-59).

Como se viu, o art. 41 da Constituição Nacional reformada em 1994 introduz um preceito que, embora consagre, prioritariamente, a obrigação de recompor o dano ambiental, reserva à lei o conteúdo e as formas com que configura a referida obrigação, dirigida fundamentalmente aos particulares causadores do dano[1022], sem substituir a responsabilidade que poderia caber ao Estado, por aplicação dos princípios gerais que fundamentam a reparação patrimonial.

Deve-se observar, mesmo assim, que a cláusula constitucional prioriza a recomposição do meio ambiente, sobre a indenização pecuniária[1023], a qual não se encontra referida de forma expressa no mencionado art. 41 da CN.

Nesse sentido, o critério da lei que regulamenta a obrigação de recompor não compreende, necessariamente, a restituição das coisas ao estado anterior (como o art. 1740 da CCCN prevê), mas sim as medidas razoavelmente substitutivas ou equivalentes que tendem à recomposição, mesmo que, pelo menos, seja progressiva, do dano ambiental comum (v.gr., plantio de árvores em novas estradas e rodovias) ou em ações antipoluentes que façam com que os danos anormais sofridos pelos habitantes se transformem em moléstias consideradas normais, dentro dos limites de contaminação determinados pela legislação.

Ora, partindo da metodologia esboçada no começo deste item sobre o alcance do preceito constitucional, deve-se distinguir entre a responsabilidade por danos ambientais comuns ou coletivos e a proveniente dos danos que afetam os direitos individuais das pessoas, a fim de se poder, posteriormente, determinar o grau de legitimação para acionar que possuem os diferentes sujeitos envolvidos.

Enquanto a responsabilidade por dano ambiental comum – que gera, prioritariamente, a obrigação de recompor – fica subordinada à lei

---

[1022] TAWIL, Guido Santiago. "La cláusula ambiental en la Constitución Nacional". *El Derecho*, jornal do dia 15.5.95, p. 8.

[1023] GAMBIER, Beltrán; LAGO, Daniel. "El medio ambiente y su reciente recepción constitucional". *Temas de derecho constitucional*. Separata Rev. El Derecho, Buenos Aires, 1995, p. 27.

CAPÍTULO VII – OS NOVOS DIREITOS E GARANTIAS

especial a estabelecidaser estabelecida no futuro, os prejuízos que recaem sobre o patrimônio das pessoas individualmente afetadas é regida pelas regras de responsabilidade previstas no Código Civil (exceto se uma lei especial for estabelecida para regular a matéria).

Nesse âmbito da responsabilidade, reconheceu-se a insuficiência do preceito contido no art. 1973, CCCN para resolver os problemas que derivam do impacto ambiental, ao restringir aos vizinhos contíguos aos imóveis causadores do dano[1024], motivo pelo qual a tutela encontra-se regulamentada pelas normas gerais que regulamentam a responsabilidade civil.[1025]

Relativamente a essa linha que, substancialmente, compartilhamos, a questão da responsabilidade pelos danos ambientais causados (indiretamente ou *par ricochet*) ao patrimônio privado rege-se pelas regras inerentes à responsabilidade por risco ou vício da coisa (art. 1113 do Cód. Civil de Vélez Sarsfield e art. 1757 do novo CCCN)[1026], conforme o qual o dono da coisa apenas se libera, quando provar a inexistência ou interrupção do nexo de causalidade entre o dano e o risco. Em nossa opinião, permanecem fora do âmbito da responsabilidade por dano ambiental aqueles prejuízos que ocasionam diversos elementos (fumaça, calor, odores, luminosidade, ruídos, etc.), que a legislação ou autoridade administrativa competente considera normais, ou melhor, que não excedam a "normal tolerância".[1027]

VII.2.5 O amparo ambiental

A ação de amparo, depois da reforma constitucional, passou a ser configurada como uma alternativa[1028] para restabelecer os direitos e

---

[1024] BUSTAMANTE ALSINA, Jorge. "Responsabilidade civil por dano ambiental". *La Ley*, 1994-C, 1052, p. 3.

[1025] STIGLITZ, G. A. "Responsabilidad civil por contaminación del medio ambiente". *La Ley*, 1983-A, 783.

[1026] *Cf.* BUSTAMANTE ALSINA, Jorge. "Responsabilidade civil por dano ambiental". *La Ley*, 1994-C, 1052, p. 3.

[1027] Art. 1973 CCCN.

[1028] PALACIO, Lino Enrique. "La pretensión de amparo en la reforma constitucional de 1994". Separata dos Anais da Academia Nacional de Direito e Ciências Sociais de

garantias constitucionais violados com arbitrariedade ou ilegalidade manifestada, que só pode ser substituída por outras soluções mais rápidas e expeditas e não pelo juízo ordinário, já que este último não tem idoneidade para atingir a celeridade exigida por tal processo e fazer com que a tutela jurisdicional seja realmente efetiva.

O novo art. 43 da CN amplia, por um lado, a legitimação passiva, ao instituir o amparo constitucional contra atos e omissões provenientes dos particulares e, por outro lado, amplia também a legitimação ativa ao prever a figura do amparo coletivo, que confere capacidade de ser parte nos processos às associações que perseguem fins de interesse público (registradas conforme a lei)[1029] e à Defensoria Pública.

Embora a cláusula constitucional permita propor essa ação a todas as pessoas (art. 43, parte 1º da CN), o segundo parágrafo do referido preceito exige, como requisito para o acesso ao processo de amparo individual, que se refira a um afetado, ou seja, a uma pessoa[1030] que tenha sofrido uma lesão sobre seus interesses pessoais e diretos, pois não cabe interpretar que a norma tenha consagrado um tipo de ação popular ou que, salvo as exceções contempladas (Defensoria Pública e Associações de interesse público), a cláusula confira legitimidade para a defesa dos interesses difusos ou coletivos a qualquer particular.[1031]

Buenos Aires, Buenos Aires, 1995, pp. 11/12; MORELLO, Augusto M. "El amparo después de la reforma constitucional". Separata dos Anais da Academia, pp. 11/12; defenderam um critério mais restrito: SAGUES, Néstor. "Amparo, hábeas data y hábeas corpus en la reforma constitucional". *La Ley*, 1994-D, 1151 e BARRA, Rodolfo C. "La acción de amparo en la Constitución reformada: La legitimación para accionar". *La Ley*, 1994-E, 1087.

[1029] É a solução que MARTIN MATEO, Ramón, propicia para o Direito espanhol (*Nuevos instrumentos para la tutela ambiental*. Madrid: Trivium, 1994, p. 31).

[1030] Ver: BARRA, Rodolfo C. "La acción de amparo en la Constitución reformada: La legitimación para accionar". *La Ley*, 1994-E, 1087 especialmente p. 1043 ss.

[1031] A doutrina destacou, com acerto, que a configuração de um dever genérico não resulta possível deduzir a existência "de um direito subjetivo a favor de qualquer habitante". *Cf.* GRECCO, Carlos M. "Ensayo preliminar sobre los denominados intereses difusos o colectivos". *La Ley,* 1984-B, 877.

CAPÍTULO VII – OS NOVOS DIREITOS E GARANTIAS

Tende o amparo individual, ainda se tratando de danos ambientais, não exatamente à tutela dos direitos coletivos, mas dos direitos subjetivos das pessoas e de seus interesses, sempre que implicarem um grau de afetação pessoal e direta.

Em uma tendência compatível com nossa interpretação, entendeu-se[1032], seguindo-se um setor da doutrina espanhola[1033], que a legitimidade que está de acordo com o art. 43 da Constituição Nacional, aos afetados por danos ambientais, configura-se quando o chamado "âmbito ou círculo vital" das pessoas é atingido, o qual "(...) vem determinado por uma relação de proximidade física, ou seja, por uma vinculação derivada de uma localização especial e não de um pertencimento a uma jurisdição política".[1034]

A jurisprudência existente antes da reforma constitucional vinha exigindo que, para dar andamento ao controle judicial através da ação de amparo, era necessário que a atividade administrativa provocasse a lesão de um interesse individualizado a quem se encontrasse pessoal e diretamente prejudicado.[1035]

Posteriormente à reforma, a sala III da Câmara Nacional de Apelações no Contencioso Administrativo Federal, no caso "Schroder"[1036],

---

[1032] GAMBIER, Beltrán; LAGO, Daniel. "El medio ambiente y su reciente recepción constitucional". *Temas de derecho constitucional*. Separata Rev. El Derecho, Buenos Aires, 1995, p. 32.

[1033] GARCÍA DE ENTERRÍA, Eduardo; FERNÁNDEZ, Tomás R. *Curso de derecho administrativo*. tomo II. Thomson-Madrid: Civitas, 1991, p. 52 ss.; e BARRA, Rodolfo C. "La acción de amparo en la Constitución reformada: La legitimación para accionar". *La Ley*, 1994-E, 1087, p. 805.

[1034] GAMBIER, Beltrán; LAGO, Daniel. "El medio ambiente y su reciente recepción constitucional". *Temas de derecho constitucional*. Separata Rev. El Derecho, Buenos Aires, 1995, p. 32.

[1035] *Cf.* sala I da Câmara Nacional de Apelações no "Contencioso Administrativo Federal", "*in re*": Pardo, Cecilia contra Poder Ejecutivo Nacional s/ amparo" da data de 2 de abril de 1993; "González Gass, Gabriela e outros contra Estado nacional s/ amparo" da data de 29 de setembro de 1992, entre outros.

[1036] "Schroder, Juan contra Estado nacional (Sec. de Recursos Naturales y Ambiente Humano) s/ amparo", sentença do dia 8 de setembro de 1994, LL 1994-E, 449.

reconheceu legitimação para promover o amparo, na qualidade de afetado, ao titular de um interesse pessoal, emergente de sua qualidade de vizinho de uma localidade da Província de Buenos Aires, a fim de que fosse decretada a nulidade de um concurso público ao qual havia sido chamado, para a seleção de projetos de locais de tratamento de resíduos perigosos. Nesse sentido, embora a decisão não delimite o conceito de vizinho a alguns limites geográficos certodeterminados, certo é que , como consignado na decisão, essa qualidade não havia sido questionada pela autoridade administrativa demandada, circunstância, esta última, que permitiu estender a proteção constitucional a uma pretensão anulatória, tendendo a paralisar um mero processo de seleção sem localização pré-determinada.

Independentemente das circunstâncias do caso, relativas às motivações que o autor como dirigente político buscava, certo é que não se pode extrair da referida decisão a conclusão de que se admitiu uma ampla legitimação, muito menos incluir, dentro do círculo dos afetados, os titulares de interesses simples ou difusos.

O amparo ambiental constitui uma via processual de exceção que não implica que se exija – para sua promoção – o esgotamento das instâncias administrativas[1037], como foi preconizado na doutrina[1038] e na jurisprudência.[1039] Isso é assim porque frente a uma lei ou um ato que padece de arbitrariedade e ilegalidade manifestadas e a necessidade de restabelecer rapidamente os direitos e garantias constitucionais violados, perde transcendência o requisito da idoneidade da via administrativa antes da ação judicial[1040], principalmente quando do texto do art. 43 da

---

[1037] GELLI, María Angélica. *Constitución de la Nación argentina*: comentada y concordada. 4ª ed. tomo I. Buenos Aires: La Ley, 2008, p. 611 e BUTELER, Alfonso. *El amparo contra actos administrativos*. Buenos Aires: Abeledo Perrot, 2012, pp. 203-211, aponta, com razão, que o requisito do esgotamento das instâncias administrativas não foi solicitado no caso "Siri", que abriu o caminho a essa solução excepcional.

[1038] SARMIENTO GARCÍA, Jorge H; URRUTIGOITY, Javier. "Cuestiones sobre el amparo". *In:* CASSAGNE, Juan Carlos (coord.). *Tratado General de Derecho procesal administrativo*. tomo II, La Ley, Buenos Aires, 2011, pp. 497-499.

[1039] Sentenças 326:1614 (2003), *in re* "Algodonera San Nicolás", entre outros.

[1040] Sentenças 328:1708 (2005); 328:4846 (2005) e 330:4647 (2007).

CAPÍTULO VII – OS NOVOS DIREITOS E GARANTIAS

CN não se depreende a referida exigência e, além do mais, é sempre difícil de acreditar que a Administração irá resolver favoravelmente os recursos ou reclamações administravas.

VII.2.6 Competência em matéria ambiental

O art. 41 da Constituição estabelece que "(...) cabe à Nação ditar as normas que contêm os pressupostos mínimos de proteção, e às Províncias, o necessário para complementá-las, sem que se alterem as jurisdições locais".[1041]

Anteriormente à reforma constitucional, a doutrina[1042] havia interpretado que, no que se refere à jurisdição em matéria ambiental, as faculdades entre a Nação e as Províncias eram concorrentes, com base no disposto na cláusula de bem-estar contida na CN (inc. 16, art. 67).

Entretanto, a partir da reforma constitucional de 1994, o art. 41 consagra um princípio[1043] novo, ao designar competência específica e privativa ao Congresso Nacional para regular pressupostosos pressupostos mínimos de proteção ambiental, deixando às Províncias o estabelecimento de legislação complementar.

Essa norma, levando em consideração a supremacia constitucional imposta pelo art. 31 da CN, atribui uma hierarquia superior àquela ditada pela legislação básica da Nação, sobre a legislação complementar sancionadas pelas Províncias, o que configura uma típica reserva legal. A novidade do preceito, à luz de nosso sistema constitucional, é a atribuição de um caso de poder legislativo complementar às Províncias para regulamentar a legislação básica nacional, cujo marco normativo e princípios não podem ser alterados pelas leis provinciais.

[1041] Art. 41, Constituição Nacional.
[1042] MARIENHOFF, Miguel S. "Expropiación y urbanismo". *La Ley,* 1981-C, 910 ss.
[1043] GAMBIER, Beltrán; LAGO, Daniel. "El medio ambiente y su reciente recepción constitucional". *Temas de derecho constitucional.* Separata Rev. El Derecho, Buenos Aires, 1995, p. 28.

Por outro lado, a cláusula estabelece que a competência da Nação deve ser exercida sem alterar "as jurisdições locais", ou seja, sem que a legislação básica avance sobre as faculdades dos órgãos provinciais para fiscalizar e aplicar a legislação ambiental ditadas pelas Províncias.

VII.3 O princípio da proteção da concorrência

A análise deste princípio, levado a cabo pela doutrina, revela-se parcial, como consequência do enfoque a partir da ótica da proteção dos direitos dos consumidores e usuários, que são colocados em posição de fraqueza econômica perante as empresas comerciais e industriais. É óbvio que o alcance desse princípio é muito maior, na medida em que compreende as relações entre as diferentes pessoas e empresas que participam do circuito econômico de produção e distribuição de bens e serviços e, inclusive, as relações com o Estado, quando viola o princípio da concorrência mediante leis, regulamentos ou atos administrativos.

O que é protegido com tal princípio é a livre concorrência no mercado, o que tem muito a ver com as trocas de bens e serviços que são levados a cabo no plano nacional e internacional. O mercado é o lugar no qual se produz, de forma natural, o jogo da oferta e da procura que determina o preço dos bens e serviços e, ao determinar a rentabilidade dos produtores e/ou prestatários, contribui para o crescimento econômico de qualquer país e para a sustentabilidade do Estado, cujos principais contribuintes se situam no campo da produção industrial, comercial, agropecuária ou mineradora.

No entanto, existe uma razão de bem comum para defender o princípio da livre concorrência, que é a base sobre a qual se estabelece a economia social de mercado, própria do Estado subsidiário.

Quando a economia é autenticamente livre, não deveriam existir, como prática generalizada, confrontações permanentes entre o interesse dos produtores com o dos consumidores, e qualquer sistema baseado no capitalismo buscaria o equilíbrio e a harmonia social, evitando os conflitos coletivos. Isso não é algo utópico, mas sim o que acontece nas democracias bem organizadas, cujos governos não abdicam da missão

CAPÍTULO VII – OS NOVOS DIREITOS E GARANTIAS

de impedir as distorções, excessos e abusos que ocorrem marginalmente no mercado, mediante a aplicação de instrumentos legais que sancionam as condutas distorcidas da concorrência ou de abusos das posições dominantes.[1044]

A função do Estado varia quando o mercado se encontra regulamentado, seja por se tratar de um monopólio estatal, de um mercado imperfeito com privilégios de exclusividade que satisfazem, fundamentalmente, as necessidades básicas da população (os serviços públicos), seja quando as características singulares da produção tornam necessária a regulação, pela excessiva ou deficiente oferta que é gerada, de forma permanente, em determinados mercados nos quais o equilíbrio resultante da oferta e da procura é difícil de ser alcançado, pelas características econômicas de tempo e lugar, pelo diferente rendimento sazonal e pelas flutuações do comércio internacional (o caso mais típico encontra-se no mercado do açúcar). A política reguladora, para ser eficiente, deve inclinar as prestações para a concorrência efetiva, inclusive mediante sua simulação ou criação por parte do Estado, quando a concorrência não existir.[1045]

Enquanto os preços ou taxas em um mercado regulamentado são determinados, a princípio, pelo Estado, no sistema de livre mercado os controles de preços não fazem sentido, pois afetam as bases da concorrência e acabam dando sinais artificiais à economia que distorcem os mercados, produzindo efeitos nocivos aos consumidores e usuários que terminam sempre por ser os maiores prejudicados nos processos inflacionários e recessivos a que conduzem as medidas e instrumentos de aplicação carregados, normalmente, de arbitrariedade e procedimentos contrários aos princípios que informam o Estado de Direito.

A Lei de Defesa da Concorrência[1046] proíbe o abuso da posição dominante, tendo-se entendido, por parte da jurisprudência da Suprema

---

[1044] Em nosso país está vigente a Lei n. 25.156, que tipifica condutas que lesam o princípio da livre concorrência.
[1045] NALLAR, Daniel M. *Regulación y control de los servicios públicos*. Buenos Aires: Marcial Pons, 2010, pp. 435-437.
[1046] Lei n. 26.156, art. 1º, 4º e 5º.

Corte, que a exportação de uma parte considerável da produção de gás liquefeito a um preço sensivelmente menor do que se vendia no mercado interno implicava em uma conduta que se encaixava na figura de abuso de posição dominante, principalmente quando existia uma cláusula que proibia a reimportação do produto. Segundo o Supremo Tribunal, a conduta ajuizada tinha a finalidade de manter a oferta nacional contida, garantindo a manutenção de um nível determinado de preços, em detrimento dos consumidores locais.[1047]

VII.4 Os direitos de consumidores e usuários

A partir da articulação dos artigos 42 e 43 conclui-se, com uma técnica falha, um conjunto de direitos que se prestam à proteção de consumidores e usuários. Dessa forma, cabe delimitar ambas as categorias, já que, apesar de terem aspectos protetores comuns, os usuários, quando integram o setor que recebe prestações que satisfazem suas necessidades básicas, têm uma maior proteção de seus direitos e interesses.

Interessa especificar que os direitos dos consumidores se delimitam à relação de consumo, limitando-se, portanto, ao vínculo jurídico entre o fabricante ou fornecedor e o consumidor[1048] e, por esta razão, o art. 43 da CN estabelece a ação ao "afetado" na relação de consumo como titular de um direito subjetivo divisível e determinado. Por outro lado, quando se trata de direitos e interesses coletivos, a proteção judicial dos consumidores deve ser levada a cabo através de uma legitimação anômala ou extraordinária que a Constituição coloca na liderança da Defensoria Pública ou das associações que defendem o princípio da não discriminação, do meio ambiente, da concorrência e dos direitos dos consumidores e usuários (art. 43 da CN).

O usuário é o titular de uma relação de serviço público que se singulariza no vínculo jurídico que o une ao prestador de serviço cujo

---

[1047] CSJN, "YPF SA", Sentenças, 325:1702, do dia 02.07.2002.

[1048] Lei n. 26.361, art. 3º que, de forma incorreta, denomina relação de consumo o vínculo jurídico que se inicia em uma relação de serviço público que, mesmo contratual, é regido por outro regime (v.g., caracterizado pelos poderes exorbitantes).

CAPÍTULO VII – OS NOVOS DIREITOS E GARANTIAS

objeto são os direitos e as obrigações recíprocas. A característica dessa relação, quando o serviço público é gerido por uma empresa privada, através de uma concessão ou de uma figura semelhante ou análoga, possui algumas peculiaridades. A rigor, há dois planos de relações jurídicas, em ambos os casos de natureza contratual. Em primeiro lugar, a vinculação que une o concessionário com o concedente é de Direito Público, administrativo na espécie. No segundo plano, a relação se encontra, primordialmente, regida pelo direito privado[1049] sem prejuízo da aplicação direta, subsidiária ou analógica das normas e princípios do direito administrativo (por exemplo, se o particular questiona a procedência ou exercício de alguma prerrogativa de poder público). Cabe observar que essa classe de relações caracteriza-se pela constante interferência do poder regulamentar sobre a relação jurídica entre o concessionário e os usuários do serviço público. Por sua vez, o conceito de usuário não pode se limitar ao usuário atual, mas sim o conceito protetor deve compreender o usuário potencial ou futuro com base nos critérios de equidade intergeracional.[1050]

Os usuários gozam de todos os direitos que os art. 42 e 43 estabelecem a favor dos consumidores, mas seu *status* constitucional amplia a base através do reconhecimento de novos direitos, como são o direito à qualidade e eficiência do serviço público, o de contar com um marco regulador adequado e o da participação nos organismos de controle por meio de associações que os representam (art. 42 CN). Se bem que essa disposição constitucional é redundante, pois trata do mesmo direito de associação reconhecido a favor de todos os habitantes da república.

Cabe salientar que os direitos comuns dos consumidores e usuários não se limitam aos aspectos patrimoniais da relação de consumo ou de

---

[1049] MARIENHOFF, Miguel S. *Tratado de derecho administrativo*. 4ª ed. tomo II. Buenos Aires: Abeledo Perrot, 1993, p. 108 e 168-173, considera que as relações jurídicas entre o concessionário e os usuários são regidas quando o serviço público é de utilização facultativa e a relação é contratual, pelo direito privado. Por outro lado, se a relação é regulamentar (por exemplo, o ensino primário a cargo do Estado), ela é regida pelo direito administrativo; ver também uma opinião no mesmo sentido, em nosso *Curso de derecho administrativo*. 10ª ed. tomo II. Buenos Aires: La Ley, 2011, p. 125.

[1050] SACRISTÁN, Estela B. *Régimen de las tarifas de los servicios públicos*: aspectos regulatorios, constitucionales y procesales. Buenos Aires: Abaco, 2007, pp. 570-572.

serviço público que os une ao fornecedor ou prestatário em cada caso, mas compreendem outros direitos que integram o círculo de interesses protegidos, a saber: a) a proteção da saúde e da segurança; b) a informação adequada e verdadeira; c) a liberdade de escolha; e d) a equidade e dignidade nas condições de trato (art. 42 da CN).

Do preceito contido no art. 42 da CN infere-se o dever das autoridades de fornecer a educação do consumidor sem determinar, contudo, quais são as autoridades competentes ou o alcance das ações a cumprir que, embora possa parecer implicar algum benefício para os consumidores, em um governo autoritário e populista, se converte em um instrumento que tende muitas vezes a exercer pressões indevidas sobre os fabricantes, fornecedores e prestadores, respectivamente, de bens e serviços. Essas pressões sobre o mercado são suscetíveis de afetar princípios e direitos fundamentais, tais como a liberdade econômica, a competitividade e, por tais motivos, a doutrina destacou que a educação do consumidor deve tender a: 1) preservar a saúde, mediante a difusão sobre aqueles produtos cuja venda se encontra proibida, por serem nocivos à população; 2) controlar a veracidade da propaganda que os fabricantes, fornecedores ou prestadores efetuam sobre os produtos ou serviços oferecidos ao mercado a fim de prevenir os riscos eventuais para a saúde; 3) fomentar usos alimentares que favoreçam a nutrição adequada e saúde das pessoas;[1051] 4) levar a cabo programas educacionais – nos níveis diferentes de ensino – que, através dos meios de comunicação da imprensa gráfica, da rádio e da televisão, contribuíam para que os consumidores desenvolvam a liberdade de escolher, sem favorecer a determinados fabricantes, comerciantes ou prestadores.[1052]

VII.4.1 A falsa oposição entre o interesse público e o interesse particular ou privado

Na doutrina, não tem sido raro nos depararmos com quem pregue, a propósito da relação dos usuários com os prestadores de serviços

---

[1051] Critério coletado pelo art. 60 da Lei n. 24.240, reformado pela Lei n. 26.361.
[1052] *Cf.* GELLI, María Angélica. *Constitución de la Nación argentina*: comentada y concordada. tomo I. Buenos Aires: La Ley, 2001, pp. 592/593.

CAPÍTULO VII – OS NOVOS DIREITOS E GARANTIAS

públicos, um tipo de supremacia absoluta do interesse público sobre o interesse particular ou privado. A visão enviesada que se descreve pretende demonstrar que os interesses individuais e coletivos dos usuários que, em seu conjunto, representariam o interesse social público, se encontram em oposição aos interesses dos concessionários ou licenciados e, inclusive, extrair desse suposto dogma regras e técnicas de confrontação, algo que nem sequer o jurista maior do regime nazista (cuja ideologia de decisionismo se baseia na confrontação) teria imaginado que seria projetado neste século ao impulso do coletivismo populista desenfreado.

À resposta à pergunta sobre o que vem a ser o interesse público, costuma-se responder afirmando que é a soma da maioria dos interesses concretos individuais coincidentes[1053], como se essa fosse uma questão de soma e subtração que se possa desligar do bem comum, que constitui o verdadeiro interesse público, ou seja, o interesse de todos[1054] (usuários atuais e futuros), e não o interesse de um grupo, por mais majoritário que este possa ser. Suponhamos, por exemplo, que uma determinada maioria de usuários ou uma associação que se arroga a representação de um universo de usuários ou, inclusive, da Defensoria Pública, se opusesse a um aumento de tarifa (razoável e, afinal, adequado), que se revela necessário para fazer investimentos de saneamento no serviço de água potável;[1055] A partir da aplicação daquele conceito, o suposto interesse público dos usuários deveria prevalecer e as obras – que beneficiariam especialmente as gerações futuras – não poderiam ser levadas a cabo.

Em qualquer caso, o que deve prevalecer é o bem comum, no qual se encontram todos os interesses individuais e coletivos, e os eventuais

---

[1053] GORDILLO, Agustín. *Tratado de derecho administrativo*. 4ª ed. tomo II. Buenos Aires: Fundação de Direito Administrativo, 2000, pp. VI-30.

[1054] GOLDSCHMIDT, Werner. *Introducción filosófica al derecho*. 4ª ed. Buenos Aires: Depalma, 1973, p. 385 e BIDART CAMPOS, Germán J. *Derecho político*. 2ª ed. Buenos Aires: Ediar, 1972, p. 295 e nosso *Curso de derecho administrativo*. 10ª ed. tomo I. Buenos Aires: La Ley, 2011, p. 12.

[1055] O exemplo do texto não é teórico, mas real, pois ocorreu com a cobrança denominada SUMA na concessão de Águas Argentinas que, apesar de ser de pouca magnitude, motivou a intervenção da Defensoria Pública, conseguindo paralisar as obras de saneamento.

conflitos que são gerados com os usuários devem ser resolvidos, ou pelas autoridades administrativas ou pelos juízes, dentro da justiça e, inclusive, com equidade.[1056]

A esse respeito, a doutrina social da Igreja invariavelmente sustentou a primazia do bem comum como um princípio que, longe de ser oposto ao interesse dos particulares, não o concebe como "(...) a simples soma dos interesses particulares, senão que implica sua valorização e harmonização, feita conforme uma hierarquia de valores e, em última instância, segundo uma exata compreensão da dignidade e dos direitos da pessoa".[1057]

VII.4.2 A regra da interpretação restritiva dos privilégios e sua abrangência às concessões e licenças

Após o processo de privatizações e a posterior reforma constitucional de 1994, surgiu o interesse de um setor da doutrina administrativista de reviver as antigas regras e princípios que regiam as concessões de serviços públicos no país, antes que estes fossem estatizados. Dessa forma, foram exumadas concepções que respondiam a um passado bastante remoto (comoalgo como um retrocesso de mais de cinquenta anos) que, certamente, não eram compatíveis com as transformações operadas nos sistemas de economia livre vigentes no mundo ocidental.

Um dos dogmas preferidos escolhidos foi a interpretação restritiva dos privilégios das concessões de serviços públicos, assunto que havia sido objeto da abordagem da doutrina e jurisprudência, particularmente, na década de 1930.

A partir dessa regra interpretativa, passou-se a uma generalização com base no superado método dedutivo, apesar de seu conhecido

---

[1056] USLENGHI, Alejandro. "Procedimientos en la ley de defensa del consumidor". In: POZO GOWLAND, Héctor; HALPERIN, David Andrés; AGUILAR VALDEZ, Oscar; JUAN LIMA, Fernando; CANOSA, Armando (coord.). *Procedimiento administrativo*. tomo IV. Buenos Aires: La Ley, 2012, p. 265.

[1057] *Cf.* C.A. 47b. de João Paulo II.

CAPÍTULO VII – OS NOVOS DIREITOS E GARANTIAS

fracasso no campo dos princípios gerais do direito (a ponto de terem provocado o descrédito entre juristas, o que os levou a abraçar a dogmática positivista). Para estender a regra da interpretação restritiva a todas as concessões e licenças de serviços públicos, sustentou-se que por constituir os referidos serviços uma exceção à regra da livre concorrência prevista na Constituição, os direitos emergentes das concessões e licenças deveriam ser interpretados de forma restritiva.[1058]

Em primeiro lugar, essa dedução não levou em consideração que interpretação restritiva não se aplicava às concessões em geral, mas particularmente aos privilégios, não regendo para as prerrogativas do poder público que são típicas e comuns a todas as concessões e licenças (por exemplo, o corte unilateral do serviço, em caso de falta de pagamento da tarifa ou custo).

Nesse sentido, a jurisprudência da Corte sustentou, no máximo, que "(...) as cláusulas que conferem exclusividade ou monopólio para a prestação de um serviço público devem ser interpretadas com um critério restritivo".[1059] Entretanto, uma coisa é conceber que o privilégio deve ser interpretado restritivamente quanto a seu alcance e extensão, sem que haja privilégios implícitos[1060], e outra bem diferente é pretender que a referida regra interpretativa se aplica a todo o âmbito jurídico de uma concessão de serviço público (por exemplo, a taxa), chegando a vincular a interpretação restritiva dos privilégios a um axioma jurisprudencial sem que ninguém tenha explicado de onde teria sido extraído, tampouco em que se fundamenta quando se afirma, de forma contundente, que "(...) o direito dos usuários à tarifa mais baixa (...) deveria prevalecer sobre o direito da concessionária a obter maiores lucros".[1061]

[1058] GORDILLO, Agustín. *Tratado de derecho administrativo*. 4ª ed. tomo II. Buenos Aires: Fundação de Direito Administrativo, 2000, pp. VII-17.

[1059] Sentenças 105:26 (1906).

[1060] MARIENHOFF, Miguel S. *Tratado de derecho administrativo*. 3ª ed. tomo III-B. Buenos Aires: Abeledo Perrot, 1983, p. 626.

[1061] GORDILLO, Agustín. *Tratado de derecho administrativo*. 4ª ed. tomo II. Buenos Aires: Fundação de Direito Administrativo, 2000, p. VII-27, fazendo a doutrina da Sala IV da CNACAF de sua, na sentença do caso "Telintar", *La Ley*, jornal de 14.02.1995.

A rigor, o princípio que impera, em matéria de tarifa, é o de que as mesmas devem ser justas e razoáveis, e não se observa por qual motivo o regime permite aumentá-las temporariamente, com um sistema de *price cap,* a fim de favorecer determinados investimentos, o direito do concessionário a um lucro maior, sempre que se enquadrar dentro da justiça e razoabilidade, deva ceder a favor do direito do usuário a uma tarifa mais baixa. Certamente que, nessa matéria, a prudência e o equilíbrio do sistema que aplica o regulador serão a chave da gestão bem-exitosa do serviço, em condições "de qualidade e eficiência" (art. 42 da CN).

Vejamos, a seguir, o que se entende por privilégio, quais são suas notas de destaque e suas variantes distintas, bem como os requisitos constitucionais para sua outorga.

De acordo com Marienhoff, os privilégios consistem em vantagens excepcionais atribuídas a uma pessoa, que costumam ser outorgadas em uma concessão ou licença, tais como isenção de impostos, monopólio e exclusividade.[1062] Devido a sua natureza, sua outorga deve ser feita por lei do Congresso devem ser temporaisser temporais (art. 75 inc. 18 da CN). Por sua vez, o monopólio se distingue da exclusividade no sentido de que o primeiro consiste na supressão da concorrência para reservar a atividade a uma só pessoa pública ou privada, enquanto a exclusividade implica a obrigação da Administração de não outorgar novas concessões pelo mesmo serviço ou atividade.[1063]

A questão se complica quando se argumenta que todo monopólio e/ou privilégio de exclusividade constitui um serviço público ao qual se estenderia à mencionada regra restritiva de interpretação dos privilégios, sem importar qual tipo de atividade material constitui serviço público. Uma generalização semelhante não leva em consideração que

---

[1062] MARIENHOFF, Miguel S. *Tratado de derecho administrativo.* 3ª ed. tomo III-B. Buenos Aires: Abeledo Perrot, 1983, p. 624.

[1063] Esse ponto MARIENHOFF, Miguel S. esclarece muito bem, em *Tratado de derecho administrativo.* 3ª ed. tomo III-B. Buenos Aires: Abeledo Perrot, 1983, pp. 627/628, com o exemplo do privilégio de exclusividade regional, em sua concessão ou licença para gerar e/ou distribuir energia elétrica, mas que não impede que outras empresas gerem energia para seu próprio consumo.

CAPÍTULO VII – OS NOVOS DIREITOS E GARANTIAS

uma grande parte das atividades de interesse público ou de serviço público impróprio (v.gr., a atividade aeronáutica, o serviço de táxi) atuam em concorrência e sem privilégios de exclusividade.[1064] Evidentemente há outras atividades regulamentadas em condições semelhantes, mas as mencionadas, por sua magnitude econômica e transcendência para os usuários do serviço, são suficientes para demonstrar o erro no qual incorre quem pretende deformar a realidade de modo a que ela seja moldada às ideias subjetivas e dogmáticas que não se conciliam com dados que a experiência real oferece.

De todo modo, observe-se o aspecto de que a interpretação restritiva dos privilégios nas concessões ou licenças só é suscetível de se concretizar em casos de dúvida razoável, e não quando a solução contratual ou legislativa se revela clara ou precisa.

VII.5 A participação pública no controle dos serviços públicos

A segunda metade do século XX presenciou o surgimento de uma instituição complexa, que pretende alcançar, tanto no âmbito político, quanto administrativo[1065], a maior participação dos cidadãos nos assuntos públicos, mediante o reconhecimento, nos ordenamentos constitucionais, do direito subjetivo de participação pública.[1066]

[1064] O caso da concessão mineradora é paradigmático, porque embora as atividades de exploração e extração sejam prestadas com exclusividade, o produto resultante é vendido ao mercado livremente e em concorrência com outras concessionárias mineradoras.

[1065] Ver, para todos, MUÑOZ MACHADO, Santiago. "Las concepciones del derecho administrativo y la idea de participación en la Administración". *RAP*, Madrid: Centro de Estudos Constitucionais, n. 84, 1977, p. 519 ss.; BERMEJO VERA, José. "La participación de los administrados en los órganos de la Administración Pública". In: MARTÍN-RETORTILLO BAQUER, Lorenzo (coord.). *La protección jurídica del ciudadano: estudios en homenaje al profesor Jesús González Pérez.* tomo I. Madrid: Civitas, 1993, p. 639 ss.; LAVILLA RUBIRA, Juan J. *La participación pública en el procedimiento de elaboración de los reglamentos en los Estados Unidos de América.* Madrid: Serviço de publicações da Faculdade de Direito, Universidade Complutense, 1991, p. 98 ss.

[1066] Art. 23, ap. 1, Constituição espanhola.

Embora nossa Constituição Nacional, antes e depois da reforma de 1994, não proclame esse direito, surgiram interpretações[1067] que a fundamentam em seu art. 42 e no previsto em uma série de tratados internacionais[1068] incorporados ao texto constitucional com o alcance previsto no art. 75, inc. 22 da CN.

Com exceção do aspecto, por demais óbvio, que permite observar que esse direito nos pactos internacionais foi descrito na forma de um enunciado genérico, cujo caráter operativo depende das prescrições que se estabelecem em cada ordenamento estatal, a questão não pode ser revolvida apenas a partir dos ordenamentos supranacionais citados, na medida em que a primeira regra de hermenêutica constitucional dispõe, expressamente, que esses pactos "(...) *não derrogam artigo algum da primeira parte desta Constituição e devem ser considerados como complementares dos direitos e garantias por ela reconhecidos*" (art. 75, inc. 22 da CN).

Essa reconduzregra reconduz a interpretação ao ponto de partida do sistema constitucional argentino que – como se sabe – adota a forma representativa de governo (art. 1º da CN), o que implica excluir, a princípio, ou seja, exceto os casos previstos na Constituição (v.g., iniciativa privada – art. 39 – e consulta popular vinculante – art. 40, parágrafo primeiro, entre outros –)[1069], o sistema direto de participação pública nas decisões estatais (legislativas ou administrativas).

[1067] GORDILLO, Agustín A. *Tratado de derecho administrativo*. 2ª ed. tomo II. Buenos Aires: Fundação de direito administrativo, 1998, cap. XI e REJTMAN FARAH, Mario. "El procedimiento de audiencias públicas". In: POZO GOWLAND, Héctor; HALPERIN, David Andrés; AGUILAR VALDEZ, Oscar; JUAN LIMA, Fernando; CANOSA, Armando (coord.). *Procedimiento administrativo*. tomo IV. Buenos Aires: La Ley, 2012, p. 383.

[1068] *Cf.* art. 23.1, Pacto de São José da Costa Rica; 21.1, Declaração Universal dos Direitos Humanos; 25, Pacto Internacional sobre Direitos Civis e Políticos, e XIX e XX, Declaração Americana dos Direitos e Deveres do Homem.

[1069] MATA, Ismael. "Administración servicial y procedimiento administrativo (El rediseño de la organización a través del procedimiento". *In:* POZO GOWLAND, Héctor; HALPERIN, David Andrés; AGUILAR VALDEZ, Oscar; JUAN LIMA, Fernando; CANOSA, Armando (coord.). *Procedimiento administrativo*. tomo I. Buenos Aires: La Ley, 2012, p. 440, agrega a participação da família e da sociedade nas leis de educação (art. 75 inc. 19 da CN) e a participação que prevê os tratados internacionais.

CAPÍTULO VII – OS NOVOS DIREITOS E GARANTIAS

De outra forma, o preceito constitucional que consagra uma interdição expressa careceria de sentido, ao prever que "(...) *o povo não delibera e nem governa, mas, por meio de seus representantes e autoridades criadas por esta Constituição*" (art. 22 da CN).

Isso não é um obstáculo para que as leis instrumentem sistemas de participação das associações e cidadãos, na medida em que se respeite o âmago do sistema representativo de governo e sempre que isso não implique restringir as potestades do presidente como Chefe de Governo que exerce a gestão da Administração, a título próprio, ou melhor, através do Chefe de Gabinete (art. 99 e 100 da CN). Da mesma forma acontece com a instituição da "audiência pública" que provem do Direito norte-americano[1070] e foi introduzido em nosso sistema jurídico pelos marcos reguladores dos serviços públicos de gás e eletricidade[1071], bem como o recente Estatuto Organizativo da Cidade de Buenos Aires.[1072]

Por sua vez, em nenhuma parte do art. 42 da CN, menciona-se, sequer de forma implícita, o direito de participação pública dos cidadãos. Sobretudo, a referida norma constitucional circunscreve o alcance da participação em dois sentidos: no plano subjetivo, enquanto demarca o direito às associações que representam os interesses dos usuários dos serviços públicos e, de forma objetiva, ao definir que tal participação é canalizada nos organismos de controle dos serviços públicos (ou de outros órgãos de controle dos interesses dos consumidores).

De toda forma, já que se trata da regulamentação constitucional do direito de participação pública das associações de usuários nos órgãos de controle dos serviços públicos (art. 42), como das tipologias diferentes que preveem a participação dos cidadãos individualmente considerados, o papel da lei, como embasamento do respectivo direito, possui uma relevância indiscutível.

[1070] CINCUNEGUI, Juan B. "El procedimiento de audiencia pública en el sistema de control de los servicios públicos". *RAP*, Buenos Aires: Ciências da Administração, n. 189, 1994, p. 10 ss.

[1071] Leis n. 24.076 e n. 24.065.

[1072] *Cf.* art. 63, Estatuto organizativo da cidade de Buenos Aires.

No primeiro caso, levam-se em conta as diferentes possibilidades que o legislador tem para regular um preceito constitucional, que se caracteriza por uma textura aberta a diferentes variantes ou tipologias de participação; como veremos mais adiante.

Em outro caso, vincula-se, em geral, ao direito de participação pública (que inclui a determinação normativa dos procedimentos) que, a princípio, corresponde aos poderes implícitos e inerentes do Congresso (art. 75, inc. 32), embora nada impedisse que o Poder Executivo ou as próprias autoridades reguladoras, no exercício de suas competências próprias, regulamentem os diferentes procedimentos de participação pública, os quais, na medida em que não alterem o núcleo representativo do sistema constitucional de governo, seriam válidos (poderia inclusive sustentar que se trata de mecanismos de autolimitação de suas postetades).

Nessa linha, existem leis que estabeleceram o procedimento de audiência pública[1073], assim como decretos do Poder Executivo[1074] e regulamentações diferentes provenientes dos órgãos superiores das autoridades reguladoras.[1075]

As ideias que foram esboçadas como fundamento da participação pública na organização e função da Administração são muito variadas, mesmo que não sejam necessariamente opostas entre si. Isso depende da ênfase ideológica da concepção democrática, mas também de uma análise que aponta mais para a ciência administrativa do que à política.

Enquanto para alguns a participação pública acrescenta e fortalece a democracia[1076], outros consideram que se trata de uma fórmula que,

---

[1073] *Cf.* art. 11, 32, 46, 73 e 74, Lei n. 24.065, e 6º, 16, 18, 29, 46, 47, 67 e 68, Lei n. 24.076.

[1074] *Cf.* art. 7º e 30, dec. 1185/1990, e suas modificações.

[1075] Res. 39/1994 ENRE (BO, de 9.5.1994), que aprovou o Regulamento de audiências públicas de ENRE. Deve-se ter em consideração que para ENRE existe um procedimento específico de audiências públicas que resulta aplicável em matéria de imposição de sanções e se encontra regulamentado no Regulamento para a aplicação de sanções, aprovado por res. 23/1994 ENRE. Assim mesmo, ver a res. 57/1996 (BO, de 3.9.1996) que contém o Regulamento geral de audiências públicas e documentos de consulta para as comunicações.

[1076] BERMEJO VERA, José. "La participación de los administrados en los órganos de la Administración Pública". *In*: MARTÍN-RETORTILLO BAQUER, Lorenzo

CAPÍTULO VII – OS NOVOS DIREITOS E GARANTIAS

mediante a colaboração e participação do cidadão,[1077] pode contribuir para melhorar e dar transparência[1078] às decisões dos órgãos reguladores nos diferentes procedimentos de controle dos serviços públicos.

Entre as vantagens reconhecidas do modelo participativo, contam aquelas relativas à maior flexibilização dos aparelhos técnicos da função pública, imbuídos por acentuadas doses de autoritarismo freadas com a participação dos administrados nos procedimentos que culminam com a adoção de decisões que afetam os interesses coletivos e comunitários.

Entretanto, os inconvenientes que sua implantação apresenta levam a nos perguntarmos se tais vantagens justificam o desenvolvimento desmesurado do referido modelo que, movidos pelo modismo jurídico, vem alentando o Direito Positivo.

À confusão natural entre os interesses individuais e os de um setor determinado com aqueles que possuem maior generalidade ou são vinculados ao interesse comunitário, a insuficiência dos mecanismos de representação para refletir a opinião democrática dos usuários de um determinado setor, a captura dps órgãos reguladores por grupos de ativistas movidos por interesses de nítido caráter político e, inclusive, pelos setores empresariais, são acrescentadas outras desvantagens não menos significativas, como as referentes ao aumento dos custos econômicos que acarretam os mecanismos participativos e, especialmente, a diluição da responsabilidade que assumem os órgãos encarregados de tomar as decisões, e sua outra face, que é a inexistência de responsabilidades pessoais (patrimoniais ou econômicas) dos participantes, quando agem em representação dos interesses coletivos ou difusos.[1079]

(coord.). *La protección jurídica del ciudadano:* estudios en homenaje al profesor Jesús González Pérez. tomo I. Madrid: Civitas, 1993, p. 639.

[1077] FONROUGE, Máximo J. "Las audiencias públicas". *ReDA*, Buenos Aires: Depalma, n. 24-26, 1997, ponto 1, p. 183.

[1078] Ver: GORDILLO, Agustín. *Tratado de derecho administrativo.* 4ª ed. tomo II. Buenos Aires: Fundação de Direito Administrativo, 2000, pp. X-10.

[1079] Uma síntese das vantagens e desvantagens foi feita por BERMEJO VERA, José. "La participación de los administrados en los órganos de la Administración Pública". *In*:

VII.5.1 Tipologias da participação pública nos órgãos reguladores

Sem pretender realizar o exame pormenorizado das diversas formas que pode assumir a participação dos usuários e suas organizações nas funções executivas ou normativas que a Administração leva a cabo, as que – como assinala Bermejo Vera – foram expostas de forma magistral por García de Enterría[1080], não podem deixar de se assinalar as variadas tipologias existentes no que constitui um tipo de teoria geral da participação pública, cuja *"euforia"* ou *"proliferação"*[1081] contribuem para o que Nieto graficamente intitulou *"organização do desgoverno"*.[1082]

De todas elas, levando-se em consideração a exclusão das formas diretas de participação nas funções de governo e administração imposto

---

MARTÍN-RETORTILLO BAQUER, Lorenzo (coord.). *La protección jurídica del ciudadano*: estudios en homenaje al profesor Jesús González Pérez. tomo I. Madrid: Civitas, 1993, pp. 641/642, que reproduzimos parcialmente no texto. Em um trabalho de Estela B. SACRISTÁN são citadas opiniões contrárias sobre o procedimento das sessões abertas no Direito norte-americano, que levam a abrigar sérias dúvidas sobre sua conveniência e eficácia. Nesse sentido, diz-se (DIKSON; CLANCY. *The Congress Dictionary*. Nova York, 1993, p. 344) que "no marco de uma sessão aberta ao público, os membros de uma agência se sentiriam reticentes ao expor seus pontos de vista na crença de que exporão perante o público sua ignorância ou incerteza com relação ao tema debatido, as diretrizes políticas ou o Direito". Por sua parte DAVIS; PIERCE (*Administrative Law Teatrise*. tomo I, nota 117) observa que os membros das agências "(...) tratam de disfarçar sua incerteza com esquivas discussões que impedem a troca franca, efetiva e informada de opiniões, essencial no ponto da tomada de decisão por parte de um corpo colegiado" (Cf. SACRISTÁN, Estela B. "Las sesiones abiertas *[open meetings]* no Direito Administrativo norte-americano como forma de propaganda dos atos estatais".Tese apresentada na Carreira de Especialização em Direito Administrativo Econômico da Pontifícia Universidade Católica Argentina, Buenos Aires, 1998, p. 33).

[1080] "La participación de los administrados en las funciones administrativas". In: ALONSO OLEA, Manuel (coord.). *Homenaje a Segismundo Royo Villanova*. Madrid: Moneda y Crédito, 1977.

[1081] BERMEJO VERA, José. "La participación de los administrados en los órganos de la Administración Pública". In: MARTÍN-RETORTILLO BAQUER, Lorenzo (coord.). *La protección jurídica del ciudadano*: estudios en homenaje al profesor Jesús González Pérez. tomo I. Madrid: Civitas, 1993. p. 645.

[1082] NIETO, Alejandro. *La organización del desgobierno*. Barcelona: Ariel, 1994.

CAPÍTULO VII – OS NOVOS DIREITOS E GARANTIAS

pelo sistema representativo constitucional e sua consequente interdição (art. 22 da CN), as que principalmente dizem respeito ao nosso tema (mesmo que a classificação não é taxativa) são as seguintes:

- Funcional ou organizativa;
- Consultiva ou vinculante (decisória);
- Com relação ao âmbito territorial, a participação pode ser qualificada como federal ou local (provincial ou municipal), sem prejudicar as fórmulas mistas de coparticipação;
- Individual ou coletiva;
- Prevista como procedimento de realização obrigatória ou discricionária e nos diferentes níveis do procedimento de decisão;
- Estabelecida em função da representação de interesses ou como alternativa institucional.[1083].

Vejamos, a seguir, a projeção de algumas dessas formas em dois aspectos que o Direito Administrativo argentino propõe, com base no processo de privatizações levado a cabo, que produziu uma das transformações mais extraordinárias na estrutura do Estado.

VII.5.1.1 Direitos individuais e coletivos. A participação das associações defensoras de usuários

A categoria dos usuários, comumente denominados *"clientes"* pelas empresas concessionárias (impulsionadas pela necessidade de criar vínculos mais pessoais e efetivos), adquiriu, graças à reforma de 1994, carta de cidadania constitucional. Nesse sentido, o art. 42 da CN, consagra dois tipos de direitos.

[1083] O conteúdo dessas formas de participação está exposto no estudo de BERMEJO VERA ("La participación de los administrados en los órganos de la Administración Pública". In: MARTÍN-RETORTILLO BAQUER, Lorenzo (coord.). *La protección jurídica del ciudadano:* estudios en homenaje al profesor Jesús González Pérez. tomo I. Madrid: Civitas, 1993, p. 642 ss.).

415

VII.5.1.1.1 Direitos individuais

1) A referida norma constitucional estabelece que, na relação de consumo, os usuários têm direito "(...) à proteção de sua saúde, segurança e interesses econômicos; à informação adequada e verdadeira, à liberdade de escolha e a condições de tratamento equitativo e digno" (art. 42, 1ª parte da CN).

Trata-se do reconhecimento constitucional de Direitos Humanos, cuja proteção judicial é prevista no art. 43 da CN, ao instituir a ação de amparo, na qual o sujeito legitimado para propô-la é o *"afetado"*, ou seja, a pessoa física ou jurídica que sofreu a lesão ou o dano de seus interesses pessoais e diretos.

Sem prejuízo, as pessoas afetadas dispõem de uma ampla gama de recursos administrativos e ações judiciais para obter a tutela efetiva de seus direitos lesados por atos dos poderes públicos, na relação de consumo que os vincula, em cada caso, com os concessionários ou licenciados.

VII.5.1.1.2 Direitos coletivos

A última parte do art. 42 da CN, prescreve que a legislação estabelecerá procedimentos eficientes para prever a *"(...) necessária participação das associações de consumidores e usuários e das províncias interessadas nos organismos de controle"*.

A partir do debate realizado no seio da Convenção Constituinte de 1994, infere-se claramente a existência de um consenso para estabelecer, na Constituição, uma fórmula aberta que liberasse à regulamentação legal o alcance desse direito. Esse foi, exatamente, o sentido que a conciliação entre as diferentes posições sustentadas pelos constituintes, que motivou que a maioria retirasse a exigência de que essa participação fosse consultiva, com o objetivo de unificar os critérios existentes, necessários para a aprovação da norma constitucional.[1084]

[1084] Ver: *Obra de la Convención Nacional Constituyente 1994.* tomo VI. Buenos Aires: Centro de Estudos Jurídicos e Sociais do Ministério de Justiça da Nação, 1997, p. 6010 ss., esp. p. 6028.

CAPÍTULO VII – OS NOVOS DIREITOS E GARANTIAS

Por outro lado, quem apoiou o projeto não pretendeu (como também surge a partir dos debates) que a participação dos usuários fosse estabelecida como uma representação que integrasse o diretório das respectivas autoridades reguladoras, tampouco há algo no preceito constitucional que estabeleça, de forma preceptiva, uma forma organizativa de participação, como é erroneamente defendido, a nosso juízo, por um setor da doutrina nacional.[1085]

Consequentemente, a lei que regulamenta o art. 42 da CN permite que a regulamentação opte por qualquer das tipologias de participação das associações de usuários que surgem, tanto da doutrina, quanto da legislação comparada (e, logicamente, poderia estabelecer formas novas não conhecidas), com uma limitação dupla que emerge do sistema constitucional, pois enquanto o art. 42 da CN delimita a participação às associações de usuários (o que exclui as formas políticas ou associações vinculadas aos partidos políticos), qualquer participação que consagre a lei não pode alterar, como se viu, o núcleo do sistema representativo do governo tampouco a proibição contida no art. 22 da CN.

Pelo contrário, podemos incorrer no enfraquecimento do papel dos reguladores, além da diluição da responsabilidade dos membros da Diretoria e da gravitação excessiva dos interesses setoriais diretamente afetados sobre os interesses mais gerais ou comunitários, que muitas vezes se encontram representados pelo usuário potencial ou futuro, ao que não é justo sobrecarregar o peso econômico de decisões, cujo custo as atuais gerações de usuários devem suportar. A esse respeito, deve-se presenteter presente a necessidade de articular esta participação das associações de usuários de modo a não afetar o direito humano primordial proclamado pelo art. 42 da CN, o qual surge do princípio que impõe às autoridades o dever de fornecer à proteção do direito *"à qualidade e eficiência dos serviços públicos"*.

Essa norma, não suficientemente destacada até agora pela doutrina que se ocupou do assunto, faz a modernização e a melhora tecnológica

---

[1085] GORDILLO, Agustín. *Tratado de derecho administrativo*. 4ª ed. tomo II. Buenos Aires: Fundação de Direito Administrativo, 2000, pp. VI-31-32.

das prestações dos concessionários, a regulamentação tarifária com o menor custo possível vinculado a determinados "padrões" de qualidade técnica e uma razoável rentabilidade, já que os prestadores agem impulsionados pelo legítimo objetivo de maximizar seus lucros na medida compatível com os fins dos serviços que prestam como colaboradores do Estado.

VII.5.1.2 O regime de audiências públicas dos órgãos reguladores

Embora não exista, no nível constitucional, nenhuma norma que o recepcione, o procedimento de audiência pública[1086] foi instaurado em nosso país no âmbito dos órgãosdos órgãos reguladores do gás[1087], eletricidade[1088] e telecomunicações.[1089]

Trata-se de um procedimento administrativo *strictu sensu* e os princípios que o norteiam podem se resumir na publicidade, transparência[1090] e participação. Por sua vez, esses princípios se projetam ao regime que requer a oralidade e a imediação, o informaliísmo, o contraditório, a imparcialidade e um adequado reconhecimento da legitimação dos participantes (concessionários ou licenciados, usuários, contratados, funcionários públicos, etc.).

As audiências públicas podem ser prévias a um ato de alcance particular (e, em alguns casos, de natureza " quase jurisdicional")[1091],

---

[1086] Sustentou-se que a expressão "audiência pública" é equivocada em seu significado, já que, em alguns casos, designa as formalidades através das quais as partes de um procedimento acedem a atuação da garantia constitucional da inviolabilidade da defesa em juízo (art. 18, da CN), enquanto em outros, refere-se a certas formalidades de participação dos interessados no processo de exercício do poder regulamentar por parte dos órgãos investidos nela. Somente neste último caso, caberia considerá-la, rigorosamente, como técnica participativa (HUTCHINSON, Tomás. "Algunas consideraciones sobre las audiencias públicas [una forma de participación ciudadana]". em *Jornadas jurídicas sobre o serviço público de eletricidade*, Buenos Aires, 1995, p. 333 ss.).

[1087] Art. 6º, 16, 18, 29, 46, 47, 67 e 68, Lei n. 24.076.

[1088] Art. 11, 32, 46, 73 e 74, Lei n. 24.065.

[1089] SC res. 57/1996, BO, 3.9.1996.

[1090] Ver: LASSERRE, Bruno; LENOIR, Noëlle; STIRN, Bernard; *A transparence administrative*. Paris : Presses Universitaires de France, 1987.

[1091] Art. 11, 32, 73 e 74, Lei n. 24.065, e 6º, 16, 18, 29, 67 e 68, Lei n. 24.076.

CAPÍTULO VII – OS NOVOS DIREITOS E GARANTIAS

ou melhor, integrar os procedimentos para ditar ou modificar normas regulamentares.[1092]

Na doutrina administrativa, postulou-se a obrigatoriedade de observar esse procedimento em todos aqueles casos nos quais fosse necessário conferir a oportunidade de defesa aos afetados pelo ato ou projeto a ser tratado.[1093]

Por outro lado, a jurisprudência[1094] considerou que com a nova redação do art. 42 da CN, o art. 30, Dec.n. 1185/1990 – por conferir à Comissão Nacional de Telecomunicações *a faculdade* de celebrar uma audiência pública sobre aspectos de grave repercussão social – deveria ser interpretado como *obrigatório* para a Administração, já que "(...) a realização de uma audiência pública não só comporta uma garantia de razoabilidade para o usuário e um instrumento idôneo para a defesa de seus direitos, um mecanismo para a formação de consenso da opinião pública, uma garantia de transparência dos procedimentos e um elemento de democratização do poder, como também – no que realiza *sub examine* – resultaria em uma via com a qual os usuários poderiam contar, a fim de exercer seu direito de participação nos termos previstos no citado art. 42 da CN, antes de uma decisão transcendente".

[1092] Art. 46 e 48, Lei n. 24.065, e 46 e 47, Lei n. 24.076. COMADIRA, Julio R. "Reflexiones sobre la regulación de los servicios privatizados (com especial referência ao Enargas, ENRE, da CNT e ETOSS)". In: *Derecho administrativo*. Buenos Aires: Abeledo Perrot, 1996, p. 249.

[1093] GORDILLO, Agustín. *Tratado de derecho administrativo*. 4ª ed. tomo II. Buenos Aires: Fundação de Direito Administrativo, 2000, pp. X-12. Entretanto, no Direito norte-americano, a jurisprudência da Suprema Corte estabeleceu a doutrina segundo a qual o direito de participação ativa dos cidadãos não deriva da Constituição (por exemplo, In "City of Madison, Joint School District *versus* Wisconsin Employment Relations Commission", 429 *versus* 167, esp. p. 178 [1976] citado por SACRISTÁN, Estela B. "Las sesiones abiertas *[open meetings]* no Direito Administrativo norte-americano como forma de propaganda dos atos estatais".Tese apresentada na Carreira de Especialização em Direito Administrativo Econômico da Pontifícia Universidade Católica Argentina, Buenos Aires, 1998, p. 19).

[1094] C. Nac. Cont. Adm. Fed., Sala, IV, *in re* "Youssefian, Martín *versus* Secretaría de Comunicaciones", do dia 23.6.1998.

Sem prejuízo de se julgar a importância que representa o art. 42 da CN para os direitos dos usuários, consideramos que não é possível estender a obrigatoriedade da celebração de audiências públicas aos casos nos quais a norma de caráter legal ou regulamentar não o disponha em caráter expresso.[1095]

A partir da adoção da tese contrária, produzir-se-ia uma insegurança jurídica com relação às decisões que a autoridade reguladora adotar em matéria de serviços públicos, já que todas as resoluções que foram tomadas poderiam ser invalidadas.

Assim sendo, se a Administração se omite e não leva a cabo uma audiência pública mesmo quando ela foi expressamente exigida pelo ordenamento, o ato ou regulamento emitido sob tais circunstâncias será nulo de nulidade absoluta, por violação ao elemento forma do ato administrativo, que requer cumprimento dos procedimentos essenciais previstos para sua emissão.[1096]

Idêntica solução corresponderá no caso de o ato que for ditado posteriormente à realização da audiência, carecer de motivação adequada, quando não valore a prova produzida ou não trate, expressamente, de todos os fatos levados a seu conhecimento.[1097]

VII.6 O direito de reunião

Consubstancial à democracia, o direito de reunião está associado a outros direitos constitucionais (v.g., de petição, de se associar com fins úteis, de expressar ideias, de transitar, etc.) dos quais constitui uma derivação necessária, mesmo que, a rigor, vincule-se estreitamente ao princípio da soberania do povo e à forma republicana de governo.[1098]

[1095] Nesse mesmo sentido, FONROUGE, Máximo J. "Las audiencias públicas". *ReDA*, Buenos Aires: Depalma, n. 24-26, 1997, ponto 1. pp. 185/186.

[1096] *Cf.* art. 7º, inc. d), e 14, inc. b), LNPA. Neste ponto, deve-se levar em consideração que a forma do ato integra-se não apenas com as formas de integração da vontade, mas também com aquelas referidas ao procedimento de formação da referida vontade e com as formas de propaganda.

[1097] *Cf.* art. 41 da SC, res. 57/1996.

[1098] Sentenças 207:251 (1947).

CAPÍTULO VII – OS NOVOS DIREITOS E GARANTIAS

Embora a doutrina o tenha considerado como sendo um direito constitucional no enumerado ou implícito[1099] decorrente do art. 33 da CN, a partir da reforma da Constituição de 1994, que atribui hierarquia constitucional à Convenção Americana sobre Direitos Humanos, cabe incluí-lo entre os novos direitos.

Com efeito, o respectivo preceito da CADH reconhece o direito de reunião sob a única condição de que seja exercido de forma pacífica e sem armas e, ao mesmo tempo, prevê que só pode estar sujeito às condições previstas pela lei "(...) as que sejam necessárias em uma sociedade democrática, no interesse da segurança nacional, da segurança ou da ordem pública, ou para proteger a saúde ou a moral públicas ou os direitos ou liberdades dos demais".[1100]

Não cabe sustentar, portanto, o reconhecimento de um direito constitucional indiscriminado e irrestrito ao protesto, mas do direito a se reunir de forma privada ou pública. Naturalmente que, para realizar reuniões privadas, a autorização por parte das autoridades não é exigida. Por outro lado, a realização de reuniões públicas requer autorização prévia da autoridade policial, que deve ser efetuada com oito dias de antecedência.[1101]

O princípio que impera, nessa matéria, é o da não afetação dos direitos de terceiros (art. 19 da CN), e mesmo que o sistema da Constituição, a princípio, se revele favorável ao exercício das liberdades, elas não devem ser realizadas em oposição às liberdades dos demais cidadãos. Impõe-se, portanto, a teoria da harmonização dos direitos que estamos preconizando desde os primeiros ensaios, considerando que, a princípio, os direitos constitucionais não são absolutos (exceto o direito à vida e seus derivados) e se encontram sujeitos a regulamentações razoáveis.

Contudo, o exercício do direito de reunião não deve ser confundido com os meios violentos de ação direta (bloqueios de estradas,

---

[1099] BIDART CAMPOS, Germán J. *Tratado elemental de derecho constitucional argentino*. Tomo I. Buenos Aires: Ediar, 2001, p. 304.

[1100] CADH, art. 15.

[1101] Lei n. 20.120.

piquetes, etc.) que afetem o transporte ou o simples deslocamento dos cidadãos, os quais configuram delitos contra a segurança do trânsito e dos meios de transporte e de comunicação, condenados pelo Código Penal.[1102]

VII.7 O direito à saúde

Derivado do direito à vida e do princípio da dignidade da pessoa humana[1103], o direito à saúde abriu caminho como sendo uma emanação da justiça distributiva, como parte da concepção mais moderna (mesmo tendo mais de um século de vigência) da justiça social.[1104] Um primeiro reconhecimento implícito refletiu-se no art. 14 bis da Constituição (reformada em 1957), ao consagrar a obrigatoriedade do seguro social como exigência constitucional.

Mais tarde e com base na recepção do Pacto Internacional sobre Direitos Econômicos, Sociais e Culturais de Nova York (1966), em nosso ordenamento constitucional após a reforma da Constituição em 1994, o direito à saúde adquiriu supremacia constitucional sobre as leis e os diversos atos que emanam da Administração Pública.

O referido Pacto reconhece o direito de toda pessoa a desfrutar "do mais alto nível possível de saúde física e mental", encontrando-se os Estados parte da Convenção obrigados a adotar uma série de medidas (v.g., prevenção e tratamento de todo tipo de doença e criação de condições que garantam assistência e serviços médicos), tendentes a assegurar "a plena efetividade desse direito".[1105] O preceito do Pacto traduz-se no dever que impõe na liderança dos Estados de garantir a efetividade das políticas estatais, inclusive mediante ações positivas.

[1102] Art. 190 a 196 do Código Penal.
[1103] MORELLO, Augusto M. "El derecho fundamental a la vida digna". *El Derecho*, 24.11.2000.
[1104] Ver: MONTEJANO, Bernardino; LIMA, Susana, M. R.; "Bien común, formas de justicia y solidaridad". *El Derecho*, 80-575.
[1105] Art. 12 do Pacto Internacional sobre Direitos Econômicos, Sociais e Culturais.

CAPÍTULO VII – OS NOVOS DIREITOS E GARANTIAS

Em um caso resolvido pela Suprema Corte analisou-se, como objeto de uma ação de amparo, a pretensão da mãe de um menor que apresentava uma doença grave, que exigia determinadas doses de uma medicamento que a assistência social se negava a fornecer.

A decisão da Corte, apesar de declarar que a responsabilidade do Estado era subsidiária da assistência social, considerou que a mesma era primária e principal, tanto na coordenação das políticas sanitárias, quanto na supervisão e fiscalização das prestações das assistências sociais. Definitivamente, sustentou que o Estado, através do ministério da Segurança e Ação Social, era obrigado a fornecer o remédio, devido à urgência do caso, quando as assistências sociais não cumpriam a prestação tendente a preservar a saúde de uma pessoa.[1106]

Não devemos esquecer as dificuldades que implicam a maximização do direito à saúde frente às disponibilidades financeiras dos Estados e das obras sociais. De qualquer forma, o art. 2, parágrafo primeiro do Pacto Internacional sobre Direitos Econômicos, Sociais e Culturais prevê o princípio de "realização progressiva" de todos os direitos reconhecidos no referido tratado internacional, destinando "o máximo dos recursos dos quais dispõe" para alcançar sua plena efetividade, mediante medidas legislativas e administrativas suscetíveis de controle judicial de razoabilidade, o qual deverá ponderar a existência ou não de opções possíveis para cumprir com as prestações de saúde.[1107]

Nesse sentido, o direito de greve irrestrito e absoluto nos hospitais públicos encontra-se em conflito com o direito à saúde[1108], já que impede que Estado cumpra com as prestações relativas à vida e à dignidade

---

[1106] *In re* "Campodónico de Beviacqua", Sentenças 323:3229 (2000).
[1107] Ver: CORVALÁN, Juan Gustavo. "Amparo y salud pública en la Ciudad de Buenos Aires". *In*: GHAZZANOUI, Ramsis (coord.). *Constitución, derecho administrativo y proceso*: vigencia, reforma e innovación. XVII Jornadas Centenárias do Colégio de Advogados de Carabobo, Fundação de Estudos de Direito Administrativo (FUNEDA), Carácas, 2014, pp. 610/611.
[1108] CASSAGNE, Juan Carlos. "El derecho a la salud y la huelga en los hospitales públicos". *In: El derecho a la salud*. Academia Nacional de Direito e Ciências Sociais, Série II, Obras número 31, Buenos Aires, 2007, p. 65 ss.

das pessoas e, em uma situação semelhante, encontram-se os hospitais e clínicas particulares. Ainda que, tecnicamente, não constituam serviços públicos de natureza econômica, mas serviços sociais, impõe-se, igualmente, o princípio da continuidade que caracteriza os primeiros. Em tais casos, o exercício do direito de greve encontra-se subordinado ao bem comum e as políticas estatais de todos os países o submetem a uma forte regulamentação a qual, quando a saúde da população estiver em jogo, costuma-se prever que os serviços mínimos equivalham aos máximos possíveis, conforme as circunstâncias de cada estabelecimento e as necessidades que satisfaz; sem deixar de esgotar os meios para coordenar[1109] e harmonizar os diferentes interesses em jogo.

VII.8 Problemática da legitimação nos processos administrativos

A grande conquista do direito administrativo do século XX, no plano processual, foi a de ter montado um sistema (a cargo dos juízes ou tribunais administrativos independentes) de controle dos atos da Administração Pública e outros órgãos do Estado que realizam atividades de natureza administrativa ou normativa.

Sem a organização efetiva desse controle, a teoria da separação de poderes teria permanecido relegada a uma simples divisão de funções e a liberdade das pessoas, junto com os demais direitos fundamentais, e não teria passado da categoria das declarações de direitos não operacionais.

Nesse sentido, existe uma última conexão entre legitimação e política – no conceito pleno desta última – levando em consideração que o sistema processual, que consagra as regras de acesso à justiça, constitui um tipo de receptáculo que alberga as mais variadas motivações e ideias referentes às relações entre o Estado e as pessoas privadas, em meio a uma dialética que apresenta uma tensão, em grande parte, irredutível.

Essa tensão, que se encontra subjacente, não só se produz entre autoridade e liberdade, mas, fundamentalmente, no campo do subjetivo

---

[1109] CA, parágrafo 25.

CAPÍTULO VII – OS NOVOS DIREITOS E GARANTIAS

e do objetivo, como formas de proteção dos direitos e de realização da justiça material.

A solução desse intrincado problema não parece estar destinada a ilustrar apenas uma discussão teórica e abstrata. Pelo contrário, tem a ver com as possibilidades reais de proteção, tanto dos direitos privados, como de interesse público, porque a legitimação constitui uma das principais válvulas de abertura do processo contencioso administrativo.

Entretanto, essa válvula pode se converter em uma arma de defesa para a proteção dos direitos ou em um obstáculo para impedir o exercício dos direitos. Esse é, exatamente, o grande dilema que a legitimação[1110] apresenta e, como em muitas outras questões, a principal dificuldade reside em manter o equilíbrio entre uma postura aberta ao acesso à jurisdição e os meios humanos e materiais com que cada sistema conta para realizar a justiça.

Porque não pode haver qualquer dúvida de que o ideal seria que qualquer habitante estivesse legitimado *ab initio* para promover um processo contra o Estado, da mesma forma que se não tiver direito tutelado pelos juízes, eles o reconheçam ou neguem no momento de proferir a sentença, sem bloquear seu acesso à jurisdição.

Entretanto, conforme destacou Mairal[1111], trata-se de "racionar um produto escasso", já que, enquanto a quantidade de tribunais é limitada, o número de cidadãos e, especialmente, de ações dedutíveis, é infinitamente superior às possibilidades de qualquer sistema para administrar esse escasso recurso.

Por sua vez, em nosso sistema, por um imperativo constitucional o poder judiciário só é habilitado a resolver casos[1112], o que requer a

---

[1110] CASSAGNE, Juan Carlos. "La legitimación activa de los particulares en el proceso contencioso administrativo". *El Derecho*, 120-979.

[1111] MAIRAL, Héctor A. "La legitimación en el proceso contencioso administrativo". *Control de la Administración Pública*. Buenos Aires: RAP, 2003, p. 111 ss., reproduz uma frase bastante expressiva, emitida por um tribunal norte-americano "(...) cada processo que está em um tribunal é análogo a uma cama ocupada no hospital: há um número de camas que pode ser ocupado, e não mais, da mesma forma que há um número de processos com os quais se pode lidar, e não mais" (*op. cit.* p. 112).

[1112] Art. 116 da CN.

presença de uma controvérsia real entre partes que afirmam e contestam suas pretensões sobre direitos que consideram protegidos pelo ordenamento e a configuração de um agravo concreto que recaem sobre o autor,[1113] sendo indiscutível que esse princípio se projeta tanto ao direito federal quanto ao provincial ou local.

Foi dito também que nessa questão incide a visão que preferimos ter do poder dejudiciário, de acordo uma postura que nos leva a optar entre um sistema no qual os juízes decidem apenas através de sentenças com efeitos *inter partes* e outro, em que o poder judiciário age como órgão político, desdobrando sua atividade mediante sentenças com efeitos *erga omnes,* cujos alcances não se limitam às partes na causa, mas se projetam a terceiros.

Na realidade, embora coincida com as consequências desvaloradas, que provoca a falta de regulamentação dos processos coletivos e dos efeitos das sentenças que suspendem ou invalidam atos de alcance geral, a incidência que provoca a ampliação do acesso à justiça, gerando a sobrecarga de trabalho no tribunal, resulta ser maior do que as consequências de aceitar o critério que limita os efeitos das sentenças de invalidação de um ato geral apenas às partes da controvérsia.[1114] Isso é assim na medida em que aqueles que não fizeram parte no processo deverão promover um juízo separado, com o aumento consequente da litigiosidade, fartando os tribunais de causas idênticas ou com pretensões processuais semelhantes.

Isso indica, claramente, que a solução deve ser encontrada de outra forma, fundamentalmente na organização dos processos coletivos, sem reter o acesso à justiça mas, ao mesmo tempo, sem cair nos inconvenientes constitucionais e práticos apresentada pela generalização de um tipo de ação popular, como está ocorrendo, em muitos casos, com os processos de amparo

---

[1113] Sentenças 302:1666.

[1114] Em sentido contrário: MAIRAL, Héctor A. "La legitimación en el proceso contencioso administrativo". *Control de la Administración Pública.* Buenos Aires: RAP, 2003, p. 116.

CAPÍTULO VII – OS NOVOS DIREITOS E GARANTIAS

VII.8.1 Tendências atuais em matéria de legitimação

A necessidade de que todos os interesses das pessoas tivessem mecanismos adequados de acesso à justiça, com base na consolidação do princípio da tutela jurisdicional efetiva, ampliou o campo da legitimação processual, aceitando-se que outras situações jurídicas, além do direito subjetivo e do interesse legítimo, pudessem ser invocadas – pelas pessoas afetadas – para fazer parte de um processo concreto. Como exemplo, consideremos que, em nível nacional estabeleceu-se o direito de solicitar, acessar e receber informações, não sendo necessário atribuir direito subjetivo e nenhum interesse legítimo.[1115]

Em alguns casos, essa ampliação pode oferecer resultados saudáveis. Não obstante, sua adoção ilimitada pode terminar quebrando – como ocorreu, em certas ocasiões e em alguns sistemas como o espanhol e o argentino – os vínculos que unem os mecanismos de legitimação processual à configuração de determinadas situações subjetivas, deslocando-se, dessa forma, o eixo em que se baseava o critério central da categorização clássica.

Dessa forma, o centro da teoria do direito subjetivo passou da proteção dos poderes jurídicos substanciais e ainda reacionais[1116] à tutela das situações de vantagem, assim como à reparação das lesões provocadas pelo Estado, nos direitos das pessoas.

De outro ângulo, um setor da doutrina nacional propiciou a eliminação da distinção entre direito subjetivo e interesse legítimo, defendendo que sempre que o administrado possa invocar a ruptura das regras da justiça distributiva desfavoravelmente a si estarási, estará legitimado

---

[1115] Decreto n. 1172/03, Anexo VII, art. 6º.

[1116] A tese dos direitos reacionais, elaborada na Espanha por GARCÍA DE ENTERRÍA e FERNÁNDEZ, representou, na época, o embate mais sério proposto perante a noção clássica ao postular, definitivamente, a unidade da concepção do direito subjetivo, superando as antigas fragmentações (direito subjetivo, interesse legítimo, interesse pessoal e direto, direitos debilitados, etc.); ver: GARCÍA DE ENTERRÍA, Eduardo; FERNÁNDEZ, Tomás Ramón, *Curso de derecho administrativo*. 10ª ed. Madrd: Thomsom Civitas, 2006, p. 44 ss.

para recorrer em sede ouadministrativa ou promover uma demanda judicial, sem que caiba distinguir o direito subjetivo e o interesse legítimo.[1117]

A distinção existe, nem tanto no plano da avaliação da *"coisa justa"* onde a pretensão processual pode chegar, inclusive, a ser equivalente (v.g., anulação do ato ou contrato) em ambas as situações jurídicas, mas na aptidão (legitimação) que amplia a possibilidade de ser parte de um processo concreto.[1118] A distinção pode ser feita, mesmo quando pode ser explicada por concepções diferentes[1119], embora as tendências atuais apontem para eliminá-la considerando que, definitivamente, toda situação que informa utilidade, proveito ou vantagem a favor de uma pessoa, constitui, no fundo, um verdadeiro direito subjetivo.[1120]

Em resumo, no que se refere aos efeitos da legitimação para propor ações judiciais, o que importa é a titularidade de um direito ou interesse reconhecido e tutelado pelo ordenamento jurídico[1121], e isso não implica instituir uma legitimação objetiva baseada, exclusivamente, na mera legalidade e, menos ainda, em uma ação popular a favor de

---

[1117] *Cf.* BARRA, Rodolfo Carlos. *Principios de derecho administrativo*. Buenos Aires: Ábaco, 1980, p. 273 ss. Ainda quando não compartilhamos os fundamentos da crítica do autor à concepção bipartida, não se pode deixar de reconhecer que ela também responde à realização do "justo objetivo", enquanto, longe de restringi-lo, amplia o campo da legitimação processual. Em nosso conceito, a legitimação provirá tanto da infração pela Administração das regras da justiça distributiva, quanto da justiça comutativa.

[1118] GONZÁLEZ PÉREZ, Jesús. *Derecho procesal administrativo*. tomo II. Madrid: Civitas, 1966, p. 267 ss.

[1119] Para uma resenha bastante completa das diversas teorias, ver: URRUTIGOITY, Javier. "El derecho subjetivo y la legitimación procesal administrativa". In: *Estudios de derecho público*. Buenos Aires: Depalma, 1995, p. 219 ss. Esse autor, a exemplo de Barra – entre outros – é partidário de se unificar ambas as categorias em uma única.

[1120] Ver: GONZÁLEZ PÉREZ, Jesús. "Las partes en el proceso administrativo". *Anales de la Real Academia de Ciencias Morales y Políticas*. Madrid: Real Academia de Ciências Morais e Políticas, 1997, pp. 24/25; GARCÍA DE ENTERRÍA, Eduardo. *Problemas del derecho público al comienzo del siglo*. Madrid: Civitas, 2001, p. 65 ss.

[1121] Como previsto no Código Contencioso Administrativo da Província de Buenos Aires (art. 13, CPCA).

CAPÍTULO VII – OS NOVOS DIREITOS E GARANTIAS

qualquer cidadão que invoque a única ilegalidade sem demonstrar a afetação ou lesão de um direito próprio do mesmo ou de um determinado círculo ou setor de interesses protegidos expressamente pelo ordenamento. A legitimação, mais do que uma aptidão ou capacidade, constitui a situação na qual o demandante se encontra em relação ao objeto de uma pretensão[1122] e o tipo de processo.

As dificuldades que apresentava, no plano da realidade, a utilização promíscua de diferentes concepções para qualificar o direito subjetivo e o interesse legítimo, bem como as outras situações jurídicas subjetivas ou objetivas, geraram a necessidade de superar as categorias tradicionais simplificando a técnica de legitimação processual.[1123]

Dessa forma, o conceito de legitimação não se transforma no eixo de uma corrida de obstáculos para acessar a justiça, mas ele atua como um elemento de contribuição para com a realização do princípio da *tutela jurisdicional efetiva,* ampliando o círculo da legitimação ativa e passiva ao titular de qualquer tipo de interesse que lhe proporcione vantagem ou benefício[1124], ou a compensação ou reparação de um prejuízo.

[1122] MARTINI, Juan Pablo. "El alcance de los conceptos de 'interés', 'derechos de incidencia colectiva' y 'legitimación'". *ReDA*, Buenos Aires: Depalma, n. 61, 2007, p. 731.

[1123] GRECCO, Carlos Manuel. *Impugnación de disposiciones reglamentarias.* Buenos Aires: Abeledo Perrot, 1988, p. 63 ss., destacou, na época, a conveniência técnica de eliminar "um dualismo que proporciona apenas confusão", sustentando que se deveria falar de "interesse tutelado", postura seguida no Código Processual Contencioso Administrativo da Província de Buenos Aires (art. 12).

[1124] *Cf.* JEANNERET DE PÉREZ, María Cortés. "La legitimación del afectado, del Defensor del Pueblo y de las asociaciones. La reforma constitucional de 1994 y la jurisprudencia". *El Derecho.* Suplemento de Direito Administrativo de 29.4.04. *Cf.*, mesmo assim, JEANNERET DE PÉREZ, María Cortés. "La legitimación del afectado, del defensor del pueblo y de las asociaciones. La reforma constitucional de 1994 y la jurisprudencia". *La Ley*, 2003-B, 1333-1355 e no Suplemento La Ley, da *Revista del Colegio Público de Abogados de la Capital Federal,* julho de 2003, n. 26; da mesma autora "Legitimación en el proceso contencioso administrativo", sua exposição nas Jornadas sobre direito processual administrativo. Universidade Católica Argentina, 1999, *In: RAP,* Buenos Aires: Ciências da Administração, 2000, n. 267, pp. 9-22; "Las partes y la legitimación procesal en el proceso administrativo". *In:* CASSAGNE, Juan Carlos (coord.). *Derecho procesal administrativo*: obra em homenagem a Jesús González Pérez.

Dessa forma, uma pessoa será portadora do direito que lhe abre acesso a um processo concreto para a satisfação de uma pretensão substantiva ou adjetiva, seja o direito puramente subjetivo ou objetivo-subjetivo, sob a condição de que concorram os requisitos de ilegitimidade e prejuízo ou lesão.

VII.8.2 Os elementos que configuram a legitimação processual ativa (ordinária e anômala ou extraordinária)

O ponto de equilíbrio da legitimação processual encontra-se nas condições que permitem configurar a existência da situação em que uma pessoa alega para fazer parte de um processo concreto, pois, como se pode ver claramente, na medida em que essas condições não constem exigíveis para acessar a justiça, ou simplesmente não existam como pressupostos da legitimação, o sistema se transforma em um tipo de justiça objetiva, generalizando a ação processual (que é basicamente subjetiva), como uma ação pública que qualquer cidadão pode propor, invocando a defesa da legalidade.

A análise dos textos constitucionais revela que essa não foi a finalidade do constituinte e que não existe nenhuma cláusula que estabeleça, de forma preceptiva, a ação popular. O art. 43 da CN também não a inclui em seu objeto, sendo que ao regular o processo de amparo estabelece legitimação processual ao afetado, sem prejudicar a legitimação extraordinária que se reconhece à Defensoria Pública e às organizações de usuários e consumidores.

A estrutura da legitimação ativa se arma a partir do reconhecimento de um direito próprio, imediato e concreto do litigante[1125], tal como foi reconhecido pela jurisprudência da Suprema Corte.[1126] Em

---

Buenos Aires: Hammurabi, 2004, pp. 461-511; "La legitimación y el control judicial. El alcance del control judicial del ejercicio de las funciones administrativas públicas". *Documentación administrativa*. Madrid: Instituto Nacional de Administração Pública, n. 269/270, 2004, pp. 7-27.

[1125] Ver GARCÍA PULLÉS, Fernando R. *Tratado de lo contenciosoadministrativo*. tomo II. Buenos Aires: Hammurabi, 2004, pp. 556/557, e jurisprudência ali citada.

[1126] "Zaratiegui, Horacio y otros contra Estado Nacional s/ nulidad de acto legislativo", *Sentenças,* 311:2580 (1988), cons. 3º; "Lorenzo, Constantino contra Nación argentina",

CAPÍTULO VII – OS NOVOS DIREITOS E GARANTIAS

outras palavras, salvo nos casos de legitimação anômala[1127] (que analisaremos mais adiante), o direito que o litigante ativo invocar não pode ser alheio, mediato tampouco abstrato, mas pertencente ao seu círculo de interesses, a sua zona vital, conforme a jurisprudência[1128] já decidiu algumas vezes.

Esse primeiro requisito se completa com um segundo, representado pela exigência de que se alegue, com base em fundamentos do fato e de direito, com suficiente força de convicção, a configuração, em seu caso, de uma lesão ou prejuízo do grupo de pessoas, titular ou titulares.

O terceiro elemento da legitimação ativa é constituído pela ilegalidade, ou melhor dizendo, ilegitimidade da conduta estatal ou pública questionada no processo.[1129]

Definitivamente, para justificar a legitimação ativa ordinária exige-se a presença de um direito próprio, imediato e concreto vinculado a um "cordão umbilical" representado por uma união ou vínculo entre ilegalidade (ou ilegitimidade) e prejuízo.[1130]

Por outro lado, com base na última reforma constitucional (art. 43 e 120 da CN), admitem-se uma série de sujeitos legitimados que pertencem à figura que se conhece no Direito Processual Civil com o nome de "legitimação anômala ou extraordinária"[1131], no sentido de que

---

Sentenças, 307:2384 (1985), cons. 4º, recopilados por Estela B. SACRISTÁN no artigo citado no n. 50.

[1127] Casos reconhecidos no art. 43 da CN.

[1128] Ver da CNACAF, Sala III, "Schoeder J. contra EN" de 08.9.94, *La Ley*, 1994-E, 449.

[1129] Fizemos a sistematização desses requisitos levando-se em conta o excelente artigo de Estela B. SACRISTÁN, intitulado "Notas sobre legitimación procesal en la jurisprudencia norteamericana y argentina". *In*: BAZÁN, Victor (coord.). *Defensa de la Constitución? garantismo y controles. Libro en reconocimiento al Dr. Germán J. Bidart Campos.* Buenos Aires: Ediar, 2003, p. 381 ss.

[1130] CNACF, sala V *in re* "Consumidores Libres Coop. Ltda. contra Estado Nacional" de 20/10/95, *in* LL 1995-E, 469 com nota nossa, CASSAGNE, Juan Carlos. "De nuevo sobre la legitimación para accionar en el amparo". *La Ley*, 1995-E, 469-471.

[1131] PALACIO, Lino E. *Derecho procesal civil*. 2ª ed. tomo I. Buenos Aires: Abeledo Perrot, 1986, p. 407.

o ordenamento reconhece a aptidão de determinados sujeitos para fazer parte de processos judiciais nos quais invocam a defesa dos interesses alheios, como são as organizações de usuários e consumidores[1132] (mesmo que também possam representar um interesse próprio e comum), a Defensoria Pública[1133] e o Ministério Público.[1134]

Em tais casos, epara justificar a legitimação anômala, é necessário comprovar a configuração do interesse alheio pelo qual se defende (com todos os seus requisitos, como o caráter imediato e concreto do interesse, bem como o prejuízo concreto ou a lesão específica)[1135] e não a mera ilegalidade ou ilegitimidade da atuação administrativa, salvo se o ordenamento assim precreva naqueles casos em que se configura uma ação pública, como acontece no direito espanhol em matéria urbanística e de proteção do patrimônio histórico, e entre nós, na legislação de proteção do meio ambiente.[1136]

[1132] O art. 43 da CN estabelece que poderão interpor ação de amparo, contra qualquer forma de discriminação e no relativo aos direitos que protegem o meio ambiente, a concorrência, o usuário e o consumidor, bem como os direitos de incidência coletiva em geral "(...) as associações que têm propensão a esses fins, registradas conforme a lei, a qual determinará os requisitos e formas de sua organização".

[1133] O art. 86, da CN, diz que a Defensoria Pública tem legitimição processual, enquanto o art. 43 da CN estabelece que o referido organismo poderá interpor ação de amparo contra "(...) qualquer forma de discriminação e no que se refere aos direitos que protegem o meio ambiente, a concorrência, o usuário e o consumidor, bem como os direitos de incidência coletiva em geral (...)".

[1134] Dessa forma, conf. a Lei n. 24.946, art. 25, inc. l), compete ao Ministério Público "velar pela defesa dos direitos humanos nos estabelecimentos carcerários, judiciais, de polícia e de internação psiquiátrica, a fim que os reclusos e internados sejam tratados com o devido respeito a sua pessoa, não sejam submetidos a torturas, tratamentos cruéis, desumanos ou degradantes e tenham oportuna assistência jurídica, médica, hospitalar e as demais que se revelem necessárias para o cumprimento do referido objeto, promovendo as ações correspondentes quando se verifique violação", pois poderia agir invocando a defesa dos referidos direitos.

[1135] No ponto da legitimação da Defensoria Pública, podem-se consultar: ROCHA PEREYRA, Gerónimo. "La interpretación judicial sobre la legitimación del Defensor del Pueblo". *EDA*, 2004, pp. 404-425, esp. pp. 418-420; GUIRIDLIAN LAROSA, Javier. "La legitimación del Defensor del Pueblo y el caráter expansivo de los efectos de la sentencia en un reciente caso jurisprudencial". *RAP*, Buenos Aires, n. 290, 2002, p. 47 ss.; NAPOLI, Sergio. "La legitimación procesal del Defensor del Pueblo". *REDA*, Depalma: Buenos Aires, n. 44,

[1136] Lei n. 25.675, art. 30 *in fine*.

CAPÍTULO VII – OS NOVOS DIREITOS E GARANTIAS

Entretanto, com exceção de tais casos e de outros que a Constituição ou as leis consideram que sejam dignos desse tipo de proteção, os legitimados anômalos não têm permissão para promover ações públicas e devem comprovar a legitimação que invocam, a fim de fazer parte de um processo concreto, em uma causa ou controvérsia, como exigido no art. 116 da CN, quando determina a competência da justiça federal.

De outro modo, seria introduzido um elemento de bloqueio no sistema de separação de poderes[1137], suscetível de obstruir ou impedir a ação dos órgãos executivo e legislativo dentro do equilíbrio constitucional, com a consequente "judicialização" da política que os governos realizam, especialmente no campo dos serviços públicos.

VII.9 Os direitos de incidência coletiva e o amparo constitucional

A Constituição reformada de 1994 consagra, como uma novidade de nosso ordenamento jurídico, a ampliação do amparo judicial para os chamados direitos de incidência coletiva (art. 43 da CN). Essa ampliação da figura do amparo se insere em uma corrente mundial que se caracteriza por sua expansiva força global, constituindo o mecanismo que "maior protagonismo" teve na tutela dos direitos fundamentais.[1138]

A fórmula constitucional abrange tanto os titulares de direitos subjetivos (v.g., a pessoa que sofre um dano ambiental concreto e

---

[1137] Ver BARRA, Rodolfo C. "La Corte Suprema de Justicia de la Nación y la separación de poderes".*La Ley,* 1993-E, pp. 796-805, esp. 800; BARRA, Rodolfo C. "La legitimación para accionar. Una cuestión constitucional". *In:* CASSAGNE, Juan Carlos (coord.). *Derecho procesal administrativo*: obra em homenagem a Jesús González Pérez. tomo I. Buenos Aires: Hammurabi, 2004, pp. 543-635. É da mesma têmpera a doutrina norte-americana emanada de um juiz atual da Suprema Corte dos Estados Unidos: SCALIA, Antonin. "The Doctrine of Standing as an Essential Element of the Separation of Powers".*Suffolk Law Review,* vol. 17, 1983, p. 881 ss.

[1138] CORVALÁN, Juan Gustavo. "Amparo y salud pública en la Ciudad de Buenos Aires". *In:* GHAZZANOUI, Ramsis (coord.). *Constitución, derecho administrativo y proceso:* vigencia, reforma e innovación. XVII Jornadas Centenárias do Colégio de Advogados de Carabobo, Fundação de Estudos de Direito Administrativo (FUNEDA), Carácas, 2014, p. 605.

determinado), quanto os direitos subjetivos não patrimoniais[1139], ou melhor, os direitos de incidência coletiva, variando o reconhecimento da legitimação em cada caso.

Quando se trata da violação de um direito subjetivo (inclusive do chamado interesse legítimo), a qualidade para promover o processo corresponde ao "afetado" (art. 43, 2ª parte da CN), que é a pessoa que sofre concretamente a lesão ou ameaça de prejuízo, a qual, por sua vez, precisa comprovar a ilegalidade ou arbitrariedade manifestada do ato lesivo (art. 43, 1ª parte da CN).

Por outro lado, nele reside a principal inovação constitucional, a proteção dos direitos de incidência coletiva é realizada através de uma ampliação da base de legitimação a favor de pessoas que não se encontram pessoalmente afetadas pelo ato lesivo, como o Defensor Público e as associações que promovem a defesa desse tipo de direito (de incidência coletiva), o que não implica consagrar uma ação estritamente objetiva, já que, em todos os casos, deverá ser comprovada tanto a arbitrariedade ou ilegalidade manifestadas, quanto a lesão ou ameaça de lesão a esses direitos concretos das pessoas, em um caso ou controvérsia, a fim de evitar que se possa incorrer, em determinados casos, em situações afins ao sistema corporativista, oposto ao modelo do Estado de Direito republicano, representativo e democrático, desenhado pela Constituição.[1140]

VII.10 A tutela da legalidade e a ação popular

A tutela da legalidade passou por diferentes fases na evolução dos mecanismos processuais de proteção no direito comparado. O sistema mais clássico inicia-se no direito francês, com o recurso por excesso de poder que exigia, como requisito de seriedade para sua abertura, a configuração de um interesse pessoal e direto, o que levou a discussões

---

[1139] Ver: GAMBIER, Beltrán; LAGO, Daniel. "El medio ambiente y su reciente recepción constitucional". *In:* CASSAGNE, Juan Carlos (coord.). *Estudios sobre la reforma constitucional.* Buenos Aires: Depalma, 1995, pp. 1-19.

[1140] Como destaca TAWIL, Guido S. *Administração e Justiça:* alcance do controle judiciário da atividade administrativa. tomo II. Buenos Aires: Depalma, 1993, p. 81.

CAPÍTULO VII – OS NOVOS DIREITOS E GARANTIAS

intermináveis sobre o caráter objetivo ou subjetivo desse tipo de processo contencioso-administrativo. Entre os antecedentes que podemos mencionar, sem esquecer o ridículo processo sem partes promovido pelo nazismo, cabe mencionar o processo de impugnação judicial de regulamentos do direito espanhol e, inclusive, nosso inorgânico regime previsto no art. 24 da LNPA até os processos de amparo na América Latina, que são os que encarnaram, como maior eficácia e amplitude, a defesa da legalidade e o questionamento da arbitrariedade, especialmente da Administração Pública.

Como consequência das novas ideias sobre a transposição de uma democracia representativa a um do tipo participativo ou semidireta[1141], confiou-se a tutela genérica da legalidade a determinados órgãos independentes, já que pertencem ao Estado *lato sensu* (v.g., Defensoria Pública) ou melhor, são alheios ao mesmo quando, por tenhamexemplo, tenham por objeto a defesa de interesses públicos gerais ou setoriais (v.g., órgãos não governamentais).

No sistema representativo instaurado pela Constituição de 1853, a tutela da legalidade, no âmbito administrativo, correspondia, em princípio, ao Estado através de diversos órgãos (v.g., Procurador do Tesouro, quando promovia denúncias ou ações de lesividade ou ao Ministério Público, em matéria penal).[1142]

Mesmo quando da vigência desse esquema constitucional, a reforma de 1994 e o ordenamento legislativo ampliaram a tutela da legalidade em dois sentidos: a) com o reconhecimento da legitimação da Defensoria Pública para promover ações de amparo conforme o art. 43 da CN; e b) através da recepção, em nosso ordenamento, da

---

[1141] O qual, embora resulte contrário ao sistema representativo puro da nossa forma de governo, nada menos que no artigo primeiro da Constituição, não se pode ignorar que a reforma constitucional de 1994 introduz muitas instituições e princípios que reconhecem o direito de participação.
[1142] No ordenamento constitucional e legal da Cidade de Buenos Aires, a defesa da legalidade designa ao Ministério Público, ver: UGOLINI, Daniela. "El Ministerio Público en la ciudad de Buenos Aires". *In:* CASSAGNE, Juan Carlos (coord.). *Tratado de derecho procesal administrativo*. tomo I. Buenos Aires: La Ley, 2007, p. 291 ss.

435

figura da ação popular em matéria de cessação de atividades geradoras de dano ambiental coletivo, que consagra o art. 30 *in fine* da Lei n. 25.675.[1143]

A diferença entre a ação popular ou ação pública (como se denomina na Espanha em matéria urbanística) e os processos coletivos é que a figura do legitimado praticamente não existe (por não haver uma relação especial entre o sujeito processual e o objeto do processo), pois a ação pode ser deduzida por qualquer pessoa[1144], no mero interesse da lei. A nosso juízo, a ação que visa cessar atividade nocivas ao meio ambiente configura um caso claro de ação popular.

Esse tipo de ação está inscrito em um cenário favorável à socialização dos mecanismos de direito processual e, consequentemente, da defesa de direitos coletivos[1145], embora possa resultar, em determinados casos, em uma ferramenta para tutelar situações jurídicas dignas desse tipo de proteção, podendo levar, não obstante as boas intenções de quem o prega, a uma litigiosidade maiúscula, que obstrui o andamento dos processos judiciais ordinários e, mesmo os extraordinários, já que os juízes não conseguirão dar conta das demandas com tendência a satisfazer as pretensões generalizadas dos cidadãos. Entretanto, o mais preocupante talvez seja o fato de que a utilização desse tipo de ação supõe uma mínima cultura jurídica do povo e, especialmente, que os níveis de corrupção sejam baixos, de modo a evitar que tais ações sejam usadas por advogados sem escrúpulos, os quais, mediante demandas sem fundamento, consigam que pretensões que transformam a ilegalidade em legalidade sejam rejeitadas ou aceitas, mediante a extensão da coisa julgada *erga omnes*.

[1143] MORELLO, Augusto Mario; SBDAR, Claudia B. *Acción popular y procesos colectivos*. Buenos Aires: Lajouane, 2007, p. 129 ss.

[1144] MORÓN URBINA, Juan Carlos. *El control jurídico de los reglamentos de la Administración Pública*. Lima: Gaceta Jurídica, 2014, p. 13 ss. No Peru, o controle dos regulamentos iguais pode ser canalizado por meio de ação popular.

[1145] Ver: MORELLO, Augusto Mario. "Legitimaciones plenas y semiplenas en el renovado proceso civil. Su importancia". In: *La legitimación*: obra em homenagem ao Professor Lino Enrique Palacio. Buenos Aires: Abeledo Perrot, 1996, p. 67.

CAPÍTULO VII – OS NOVOS DIREITOS E GARANTIAS

Justamente, o perigo poderia gerar uma extensão excessiva do instrumento processual da ação popular que reside no fato de que os legitimados passivos também foram ampliados como consequência da atração que exerce, seja pela lei ou pela jurisprudência, o foro contencioso administrativo federal ou provincial com relação às causas onde fazem parte das empresas privadas prestadoras de serviços públicos que, no cenário atual, poderia gerar todo tipo de abusos e batalhas judiciais intermináveis. Isso não é um obstáculo para que, bem regulamentadas e circunscritas, possam servir, como qualquer processo coletivo, ao interesse geral e à realização dos direitos fundamentais da pessoa humana. É claro que as finalidades sociais atendíveis que são objeto tanto das ações populares quanto dos processos coletivos em geral, não deveriam funcionar como instrumentos de aniquilação dos direitos individuais (ou direitos de primeira geração), tampouco da segurança jurídica com base nos postulados do Estado de Direito, no qual a justiça deve ser a principal garantia do equilíbrio e harmonia social.

Como foi dito com razão, "(...) as almejadas reformas de nossos sistemas de justiça – que, obviamente, compreendem o assunto crucial da legitimação – dependem, em grau prevalecente, da adequada preparação e aproveitamento dos recursos humanos e a consequente promoção das mudanças culturais necessárias para instalar as transformações".[1146]

VII.11 A globalização: sua influência sobre o princípio da legalidade

A generalização do comércio entre os países, assim como as mudanças tecnológicas que são geradas – atualmente – com uma aceleração extraordinária, influem sobre os sistemas jurídicos nacionais, os quais acarretam a necessidade de se adaptar às regras próprias do mercado internacional.

[1146] BERIZONCE, Roberto O. "La legitimación, los códigos uniformes y la enseñanza del derecho procesal *In*: MORELLO, Augusto Mario. *La legitimación*: obra em homenagem ao Professor Lino Enrique Palacio. Buenos Aires: Abeledo Perrot, 1996, pp. 522/523.

Esse processo, iniciado primeiro no seio do direito mercantil de raiz romano-germânica, forçou as bases do direito privado e ameaça minar os fundamentos nos quais o Direito Público da Europa continental se assenta, cujas bases os direitos dos Estados latino-americanos se configuraram. Algo semelhante ocorreu no campo da proteção dos direitos humanos, com a peculiaridade do caráter vinculante que determinados princípios e direitos consagrados em diversos tratados internacionais têm, com base na hierarquia que a Constituição lhes reconhece (art. 75 inc. 22 da CN).

A falência do clássico princípio da legalidade, concebido sobre os princípios de soberania e estatalidade da lei, foi consequência da queda do positivismo legalista na Europa, após a Segunda Guerra mundial, provocada pela insuficiência dos esquemas formais para resolver as exigências da comunidade, em um mundo jurídico integrado com normas legais provenientes de fontes diferentes das leis em sentido formal e material.

Por sua vez, a fragmentação do princípio da legalidade incrementou-se graças ao desenvolvimento do direito comunitário europeu, que modificou o sistema de fontes normativas. A evolução de variados sistemas internacionais também contribuiu para a referida fragmentação ao criar regras, sem base democrática, com a finalidade de ordenar e/ou fomentar o equilíbrio das finanças dos países e o intercâmbio comercial (v.g., Banco Mundial, FMI, OMC etc.) às quais se juntaram outros organismos criados por convenções internacionais, cujas decisões, em alguns casos, têm caráter preceptivo, enquanto em outros, carecem de obrigatoriedade e efeitos vinculantes.

Nesse cenário complexo, encontra-se, hoje, o Direito Público ibero-americano que, em menor medida que o europeu, se vê influenciado pela força de um direito internacional que pretende impor um monismo a qualquer custo, ainda que o país que é líder mundial (os Estados Unidos da América do Norte) não o aceite, exceto em determinadas instituições.

O problema que se apresenta, à luz do princípio da legalidade, estriba-se na unidade que caracteriza qualquer processo de globalização

CAPÍTULO VII – OS NOVOS DIREITOS E GARANTIAS

das intercâmbios internacionais. Essa unidade apenas pode ser concebida em determinados setores, sem que possa predicar-se com relação às instituições configuradas em torno de uma concepção diferente do direito aplicável. Assim, o direito continental europeu, que se apoia em um sistema de regras escritas que busca a realização do interesse geral ou bem comum, no qual o direito interno, apesar das vicissitudes e mudanças, continua mantendo uma base democrática em seu processo de formação, diferencia-se do direito que governa nos países anglo-saxônicos, nos quais o papel do juiz e dos precedentes constituem o eixo do sistema jurídico[1147]. Contudo, não podemos ignorar que a construção do direito comunitário europeu reflete uma tendência para a unidade dos sistemas nacionais, os quais, não obstante, mantêm sua diversidade e peculiaridades, sem ainda chegar à fusão total dos diferentes ordenamentos jurídicos.

No caso dos países da América Ibérica, cujos direitos administrativos seguiram as águas dos direitos continentais europeus (configurados, entre outros aspectos, sobre o reconhecimento de potestades ou prerrogativas de poder público), a ideia de um direito administrativo global se torna ainda mais problemática. A globalização do direto administrativo na América Ibérica se apresenta como um processo parcial, muitas vezes de caráter regional (Mercosul e Pacto Andino) que só pode ser concebido e ter sentido se se apoiar nos princípios que nutrem o Estado de Direito.

Esta última afirmação não implica, logicamente, que não possamos defender a existência de um direito administrativo internacional (como se dizia antes), limitado a determinadas instituições internacionais, ou (como se diz atualmente) de um espaço administrativo global[1148] no qual imperam normas aplicáveis a um determinado setor da economia internacional.

[1147] Ver: POCHARD, Marcel. "Sobre la influencia del derecho continental europeo en los derechos latino-americanos". *REDA*, Buenos Aires: Lexis-Nexis, n.62, 2007, p. 997 ss.

[1148] KINGSBURY, Benedict; KRISCH, Nico; STEWART, Richard B. "El surgimiento del derecho administrativo global". *Res Pública Argentina 2007-3*, Buenos Aires: RAP, p. 25 ss.

Resulta indubitável que a globalização, mesmo quando limitada e setorial, pode originar uma fonte de legalidade de caráter transnacional suscetível de incidir em aspectos diferentes das relações entre os particulares, as instituições internacionais e os Estados que aderiram a essas novas formas de produção normativa. Tal situação gera os chamados acordos de integração comercial e econômica.

Em outros casos, a influência da globalização se projeta através de diretrizes que, embora careçam de eficácia obrigatória, são adotadas pelas Administrações Públicas que as incorporam em seus regulamentos ou contratos (*soft law*).[1149]

Não acreditamos, entretanto, que tais diretrizes impliquem, em nossos dias, a configuração de um direito comum semelhante à *Lex Publica Mercatoria* porque, por não serem obrigatórias e, portanto, vinculantes, sua recepção no ordenamento de cada país fica a critério dos diferentes Estados.

Em resumo, o fenômeno da globalização, que a princípio deveria ser neutro[1150], não permite estabelecer, por enquanto, um direito administrativo global, dotado de princípios e regras comuns, que se apliquem a todas as instituições estatais. É certo que existe, atualmente, uma influência maior das instituições internacionais, sejam elas públicas ou não, sobre os Estados e os particulares, do que aquela que os Estados exercem sobre as referidas organizações internacionais.

[1149] AGUILAR VALDEZ, Oscar. "Sobre las fuentes y principios del derecho global de las contrataciones públicas" (no prelo), texto correspondente à dissertação do autor nas Jornadas de Direito Administrativo, organizadas pelo Departamento de pós-graduação e especialização em Direito Administrativo e Econômico da Universidade Católica Argentina, Buenos Aires, agosto, 2008.

[1150] SÁNCHEZ, Alberto M. "Influencia del derecho de la integración en el proceso de internacionalización del derecho administrativo argentino". *RAP,* ano XXIX-348, XXXII Jornadas Nacionais de Direito Administrativo, p. 55 ss., afirma que "(...) a globalização é um fenômeno neutro que, naturalmente, não é nem positivo e nem negativo: será negativo na medida em que contribua à implementação do que se denomina o pensamento único, das hegemonias, do unilateralismo; mas será muito positivo se o convertermos em uma ferramenta fundamental para fortalecer a irmandade universal do gênero humano, para acentuar o regionalismo, para fomentar o multiculturalismo" (*op. cit.* p. 56).

CAPÍTULO VII - OS NOVOS DIREITOS E GARANTIAS

Entretanto, a falta de sistematização dos diferentes sistemas internacionais vigentes dificulta a unidade de que os ordenamentos jurídicos precisam, baseados, preponderantemente, em um direito escrito e codificado, como são os ordenamentos dos países ibero-americanos que adotaram, em seus direitos administrativos, instituições e princípios de origem romano-germânica.

O certo é que, com base na globalização, produziu-se um crescimento paralelo do processo de fragmentação da legalidade com base na soberania do Parlamento e, consequentemente, na estatização do direito, o que apresenta o grande problema de compatibilizar o direito transnacional com o direito interno, assim como a necessidade de estabelecer procedimentos e órgãos que solucionem os conflitos em casos de colisão dos respectivos ordenamentos. Entretanto, de acordo com o previsto no art. 75 inc. 22 da CN, o princípio da convencionalidade ou direito dos tratados, integra o bloco de constitucionalidade, mas cede espaço perante os direitos e garantias fundamentais da primeira parte da Constituição Nacional e devem harmonizar, além disso, com os princípios de Direito Público previstos em nossa Carta Magna (art. 27).

Por sua vez, os tratados de integração que delegam competências e jurisdição a organizações *supra* estatais estão limitados em sua validade constitucional, a que sejam celebrados em condições de igualdade e reciprocidade e respeitem a ordem democrática e os direitos humanos (art. 75 inc. 23 da CN).

Finalmente, o desafio que nossos países enfrentam em um mundo cada vez mais globalizado não é nada mais do que a compatibilização entre a unidade e a diversidade, mantendo o fundo comum dos princípios que integram o Estado de Direito e a ordem democrática[1151], em um cenário no qual a legalidade, com suas novas fontes de produção normativa e de costumes, terá de continuar desempenhando um papel decisivo como garantia dos direitos dos cidadãos e pessoas jurídicas.

[1151] *Cf.* QUADROS, Fausto de. "A europeização do Contencioso Administrativo". *Separata de Estudos em homenagem ao Dr. Marcello Caetano.* Faculdade de Direito da Universidade de Lisboa. Lisboa: Coimbra Editora, 2006, p. 403.

Capítulo VIII

OS PRINCÍPIOS INSTITUCIONAIS E SETORIAIS DO DIREITO ADMINISTRATIVO

Sumário: VIII.1 Preliminar. VIII.2 Dificuldades de uma sistematização dos princípios gerais. VIII.3 O princípio da competência. VIII.4 O princípio da delegação administrativa. VIII.4.1 As figuras da suplência e substituição. VIII.4.2 A intervenção. VIII.4.3 A delegação de assinatura e a subdelegação. VIII.4.4 A avocação. VIII.5 A delegação legislativa. VIII.5.1 Fontes e objetivos do preceito constitucional (art. 76 da CN). VIII.5.2 Limites materiais e formais. VIII.5.3 Vinculação negativa derivada das reservas legais para o exercício da delegação legislativa. VIII.5.4 O caso " Camaronera Patagónica". VIII.5.5 Reflexões conclusivas sobre a delegação legislativa. VIII.6 O princípio da hierarquia. VIII.7 A inderrogabilidade singular do regulamento. VIII.8 O princípio da executoriedade dos atos administrativos. VIII.8.1 A executoriedade no direito comparado. VIII.8.2 A executoriedade e o uso da coação. VIII.9 Sobre os princípios em jogo na contratação administrativa. VIII.9.1 Princípio da concorrência. VIII.9.2 Princípio da proporcionalidade e da razoabilidade. VIII.9.3 Princípio da eficiência. VIII.9.4 Princípio da publicidade e difusão. Transparência. VIII.9.5 Princípio da responsabilidade. VIII.9.6 Igualdade de tratamento para interessados e ofertantes. VIII.10 O princípio da continuidade dos serviços públicos. VIII.11 A autotutela do domínio público. VIII.12 O princípio da responsabilidade do Estado: seu fundamento filosófico e constitucional. VIII.12.1 O princípio da igualdade perante as cargas públicas como eixo do fundamento constitucional da responsabilidade do Estado. VIII.12.2 O fator de atribuição: a falta de serviço na jurisprudência da Corte e na nova Lei n. 26.944. VIII.12.3 Uma análise retrospectiva: a concepção de Aubry et Rau. VIII.12.4 Crítica da Lei n. 26.944 VIII.12.5 O alcance da indenização: o princípio geral da justa indenização. VIII.12.6 Sobre o regulamento da responsabilidade do Estado pelo Código Civil e Comercial ou por leis administrativas (nacionais e locais). VIII.13 A confiança legítima. Remissão. VIII.14 O princípio da boa administração. VIII.15 Os princípios gerais do procedimento administrativo. VIII.15.1 O princípio da verdade material. VIII.15.2 O princípio da oficialidade. VIII.15.3 O informalismo no procedimento administrativo. VIII.15.4 O princípio da eficácia. VIII.15.5 A gratuidade do procedimento. VIII.15.6 O devido processo adjetivo.

VIII.1 Preliminar

O direito administrativo nasceu como um direito não codificado e foi se formando como uma disciplina integrada basicamente por princípios forjados de fora dos ordenamentos positivos. Com um alto componente de equidade, foi gerido sobre a base de um conjunto de princípios gerais criados pelo trabalho conjunto da jurisprudência do Conselho de Estado francês e da doutrina, que souberam forjar um sólido amálgama que constituiu o suporte fundamental para seu desenvolvimento posterior.

É um verdadeiro paradoxo que esse processo de criação pretoriana de um ramo do direito ocorresse praticamente sem intervenção do legislador, em um país que contava com uma tradição tão favorável à soberania da lei, de maior peso do que a existente no restante da Europa continental.

Também é certo que a maior parte das instituições francesas conseguiu perdurar e souberam adaptar-se aos princípios do Estado de Direito republicano e democrático, aspecto que mereceria reflexões mais profundas do que as efetuadas até agora no campo da história do direito francês.

Pois ao aceitar a criação pretoriana do direito por parte do Conselho de Estado francês, até o jurista menos avisado pode captar o valor

CAPÍTULO VIII – OS PRINCÍPIOS INSTITUCIONAIS E SETORIAIS...

que os princípios gerais que provêm dessa jurisprudência e, perante a ausência do regulamento legislativo, adquirem generalidade e quando têm sua fonte nos precedentes do Conselho Constitucional encontram-se acima da lei pelo valor constitucional que lhes é atribuído (ao inspirar-se no Preâmbulo da Constituição). De qualquer modo, têm sempre prevalência sobre os regulamentos.[1052]

Em outras palavras, exceto o caso da Alemanha, no qual prevaleceu a influência da chamada Escola de Viena (Kelsen, Otto Mayer e Merkl), no direito administrativo francês e, com ele, em todos os que seguiram seus rastros, o positivismo legalista não foi tão bem sucedido como modelo, como no resto da Europa.

Esse processo singular de criação de um direito *in fieri* (ou em formação) também muda a perspectiva do princípio de legalidade ao qual a Administração deve ajustar-se, passando a integrar, além da lei positiva, pela justiça e os princípios gerais que vão se desenvolvendo sucessivamente através da criação pretoriana do Conselho de Estado francês e da doutrina jusadministrativista.

Outro recurso de não menor transcendência reside na utilização da técnica da analogia com as instituições do direito civil para preencher as lacunas que o direito administrativo apresentava, mediante uma hermenêutica que contribuiu para dotar de uma relativa autonomia à ciência do direito administrativo que passou, dessa forma, a contar com um sistema e um método próprio do Direito Público.

Ora, o estudo dos princípios gerais do direito administrativo (quer institucionais quer setoriais) torna necessário analisar, previamente, a questão das fronteiras entre o Direito Público e o direito privado, levando em consideração que há princípios – como a boa-fé – que, sendo comuns a essas grandes divisões do direito, constituem um requisito feito à configuração de um princípio geral do direito administrativo (v.g., o da confiança legítima).

[1052] MORAND-DEVILLER, Jacqueline. *Cours de Droit administratif*. 13ª ed. Paris: LGDJ, 2013, p. 251 ss., especialmente p. 254.

VIII.2 Dificuldades de uma sistematização dos princípios gerais

Tal como ocorre com as ciências em geral[1053], um traço comum de todas as classificações sobre os princípios gerais é o de sua caducidade, já que muitos deles buscam a compatibilização com novos princípios gerais emergentes, com os quais necessitam alcançar sua integração ou, pelo menos, sua harmonização.

Vejamos o que ocorre com o princípio da competência dos órgãos e autoridades administrativas cuja rigidez foi cedendo, até passar do princípio da permissão expressa ao da permissão implícita e, finalmente, ao princípio da especialidade, de forma semelhante ao que acontece com as pessoas jurídicas privadas.

Entretanto, o princípio da competência dos órgãos e autoridades administrativas requer a compatibilização com outros princípios essenciais do novo Direito Público. É o que resulta a partir da aplicação do princípio *in dubio pro libertate* à competência, impedindo que uma competência implícita ou fundada no princípio da especialidade seja configurada quando os órgãos ou autoridades administrativas emitem atos de gravame nos quais a norma atributiva de competência deva ser expressa.

Enquanto existem princípios gerais que possuem um um caráter institucional que se referem fundamentalmente à organização administrativa e, como tais, vinculam-se a todas as categorias da disciplina, há outros que, sendo tão transcendentes como eles, vinculam-se a um determinado setor, como o princípio da tutela jurisdicional efetiva no âmbito do denominado "contencioso-administrativo".

Entretanto, esse tipo de princípio setorial conecta-se aos princípios institucionais na medida em que todos eles fazem parte de um sistema vivo e complexo[1054], que tem como eixo o princípio da dignidade

---

[1053] FERRATER MORA, José. *Diccionario de Filosofía*. tomo I. Barcelona: Ariel Filosofía, 1999, p. 556.

[1054] BARNÉS VÁZQUEZ, Javier. "El procedimiento administrativo en el tiempo y en el espacio. Una perspectiva histórica comparada". *In:* POZO GOWLAND, Héctor;

da pessoa, cujo funcionamento efetivo depende, mais do que dos textos positivos, de princípios enraizados na história e idiossincrasias de cada país.

Por essas razões, antes de situá-los em uma ou outra categoria, optamos por expor um catálogo daqueles princípios gerais, de natureza institucional ou sectorial, próprios do direito administrativo, que julgamos mais transcendentes para a proteção dos direitos fundamentais ou humanos das pessoas.

VIII.3 O princípio da competência

Embora o fundamento da competência possa ser encontrado tanto na ideia da eficácia (que acarreta a necessidade de distribuir as tarefas entre órgãos e autoridades diferenciadas), quanto em uma garantia para os direitos individuais[1055], o certo é que essa instituição encontra-se erigida fundamentalmente para preservar e proteger – de uma forma objetiva e, muitas vezes, genérica – o cumprimento das finalidades públicas ou do bem comum que são objeto da Administração.[1056]

A competência pode ser considerada de muitos pontos de vista e seu significado originou grandes desacordos doutrinários.[1057] Ela pode ser analisada em sua condição de princípio jurídico fundamental de toda organização pública do Estado e, inclusive, em sua face dinâmica e concreta, como um dos elementos essenciais do ato administrativo.

HALPERIN, David Andrés; AGUILAR VALDEZ, Oscar; JUAN LIMA, Fernando; CANOSA, Armando (coord.). *Procedimiento administrativo*. tomo I. Buenos Aires: La Ley, 2012, pp. 240/241.

[1055] ENTRENA CUESTA, Rafael. *Curso de derecho administrativo*. Madrid: Tecnos, 1970, p. 178.

[1056] ALESSI, Renato. *Sistema Istituzionale del Diritto amministrativo Italiano*. 2ª ed. Milão: Giuffrè, 1958, pp. 179-183.

[1057] ARNANZ, Rafael A. *De la competencia administrativa (con especial alusión a la municipal)*. Madrid: Montecorvo, 1967, p. 21 ss.

No plano das organizações públicas estatais, constitui o princípio que pré-determina, articula e delimita[1058] a função administrativa que os órgãos e as entidades do Estado desenvolvem com personalidade jurídica.

De outra perspectiva, a competência pode ser definida como o conjunto ou círculo de atribuições que competem aos órgãos e sujeitos públicos estatais[1059], ou melhor, com um alcance jurídico mais preciso, como a aptidão da ação ou legal de um órgão ou autoridade do Estado.[1060]

Na doutrina italiana predomina, por outro lado, um critério semelhante ao que a ciência processual utiliza para circunscrever a competência do juiz, tendo-se sustentado que a ideia de competência é definida como a medida do poder de um ofício.[1061]

Ao mesmo tempo, outro setor doutrinário tentou distinguir entre competência e atribuição, sustentando que, enquanto a primeira refere-se à emanação dos atos como uma derivação direta do princípio de articulação, a segunda se refere ao poder considerado de forma genérica

---

[1058] Forsthoff entende que a competência traduz, ao mesmo tempo, uma autorização e uma delimitação (FORSTHOFF, Ernest. *Tratado de derecho administrativo*. Madrid: Centro de Estudos Constitucionais, 1958, p. 573).

[1059] CASSAGNE, Juan Carlos. *El acto administrativo*. Buenos Aires: Abeledo Perrot, 1974, p. 189; ESCOLA, Héctor J. *Tratado general de procedimiento administrativo*. Buenos Aires: Depalma, 1973, p. 44, *in fine*. A maioria da doutrina limita os alcances do princípio aos órgãos, excluindo os sujeitos; TREVIJANO FOS, José A. García. *Tratado de derecho administrativo*. tomo II. Madrid: Revista de derecho Privado, 1967, pp. 380 ss.; FIORINI, Bartolomé A. *Manual de derecho administrativo*. tomo I. Buenos Aires: La Ley, 1968, p. 230; DIEZ, Manuel M. *Derecho administrativo*. tomo II. Buenos Aires: Bibliográfica Omeba, 1963, p. 29.

[1060] SAYAGUÉS LASO, Enrique. *Tratado de derecho administrativo*. tomo I. Montevidéu: Talleres Gráficos Barreiro, 1963, p. 191; ARNANZ, Rafael A. *De la competencia administrativa:* con especial alusión a la municipal. Madrid: Motecorvo, p. 26, no mesmo sentido: HUTCHINSON, *Ley nacional de procedimientos administrativos*. tomo I. Buenos Aires: Astrea, 1985, p. 87.

[1061] D'ALESSIO, Francesco. *Istituzioni di diritto amministrativo*. tomo I. Turín: Unione Tipográfica Editrice Torinense, 1939, p. 230; ALESSI, Renato. *Istituzioni di diritto amministrativo*. tomo I. Turín: Unione Tipográfica Editrice Torinense, 1939, p. 99; a classificação de órgãos e ofícios é peculiar na doutrina italiana, cit. p. 75; GIANNINI, Massimo S. *Diritto amministrativo*. tomo I. Milão: Giuffrè, 1970, p. 219 ss.

CAPÍTULO VIII – OS PRINCÍPIOS INSTITUCIONAIS E SETORIAIS...

e implica a outorga com caráter necessário e único de uma determinada faculdade a um órgão.[1062]

Dentro do que se pode considerar a antípoda doutrinária, podemos identificar alguns autores espanhóis que propiciam exatamente o critério oposto, caracterizando a competência por seu sentido genérico e objetivo e por ser pregada nas diversas administrações como figura oposta à atribuição, resultando esta como última das manifestações específicas e concretas dos próprios órgãos que a exercem.[1063]

Na doutrina uruguaia, há quem, seguindo Bonnard, esteja convencido que as atribuições que configuram a matéria constituem as "tarefas ou prestações" desenvolvidas pelos órgãos[1064], enquanto que, para outro setor, a ideia de atribuição vincula-se mais precisamente às faculdades que derivam do cargo público, tratando-se de um conceito próximo ao dos poderes ou potestades dos órgãos administrativos, considerando que é preferível reservar o termo "cometidos" para designar as tarefas estatais.[1065]

O panorama doutrinário exposto demonstra até que ponto a busca de uma distinção convencional entre competência e atribuição pode levar a resultados radicalmente opostos, perante a inexistência de algum mecanismo que permita diferenciar – com uma precisão tão sequer elementar – duas etapas de um mesmo processo: o reconhecimento da

---

[1062] GIANNINI, Massimo S. *Lezione di diritto amministrativo*. tomo I. Milão: Giuffrè, 1950, p. 96, e do mesmo autor, *Diritto amministrativo*. tomo I. Milão: Giuffrè, 1970, pp. 220/221, postura que, entre nós, foi seguida por FIORINI (*Manual de derecho administrativo*. tomo I. Buenos Aires: La Ley, p. 125).

[1063] ARCE MORÓN, cit. por GALLEGO ANABITARTE. *Derecho general de organización*. Madrid: Instituto de Estudos Administrativos, 1971, p. 117.

[1064] MÉNDEZ, Aparicio. *La teoría del órgano*. Montevidéu: Amalio M. Fernández, 1971, p. 128; SAYAGUÉS LASO, Enrique. *Tratado de derecho administrativo*. tomo I. Montevidéu: Talleres Gráficos Barreiro, 1963, p. 49, considera mais exata a palavra cometidos, que significa "comissão", "encargo", e "expressa bem o conceito de tarefa ou atividade designada à entidade governamental", p. 49, nota 1.

[1065] SAYAGUÉS LASO, Enrique. *Tratado de derecho administrativo*. tomo I. Montevidéu: Talleres Gráficos Barreiro, 1963, p. 49.

atribuição e o exercício dela, qualquer seja a nominação que, convencionalmente, lhes for designada.

O erro no qual os partidários da distinção incorrem deriva da definição da competência como a medida da autoridade de um órgão, seguindo um critério semelhante à doutrina processual que caracteriza a competência como a medida da jurisdição[1066], enquanto que a competência consiste na aptidão legal para exercer as referidas potestades e ser titular delas.

Essa competência tem, perante tudo, uma raiz objetiva, no sentido de que, a partir da formulação do regime administrativo napoleônico, ela não surge mais apenas da vontade do monarca ou funcionário, mas será encontrada pré-determinada pela norma. Esse princípio de objetivação da competência não implica, contudo, na eliminação da atuação discricionária na eleição do critério ou da oportunidade para ditar o pertinente ato administrativo, mas exige que a aptidão legal da autoridade ou órgão da Administração se baseie em uma norma objetiva.

Na doutrina do Direito Administrativo costuma-se afirmar que a competência se distingue da capacidade do Direito Privado (no qual ela constitui a regra ou princípio geral) por constituir a exceção à regra, que é a incompetência.[1067] É o que se denominou o postulado da permissão expressa.[1068]

Mas a comparação não pode ser realizada – tratando-se de entidades – com a capacidade das pessoas físicas, mas com a correspondente às pessoas jurídicas e, em tal sentido, existe certa semelhança entre ambas as instituições, na medida em que seus critérios reitores encontram-se

---

[1066] ALESSI, Renato. *Istituzioni di diritto amministrativo*. tomo I. Turín: Unione Tipográfica Editrice Torinense, 1939, p. 99.

[1067] MARIENHOFF, Miguel S. *Tratado de derecho administrativo*. 5ª ed. tomo I. Buenos Aires: Abeledo Perrot, 1995, p. 592; DIEZ, Manuel M. *Derecho administrativo*. 2ª ed. tomo II. Buenos Aires: Plus Ultra, 1976, p. 40; WALINE, Marcel. *Droit administratif*. 9ª ed. Paris: Sirey, 1963, p. 452.

[1068] LINARES, Juan F. "La competencia y los postulados de la permisión". *RADA*, n. 2, Buenos Aires: Universidade do Museu Social Argentino, 1971, pp. 14 ss.

CAPÍTULO VIII – OS PRINCÍPIOS INSTITUCIONAIS E SETORIAIS...

regulados pelo princípio da especialidade.[1069] A aplicação do princípio da especialidade para a interpretação dos alcances da competência de autoridades e órgãos não deve ser entendida como um retorno ao critério da competência subjetiva. Isso é assim porque a especialidade do órgão do qual se trata não vai surgir de sua própria vontade, mas da norma objetiva que estabelece as finalidades para as quais o órgão foi criado, ou melhor, de seu objeto institucional.

Dessa forma, o âmbito de liberdade do órgão administrativo será delimitado pelo fim que emana da norma e não pelo que surgir da vontade do funcionário.

Uma vez determinada a especialidade e, dentro de seus limites, a competência é a regra. Fora disso, a competência é a exceção.

Esse princípio da especialidade, que supera a necessidade de que a competência esteja expressa ou razoavelmente implícita em uma norma, não é verificado com relação aos atos de gravame e nem com relação à matéria sancionatória, considerando a prevalência, em seu caso, dos princípios do Direito Penal (*nullum crimen nulla poena sine lege*, a tipicidade e as garantias substantivas e adjetivas), não regendo, nesses casos, a analogia e nem a interpretação extensiva. O fundamento para limitar a extensão da competência expressa na matéria de atos de gravame encontra-se no princípio contido no art. 19 da CN.

Entretanto, o princípio da especialidade não afasta a possibilidade de que a aptidão do órgão ou autoridade surja, de forma expressa ou implícita[1070], de uma norma completa atributiva de competência e isso é conveniente, por reduzir a margem de atuação discricionário da Administração, oferecendo maiores garantias aos administrados.

Mas a especialidade continua sendo sempre a regra, já que a finalidade pode surgir não só de uma norma completa, mas também de um princípio de normação ou de um princípio geral do Direito.

[1069] CASSAGNE, Juan Carlos. *El acto administrativo*. Buenos Aires: Abeledo Perrot, 1974, p. 191.

[1070] Sup. Corte Bs. As., "Sciammarella Alfredo *versus* Pro*versus* de Buenos Aires", ED, 99-214.

Em conclusão, o princípio da especialidade vincula-se com o fim da competência de cada órgão ou autoridade, o que surge não só das atribuições expressas ou implícitas (que sempre presumem um desenvolvimento ou interpretação extensiva das faculdades expressas), mas, fundamentalmente, da enunciação de objetivos, princípios de normação (como as atribuições genéricas) e das faculdades inerentes, que são aquelas que, por sua natureza, fundamentam a criação e subsistência do órgão sem as quais elas carecem de sentido.[1071]

Contudo, existe uma diferença fundamental entre capacidade e competência, pois enquanto o exercício da primeira cai no arbítrio de seu titular, o exercício da competência é, por princípio, obrigatório.[1072]

A competência configura juridicamente um dever-faculdade, não existindo, realmente, um direito subjetivo a seu exercício, quando ela é desenvolvida por órgãos; excepcionalmente, tal direito existirá se ela for invocada por sujeitos ou pessoas jurídicas públicas estatais[1073], com as próprias limitações das normas que resolvem os chamados conflitos interadministrativos.[1074]

A análise da instituição na doutrina e no Direito positivo permite deduzir seus caracteres fundamentais, que são os seguintes:

[1071] Afirmou-se que o princípio da especialidade serve para definir o conteúdo do implícito (*Cf.* COMADIRA, Julio R. *Acto administrativo municipal.* Buenos Aires: Depalma, 1992, p. 24). Em um trabalho posterior, colhendo a crítica que, formulamos oportunamente, o referido autor aceita que o princípio da especialidade também define o conteúdo do inerente (*Cf.* COMADIRA, Julio R. "Reflexiones sobre la regulamento dos serviços públicos privatizados e as autoridades reguladoras". *El Derecho*, 162-1134), com o que sua postura, nesse aspecto, não pode ser considerada totalmente como uma terceira posição entre as duas correntes fundamentais (permissão e especialidade), nem tão oposta à nossa tese. No mesmo sentido, ver: COMADIRA, Julio R. *Procedimientos administrativos*: ley nacional de procedimientos administrativos, anotada y comentada. Com a colaboração de Laura Monti. Buenos Aires: La Ley, 2002, p. 156.

[1072] *Cf.* MARIENHOFF, Miguel S. *Tratado de derecho administrativo.* 5ª ed. tomo I. Buenos Aires: Abeledo Perrot, 1995, p. 592.

[1073] FORSTHOFF, Ernest. *Tratado de derecho administrativo.* Madrid: Centro de Estudos Constitucionais, 1958, p. 575.

[1074] Lei n. 19.983, art. 1º.

CAPÍTULO VIII – OS PRINCÍPIOS INSTITUCIONAIS E SETORIAIS...

a) é objetiva, enquanto surge de uma norma que determina a aptidão legal sobre a base do princípio da especialidade;[1075]

b) em princípio, resulta obrigatória, quando o órgão não teve a atribuição da liberdade de escolher o conteúdo da decisão ou o momento para prevê-la;

c) é improrrogável, o que se baseia na circunstância de encontrar-se estabelecida no interesse público por uma norma estatal;[1076]

d) é irrenunciável, pertencendo ao órgão e não à pessoa física que o integra.[1077]

Os princípios de obrigatoriedade e improrrogabilidade foram estabelecidos em nosso país pela Lei Nacional de Procedimentos Administrativos.[1078]

VIII.4 O princípio da delegação administrativa

Como exceção ao princípio da improrrogabilidade da competência, surge a figura jurídica denominada "delegação". Trata-se, em essência, de uma técnica que traduz a possibilidade de produzir o desengajamento de uma faculdade por parte de um órgão que transfere seu exercício a outro.[1079]

[1075] HUTCHINSON. *Ley nacional de procedimientos administrativos*. tomo I. Buenos Aires: Astrea, 1985, p. 92 ss., que postula, por último, a tese de que a competência deve surgir do ordenamento expresso ou em forma razoavelmente implícita (nota 27)

[1076] VILLEGAS BASAVILBASO, Benjamín. *Derecho administrativo*. tomo II. Buenos Aires: Tea, 1950, p. 259; ALESSI, Renato. *Istituzioni di diritto amministrativo*. tomo I. Turín: Unione Tipográfica Editrice Torinense, 1939, pp. 100/101.

[1077] MARIENHOFF, Miguel S. *Tratado de derecho administrativo*. 5ª ed. tomo I. Buenos Aires: Abeledo Perrot, 1995, pp. 594/595; Lei n. 5350, art. 3º, da Província de Córdoba.

[1078] LNPA, art. 3º, que expressa "(...) Seu exercício constitui uma obrigação da autoridade ou do órgão correspondente e é inadiável (...)".

[1079] FRANCHINI, Flaminio. *La delegazione amministrativa*. Milão: Giuffrè, 1950, p. 12; FAZIO, Giuseppe. *La delega amministrativa e i rapporti di delegazione*. Milão: Giuffrè, 1964, pp. 7-9; VALLINA Y VELARDE, Juan Luis de la. *Transferencia de funciones*

Mas apesar de não tê-las distinguido de forma adequada pela doutrina, caso nos atenhamos à realidade, devemos discriminar duas espécies fundamentais: a) delegação legislativa; e b) delegação administrativa.[1080]

A primeira é totalmente estranha à relação hierárquica. É exercida quando o órgão legislativo delega, dentro dos limites que lhe marca a correta interpretação constitucional, o exercício de faculdades no Executivo.[1081] Dessa forma, a Suprema Corte da Justiça da Nação expressou que "(...) esta Corte reconhece como jurisprudência aquela que admite tal delegação das faculdades do Congresso para que as exerça além das ordinárias da regulamentação que o art. 99 lhe outorga (antigo art. 86, inc. 2º), lei fundamental, mesmo que esteja dentro dos limites previstos em seu art. 28".[1082]

A segunda espécie de delegação, que pode ou não se dar no terreno da relação hierárquica, admite, por sua vez, duas subespécies: 1) delegação interorgânica, e 2) delegação intersubjetiva.

1) Delegação interorgânica

A delegação interorgânica consiste na transferência de faculdades, por parte do órgão superior ao orgão inferior, que pertençam à competência do primeiro. Trata-se de uma técnica transitória de distribuição de atribuições, por não produzir uma criação orgânica e nem impedir a edição do ato pelo delegante, sem que seja necessário recorrer por isso à avocação, pois a competência continua pertencendo ao delegante, mas em concorrência com o delegado.

---

administrativas. Madrid: Instituto de Estudios de Administración Local, 1964, p. 14 ss.; MORELL OCAÑA, Luis. *La delegación entre entes en el derecho español*. Madrid: Instituto Estudios Administracion Local, 1972, pp. 39-41.

[1080] FAZIO, Giuseppe. *La delega amministrativa e i rapporti di delegazione*. Milão: Giuffrè, 1964, pp. 9/10. A classificação, embora responda a um critério orgânico, justifica-se pela diversidade quase total de seus regimes jurídicos. Assim, por exemplo, a chamada delegação legislativa não requer norma que a autorize, sempre que se aceite, certamente, sua constitucionalidade. O sistema de responsabilidade também difere.

[1081] Sobre o particular, pode-se consultar o exaustivo estudo de SANTIAGO, Alfonso; THURY CORNEJO, Valentín. *Tratado sobre la delegación legislativa*. Buenos Aires: Abaco, 2003.

[1082] "Roisman, Miguel Ángel contra Nuevo Banco Italiano", Sentenças 283:443 (1972).

CAPÍTULO VIII – OS PRINCÍPIOS INSTITUCIONAIS E SETORIAIS...

Como a delegação é um instituto de exceção[1083], que cria uma nova competência[1084] no delegado, ela requer a edição de uma norma que a autorize, princípio previsto no art. 3º da Lei Nacional de Procedimentos Administrativos.[1085]

Qual deve ser a natureza da norma que autoriza a delegação? Embora houvesse sido sustentado, antes do previsto na Lei n. 19.549, que a norma autorizativa deveria ser uma lei (no sentido formal)[1086], tal postura já não pode ser defendida se levarmos em consideração que o regulamento também é fonte da competência, como já foi visto. Por isso, a norma que autoriza a delegação pode revestir a natureza legal ou regulamentar. De acordo com essa interpretação, o próprio RLNPA autoriza aos ministros e aos órgãos diretivos de autoridades descentralizadas a delegar faculdades nos inferiores hierárquicos.[1087]

No sistema nacional, por não encontrar prevista a faculdade de delegar com relação aos superiores dos órgãos descentralizados, eles se encontram submetidos ao nível de delegação que os ministros estabelecem.[1088]

2) Delegação entre autoridades públicas

Partindo da ideia que a separação absoluta entre o Estado e as autoridades locais foi totalmente superada[1089], a doutrina espanhola

---

[1083]_MARIENHOFF, Miguel S. *Tratado de derecho administrativo*. 5ª ed. tomo I. Buenos Aires: Abeledo Perrot, 1995, p. 599; VILLEGAS BASAVILBASO, Benjamín. *Derecho administrativo*. tomo II. Buenos Aires: Tea, 1950, p. 263; ZANOBINI, Guido. *Curso de derecho administrativo*. tomo I. Buenos Aires: Arayú, 1954, p. 187.

[1084]_Cf. VALLINA Y VELARDE, Juan Luis de la. *Transferencia de funciones administrativas*. Madrid: Instituto de Estudios de Administración Local, 1964, p. 101.

[1085]_GONZÁLEZ ARZAC, Rafael M. "La competencia de los órganos administrativos". *El Derecho*, 49-886.

[1086] FIORINI, Bartolomé A. *Manual de derecho administrativo*. tomo I. Buenos Aires: La Ley, p. 131.

[1087]_Art. 2º, dec. n. 1759/1972 (tomoo. por dec. n. 1883/1991).

[1088] Cf. GONZÁLEZ ARZAC, Rafael M. "La competencia de los órganos administrativos". *El Derecho*, 49-886, p. 886.

[1089] TREVIJANO FOS, José A. García. "Titularidad y afectación en el ordenamiento jurídico español". *Revista de la Administración Pública*, Madrid: Instituto de Estudos Políticos, n. 29, 1959, p. 57.

contemporânea[1090] postula sua procedência e efetiva a existência como figura própria, reconhecendo, não obstante, a escassa aplicação que se faz dela naqueles países que seguiram as diretrizes do regime local vigente na França.[1091]

Na Itália, essa modalidade de delegação, que em princípio havia sido rejeitada pela doutrina[1092], foi expressamente reconhecida no art. 118, Constituição de 1947, que a consagra de forma ampla e realizou a mudança de critérios que são observados nas obras de autores que, posteriormente, trataram de analisar esta instituição.[1093]

Mesmo que essa figura ainda não tenha extraída organicamente pelo Direito Público argentino na ordem nacional, acreditamos que, embora devesse ser objeto de regulação legislativa aos efeitos de uma determinação precisa de seu regime jurídico, nada se opõe à sua aceitação em nosso sistema constitucional.[1094] Nesse caso, a norma que autoriza a delegação deverá ter uma categoria igual à norma que atribua à autoridade a competência.[1095]

VIII.4.1 As figuras da suplência e substituição

A diferenciação entre a suplência e a delegação é caracterizada pela circunstância de que, na primeira não existe propriamente uma

---

[1090] MORELL OCAÑA, Luis. *La delegación entre entes en el derecho español*. Madrid: Instituto Estudios Administracion Local, 1972, p. 121.

[1091] GARCÍA DE ENTERRÍA, Eduardo. "Administración local y Administración periférica del Estado: problemas de articulación". *In: La Administración española:* estudos de ciência administrativa. Madrid: Instituto de Estudos Políticos, 1961, p. 121.

[1092] ROMANO, Santi. "Il Comune". *Primo Trattato Completo di Diritto amministrativo Italiano.* tomo II-I. Milão, 1932, p. 602 ss.

[1093] FAZIO, Giuseppe. *La delega amministrativa e i rapporti di delegazione.* Milão: Giuffrè, 1964, p. 219 ss.

[1094] Sobre a delegação nas constituições provinciais, HUTCHINSON. *Ley nacional de procedimientos administrativos.* tomo I. Buenos Aires: Astrea, 1985, p. 102 ss.

[1095] V.gr., se a entidade descentralizada foi criada pelo Congresso, em exercício de suas próprias faculdades constitucionais, a norma autorizativa deve ser uma lei formal.

CAPÍTULO VIII – OS PRINCÍPIOS INSTITUCIONAIS E SETORIAIS...

transferência de competência de um órgão a outro, senão que consiste em uma modificação da titularidade do órgão, em razão de o titular deste encontrar-se na impossibilidade de exercer a competência. A suplência, a princípio, não repercute na competência do órgão cujo titular não puder exercê-la (v.g., no caso de doença).[1096] Ela é efetuada *ope legis*, de forma automática, sendo total, diferentemente da delegação, que só pode se referir a funções concretas[1097] e requer uma declaração de vontade do delegante.

A substituição se baseia, por outro lado, nas prerrogativas de controle que o órgão superior tem sobre o inferior e procede em casos de administração deficiente ou abandono de funções em que incorra o órgão que é substituído.[1098] A substituição configura uma exceção ao princípio da improrrogabilidade da competência, sendo necessário que uma norma expressa a autorize.[1099]

VIII.4.2 A intervenção

O controle repressivo que os superiores hierárquicos exercem, como consequência do poder de vigilância, pode acarretar que eles determinem a intervenção administrativa de um órgão ou de uma entidade juridicamente descentralizada. Esse tipo de intervenção, que nem sempre implica a substituição ou alteração do órgão interceptado, distingue-se da chamada intervenção política (v.g., intervenção federal nas Províncias), da qual falaremos mais adiante.

[1096] MARIENHOFF, Miguel S. *Tratado de derecho administrativo*. 5ª ed. tomo I. Buenos Aires: Abeledo Perrot, 1995, pp. 602/603; TREVIJANO FOS, José A. García. *Tratado de derecho administrativo*. tomo II. Madrid: Revista de derecho Privado, 1967, pp. 388/389.

[1097] FRANCHINI, Flaminio. *La delegazione amministrativa*. Milão: Giuffrè, 1950, p. 21.

[1098] A doutrina distinguiu duas possíveis modalidades que a técnica da substituição possa exibir, a saber: a substituição por subrrogação e a substituição por dissolução (*Cf.* IVANEGA, Miriam M. "Los principios de la organización administrativa". *Documentación Administrativa*, Madrid: Instituto Nacional de Administração Pública, n. 267/268, 2004, p. 198).

[1099] Princípio acolhido no art. 3º da LNPA.

Sua procedência não requer norma expressa, mesmo quando se trata de um poder que emana da zona de reserva do Poder Executivo (art. 99, inc. 1º da CN). Contudo, a decisão de intervir em um órgão ou entidade não pode ser arbitrária e nem discricionária, devendo obedecer a causas graves[1100] que originem uma situação anormal impossível de corrigir recorrendo-se aos meios ordinários e próprios do poder hierárquico.

VIII.4.3 A delegação de assinatura e a subdelegação

A chamada delegação de assinatura não importa em verdadeira delegação, no sentido jurídico, em virtude de não executar uma transferência real de competência, mas apenas tem a tendência de descarregar uma parte da tarefa material do delegante. Nesse caso, o órgão delegado carece de atribuições para ditar atos administrativos por si, limitando suas faculdades à assinatura dos atos que lhe forem ordenados pelo delegante, que assume, definitivamente, a responsabilidade por seu conteúdo.

A delegação de assinatura constitui um instituto de exceção que requer, para sua justificação e procedência, o cumprimento conjunto de duas condições: a) deve tratar-se de atos produzidos em série ou em quantidade considerável; e b) o objeto do ato deve estar predominantemente vinculado, sem prejuízo de que revista caráter discricionário à oportunidade de emiti-lo, e a escolha da alternativa adotada.

Na Espanha, a delegação de assinatura encontra-se regulada na Lei de Procedimento Administrativo, onde se distingue a delegação da assinatura para competências decisórias daquelas delegações referidas nos simples trâmites de natureza interna.[1101]

No que se refere à subdelegação, devemos observar que – estabelecendo ao instituto da delegação uma exceção ao princípio da improrrogabilidade da competência – não é lógico aceitar que a transferência de funções possa ser novamente objeto de uma segunda delegação

---

[1100] MARIENHOFF, Miguel S. *Tratado de derecho administrativo*. 5ª ed. tomo I. Buenos Aires: Abeledo Perrot, 1995, p. 686.

[1101] Art. 41, app. 2º e 3º, Lei de Procedimento Administrativo da Espanha.

CAPÍTULO VIII – OS PRINCÍPIOS INSTITUCIONAIS E SETORIAIS...

por parte do delegado que, estendendo o processo, poderia chegar até o órgão de inferior hierarquia da organização administrativa. Por esse motivo, a subdelegação é, a princípio, improcedente, salvo autorização expressa da norma ou do delegante originário.[1102]

VIII.4.4 A avocação

A avocação, que funciona em um plano oposto à delegação[1103], é uma técnica dentro da dinâmica de toda organização e que, portanto, assume um caráter transitório e para atuações determinadas. Ela consiste na aceitação por parte do órgão superior da competência para conhecer e decidir em um ato ou assunto que correspondia às faculdades atribuídas ao órgão inferior.[1104]

Sua razão de ser reside na conveniência de harmonizar o princípio da improrrogabilidade à eficácia e celeridade que deve caracterizar a ação administrativa em determinados casos.

Com relação a seu fundamento jurídico, cabe considerar que se trata de uma instituição que provêm da autoridade hierárquica.[1105] Resulta, a nosso juízo, que a impossibilidade de admitir a avocação nas

---

[1102] A jurisprudência da Corte declarou que não existe óbice constitucional para que o Poder Executivo possa subdelegar, em organismos inferiores da Administração, as faculdades atribuídas pelo Congresso para integrar a lei naqueles casos em que a própria lei atribui, ao Poder Executivo, a possibilidade de transferir a função delegada pelo Congresso ("Verónica SRL s/ apelação Lei n. 20.680", Sentenças, 311:2339 [1988]). Posição semelhante adotou em "Cerámica San Lorenzo ICSA s/ apelação multa 20.680", Sentenças, 311:2453 (1988), nas quais rejeitou objeções sustentadas no argumento de que a Lei n. 20.680 delegava faculdades só no Presidente da Nação, mas não em seus secretários de Estado.

[1103] TREVIJANO FOS, José A. García. *Principios jurídicos de la organización administrativa.* Madrid: Instituto de Estudos Políticos, 1957, p. 203.

[1104] Nesse sentido, a C. Nac. Cont. Adm. Fed., sala 1ª, no caso "Gamboa, Manuel *versus* Secretaria de Transporte", Sentença em 8/6/2000, destacou que "a aceitação implica tomar uma só decisão do inferior, com a qual se esgota" (*Cf.* LL 2000-F, 633).

[1105] MARIENHOFF, Miguel S. *Tratado de derecho administrativo.* 5ª ed. tomo I. Buenos Aires: Abeledo Perrot, 1995, p. 595; DIEZ, Manuel M. *Derecho administrativo.* 2ª ed. tomo II. Buenos Aires, Bibliográfica Omeba, 1963, p. 45.

relações entre as entidades descentralizadas e o chefe da Administração é uma consequência obrigatória da referida fundamentação jurídica, pois não existe ali, tecnicamente, uma completa hierarquia, mas tão somente um controle administrativo ou de tutela.[1106] Deve tratar-se, portanto, de uma relação entre órgãos de uma mesma pessoa pública estatal, cuja procedência, embora não exija norma que a autorize de forma expressa – como a delegação –, possui um indubitável caráter excepcional.[1107]

Em quais casos a aceitação não procede? A esse respeito, o art. 3º, LNPA, prevê que ela é procedente exceto se uma norma expressa dispuser o contrário.

Na doutrina apresentou-se, além do mais, outro caso no qual a avocação não procede: quando a competência tiver sido atribuída ao órgão inferior em virtude de uma idoneidade especial[1108], já que, em tal caso, essa figura não pode justificar a emissão de atos por parte de quem

---

[1106] Mesmo que, no fundo, se possa defender que a tutela administrativa constitui, substancialmente, uma relação hierárquica atenuada.

[1107] MARIENHOFF, Miguel S. *Tratado de derecho administrativo.* 5ª ed. tomo I. Buenos Aires: Abeledo Perrot, 1995, p. 595 ss., a jurisprudência ressaltou (C. Nac. Apels. Cont. Adm. Fed., sala 3ª, causa n. 11.374 "Pastor, Ana María *versus* Universidade de Buenos Aires s/nulidade de resolução" de 17/6/1986) que: "A princípio, a nomeação antecipada para funções e empregos cuja vaga não foi gerada e não é nem iminente, resulta inválida por carecer de competência *ratione temporis* (VILLEGAS BASAVILBASO, Benjamín. *Derecho administrativo.* tomo III. Buenos Aires: Tea, 1950, p. 310; MARIENHOFF, Miguel S. *Tratado de derecho administrativo.* 2ª ed. tomo III-B. Buenos Aires: Abeledo Perrot, 1978, n. 877; SAYAGUÉS LASO, Enrique. *Tratado de derecho administrativo.* tomo I. Montevidéu: Talleres Gráficos Barreiro, 1963, n. 159; CANASI, José. *Derecho administrativo.* tomo I. Buenos Aires: Depalma, 1972-1977, p. 581). (...) A competência dos órgãos administrativos deve ser exercida em seu próprio tempo, sem que nenhum funcionário possa subtrair atribuições correspondentes a quem tiver de sucedê-lo no cargo (...). A competência para revogar designações inválidas corresponde, a princípio, à autoridade que o dispôs, mas sem prejuízo do *direito de aceitação* do superior (art. 9º, Lei n. 22.140, e sua regulamentação dec. 1797/1980, de aplicação supletiva conforme o art. 1º da referida lei). Essa faculdade de aceitação sempre procede, a não ser que uma norma expressa disponha o contrário (art. 3º, Lei n. 19.549)".

[1108] VILLEGAS BASAVILBASO, Benjamín. *Derecho administrativo.* tomo II. Buenos Aires: Tea, 1950, p. 262; CASSAGNE, Juan Carlos. "La Ley nacional de procedimientos administrativos". *El Derecho*, 42-839.

CAPÍTULO VIII – OS PRINCÍPIOS INSTITUCIONAIS E SETORIAIS...

precisa, exatamente, dessa idoneidade especificamente reconhecida (v.g., se um ministro avocar a emissão do parecer do serviço jurídico permanente). O próprio regulamento da LNPA proíbe aos ministros e órgãos diretivos das autoridades descentralizadas que aceitem o conhecimento e decisão de um assunto quando uma norma lhes tiver atribuído uma competência exclusiva ao inferior.[1109]

Sustentou-se[1110] que a previsão de uma norma geral posterior que estabelece a competência dos Ministros do Poder Executivo nacional para resolver, em última instância, os recursos hierárquicos e de alçada[1111], leva a interpretar que desapareceu a limitação, para os Ministros e órgãos diretivos das autoridades descentralizadas que, com relação à avocação, estabelece o Regulamento da Lei Nacional de Procedimentos Administrativos.

Parece-nos que se trata de coisas diferentes, não se devendo confundir a competência para resolver um recurso administrativo em último grau com a proibição ou limitação para o exercício de faculdades de avocar que tem tudo superior, a princípio. Por outro lado, os fundamentos que inspiram as limitações na aceitação respondem a garantias substanciais, tanto expressas quanto implícitas (por exemplo, competência atribuída em função de uma idoneidade especial) do ordenamento jurídico.[1112]

VIII.5 A delegação legislativa

Com base no novo projeto constitucional[1113], não há mais anomia normativa e, sem cair no sincretismo filosófico extremo, é possível

---

[1109] Dec. n. 1759/1972, art. 2º (t.o. por Dec. n. 1883/1991), *versus* g., quando a competência tiver sido atribuída, exclusivamente, a um órgão desconcentrado.

[1110] GONZÁLEZ ARZAC, Rafael M. "La competencia de los órganos administrativos". *Estudos de direito administrativo*. tomo I. Buenos Aires, 1975, p. 92, obs. 20 c).

[1111] Dec. n. 1774/1973.

[1112] RLNPA, art. 7º, inc. d).

[1113] Art. 76 da CN: "A delegação legislativa no Poder Executivo é proibida, salvo em matérias determinadas de administração de emergência pública, com prazo fixo para seu exercício e dentro das bases da delegação que o Congresso estabelecer.

reconhecer que o respectivo preceito não viola a doutrina da separação dos poderes nem sequer em sua versão flexível e não absoluta[1114], tampouco os demais princípios e normas da Constituição histórica de 1853-1860, que, embora tenha seguido as grandes linhas do federalismo e outras instituições do direito norte-americano, estruturou um modelo próprio e original com base na justaposição de outras fontes (europeias e vernáculas) e, fundamentalmente, na realidade histórica, política e geográfica da Argentina, como reconheceu Alberdi nas Bases e no Projeto de Constituição.[1115] Entretanto, o critério das *"bases da delegação"* resulta compatível com o limite do *intelligible standard* elaborado pela jurisprudência norte-americana ao abandonar o dogma de Locke (*delegata potestas non potest delegari*), não obstante fundar-se em fontes vernáculas e europeu-continentais distintas e estruturar um sistema mais restritivo e limitado.

O art. 76 da CN não só outorgou carta de cidadania constitucional à delegação legislativa e aos regulamentos delegados com base em um novo critério dogmático, como também, além do mais, permite levar a cabo o deslinde destes com os regulamentos de execução, antes envoltos em uma interpretação tão ambígua quanto contraditória que impedia que se precisassem seus contornos constitucionais.

Dentro das variadas perguntas que a delegação legislativa apresenta após a reforma, vejamos primeiro se o referido preceito constitui ou não um novo critério constitucional e qual é a finalidade e alcance da fórmula extraída na DT8ª, ao prever a caducidade da *"legislação delegada pré-existente"*. Em outras palavras, se a figura *"legislação delegada"* que a

---

A validade resultante do decorrer do prazo previsto no parágrafo anterior não importará revisão das relações jurídicas nascidas ao amparo das normas ditadas em consequência da delegação legislativa".

[1114] Ver: BOSCH, Jorge Tristán. *¿Tribunales judiciales o tribunales administrativos para juzgar a la administración pública?*. Buenos Aires: Zavalía, 1951, p. 37 ss.; LUQUI, Roberto Enrique. *Revisión judicial de la actividad administrativa*. tomo I. Buenos Aires: Astrea, 2005, pp. 49-52.

[1115] Sobre o ponto, nos remetemos ao nosso trabalho: "Las fuentes de la Constitución Nacional y el Derecho administrativo". *La Ley*, 2007-E, 993 ss.

CAPÍTULO VIII – OS PRINCÍPIOS INSTITUCIONAIS E SETORIAIS...

Constituição emprega resulta equivalente ou não, ao conceito de regulamentação delegada (ou regulamento delegado) pois, conforme uma ou outra interpretação for escolhida, muda radicalmente o sentido da DT8ª e a projeção de seus efeitos.

A produção jurídica do nosso Direito Público sobre a delegação de faculdades legislativas antes da reforma de 1994 foi vasta e valiosa[1116], ainda quando, por diferentes motivos, não tenha chegado a alcançar um suficiente consenso doutrinal que possibilitasse que os tribunais estabelecessem uma linha jurisprudencial uniforme. Também houve, portanto, – como não há atualmente – acordo na doutrina para usar uma terminologia uniforme[1117], e, por isso, igualmente ao que acontece na Inglaterra e nos EUA, as denominações utilizadas apresentam uma *"surpreendente variedade"*.[1118]

Posteriormente à reforma constitucional, o assunto da delegação legislativa revelou-se de notória transcendência e muitos foram os autores que, da atalaia de diferentes ramos ou especialidades do Direito Público[1119], ocuparam-se dessa nova figura constitucional.

[1116] BIELSA, Rafael. *Estudios de derecho Público*. Buenos Aires: Arayú/Depalma, 1952, p. 255 ss.; as sucessivas edições do seu *Direito Administrativo* (a última é a 6ª ed. Buenos Aires: Depalma, 1964) e outros trabalhos, particularmente o que tem o título: "Reglamentos delegados". La Ley, tomo 102, p. 1061; MARIENHOFF, Miguel S. *Tratado de derecho administrativo*. 5ª ed. tomo I. Buenos Aires: Abeledo Perrot, 1995, em edições anteriores sustentou a procedência da delegação legislativa que reitera na 4ª ed. Buenos Aires: Abeledo Perrot, 1990, p. 256 ss.; LINARES QUINTANA, Segundo V. *Tratado de la ciencia del derecho constitucional*. tomo VIII. Buenos Aires: Alfa, 1953-1963, p. 129 ss., que postulou a tese contrária; BIDART CAMPOS, Germán J. *Derecho constitucional*. tomo I. Buenos Aires: Ediar, 1968, p. 762 ss.; VILLEGAS BASAVILBASO, Benjamín. *Direito administrativo*. tomo I. Buenos Aires: Tea, 1949, pp. 273-280. Entre as monografias dedicadas ao tema, destaca-se a de BIANCHI, Alberto B. *La delegación legislativa*. Buenos Aires: Ábaco, 1990, p. 31 ss., com estudo preliminar de Rodolfo Carlos BARRA.

[1117] FARRANDO, Ismael. *Manual de derecho administrativo*. Buenos Aires: Depalma, 1996, pp. 263/264, utiliza a denominação de *"reglamentos autorizados o de integración"*.

[1118] Ver: PÜNDER, Hermann. "Legitimación democrática de la legislación delegada. Análisis comparativo en el derecho de los EEUU, Gran Bretaña y Alemania". *El Derecho*, Suplemento de derecho administrativo, 30.04.2009, p. 2, obs. 3 e 4 e suas citações.

[1119] BADENI, Gregorio. *Tratado de derecho Constitucional*. 3ª ed., tomo III. Buenos Aires: La Ley, 2010, p. 375 ss.; GELLI, María Angélica. *Constitución de la Nación Argentina:*

Nesse contexto surgiram, como é natural em nosso meio jurídico, diferentes opiniões ao redor do sentido e alcance do novo art. 76 e da DT8ª da CN, que geraram não poucas dúvidas interpretativas. Contudo, muitas das perguntas que inicialmente se formularam permaneceram claras graças à sentença resolvida da Suprema Corte prevista no caso *"Colegio Público de Abogados de la Capital Federal"*, de 4 de novembro de 2008.[1120]

A fim de facilitar a interpretação do sistema montado pelos Constituintes de Santa Fé, pensamos que, embora a doutrina tenha realizado um esforço considerável para analisar as motivações daquilo que García Lema denominou *"reforma por dentro"*, cabe balancear o valor relativo dos debates, muitas vezes contraditórios, complementando-os com a

---

comentada y concordada. 4ª ed., tomo II. Buenos Aires: La Ley, 2008, p. 260 ss.; SAGUÉS, Néstor Pedro. *Elementos de derecho constitucional*. 3ª ed. Buenos Aires: Astrea, 2009, p. 601 ss.; GORDILLO, Agustín. *Tratado de derecho administrativo*. 4ª ed. tomo I: Parte general, Buenos Aires: Fundación de derecho administrativo, 1997, pp. VII-56 ss.; BIDART CAMPOS, Germán J. *Tratado elemental de derecho constitucional argentino*. tomo VI: la reforma constitucional de 1994. Buenos Aires: Ediar, 1995; BARRA, Rodolfo Carlos. *Tratado de derecho administrativo*. tomo I. Buenos Aires: Ábaco, 2002, p. 465 ss.; DALLA VÍA, Alberto Ricardo. *Derecho Constitucional económico*. Buenos Aires: Abeledo Perrot, 1999, p. 543 ss.; QUIROGA LAVIÉ, Humberto; BENEDETTI, Miguel Angel; CENICA CELAYA, María de las Nieves. *Derecho Constitucional Argentino*. tomo II. Santa Fé: Rubinzal Culzoni, 2001, p. 1110 ss.; BALBÍN, Carlos F. *Curso de derecho administrativo*. tomo I. Buenos Aires: La Ley, 2007, p. 326 ss. e BARRAZA, Javier Indalecio; SHAFRIK, Fabiana Haydée. *El jefe de gabinete*. Buenos Aires: Abeledo Perrot, 1999, pp. 258-264; a doutrina produziu valiosos livros e trabalhos, de caráter monográfico, dedicados ao assunto: BIANCHI, Alberto B. "Horizontes de la delegación legislativa luego de la reforma constitucional". *ReDA*, Depalma: Buenos Aires, Año 6, 1994, p. 379 ss.; GARCÍA LEMA, Alberto. "La delegación legislativa y la cláusula transitoria octava". *El Derecho*, 182-1286; CANOSA, Armando N. "La delegación legislativa en la nueva Constitución". In: CASSAGNE, Juan Carlos (coord.). *Estudios sobre la reforma constitucional*. Buenos Aires: Depalma, 1995, p. 163 ss.; COMADIRA, Julio Rodolfo. "Los reglamentos delegados". In: *Acto administrativo y reglamento*. Jornadas organizadas pela Universidade Austral. Buenos Aires: RAP, 2001, p. 679 ss.; SANTIAGO, Alfonso; THURY CORNEJO, Valentín. *Tratado sobre la delegación legislativa*. Buenos Aires: Abaco, 2003 e PERRINO, Pablo Esteban. "El crecimiento de la potestad normativa de la Administración en los Estados contemporáneos". In: *Cuestiones de derecho administrativo, Reglamento y otras fuentes del derecho administrativo*. Jornadas da Universidade Austral. Buenos Aires: RAP, 2009, p. 91 ss.

[1120] *In re "Colegio Público de Abogados de la Capital Federal"*, Sentenças 331:2406 (2008).

CAPÍTULO VIII – OS PRINCÍPIOS INSTITUCIONAIS E SETORIAIS...

contribuição de outros antecedentes que levam a esclarecer os fundamentos ou ideias que presidem a estruturação doutrinária da nova categoria sobre a base das fontes das cláusulas constitucionais que o preceito desenvolveu.

Grande parte das divergências doutrinais surgidas foi gerada, talvez, pelo silêncio que, até agora, os juristas guardaram e interviram na redação das cláusulas sobre a delegação legislativa inseridas nos acordos prévios à reforma da Constituição[1121], reproduzidas depois no Núcleo de Coincidências Básicas e na lei declaratória da necessidade da reforma constitucional.[1122]

Devido ao teor deste trabalho, resulta impossível abordar integralmente o assunto da delegação de faculdades legislativas, cujo alto grau de complexidade exibe também o direito comparado. Por isso, este ensaio se orientará, basicamente, a esclarecer as dúvidas interpretativas e a desvendar a hermenêutica correta do art. 76 e da DT8ª da CN.

O ponto de partida se concentra na análise de duas questões: a) se os principais preceitos constitucionais em jogo, em matéria de delegação legislativa, constituem a continuação das antigas doutrinas elaboradas pela Corte, algumas com fundamento no direito norte-americano; e b) se os referidos conceitos constitucionais configuram um novo critério baseado em uma matriz diferente, cujos elementos, embora ajustados ao marco do princípio da separação de poderes, não guardam total correspondência com a delegação que concebe o modelo norte-americano (que, além do mais, não foi a única fonte onde o Projeto de Alberdi doutrinou-se e nem a obra capital do ilustre tucumano, na qual se inspirou a maioria das cláusulas da Constituição de 1853).

[1121] No final do ano de 1993 o Dr. Ricardo GIL LAVEDRA requereu nossa colaboração – com o conhecimento do então Presidente da União Cívica Radical, Dr. Raúl Ricardo ALFONSÍN – para completar a redação das cláusulas constitucionais que se projetavam em matéria de delegação legislativa incorporadas aos documentos aludidos, circunstância que fazemos pública nesta oportunidade, sem a pretensão de adjudicar sua autoria, levando em consideração que a Constituição é, definitivamente, uma obra plasmada pelos Constituintes que a sancionaram.

[1122] Lei n. 24.039.

VIII.5.1 Fontes e objetivos do preceito constitucional (art. 76 da CN)

Se nossa Constituição foi forjada como um produto histórico e racional[1123] que, sem desmerecer a valiosa contribuição que recebeu do modelo norte-americano, também se nutre de fontes europeias, adaptadas a nossa realidade vernácula mediante um sistema original e próprio, a interpretação constitucional deve necessariamente seguir este caminho.

Esse ponto de partida é, talvez, a chave para poder desvendar o alcance que a delegação legislativa tem, após a reforma constitucional de 1994 e, para tanto, nada melhor do que reconhecer que já há muito tempo ruiram tanto a rigidez da máxima lockeana[1124] (*delegata potestas non potest delegari*) quanto a tese da indelegabilidade dos poderes que os representantes do povo defendiam, a fim de configurar uma vontade geral infalível (Rousseau), pois, apesar da ressurreição que teve, na Constituição francesa de 1946[1125], o princípio proibitivo foi logo sepultado

---

[1123] Ver: BIDART CAMPOS, Germán J. *La tipología de la Constitución argentina*. Anais da Academia Nacional de Direito e Ciências Sociais de Buenos Aires, Ano XVI, segunda época, N. 13, e seu *Tratado elemental de derecho constitucional*. 2ª ed. tomo I. Buenos Aires: Ediar, 1995, pp. 101/102.

[1124] Nos Estados Unidos, considerou-se que a delegação legislativa é inevitável no governo moderno; ver: SCHWARTZ, Bernard. *Administrative Law*. 2ª ed. Boston: Little Brown and Company, 1984, p. 34 e a 4ª ed., *Administrative Law a casebook*, Boston, 1994, p. 118; conhecemos este grande jurista norte-americano na oportunidade em que visitou a Faculdade de Direito e Ciências Políticas da UCA no início da década de 80. Impressionou-nos a profundidade de seus conhecimentos no direito comparado, particularmente do francês, ao confessar-nos a sua admiração pela tarefa do Conselho de Estado e pela doutrina deste país, no ponto da criação dos princípios cardinais do direito administrativo. Na conversa que tivemos, falamos sobre a Argentina e as diferenças que existiam com a Constituição norte-americana, especialmente em matéria de regulamentos de execução. Com base no que havia lido e escutado nos dias em que ele permaneceu no país, observava que a doutrina vernácula era muito inventiva nas suas criações teóricas, perguntando-nos sobre seu grau de influência na jurisprudência da Suprema Corte. Nossa resposta foi que, em alguns casos, esta influência era notória, apesar de que a Corte não fazia citações, em suas sentenças, de nenhum autor nacional vivo (nesta época, pois depois retomou o costume de fazê-las).

[1125] Art. 13 da Constituição de 1946. A doutrina francesa sustenta que, em um país de Constituição escrita e separação de poderes, o poder legislativo não se delega; ver: HAURIOU, Maurice. *Précis de droit administratif et de droit public*. 9ª ed. Paris: Sirey,

CAPÍTULO VIII – OS PRINCÍPIOS INSTITUCIONAIS E SETORIAIS...

pela realidade dos fatos, que levaram a justificar a procedência da delegação legislativa como um recurso de técnica jurídica imprescindível no mundo atual, sem prejudicar a criação dos limites materiais.

Porque na batalha que se travou entre o legalismo positivista e o princípio de eficácia que a justiça e a realidade impõem, a proibição da delegação legislativa permaneceu limitada e condicionada, em linhas gerais, ao respeito da reserva legal, bem como à observância da separação dos poderes, à independência do Poder Judiciário e de outros princípios constitucionais e gerais do direito, que conformam a legalidade, melhor dizendo, projetando a fórmula de Hauriou, o *"bloco de constitucionalidade"*.

No contexto histórico comparado, a queda do dogma da primazia da lei e, consequentemente, da interdição absoluta para delegar atribuições ou faculdades através de diferentes vertentes da filosofia política deu lugar ao surgimento de duas concepções antagônicas, uma permissiva e outra proibitiva, desenvolvidas com base em ideias diferentes.

Cumpre nos determos brevemente na tendência proibitiva mais absoluta, cujos mais ilustres e genuínos representantes foram Trippel e Esmein, especialmente na fórmula elaborada por este último que, como se observa na leitura da transcrita em Nota [de rodapé][1126], resulta semelhante

---

1919, p. 85 (texto e obs. 2, com citação de ESMEIN). Na França, para superar a proibição de delegar, recorreu-se primeiro às leis de plenos poderes, de duvidosa constitucionalidade, e aos chamados Regulamentos de Administração Pública que não podiam regulamentar matérias as quais, por sua natureza, competiam ao legislador. A Constituição de 1958 introduziu uma reforma considerável nas relações entre a lei e o regulamento, ao estabelecer que, exceto as matérias reservadas à lei (art. 34) "(...) *as matérias que não fazem parte da lei têm caráter regulamentar*" (art. 37). Desse modo, a competência regulamentar passou a ser o princípio, e a competência legislativa a exceção; ver: VEDEL, Georges; DELVOLVÉ, Pierre. *Droit administratif.* 12ª ed. tomo I e II. Paris: PUF, 1992, p. 48 ss.

[1126] ESMEIN, Ademar. *Eléments de droit constitutionnel français et comparé.* 8ª ed. Paris: Sirey, 1927, pp. 85/86; destacou que: "(...) *não há verdadeira delegação mais do que quando uma autoridade investida de um poder determinado faz passar seu exercício a outra autoridade ou pessoa por um ato particular ou voluntário, descarregando o exercício de tal poder sobre o delegado"*. Esse conceito de delegação concebido como uma transferência de faculdade também figura em edições anteriores (mesmo que não se possa saber qual delas foi usada pela Corte no caso *"Delfino"*) e foi objeto de reiteradas críticas de BIELSA; ver, entre

à primeira definição que, sobre o conceito de delegação, fez sua nossa Corte no conhecido caso *"Delfino"*[1127] e que, a nosso juízo, foi o prelúdio das confusões e interpretações contrárias sobre uma mesma sentença que enfrentaram, na época, administrativistas (que postulavam a validade constitucional dos regulamentos delegados), a um setor dos constitucionalistas (que negavam sua constitucionalidade).[1128]

O princípio proibitivo mais absoluto do direito constitucional da maior parte da Europa Continental, influenciado pela prédica da doutrina citada anteriormente, logo sofreu uma grande transformação – em países como Alemanha, Itália e Espanha e, finalmente, no direito comunitário europeu[1129] –, ao relativizar a proibição, sem prejuízo da

---

outros trabalhos, o antes citado "Regulamentos delegados", no qual diz: "(...) *não se delega para que um poder tenha mais força que outro (pois não há – como foi dito erroneamente – transferência de poder), mas que o Poder Legislativo, neste caso, alcance maior eficácia em uma área determinada com a integração de outra atividade que 'dá prosseguimento' à dele e com os limites que ele traçar*".

[1127] Sentenças: 148:434 (1927). Nesse precedente, a Corte baseou-se em outro semelhante, da Suprema Corte norte-americana (*Union Bridge Co.*-204-U.S. 364 de 1907), que havia resolvido um caso no qual considerou uma delegação constitucional e permitia que uma agência do governo estabelecesse o valor de uma multa por uma contravenção de polícia de natureza penal.

Naquela oportunidade, o Supremo Tribunal norte-americano não definiu o conceito de delegação, de forma contrária à tese proibitiva, admitindo-a com grande amplitude. O motivo de confusão foi o fato de que, apesar de adotar a doutrina de ESMEIN ao pé da letra, nossa Corte a combina com a postura da jurisprudência norte-americana, que admite a delegação com grande amplitude, além de fundar a constitucionalidade da delegação em um preceito que se refere à potestade do Presidente para ditar regulamentos executivos (antigo art. 86 inc. 2 da CN), o que impede de distinguir, de forma clara, esse tipo de ato geral dos regulamentos delegados.

[1128] Ver: BIANCHI, Alberto B. "La potestad reglamentaria de los entes reguladores". *In: Acto y Reglamento administrativo*. Jornadas organizadas pela Universidade Austral. Buenos Aires: RAP, 2001, p. 589 ss., que contesta o critério seguido pela Corte em *"Delfino"* e destaca que foi uma fonte permanente de confusão já que "(...) *misturou alguns regulamentos com outros e sustentou que as faculdades delegadas pelo Congresso (regulamentos delegados) são exercidas dentro dos limites do art. 86.2 (regulamentos executivos) e, além do mais, justificou ele por inteiro com citações da jurisprudência da Suprema Corte norte-americana, em que aquele artigo não existe* (op. cit. p. 596).

[1129] MUÑOZ MACHADO, Santiago. *Tratado de derecho administrativo y derecho público general*. 1ª ed. tomo II. Madrid: Iustel, 2006, p. 598 ss.

CAPÍTULO VIII – OS PRINCÍPIOS INSTITUCIONAIS E SETORIAIS...

reafirmação de que as reservas legais ou as atribuições privativas do legislador não podiam ser objeto de delegação no Poder Executivo. Nessa linha se inscreve a Argentina com o novo art. 76 da CN que, de todo modo, aplicou uma fórmula que se revela certamente original.

A tendência permissiva surgiu muito antes no direito norte-americano[1130] do que na Europa, ao admitir-se que, a princípio, a delegação legislativa não alterava a doutrina da separação de poderes, estabelecendo diferentes formulações jurisprudenciais com um critério mais amplo do que o europeu, para terminar por aceitar, de forma ampla, a procedência da delegação legislativa. Como se sabe, elas culminaram na adaptação do critério com base no denominado padrão inteligível (*intelligible standard*).

Essa breve digressão procura mostrar que a delegação legislativa, em seu atual sentido no direito norte-americano, nasceu como produto de um sistema presidencialista carente do poder regulamentar de execução, no qual, por necessidades práticas do governo, o Congresso abandonou o dogma proibitivo e abriu a ampla base da delegação legislativa nos EUA, com grande amplitude[1131], ou inclusive, para alguns, praticamente de forma ilimitada.[1132]

Em tal cenário, nossa doutrina do Direito Público – tanto a partidária quanto a adversária da delegação – começou a utilizar, como conceito de delegação, uma parte da definição adotada pela Corte no

---

[1130] Ver: BIANCHI, Alberto B. *La delegación legislativa*. Buenos Aires: Ábaco, 1990, p. 78, que destaca que o primeiro caso onde se aplicou a doutrina da delegação foi "*United States versus Brig. Aurora*", do ano de 1813.

[1131] Sobre a evolução da delegação legislativa no direito norte-americano, ver: BIANCHI, Alberto B. *La delegación legislativa*. Buenos Aires: Ábaco, 1990, p. 76 ss.; sua amplitude foi destacada pelo *juiz* Antonin SCALIA, ao enfatizar que "*a delegação ampla (...) é o selo distintivo do Estado administrativo moderno*" "Judicial deference to administrative interpretations of law". *Duke Law Journal* 511, 516, 1989, opinião transcrita por BIANCHI, Alberto B. "Horizontes de la delegación legislativa luego de la reforma constitucional". *ReDA*, Depalma: Buenos Aires, Año 6, 1994, p. 380, nota 7).

[1132] PÜNDER, Hermann. "Legitimación democrática de la legislación delegada. Análisis comparativo en el derecho de los EEUU, Gran Bretaña y Alemania". *El Derecho*, Suplemento de derecho administrativo, 30.04.2009 p. 1 ss., especialmente pp. 4 e 6.

caso *Delfino*. A interpretação se complicou porque nossa mais alta instância jurídica, o Supremo Tribunal, além de se engajar na postura que considerava a delegação como sendo uma transferência ou desoneração de poderes proibida constitucionalmente (tese de Esmein, como vimos anteriormente), passou a usar, paralelamente, alguns critérios da jurisprudência norte-americana elaborados em um cenário constitucional diferente (caracterizado, como dissemos, pela ausência na Constituição de um poder regulamentar favorável ao Executivo[1133]). O notável é que o cenário estado-unidense já havia muito abandonado a tese proibitiva absoluta[1134] que, ao mesmo tempo, conforme um setor da doutrina nacional, fora estabelecida como critério por nossa Suprema Corte, erro claramente advertível, se compararmos o que foi afirmado pela Suprema Corte norte-americana no caso *Waymau versus Southard*, que citamos na nota anterior.

Cabe reconhecer que um dos poucos juristas que escaparam daquela *contradictio* foi o mestre Bielsa, que defendeu a tese de que o conceito de delegação era incompatível com a ideia de transferência ou desoneração de poderes legislativos no Executivo (em sentido semelhante à tese, desenvolvida na doutrina espanhola anos depois por García de Enterría).[1135] Ao aceitar a validade constitucional da delegação legislativa e dos regulamentos delegados no marco da Constituição de 1853-1860, o grande mestre da cidade de Rosário defendia a tese de que o conceito de delegação legislativa se define como uma missão, encargo ou comissão que o Congresso incumbe ao Executivo, para que entregue a lei e completo suas prescrições.[1136]

[1133] MERTEHIKIAN, Eduardo. "Delegación legislativa. Vencimiento del plazo legal". *La Ley*, 13.07.2010, p. 1 ss., afirma, com razão, que "*a questão se torna mais complexa tão logo como se observa que, no ponto da identificação do poder regulamentar do Poder Executivo, as referências ao direito norte-americano nem sempre são uma adequada fonte de interpretação ' (...) já que no mencionado país (...)' além de se desconhecer – como foi dito – a categoria do regulamento executivo, a delegação direta do Congresso em órgãos administrativos inferiores é uma prática constante*".

[1134] A partir do caso *Waymau versus Southard* (10, Wheaton, 1, 43) do ano de 1825.

[1135] *Legislación delegada, potestad reglamentaria y control judicial*. 3ª ed. Madrid: Thomson-Civitas, 2006, p. 120 ss.

[1136] BIELSA, Rafael. *Estudios de derecho Público*. tomo III. Buenos Aires: Arayú/Depalma, 1952, pp. 255/256.

CAPÍTULO VIII – OS PRINCÍPIOS INSTITUCIONAIS E SETORIAIS...

A concepção ampla da delegação que Bielsa postulava, mesmo não sendo idêntica, vem a coincidir com o critério que a Corte norte-americana estabeleceu no caso *Union Bridge Co.* versus *United States*[1137] enquanto que "(...) negar ao Congresso o direito, conforme a Constituição, de delegar o poder de determinar algum fato ou estado de coisas sobre as quais a aplicação de suas promulgações depende seria 'deter as engrenagens do governo' e provocaria confusão e, inclusive, paralisia na gestão dos assuntos públicos".

Posteriormente, o direito constitucional argentino emitiu uma tese bastante ambígua, que, na realidade, pretendia retornar à concepção proibitiva absoluta de Esmein, ao distinguir entre delegação própria (a delegação que transfere competência ou o poder de fazer a lei do legislador ao Executivo) e a chamada delegação imprópria, considerada constitucionalmente válida, ao se envolver no ajuste dos detalhes ou pormenores da lei. Tratou-se de uma teoria imprecisa que continha, igualmente às anteriores, o princípio de suas contradições e inconsistências, não só pelas dificuldades que evidenciava para distinguir a delegação imprópria da autoridade regulamentar de execução (antigo art. 86 inc. 2 da Constituição de 1853 e atual art. 99 inc 2º), mas porque não se pode negar que, ao delegar a regulamentação dos detalhes da lei ao Executivo, com um grau de maior ou menor amplitude, está sendo atribuído, parcialmente, o poder de executá-la ao referido órgão.

O novo critério estabelecido no primeiro parágrafo do art. 76 da CN tenta superar essas antinomias por meio de um conceito de delegação que aponta ao encerramento das matérias que podem ser seu objeto, antes que a sua natureza, da mesma forma que consagra certos limites formais, cuja racionalidade ninguém – que saibamos – colocou em dúvida.

Acima de tudo, a fórmula constitucional configura, como veremos, uma proibição genérica de natureza relativa, pois, mesmo podendo chegar a supor que a proibição da delegação legislativa (que encabeça o

---

[1137] 204 US p. 364, citado no considerando 13º da Sentença "Delfino". Agradeço, especialmente, a tradução do texto em inglês realizada pelo Dr. Carlos José LAPLACETTE.

primeiro parágrafo) tivesse maior alcance, ela constitui um princípio geral que funciona como um tipo de válvula de fechamento do sistema, que se integra com a exceção que enuncia. Dessa forma, a proibição não é absoluta e se completa com o deslinde positivo das matérias que podem ser objeto de delegação legislativa e o deslinde negativo produto da reserva legal, a separação de poderes e os demais princípios constitucionais, sem prejudicar os limites formais estabelecidos, expressamente, no próprio preceito constitucional.

Cabe também apontar que as exceções que admitem a delegação de faculdades legislativas estão dirigidas ao presidente e não a outras autoridades da Administração, como as entidades reguladoras[1138], que carecem de postetades normativas originárias[1139], porque não se pode conceber que estes últimos exerçam as faculdades legislativas sem nenhum controle por parte do Congresso nem do Executivo, pois em tais casos teriam mais poder do que o próprio presidente como Chefe da Administração. Também não se revela razoável interpretar que o Congresso possa delegar, no Poder Judiciário, faculdades exclusivamente legislativas, como a faculdade de definir tarifas atribuídas à Suprema Corte no art. 8 da Lei n. 23.853[1140], porque se trata de faculdades reservadas com exclusividade ao legislativo.

A ideia que a fórmula da proibição relativa presidiu foi a conveniência de frear o abuso das delegações generalizadas, sem limites e nem

---

[1138] Contra: GORDILLO, Agustín. "Las facultades normativas de los entes reguladores". *RAP*, 212-120.

[1139] *Cf.* PERRINO, Pablo Esteban. "El crecimiento de la potestad normativa de la Administración en los Estados contemporáneos". In: *Cuestiones de derecho administrativo, Reglamento y otras fuentes del derecho administrativo*. Jornadas da Universidade Austral. Buenos Aires: RAP, 2009, pp. 99-107; assim o interpreta também, de forma definitiva, NALLAR, na tese de doutorado que tivemos a honra de gerir na Universidade Austral, ao sustentar que, no exercício das potestades de regulamentação, as autoridades reguladoras não podem acumular e nem substituir as potestades que a Constituição prevê a favor do Executivo (com nosso prólogo NALLAR, Daniel M. *Regulación y control de los servicios públicos*. Buenos Aires/Madrid/Barcelona: Marcial Pons, 2010, p. 385, texto e nota 24, na qual especialmente alude aos art. 76 e 99 inc. 2º da CN).

[1140] *Cf.* LAPLACETTE, Carlos José. "La Corte Suprema como sujeto pasivo de la delegación legislativa". *La Ley*, 2010-B, 1199.

CAPÍTULO VIII – OS PRINCÍPIOS INSTITUCIONAIS E SETORIAIS...

prazo para seu exercício, produto da genuflexão e comodidade dos legisladores, que gerava a necessidade de delimitar a margem da delegação (ampliado pela Corte no caso Cochia)[1141], com o objetivo de atenuar o poder presidencial e reafirmar a separação dos poderes, sem afetar a eficácia no funcionamento do governo federal.

Vejamos agora o novo critério que a delegação legislativa preside, extraído há pouco na jurisprudência da Corte[1142] e quais foram suas fontes vernáculas e comparadas.

Trata-se de algo semelhante a um tripé que, para configurar o deslinde positivo (material e formal) do objeto da delegação legislativa requer, como condição essencial de sua validade constitucional, o cumprimento simultâneo de três requisitos de fundo e um de procedimento.

O primeiro aspecto que deve reter nossa atenção é que a delegação legislativa é limitada e condicionada para que seu exercício recaia sobre matérias determinadas. Essa ideia, como muitas outras que a Constituição de 1994 extrai, tem um enraizamento doutrinário vernáculo[1143], nem sempre observado pelos autores que se ocuparam do assunto sobre a delegação legislativa após a reforma constitucional. Não se trata da consagração de uma figura aberta ou delimitada somente no sentido formal (como seria, por exemplo, o ter estabelecido apenas a proibição de delegar o poder de fazer a lei), mas de uma categoria constitucional subordinada a limites materiais e formais que são exatos e determinados. No caso de emergência, a delegação de faculdades legislativas deve encontrar-se determinada com base em razões fundadas, bem como incluir as bases e o prazo para seu exercício.

[1141] Sentenças: 316:2624 (1993).

[1142] Sentenças 331:2406 (2008), no caso "Colegio Público de Abogados de la Capital".

[1143] BIELSA, Rafael. *Estudios de derecho Público*. Buenos Aires: Arayú/Depalma, 1952, p. 255 ss., afirma que "(...) *regular uma parte da lei, integrando-a a preceitos limitados pela própria lei significa realizar uma tarefa de caráter materialmente legislativo, mediante um ato formalmente administrativo* (op. cit. p. 258). No trabalho posterior sobre "Regulamentos delegados (...)", cit. é ainda mais categórico destacar que: "(...) *pela delegação, não se transfere um poder, mas encarrega-se uma autoridade de ditar normas que prosseguem a atividade legislativa dentro de uma matéria e de limites determinados. Consequentemente, o Poder Legislativo pode derrogar as normas em qualquer momento*" (LL 102-1071).

Tampouco podemos nos esquecer de que outra finalidade da reforma constitucional nesse ponto foi, sem dúvida, o objetivo de harmonizar o peso da proibição constitucional genérica com o princípio de *"maior eficácia no funcionamento do governo federal"*, destacado pela Corte, no caso *"Colégio Público de Advogados da Capital Federal"*.[1144] Na medida em que a delegação legislativa permaneça emoldurada nos contornos de seus limites materiais e formais (positivos ou negativos), tal princípio leva a admitir que quaisquer das formas ou espécies conhecidas que caracterizem a delegação legislativa podem fazer sentido na figura constitucional adotada (receptícia, remissão normativa e deslegalização)[1145], contanto que os limites constitucionais que serão expostos a seguir forem respeitados.

VIII.5.2 Limites materiais e formais

Os requisitos de fundo contidos no preceito constitucional que definem o contorno dos limites materiais e formais da delegação legislativa são três:

A matéria suscetível de ser delegada pelo Congresso: deve tratar-se de matérias de Administração ou de emergência pública. A exigência de que as matérias devam estar determinadas encontra-se na cláusula com relação à Constituição Espanhola de 1978[1146], mas tanto o conceito de matérias de Administração – ou de matérias administrativas – quanto o de emergência pública têm sua fonte na obra de Bielsa.[1147]

[1144] Sentenças 331:2406 (2008), Considerando 9º, parágrafo terceiro.

[1145] Ver: nosso *Derecho administrativo*. 9ª ed. Buenos Aires: Abeledo Perrot, 2010, pp. 190/191, e edições anteriores nas quais adotamos a classificação efetuada por GARCÍA DE ENTERRÍA e FERNÁNDEZ nas sucessivas edições do *Curso de derecho administrativo* (cuja primeira edição de Civitas foi publicada em Madrid em 1974).

[1146] Art. 82 CE.

[1147] *Estudios de derecho Público*. Buenos Aires: Arayú/Depalma, 1952, p. 274; um dos poucos autores que observaram essa fonte foi COMADIRA, Julio Rodolfo. "Los reglamentos delegados". In: *Acto administrativo y reglamento*. Jornadas organizadas pela Universidade Austral. Buenos Aires: RAP, 2001, p. 686, com relação ao conceito *"matérias determinadas de administração"*, como destacou PERRINO, Pablo Esteban.

CAPÍTULO VIII – OS PRINCÍPIOS INSTITUCIONAIS E SETORIAIS...

A questão que diz respeito ao âmbito material da delegação legislativa resulta em uma das chaves de sua validade constitucional. Nesse sentido, além da doutrina do Direito Público que se ocupou em definir as matérias[1148] próprias da Administração ou inerentes ao exercício da função administrativa (v.g., o funcionamento dos serviços públicos e a arrecadação fiscal, entre outras), a legislação[1149] prescreveu uma lista das referidas matérias que, mesmo não sendo completa, representa, ao menos, um guia hermenêutico com o qual os juízes contam, para decidir sobre a constitucionalidade da delegação legislativa.

Diferente é o caso de emergência, pois, exceto os limites que definiram a jurisprudência da Corte e a doutrina (v.g., trata-se de uma compressão transitória de direitos individuais que não implicque sua degradação nem a modificação de forma permanente) e seus conhecidos abusos[1150], o âmbito material é de maior amplitude, mesmo que também seja maior a responsabilidade de provar sua configuração através de uma motivação fundada razoavelmente nos fatos e no direito e esteja sujeita a um controle judicial amplo, não sendo a declaração legislativa de emergência o produto da atividade discricionária, mas um conceito jurídico indeterminado suscetível de ser verificado pelos juízes.[1151] A categoria da emergência também não constitui uma novidade que provém, exclusivamente, do direito norte-americano, pois reconhece uma tradição constitucional enraizada na Europa Continental.[1152]

"Algumas reflexões sobre os regulamentos delegados na reforma constitucional". *In:* CASSAGNE, Juan Carlos. *Derecho administrativo*: obra colectiva en homenaje al ao Professor Miguel S. MARIENHOFF. Buenos Aires: Abeledo Perrot, 1998, p. 979.

[1148] GARCÍA LEMA, Alberto. "La delegación legislativa y la cláusula transitoria octava". *El Derecho*, 182-1286, especialmente pp. 1292-1294 faz uma boa análise sobre o conteúdo desse limite material do art. 76 da CN.

[1149] Lei n. 25.418 (art. 2º) formulação reiterada na Lei n. 25.645.

[1150] URRUTIGOITY, Javier. "Del derecho de emergencia al derecho de la decadencia". *Estudios de derecho administrativo VIII*. IEDA. Mendoza: Diké, 2001.

[1151] Sobre a técnica dos conceitos jurídicos indeterminados nos remetemos a nosso ensaio *El principio de legalidad y el control judicial de la discrecionalidad administrativa*. Buenos Aires/Madrid: Marcial Pons, 2009, p. 184 ss.

1152 Ver: PÉREZ HUALDE, Alejandro. "Las facultades legislativas del Poder Ejecutivo

Em ambos os casos (matérias determinadas de administração ou de emergência pública), os limites são negativos no sentido que, fora das referidas matérias, a delegação legislativa se encontra constitucionalmente proibida. Isso faz do caráter um caráter restritivo e de exceção que tem a delegação legislativa em nosso sistema constitucional[1153], quanto às matérias às quais a delegação pode fazer referência.

b. O segundo requisito do art. 76 da CN (que configura um limite formal) se refere à delegação legislativa que deve outorgar *"com prazo estabelecido para seu exercício"*, e está tomado quase literalmente pela Constituição Espanhola[1154], outra diferença com relação ao direito norte-americano, o qual demonstra uma amplitude maior nos mecanismos e critérios que a delegação preside.[1155]

c. Em terceiro lugar, o preceito constitucional prevê a exigência de que a delegação legislativa seja levada a cabo *"dentro das bases que o Congresso estabelecer"*. Embora a expressão *"bases"* seja inspirada no art. 82.3 da CE (mesmo que referida a uma espécie de delegação destinada a formar textos articulados ou a refundição de vários textos por uma lei ordinária), a fórmula que implica definir *"a política legislativa"* ou as diretrizes básicas com relação à matéria que é delegada é perfeitamente compatível com a do padrão inteligível (*intelligible standard*) do direito norte-americano[1156], como destacou a Corte no

---

y su impacto en el regime federal". VI Foro Iberoamericano de derecho administrativo, Universidade Externado da Colômbia, Bogotá, 2007, p. 561.

[1153] PERRINO, Pablo Esteban. "El crecimiento de la potestad normativa de la Administración en los Estados contemporáneos". *In: Cuestiones de derecho administrativo, Reglamento y otras fuentes del derecho administrativo*. Jornadas da Universidade Austral. Buenos Aires: RAP, 2009, p. 977.

[1154] Art. 82, 3. CE.

[1155] BIANCHI, Alberto B. *La delegación legislativa*. Buenos Aires: Ábaco, 1990, p. 76 ss.

[1156] Ver GARCÍA DE ENTERRÍA, Eduardo; FERNÁNDEZ, Tomás Ramón. *Curso de derecho administrativo*. 13ª ed. tomo I. Madrid: Thomson/Civitas, 2006, p. 259; BIANCHI, Alberto B. "Horizontes de la delegación legislativa luego de la reforma constitucional". *ReDA*, Depalma: Buenos Aires, Año 6, 1994, p. 388 ss., sustenta que o conceito de padrão inteligível foi considerado com bastante amplitude e poderia assemelhar-se ao que a doutrina administrativa conhece como conceito jurídico indeterminado (*op. cit.* p. 390).

CAPÍTULO VIII – OS PRINCÍPIOS INSTITUCIONAIS E SETORIAIS...

caso *"Colegio Público de Abogados de la Capital Federal"*.[1157] Essa foi a opinião apresentada por García Lema[1158], durante o debate da Convenção Reformadora de Santa Fé.

A Corte, em um dos considerandos da sentença mencionado anteriormente, salientou com razão que "(...) *a partir do sentido que se buscou atribuir ao texto constitucional e das características do modelo seguido, infere-se que:*

1ª) Fica proibida a delegação sem bases está proibida e 2ª) Quando as bases estiverem formuladas em uma linguagem demasiado genérica e indeterminada, a atividade delegada será convalidada pelos tribunais se o interessado superar a incumbência de demonstrar que a disposição prevista pelo Presidente é uma concreção da política específica legislativa que teve como objetivo o Congresso ao aprovar a cláusula delegatória da qual se trata".[1159]

Como ressaltado, a Constituição também determina um requisito de procedimento, que implica acrescentar outro limite para determinar a procedência e validade constitucional da delegação legislativa. O requisito aponta o Poder Executivo e constitui a exigência da validação do chefe de Gabinete para o prescrito naqueles decretos que contêm o exercício de faculdades delegadas pelo Congresso Nacional, os quais se encontram submetidos ao controle da *"Comisión Bicameral Permanente"* conformada de acordo com o previsto no art. 99 inc. 3º da CN, cuja lei constitutiva demorou mais de 12 anos para ser ditada.[1160] Essa arrecadação procedimental encontrava-se incluída na cláusula projetada originalmente sobre a delegação legislativa e foi incorporada *a posteriori* ao

---

[1157] Sentenças 331:2406 (2008), considerando 10.

[1158] Ver: GARCÍA LEMA, Alberto, na sua exposição na Convenção Constituinte (*Obra da Convenção Constituinte 1994*. Centro de Estudos Constitucionais e Políticos do Ministério da Justiça da Nação, Buenos Aires, 1995, tomo IV, p. 4887 ss.).

[1159] Considerando 12, parágrafo primeiro.

[1160] Lei n. 26.122 sancionada no dia 20 de julho de 2006; ver a crítica à situação imperante com antecedência ao seu previsto em DE LA RIVA, Ignacio M. "Los decretos sujetos al control del legislador en el marco de la ley N. 26.133". *In:* BOULLADE, Gustavo (coord.). *Fuentes del derecho administrativo*. IEDA, Buenos Aires: Lexis-Nexis, 2007, p. 149.

texto da Constituição, no inc. 12 do art. 100 da CN, dentro das atribuições e deveres do chefe de Gabinete.

VIII.5.3 Vinculação negativa derivada das reservas legais para o exercício da delegação legislativa

O legislador encontra-se quase sempre vinculado negativamente com a Constituição, apesar de que a existência simultânea de vinculações positivas (particularmente referidas aos denominados direitos de prestação) que nos últimos tempos proliferaram em diferentes sistemas comparados, como consequência da evolução operada nos direitos constitucionais europeus[1161], cuja tendência foi seguida pela reforma constitucional de 1994. Por sua vez, existe uma vinculação positiva da Administração com a lei apesar de a atuação administrativa sempre precisar de uma autorização prévia do legislador[1162] sem prejudicar os limites que este fixe à referida atuação (vinculação negativa).

No que se refere ao objeto deste trabalho, seria interessante destacar a vinculação negativa do legislador com a Constituição não apenas para reafirmar o sentido relativo que caracteriza a proibição da delegação

---

[1161] MUÑOZ MACHADO, Santiago. *Tratado de derecho administrativo y derecho público general*. 1ª ed. tomo II. Madrid: Iustel, 2006, p. 902 ss.

[1162] Ver: COVIELLO, Pedro J. J. "La denominada zona de reserva de la Administración y el principio de la legalidad administrativa". *In:* CASSAGNE, Juan Carlos. *Derecho administrativo*: obra colectiva en homenaje al ao Professor Miguel S. MARIENHOFF. Buenos Aires: Abeledo Perrot, 1998, p. 208; e GARCÍA DE ENTERRÍA, Eduardo; FERNÁNDEZ, Tomás Ramón. *Curso de derecho administrativo*. 13ª ed. tomo I. Madrid: Thompson-Civitas, 2006, p. 444, que explicam como o sistema constitucional espanhol atual faz aplicação do referido princípio (em seus art. 91 e 103.1 da CE entre outros preceitos), igualmente que a Lei Fundamental de Bonn (art. 20 parágrafo 3), ao prever que o Poder Executivo e os Tribunais estão vinculados à Lei ao Direito (op. cit. p. 445). Entre nós, a vinculação da Administração com o princípio de legalidade (concebido como princípio geral) se deduz, uma interpretação dinâmica do art. 19 da CN, que subordina a Administração à lei, enquanto não pode dispor e nem ordenar o que as normas legais não mandam e nem privar os cidadãos do que elas não proíbem (*Cf.* nosso livro *El principio de legalidad y el control judicial de la discrecionalidad administrativa*. Buenos Aires/Madrid: Marcial Pons, 2009, p. 197 ss.).

CAPÍTULO VIII – OS PRINCÍPIOS INSTITUCIONAIS E SETORIAIS...

legislativa, mas para que seu exercício, dentro dos limites materiais permitidos pelo art. 76 da CN, não altere o princípio da separação dos poderes e, fundamentalmente, não avance sobre as atribuições privativas do Congresso que integram a zona reservada exclusivamente à lei.

A teoria da *"reserva legal"*, originada no Direito Público da Europa continental para limitar a possibilidade de o Executivo regulamentar o conteúdo dos direitos individuais de propriedade e liberdade, não foi objeto de recepção generalizada no direito constitucional vernáculo. Este último, ainda após a reforma constitucional de 1994, continuou orientando-se na matéria da delegação legislativa pelas formulações teóricas e jurisprudenciais do direito norte-americano, as quais, como vimos, mesmo sendo em alguns aspectos compatíveis com o novo art. 76 da CN diferem quanto aos princípios e requisitos substanciais que determinam o âmbito material dessa delegação. Em outros termos, o que o Congresso pode delegar nos EUA, conforme a prática seguida pela legislação e jurisprudência daquele país[1163], constitui uma faixa de atribuições muito mais ampla, praticamente ilimitada, considerando-se a inexistência de limites materiais determinados na Constituição norte-americana. Além disso, cabe destacar que a lassitude dos requisitos estabelecidos para a delegação "(...) *levou os EUA a uma 'crise de legitimidade' e são objeto de fortes críticas como "legicídio" (legiscide)*".[1164]

Não é nosso propósito analisar, *in extenso,* a teoria da reserva legal no direito continental europeu, cuja tendência, ao contrário do que se

---

[1163] BIANCHI, Alberto B. "Horizontes de la delegación legislativa luego de la reforma constitucional". *ReDA,* Depalma: Buenos Aires, Año 6, 1994, p. 393 ss., lembra que na história da jurisprudência norte-americana existem apenas dois casos significativos (*Panama Refining Co. versus Ryan & A.L.A. Sechechter Poultry Corp. versus United States*) nos quais a Corte declarou a inconstitucionalidade das leis que delegaram, no Executivo, faculdades legislativas (*op. cit.* p. 393), aos quais cabe adicionar, diz "(...) *um terceiro caso de menos transcendência no qual se declarou a inconstitucionalidade de leis que integram o chamado New Deal de Roosevelt (Carter versus Carter Coal Co.) (op. cit.* pp. 394/395). Entre nós, há autores que generalizaram, de forma imprópria, a doutrina da Corte norte-americana citada anteriormente, logo deixada de lado pelo referido Tribunal com base em uma interpretação mais flexível do princípio da separação de poderes (298 U.S. 238 (1936).

[1164] *Cf.* PÜNDER, Hermann. "Legitimación democrática de la legislación delegada. Análisis comparativo en el derecho de los EEUU, Gran Bretaña y Alemania". *El Derecho,* Suplemento de derecho administrativo, 30.04.2009 p. 6, texto e nota 57.

poderia supor, alcançou uma expansão geral considerável, atingindo para contrabalancear "(...) *outras regulamentações de conteúdo político e econômico geral, bem como a organização do estado e suas instituições*".[1165]

Cabe apontar, entretanto, que a reserva legal é regida, em sua densidade mínima, pela doutrina da essencialidade[1166], que implica adotar um conceito evolutivo que leva em consideração tanto a natureza rígida ou flexível quanto o caráter absoluto ou relativo da regulamentação. E embora o problema sempre passe por estabelecer o alcance dessa densidade, há matérias, como a penal, nas quais o limiar da delegação resulta inexistente, já que as garantias individuais em jogo proíbem, de forma estrita e rígida, que se recorra à delegação legislativa (por exemplo, para a definição do tipo penal).

Toda reserva legal deve surgir de forma expressa, implícita ou inerente[1167] da Constituição, mas nem toda faculdade atribuída ao Congresso necessariamente a configura. Aqui é onde a doutrina da essencialidade e o jogo dos princípios constitucionais reconhecidos na Constituição, principalmente a separação de poderes e a independência do Poder Judiciário, desempenham um papel fundamental no estabelecimento do conteúdo material de cada reserva legal, como parte essencial do sistema de freios e contrapesos que o equilíbrio dos poderes realiza.

Em nosso sistema constitucional, não seria factível – por exemplo – que o Congresso delegasse o exercício de funções judiciais[1168] no Executivo,

---

[1165] MUÑOZ MACHADO, Santiago. *Tratado de derecho administrativo y derecho público general*. 1ª ed. tomo II. Madrid: Iustel, 2006, p. 903.

[1166] MUÑOZ MACHADO, Santiago. *Tratado de derecho administrativo y derecho público general*. 1ª ed. tomo II. Madrid: Iustel, 2006, p. 892 ss. e p. 902 ss.

[1167] Ver: AJA ESPIL, Jorge A. *Constitución y poder:* historia de los poderes implícitos y de los poderes inherentes. Buenos Aires: Tea, 1987, p. 140 ss., ao interpretar o alcance do art. 75 inc. 32 da CN; e nosso *Derecho administrativo*. 9ª ed. Buenos Aires: Abeledo Perrot, 2010, pp. 476-477.

[1168] Ver: LUQUI, Roberto Enrique. *Revisión judicial de la actividad administrativa*. tomo I. Buenos Aires: Astrea, 2005, pp. 52/53 e 56/57; TAWIL, Guido Santiago. *Administración y justicia*. tomo I. Buenos Aires: Depalma, 1993, p. 115 ss.; ABERASTURY, Pedro. *La Justicia administrativa*. Buenos Aires: Lexis-Nexis, 2006, p. 3 ss.

CAPÍTULO VIII – OS PRINCÍPIOS INSTITUCIONAIS E SETORIAIS...

não só porque é tecnicamente improcedente delegar faculdades que não são próprias e que pertencem exclusivamente a outro poder, mas porque a interdição do exercício dessas funções seria violada por parte do Executivo no art. 109 da CN (por exemplo, o art. 95), alterando um princípio constitucional rígido, de natureza material, que tende a proteger a independência do Poder Judiciário argentino.

Várias matérias[1169] pertencem ao âmbito da reserva legal, desde a regulamentação dos direitos individuais de propriedade e liberdade (art. 14 e 75 inc. 12 da CN), a declaração de utilidade pública de um bem objeto de expropriação (art. 17 da CN) até também – conforme o art. 99 inc. 3º da CN – aquelas matérias que, por analogia, não podem ser objeto da autoridade regulamentar de necessidade e urgência[1170] (penal, tributária[1171], eleitoral ou regime dos partidos políticos).[1172] Certamente a densidade da reserva depende da hierarquia e do peso da garantia constitucional comprometida, admitindo-se, em algumas matérias, como a tributária, o caráter relativo e flexível da reserva. Nesse sentido, aceita-se que se possa delegar a definição das alíquotas de um tributo com base em um critério determinado na lei (por exemplo, quando o Congresso delega a atribuição de estabelecer a taxa de um tributo com um limite máximo)[1173] sem afetar a essencialidade da reserva legislativa que

---

[1169] Temos uma boa análise sobre as matérias que compõem a reserva legal em PERRINO, Pablo Esteban. "El crecimiento de la potestad normativa de la Administración en los Estados contemporáneos". In: *Cuestiones de derecho administrativo, Reglamento y otras fuentes del derecho administrativo*. Jornadas da Universidade Austral. Buenos Aires: RAP, 2009, pp. 984-988 e *in* cit. pp. 96/98.

[1170] SAGÜÉS, Néstor Pedro. *Elementos de derecho constitucional*. 3ª ed. Buenos Aires: Astrea, 2009. p. 604, considerou convincente nossa argumentação com base no princípio interpretativo *a fortiori*.

[1171] Sobre a reserva legal em matéria tributária: CASÁS, José Osvaldo. *Derechos y garantías constitucionales del contribuyente*. Buenos Aires: Ad-Hoc, 2002, p. 213 ss.; obra que foi a tese de doutorado do autor, com a qualificação máxima e recomendada ao Prêmio Faculdade pelo Jurado integrado pelos Doutores Horacio A. GARCÍA BELSUNCE, Héctor A. MAIRAL e Juan Carlos CASSAGNE.

[1172] GORDILLO, Agustín. *Tratado de derecho administrativo*. 3ª ed, tomo I. Buenos Aires: Macchi, 1995, pp. VII-58-59.

[1173] Sentenças 230:28 e 237:656

se integra com os elementos substanciais e constitutivos do fato tributável[1174] ou da obrigação tributária[1175], tendo sustentado também a possibilidade de delegar aqueles aspectos puramente administrativos da mencionada obrigação (modalidades, prazos etc.).[1176]

Em resumo, a delegação legislativa, em matéria tributária, *"(...) só pode compreender os aspectos quantitativos da obrigação (...)"*, ou seja, *"(...) os valores fixos e as alíquotas e, no caso dos gravames* ad valorem, *a definição ou ajuste de suas bases tributáveis"*.[1177]

VIII.5.4 O caso "Camaronera Patagónica"

Nesse precedente, a Corte considerou a inconstitucionalidade das denominadas retenções fixadas pelo Poder Executivo em exercício da faculdade que o art. 755 do Código Aduaneiro lhe confere. Com bom critério, a Corte considera que mencionadas retenções constituem tributos que se encontram sujeitos aos princípios constitucionais que regem

---

[1174] GARCÍA BELSUNCE, Horacio A., na obra coletiva em homenagem ao Professor Juan Carlos LUQUI, (coord. José Osvaldo CASÁS), Buenos Aires: Depalma, 1994, em especial pp. 39/40.

[1175] BIELSA, Rafael. *Estudios de derecho Público*. Buenos Aires: Arayú/Depalma, 1952, p. 259.

[1176] BIELSA, Rafael. *Estudios de derecho Público*. Buenos Aires: Arayú/Depalma, 1952, pp. 258/259.

[1177] *Cf.* CASÁS, José Osvaldo. *Derechos y garantías constitucionales del contribuyente*. Buenos Aires: Ad-Hoc, 2002, p. 366. Um critério amplo, em matéria aduaneira de natureza tributária (v.g., Direitos de exportação) foi proporcionado por CORTI, Arístides Horacio M, em seu trabalho "Decretos de necesidad y urgencia y de promulgación parcial de leyes. Legislación delegante. Reglamentos delegados", publicado em *ED*, jornal de 7 de setembro de 2010, p. 3, texto e nota 12, ao defender que cabe excluir do art. 76 da CN "(...) *os regulamentos permanentes de conjuntura para proteger os interesses imediatos do país, especialmente em matérias vinculadas com a evolução do mercado internacional e do mercado interno"*. Com o respeito que sempre tivemos pelo autor, parece-nos que sua tese não encontra apoio no sistema da Constituição, tal como é descrito e interpretado no presente ensaio. Pensamos que, por mais flexibilidade que se atribua à reserva legal em matéria tributária, a lei que habita no Executivo ao exercer faculdades legislativas deve, obrigatoriamente, conter as bases ou o critério básico que permita, a este último, completá-la e integrá-la.

CAPÍTULO VIII – OS PRINCÍPIOS INSTITUCIONAIS E SETORIAIS...

sua criação (o que surge, tanto do voto da maioria, quanto da dissidência dos Dres. Petracchi e Argibay). Concordamos com o Supremo Tribunal, no sentido em que a faculdade para a criação de tributos constitui um princípio essencial do sistema representativo e republicano do governo que pertence ao Congresso da Nação de forma exclusiva.

O voto da maioria sustenta que não é admissível a delegação no Poder Executivo da faculdade de definir os elementos essenciais dos tributos, mas admite que determinados aspectos destes tributos, como a faculdade de fixar as alíquotas dentro de uma escala mínima e máxima determinada pela lei, sejam suscetíveis de delegação e conclui que as Lei n. 22.415 e n. 25.551, as quais declararam em emergência em diferentes setores da economia, não podem ser consideradas, por sua generalidade e latitude, como sendo fundamento válido para a criação por parte da Administração Nacional de direitos de exportação (as chamadas retenções).

Dessa forma, a decisão defendida pela maioria foi a de que existiu um vício de inconstitucionalidade na Resolução n. 11.202 do Ministério de Economia e que a mesma padece de nulidade absoluta e incurável. Entretanto, passou a considerar os alcances de nulidade, considerando que ela controla, até o momento, que mencionada Resolução foi ratificada ou convalidada pela Lei n. 26.135, a qual ratificou em bloco todas as leis que haviam delegado faculdades no Poder Executivo.

Essa interpretação revela-se equivocada já que, se a nulidade é absoluta e incurável, a lei não pode converter um ato que contém vício semelhante (violador da Constituição) mediante uma ratificação legislativa posterior, principalmente quando, por sua generalidade, não pode contemplar o caso concreto e nem o conteúdo, finalidade e limites constitucionais da Resolução que a própria Corte declarou nula.

Por outro lado, a dissidência do Dr. Petracchi e da Dra. Argibay que, em linhas gerais, coincide com a decisão majoritária, não considera que a Lei n. 26.135 possa ter alcance de sanear os vícios da Resolução que a Corte declara inconstitucional, sendo esta, a nosso juízo, a correta interpretação dos preceitos da Carta Magna.

VIII.5.5 Reflexões conclusivas sobre a delegação legislativa

Como conclusões sobre os diferentes aspectos que a delegação legislativa apresenta na Argentina, após a reforma constitucional de 1994, podemos destacar:

1. O princípio da interdição da atividade legislativa do Executivo (art. 99, inc. 3, 2ª parágrafo) corre em forma paralela com a proibição da delegação legislativa (art. 76, primeira parte da CN), enquanto constitui sua projeção dogmática pois, de outra forma, bastaria que o Congresso delegasse suas atribuições sem nenhum limite ao Presidente para que se realizasse a violação daquele princípio, cuja finalidade foi atenuar o presidencialismo e reafirmar a separação de poderes, objetivos que, junto à independência do Poder Judiciário, constituem o núcleo essencial da reforma de 1994. Uma longa história de delegações mal efetuadas nas quais o Executivo do momento havia se convertido em um tipo de legislador básico, sem nenhum limite jurídico nas normas e nem na realidade, consagrou, de fato[1178], uma corrente contínua de delegações de faculdades legislativas nas quais o Congresso abdicou de suas faculdades constitucionais.

2. Frente a essa problemática, a reforma constitucional de 1994 projetou uma técnica constitucional que tende a superar a defeituosa prática imperante que, qualquer que fosse a doutrina que fosse escolhida, resultava notoriamente inconstitucional. O projeto constitucional do sistema que foi implementado, não sempre bem captado no mundo de nosso Direito Público, antes de prever o caráter absoluto da interdição da delegação legislativa (o que teria implicado um sério retrocesso institucional se levar em consideração a evolução efetuada no direito comparado), apontou a matização do caráter relativo de referido princípio com o da eficácia, centralizando sua criação doutrinária na imposição de limites materiais e formais ao exercício dos mecanismos mediante os quais o Congresso delega, parcialmente, suas faculdades e atribuições no Poder Executivo, mantendo a vinculação negativa com a Constituição (o que exige o respeito às reservas legais).

[1178] BIANCHI, Alberto B. "Horizontes de la delegación legislativa luego de la reforma constitucional". *ReDA*, Depalma: Buenos Aires, Año 6, 1994, p. 401.

CAPÍTULO VIII – OS PRINCÍPIOS INSTITUCIONAIS E SETORIAIS...

3. A chave que permite abrir a porta da delegação legislativa no sistema constitucional argentino responde a nossa idiossincrasia e realidade (que é apreciado ao incorporar a emergência como causal de habilitação), antes que de uma total inspiração no direito comparado, no qual também – como se destacou – alimenta sua fundamentação teórica e dogmática que, ao levar em consideração a referida realidade junto às normas e valores em jogo, integram uma estrutura trialista.[1179] O projeto parte do princípio que afirma que toda delegação constitucionalmente permitida do Legislativo no Executivo deve estar limitada, determinada e condicionada ao cumprimento dos requisitos que marcam seus limites materiais e formais (matérias determinadas de administração ou de emergência pública, estabelecendo as bases e definição de prazo para seu exercício).

4. Dessa forma, a base da delegação legislativa revela-se, em nosso país, mais estreita do que o estabelecido na jurisprudência norte-americana e só exige limites formais com base na doutrina do padrão inteligível, sendo praticamente ilimitada em seu objeto material. Mesmo que a doutrina do *intelligible standard* seja perfeitamente compatível com a exigência do limite formal que consagra o art. 76 da CN, ao exigir que a delegação, para ser constitucionalmente válida, sempre precise estabelecer as bases nas quais seu exercício se enquadra, a delegação legislativa em nossa Constituição e, em geral, no direito europeu, pouco tem a ver com a instituição homônima do direito norte-americano, além do fato de, como foi visto anteriormente, sua recepção constitucional não ter se baseado no referido sistema.

5. Por sua vez, ao contrário do que presume uma determinada doutrina, a delegação legislativa não é produto exclusivo dos regimes parlamentares, nem presidencialistas e nem incompatíveis com estes

---

[1179] À tese que sustenta a estrutura trialista do mundo jurídico, aderiu SARMIENTO GARCÍA, Jorge H. "Introducción". *Estudios de derecho administrativo*. vol. IX. Mendoza: Diké, 2003, pp. 41/43, que propugnamos nas diferentes edições do nosso *Derecho administrativo* (até a 9ª ed. inclusive, Buenos Aires: Abeledo Perrot, 2010, pp. 125/126), seguindo o mestre Werner GOLSCHMIDT. *Introducción filosófica al derecho*. 4ª ed. Buenos Aires: Depalma, 1973, p. 18 ss.

últimos.[1180] Basta ter presente que a proibição da delegação dos poderes da Assembéia aparece, pela primeira vez, no Direito constitucional da Europa Continental, com a Revolução Francesa. Por sua vez, os EUA, que contam com um regime presidencialista, foram precursores em matéria de delegação (ente outras razões por não ter regularizado os regulamentos executivos em sua Constituição), logo deixando de lado o princípio lockeano. Por outro lado, respeitando o estado atual que a evolução do direito constitucional europeu apresenta, regularizou-se a delegação de forma mais restrita que no direito norte-americano, evolução que demonstra como, nos regimes parlamentares puros ou mistos (v.g., o francês da Constituição de 1958) determinaram-se limites rígidos ao exercício do poder de delegar atribuições por parte dos Parlamentos nos Executivos de plantão.

6. Como conclusão final, cabe sublinhar que a delegação admitida pelo art. 76 da CN sempre traduz um encargo ou comissão[1181] que

---

[1180] SOLA, Juan Vicente. *Derecho constitucional*. Lexis-Nexis. Buenos Aires: Abeledo Perrot, 2006, p. 726 sustenta que "(...) *a delegação própria, característica dos sistemas parlamentares estaria proibida no nosso sistema de divisão de poderes*", opinião que julgamos equivocada (já que esta classificação nunca teve vigência constitucional). A citada afirmação parece-nos contradizer o que o próprio autor afirma na nota que colocou no rodapé da mesma página na qual afirma que (...) *a classificação entre delegação imprópria e própria é puramente didática, já que não determina claramente a diferença entre ambas*" (nota 2). Recordamos que autores como BIDART CAMPOS chegaram a defender que a delegação legislativa refere-se a delegações próprias (que seriam as genericamente proibidas e permitidas por exceção no art. 76 da CN), bem como BARRA, Rodolfo C. *Tratado de derecho administrativo*. tomo I. Buenos Aires: Ábaco, 2002, p. 471 ss. Na realidade, o que esses autores entendem por delegação imprópria são as faculdades próprias que o presidente possui, para regulamentar as leis mediante regulamentos de execução (art. 99 inc. 2º da CN). A confusão nos parece obedecer à circunstância de adotar um conceito limitado da delegação como transferência de faculdades em bloco de um poder a outro que nossa Constituição, bem como a norte-americana, não admite, dentro do conceito de delegação conforme sustentamos no texto, seguindo BIELSA e GARCIA DE ENTERRÍA. A delegação constitui um encargo ou incumbência do Congresso ao Executivo, dentro dos limites formais e materiais estabelecidos na Constituição, em cujo marco as reservas legais devem ser rigorosamente respeitadas.

[1181] BARRAZA, Javier Indalecio; SHAFRIK, Fabiana Haydée. *El jefe de gabinete*. Buenos Aires: Abeledo Perrot, 1999, p. 18 recordam nossa adesão a esse conceito de nosso *Derecho administrativo,* nas diferentes edições, ultimamente na 9ª ed., tomo I. Buenos Aires: Abeledo Perrot, 2010, p. 186.

CAPÍTULO VIII – OS PRINCÍPIOS INSTITUCIONAIS E SETORIAIS...

o Congresso faz ao Executivo para que, dentro dos limites materiais e formais estabelecidos pela Constituição, complete ou integre a lei podendo, em qualquer momento, o legislador reassumir a faculdade de ditar as normas[1182] que foram objeto da delegação.

7. A doutrina que a maioria da corte estabeleceu no caso "*Camaronera*" não revela-se em conformidade com a Constituição, embora resguarde o interesse fiscal, por aceitar que uma Resolução administrativa em matéria aduaneira que define o percentual gravado no conceito de direitos de exportação para consumo (vulgarmente denominados retenções) tenha efeitos válidos a partir de sua ratificação legislativa. Com efeito, ao considerar que se trata de uma matéria tributária que pertence à reserva legal do legislativo, uma delegação violadora do art. 76 (em razão da matéria e por não definir as bases nem o prazo para o exercício da delegação) não pode ser convalidada, mediante uma lei que prorrogou, de forma genérica, as delegações pré-existentes. Tal lei não contemplou, obviamente, nenhum dos limites ou requisitos estabelecidos no preceito constitucional (art. 76 da CN).

VIII.6 O princípio da hierarquia

A hierarquia foi definida no século XIX como "(...) o conjunto de órgãos harmoniosamente subordinados e coordenados"[1183], mesmo que na realidade trate-se de um princípio que os reduz à unidade e a recíproca situação na qual os órgãos em uma entidade[1184] se encontram.

[1182] *Cf.* nosso *Derecho administrativo*. 9ª ed. Buenos Aires: Abeledo Perrot, 2010, p. 185.

[1183] SANTAMARÍA DE PAREDES, Vicente. *Curso de derecho administrativo*. 4ª ed. Madrid, 1894, p. 91; COLMEIRO, Manuel. *Derecho administrativo español*. 3ª ed. Imprenta de José Rodríguez, Madrid, 1865, p. 62.

[1184] JORDANA DE POZAS, Luis cit. por GALLEGO ANABITARTE. *Derecho general de organización*. Madrid: Instituto de Estudos Administrativos, 1971, p. 95. Em sentido semelhante, VILLEGAS BASAVILBASO, Benjamín. *Derecho administrativo*. tomo II. Buenos Aires: Tea, 1950, p. 265, que a determina como uma relação de superioridade dos órgãos superiores com relação aos inferiores; MARIENHOFF, Miguel S. *Tratado de derecho administrativo*. 5ª ed. tomo I. Buenos Aires: Abeledo Perrot, 1995, pp. 611 ss.; DIEZ, Manuel M. *Derecho administrativo*. tomo II. Buenos Aires: Bibliográfica

Sua noção difere das da autarquia e autonomia, pois, enquanto elas implicam uma relação entre sujeitos, a hierarquia constitui uma relação entre órgãos de uma mesma pessoa jurídica.[1185]

Embora a hierarquia sempre implique uma relação, ela se baseia na existência prévia de uma série de órgãos caracterizados por duas figuras típicas de toda organização: a linha e o grau. A linha hierárquica se forma pelo conjunto de órgãos em sentido vertical, enquanto o grau é a posição ou situação jurídica que cada um dos órgãos ocupa na referida linha. Entretanto, na organização administrativa também existem órgãos fora das linhas hieráquicas, que, em geral, desenvolvem atividade de assessoramento no planejamento geral.[1186] Esse tipo de órgão constitui uma instituição denominada na ciência administrativa de *staff and line*.[1187]

Os principais efeitos que derivam da relação hierárquica afirmam o reconhecimento de importantes faculdades para os órgãos superiores, tais como:

1) dirigir e impulsionar a atividade do órgão inferior, ditando normas de caráter interno, dé organização ou de atuação e ordens particulares;

Omeba, 1963, p. 52; MÉNDEZ, Aparicio. *La jerarquía*, Montevidéu, 1950, pp. 19 ss.

[1185] TREVIJANO FOS, José A. García. *Tratado de derecho administrativo*. tomo II. Madrid: Revista de derecho Privado, 1967, p. 416. Hutchinson diz: "O vínculo hierárquico se dá somente na atividade administrativa. Na legislativa e na judicial, não existe a relação hierárquica. Os órgãos que formam o Poder Legislativo em suas múltiplas relações vinculam-se por procedimentos distintos nos quais a subordinação não se media. O mesmo ocorre na ordem judicial. Os juízes atuando como tais não se vinculam hieraquicamente. A revisão de um processo por um órgão de instância superior é um exame técnico completamente alheio a uma primazia de natureza hierárquica; é apenas uma garantia de justiça" (HUTCHINSON. *Ley nacional de procedimientos administrativos*. tomo I. Buenos Aires: Astrea, 1985, p. 107, nota 58).

[1186] Entre nós, na ordem nacional, tal seria a atividade dos assessores de gabinete dos ministérios.

[1187] Sobre a articulação dos órgãos ativos ao *staff and line*, DROMI, José R. "El dictamen y la formación de la voluntad administrativa". *RADA*, Buenos Aires: Universidade do Museu Social Argentino, n. 2, 1971, p. 48.

CAPÍTULO VIII – OS PRINCÍPIOS INSTITUCIONAIS E SETORIAIS...

2) vigiar e controlar a atividade dos órgãos inferiores através de diversos atos[1188] (por exemplo, pedidos de relatórios, prestação de contas, inventários, pesquisas etc.) e do sistema de recursos administrativos;

3) avocar a edição dos atos que correspondem à competência do órgão inferior;

4) delegar a faculdade de emitir determinados atos que correspondam a sua competência;

5) resolver os conflitos inter-orgânicos de competência que se suscitam entre órgãos inferiores;

6) designar os funcionários para exercerem a titularidade dos órgãos inferiores.

Um dos problemas mais importantes que a relação hierárquica apresenta é o relativo ao dever da obediência que têm os órgãos inferiores, dever este originado exatamente no vínculo de subordinação que os une aos órgãos superiores da Administração Pública.

O dever de obediência reconhece suas limitações e são várias as teorias que se ocuparam de precisar seus limites. Ao mesmo tempo, e sem prejudicar a abordagem do assunto com mais detalhes ao estudar a função pública, considerando-se a responsabilidade que emerge para o subordinado, pode-se indicar a existência de três orientações diferentes:[1189] a) A doutrina da reiteração, por cujo mérito o inferior tem a obrigação de efetuar uma observação, caso considerar que o ato for ilegal, ficando isento da responsabilidade se o superior reiterar o ato perante sua observação; b) a doutrina que a faculdade reconhece ao inferior de exercer um controle formal da ordem que recebe (ou seja, a legalidade de seus aspectos extrínsecos); e c) a doutrina que afirma o

---

[1188] DI MALTA, Pierre. *Essai sur la notion du pouvoir hiérarchique*. Paris: LGDJ, 1961, p. 143 ss., sustenta que o controle compreende todas as prerrogativas necessárias para corrigir o ato do subordinado desde a simples modificação parcial até a invalidação total.
[1189] MARIENHOFF, Miguel S. *Tratado de derecho administrativo*. 2ª ed. tomo III-B. Buenos Aires: Abeledo Perrot, 1978, pp. 231-236.

direito do subordinado de controlar, também, a validade material da ordem (violação evidente da lei).[1190] Embora as duas primeiras teorias tenham sido expressamente adotadas por nosso Direito Positivo em alguma etapa de sua evolução[1191], o regime atual consagra a tese que habilita o controle formal da ordem.[1192]

VIII.7 A inderrogabilidade singular do regulamento

Um dos princípios mais importantes do Direito Público do Antigo Regime (anterior à Revolução Francesa) era o denominado da "inderrogabilidade singular do regulamento".[1193] Durante o direito régio, o ato que instrumentava normas de alcance geral que o monarca ou o princípie emitia não podia ser derrogado para os casos particulares por meio de exceções ou derrogações singulares.

Essa regra encontra seu fundamento no princípio da igualdade perante a lei[1194], que o art. 16 da CN proclama, de restrita aplicação em matéria regulamentar.

[1190] MARIENHOFF, Miguel S. *Tratado de derecho administrativo*. 5ª ed. tomo I. Buenos Aires: Abeledo Perrot, 1995, pp. 616-618; VILLEGAS BASAVILBASO, Benjamín. *Derecho administrativo*. tomo II. Buenos Aires: Tea, 1950, pp. 270-272. Destacou-se que o órgão subordinado tem o dever de controlar a legitimidade da ordem que é transmitida aos efeitos de verificar se sofre de vícios jurídicos muito graves. Comprovada a concorrência de tais vícios, o inferior fica excluído da obediência devida. O cumprimento da ordem juridicamente inexistente torna o órgão executante passível de responsabilidade.

[1191] Ver, a respeito, GARCÍA PULLÉS, Fernando. *Régimen de empleo público en la Administración nacional*. Buenos Aires: Lexis-Nexis, 2005, p. 225.

[1192] Art. 23, inc. e), Lei n. 25.164, e o mesmo preceito do dec. n. 1421/2002 que a regulamenta.

[1193] GARCÍA DE ENTERRÍA, Eduardo. *Legislación delegada, potestad reglamentaria y control judicial*. Madrid: Tecnos, 1970, pp. 271 ss. Para o sistema espanhol, Cf. também: SANTAMARÍA PASTOR, Juan A. *Fundamentos de derecho administrativo*. tomo I. Madrid: Centro de Estudios Ramón Areces, 1988, pp. 320 ss.; PARADA VÁZQUEZ, José R. *Derecho administrativo*. tomo I. Madrid: Pons, 1989, p. 71.

[1194] RAINAUD, Jean M. *La distinction de l'acte réglamentaire et de l'acte individuel*. Paris: R. Pichon et R. Durand-Auzias, 1966, pp. 83 ss.

CAPÍTULO VIII – OS PRINCÍPIOS INSTITUCIONAIS E SETORIAIS...

Ora, devido à prelação hierárquica que o regulamento tem sobre o ato administrativo, que, por sua natureza é concreto e de alcance individual, ele precisa adaptar-se às normas gerais que aquele prevê.[1195]

A partir desse princípio, inferem-se consequências feitas ao regime jurídico do regulamento, a saber:

(i) A Administração não pode derrogar singularmente, por um ato administrativo, um regulamento, seja ele de execução, delegado, autônomo ou de necessidade ou urgência;

(ii) o órgão administrativo superior pode derrogar o regulamento do órgão inferior ou modificá-lo, mediante outro ato de alcance geral, se possuir competência e autoridade regulamentar;[1196]

(iii) o órgão administrativo superior que carece de autoridade regulamentar pode derrogar um regulamento do órgão inferior, de ofício ou quando resolver o recurso hierárquico[1197], onde se questione o regulamento. Contudo, nunca pode ditar um ato administrativo de exceção que não se ajuste ao regulamento, já que ele violaria a garantia da igualdade perante a lei.[1198]

Por outro lado, não se faz necessário, como princípio geral, o prescrito de regulamentos prévios por parte da Administração para que ela possa emitir atos administrativos de alcance individual[1199], já que

---

[1195] CASSAGNE, Juan Carlos. *El acto administrativo*. Buenos Aires: Abeledo Perrot, 1974, p. 105.

[1196] RAINAUD, Jean M. *La distinction de l'acte réglamentaire et de l'acte individuel*. Paris: R. Pichon et R. Durand-Auzias, 1966, p. 90.

[1197] RAINAUD, Jean M. *La distinction de l'acte réglamentaire et de l'acte individuel*. Paris: R. Pichon et R. Durand-Auzias, 1966, pp. 90/91.

[1198] A Suprema Corte da Justiça da Nação reconheceu que o princípio da igualdade perante a lei rege em matéria regulamentar, embora o vinculou à exigência de publicidade ("Ganadera Los Lagos SA *versus* Nación Argentina", Sentenças 190:142 [1941]).

[1199] RAINAUD, Jean M. *La distinction de l'acte réglamentaire et de l'acte individuel*. Paris: R. Pichon et R. Durand-Auzias, 1966, pp. 97 ss., analisa o princípio oposto na doutrina e jurisprudência francesa, ainda quando admite exceções (pp. 102/103) quando a lei

muitas vezes, para que a lei seja cumprida não é necessário o que é ditado nos regulamentos.

A proibição de alterar ou violar um regulamento mediante o prescrito de um ato administrativo foi reiteradamente destacada pela Procuração do Tesouro da Nação, com fundamento na necessidade de observar o princípio da legalidade.[1200]

VIII.8 O princípio da executoriedade dos atos administrativos

A executoriedade consiste na faculdade dos órgãos estatais que exercem a função administrativa para dispor a realização ou cumprimento do ato, sem intervenção judicial, dentro dos limites impostos pelo ordenamento jurídico[1201], sem apelar, salvo casos excepcionais, à coação direta contra pessoas ou bens, a qual só pode ser feita através dos juízes.

Tal faculdade – que alguns autores denominam de auto-executoriedade[1202] – é característica daqueles países como o nosso, cujas instituições e regimes jurídicos se modelaram – em um processo natural – sob a influência do direito continental europeu (apesar de que a normativa constitucional também é de inspiração norte-americana). Seu exercício se desenvolve em um marco onde cabem ideias tão opostas como autoridade e liberdade, prerrogativa e garantia, gerando uma tensão quase permanente entre indivíduo e Estado – em mérito à natureza e gravitação da atividade administrativa – que requer uma realização constante e contínua orientada para a satisfação dos interesses públicos.

---

não se pronuncia sobre a necessidade de um regulamento prévio. Segundo RAINAUD, o regulamento prévio contribui para dotar de automatismo as decisões que os diversos escalões administrativos devem adotar.

[1200] Pareceres 4:84, e: 34:201; 87:145; 97:241; 100:191; 102:213; 114:495; 154:473; 206:159; 221:161; 228:152; 239:196 e 249:347.

[1201] Em sentido semelhante, PARADA VÁZQUEZ, José R. *Derecho administrativo*. tomo I. Madrid: Pons, 1989, pp. 145/146.

[1202] CRETELLA JR., José. "Principios fundamentales del Derecho administrativo". *Estudios en homenaje al profesor López Rodó*. tomo I. Madrid: Universidade Complutense, 1972, p. 57.

CAPÍTULO VIII – OS PRINCÍPIOS INSTITUCIONAIS E SETORIAIS...

A própria flexibiliade dos princípios que informam o Direito Administrativo permite integrar, de maneira equilibrada, ideias tão adversas tais como a autoridade e a liberdade, dentro de uma dinâmica política, econômica e social, que exige uma adequação constante à realidade, influenciando os critérios de justiça das soluções que devem ser adotadas.

Com anterioridade à sanção da LNPA, negou-se que a executoriedade tenha constituído um princípio do ato administrativo[1203] afirmando que "(...) ele é meramente indutivo e contingente. Entretanto, vale o direito positivo do país com a extensão e medida que é consagrado".[1204]

A situação mudou após a sanção das leis de procedimentos administrativos na ordem nacional e nas Províncias que reconheceram a executoriedade como característica própria do ato administrativo[1205] por cuja causa o que interessa é, fundamentalmente, a interpretação do sistema que a lei determina.

Tratando-se de uma autoridade que integra o conteúdo da função materialmente administrativa (no sentido em que tal função foi entendida em nosso sistema) a executoriedade encontra seu fundamento no art. 99, inc. 1º, da CN, onde a responsabilidade política da Administração e a Chefia do Governo são adjudicadas, primordialmente ao Poder Executivo.[1206]

O fato de também os atos administrativos, emitidos pelos órgãos judiciário e legislativo, possuírem executoriedade obedece a um significado histórico particular. Com efeito, quando se produziu a transferência

---

[1203] LINARES, Juan F. "Efectos suspensivos de los recursos ante la Administración". *La Ley*, 85-906 ss.; GORDILLO, Agustín. *El acto administrativo*. 2ª ed. Buenos Aires: Abeledo Perrot, 1969, p. 131.

[1204] LINARES, Juan F. "Efectos suspensivos de los recursos ante la Administración". *La Ley*, 85-906, p. 909. Coincide apontar que Linares se refere à executoriedade coativa (que a doutrina denomina também de executoriedade própria) e que em sua obra posterior aceita que constitui uma faculdade exorbitante quando a lei permite, apoiando-se no art. 12, LNPA para concluir que não é um princípio absoluto (*Cf.* LINARES, Juan F. *Derecho administrativo*. Buenos Aires: Astrea, 1986, pp. 148/149).

[1205] Art. 12, Lei n. 19.549.

[1206] Ver CASSAGNE, Juan Carlos. *La ejecutoriedad del acto administrativo*. Buenos Aires: Abeledo Perrot, 1970, p. 68 ss.

ou a aparição de determinadas e limitadas funções administrativas nos órgãos judiciário e legislativo – ao fracionar o exercício da função estatal –, estes assumiram as referidas funções administrativas com as faculdades mínimas indispensáveis para poder exercitá-las. Entretanto, no processo de transgressão ou aparição das funções administrativas para ou nos órgãos legislativo e judiciário, o Executivo reservou-se o uso da coação como faculdade exclusiva ou, pelo menos, predominante.

A dinâmica constitucional também impõe o reconhecimento da executoriedade dentro da uma interpretação razoável adaptada à realidade contemporânea, caracterizada pela realização de atividades administrativas de singular gravitação na ordem social e econômica, que exigem ser desenvolvidas de forma intermitente, sem obstáculos formais que a paralisem, dentro dos limites constitucionais que não autorizam a execução coativa por parte da Administração sobre a pessoa e bens do particular.

VIII.8.1 A executoriedade no direito comparado

Uma das dificuldades que o estudo da executoriedade apresenta, em vista da doutrina existente em outros países, reside no uso de diferentes terminologias que, mesmo que traduzam, muitas vezes, conteúdos idênticos conceituais, costumam originar discrepâncias meramente semânticas.

Na Argentina existe uma uniformidade, pelo menos no plano terminológico, já que, salvo exceções[1207], a doutrina vernácula emprega o termo executoriedade[1208], bem como também é de uso generalizado na doutrina comparada.[1209]

[1207] DIEZ, Manuel M.; HUTCHINSON, Tomás (coord.). *Manual de derecho administrativo*. tomo II. Buenos Aires: Plus Ultra, 1980, p. 257 ss., que emprega o termo "executividade".

[1208] FIORINI, Bartolomé A. *Teoría jurídica del acto administrativo*. Buenos Aires: Abeledo Perrot, 1969, p. 139 ss.; MARIENHOFF, Miguel S. *Tratado de derecho administrativo*. tomo II. Buenos Aires: Abeledo Perrot, 1966, p. 378 ss.; BIELSA, Rafael. *Derecho administrativo*. tomo II. Buenos Aires: Depalma, 1955, p. 89 ss.; CASSAGNE, Juan Carlos. *La ejecutoriedad del acto administrativo*. Buenos Aires: Abeledo Perrot, 1970, p. 41 ss.; BIDART CAMPOS, Germán J. *El Derecho Constitucional del Poder*. tomo II. Buenos Aires: Ediar, 1967, p. 86; DROMI, José R., *Acto administrativo (...)* , cit. p. 37 ss.

[1209] FIGUEIREDO MOREIRA NETO, Diogo de. *Curso de direito administrativo*. 14ª ed. Rio de Janeiro: Forense, 2007, pp. 143-145; outro setor da doutrina brasileira utiliza

CAPÍTULO VIII – OS PRINCÍPIOS INSTITUCIONAIS E SETORIAIS...

O mesmo não ocorre na França, onde as noções do *privilège du préalable* e da *action d'office* ou *exécution forcée* não foram perfiladas com nitidez. Consequentemente, entre os autores franceses clássicos, tanto Rivero como Laubadère, concordaram, em linhas gerais, que o privilégio do *préalable* significava a prerrogativa de ater-se a sua decisão sem recorrer previamente ao juiz para obter a comprovação judicial de seu direito[1210], tendo sustentado, em um sentido mais particular, que o ato tem uma presunção de conformidade ao direito[1211] a seu favor. A execução de ofício consiste, por outro lado, na faculdade de fazer cumprir um ato administrativo pela força.[1212] Tal foi e também é o significado atribuído ao termo no direito colombiano.[1213]

Por outro lado, designou-se a ação de ofício sob a denominação de *action d'office ou préalable,* gerando confusão entre ambas as situações. Na realidade, a confusão provém de Hauriou, que pretendeu destacar que, em tais casos, a Administração dispensa a intervenção prévia do juiz.[1214]

---

o termo autoexecutoriedade, incluindo o emprego da coação em um sentido diferente do que defendemos; ver: MEDAUAR, Odete. *Direito administrativo moderno.* 15ª ed. São Paulo: Revista dos Tribunais, 2011, pp. 138/139.

[1210] LAUBADÈRE, André de. *Traité de droit administratif.* 9ª ed. tomo I. Paris: LGDJ, 1984, p. 282 ss.; RIVERO, Jean. *Droit administratif.* Paris: Dalloz, 1977, p. 88 ss. A distinção também foi extraída por Chinot que diferencia a decisão administrativa (*privilège du préalable*) do procedimento através do qual a referida decisão é cumprida materialmente (*Cf.* CHINOT, René. *Le privilège d'exécution d'office de l'Administration.* Paris: Maurice Lavergne, 1945, p. 35).

[1211] RIVERO, Jean. *Droit administratif.* Paris: Dalloz, 1977, p. 88.

[1212] LAUBADÈRE, André de. *Traité de droit administratif.* 9ª ed. tomo I. Paris: LGDJ, 1984, p. 284. Por sua vez, Benoit e Rivero se referem à execução de ofício quando a execução do ato não recai sobre a pessoa do administrado e a Administação pode substitui-lo em caso de desobediência (por exemplo, a retirada de um veículo irregularmente estacionado em via pública), enquanto que, quando a força material é usada sobre o administrado que não cumpre o ato, prefere-se falar de *exécution forcée* (*Cf.* BENOIT, Francis P. *Le Droit administratif français.* Dalloz, Paris, 1968, p. 553 ss.; RIVERO, Jean. *Droit administratif.* Paris: Dalloz, 1977, p. 91).

[1213] VIDAL PERDOMO, Jaime. *Derecho administrativo.* 5ª ed. Serie Textos Universitarios. Bogotá: Biblioteca Banco Popular, 1977, p. 355; ultimamente, *Tratado de derecho administrativo.* 4ª ed. tomo II. Bogotá: Universidade Externado de Colômbia, 2007, p. 321 ss.

[1214] WALINE, Marcel. *Droit administratif.* 9ª ed. Paris: Sirey, 1963, p. 349.

Por sua vez, Vedel afastou-se da doutrina e jurisprudência francesas dominantes, já que considera que a ação de ofício é a prerrogativa da Administração, de ditar decisões executórias que, de forma unilateral, criam direitos e obrigações com relação aos administrados, designando *exécution forcée* como a execução pela força de uma decisão executória.[1215]

O panorama existente na doutrina italiana revela que existe, em geral, acordo sobre o conceito e sua terminologia, considerando que a executoriedade constitui uma manifestação particular da eficácia do ato administrativo, por cujo mérito, quando impõe deveres e restrições aos particulares, pode ser realizado ainda contra sua vontade, sem que a intervenção prévia dos órgãos judiciais seja necessária, ou seja, "(...) a possibilidade para a Administração, de realizar o conteúdo do ato com o uso imediato dos meios coercitivos".[1216]

Quanto ao cenário espanhol, enquanto um setor de autores (em forma correspondente às noções do privilégio do *préalable* e da ação de ofício da doutrina francesa), designaram as referidas prerrogativas com os nomes de decisão unilateral e decisão executiva, respectivamente[1217], outros juristas adotaram, oportunamente, o termo ação de ofício da doutrina francesa[1218], alguns preferiram falar de executividade[1219], como também

---

[1215] VEDEL, Georges. *Droit administratif.* 4ª ed. Paris: PUF, 1968, pp. 140 e 161.

[1216] Cf. ZANOBINI, Guido. *Curso de derecho administrativo.* tomo I. Buenos Aires: Arayú, 1954, pp. 373/374. Essa postura é atualmente defendita pela doutrina italiana; ver: CERULLI IRELLI, Vincenzo. *Corso di diritto amministrativo.* Turín, 1999, pp. 589-590; VIRGA, Pietro. *Diritto amministrativo.* 5ª ed. tomo II. Milão: Giuffrè, 1999, pp. 101/102; SORACE, Domenico. *Diritto delle Amministrazioni pubbliche.* Bolonha: Il Mulino, 2000, pp. 74-76; ver também: GIANNINI, Massimo S. *Lezioni di diritto amministrativo.* Milão: Giuffrè, 1950, p. 422; RANELLETTI, Oreste. *Teoria degli atti amministrativi speciali.* Milão: Giuffrè, 1945, p. 127; VITTA, Cino. *Diritto amministrativo.* 5ª ed. vol. I. Turim: UTHE, 1962, p. 439 ss.; LANDI, Guido; POTENZA, Giuseppe. *Manuale di diritto amministrativo.* Milão: Giuffrè, 1971, pp. 250/251; SANDULLI, Aldo M. *Manuale di diritto amministrativo.* 10ª ed. Nápoles: Jovene, 1970, p. 355; ALESSI, Renato. *Sistema Istituzionale del Diritto amministrativo Italiano.* 2ª ed. Milão: Giuffrè, 1958, p. 206; FOLIGNO, Darío. *L'attività amministrativa*, Milão, 1966.

[1217] TREVIJANO FOS, José A. García. *Tratado de derecho administrativo.* tomo II. Madrid: Revista de derecho Privado, 1967, pp. 398-400.

[1218] GONZÁLEZ PÉREZ, Jesús. *Derecho procesal administrativo.* 2ª ed. tomo I. Madrid: Instituto de Estudos Políticos, 1964, pp. 104/105.

[1219] GARRIDO FALLA, Fernando. *Tratado de derecho administrativo.* 10ª ed. tomo I. Madrid: Tecnos, 1987, p. 533 ss., excluindo a execução forçada ou ação de ofício da noção.

CAPÍTULO VIII – OS PRINCÍPIOS INSTITUCIONAIS E SETORIAIS...

de privilégio da decisão executória[1220] e também não faltaram aqueles que optaram por fazer menção ao privilégio de executoriedade dos atos administrativos[1221], embora pareça que a distinção entre autotutela declaratória tenha sido imposta (a presunção de validade ou de legitimidade) e autotutela executiva (ou executoriedade).[1222]

No sistema espanhol, a autotutela declaratória, também chamada de executividade (a nosso juízo impropriamente) implica que o ato administrativo goze de presunção de validade[1223] ou de legitimidade e, consequentemente, o encargo de impugná-lo pesa sobre o particular, já que, do contrário, o ato adquirirá firmeza. Enquanto que a outra espécie de autotutela, também denominada executoriedade[1224], implica que a Administração pode executar seus próprios atos, inclusive com o uso da coação, sem necessidade de recorrer à justiça.[1225]

Da mesma forma que no direito argentino, já que a presunção de validade é relativa e *juris tantum*, quando o ato administrativo for manifesto ou flagrantemente ilegal, a presunção cede e os tribunais têm o dever de suspender o ato viciado para restaurar o império da legalidade, principalmente quando se tratar de uma invalidade manifesta.[1226] A diferença

---

[1220] PARADA VÁZQUEZ, José R. "Privilegio de decisión ejecutoria y proceso contencioso". Madrid: Instituto de Estudos Políticos, *RAP*, n. 55, 1958, p. 109.

[1221] ENTRENA CUESTA, Rafael. *Curso de derecho administrativo.* 3ª ed. tomo I. Madrid:Tecnos, 1970, p. 509.

[1222] GARCÍA DE ENTERRÍA, Eduardo; FERNÁNDEZ, Tomás Ramón. *Curso de derecho administrativo.* 13ª ed. tomo I. Madrid: Thompson-Civitas, 2006, p. 512 ss.

[1223] Art. 57, Lei n. 30/1992 de 26 de novembro (modificada pela Lei n. 4/1999, de 13 de janeiro).

[1224] SEIJAS, Gabriela. "La ejecutoriedad del acto administrativo". *Derecho administrativo: homenaje al Prof. Julio R. Comadira.* Buenos Aires: Ad Hoc, 2009, p. 206.

[1225] BERMEJO VERA, José. *Derecho administrativo Básico.* 6ª ed. Madrid: Thomson Civitas, 2005, p. 225; GALLI BASUALDO, Martín. "La autotutela del dominio público". *JA*, número especial, 2010-III, 46-48.

[1226] HALPERIN, David Andrés. "Procedimiento administrativo en materia de seguros". *In:* POZO GOWLAND, Héctor; HALPERIN, David Andrés; AGUILAR VALDEZ, Oscar; JUAN LIMA, Fernando; CANOSA, Armando (coord.). *Procedimiento administrativo.* tomo IV. Buenos Aires: La Ley, 2012. p. 65 ss., admite a procedência de

é que, a princípio, o direito argentino não admite a execução coativa, salvo em casos excepcionais estimados pela lei[1227] ou reconhecidos pela jurisprudência, e os princípios de determinadas instituições (por exemplo, demolição de edifícios que ameaçam ruína, autotutela do domínio público, apreensão de substâncias perigosas para a saúde e ocupação temporária anormal) justificados pela transcendência dos bens e a celeridade que é requerida para tutelá-los.

O certo é que a solução vernácula é a que proporciona maiores garantias ao guardar harmonia e compatibilidade com o princípio da tutela jurisdicional efetiva previsto pelos artigos 8 e 25 da Convenção Americana sobre Direitos Humanos.

VIII.8.2 A executoriedade e o uso da coação

Nem sempre diferenciou-se, de forma clara, a autoridade que o Poder Executivo possui (em todos os países do mundo) para fazer cumprir o ato, da qual possui, para dispor de sua execução coativa sem intervenção judicial, comumente denominada executoriedade do ato administrativo na doutrina italiana.

Tampouco se observou que a coação não constitui a única maneira de cumprir o ato administrativo, mesmo que seja a espécie de maior transcendência e gravitação na esfera jurídica dos administrados. Em tal situação, encontramos os seguintes casos:

(i) atos cuja realização ocorre através de sua própria virtualidade, como determinadas declarações de conhecimentos ou de juízo que produzem efeitos jurídicos diretos (v.g., atos de registro e certificações);

(ii) atos cujos efeitos são cumpridos sem necessidade de conduzir à execução coativa (v.g., denegatória de pessoa jurídica de uma sociedade);

---

medidas cautelares autônomas, nos procedimentos da Lei de Seguros (n. 20.091), em casos nos quais a Administração não havia dado lugar ao pedido de suspensão (*op. cit.* p. 93).

[1227] Art. 12 Lei de Procedimentos Administrativos da Cidade Autônoma de Buenos Aires, que seguiu a concepção que havíamos desenvolvido sobre tal princípio.

CAPÍTULO VIII – OS PRINCÍPIOS INSTITUCIONAIS E SETORIAIS...

(iii) execução direta do ato administrativo por parte da Administração, com obrigação, para o particular, de suportar os gastos que aquele demanda (por exemplo, reparação de cercas e veredas).

Os casos indicados, que não esgotam os casos nos quais o ato administrativo é realizado sem se apelar ao uso da coação material ou execução coativa[1228], demonstram a conveniência e necessidade de se utilizar uma noção ampla de executoriedade, que engloba todas as formas de cumprimento do ato por parte do órgão que exerce a função administrativa, sem intervenção judicial.[1229]

VIII.9 Sobre os princípios em jogo na contratação administrativa

A Administração seleciona seus contratantes conforme um procedimento *pré-estabelecido* nas leis e regulamentos administrativos. Nesse sentido, tem-se construído um princípio da interpretação conforme o qual "(...) os contratos públicos estão sujeitos a formalidades pré-estabelecidas e conteúdos impostos pelas normas que prevalecem sobre o disposto nos memoriais descritivos, o que substitui a plena vigência da regra da autonomia da vontade das partes".[1230]

A determinação do grau de liberdade que a Administração tem para optar por uma base formal ou outra constitui, a partir de tal categoria, uma questão assaz debatida, na qual convergem posturas doutrinárias e jurisprudenciais nem sempre coincidentes.

É assim que a interpretação sobre se existe ou não o princípio da livre escolha ou contratação[1231] nessa matéria sofreu variações, pois mesmo

---

[1228] GARCÍA DE ENTERRÍA, Eduardo; FERNÁNDEZ, Tomás Ramón. *Curso de derecho administrativo*. 13ª ed. tomo I. Madrid: Thompson-Civitas, 2006, p. 315; esses autores denominam essa espécie de executoriedade "autotutela declaratória".

[1229] Ampliar em nosso trabalho "La ejecutoriedad del acto administrativo: la suspensión de sus efectos en el procedimiento administrativo". *EDA* 2009-703.

[1230] "Espacio SA *versus* Ferrocarriles Argentinos s/cobro de pesos", Sentenças 316:3157 (1993).

[1231] Em nosso país, esse princípio pssou a ser defendido particularmente a partir da obra

quando não se pode ignorar que, nos primórdios do direito administrativo, ela foi a ideia dominante, também não se pode desconsiderar que, na evolução posterior da disciplina, surgiu a regra conforme a qual a licitação, especificamente a denominada "pública", passou a constituir um princípio inerente a toda contratação administrativa.[1232]

Em um princípio, o Supremo Tribunal sustentou, com base em Marienhoff, a postura que restringe a aplicação da mencionada regra aos casos nos quais o ordenamento positivo o preveja de forma taxativa[1233], ao declarar que, "(...) na falta de uma norma expressa que exige a licitação pública para escolher o co-contratante, ou seja, perante a ausência de fundamento legal, deve ser pela validade do ato".[1234] Entretanto, cabe destacar que anteriormente, na causa "Schmidt"[1235], a Corte havia sustentado que o caráter formal da licitação configurava um procedimento de garantia para o interesse público[1236] e que seu descumprimento,

---

do mestre MARIENHOFF, Miguel S. *Tratado de derecho administrativo*. 4ª ed. tomo III-A. Buenos Aires: Abeledo Perrot, 1994, n. 627 A, p. 627 ss.; ver também SAYAGUÉS LASO, Enrique. *La licitación pública*. Montevidéu: Acali, 1978, p. 57.

[1232] BIELSA, Rafael. *Derecho administrativo*. tomo II. Buenos Aires: Depalma, 1955, pp. 162/163.

[1233] "Meridiano SCA *versus* Administración General de Puertos", Sentenças 301:292 (1979), também *in* ED 88-444 ss. Essa posição foi mantida pela Suprema Corte em um pronunciamento posterior ("Almacenajes del Plata SA *versus* Administración General de Puertos", Sentenças 311:2385 (1988); pode-se ver também "Cía. Argentina de Estiba y Almacenaje SAC *versus* Administración Gral. de Puertos s/daños y perjuicios", Sentenças 312:2096 (1989). Ampliar em COVIELLO, Pedro J. J. "El contrato administrativo en la jurisprudencia de la Corte Suprema de Justicia de la Nación". *In: Contratos administrativos*. Jornadas organizadas pela Universidad Austral, Faculdade de Direito, Ciências da Administração, Buenos Aires, 2000, pp. 83-96, especialmente p. 91.

[1234] Sentenças 301:292 (1979), consid. 9º.

[1235] "Empresa Construtora F. H. Schmidt *versus* Pcia. de Mendoza", Sentenças 179:249 (1937).

[1236] A invocação do interesse público, no campo dos contratos celebrados pela Administração, também aparece em estudos doutrinários estrangeiros. Dessa forma, no âmbito norte-americano, afirmou-se que "(a)o buscar o objetivo de uma administração contratual flexível para obter os bens e serviços que o Governo requer, os funcionários contratados e os funcionários públicos restantes devem estar constantemente em conformidade com a obrigação de proteger o interesse público. Na administração de

CAPÍTULO VIII – OS PRINCÍPIOS INSTITUCIONAIS E SETORIAIS...

quando a regra se encontrava imposta por um mandamento legal ou constitucional, gerava uma nulidade absoluta. A doutrina exposta no caso "Meridiano" resulta mais ampla e categórica, ao apontar que, posteriormente, o Supremo Tribunal destacou que, quando a legislação aplicável exigir uma forma específica para a conclusão de um determinado contrato, a referida forma deve ser respeitada porque se trata de um requisito essencial de sua existência.[1237]

Em outras palavras, embora a liberdade de contratação do Estado não possa ser limitada pela analogia[1238], tampouco surgir de forma implícita[1239], a exigência de licitação pública, configurada como uma regra inerente ao ordenamento, encontra seu embasamento em dois princípios gerais do direito: princípios da concorrência e da igualdade.

Mesmo que o princípio da concorrência possua uma hierarquia superior, não é menos certo que, ainda de uma posição antiformalista, a igualdade deva ser respeitada, tanto no acesso[1240] à contratação administrativa, quanto durante a execução do contrato.[1241]

---

um contrato de governo, deve-se prestar muita atenção à manutenção da integridade do sistema competitivo". *Cf.* CIBINIC, John; NASH, Ralph. *Administration of Government Contracts*. 3ª ed. The George Washington University, Washington DC, 1995, p. 10, citado em BIANCHI, Alberto B. "Algunas reflexiones críticas sobre la peligrosidad o inutilidad de una teoría general del contrato administrativo: una perspectiva desde el derecho administrativo de los Estados Unidos. *El Derecho*, 184-900 (primeira parte), e *El Derecho*, 185-714 (segunda parte).

[1237] A Suprema Corte entendeu dessa forma, entre outros, nos casos "Mas Consultores", Sentenças 323:1515 (2000); "Servicios Empresariales Wallabies", Sentenças 323:1841; "Ingeniería Omega", Sentenças 323:3924; "Carl Chung Chi Kao", Sentenças 324:3019; "Distribuidora Médica de Elena Kapusi", D.604.XXXV; "Laser Disc", Sentenças 326:3206; "Bit Electrónica", B.3229.XXXVIII; "Magnarelli", Sentenças 326:1280; "Punte", P.328.XXVIII; "Cardiocorp", C.1597.XL (2007).

[1238] SAYAGUÉS LASO, Enrique. *La licitación pública*. Montevidéu: Acali, 1978. p. 57.

[1239] Ver nosso comentário ao caso "Meridiano". *El Derecho*, 88-446.

[1240] CASSAGNE, Juan Carlos. "La igualdad en la contratación administrativa". *Cuestiones de derecho administrativo*. Buenos Aires: Depalma, 1987, p. 98 ss.

[1241] Conforme defende GAMBIER, Beltrán. "El principio de igualdad en la licitación pública y la potestad modificatoria en los contratos administrativos". *In:* CASSAGNE, Juan Carlos. *Derecho administrativo*: obra colectiva en homenaje al ao Professor Miguel

Nesse sentido, no marco do contrato administrativo, relações de contribuição, de distribuição e de comutação convergem simultaneamente (que, definitivamente, constituem as espécies clássicas da justiça). Se, por um lado, as relações de justiça geral incidem sobre todas as potestades do Estado e os deveres e encargos que ele impõe na Administração durante a execução do contrato, por outro lado, as relações de distribuição e de comutação têm, como objetivo, uma relação mais específica e concreta. Em resumo, ambas apontam ao devido pelo Estado, objetivando tanto os bens ou coisas distribuídos pela Administração, quanto os benefícios que o contratante obtém na comutação voluntária, na qual a igualdade é realizada de objeto a objeto, em proporção à coisa.

VIII.9.1 Princípio da concorrência

Em uma relação de justiça distributiva, deve o Estado, sempre que seja possível, lograr a concorrência de ofertas ou quando se tratar de contratações-padrão ou de produtos fungíveis, observar, por parte da Administração, o procedimento de licitação ou outro semelhante (v.g., concurso, licitação etc.), ainda quando não houver texto expresso que o preveja.[1242]

No curso da evolução descrita, a falta de uma determinação normativa expressa na ordem nacional acabou completando-se com a adoção da licitação pública ou concurso público como regra geral para todas as contratações compreendidas no regime.[1243]

S. MARIENHOFF. Buenos Aires: Abeledo Perrot, 1998, p. 937. Ver também: Corte Sup., "Junta Nacional de Granos *versus* Frigorífico La Estrella SA s/nulidad de contrato", sent. de 9.8.2005, comentada por CORTELLEZI, Juan. "Un Sentença que afirma el principio de igualdad de los oferentes en los concursos de precios y las prerrogativas de dirección pública". *REDA*, Buenos Aires: Depalma, n. 56, 2006, pp. 473-483.

[1242] Em um sentido semelhante, expressou-se que "os bens e serviços serão adquiridos mediante regras de competência, a menos que existem razões convincentes para adotar uma solução contrária" ("*Goods and services are to be acquired by competition rules unless there are convincing reasons to the contrary*"), *Cf.* CRAIG, P. P. *Administrative Law*. 4ª ed. Londres: Sweet & Maxwell, 1999, p. 122.

[1243] *Cf.* art. 24, primeira parte, RCAN.

CAPÍTULO VIII – OS PRINCÍPIOS INSTITUCIONAIS E SETORIAIS...

Dessa forma, o âmbito do princípio de livre contratação permanece limitado – em linhas gerais – aos casos nos quais a decisão para o afastamento se baseie devida e suficientemente na inviabilidade e inconveniência da concorrência (por exemplo, no caso de um frabricante único ou exclusivo) e àqueles de extinção ou fracasso de uma licitação pública (tal é o caso do art. 25, inc.d], 4, RCAN, mas sempre que o segundo chamado ali disposto tenha sido efetuado, com recebimentos definidos).[1244]

Essa tese se fundamenta não só no princípio da igualdade que os art. 16 e 75 , inc. 23, da CN proclamam (este último preceito prevê a igualdade de trato), mas também em outro princípio, extraído da reforma constitucional de 1994, relativo ao dever do Estado de prover "à defesa da competência contra toda forma de distorção dos mercados" (art. 42, segunda parte, da CN).

A nosso juízo, o princípio da concorrência vinculada com a defesa da competência resulta plenamente aplicável às relações entre os particulares e o Estado no âmbito da contratação administrativa, sendo evidente, por outro lado, que ignorar o procedimento de licitação pública (quando a concorrência for possível) constitui uma forma de distorcer o mercado.[1245]

Em conclusão, se os princípios possuírem uma dimensão de peso, qualquer dúvida deve ser esclarecida a favor do princípio da concorrência, que constitui o âmago de todo procedimento licitatório.

[1244] *Cf.* a experiência britânica, CRAIG, P. P. *Administrative Law*. 4ª ed. Londres: Sweet & Maxwell, 1999, p. 140 ss., no âmbito das contratações dos governos locais, com um abandono do *compulsory competitive tendering (CCT)* contanto que a competência deixa de ser o único critério de efetuar a melhor contratação.

[1245] Sobre esse princípio, afirmou-se que ele tende a permitir que o maior número possível de interessados possa formular sua oferta: CANOSA, Armando N.; MIHURA ESTRADA, Gabriel. "El procedimiento de selección del contratista como procedimiento administrativo especial". *JA* 1996-IV, 774/784. Ver, também: MURATORIO, Jorge I. "Algunos aspectos de la competencia efectiva entre oferentes de la licitación pública". *In*: *Cuestiones de contratos administrativos*. Jornadas de direito administrativo da Universidade Austral, RAP, Buenos Aires, 2007, pp. 371-386.

Ao promover a concorrência do maior número possível de ofertas[1246], a Administração busca a obtenção de um preço menor (princípio da eficiência) ou um procedimento que garanta a realização da obra no tempo que a necessidade pública demandar (princípio da eficácia), o que não impede a observância harmoniosa dos princípios de informalismo e igualdade[1247], exceção feita à configuração das circunstâncias que justificam a livre escolha do contratante.

A partir desses princípios, os procedimentos de licitação pública ou similares permitem conquistar uma maior transparência[1248] nas decisões das autoridades administrativas, ao existir mais de um interessado no qual a Administração observe a legalidade e adjudique a oferta mais conveniente ou vantajosa, tanto por razões econômicas quanto de outra índole (por exemplo, a escolha da melhor tecnologia).

Os princípios de concorrência e de competência assim concebidos encontram-se consagrados no RCAN, cujo art. 3º, inc. b) prevê que a gestão das contratações deverá ajustar-se, entre outros princípios gerais, à "promoção da concorrência de interessados e da competência dos ofertantes".

VIII.9.2 Princípio da proporcionalidade e da razoabilidade

O RCAN também prevê, em seu art. 1º, uma diretriz conforme a qual o regime de contratações regulamentado no referido decreto terá por objeto que as obras, bens e serviços sejam obtidos com a melhor

---

[1246] "La concurrencia tiene por objeto lograr que al procedimiento licitatorio se presente la mayor cantidad posible de oferentes", *Cf.* COMADIRA, Julio R. "Algunos aspectos de la licitación pública" *In: Contratos Administrativos*. Jornadas organizadas pela Universidade Austral, Facultad de Derecho, Ciencias de la Administración, Buenos Aires, 2000, pp. 319-345, especialmente p. 330.

[1247] Ver o lúcido artigo de GORDILLO, Agustín A. "El informalismo y la concurrencia en la licitación pública". *In: Después de la reforma del Estado*. Buenos Aires: FDA, 1966, pp. VII-1 ss., publicado também em *Revista de derecho administrativo*. Buenos Aires: Depalma, n. 11, 1992, pp. 293-318.

[1248] Sobre esse princípio na França ver LASERRE, Bruno; LENOIR, Noëlle; STIRN, Bernard. *La transparence administrative*. Paris: PUF, 1987, p. 13 ss.

CAPÍTULO VIII – OS PRINCÍPIOS INSTITUCIONAIS E SETORIAIS...

tecnologia proporcionada às necessidades. A partir dele, infere-se o confrontamento essencial das necessidades com a melhor tecnologia possível, de modo que a decisão resultante contemple, a princípio, a referida proporcionalidade.

Por sua vez, esse conceito de proporcionalidade, que constitui um princípio implícito aplicável às contratações compreendidas no regime, encadeia-se, ainda assim, no princípio da razoabilidade, por não se poder conceber que a decisão de levar adiante o *iter* endereçado à concretização da contratação estatal possa ser irrazoável.[1249] A partir de tal caso, o mérito, oportunidade e conveniência da atividade discricionária desdobrada naquele procedimento não poder ão supor uma desproporção entre necessidade e tecnologia e nem copiar uma decisão irrazoável na faceta da gestão da contratação.[1250] Por isso, o RCAN estabelece, em seu art. 3º, inc. a) a regra da razoabilidade do respectivo projeto, a qual, conforme jurisprudência, pressupõe uma ampla margem de ponderação[1251] e que, a nosso juízo, é suscetível de um controle jurisdicional pleno.

VIII.9.3 Princípio da eficiência

Dissemos que "(...) o custo dos mecanismos estatais que incidem artificialmente sobre o mercado acaba sendo pago pela própria comunidade,

---

[1249] GRECCO, Carlos M.; GUGLIELMINETTI, Ana P. "El principio de proporcionalidad en la Ley Nacional de Procedimientos Administrativos de la República Argentina (Glosas preliminares)". *Documentación Administrativa,* n. 267-268, Madrid: INAP, 2004, p. 133.

[1250] Em "Astilleros Alianza", a Suprema Corte destacou que "(...) a realização de uma obra pública configura o exercício de uma atividade discricionária por parte da Administração, que é levada a cabo em função do mérito, oportunidade e conveniência daquela e que constitui o exercício de uma faculdade que, como regra, exclui a revisão judicial, cujo âmbito fica reservado para os casos onde a decisão administrativa resulta manifestamente ilegal ou irrazoável"; *Cf.* "Astilleros Alianza SA de Construcciones Navales, Industrial, Comercial y Financiera *versus* EN (PEN) s/daños y perjuicios – (incidente)", Sentenças 314:1202 (1991), especialmente consid. 5º.

[1251] Em "Astilleros Alianza", Sentenças 314:1202 (1991), especialmente consid. 6º *in fine,* se consideró que las normas involucradas habían conferido a la Administración "(...) un amplísimo margen para determinar lo que, en un momento dado, es más conveniente para el que hacer portuario".

sobre cujos membros recaem os efeitos nocivos de uma economia ineficiente".[1252] Isso resulta aplicável à economia dos contratos administrativos. Em outras palavras, as ineficiências no contrato que a Administração firma devem ser evitadas a todo custo para a salvaguarda dos interesses da cidadania.

De forma adequada, a Lei n. 24.156 estabelece que um de seus objetivos consiste em "(...) garantir a aplicação dos princípios de regularidade financeira, legalidade, economicidade, eficiência e eficácia na obtenção e aplicação dos recursos públicos"[1253], e a Lei n. 24.759[1254] refere-se, de forma expressa, a sistemas para a "(...) aquisição de bens e serviços por parte do Estado que garantem a propaganda, equidade e eficiência de tais sistemas".[1255]

Em tal contexto, e de forma coerente com o previsto nas referidas leis, o RCAN prevê, em seu art. 3º, inc. a), que um dos princípios aos quais a gestão das contratações deverá se ajustar será o da "eficiência da contratação para cumprir com o interesse público comprometido e o resultado esperado".

VIII.9.4 Princípio da publicidade e difusão. Transparência

A gestão das contratações também exige propaganda e difusão; o que redunda no corolário natural das regras de promoção da concorrência e da competência mencionadas anteriormente.

Naturalmente, a propaganda nem sempre se limitará à publicação em meios de suporte em papel, podendo também envolver a difusão mediante meios eletrônicos (a *web*). Por isso, o art. 32, RCAN, estabelece,

---

[1252] CASSAGNE, Juan Carlos. *Derecho administrativo*. 8ª ed. tomo II. Buenos Aires: Lexis-Nexis, 2006, p. 503.

[1253] Art. 4º, inc. a), Lei n. 24.156.

[1254] Lei aprovatória da Convenção Interamericana contra a Corrupção firmada na terceira sessão plenária da Organização dos Estados Americanos.

[1255] Convenção citada na nota precedente, Anexo I, art. II, inc. 5º.

CAPÍTULO VIII – OS PRINCÍPIOS INSTITUCIONAIS E SETORIAIS...

para o caso de bens e serviços, que "(...) todas as convocações, qualquer que seja o procedimento de seleção a ser utilizado, serão difundidas por internet ou por outro meio eletrônico de igual alcance que o substitua, no lugar do órgão reitor, de forma simultânea, a partir do dia em que tiver início a propaganda por meio específico, estabelecendo, no presente ou na regulamentação, ou desde que os convites sejam concretizados, até o dia da abertura, com o fim de garantir o cumprimento dos princípios gerais estabelecidos no art. 3º deste regime".

No item do cumprimento do princípio da transparência – art. 3º, inc. c), RCAN –, o art. 32 dispõe, a princípio, difundir por internet, no lugar do órgão reitor, as convocações, os projetos correspondentes a contratações que a autoridade competente submete a consideração pública, os cadernos de encargos de bases e condições, a ata de abertura, as adjudicações, as ordens de compra e, por fim, "(...) toda outra informação que a regulamentação determinar".

As obrigações de difusão, entretanto, encontram exceção conforme o referido art. 32, na medida em que se trata de operações contratuais secretas, ou contratações de emergência, entre outras ações. Certamente a respectiva qualificação secreta ou emergencial deverá ser motivada – art. 7º, inc. e), LNPA –, não sendo bastante a mera vontade do funcionário envolvido.

A esse respeito, como determina a Suprema Corte, o segredo sobre determinados atos não significa "(...) instituir um âmbito da atividade administrativa à margem da legalidade e do dever correspondente de dar conta dos antecedentes de fato e direito em virtude dos quais se decide, e de observar exclusivamente os fins para os que foram conferidas as competências respectivas, entre elas, a de contratar"[1256], e a emergência não pode ser considerada como alheia ao dever da Administração de justificar as razões de seus atos.[1257]

[1256] "SA Organización Coordinadora Argentina *versus* Secretaría de Inteligencia de Estado", Sentenças 321:174 (1998).
[1257] "Ingeniería Omega Sociedad Anónima *versus* Municipalidad de la Ciudad de Buenos Aires", Sentenças 323:3924 (2000). Ver, a respeito: SOTELO DE ANDREAU, Mirta.

VIII.9.5 Princípio da responsabilidade

O princípio da responsabilidade, na gestão das contratações, encontra fundamento na Lei n. 24.156. Com efeito, conforme o art. 3º, existe um princípio basal de toda organização administrativa que consiste em que os funcionários têm a obrigação expressa de "prestar contas de sua gestão".

Nessa linha, o art. 3º, inc. e), RCAN estabelece o princípio da responsabilidade dos agentes e funcionários públicos que autorizam, aprovam e gerenciem as contratações.

A partir da consagração desse princípio, advém claramente – conforme destaca a Suprema Corte – que, apesar da forma na qual os particulares dispõem seus próprios negócios possa resultar indiferente à lei, não resulta indiferente a maneira na qual os funcionários administram seus assuntos públicos[1258] não resulta indiferente. Nesse marco, resulta a aplicação da regra conforme a qual a obrigação de indenizar quem atuou como órgão do Estado dependerá da prova do desempenho irregular da função.[1259]

VIII.9.6 Igualdade de tratamento para interessados e ofertantes

No âmbito da licitação pública, que é o âmbito de grau máximo de concorrência, considera-se que a igualdade de possibilidades na adjudicação do contrato constitui um pressuposto fundamental.[1260] Isso significa que as condições devem ser as mesmas para todos os concorrentes, tratamento igualitário este que implica, inclusive, que todos os interessados e ofertantes recebam informações adequadas sobre o futuro do processo de seleção.

"Las contrataciones reservadas". *In: Cuestiones de contratos administrativos.* Jornadas de direito administrativo da Universidade Austral. Buenos Aires: RAP, 2007, pp. 79-101.

[1258] "SA Organización Coordinadora Argentina *versus* Secretaría de Inteligencia de Estado", Sentenças 321:174 (1998), consid. 8º.

[1259] "Tarnopolsky, Daniel *versus* Estado nacional y otros s/proceso de conocimiento", Sentenças 322:1888 (1999).

[1260] "Elinec SRL y otro", Sentenças 303:2108 (1981).

CAPÍTULO VIII – OS PRINCÍPIOS INSTITUCIONAIS E SETORIAIS...

Em outras palavras, o princípio da igualdade entre os ofertantes – de puro enraizamento constitucional – se manifesta ao possibilitar a participação competitiva de todos eles, erigido com base no pressuposto da contratação, mesmo perante a existência de ofertantes nacionais e estrangeiros.[1261]

Um caso de particular importância verifica-se quando, de acordo com o art. 38, RPA, o funcionário competente declara, de forma fundada, que a reserva de determinadas ações compreendidas no expediente pelo qual o *iter* contratual tramita, deixa constância de tal procedimento. Com efeito, o caso pode mediar tal declaração e os fornecedores restantes não podem chegar a conhecer as demais ofertas, com afetação da igualdade entre eles, desconcertando-se a possibilidade de efetuar impugnações. Realizou-se adequado mérito desse caso na jurisprudência, de modo que, a princípio, deve fazer prevalecer a correta prática administrativa, unida ao princípio do caráter público dos atos de um governo republicano, toda vez que "(...) se a licitação for caracterizada, fundamentalmente, pela propaganda e pelo tratamento igualitário, o acesso das partes ao expediente favorece, de forma decisiva, a observância da legalidade e da transparência do procedimento".[1262]

VIII.10 O princípio da continuidade dos serviços públicos

Se a causa que legitima a existência de um serviço público for uma necessidade coletiva de tal entidade que não pode se satisfazer de outra forma que não seja mediante a técnica dessa instituição, a forma de garantir que a prestação seja efetivada é, exatamente, a regra da continuidade. Conforme tal princípio, o serviço público deve ser prestado sem interrupções. Entretanto, isso não implica, em todos os casos, a continuidade física da atividade, pois sua prestação só é requerida cada vez que a necessidade surgir (v.g., serviço público de extinção de incêndios).

[1261] "Papini, Mario Néstor *versus* Nación Argentina", Sentenças 304:422 (1982).

[1262] Interpretação que surge do voto do Dr. Pedro J. J. Coviello em "Finmecánica Spa Aérea", causa 20.615/98, 6.11.1998, consid. 4º, que tramitou perante a C. Nac. Cont. Adm. Fed., sala 1ª.

A continuidade do serviço público se proteje através de dois meios, a saber: a) pela possibilidade de que a Administração proceda à execução direta do serviço quando este for ou tiver sido prestado por particulares; e b) pela regulamentação do direito de greve nos serviços públicos[1263] com base em que, a princípio, a greve se encontra limitada pelas leis que regulamentam o exercício dos direitos[1264] da mesma forma que as greves patronais. Nesse sentido, tanto o ordenamento positivo da Argentina, quanto o de outros países instituíram a arbitragem obrigatória como uma forma de solucionar os conflitos coletivos que possam ocasionar a suspensão, paralisação e negação dos serviços públicos essenciais.[1265]

Sabe-se que o reconhecimento do direito de greve, gerado neste século, é obra do constitucionalismo social que foi incorporado em muitas constituições contemporâneas.[1266] Dessa forma, a greve, por ser um fato comum antijurídico, passou a ser convertido em um direito de hierarquia constitucional ou, pelo menos, legal naqueles países, como os Estados Unidos[1267], em que não foi incorporado a sua carta constitucional.

[1263] Ver e ampliar em CASSAGNE, Juan Carlos. "La reglamentación del derecho de huelga en los servicios esenciales". *El Derecho*, 139-865/872.

[1264] MARIENHOFF, Miguel S. *Tratado de derecho administrativo*. 4ª ed. tomo II. Buenos Aires: Abeledo Perrot, 1993, p. 66 ss. Em tal sentido, a interpretação razoável do art. 14 bis da CN não implica consagrar o direito de greve de forma absoluta, podendo a lei regulamentar sua procedência limitando-a, a fim de não afetar o funcionamento dos serviços públicos.

[1265] A arbitragem obrigatória instituída por dec. n. 8946/1962 e derrogada pela Lei n. 16.936 foi restabelecida através da Lei n. 20.638. Por sua vez, a Lei n. 17.183 faculta às autoridades que sancionem os agentes que prestam serviços públicos que recorrem a medidas de força. Sobre a ineficácia da atual legislação para garantir a continuidade dos serviços públicos, ver MARTÍNEZ VIVOT, Julio J. "La huelga de los empleados públicos y en los servicios públicos". *In: Derecho del trabajo*. tomo XLIV-B. Buenos Aires: La Ley, 1984, n. 12, pp. 1755-1773.

[1266] V.g., na Constituição da Espanha de 1978 (art. 28.1); na italiana de 1948 (art. 39); também no Preâmbulo da Constituição francesa de 1946 (declarado vigente pela Constituição de 1958) e na Lei Fundamental de Bonn de 1949 (art. 9.3).

[1267] Especialmente, a partir da Lei Taft de 1947 e da Lei Landrum-Graffith de 1959. Ao fundamentar esta última, a Comissão Redatora do projeto de lei especificou: "O objetivo da política do Estado nessa área é facilmente explicável. Foi muito importante legalizar o poder sindical como contraparte das poderosas corporações industriais. É determinante

CAPÍTULO VIII – OS PRINCÍPIOS INSTITUCIONAIS E SETORIAIS...

A rigor, esta última também deveria ter sido a orientação de nosso direito positivo, se tivesse seguido o modelo adotado de forma fiel, mas os Constituintes que aprovaram a reforma constitucional de 1957 o incorporaram à Constituição Nacional, no agregado que foi efetuado no art. 14, como um direito garantido às agremiações[1268] de classe. Sua inserção no mencionado artigo constitui um verdadeiro enxerto e veio a propor uma profunda problemática jurídica (ainda não resolvida totalmente em nosso país), já que o *status* constitucional do direito de greve revela-se em conflito direto com os direitos fundamentais consagrados na Constituição, produzindo uma importante ruptura no sistema de garantias, sendo o que lhes resta à vigência e operatividade.

Toda greve afeta não somente os direitos dos patrões ou empresários – as chamadas liberdades econômicas e o direito de propriedade –, como também a liberdade de trabalho dos dependentes (todos os direitos cuja efetividade a Constituição reconhece e garante nos art. 14, 17, 19 e 28). Entretanto, e isso não havia sido percebido com clareza até há pouco tempo, a greve também prejudica o tecido social de forma profunda, carecendo de sentido, ao ser considerada sob a ótica de uma relação interprivada, porque, tanto sua extensão quanto seus objetivos e formas de execução ultrapassam a perspectiva particular das relações entre empresários e trabalhadores, para ingressar de forma decidida no âmbito do que é público.

Essa qualidade pública que possui a greve se reflete com maior intensidade quando se trata da prestação de serviços essenciais para a

---

manter a organização sindical forte. Mas a criação de instituições investidas de poder suficiente, para cumprir seus objetivos, também cria o perigo de que tais instituições possam, erroneamente, ir além de seus objetivos ou podem ser usadas para beneficiar quem as dirige, em vez de serem usadas em benefício daqueles que se tenta progeter. A política do Estado deve minimizar esse risco sem despojar os sindicatos da possibilidade de cumprir suas verdadeiras funções" (COX, A. *Law and National Labor Policy*. tomo II. Universidade da Califórnia, 1960).

[1268] *Cf.* SAGUÉS, Néstor P. "El constitucionalismo social". *In:* VAZQUEZ VIALARD, Antonio (coord.). *Tratado de derecho del trabajo*. tomo II. Buenos Aires: Astrea, 1982, cap. VI, pp. 828/829; contra, BIDART CAMPOS, Germán J. "La titularidad del derecho de huelga en la Constitución Argentina". *El Derecho*, 114-815.

população, já que se o trabalho humano goza – no plano dos valores – de prelação sobre os demais fatores econômicos[1269], o Estado não pode tolerar, sem agravamento à justiça, que grupos, setores ou corporações abusem de seu poder para impedir o trabalho que outros necessitam realizar para subsistir e melhorar suas condições de vida. Nesse plano, as greves prejudicam, direta ou indiretamente, todos os habitantes em sua condição de fornecedores, usuários, consumidores etc., impedidos de se transferirem de um local a outro, de se comunicarem com o semelhante ou de se servirem de um estabelecimento sanitário, para citar alguns dos exemplos mais reiterados. Esse olhar sobre a faceta pública da greve evidencia a profunda desproporção que existe entre o sacrifício de uns e outros, entre os benefícios individuais ou corporativos e os da sociedade em seu conjunto, colocando em evidência os graves danos econômicos e sociais que um conflito coletivo provoca, principalmente quando interrompe a continuidade dos serviços públicos.

O que se encontra em jogo, portanto, é a privação do bem comum, cuja proteção encontra-se confiada aos governantes. Por isso, na natureza do direito de greve deve-se ver um direito secundário, cujo exercício não implica o exercício de uma faculdade normal derivada de uma liberdade autêntica ou primária. Não configura, portanto, um direito fundamental, já que a existência de um direito pleno para frustrar as liberdades essenciais das pessoas não poderia ser concebida. Qual é, por conseguinte, a natureza real desse direito? A chave de sua substância jurídica, evidentemente, consiste em dispor a greve como um direito de exceção, um remédio extremo[1270], cujo fundamento reside no estado de necessidade que os trabalhadores ou empregados sofrem. Sua legitimidade não é de princípio, mas irrompe no plano do direito como um instituto jurídico de caráter excepcional.

O exercício do direito de greve deverá ser exercido, portanto, sempre condicionado ou limitado pelo bem comum que deve marcar,

---

[1269] A primazia foi remarcada pela Doutrina Social da Igreja (*Gaudium et Spes*, cap. III, secc. II, parágrafo 67).

[1270] Natureza essa atribuída pela Doutrina Social da Igreja (*Gaudium et Spes*, cap. III, sec. II, parágrafo 68 *in fine*).

CAPÍTULO VIII – OS PRINCÍPIOS INSTITUCIONAIS E SETORIAIS...

através da legislação, a linha divisória entre seu legítimo exercício e o abuso do direito. Esse ponto de vista foi sustentado, reiteradamente, nas encíclicas papais, nas quais se estabeleceu a doutrina de que quando os serviços essenciais são atingidos, sua continuidade deve ser assegurada mediante regulamentações adequadas, já que, se o abuso da greve levar à paralisação de toda a vida socioeconômica, isso resulta contrário ao bem comum da sociedade, de cuja natureza o próprio trabalho[1271] participa.

O ordenamento deve prever tanto a interdição das formas irregulares que pode assumir um conflito coletivo de trabalho e um procedimento de prevenção que canalize a greve dos serviços essenciais, quanto um sistema de prestações mínimas para a prestação dos serviços essenciais e um regime de caráter punitivo, extensivo às agremiações de classe, que garanta contra o abuso no exercício do direito de greve e a alteração da continuidade dos serviços.

É por isso que a Lei n. 25.877, do ano de 2004, estabelece em seu art. 24 que quando, por um conflito, alguma das partes decidir pela adoção de medidas legítimas de ação direta que envolvam atividades que possam ser consideradas como serviços essenciais, a prestação de serviços mínimos deverá ser garantida, de modo a evitar sua interrupção, considerando-se os serviços sanitários e hospitalares, a produção e distribuição de água potável, energia elétrica e gás, assim como o controle do tráfego aéreo como essenciais. Além disso, a referida lei dispõe que uma atividade não compreendida na enum eração anterior poderá ser qualificada excepcionalmente como serviço essencial por uma comissão independente, prévia abertura do procedimento de conciliação previsto na legislação, quando se derem os seguintes casos: por um lado, quando, pela duração e extensão territorial da interrupção da atividade, a execução da medida puder colocar em perigo a vida, a segurança ou a saúde de toda ou parte da população; por outro lado, quando se tratar de um serviço público de importância transcendental, conforme os critérios dos organismos de controle da Organização Internacional do Trabalho.

[1271] *Laborem Exercens*, parágrafo 20 *in fine*.

Deve-se ressaltar, entretanto, a chamativa técnica legislativa adotada, que ignora o princípio de qualificação legal prévia de uma atividade como serviço público; portanto, a norma previamente mencionada exclui o transporte de gás declarado como serviço público pela lei e art. 1º da Lei n. 24.076, e inclui, como serviços essenciais, atividades de interesse público que não constituem serviço público, tais como a produção de gás[1272] e a geração de energia elétrica.[1273]

VIII.11 A autotutela do domínio público

A proteção do domínio público constitui outra das peculiariedades do regime jurídico típico do Direito Público no qual coexistem, junto às medidas de tutela jurisdicional, próprias do direito privado que se aplicam por analogia frente o vazio existente na legislação administrativa, as prerrogativas da Administração para usar a coação direta em defesa dos bens dominiais.

A fim de proteger as finalidades perseguidas por essa categoria de bens estatais, primordialmente sua afetação ao uso público direto por parte dos habitantes, a Administração pode usar a coação sobre as pessoas que dificultam ou impedem o cumprimento dos fins perseguidos por tal categoria de bens.

Trata-se do princípio geral que preside essa instituição, estabelecido com o objetivo de manter a continuidade à qual os bens dominiais[1274] estão destinados. Tal princípio foi extraído no ordenamento positivo da Cidade Autônoma de Buenos Aires[1275], bem como na jurisprudência da Suprema Corte.[1276]

[1272] Arg. art. 1º, Lei n. 24.076.

[1273] Art. 1º, Lei n. 24.065.

[1274] MARIENHOFF, Miguel S. *Tratado de derecho administrativo*. tomo V. Buenos Aires: Abeledo Perrot, 1988, n. 1780, p. 320 ss.; LAUBADÈRE, André de. *Traité elémentaire de droit administratif*. 5ª ed. tomo II. Paris: LGDJ, 1970, p. 175 ss. e nosso *Derecho administrativo*. 9ª ed. Buenos Aires: Abeledo Perrot, 2008, p. 331.

[1275] Art. 12, Lei de Procedimentos Administrativos da Ciudad Autônoma de Buenos Aires.

[1276] *In re* "Hijos de Isidro Grillo SA", Sentenças 263:477 (1965).

CAPÍTULO VIII – OS PRINCÍPIOS INSTITUCIONAIS E SETORIAIS...

A principal consequência da autotutela executiva de exceção consiste em habilitar a Administração para empregar a força pública, com o objetivo de proteger os bens do domínio público, mantendo-os em condições de serem utilizados pelos habitantes ou usuários especiais.

A princípio, o Estado, através da Administração Pública e como representante do povo (onde reside, definitivamente, a titularidade do domínio público) pode recorrer, para proteger os bens dominiais, tanto à autotutela administrativa quanto à instância judicial, exercitando, neste último caso, as ações petitórias ou possessórias que foram pertinentes. A doutrina[1277] destacou que se trata de uma opção de exercício discricionário que dependerá das circunstâncias de cada caso.

Mesmo que tenha sido negado, por um setor doutrinário[1278], o que é verdade é que, em concordância com a doutrina mais autorizada[1279], o antigo Código Civil seguiu tal tese ao declarar, no art. 4019 inc. 1º, a imprescritibilidade da ação reivindicatória das coisas que estão fora do comércio, o que implica admitir a viabilidade de referida ação.

O exercício das ações judiciais que protegem o domínio público exige especial transcendência em nosso regime federal, levando em consideração que nas relações interadministrativas que pertencem a diferentes esferas de governo é proibido o uso da coação (autotutela) para proteger o domínio público. Esse é outro princípio geral de nosso Direito Público que proíbe esta espécie de executoriedade[1280] em matéria de relações interadministrativas, exigindo que os conflitos sejam debatidos única e exclusivamente perante os tribunais judiciais.

[1277] MARIENHOFF, Miguel S. *Tratado de derecho administrativo*. tomo V. Buenos Aires: Abeledo Perrot, 1988, n. 1783 b), p. 326.

[1278] DIEZ, Manuel María. *Derecho administrativo*. tomo IV. Buenos Aires: Bibliográfica Omeba, 1969, pp. 449/450.

[1279] VILLEGAS BASAVILBASO, Benjamín. *Derecho administrativo*. tomo IV. Buenos Aires: Tea, 1954, p. 178; MARIENHOFF, Miguel S. *Tratado de derecho administrativo*. tomo V. Buenos Aires: Abeledo Perrot, 1988, n. 1783, pp. 324/325.

[1280] Ver nosso *Curso de derecho administrativo*. 10ª ed. tomo II. Buenos Aires: La Ley, 2011, p. 346.

VIII.12 O princípio da responsabilidade do Estado: seu fundamento filosófico e constitucional

O fundamento jurídico da responsabilidade do Estado encontra-se na justiça e nos princípios que dela derivam. Esses princípios gerais do direito natural (v.g., *alterum non leadere*) existem por si só, sem necessidade de reconhecimento positivo. Sua vigência e principalidade são projetadas a todos os ramos do direito, cobrando maior transcendência nas disciplinas não codificadas, como o direito administrativo.

Como apontamos anteriormente, os princípios gerais, encontrando-se ou não regularizados pelo direito positivo, prevalecem sobre as normas e constituem mandamentos carentes de enunciados que o intérprete complementa, em sua aplicação no caso, mediante um trabalho de ponderação, conforme as regras da razoabilidade prática. Nem sempre são mandamentos de otimização e sua operatividade pode ser tanto direta quanto derivada.

Todas as análises sobre o fundamento constitucional da responsabilidade do Estado revelam grandes coincidências (não advertiva muitas vezes pela fraseologia pessoal), ao ponto de a base da resposta estatal encontrar-se relacionada, de uma forma ou outra, aos princípios do Estado de Direito.

Foi n osso mestre Marienhoff quem desenvolveu essa tese, de modo exemplar, ao afirmar que o fundamento da responsabilidade estatal *"(...) não é senão o 'Estado de Direito' e seus postulados (...). É a partir desses princípios ou postulados, que formam um complexo e que tendem, todos, a alcançar a segurança jurídica e o respeito dos direitos dos administrados, de onde surge o fundamento da responsabilidade estatal no campo do Direito Público"*.[1281] Esta tese foi seguida pela maior parte da doutrina.[1282]

[1281] MARIENHOFF, Miguel S. *Tratado de derecho administrativo*. tomo IV. Abeledo Perrot, Buenos Aires, 1973, p. 251/252.

[1282] PERRINO, Pablo Esteban. "La responsabilidad extracontractual por la responsabilidad ilícita en el derecho argentino". *Modernizando al Estado para un país mejor*. Lima: Palestra, 2010, pp. 430-432; SARMIENTO GARCÍA, Jorge H.

CAPÍTULO VIII – OS PRINCÍPIOS INSTITUCIONAIS E SETORIAIS...

VIII.12.1 O princípio da igualdade perante as cargas públicas como eixo do fundamento constitucional da responsabilidade do Estado

Dentro da linha garantística formada pelos princípios que compõem o Estado de Direito, o eixo do fundamento constitucional se encontra, a nosso juízo, no princípio da igualdade perante as cargas públicas, reconhecido no art. 16 da CN[1283], o que não impede que se reconheçam outros fundamentos concorrentes ou complementares, tais como os que decorrem do art. 19 da CN (*alterum non leadere*), ou da inviolabilidade da propriedade (art. 17 da CN) devido à utilidade pública.[1284]

A obrigação de reparar tem o fundamento na justiça que, como se sabe, reside em uma relação de igualdade. Quando um dano é causado pela atividade estatal, gera-se um desequilíbrio que não é justo ser suportado de forma desigual pelos habitantes. A restituição ou compensação rege, a princípio, pelas regras da justiça comutativa (em proporção à coisa), mesmo quando pode haver, inclusive, a aplicação dos critérios de justiça distributiva (que impõem o dever de suportar um ônus ou dano contanto que seja razoável e não implique um sacrifício especial), bem como retribua os danos às pessoas conforme os critérios de mérito ou de circunstâncias especiais. No Direito Público, os desequilíbrios que a ação legítima do Estado causa são compensados ou indenizados quando não pesar sobre o particular a obrigação de suportar o dano.

"Responsabilidad del Estado. Principios y proyecto de ley". *La Ley,* 11.03.2014; HUTCHINSON, Tomás. "Lineamientos generales de la responsabilidad administrativa del Estado". *Revista de derecho de Daños,* Santa Fe: Rubinzal-Culzoni, 2010, p. 108; COMADIRA, Julio Rodolfo; ESCOLA, Héctor J.; COMADIRA, Julio Pablo. *Curso de derecho administrativo.* tomo II. Buenos Aires: Abeledo Perrot, 2012, p. 1511.

[1283] BARRAZA, Javier Indalecio. *Manual de derecho administrativo.* Buenos Aires: La Ley, 2010, p. 596.

[1284] Ver: LUQUI, Roberto Enrique. "Responsabilidad del Estado". *La Ley,* 2011-C, 1279; NALLAR, Daniel M. "Análisis sobre la responsabilidad del Estado y del funcionario público en las provincias argentinas". *Responsabilidad del Estado y del funcionario público.* Jornadas de la Universidad Austral, Buenos Aires, 2001, p. 451.

VIII.12.2 O fator de atribuição: a falta de serviço na jurisprudência da Corte e na nova Lei n. 26.944

A sanção da nova lei gerou, em matéria de responsabilidade estatal e dos funcionários e empregados públicos, grandes dúvidas no âmbito profissional e doutrinário. Fora da regulamentação dos requisitos inerentes à responsabilidade pela atividade ilegítima e, particularmente, no conceito da falta de serviço regulamentado na lei conforme a tese que temos defendido há anos, extraída pela Corte a partir do caso "Vadell"[1285], após o advento da democracia e seguida nas sentenças posteriores ao Supremo Tribunal[1286], a regulamentação legal é passível de graves objeções especialmente no caráter restritivo da responsabilidade por atos legítimos e nas prescrições que dizem respeito aos funcionários públicos.

A doutrina que precedeu o previsto na nova lei baseou-se na reinterpretação do artigo 1112 do Código de Vélez Sarsfield – ao considerar que estabelecia um princípio que servia para regulamentar as chamadas faltas de serviço – postura com a qual a maioria da doutrina do direito administrativo nacional[1287] coincidiu, contra à

[1285] O referido precedente fundou-se no parecer do Dr. Juan Octavio GAUNA, o então Procurador Geral da Nação; ver: Sentenças, 306:2030.

[1286] Sentenças: 306:2030 (1984); 307:821 (1985); 315: 2865 (1992); 318:845 (1995); 321:1124 (1998); 330:563 (2007) e outros.

[1287] LINARES, Juan Francisco. "En torno a la llamada responsabilidad civil del funcionario público". *La Ley*, 153-601; GAUNA, Juan Octavio. "Responsabilidad del Estado. La competencia originaria de la CSJN y la revisión de la noción de causa civil". *Responsabilidad del Estado,* Departamento de Publicações da Faculdade de Direito da Universidade de Buenos Aires. Buenos Aires: Rubinzal-Culzoni, 2008, pp. 327-329, é interessante destacar que GAUNA, como Procurador Geral da Nação, ao emitir um parecer na causa "Ruth Sedero de Carmona contra Província de Buenos Aires" (Sentenças 310:1074), fez referência à nova interpretação da Corte sobre o art. 1112 do Código Civil de Vélez Sarsfield, realizada no caso "Vadell" (Sentenças 306:2030); SESÍN, Domingo J. "Responsabilidad del Estado en la Provincia de Córdoba". *Responsabilidad del Estado*. XXX Jornadas Nacionais de direito administrativo, Buenos Aires: Rap, 2005, p. 537 ss.; COMADIRA, Julio Rodolfo. "La responsabilidad del Estado por su actividad lícita o legítima". *EDA*, 2001-2002, p. 756 ss., especialmente pp. 761/762; SARMIENTO GARCÍA, Jorge. "La responsabilidad del Estado en la Provincia de Mendoza". *In*: ABERASTURY, Pedro (coord.). *Responsabilidad del*

CAPÍTULO VIII - OS PRINCÍPIOS INSTITUCIONAIS E SETORIAIS...

Estado y del funcionario público. Jornadas de la Universidad Austral, Buenos Aires, 2001, pp. 384/385; BARRA, Rodolfo Carlos. "Cometidos administrativos en la actividad notarial y responsabilidad del Estado". *El Derecho*, 117:927; e "Responsabilidad del Estado de sus actos y contratos". *El Derecho*, 122-864, especialmente 865, nota 11; JEANNERET de PÉREZ, María Cortes. "El ejercicio del poder de policía y la responsabilidad del Estado. La sentencia de la Corte Suprema de Justicia en la causa Friar S.A.". *Cuestiones de Responsabilidad del Estado y del funcionario.* Jornadas de la Universidad Austra. Buenos Aires: RAP, 2008, p. 57; e em *Responsabilidad del Estado en materia de salud pública.* XXX Jornadas Nacionais de direito administrativo, Buenos Aires: Rap, 2005, p. 313; GALLEGOS FEDRIANI, Pablo. "Responsabilidad del Estado por incumplimiento de la condena judicial". *Cuestiones de Responsabilidad del Estado y del funcionario.* Jornadas de la Universidad Austral, Buenos Aires. RAP, 2008, pp. 355-357; USLENGHI, Alejandro Juan. "Lineamientos de la responsabilidad del Estado por su actividad ilícita". *In:* ABERASTURY, Pedro (coord.). *Responsabilidad del Estado y del funcionario público.* Jornadas de la Universidad Austral, Buenos Aires, 2001, pp. 56/57; BIANCHI, Alberto B. "La responsabilidad de los entes reguladores". *In:* ABERASTURY, Pedro (coord.). *Responsabilidad del Estado y del funcionario público.* Jornadas de la Universidad Austral, Buenos Aires, 2001, pp. 164/165; PERRINO, Pablo Esteban. "Los factores de atribución en la responsabilidad del Estado por su actividad lícita". *In:* ABERASTURY, Pedro (coord.). *Responsabilidad del Estado y del funcionario público,* Jornadas de la Universidad Austral, Buenos Aires, 2001, p. 59 ss.; MERTHIKIAN, Eduardo. *La responsabilidad pública:* análisis de la doctrina y la jurisprudencia de la Corte Suprema. Prólogo de Julio César Cueto Rua. Buenos Aires: Abaco, 1998, pp. 63-73 e 97-99; PITHOD, Eduardo L. "Responsabilidad del Estado por acto lícito". *In: Estudios de derecho administrativo.* tomo XII. IEDA. Mendoza: Diké, 2005, pp. 153/154; BARRAZA, Javier Indalecio. *Responsabilidad extracontractual del Estado.* Buenos Aires: La Ley, 2003, p. 83; BOTASSI, Carlos Alfredo. "Responsabilidad del Estado por su actividad jurisprudencial". *In:* ABERASTURY, Pedro (coord.). *Responsabilidad del Estado y del funcionario público.* Jornadas de la Universidad Austral, Buenos Aires, 2001, p. 101, texto e nota 22; CANOSA, Armando N. "Nuevamente el art. 1113 del Código Civil y la responsabilidad del estado". *El Derecho,* 157-84; ANDREUCCI, Carlos Alberto. "Responsabilidad del Estado en la Provincia de Buenos Aires". *In:* ABERASTURY, Pedro (coord.). *Responsabilidad del Estado y del funcionario público.* Jornadas de la Universidad Austral, Buenos Aires, 2001, pp. 264/265; GAMBIER, Beltrán. "Algunas reflexiones en torno a la responsabilidad del Estado por omisión, a la luz de la jurisprudencia". *La Ley,* 1190-E-617; GALLI BASUALDO, Martín. *Responsabilidad del Estado por su actividad judicial.* Buenos Aires: Hammurabi, 2006, pp. 75-77 ss.; AMENÁBAR, María del Pilar. *Responsabilidad extracontractual de la Administración pública.* Santa Fé: Rubinzal-Culzoni, 2008, pp. 391/392; SALOMONI, Jorge Luis. "Originalidad del fundamento de la responsabilidad del Estado en la Argentina (Alcances y régimen jurídico con especial referencia a la extracontractual)". *El Derecho*, Suplemento de direito administrativo de 29.03.00, p. 7 ss.; BONPLAND, Viviana. "Responsabilidad extracontractual del Estado (Análisis exegético de las citas del codificador al art. 1112 del Código Civil", *La Ley*, 1987-A, 779; com reservas no ponto da necessidade de regularizar o instituto no futuro, ver: BUSTELO, Ernesto. "Responsabilidad del Estado por sus faltas de servicio". *In: Estudios de derecho administrativo XII*. IEDA. Mendoza: Diké, 2005, p. 32 ss.; CALONGE, Diego Andrés. "Responsabilidad del Estado en la Provincia de Buenos Aires. Análisis de la jurisprudencia de la Suprema Corte de Justicia". *In:* ABERASTURY, Pedro (coord.). *Responsabilidad del Estado y del funcionario público*. Jornadas de la Universidad Austral, Buenos Aires, 2001, p. 471 ss.; CAPUTI, María Claudia. "Tendencias actuales en materia de responsabilidad del Estado por funcionamiento irregular de los órganos judiciales. El caso *Amiano*". *La Ley*, 2000-C, 763; CANDA, Fabián O. "La responsabilidad del Estado por omisión (Estado de situación en la jurisprudencia de la CSJN)". *In: Cuestiones de Responsabilidad del Estado y del funcionario*. Jornadas de la Universidad Austra. Buenos Aires: RAP, 2008, pp. 158-161; SAMMARTINO, Patricio M. E. "La imputabilidad en la responsabilidad del Estado". *In: Cuestiones de Responsabilidad del Estado y del funcionario*. Jornadas de la Universidad Austra. Buenos Aires: RAP, 2008, pp. 432 e 456; FRANCAVILLA, Ricardo H. "La imputabilidad en la Responsabilidad del Estado". *In: Cuestiones de Responsabilidad del Estado y del funcionario*. Jornadas de la Universidad Austral. Buenos Aires: RAP, 2008, pp. 228/229; VILLARRUEL, María Susana. "Jurisdicción y competencia en materia de responsabilidad del Estado". *In: Cuestiones de Responsabilidad del Estado y del funcionario*. Jornadas de la Universidad Austral. Buenos Aires: RAP, 2008, p. 516; entre os trabalhos mais recentes, além do estudo específico de GALLI BASUALDO antes citado, cabe mencionar: ABERASTURY, Pedro "Principios de la responsabilidad del Estado". *Responsabilidad del Estado*. Lexis-Nexis. Buenos Aires: Abeledo Perrot, 2007, p. 6 ss.; GAUNA, Juan Octavio. "Responsabilidad del Estado en materia de salud, urbanística y ambiental *In*: ABERASTURY, Pedro (coord.). *Responsabilidad del Estado y del funcionario público*. Jornadas de la Universidad Austral, Buenos Aires, 2001, p. 244 ss., com especial comentário dos casos "*Brescia*" e "*Schauman de Scasola*"; ZILLI de MIRANDA, Martha. "La responsabilidad del Estado por omisión ilegítima. Su incidencia en la tutela del derecho fundamental a la salud". *In*: COMADIRA, Julio Pablo; IVANEGA, Miriam M. (coord.). *Derecho administrativo:* livro em homenagem ao Professor Doutor Julio Rodolfo COMADIRA. Buenos Aires: Ad Hoc, 2009, pp. 1286/1287; e MELAZZI, Luis A. "Responsabilidad del Estado en casos de error judicial y anormal funcionamiento del servicio de justicia". *In*: COMADIRA, Julio Pablo; IVANEGA, Miriam M. (coord.). *Derecho administrativo:* livro em homenagem ao Professor Doutor Julio Rodolfo COMADIRA. Buenos Aires: Ad Hoc, 2009, p. 1261; BUTELER, Alfonso. "La responsabilidad del Estado por falta de servicio en un nuevo Sentença de la Corte Suprema". *La Ley*, 2007-D, 319; e RITTO, Graciela B. *"Responsabilidad del Estado por omisión" La Ley*. 2006-F, 615.

CAPÍTULO VIII – OS PRINCÍPIOS INSTITUCIONAIS E SETORIAIS...

interpretação até então predominante.[1288]

Tratou-se, então, de fundar a responsabilidade extracontratual do Estado em princípios constitucionais, mas também no reconhecimento

---

[1288] Entretanto, destacados civilistas utilizam o conceito da falta de serviço como fator de atribuição para determinar a responsabilidade do Estado; entre eles, ver: BUSTAMANTE ALSINA, Jorge. "Responsabilidad del Estado por error judicial, (El auto de prisión preventiva y la absolución)". *La Ley,*1996-B, 311, ao adaptar e ampliar a interpretação que fizera sobre o art. 1112 do Código Civil de Vélez Sarsfield, que sustenta que, embora esse preceito continue regendo a responsabilidade dos funcionários públicos "(...) *isso não significa que um princípio geral de Direito Público também não seja induzido e imponha a responsabilidade objetiva do Estado pela falta de serviço que a prestação irregular da administração de justiça implicar* (...)" e, mais adiante, afirma categoricamente que a responsabilidade do Estado é direta e objetiva; idem, em "Responsabilidad del Estado por la muerte de internos en una cárcel al incendiarse ésta". *La Ley,* 1996-C, 584; cabe apontar que, nesse trabalho, BUSTAMANTE ALSINA adere expressamente à nossa tese sobre a responsabilidade estatal (*cit.* p. 586, nota 1); TRIGO REPRESAS, Felix A., *Responsabilidad de los jueces y Estado juzgados por daños derivados de errónea actividad judicial. La Ley*, Separata da Academia Nacional de Direito e Ciências Sociais. , junho de 2008, p. 2 ss., especialmente pp. 21/22; ver também do mesmo autor, em colaboração com LÓPEZ MESA, Marcelo J. *Tratado de la responsabilidad civil.* tomo IV. Buenos Aires: La Ley, 2004, Cap. 14 (redigido por LÓPEZ MESA com a colaboração de Stella Maris BAMBINO), p. 12 ss.; salienta que "(...) os critérios adotados pela Suprema Corte seguem, sem serem citados, dois trabalhos de CASSAGNE publicados na Revista El Derecho durante os anos 1982 e 1983, sob o título de "En torno al fundamento de la responsabilidad del Estado" (em ED 99-937) e do mesmo autor "La responsabilidad extracontractual del Estado en el campo del derecho administrativo" (ED 100-985), bem como – embora em menor medida – um opúsculo de Juan Francisco LINARES, intitulado "En torno de la llamada responsabilidad civil del funcionario público", (publicado em La Ley 153-160)". Cabe salientar que, muito antes da mudança jurisprudencial da Suprema Corte, Leonardo A. COLOMBO, em sua obra *Culpa aquiliana (cuasidelitos).* 1ª ed. Buenos Aires: TEA, 1944, p. 459 ss., havía reconhecido a possibilidade de responsabilizar o Estado pela aplicação do art. 1112 do Código Civil, com citação do conhecido precedente da Corte de *Ferrocarril Oeste contra Provincia de Buenos Aires* (*La Ley,* tomo 12, p. 122), p. 459, nota 641; ver também MOSSET ITURRASPE, Jorge. *Responsabilidad por daños.* tomo X: responsabilidad del Estado. Santa Fe: Rubinzal-Culzoni, 2004, p. 162, texto e nota 43. No direito processual, ver: BERIZONCE, Roberto O. "El contralor de la labor jurisdiccional del Poder Judiciário". In: *Anales* de la Facultad de Ciencias Jurídicas y Sociales de la Universidad Nacional de La Plata. tomo 30, 1987, pp. 14 e 18, admite a responsabilidade objetiva e direta do Estado pelo funcionamento anormal do serviço jurisdicional que implica faltas de serviço, com base no antigo art. 1112 do Código Civil.

do caráter direto da responsabilidade estatal e na natureza objetiva do fator de atribuição, com um critério afim à falta de serviço do direito francês (que, contrariamente ao direito espanhol, não compreende os danos causados pelo comportamento regular ou normal da Administração, salvo os casos que gerarem um sacrifício especial).[1289] Por outro lado, o fator de atribuição de responsabilidade por atividade legítima consiste em prejuízo especial.

VIII.12.3 Uma análise retrospectiva: a concepção de Aubry et Rau

Alguns doutrinários, certamente respeitáveis, no afã de sustentar que o antigo art. 1112 referia-se à responsabilidade dos funcionários públicos e não à do Estado (que na concepção de Aubry et Rau era uma responsabilidade pelos atos do comitente) apartam o pensamento dos autores franceses e, ademais, ignoram a transcendência da última frase do ex artigo 1112, quando prevê que as faltas de serviço descritas como aquelas configuradas pelo exercício irregular das funções dos funcionários públicos "(...) *estão compreendidas nas disposições deste título*".

Como podemos ver a seguir, o sentido desta frase foi incluir os descumprimentos irregulares no quadro da responsabilidade do Estado pelos atos do comitente do antigo art. 1284, tal como surge de uma interpretação harmoniosa da obra do pensamento dos autores franceses que Vélez seguiu na redação dos antigos art. 1109, 1112 e 1113. Dessa forma, enquanto que o antigo art. 1109 consagra uma responsabilidade geral com base na culpa (ajustável às faltas pessoais dos funcionários perante terceiros o antigo art. 1112), na inteligência mais provável de Vélez (caso for aceito que seguiu Aubry et Rau) compreende, não só a responsabilidade perante terceiros (o que era óbvio, segundo o antigo art. 1109), mas, fundamentalmente, a responsabilidade do Estado como comitente pelos atos e omissões dos funcionários públicos que descumprem, de forma irregular, as obrigações de seu cargo e causam danos a terceiros.[1290]

[1289] Ampliar em COVIELLO, Pedro J. J. "La responsabilidad del Estado por su actividad lícita". *El Derecho*. Serie Especial de derecho administrativo, 29.08.2000.

[1290] É certo que Linares equivocou-se, ao utilizar a 4ª edição de AUBRY ET RAU de 1871 (que, obviamente, VÉLEZ não podia conhecer quando redigiu o Código), mas

CAPÍTULO VIII – OS PRINCÍPIOS INSTITUCIONAIS E SETORIAIS...

A ideia de Vélez Sarsfield, ao incorporar, ao referido corpo legal, um preceito específico que compreendia, dentro das disposições sobre responsabilidade aquiliana, *"(...) os fatos e as omissões dos funcionários públicos no exercício de suas funções"*, não foi consagrar a responsabilidade dos funcionários frente aos particulares e ao próprio Estado (por outro lado compreendia no antigo art. 1109 do Código, que agrupa os art. 1382 e 1383, Código Cilvil francês), mas a conexão do respectivo fator de atribuição com a responsabilidade do Estado, como se infere a partir de um estudo elaborado por Linares e que serviu como ponto de partida para a concepção da responsabilidade que desenvolvemos[1291] anos depois.

Essa concepção, que implica a definição de um fator objetivo de atribuição[1292], refletida na configuração de uma falta de serviço, por ação ou omissão, foi seguida pela jurisprudência da Corte a partir do caso "Vadell" e vem a completar o fundamento constitucional da responsabilidade do Estado (princípios da igualdade perante as cargas públicas e reparabilidade dos sacrifícios patrimoniais fundados em razões de interesse público). Por outro lado, o funcionário público responde diretamente frente à vítima por falta pessoal (por exemplo, fim de lucro pessoal)[1293], aplicando-SE os art. 1721 e 1726 do CCCN.[1294]

---

isso não invalida seu raciocínio, já que as citações da 3ª edição (1856) e da 4ª (1871), embora a numeração esteja alterada, são praticamente idênticas, com alguns pequenos agregados que confirmam sua interpretação.

[1291] Dessa forma PERRINO, Pablo E. reconheceu, "A responsabilidade da Administração por sua atividade ilícita. Responsabilidade por falta de serviço". *El Derecho*, 185-781.

[1292] Não cabe, portanto, falar de culpa objetiva ou objetivada, como alguns disseram, para definir as faltas de serviço, como se a culpa fosse uma noção polissêmica. Nesse sentido, o artigo 1722 do novo CCCN prevê: *O fator de atribuição é objetivo quando a culpa do agente é irrelevante aos efeitos de atribuição da responsabilidade.*

[1293] DUFFY, Marcelo. "A responsabilidade do Estado e dos funcionários públicos com motivo de sua atuação no procedimento administrativo". *In:* POZO GOWLAND, Héctor; HALPERIN, David Andrés; AGUILAR VALDEZ, Oscar; JUAN LIMA, Fernando; CANOSA, Armando (coord.). *Procedimiento administrativo.* tomo II. Buenos Aires: La Ley, 2012, p. 281.

[1294] O artigo 1766 do novo CCCN estabelece que a responsabilidade do funcionário público é regida pelas normas e princípios do direito administrativo. Em nossa opinião, esse preceito se refere à responsabilidade dos funcionários perante o Estado.

Muitas das concepções contrárias a essa ideia ignoravam o fundamento constitucional da responsabilidade do Estado, baseando-se em uma interpretação exegética e ainda histórica do preceito contido no art. 1112 do Código Civil de Vélez Sarsfield, esquecendo as possibilidades que a analogia e a interpretação dinâmica das normas ofereciam. Não faltaram autores que pretenderam fundar a responsabilidade estatal nos textos do Código Civil de Vélez Sarsfield, defendendo a tese de que ela era indireta e objetiva.[1295]

Na realidade, o importante, nessa matéria, levando em consideração seu fundamento constitucional, não era se a responsabilidade se baseia ou não em um preceito positivo do Código Civil. O que realmente importava eram duas coisas: a) reconhecer que se tratava de uma responsabilidade direta, fundada em princípios de Direito Público (art. 16 e 17, da CN); e b) aceitar que a culpa é excluída como fator de atribuição, substituindo-o com a figura da falta de serviço originada em seu funcionamento irregular ou falho. Ambas as questões foram bem resolvidas na nova legislação sobre a matéria.

VIII.12.4 Crítica da Lei n. 26.944

A regulamentação da responsabilidade do Estado no Código Civil de Vélez Sarsfield garantia a estabilidade de uma jurisprudência que (com poucas exceções) havia se mantido durante trinta anos e foi agora substituída por uma lei que limita e, em alguns casos, suprime a responsabilidade estatal de uma forma que cerceia os princípios do Estado de Direito. Dentre as normas questionáveis, cabe salientar o art. 1º da Lei n. 26.944, que exclui a aplicação direta ou subsidiária do Código Civil

---

[1295] CUADROS, Oscar. "Consideraciones acerca de la responsabilidad del Estado en la Provincia de San Juan a la luz del panorama doctrinario, normativo y jurisprudencial argentino actual". In: *Estudios de derecho administrativo XI*. IEDA. Mendoza: Diké, 2006, p. 397. Recentemente, após a sanção do novo CCCN, o referido autor propugna que se aplique a teoria do risco, afirmando que a responsabilidade do Estado é objetiva (ao excluir a culpa do agente); ver: *Administración y Constitución*. Buenos Aires: Astrea, 2014, pp. 158/159. Nesse sentido, pensamos que o fator de atribuição na Lei n. 26.944 é a falta de serviço, e não o risco.

CAPÍTULO VIII – OS PRINCÍPIOS INSTITUCIONAIS E SETORIAIS...

e Comercial à responsabilidade do Estado, o que carece de sentido, toda vez que a regulamentação da responsabilidade na referida lei não estiver completa, devendo-se recorrer, necessariamente ao Código Civil e Comercial para dar conta dos vazios normativos, mediante o procedimento da analogia, ao qual, por razões de especialidade e autonomia, apropriado primeiro passar, depois de verificar o julgamento de compatibilidade, ao pedido direto. Com efeito, a possibilidade de recorrer à analogia para integrar a carência de normas com o direito privado é o procedimento próprio do Direito Público e é, por exemplo, o que permite estender a responsabilidade do Estado pela atividade das entidades descentralizadas.[1296]

Basta salientar o requisito que prevê a responsabilidade por omissão apenas quando um dever concreto e determinado for violado (art. 3º inc. d), o que exclui a responsabilidade quando a omissão transgredir algum princípio geral do direito, estando ou não regulamentados na Constituição ou nos Tratados Internacionais; as rigorosas exigências para acreditar os danos pela atividade legítima (art. 4º inc. c e e) e o caráter excepcional dela, bem como a proibição de que o lucro cessante não proceda (art. 5º), a tentativa de excluir a responsabilidade por omissões legítimas (já que o inc. b) do art. 4 não menciona a inatividade estatal), a regulamentação diferente do nexo causal nos tipos de responsabilidade (por atividade ilegítima e legítima), entre outras prescrições, para chegar à conclusão de que a lei implicará um grave retrocesso institucional.[1297]

Com referência à relação de causalidade, cabe observar que a regulamentação estatal é sumamente restritiva, visto que: sem razão de justificação da mudança, altera o requisito da causalidade ao exigir, em vez da causalidade adequada (como nos casos em que a responsabilidade provém da atividade ilegítima), que a mesma seja direta, imediata e exclusiva que, por ser óbvio, limita, excessivamente e de forma injusta, a

---

[1296] Ver, HALPERIN, David Andrés. "A responsabilidade do Estado pela ação de suas entidades descentralizadas". *Revista de derecho de daños 2015-I*. Buenos Aires: Rubinzal Culzoni, 2015, p. 294 ss.

[1297] Ampliar em: PERRINO, Pablo Esteban. "Responsabilidad por actividad estatal legítima. Projecto de ley de responsabilidad del Estado y de los agentes públicos". *La Ley*, 18.06.2014.

reparação dos danos provocados pela ação estatal. Em especial, a exigência de exclusividade faz que bastasse que um terceiro interferisse no sucesso prejudicial para excluir a responsabilidade do Estado, o que viola o princípio da razoabilidade das leis (art. 28 da CN), alterando o conteúdo de um direito considerado essencial, como é o da propriedade (art. 17 da CN).

VIII.12.5 O alcance da indenização: o princípio geral da justa indenização

Existe uma vinculação estreita, nem sempre observada, entre a teoria da responsabilidade e a teoria da justiça, que a maior parte dos juspublicistas não aborda, optanto por apegar-se à doutrina. Entretanto, o conhecimento da teoria da justiça, principalmente quando se dirige à versão que mais se aproxima da exatidão, é uma exigência do enfoque sistêmico que se prega como algo necessário e inviolável no âmbito científico.[1298] Por outro lado, as partes do conhecimento são fragmentadas sendo separadas do conjunto, o que explica a anarquia que reinava na ciência jurídica, como consequência das ideias positivistas que isolavam o direito e o separavam da justiça e da moral.[1299]

O problema do alcance da indenização – perante os sacrifícios ou danos dos particulares por razões de utilidade pública, interesse social ou público –, se apresenta, tanto em matéria expropriatória quanto no âmbito da responsabilidade contratual (extinção por razões de interesse público) ou no plano dos atos administrativos unilaterais (revogação por razões de oportunidade, mérito e conveniência), através de critérios fundados na remediação dos sacrifícios especiais que sofre o particular diante da atividade legítima do Estado cujos danos não está obrigado

---

[1298] Ver: BUNGE, Mario A. *Memorias:* entre dos mundos. Buenos Aires: Gedisa/Eudeba, 2014, pp. 234-237.

[1299] Essa tendência ainda subsiste, fomentada pela falsa crença nas autonomias científicas que gerou incongruências e contradições – por exemplo – entre os direitos civil e administrativo com o direito penal, o qual seguiu suas próprias águas contra o enfoque sistêmico que deveria ter levado esta disciplina a compatibilizar e harmonizar suas teorias e soluções positivas com os outros setores do direito.

CAPÍTULO VIII - OS PRINCÍPIOS INSTITUCIONAIS E SETORIAIS...

a suportar, responsabilidade que se estende à atividade legislativa.[1300] Ainda mais, não só se apresenta no âmbito da atividade legítima do Estado, mas também com relação às faltas de serviço que configuram a chamada responsabilidade por atividade ilegítima.

A diversidade das soluções e critérios proporcionados pela doutrina e jurisprudência para definir o alcance da indenização em tais casos nos leva a reformular a questão, para encontrar uma fundamentação comum que permita tratar, com a mesma medida, situações que embora sejam diferentes guardam uma semelhança por analogia, pois a finalidade que se busca consiste em remediar a desigualdade causada pelos danos que o Estado ocasiona, com sua ação, aos direitos ou bens dos particulares.

O primeiro que cabe averiguar é se, no texto de nossa Constituição, existe algum preceito que permita estabelecer qual é o alcance da reparação de tais casos. Embora se tenham realizado esforços interpretativos para tratar de localizar em um preceito constitucional – como o art. 19 da CN – o critério para medir o alcance do dano, o correto é que não existe nela um critério exato[1301] e assim como não se pode extrair água das pedras, tampouco se revela logicamente possível deduzir do texto constitucional uma regra ou critério que não resulte do preceito, mas da inferência dos juristas.[1302]

A solução não passa a se dirigir a todos os casos a critério da lei de expropriações[1303] que circunscreve a indenização ao valor de objetivo

---

[1300] Na França, é denominada "responsabilidade sem falta"; ver: MORAND-DEVILLER, Jacqueline. *Cours de Droit administratif*. 7ª ed. Paris: Montchrestien, 2001. p. 725 ss.

[1301] CARDACI MÉNDEZ, Ariel. *Revocación del contrato de obra pública*. Buenos Aires: Astrea, 2014, p. 56 ss., analisa, com rigor científico, os principais *leading cases* em matéria de responsabilidade contratual e extracontratual por atividade legítima.

[1302] LAPLACETTE, Carlos José. "Derecho constitucional a la reparación de daños". *La Ley*, 2012-E, 1045.

[1303] O art. 10 da Lei n. 21.499 determina: "A indenização só compreenderá o valor objetivo do bem e dos danos se forem consequência direta e imediata da expropriação. Não serão levadas em consideração circunstâncias de caráter pessoal, valores afetivos, lucros hipotéticos, nem o maior valor que a obra a ser executada possa conferir ao bem.

do bem e aos danos que forem uma consequência direta da expropriação com exclusão do lucro cessante, principalmente quando tal conceito foi interpretado de forma restritiva, contrariando, inclusive, suas fontes doutrinárias que consideravam o valor empresa em andamento[1304] indenizáveis, bem como os lucros cessantes verificáveis razoavelmente previstos e os que derivam da natureza do bem (um campo inundado pela decisão do poder público), considerando que apenas o lucro cessante eventual ou hipotético[1305] deveria ser excluído.

Nesse sentido, embora se tenha reconhecido que a figura da expropriação por utilidade pública tem um fundo comum com a responsabilidade por atividade legítima do Estado, é evidente que se trata de instituições diferentes (na primeira, existe susbtituição da propriedade que transpassa o domínio estatal). Por outro lado, se o valor objetivo do bem for, definitivamente, o valor de mercado[1306], essa pauta revela-se inaplicável para medir as indenizações por danos físicos ou corporais às pessoas.[1307]

A complexidade de nosso sistema e os vaivéns da jurisprudência não impedem que se reconheça, nas sentenças da Corte, uma firme tendência à reparação ampla[1308] que inclui o lucro cessante razoável e comprovado (ganhos, utilidades ou frutos deixados de receber).

O lucro cessante não será pago. O montante que corresponder por depreciação da moeda e o dos respectivos interesses integrará a indenização".

[1304] MARIENHOFF, Miguel S. *Tratado de derecho administrativo*. 4ª ed. tomo IV. Buenos Aires: Abeledo Perrot, 1987, pp. 253/254.

[1305] *Cf.* nosso *Curso de derecho administrativo*. 10º ed. tomo II. Buenos Aires: La Ley, 2011, pp. 286/287.

[1306] CS, Sentenças 207:804; 242:150, entre outros. *Cf.* MARIENHOFF, Miguel S. *Tratado de derecho administrativo*. 4ª ed. tomo IV. Buenos Aires: Abeledo Perrot, 1987, pp. 241/242; MAIORANO, Jorge Luis. *La expropiación en la ley 21.499*. Buenos Aires: Cooperadora de Direito e Ciências Sociais, 1987, p. 62 e nosso *Curso de derecho administrativo*. 10ª ed. tomo II. Buenos Aires: La Ley, 2011, p. 285.

[1307] PERRINO, Pablo E. "Responsabilidade por atividade estatal legítima. Projeto de lei de responsabilidade do Estado e dos funcionários públicos. *La Ley*, 2014-C, 1078.

[1308] CARDACI MÉNDEZ, Ariel. *Revocación del contrato de obra pública*. Buenos Aires: Astrea, 2014, p. 173.

CAPÍTULO VIII – OS PRINCÍPIOS INSTITUCIONAIS E SETORIAIS...

A rigor, a reparação nunca pode ser integral, tanto porque exclui a indenização por danos normais ou ônus públicos não indenizáveis (por exemplo, os gastos demandados pela obrigação de comparecer como testemunha) quanto pela circunstância de que nem todos os prejuízos dão direito à indenização (v.g., as consequências casuais e as remotas).[1309]

Ora, a inexistência, na Constituição formal, de um texto expresso que consagra o princípio que rege a reparação ou restituição (a clássica *restitutio*) não pode ser alegada como pretexto ou argumento para negar a procedência de uma indenização ampla, compreensiva do dano emergente e do lucro cessante, bem como de outros danos, como a violação dos direitos pessoais[1310], respondendo tanto pelas consequências imediatas, quanto pelas mediatas previsíveis.[1311] Com efeito, após a reforma constitucional de 1994, que adjudicou a determinados tratados internacionais a qualidade de fonte jurídica direta com hierarquia constitucional superior às leis (art. 75 inc. 22 da CN) já não se pode mais falar de ausência de um princípio constitucional para reger a restituição, sempre que a Convenção Americana prescrever o princípio da "justa indenização", em dois de seus artigos.

O primeiro deles prevê que "(...) nenhuma pessoa pode ser privada de seus bens, exceto mediante o pagamento de indenização justa, por razões de utilidade pública ou de interesse social e nos casos e conforme as formas estabelecidas pela lei"[1312], enquanto o segundo estabelece que quando os direitos ou liberdades forem violados cabe "o pagamento de uma indenização justa".[1313] Os referidos preceitos foram invocados pela doutrina do Direito Público a partir da reforma constitucional de 1994, com o objetivo de sustentar o fundamento do princípio

---

[1309] Art. 901 do Código de Vélez Sarsfield, art. 1727 do novo CCCN.
[1310] Art. 1738 CCCN.
[1311] Art. 1726 CCCN.
[1312] Art. 21 ap. 2 CADH.
[1313] Art. 63 ap. 1.

da indenização justa[1314] que alguns assimilam à reparação integral[1315] ou ampla[1316], o que constitui um novo paradigma do Direito Público.[1317]

Consequentemente, a chave para desvendar esse complicado problema interpretativo encontra-se no entendimento do conceito "indenização justa", o que exige que se refira, necessariamente, à teoria da justiça. Conforme determinada doutrina jurisprudencial minoritária[1318], a razão para justificar a exclusão da procedência do lucro cessante na responsabilidade estatal derivada da atividade legítima se baseia no fato de que se trata de uma relação de justiça distributiva que rege as relações entre a comunidade e suas partes, conforme critérios de distribuição, enquanto a justiça comutativa rege comutações de acordo com os princípios e regras do direito comum ou privado.

A concepção de Tomás de Aquino sobre a justiça comutativa como uma das espécies de justiça particular e sua distinção relativamente à justiça distributiva, ambas incorporadas na justiça geral, também intitulada legal por Aristóteles, implica um desenvolvimento realmente original da concepção aristotélica, que as unificava dentro do conceito de justiça corretiva. Enquanto a justiça geral tem como finalidade a realização do bem comum, as duas espécies de justiça particular se orientam,

---

[1314] PERRINO, Pablo E. "El alcance de la indemnización en los supuestos de extinción del contrato administrativo por razones de interés público". In: *La contratación pública*. tomo 2. Buenos Aires: Hammurabi, 2006, pp. 1128/1129; LAPLACETTE, Carlos José. "Derecho constitucional a la reparación de daños". *La Ley*, 2012-E, 1045; CARDACI MÉNDEZ, Ariel. *Revocación del contrato de obra pública*. Buenos Aires: Astrea, 2014, p. 154 ss. e IBARLUCÍA, Emilio A. *El derecho constitucional a la reparación*. Buenos Aires: Abaco, 2013, p. 50 ss.

[1315] Ver: IBARLUCÍA, Emilio A. *El derecho constitucional a la reparación*. Buenos Aires: Abaco, 2013, p. 194, para quem o direito à reparação se fundamenta em um princípio implícito (*op. cit.* p. 125).

[1316] CARDACI MÉNDEZ, Ariel. *Revocación del contrato de obra pública*. Buenos Aires: Astrea, 2014, p. 172 ss.

[1317] Sobre a função dos paradigmas e inclusive, dos chamados epistemes, ver: ALLI ARANGUREN, Juan Cruz. *El principio de legalidad y la justicia social en el derecho administrativo francés*. Pamplona: Universidade Pública de Navarra, 2008, p. 33 ss.

[1318] Voto em dissidência da Dra. Elena HIGHTON DE NOLASCO na causa "El Jacarandá SA", exposto nas Sentenças 328:2654.

CAPÍTULO VIII – OS PRINCÍPIOS INSTITUCIONAIS E SETORIAIS...

imediatamente, à ordenação dos bens singulares de cada pessoa[1319] e, em alguns casos, aparecem de forma conjunta nas relações jurídicas.[1320] Este último ocorre no plano da responsabilidade estatal, pois enquanto a remediação da desigualdade é levada a cabo à custa da distribuição do patrimônio ou acervo comum do Estado, a restituição é realizada conforme o critério da justiça comutativa[1321], circunstância que, unida à deformação doutrinária sobre a concepção de Tomás de Aquino introduzida pelo cardeal Cayetano[1322], ao defender a tese de a justiça distributiva ser a justiça do Estado, foi a principal fonte das confusões e equívocos na qual incidiu, ao interpretar a teoria aristotélica-tomista da justiça.[1323] A rigor, trata-se de conceitos e ideias que movem-se por ascensores distintos, criados em outro contexto histórico. Embora seja de vigência atual, sua extrapolação deve ser efetuada com extremo cuidado quando se pretende interpretar o modelo original.

Vejamos as diferenças que existem em matéria de compensação, conforme os princípios da justiça distributiva ou os da justiça comutativa

---

[1319] *Suma teológica.* tomo VIII. Madrid: Tratado de la justicia/BAC, 1956, *S.T.* II-II, q. 58 a.7.

[1320] FINNIS, John. *Ley natural y derechos naturales.* Tradução de Cristóbal Orrego S. Buenos Aires: Abeledo Perrot, 2000, p. 208.

[1321] *Suma teológica*, cit. *S.T.* II-II, q. 62 a.1.

[1322] O erro principal da deformação que CAYETANO introduziu consiste em defender que a justiça distributiva é a justiça do Estado, algo que jamais passou pela mente de Tomás de AQUINO; sobre esse ponto pode-se ver uma análise correta em FINNIS, John. *Ley natural y derechos naturales.* Tradução de Cristóbal Orrego S. Buenos Aires: Abeledo Perrot, 2000, pp. 213-216. Desde então, alguns autores passaram a identificar a justiça distributiva com o Direito Público (entre nós, é a tese que logo após seu primeiro livro, BARRA, Rodolfo C. voltou a desenvolver, no seu *Tratado de derecho administrativo*. tomo I. Buenos Aires: Ábaco, 2002, p. 123 ss., especialmente p. 155 ss.).

[1323] Ver: ROSSI, Abelardo F. *Aproximación a la justicia y a la equidad.* Buenos Aires: Educa, 2000, p. 21 ss., especialmente p. 22, afirma que o tudo não é o Estado; HERVADA, Javier. *Introducción crítica al derecho natural.* 2ª ed. Bogotá: Temis, 2006, pp. 38-49, também não incorre nessa confusão. Nesse sentido, expusemos a opinião do texto em sucessivos trabalhos: "La igualdad en la contratación administrativa". *El Derecho*, 101-899, entre outros, e nas distintas edições do nosso *Derecho administrativo*, e mais recentemente no *Curso de derecho administrativo*. 10ª ed. tomo II. Buenos Aires: La Ley, 2011, p. 21 ss.

forem aplicados, para o que nada melhor que se dirigir a Finnis, quando este expressa:

> Um modelo legal desse tipo, para garantir a justiça distributiva busca, consequentemente, compensar todos os que sofrem um dano na área relevante da vida comum, enquanto o modelo para assegurar a justiça comutativa busca compensar apenas àqueles que foram lesionados pelo ato de quem não se comportou de acordo com seus deveres (segundo a justiça comutativa), de cuidado e respeito pelo bem-estar dos demais e, portanto, a quem for exigido uma reparação. Por outro lado, o modelo distributivo estará normalmente limitado pelos recursos dos fundos comuns, de tal modo que n enhum daqueles que forem compensados receberá tanto quanto alguns daqueles que poderiam ter recebido, no modelo comutativo. Sem dúvida subsistem os deveres de justiça comutativa dos transgressores, descontada a compensação que a parte lesionada recebeu em virtude do modelo distributivo; contudo, tais deveres já não são impostos coercivamente pelo direito. Consequentemente, se um modelo distributivo puro for adotado em um contexto que seja inadequado, algumas partes lesionadas podem afirmar, com razão, que o direito não consegue garantir-lhes a justiça.[1324]

Por outro lado, interpretar a comutatividade como um intercâmbio constitui um erro, pois o entendimento que cabe designar o referido conceito é muito mais amplo, referindo-se às mudanças em geral[1325], bem como interpretar que o par da justiça distributiva-comutativa corresponde-se com o Direito Público e o direito privado, já que existem relações de justiça distributiva no direito privado (v.g., na falência e no direito trabalhista) e da justiça comutativa no Direito Público (por exemplo, nos contratos da Administração), sem prejuízo de aparecerem de forma conjunta, como em muitas ocasiões.

Para captar a fórmula "indenização justa" da forma adequada que a Convenção Americana sobre Direitos Humanos[1326] utiliza, deve-se

---

[1324] FINNIS, John. Ley natural y derechos naturales. Tradução de Cristóbal Orrego S. Buenos Aires: Abeledo Perrot, 2000, pp. 209/210.

[1325] FINNIS, John. Ley natural y derechos naturales. Tradução de Cristóbal Orrego S. Buenos Aires: Abeledo Perrot, 2000, p. 207.

[1326] O princípio da convencionalidade resulta ser vinculante (art. 75 inc. 22 da CN), bem como a interpretação que a Corte Interamericana de Direitos Humanos faz da

CAPÍTULO VIII - OS PRINCÍPIOS INSTITUCIONAIS E SETORIAIS...

levar em consideração, basicamente, que a justiça sempre implica uma relação de igualdade e que essa igualdade exige que a reparação ou restituição na justiça comutativa deva ser proporcional ao valor da coisa ou direito violado de modo que restabeleça o equilíbrio e possa, portanto, remediar a desigualdade que o ato nocivo produz no patrimônio do particular pela ação do Estado

Essa conclusão implica que, para que seja justa, a reparação deve compreender o dano emergente e o lucro cessante[1327], bem como outros danos, tais como os produzidos pela violação dos direitos personalíssimos ou dano moral, quer sendo produto da responsabilidade pela atividade contratual ou extracontratual, legítima ou ilegítima, porque se trata de recompor as coisas ao estado anterior à ocorrência do dano para remediar a desigualdade. Assim foi reconhecido pela jurisprudência da Corte Interamericana de Direitos Humanos no caso "Velázquez Rodríguez".[1328]

Em conclusão, o mesmo critério ao qual já se recorreu como jurisprudência da Corte para estabelecer o alcance da indenização, mesmo sem fundamentá-lo na teoria da justiça e nem na Convenção Americana sobre Direitos Humanos, resulta válido para a interpretação que efetuamos, já que embora não o relacione à teoria da justiça, acerta essencialmente, salvando a terminologia deficiente, ao afirmar que "(...) o princípio da reparação integral que governa, entre outros, a responsabilidade aquiliana, exige que os prejudicados sejam colocados nas mesmas condições em que haviam estado se o fato ilícito[1329] não tivesse sido

---

CADH. Este último é discutível quando os princípios, direitos e garantias da primeira parte da Constituição forem alterados, embora a tendência seguida pela Suprema Corte, a partir do caso "Mazzeo" (Sentenças 330:3248), deu como pressuposta a referida compatibilidade pelo juízo que o constituinte fez. Não compartilhamos este argumento, pois, por ser assim, a norma constitucional não teria sentido e seria supérflua.

[1327] CARDACI MÉNDEZ, Ariel. *Revocación del contrato de obra pública*. Buenos Aires: Astrea, 2014, p. 174 afirma que a indenização deve compreender os certos benefícios econômicos futuros.

[1328] CIDH, 17.08.1990, *in re* "Velázquez Rodríguez", Interpretação da sentença de indenização compensatória (art. 67 Convenção Americana sobre Direitos Humanos), Série C9, parágrafos 27 e 28.

[1329] CS, Sentenças 250:135.

realizado" e que "(...) o princípio da reparação 'justa e integral' deve ser entendido como reposição de características iguais, de forma que a igualdade das prestações, conforme o verdadeiro valor que, oportunamente, as partes concordaram e não uma equivalência numérica teórica".[1330]

Por esses motivos, a exclusão da categoria lucro cessante efetuada no art. 5º da Lei n. 26.944, no âmbito da responsabilidade por atividade legítima, não resiste ao teste da constitucionalidade, ao violar os art. 21 ap. 2 e 63 ap.1 da Convenção Americana sobre Direitos Humanos.

Não ignoramos que a solução propugnada por um setor de nossa doutrina[1331], no sentido que a violação do princípio da igualdade por uma lei ou regulamento, localiza a responsabilidade no âmbito da atividade ilegítima ou ilícita elimina o problema interpretativo existente e por mais dúvidas[1332] que possam surgir a esse respeito, parece-nos que a ilegitimidade se centraliza no descumprimento do dever de reparação que pesa sobre o Estado em casos de sacrifícios especiais produzidos pela atividade administrativa, legislativa ou regulamentar legítima, o que, muitas vezes, revela-se difícil determinar *a priori,* principalmente quando se trata de danos patrimoniais particularizados e não suscetíveis de generalização.

VIII.12.6 Sobre o regulamento da responsabilidade do Estado pelo Código Civil e Comercial ou por leis administrativas (nacionais e locais)

Acima de tudo, deve-se observar que não é a mesma coisa regulamentar a responsabilidade do Estado pelo novo CCCN e fazer isso *in totum* pelo direito civil.

[1330] CS, Sentenças 295:973.

[1331] ESTRADA, Juan Ramón de. "Responsabilidad del Estado por actos legislativos y discrecionales (Fundamentos y límites de la responsabilidad conforme a derecho)". *El Derecho,* 102-843 e BUSTELO, Ernesto. "Responsabilidad del Estado por su actividad ¿lícita?". *Estudios de derecho administrativo XI.* IEDA. Mendoza: Diké, 2004, pp. 385-391.

[1332] BUSTELO, Ernesto. "Responsabilidad del Estado por su actividad ¿lícita?". *Estudios de derecho administrativo XI.* IEDA. Mendoza: Diké, 2004, p. 391.

CAPÍTULO VIII – OS PRINCÍPIOS INSTITUCIONAIS E SETORIAIS...

Nesse sentido, o Código de Vélez Sarsfield, salvo casos excepcionais nos quais se aplicava de forma subsidiária (o art. 1502 referente à locação de bens públicos)[1333], levava à aplicação da técnica da analogia que, perante a carência normativa, adota os preceitos civis aos fins e princípios do direito administrativo.

É certo que a regulamentação da responsabilidade do Estado e a dos funcionários e empregados públicos, por falta de serviço ou conectadas ao mesmo, pertence ao Direito Público e o mesmo ocorre com a responsabilidade do Estado por sua atividade legítima. Entretanto, mesmo assim, não há obstáculo de princípio para que a matéria da responsabilidade estatal seja abordada pelo CCCN, em virtude de uma série de razões que expusemos anteriormente e que, provavelmente, alguns publicistas não compartilharão. Em alguns casos, trata-se de normas de Direito Público incluídas na regulamentação civil e comercial, técnica já utilizada no art. 2340 do Código de Vélez Sarsfield, que volta a ser utilizada no preceito correspondente do novo CCCN.[1334]

Existem instituições de base do sistema jurídico relativamente às quais revela-se conveniente e, inclusive, necessário que sejam regulamentadas pelo Código Civil e Comercial, como, por exemplo, a condição jurídica do Estado Nacional, as Províncias, a Cidade Autônoma de Buenos Aires, os Municípios e suas respectivas entidades autárquicas e/ou juridicamente descentralizadas que continuam sendo pessoas jurídicas públicas, de acordo com a definição legal do artigo 146 inc. a) do CCCN.

Trata-se de matérias que propõem a necessidade e conveniência de especificar os limites das instituições com o objetivo de manter a coerência e a unidade do sistema jurídico.

Algo semelhante acontece com a responsabilidade do Estado e dos funcionários e empregados públicos (v.g., com relação à concorrência de responsabilidade entre a falta de serviço e as faltas pessoais dos agentes públicos não desconectadas ao serviço). Em conclusão, é tão legítimo

---

[1333] Princípio mantido pelo art. 1193 do novo CCCN com uma técnica mais depurada.
[1334] Art. 235 do CCCN.

regulamentar a categoria básica no CCCN e os critérios gerais que determinam a responsabilidade nesses casos especiais (através de normas comuns aplicáveis ao Direito Público) quanto fazê-lo por meio de leis especiais, reconhecendo, ainda, que se corre o risco que uma regulamentação nacional ou provincial restrinja ou suprima a procedência e o alcance da responsabilidade.

Entretanto, não podemos esquecer que a responsabilidade do Estado se baseia nos fundamentos que emanam da Constituição e dos Tratados Internacionais e tampouco o CCCN será aplicado, a princípio, por analogia. Contudo, caso ocorra alguma violação constitucional, o sistema jurídico agirá como os reagentes na química e se a norma ou regulamentação degradar ou suprimir a responsabilidade estatal, o particular encontra-se habilitado a reagir judicialmente em defesa de seus direitos para privar efeitos ou invalidar qualquer norma ou princípio inconstitucional.

Ao optar pela regulamentação administrativa nacional e local, o legislador escolhe um caminho semelhante ao seguido pelo direito norte-americano, em que proliferam diferentes ordenamentos estatais básicos, sem prejudicar as regulamentações especiais e nem a Lei Federal de Reclamações ao Estado, denominada *Federal Tort Claims*.[1335] O sistema norte-americano demonstra uma grande diversidade substantiva e processual[1336] que não representa o melhor modelo a ser seguido e seria

---

[1335] Em 1950, outro de nossos grandes mestres, Jorge Tristán BOSCH, publicou um trabalho notável de pesquisa sobre a responsabilidade do Estado na Inglaterra e nos Estados Unidos da América (La *Crown Proceedings Act*, 1947 e a *Federal Tort Claims*, 19446), *La Ley*, tomo 57 – seção Doutrina, p. 895 ss.

[1336] Durante a maior parte da história dos Estados Unidos da América, a imunidade soberana protegeu o governo federal, os governos estaduais e seus funcionários de serem processados sem seu consentimento. A partir de meados da década de 1900, entretanto, o princípio da imunidade soberana começou a ser minimizado. Em 1946, o governo federal aprovou a *Federal Tort Claims Act (FTCA, 28 USC § 2674)*, renunciando, para o caso de algumas ações, à imunidade para ser processado e responsabilizado. Para efeito de imitação, muitas legislaturas estaduais também promulgaram leis para definir os limites da imunidade para os organismos e funcionários governamentais estaduais.
Hoje em dia, as leis de reclamações aos estados por responsabilidade civil (*State Tort*

CAPÍTULO VIII – OS PRINCÍPIOS INSTITUCIONAIS E SETORIAIS...

necessário verificar se, ao replicá-lo em nosso país, o princípio de unidade de legislação comum que o art. 75 inc. 12 da CN não será alterado, sob a premissa de que também há normas de Direito Público que constituem o direito comum, como as previstas no Código Civil e Comercial referidas à condição jurídica das pessoas públicas e ao domínio público.

Por outro lado, a regulamentação por uma lei nacional da responsabilidade do Estado implica que as Províncias que aderirem a ela conservem os poderes não delegados (art. 121 da CN) para ditar as regulamentações

---

Claims Acts) seguem, na maior parte, o modelo da FTCA e substituem a vênia legislativa como requisito para promover demandas por danos contra os Estados da União. Exceto o caso de Alabama (cuja Constituição proíbe, no art. 1 § 14, que o Estado seja processado em juízo), a maior parte destas leis ou proporcionam uma renúncia geral de imunidade com certas exceções ou legalizam a imunidade com exceções limitadas que só são aplicadas em determinados tipos de processos.

Por outro lado, existem as leis de reclamações contra os Estados (*State Claims Acts*) que são outro tipo de leis – diferentes das *State Tort claims Acts* –, que, embora também sirvam a limitação da imunidade para os processos contra os Estados, estabelecem tribunais especiais de reclamações, juntas ou comissões (a maior parte dependentes do poder Executivo) para resolver reclamações contra o Estado (geralmente, por fora do regime da responsabilidade civil, mas não necessariamente), e também podem limitar os danos ou estabelecer determinadas exceções à responsabilidade. Connecticut, Illinois, Kentucky, Carolina do Norte e Ohio contam com esse tipo de leis.

Pelo menos 33 estados limitam ou impõem limite às somas pecuniárias pelos danos que podem ser cobrados em juízo contra o Estado e/ou funcionários e pelo menos 29 estados (com frequência em combinação com o limite) proíbem que o Estado seja autuado com danos punitivos ou exemplares. Por exemplo, Wisconsin estabelece um limite de U$S 250.000 para os casos de responsabilidade de funcionários estaduais, mas não para as condenações contra o Estado ou seus organismos (Wis. Stat. Ann. §895.46.6).

Mesmo assim, existe, nos Estados Unidos, a diferenciação entre *"atos de gestão" (propietary actions)* e *"atos de governo" (government actions)*. Estes últimos excluem a responsabilidade dos Estados. Entretanto, a determinação de quais atos são de gestão e quais são de governo ainda é matéria de opiniões diversas na jurisprudência.

Alguns Estados aboliram essa distinção (por exemplo, Wyoming; Wyo. Stat. §1-39-101.b; e Novo México, N.M. Stat. An. §41.4.2).

A Conferência Nacional de Legislaturas Estaduais (*National Council of State Legislatures ou NCSL*) enumera as leis e as disposições constitucionais dos Estados e do Distrito da Columbia relativas à imunidade da responsabilidade civil e as demandas contra o Estado (disponível em http://www.ncsl.org/research/transportation/state-sovereign-immunity-and-tort-liability.aspx).

inerentes aos padrões e normas referentes ao cumprimento regular de cada função ou serviço.

VIII.13 A confiança legítima. Remissão

Nós já tratamos desse princípio anteriormente (I.17). Aqui apenas agregamos que, em caso recente, a jurisprudência da Suprema Corte da Justiça da Nação sustentou que a violação da confiança legítima configurava-se em caso de o Estado se furtar a realizar o compromisso de ditar um regime promocional tributário que beneficiava empresas jornalísticas às quais permitiu continuar gozando do regime especial de promoção, já que, embora tivesse este sido revogado, o Estado havia assumido o compromisso de ditar um regime alternativo.[1337]

VIII.14 O princípio da boa administração

Em uma mescla de antigos e novos direitos[1338], o art. 41 da Carta de Direitos Fundamentais da União Europeia consagra o que foi denominado princípio da boa administração nos seguintes termos:

1. *"Toda pessoa tem o direito a que as instituições e órgãos da União tratem seus assuntos imparcial e equitativamente e dentro de um prazo razoável.*

2. Esse direito inclui em particular:
   - O direito de toda pessoa de ser ouvida antes de tomar uma medida individual contra ela, afetando-a de forma desfavorável.
   - O direito de toda pessoa de acessar o processo que o afeta, dentro do que se refere aos interesses legítimos da confidencialidade e do segredo profissional e comercial.

[1337] CSJN, "Asociación Editores de Diarios de Buenos Aires (AEDBA) e outros contra EN-dto. 746/03-AFIP s/ medida cautelar (autônoma), sentenciada em 28.10.2014.

[1338] RODRÍGUEZ-ARANA, Jaime. *El ciudadano y el poder público: el principio y el derecho al buen gobierno y a la buena administración.* Madrid: Reus, 2012, pp. 130/131.

CAPÍTULO VIII – OS PRINCÍPIOS INSTITUCIONAIS E SETORIAIS...

– A obrigação que incumbe a Administração de motivar suas decisões.

3. Toda pessoa tem o direito de reparação, pela Comunidade, dos danos causados por suas instituições ou seus agentes no exercício de suas funções, de conformidade com os princípios gerais comuns aos Direitos dos Estados membros.

4. Toda pessoa poderá dirigir-se às instituições da União em um dos idiomas dos Tratados e deverá receber uma contestação nesse mesmo idioma".

A novidade mais importante que esse preceito introduz é o reconhecimento de novos direitos subjetivos a favor dos cidadãos, como contrapartida do dever da Administração de resolver os assuntos de forma imparcial e equitativa, dentro de um prazo razoável. O descumprimento de tais deveres, por parte da Administração, gera direitos exigíveis pelos cidadãos perante o Poder Judiciário e, ao mesmo tempo, condensam um princípio que busca uma maior celeridade e eficiência administrativa em benefício das pessoas.

Dessa forma, a pessoa humana passa a ser o centro da ação administrativa que, atendendo às formalidades garantísticas, projeta um novo informalismo mais favorável às liberdades que às potestades da Administração, levando em consideração a necessidade de equilibrar a posição do cidadão frente a um Estado cada vez mais intervencionista.[1339]

Sob esse princípio, vai-se desenvolvendo uma moderna teoria sobre a ação administrativa que coloca ênfase na dimensão social do Homem e na necessidade de resolver os problemas comunitários que o afetam, com base em um pensamento dinâmico, aberto, plural e complementar. O objetivo da moderna administração é evitar a cultura do enfrentamento e buscar instrumentos que permitam realizar a conciliação de interesses por meio de técnicas de consenso, de diálogo, mediante

---

[1339] CANOSA USERA, Raúl. prólogo ao livro de RODRÍGUEZ-ARANA, Jaime. *El ciudadano y el poder público*: el principio y el derecho al buen gobierno y a la buena administración. Madrid: Reus, 2012, p. 8.

pactos, acordos e transações.[1340] Nesse sentido, os sistemas de mediação, conciliação e arbitragem marcam uma tendência crescente em direção à concretização do bem comum, mediante a superação da legalidade formal e a realização da justiça material através da equidade.

Trata-se de um processo constante que todos os dias vai se adaptando à realidade circundante para satisfazer, com eficácia, as necessidades coletivas e individuais das pessoas, o que leva a reformular a função de algumas regras do antigo direito administrativo, como os princípios de executoriedade e executividade, o efeito não suspensivo dos recursos que impõem multas e o caráter inalienável do domínio público, ente outros.

Praticamente, o direito fundamental à boa administração integra-se com a totalidade dos princípios gerais do direito administrativo, tais como legalidade, eficácia e eficiência, razoabilidade, igualdade, responsabilidade, segurança jurídica, boa-fé, confiança legítima, tutela administrativa e judicial efetiva, responsabilidade etc.[1341], todos princípios que permitem que sejam concretizados através de uma série de direitos subjetivos, tais como:

> 1. *Direito à motivação das atuações administrativas*[1342]*; 2. direito à tutela administrativa efetiva; 3. direito a uma resolução administrativa em prazo razoável; 4. direito a uma resolução justa das atuações administrativas; 5. direito de apresentar, por escrito ou verbalmente, petições de acordo com o que for estabelecido nas normas, nos registros físicos ou informáticos; 6. direito à resposta oportuna e eficaz das autoridades administrativas; 7. direito de não apresentar documentos que já atuam em poder da*

[1340] PAREJO ALFONSO, Luciano. "Transformación y ¿reforma? del Derecho administrativo en España". *Innovación y reforma del Derecho administrativo*. 2º ed. Sevilla: INAP/Global Law Press-Editorial Derecho Global, 2012, pp. 572-584.

[1341] RODRÍGUEZ-ARANA, Jaime. *El ciudadano y el poder público*: el principio y el derecho al buen gobierno y a la buena administración. Madrid: Reus, 2012, pp. 155/156.

[1342] CASSAGNE, Ezequiel. "El principio de razonabilidad en el procedimiento administrativo". *In:* POZO GOWLAND, Héctor; HALPERIN, David Andrés; AGUILAR VALDEZ, Oscar; JUAN LIMA, Fernando; CANOSA, Armando (coord.). *Procedimiento administrativo*. tomo I. Buenos Aires: La Ley, 2012, p. 690 ss. vincula a exigência de motivação ao princípio da razoabilidade.

CAPÍTULO VIII – OS PRINCÍPIOS INSTITUCIONAIS E SETORIAIS...

Administração pública; 8. direito de ser sempre ouvido antes de adotar medidas que possam afetar-lhe de forma desfavorável; 9. direito de participação nas atuações administrativas em que tenham interesse, especialmente através de audiências e de informações públicas; 10. direito a uma indenização justa em casos de lesões de bens ou direitos, como consequência do funcionamento dos serviços de responsabilidade pública; 11. direito a serviços públicos e de interesse geral de qualidade; 12. direito de escolher os serviços de interesse geral de sua preferência; 13. direito de opinar sobre o funcionamento dos serviços de responsabilidade administrativa; 14. direito de conhecer as obrigações e compromissos dos serviços de responsabilidade administrativa; 15. direito de formular alegações, a qualquer momento, do procedimento administrativo; 16. direito de apresentar queixas, reclamações e recursos perante a Administração; 17. direito de interpor recursos perante a autoridade judicial sem necessidade de esgotar a via administrativa prévia, de acordo com o estabelecido nas leis; 18. direito de conhecer as avaliações das autoridades públicas e de propor medidas para sua permanente melhora; 19. direito de acesso aos processos administrativos afetados no marco do respeito ao direito à intimidade e às declarações motivadas de reserva que, de qualquer forma, deverão concretizar o interesse geral ao caso concreto; 20. direito a um ordenamento racional e eficaz dos arquivos públicos; 21. direito de acesso[1343] à informação de interesse geral;[1344] 22. direito de cópia selada dos documentos apresentados à Administração pública; 23. direito de ser informado e assessorado em assuntos de interesse geral; 24. direito de ser tratado com cortesia e cordialidade; 25. direito de conhecer o responsável da tramitação do procedimento administrativo; 26. direito de conhecer o estado dos procedimentos que o afetarem; 27. direito de ser notificado por escrito ou através das novas tecnologias das resoluções que o afetarem no mais breve

---

[1343] PIÑAR MAÑAS, José Luis. "Transparencia y protección de datos. Una referencia a la ley 19/2013 de 9 de diciembre, de transparencia, acceso a la información y buen gobierno". *Transparencia, acceso a la información y protección de datos*. Coleção Derecho administrativo. Madrid: Reus, 2014, pp. 45/46, considera que se trata de um direito fundamental.

[1344] CAPUTI, María Claudia. "Ética pública y procedimiento administrativo". *In*: POZO GOWLAND, Héctor; HALPERIN, David Andrés; AGUILAR VALDEZ, Oscar; JUAN LIMA, Fernando; CANOSA, Armando (coord.). *Procedimiento administrativo*. tomo I. Buenos Aires: La Ley, 2012, p. 596, considera que o acesso à informação pública é um "direito humano fundamental" vinculado à ética pública.

prazo de tempo possível, não excedendo cinco dias; 28. direito de participar de associações ou instituições de usuários de serviços públicos ou de interesse general; 29. direito de atuar nos procedimentos administrativos através de representante; 30. direito de exigir o cumprimento das responsabilidades do pessoal do serviço da Administração pública e dos particulares para que cumpram as funções administrativas; e 31. direito de receber atenção especial e preferencial, ao se tratar de pessoas com deficiência, crianças, adolescentes, gestantes ou adultos maiores e, em geral, de pessoas em estado de indefesabilidade ou de debilidade manifesta".[1345]

Mesmo assim, o direito à boa administração tem como pressuposto a vigência efetiva do princípio de imparcialidade dos funcionários públicos[1346], o que tem particular aplicação em matéria de procedimento administrativo no qual não se revela ser legítimo que o agente público que resolver o recurso seja o mesmo que aplicou a sanção, ou que quem decidir esta última seja quem instruiu o respectivo sumário.[1347]

VIII.15 Os princípios gerais do procedimento administrativo

Neste ponto, prescindiremos de dois grandes princípios do Direito Público abordados nos capítulos anteriores (legalidade e razoabilidade), que muitos ordenamentos, como nossa LNPA, incluem entre os princípios

---

[1345] CAPUTI, María Claudia. "Ética pública y procedimiento administrativo". *In:* POZO GOWLAND, Héctor; HALPERIN, David. Andrés; AGUILAR VALDEZ, Oscar; JUAN LIMA, Fernando; CANOSA, Armando (coord.). *Procedimiento administrativo.* tomo I. Buenos Aires: La Ley, 2012, pp. 158/159.

[1346] BARRERA MUÑOZ, William. "El procedimiento administrativo en el derecho colombiano". *In:* POZO GOWLAND, Héctor; HALPERIN, David Andrés; AGUILAR VALDEZ, Oscar; JUAN LIMA, Fernando; CANOSA, Armando (coord.). *Procedimiento administrativo.* tomo II. Buenos Aires: La Ley, 2012, p. 1401, aponta que a imparcialidade impede "(...) levar em consideração fatores de afeto ou de interesse e, em geral, qualquer tipo de motivação subjetiva".

[1347] GUSMAN, Alfredo S. "El procedimiento administrativo sancionador *In:* POZO GOWLAND, Héctor; HALPERIN, David Andrés; AGUILAR VALDEZ, Oscar; JUAN LIMA, Fernando; CANOSA, Armando (coord.). *Procedimiento administrativo.* tomo II. Buenos Aires: La Ley, 2012, pp. 177/178, dá razão ao autor quando sustenta que a prática de estabelecer incentivos econômicos para os funcionários que aplicam multas afeta o princípio da imparcialidade (*op. cit.* p. 178).

CAPÍTULO VIII – OS PRINCÍPIOS INSTITUCIONAIS E SETORIAIS...

do procedimento administrativo, já que configuram princípios gerais de todo o Direito Público (constitucional e administrativo).

Os princípios fundamentais[1348] do procedimento administrativo cumprem funções relacionadas a valores transcendentes que são encontrados no Estado de Direito. Em primeiro lugar, fazem a tutela administrativa efetiva no que se refere à devida defesa dos direitos do particular antes e durante o trâmite do procedimento.[1349] Por outro lado, garantem a submissão da Administração à lei e ao direito e contribuem, de forma decisiva, para a eficácia da Administração Pública, ao afiançar a unidade do procedimento administrativo, evitando formulações dispersas através de procedimentos especiais.[1350] Por último, não se deve perder de vista a função tripla que cumprem – como todo princípio geral –, no sentido de servir de fundamento, interpretação e integração do ordenamento jurídico.[1351]

Suas fontes positivas encontram-se tanto na Constituição Nacional (v.g., o princípio da legalidade reconhecido no art. 19 da CN),

---

[1348] POZO GOWLAND, Héctor. "Antecedentes históricos y evolución normativa del procedimiento administrativo en Argentina". *In:* POZO GOWLAND, Héctor; HALPERIN, David Andrés; AGUILAR VALDEZ, Oscar; JUAN LIMA, Fernando; CANOSA, Armando (coord.). *Procedimiento administrativo.* tomo I. Buenos Aires: La Ley, 2012, p. 456, considera que são fundamentais, não só porque foram extraídos pela LNPA, "(...) mas porque servem aos fins interpretativos para determinar o alcance das regras particulares e as consequências que resultam de sua aplicação".

[1349] Sobre a tutela administrativa efetiva, recentemente URRITIGOITY, Javier. "El principio de tutela administrativa efectiva". *JA*, 2005-IV-35.

[1350] HALPERIN, David Andrés. HALPERIN, David Andrés. "Procedimiento administrativo en materia de seguros". *In:* POZO GOWLAND, Héctor; HALPERIN, David Andrés; AGUILAR VALDEZ, Oscar; JUAN LIMA, Fernando; CANOSA, Armando (coord.). *Procedimiento administrativo.* tomo IV. Buenos Aires: La Ley, 2012, p. 64/65, analisa a problemática dos procedimentos especiais depois da sanção da LNPA, a partir da qual os princípios gerais do procedimento administrativo começaram a ser aplicados de forma supletiva; GALLI BASUALDO, Martín. "Procedimientos administrativos en la industria y el comercio interior". *In:* POZO GOWLAND, Héctor; HALPERIN, David Andrés; AGUILAR VALDEZ, Oscar; JUAN LIMA, Fernando; CANOSA, Armando (coord.). *Procedimiento administrativo.* tomo IV. Buenos Aires: La Ley, 2012, p. 369, destaca a transcendência da aplicação subsidiária e a possibilidade de recorrer à analogia nos procedimentos na indústria e comércio interior.

[1351] GONZÁLEZ PÉREZ, Jesús. "El método en el derecho administrativo". *RAP*, n. 22, p. 45 ss.

quanto na LNPA ou em outros setores do ordenamento, mesmo que os que derivam de princípios gerais de direito não estejam necessariamente positivizados e possam ter sua fonte na justiça material ou natural.

A força e a qualidade dos princípios os coloca em um plano hierarquicamente superior às normas escritas e consuetudinárias, e sua aplicação não precisa, para ser operativa, da regulamentação prescrita pelo Poder Executivo, sendo exigíveis, portanto, pelo administrado, já que configuram verdadeiros deveres para a Administração Pública. Ao mesmo tempo, sua influência se estende aos ordenamentos locais em uma tendência que alcança a harmonização e a unidade do sistema jurídico.[1352]

VIII.15.1 O princípio da verdade material

Diferentemente do que acontece no processo judicial, em que o juiz circunscreve sua função jurisdicional às afirmações e provas contribuídas pelas partes, sendo elas o fundamento da sentença no procedimento administrativo, o órgão que o dirige e o impulsiona deve definir sua atuação à verdade objetiva ou material, ignorando ou não o alegado e o provado pelo administrado.

Dessa forma, o ato administrativo resulta independente da vontade das partes, ao contrário do que ocorre no processo judicial, no qual o acordo dos litigantes obriga o juiz.[1353]

O princípio da verdade material ou objetiva foi introduzido na lei de procedimentos administrativos vigente na ordem nacional[1354] e aparece

---

[1352] BIGLIERI, Alberto. "Procedimiento administrativo y derecho municipal". *In:* POZO GOWLAND, Héctor; HALPERIN, David Andrés; AGUILAR VALDEZ, Oscar; JUAN LIMA, Fernando; CANOSA, Armando (coord.). *Procedimiento administrativo*. tomo I. Buenos Aires: La Ley, 2012, pp. 1104-1106.

[1353] *Cf.* ESCOLA, Héctor J. *Tratado general de procedimiento administrativo*. Buenos Aires: Depalma, 1973, p. 126; GORDILLO, Agustín A. *Procedimiento y recursos administrativos*. 1ª ed. Buenos Aires: Jorge Alvarez, 1964, p. 31.

[1354] Na ordem nacional, a modificação disposta pela Lei n. 21.686 introduziu o princípio

CAPÍTULO VIII – OS PRINCÍPIOS INSTITUCIONAIS E SETORIAIS...

reconhecido em algumas leis provinciais[1355], constituindo uma derivação do fim que o Estado busca que não é outro senão a realização do bem comum.[1356]

VIII.15.2 O princípio da oficialidade

A Administração Pública – como gestora do bem comum – tem o dever de atuar *ex officio* no prosseguimento do interesse público, impulsionando o procedimento para levá-lo a cabo, qualquer que venha a ser a intervenção e impulso que tiverem os administrados.[1357] Sem dúvida não suprime, de forma alguma, a intervenção dos administrados no procedimento e nem lhes restringe o direito ao impulso do mesmo para chegar à decisão definitiva ou pedir a revogação de um ato por razões de ilegitimidade ou de mérito.

O processo administrativo é de natureza inquisitiva[1358] e essa característica vem ressaltar um dos contrastes mais singulares em relação ao processo judicial civil, pois, neste último, impera o chamado princípio dispositivo, no qual o impulso processual compete ao particular interessado, a quem pertencem todos os poderes de disposição referentes às distintas fases do processo, inclusive para conclui-lo de forma antecipada.[1359]

---

da verdade material ou objetiva no devido processo adjetivo (art. 1º, inc. f], ap. 2], LNPA, modificado pela Lei n. 21.686). Isso não retira autonomia ao princípio e nem desmerece sua transcendência, mas teria sido melhor regulamentá-lo separadamente. A parte pertinente do artigo prevê: "(...) a Administração deve requerer e produzir os relatórios e pareceres necessários para o esclarecimento dos fatos e da verdade jurídica objetiva (...)".

[1355] La Pampa, Lei n. 951, art. 12, inc. a).

[1356] SÁNCHEZ, Alberto M. "Procedimiento administrativo y derecho internacional". *In:* POZO GOWLAND, Héctor; HALPERIN, David Andrés; AGUILAR VALDEZ, Oscar; JUAN LIMA, Fernando; CANOSA, Armando (coord.). *Procedimiento administrativo.* tomo I. Buenos Aires: La Ley, 2012, p. 1267.

[1357] GARCÍA DE ENTERRÍA, Eduardo; FERNÁNDEZ, Tomás Ramón. *Curso de derecho administrativo.* tomo II. Madrid: Civitas, 1977, pp. 383-384; COMADIRA, Julio R., "Algunas reflexiones (...)", p. 67.

[1358] RONDON DE SANSO, Hildegard. *El Procedimiento Administrativo y Sus Actuales Tendencias Legislativas.* Fundación Estudios de Derecho Administrativo, 2011, p. 99.

[1359] O procedimento administrativo, por outro lado, não pode ser abandonado aos

A partir do princípio da oficialidade surge uma série de consequências que são projetadas em uma ampliação de faculdades do órgão administrativo levada a cabo pela instrução. Dessa forma, o órgão administrativo instrutor pode revogar um ato, uma vez ditado e notificado, de ofício ou a pedido da parte, quando existir uma nulidade absoluta e o ato não tiver adquirido princípio de execução[1360], e ordenar a produção de todo tipo de medida de prova, mesmo quando não tiver sido peticionada pelo administrado.[1361]

Esse princípio da oficialidade, que compreende tanto a impulsão quanto a instrução de ofício, encontra-se expressamente previsto em uma norma da LNPA que salvaguarda expressamente o direito dos interessados de participar das atuações[1362], devendo ser excetuados os trâmites nos quais apenas o interesse privado do administrado[1363] esteja em questão.

VIII.15.3 O informalismo no procedimento administrativo

Antes da sanção da LNPA, nossa doutrina[1364] e a jurisprudência administrativa da Procuradoria do Tesouro da Nação[1365] haviam defendido esse princípio, sustentando que o trâmite ou as atuações procedimentais

---

interessados: "deve ser regido e ordenado pelo órgão administrativo" (GONZÁLEZ PÉREZ, Jesús, *Manual de procedimiento administrativo*. 2ª ed. Madrid: Civitas, 2002, p. 307).

[1360] Art. 17, LNPA, modificado pela Lei n. 21.686. A norma refere-se aos "direitos subjetivos que estão sendo cumpridos".

[1361] FRUGONE SCHIAVONE, Héctor. "Principios fundamentales del procedimiento administrativo". *Procedimiento administrativo*. Montevidéu, 1977, p. 30.

[1362] LNPA, art. 1º, inc. a). Também foi extraído do art. 44 da Lei n. 5350 de Córdoba.

[1363] Tal como é previsto no art. 148 da Lei n. 3909 de Mendoza e no art. 142 da Lei n. 5348 de Salta. Na ordem nacional, o princípio contido no texto está previsto no art. 4º do Regulamento de Procedimentos Administrativos.

[1364] GORDILLO, Agustín A. *Procedimiaentos y recursos administrativos*. Buenos Aires: Macchi, 1964, p. 32.

[1365] *Dictámenes de la procuración del Tesoro de la Nación*, tomo 64, p 208; tomo 73, p. 69; tomo 74, p. 302, etc.

CAPÍTULO VIII – OS PRINCÍPIOS INSTITUCIONAIS E SETORIAIS...

de um recurso devem ser julgados com amplitude de critério a favor do administrado.

Diferentemente do que foi interpretado por um setor da doutrina francesa, na qual o informalismo conceituou-se no sentido de designar uma discricionaridade maior à Administração[1366], a LNPA estabeleceu expressamente o princípio do informalismo a favor do administrado, justificando aos interessados da inobservância "(...) de exigências formais não essenciais e que podem ser cumpridas posteriormente". É um princípio geral de todo o procedimento administrativo, mesmo quando não se trata de procedimentos de impugnação.

Além disso, observe-se que a justificativa só se refere às "formas não essenciais", conceito que se integra tanto com as irregularidades intranscendentes quanto com as nulidades relativas. A única coisa que fica fora da garantia do informalismo é, portanto, a nulidade absoluta, contanto que configure um vício de forma essencial e não possa ser, posteriormente, objeto de saneamento (v.g., art. 14, inc. b] da Lei n. 19.549). O informalismo para corrigir prazos finais também não pode ser invocado, já que essa possibilidade "(...) só pode ser exercida com relação a formalidades que podem ser cumpridas posteriormente".[1367]

O princípio do informalismo foi aplicado em diversos casos, tendo sido invocado para justificar a qualificação errônea dos recursos[1368] ou o erro no destinatário da impugnação, como também para aceitar a procedência daqueles recursos que padecem de falhas formais[1369], desde que tais defeitos não configurem vícios nas formas essenciais.

[1366] DUEZ, Paul; DEBEYRE, Guy. *Traité de droit administratif.* Paris: Dalloz, 1952, p. 25 ss.

[1367] RODRÍGUEZ, María José. "La aplicación de la LNPA a los contratos administrativos". *In:* POZO GOWLAND, Héctor; HALPERIN, David Andrés; AGUILAR VALDEZ, Oscar; JUAN LIMA, Fernando; CANOSA, Armando (coord.). *Procedimiento administrativo.* tomo II. Buenos Aires: La Ley, 2012. p. 119.

[1368] MARIENHOFF, Miguel S. *Tratado de derecho administrativo.* 5ª ed. tomo I. Buenos Aires: Abeledo Perrot, 1995, p. 696.

[1369] *Dictámenes de la procuración del Tesoro de la Nación*, tomo 64, p. 176, tomo 66, p. 210 ss.

Na Espanha, esse princípio foi reconhecido no procedimento administrativo, circunscrevendo-o ao direito de ação ou de impugnação que o respectivo ordenamento prevê a favor do administrado. Trata-se do princípio denominado *in dubio pro actione*, que postula a máxima tutela e interpretação mais favorável ao exercício do direito para interpor os recursos, recebendo aplicação – além dos casos acolhidos pela jurisprudência administrativa do nosso país – em matéria de cálculo dos prazos, de legitimação para ser parte no procedimento e de opção pela publicação ou a notificação de um ato administrativo.[1370]

Por aplicação desse princípio, qualquer dúvida que for apresentada no decorrer do procedimento referente às exigências formais (cálculo de prazos, legitimação, decisão sobre se o ato é definitivo ou de mero trâmite, qualificação dos recursos etc.) deve ser interpretada a favor do administrado e da viabilidade do recurso.

Ao mesmo tempo que, no procedimento administrativo, são exigidas as formas requeridas para cada tipo de ato, aquelas formas criadas pela rotina burocrática ou transplantadas do processo judicial civil ou penal[1371] nele não fazem sentido. Ou seja, a aplicação suplementar do Código Processual Civil e Comercial da Nação prevista pelo Regulamento Nacional de Procedimentos Administrativos[1372] só procede a favor do administrado.

A Suprema Corte da Justiça da Nação[1373] disse que, frente ao formalismo moderado[1374] que caracteriza o procedimento administrativo, resulta "(...) incoerente negar nele o que é permitido no âmbito da justiça".

[1370] GARCÍA DE ENTERRÍA, Eduardo; FERNÁNDEZ, Tomás Ramón. *Curso de derecho administrativo*. tomo II. Madrid: Civitas, p. 380.

[1371] ESCOLA, Héctor J. *Tratado general de procedimiento administrativo*. Buenos Aires: Depalma, 1973, p. 133.

[1372] RLNPA, art. 106.

[1373] "Fundación Universidad de Belgrano", *Sentenças*, 300:1070 (1978) e em LL, 1979-B, 107. No referido caso, decidiu-se aplicar – em forma suplementar – o art. 124 do CPCC.

[1374] ESCOLA, Héctor J. *Tratado general de procedimiento administrativo*. Buenos Aires: Depalma, 1973, p. 131.

VIII.15.4 O princípio da eficácia

A ação administrativa requer uma boa dose de eficácia para cumprir os fins de interesse público que deve alcançar com sua atuação. Tal força de ação transformou-se – por força da própria natureza da função administrativa – em um princípio orientador do procedimento administrativo.

O princípio da eficácia, reconhecido na ordem nacional[1375], integra-se a outros princípios que o complementam, tais como o da celeridade, simplicidade e economia nos trâmites administrativos, também realizado com a eficiência da atuação administrativa.[1376]

Na Exposição de Motivos da Lei Espanhola de Procedimento Administrativo – que é fonte de nossa lei nacional – é especialmente destacado, salientando que "(...) as diretrizes aludidas não são concebidas como simples enunciados programáticos, mas como verdadeiras normas jurídicas ao habilitar a Administração, de uma vez por todas, a fim de adotar todas as medidas que repercutirem na economia, celeridade e eficácia dos serviços".[1377]

A afirmação do princípio da eficácia e de seus complementos (celeridade, economia, simplicidade) traduz-se no ordenamento positivo nacional em uma série de faculdades e deveres dos órgãos superiores e, em geral, dos demais órgãos administrativos.

Entre as faculdades expressamente contempladas, além das que fluem normalmente da hierarquia (aceitação, emissão de ordens, circulares

---

[1375] LNPA, art. 1º, inc. b); RLNPA, art. 2º.

[1376] CELORRIO, Hernán. "Procedimiento administrativo en las relaciones económicas". *In:* POZO GOWLAND, Héctor; HALPERIN, David Andrés; AGUILAR VALDEZ, Oscar; JUAN LIMA, Fernando; CANOSA, Armando (coord.). *Procedimiento administrativo.* tomo I. Buenos Aires: La Ley, 2012, pp. 733-735, chama a atenção sobre a exigibilidade de condutas ativas, como obrigação estatal derivada do princípio da eficiência.

[1377] Lei de Procedimento Administrativo de 17 de julho de 1958, modificada pela lei de 2 de dezembro de 1963, *Exposición de motivos,* cap. III, ap. 3º.

e instruções etc.) prevê-se a faculdade genérica de delegar atribuições e de intervir os respectivos órgãos por parte dos ministros, secretários da Presidência da Nação e órgãos de gestão das autoridades descentralizadas[1378] e de dispor, em qualquer momento, o comparecimento das partes interessadas, seus representantes legais ou procuradores, para requerer as explicações que são estimadas necessárias e, ainda, para reduzir as discrepâncias possivelmente existentes sobre questões de fato ou de direito.[1379]

Com relação aos deveres, sendo esta a consequência mais transcendente para os direitos do administrado – sempre que isso vier acompanhado da devida proteção na prática e realidade jurisprudencial – o RLNPA prevê que o órgão administrativo deve:

a) ramitar os expedientes conforme sua ordem e decidi-los à medida que forem permanecendo em status para responder; a alteração de ordem de tramitação e decisão só pode ser disposta mediante decisão fundamentada;

b) prover, em uma só Resolução, todos os trâmites que, por sua natureza, admitam sua impulsão simultânea;

c) concentrar, em um mesmo ato ou audiência, todas as diligências e medidas de prova pertinentes;

d) destacar, antes de dar trâmite a qualquer petição, os defeitos dos quais sofre, ordenando que sejam corrigidos, por ofício ou pelo interessado;

e) dispor das diligências necessárias para evitar nulidades.[1380]

Por outro lado, e com o objetivo de que esse princípio não venha a ser meramente teórico, o Decreto n. 1883/91 dispôs a criação, no âmbito de cada Ministério, de uma Secretaria Geral, a qual terá, como responsabilidade primária, que controlar tudo o que se refere às

---

[1378] RLNPA, art. 2º; ver DOCOBO, Jorge J. "Delegaciones a los ministros y secretarios de Estado". *JA*, seção doutrina, 30.06.975.

[1379] RLNPA, art. 5º, inc. e).

[1380] RLNPA, art. 5º, inc. a), b) e d).

CAPÍTULO VIII – OS PRINCÍPIOS INSTITUCIONAIS E SETORIAIS...

normas sobre procedimento administrativo, inclusive com relação aos prazos e sua eficácia.[1381]

VIII.15.5 A gratuidade do procedimento

Um dos traços característicos do procedimento administrativo que um setor da doutrina eleva à categoria de princípio[1382] é o da gratuidade.

Embora existam antecedentes nos antigos Regulamentos ministeriais de Procedimento Administrativo da Espanha[1383] costumando prever o caráter gratuito do procedimento, nem a lei atual daquele país e nem a nossa, vigente na ordem nacional, o fazem.

Entretanto, isso não impede que constitua um dos princípios fundamentais que informam o sistema geral do procedimento administrativo.[1384] Há várias razões para tanto.

Com efeito, se analisarmos o fundamento da gratuidade, a mesma constitui uma necessidade, caso se deseje a participação e o controle, sem obstáculos econômicos, por parte dos administrados. É evidente que existe um verdadeiro interesse público de que os administrados acessem

---

[1381] Art. 9º do decreto 1883/91.

[1382] GARCÍA DE ENTERRÍA, Eduardo; FERNÁNDEZ, Tomás Ramón. *Curso de derecho administrativo*. tomo II. Madrid: Civitas, p. 389.

[1383] GONZÁLEZ NAVARRO, Francisco. *El procedimiento administrativo español en la doctrina científica*. Madrid: Presidência do Governo, Secretaria Geral Técnica, 1972, p. 84.

[1384] O princípio da gratuidade foi acolhido pela jurisprudência nacional (CNac.Cont. Adm.Fed., Sala V, 28/03/00 "Camuzzi Gas Pampeana S.A. contra Enargas Resol. 77/95"; Sala III, 5/09/02, "Lecuona Daniel César contra Gasnor S.A. s/proceso de conocimiento", do voto do Dr. Mordeglia. Esse princípio também foi levado em consideração, especialmente pela Procuração do Tesouro da Nação, no âmbito do procedimento administrativo de seleção do co-contratante da Administração (Pareceres 257:151; ver comentário MURATORIO, Jorge I. "Improcedencia de la garantía de impugnación de la preadjudicación". *REDA*, Buenos Aires: Depalma, vol. 18, 2006, pp. 1144-1151).

livremente o procedimento administrativo, enquanto a Administração deve tutelar os interesses da comunidade em geral, os das entidades menores e os direitos individuais. Ninguém em melhor posição que o administrado pode destacar suas obrigações e deveres à Administração, para avaliar quando ocorre prejuízo do bem comum[1385] e do bem individual compatível com ele. Além disso, a regra de todo procedimento estatal é a gratuidade, exceto quando uma norma expressa impuser o critério contrário.

Atinge-se ao princípio da gratuidade – em algumas ocasiões – quando as taxas ao administrado são impostas para a realização de certos trâmites administrativos que não implicam uma prestação técnica de um serviço público e que, muitas vezes, costumam ser impostos como um meio de formar um fundo especial para que certos organismos permaneçam à margem das diretrizes orçamentárias gerais. Em geral, o órgão administrativo que promove a imposição de tais taxas ou contribuições é o mesmo que a administração do fundo especial terá a seu cargo, com o que se cumpre a lei de Parkinson uma vez mais, o órgão cresce em termos de pessoal, aumentado seu orçamento. Toda essa tendência leva inevitavelmente ao crescimento administrativo e é, notoriamente, contrária ao bem comum.

VIII.15.6 O devido processo adjetivo

O princípio do devido processo administrativo encontra fundamento constitucional tanto na garantia da defesa que prevê o art. 18 da CN quanto no artigo 8º do Pacto de São José da Costa Rica (aplicável em virtude do estabelecido pelo art. 75 inc. 22 da CN), que, ao consagrar a tutela jurisdicional efetiva, também se projeta no procedimento administrativo.[1386]

[1385] COMADIRA, Julio R. "Algunas reflexiones sobre el procedimiento administrativo". *Boletín del Instituto de Derecho Administrativo "Profesor Rafael Bielsa"*. n. 5, Facultad de Derecho y Ciencias Sociales de la Universidad de Buenos Aires, 1972, pp. 59-60, defende que o administrado deve ser considerado como colaborador da Administração Pública na gestão do bem comum.

[1386] *Cf.* CANOSA, Armando N. *Procedimiento administrativo: recursos y reclamos.* Buenos Aires: Abeledo Perrot, 2008, p. 252 ss.

CAPÍTULO VIII – OS PRINCÍPIOS INSTITUCIONAIS E SETORIAIS...

O devido processo adjetivo implica o reconhecimento de três direitos fundamentais, que garantem a defesa do administrado ao longo do procedimento, a saber:

a) Direito de ser ouvido;

b) Direito de oferecer e fornecer provas;

c) Direito a uma decisão fundamentada.

O direito a ser ouvido compreende, por sua vez, vários poderes jurídicos, como o de expor as razões das pretensões e defesas antes da emissão de atos que se referem aos direitos subjetivos ou interesses legítimos do administrado; o de interpor recursos, reclamações e denúncias; o de se fazer patrocinar e representar por profissionais de advocacia; o de solicitar vista das atuações;[1387] e o de apresentar alegados e desencargos.[1388]

A faculdade de oferecer e fornecer prova, embora regida pela regra da pertinência[1389] e limitada pelo prazo que a Administração determina, atendendo à complexidade do assunto e à índole da qual deve se produzir, tem de ser amplamente reconhecida como princípio geral do procedimento administrativo.[1390] Tal direito leva ínsita a faculdade do administrado de controlar as provas fornecidas[1391], tanto as oferecidas por ele mesmo quanto as produzidas pela Administração em forma de instrução, por aplicação do princípio da oficialidade.

O devido processo adjetivo integra-se, também, ao direito a uma decisão fundamentada[1392], o que permite ao administrado exigir que a

---

[1387] O direito com vista às atuações não está enunciado expressamente no art. 1º, inc. f) da LNPA, mas é evidentemente pressuposto do direito a ser ouvido e o integra. É reconhecido no art. 38 do RLNPA e rege durante todo o trâmite do procedimento.

[1388] Esse direito está incluído no art.1º, inc. f), ap. 2º da LNPA, mas corresponde, substancialmente, ao direito de ser ouvido.

[1389] LNPA, modificada pela Lei n. 21.686, art. 1º, inc. f), ap. 2º.

[1390] ESCOLA, Héctor J. *Tratado general de procedimiento administrativo*. Buenos Aires: Depalma, 1973, pp 146/147.

[1391] LNPA, com as modificações da Lei n. 21.686, art. 1º, inc. f), ap. 3º.

[1392] Ver BIELSA, Rafael. "Necesidad de motivar jurídicamente los actos del poder administrados en el sistema político de la Constitución". In: *Estudios de derecho público*. 2ª ed. tomo III. Buenos Aires: Depalma, 1952, p. 551 ss.

decisão (de mero trâmite ou definitiva) faça mérito dos principais argumentos e das questões pressupostas, na medida em que forem conducentes à solução do caso.[1393] A exigência do parecer jurídico, como um procedimento essencial prévio à produção do ato administrativo (art. 7º inc. d), LNPA), não pode ser contornada permitindo sua regularização *a posteriori*[1394], já que tal prática viola o princípio do devido processo adjetivo e por mais que a jurisprudência tenha efetuado uma interpretação ampla, essa tendência é contrária a um princípio que adquiriu reconhecimento supranacional.

Finalmente, outro princípio vinculado ao devido processo adjetivo[1395] é o que se refere à razoabilidade do prazo com vistas a obter um pronunciamento administrativo de acordo com o princípio da celeridade, ou seja, sem dilações. Nesse sentido, o previsto no art. 8 da Convenção Americana sobre Direitos Humanos, que consagra o direito de ser ouvido dentro de um prazo razoável, contém um mandamento vinculante que não se limita ao processo judicial, mas que se estende ao procedimento administrativo.[1396] Essa tese foi defendida pela Corte Interamericana de Direitos Humanos no caso "Baena".[1397]

[1393] LNPA, com as modificações da Lei n. 21.686, art. 1º, inc. f), ap. 3º.

[1394] CANDA, Fabián Omar. "La teoría de la subsanación en el procedimiento administrativo". *In:* POZO GOWLAND, Héctor; HALPERIN, David Andrés; AGUILAR VALDEZ, Oscar; JUAN LIMA, Fernando; CANOSA, Armando (coord.). *Procedimiento administrativo*. tomo II. Buenos Aires: La Ley, 2012, p. 689 ss.

[1395] CASSAGNE, Ezequiel. "El principio de razonabilidad en el procedimiento administrativo". *In:* POZO GOWLAND, Héctor; HALPERIN, David Andrés; AGUILAR VALDEZ, Oscar; JUAN LIMA, Fernando; CANOSA, Armando (coord.). *Procedimiento administrativo*. tomo I. Buenos Aires: La Ley, 2012, p. 714.

[1396] SAMMARTINO, Patricio Marcelo E. "El procedimiento administrativo en el Estado constitucional social de Derecho". *In:* POZO GOWLAND, Héctor; HALPERIN, David Andrés; AGUILAR VALDEZ, Oscar; JUAN LIMA, Fernando; CANOSA, Armando (coord.). *Procedimiento administrativo*. tomo I. Buenos Aires: La Ley, 2012, p. 628 e CASSAGNE, Ezequiel. "El principio de razonabilidad en el procedimiento administrativo". *In:* POZO GOWLAND, Héctor; HALPERIN, David Andrés; AGUILAR VALDEZ, Oscar; JUAN LIMA, Fernando; CANOSA, Armando (coord.). *Procedimiento administrativo*. tomo I. Buenos Aires: La Ley, 2012, p. 714.

[1397] CIDH, caso "Baena, Ricardo y otros", sentença de 02.03.2001.

Capítulo IX
O PRINCÍPIO DA TUTELA JURISDICIONAL EFETIVA

Sumário: IX.1 Introdução. IX.2 A tripla face da tutela jurisdicional efetiva (mandamento vinculante, direito e garantia). IX.3 O desenvolvimento do princípio. IX.4 Fundamento do princípio da tutela jurisdicional efetiva no direito argentino. IX.4.1 Na ordem nacional. IX.4.2 Na ordem provincial. IX.5 Instituições e ferramentas processuais vinculadas ao princípio da tutela jurisdicional efetiva. IX.5.1 Razoabilidade da duração dos processos. IX.5.2 Ações declaratórias de inconstitucionalidade de leis, regulamentos e atos administrativos: a causal de arbitrariedade. IX.5.3 Tutela provisória (em geral). Tutelas antecipadas e autosatisfativas. IX.5.4 A execução de sentenças. IX.6 Os requisitos do esgotamento da via administrativa e da prévia reclamação administrativa. IX.7 Uma mudança paradigmática: a jurisprudência da Suprema Corte de Justiça da Costa Rica.

IX.1 Introdução

No campo do direito são levadas a cabo, de tempos em tempos, transformações que modificam instituições caducas e dão vida a novos princípios, criando regras jurídicas compatíveis com os fins perseguidos pela adaptação ou a mudança do sistema jurídico.

O fenômeno jurídico atual se caracteriza pela perda da centralidade da lei como fonte jurídica, cujo papel foi substituído pelos princípios gerais do direito que prevalecem sobre as normas. Ao mesmo tempo, a justiça e a moral não se consideram alheias ao direito (como na teoria pura de Kelsen), senão que dele partes substanciais, a informar todas as instituições.

Tal foi a maior mudança de rumo ocorrida no âmbito da filosofia do direito, que se aprofundou a partir da Segunda Guerra mundial com a queda do dogma positivista, o qual postulava a separação absoluta entre moral e direito.

Não deixa de ser um paradoxo o fato de, a exemplo do ocorrido nos primeiros tempos do cristianismo, o ressurgimento do novo direito natural tenha acontecido com o apoio daqueles que militavam no campo oposto. Com efeito, é significativo o fato de que muitos jusfilósofos formados no positivismo tenham abandonado seus postulados essenciais ao aceitar que sem moral e sem princípios de justiça o direito resulta ser tão somente um instrumento formal, suscetível de ser manejado por ditaduras autoritárias, quer de esquerda quer de direita. O que aconteceu após a derrocada do nazismo e do fascismo constitui a demonstração mais acabada da falência do positivismo legalista no mundo.

O problema de todos os países é, e continuará sendo, o da limitação do poder, de modo a torná-lo compatível com os direitos humanos básicos, entre os quais estão não somente os novos direitos coletivos e os direitos sociais de segunda geração, como pretendem alguns, mas também os direitos da pessoa individual, associados a sua liberdade e necessidades materiais e espirituais, tais como a propriedade e a igualdade.

Com exceção do direito à vida e à consequente integridade física, que possuem caráter absoluto, não há hierarquia doutrinária entre os diferentes princípios que fundamentam os direitos das pessoas, senão de forma convencional, já que não pode existir um conflito entre os princípios nem entre os direitos individuais e os coletivos, porque ao afetar o princípio de não contradição, a negação de um princípio nunca pode ser uma regra interpretativa válida.

Atribuir preferência dogmática a um princípio sobre outro implica negar de antemão este último, despojando-o de sua condição de

CAPÍTULO IX – O PRINCÍPIO DA TUTELA JURISDICIONAL EFETIVA

princípio. Isso somente pode acontecer com o direito à vida, que é um "mega-princípio" absoluto, base de todo o direito e de seus princípios gerais.

O que pode, sim, ser reconhecido, e de fato ocorre muitas vezes, é a promoção de um conflito entre pretensões que se baseiam em direitos que, em cada caso, pareçam enfrentar-se, cuja resolução compete aos juízes, os quais darão toda ou parte da razão a um ou outro, com base na ponderação e das exigências da razoabilidade.

Nesse cenário, o novo constitucionalismo (expressão que preferimos ao termo "neoconstitucionalismo") excedeu o alcance do controle judicial e contribuiu para reafirmar a tendência do direito administrativo, que pugnava por frear as arbitrariedades na Administração, com base nas transformações normativas e jurisprudenciais, mas, sobretudo, potencializando o papel que devem exercer os princípios gerais do direito no sistema jurídico, cuja primazia é indiscutível.

Por sua vez, os tratados internacionais de direitos humanos complementaram o sistema de proteção dos direitos individuais e sociais que prescreviam os diferentes ordenamentos constitucionais latino-americanos, obrigando a aplicação de seus princípios, os quais se projetam em todas as instituições do Direito Público.

No novo constitucionalismo, o mundo jurídico se encontra caracterizado por um universo de princípios gerais que atuam como mandamentos vinculantes que prevalecem sobre as leis. Operou-se, pois, uma mudança radical no sistema de fontes formulado pelo positivismo e o sistema é concebido agora como algo aberto e permeado pela justiça e a moral, assim como, em certas circunstâncias, pela equidade. Como efeito desse fenômeno, a criatividade atribuída aos juízes para interpretar e inclusive para criar o direito amplia-se consideravelmente e, embora não se confunda com as funções executivas e legislativas, é evidente que não se limita à função de resolver agravos e reparar os danos sofridos pelos indivíduos, senão que se projeta em direção à aplicação de novos princípios e ferramentas processuais que tendem a proteger os direitos fundamentais[1398] das pessoas.

[1398] Direitos fundamentais são aqueles reconhecidos nos primeiros artigos da CN (art. 14 e ss.), bem como os novos direitos (art. 41 e ss.), sem que exista hierarquia entre eles.

No campo processual, a tutela jurisdicional efetiva, seja ela concebida como princípio, direito ou garantia, cobra uma transcendência principalíssima, convertendo-se no paradigma central que informa todo o sistema de proteção dos direitos das pessoas.

IX.2 A tripla face da tutela jurisdicional efetiva (mandamento vinculante, direito e garantia)

Na doutrina que postula o princípio há consenso no sentido de atribuir a condição de paradigma à tutela jurisdicional efetiva, como um conceito que engloba o direito e a garantia da defesa em juízo.

Ao ser um paradigma, proporciona uma nova visão sobre a tutela jurisdicional, convertendo-a em um mega-princípio que agrupa todos os subprincípios que no direito clássico integravam a garantia da defesa em juízo (ser ouvido, produzir provas e dever de motivação das decisões) acentuando-se a efetividade da proteção judicial. A rigor, trata-se de um direito humano[1399] ou fundamental.

A tutela jurisdicional efetiva pode ser descrita por meio de três aspectos diferentes. Em primeiro lugar, como princípio geral do direito, ou seja, como mandamento que vincula os juízes e protagonistas do processo mediante uma função integradora que afasta qualquer norma que se oponha à realização efetiva da tutela jurisdicional, além da possibilidade de suprir vazios normativos. Em segundo lugar, se tomarmos o conceito moderno do direito subjetivo (em sentido amplo, que inclui todos os interesses que o ordenamento protege), a tutela jurisdicional efetiva constitui uma faculdade que confere o direito de acionar judicialmente, sem travas nem obstáculos de qualquer espécie. Por último, a tutela jurisdicional efetiva precisa, para realizar-se plenamente, dispor das garantias[1400] processuais que asse-

---

[1399] DURÁN MARTÍNEZ, Augusto. *Contencioso-Administrativo*. 2ª ed. Montevidéu: Fundación Cultura Universitaria, 2015, p. 362.

[1400] Pedro Aberastury sustenta que "(...) as garantias são as armas jurídicas oferecidas ao indivíduo" para que seus direitos sejam efetivos (*La justicia administrativa*. Buenos Aires: Lexis-Nexis, 2006, p. 39).

CAPÍTULO IX – O PRINCÍPIO DA TUTELA JURISDICIONAL EFETIVA

gurem o pleno acesso à justiça, a defesa no trâmite do juízo e a execução da sentença, o que também inclui, como veremos mais adiante, a tutela antecipada e as chamadas medidas autosatisfativas.

IX.3 O desenvolvimento do princípio

No último período do século XX, há aproximadamente trinta anos, o princípio da tutela jurisdicional efetiva obteve grande relevância no plano jurídico, graças ao impulso dado pela doutrina na Espanha, motivada por seu acolhimento constitucional (art. 24). Foi notável sua projeção na América Espanhola, particularmente na Argentina, tendo ela sido acolhida tanto na jurisprudência da Suprema Corte de Justiça da Nação quanto na Constituição da Província de Buenos Aires do ano de 1994, embora nem sempre dela se tenham desprendido as consequências que cumpre extrair, em ordem a reafirmar a tendência para um controle judicial pleno e sem limites da atividade administrativa e legislativa.

Nossa Constituição, alinhada aos moldes dos antecedentes normativos e projetos pré-constitucionais, consagrou em seu art. 18 a garantia da inviolabilidade "da defesa em juízo das pessoas e dos direitos", seguindo o Projeto da Constituição da Federação Argentina, elaborado por Alberdi.[1401]

Essa garantia apontava, então, para a proteção judicial aos direitos individuais e tendia a tutelar, fundamentalmente, a liberdade dos cidadãos, configurando um dos eixos nos quais se concretizava a filosofia constitucional.

Em sua evolução posterior, a garantia[1402] de defesa foi completada com outras técnicas, tendentes a ampliar o círculo dos direitos protegidos

---

[1401] Na primeira parte, cap. II, o art. 19 do Projeto de Alberdi afirma que "o direito de defesa judicial é inviolável".

[1402] As garantias constitucionais constituem meios tendentes a assegurar a proteção dos direitos e afiançar a segurança jurídica. Agem como instrumentos para conter o poder e alcançar uma boa Administração; foram estabelecidas no plano das normas e princípios da Constituição nacional e das Leis; ver: LINARES, Juan Francisco. *El 'debido proceso' como garantía innominada de la Constitución Nacional:* la razonabilidad de las leyes. Buenos

originariamente pelo art. 18 da Constituição Nacional. Foi o que ocorreu com o transplante do devido processo adjetivo, proveniente do direito norte-americano[1403], e, mais modernamente, com o chamado "direito da jurisdição".

Enquanto o devido processo adjetivo desenvolve positivamente a proteção dos direitos de expor e explicar com amplitude as pretensões no processo ou procedimento administrativo (direito de ser ouvido), de oferecer e produzir provas adequadas e a uma decisão fundamentada que aborde as principais questões expostas, o direito à jurisdição reclama, simultaneamente, o direito de comparecer perante um juiz em busca de justiça, de forma a obter uma sentença justa e motivada, passível dos recursos previstos nas leis, junto com a exigência de que o processo tramite com rapidez, em prazos razoáveis.[1404]

Essas garantias, que a jurisprudência da Suprema Corte de Justiça da Nação e a doutrina[1405] consideraram, em dado momento, incluídas na garantia do art. 18 da CN ou a ela vinculadas, resultam substancialmente potencializadas em virtude da recepção da tutela jurisdicional efetiva, no *sentido* que passamos a expor.[1406]

Aires: Depalma, 1944, pp. 203-206; LINARES QUINTANA, Segundo V. *Tratado de la ciencia del derecho constitucional argentino y comparado.* tomo I. Buenos Aires: Alfa, 1953, p. 355. Para CARRIÓ, quando aludimos às "(...) formas de proteção dos direitos", "(...) queremos aludir à acepção restrita da palavra 'garantia', ou seja, à que se refere à possibilidade que tem o titular de um direito, de pôr em movimento o aparato estatal, particularmente o jurisdicional, de forma a que este atue em seu serviço e o tutele". (*Cf. Recurso de amparo y técnica judicial.* Buenos Aires: Abeledo Perrot, 1959, p. 28).

[1403] Ver, para todos: LINARES, Juan Francisco. *La razonabilidad de las leyes.* Buenos Aires: Astrea, 1970, p. 17 ss.

[1404] BIDART CAMPOS, Germán J. *Derecho constitucional.* tomo II. Buenos Aires: Ediar, 1969, p. 473 ss.

[1405] "ALCARAZ, Anatalia y otros c. Cía Sansinena SA", Sentenças 247:246 (1950), BIDART CAMPOS, Germán J. *Derecho constitucional.* tomo II. Buenos Aires: Ediar, 1969, pp. 499/500.

[1406] Uma postura contrária àquela sustentada no texto foi defendida por LUQUI, em excelente obra (LUQUI, Roberto Enrique. *Revisión judicial de la actividad administrativa.* tomo I. Buenos Aires: Astrea, 2005, p. 241 ss.) com base em que não acrescenta nada de novo à garantia tradicional da defesa em juízo, preceituada pelo art. 18 da CN. No

CAPÍTULO IX – O PRINCÍPIO DA TUTELA JURISDICIONAL EFETIVA

Com efeito: apesar da semelhança que guardam as garantias constitucionais clássicas do ordenamento constitucional argentino com a tutela jurisdicional efetiva, esta última, assim como aconteceu com a garantia constitucional inominada do devido processo adjetivo[1407], caracteriza-se por sua maior amplitude não somente no plano garantístico, senão que também no tocante à proteção do interesse geral em buscar uma boa administração[1408], projetando-se também no procedimento administrativo.[1409]

Os principais matizes diferenciais compreendem vários aspectos, visto que a tutela jurisdicional aponta para: 1) a eliminação de travas que obstaculizam o acesso ao processo; 2) impedir que, como consequência dos formalismos processuais, restem espaços da atividade administrativa imunes ao controle judicial; e 3) assegurar o pleno exercício da jurisdição (execução de sentenças, medidas preventivas e autosatisfativas).

Resulta evidente que se trata de uma garantia que se harmoniza de forma cabal com a divisão de funções própria da separação de poderes, instituída por nossa Constituição, ao prescrever positivamente o sistema judicialista (art. 116 e 117 da CN), no qual os juízes são os órgãos encarregados de resolver os conflitos entre os particulares e o Estado.[1410]

---

entanto, ambas as garantias mantêm uma relação de gênero e espécie, no sentido de que a tutela jurisdicional efetiva compreende a garantia da defesa e, ao mesmo tempo, é mais ampla, tendo em conta que tutela, entre outras coisas, o acesso à justiça para que esta seja efetiva. Em resumo, trata-se de uma nova categoria histórica, que supera alguns dogmas antigos, como o da justiça revisora (no contencioso administrativo).

[1407] Art. 1º, inc. f, LNPA.

[1408] *Cf.* FERNÁNDEZ, Tomás Ramón. "Juzgar a la Administración contribuye también a administrar mejor". *REDA,* Buenos Aires: Depalma, n. 15/16, 1994, p. 51 ss.

[1409] CANOSA, Armando N. "Influencia del derecho a la tutela judicial efectiva en materia de agotamiento de la instancia administrativa". *El Derecho,* 166-988.

[1410] Um completo desenvolvimento do princípio e consequências que derivam da adoção do sistema judicialista é encontrado na excelente tese de doutorado de BOSCH, Jorge Tristán. *¿Tribunales judiciales o tribunales administrativos para juzgar a la Administración pública?.* Buenos Aires: Zavalía, 1951, p. 36 ss. Segundo esse autor, a Constituição Argentina de 1853 representa, mais que uma ruptura com os antecedentes espanhóis, um salto para frente, dentro da linha evolutiva das instituições da Metrópole (*op. cit.* p. 45).

Na Argentina, antes da moderna configuração do princípio, um destacado setor da doutrina[1411] defendeu, em seu momento, a posição que afirmava a plenitude da jurisdição diante das interpretações restritivas que, com fundamento nas concepções antigas do contencioso-administrativo francês e espanhol, propugnavam a limitação dos poderes do juiz com fundamento na natureza essencialmente revisora[1412] que atribuíam a essa classe de jurisdição (a qual era concebida como jurisdição de exceção).

Na última década, alguns ordenamentos e a jurisprudência – de forma limitada – começaram a transitar pelo caminho correto. Sem deixar de reconhecer a influência que teve nessa evolução a obra dos juristas vernáculos, que atuaram como verdadeiros pioneiros nessa área, para desterrar as formalidades que caracterizavam o contencioso-administrativo de sua época, cabe ressaltar a profunda gravitação que alcançou a doutrina espanhola a partir da fundação da "RAP" (Revista de Administração Pública) e da publicação das obras e trabalhos científicos de seus mais eminentes juristas.[1413]

A seguir, abordaremos a recepção no ordenamento do princípio da tutela jurisdicional efetiva, a sua incompatibilidade com o dogma revisor e, particularmente, com o caráter preceptivo do requisito de esgotamento da via administrativa (impropriamente chamada de "instância administrativa"), sem deixar de advertir que, como disse González Pérez, "(...) o direito à tutela jurisdicional efetiva que se desdobra, basicamente, em três momentos diferentes do processo (no acesso à jurisdição, no devido processo e na eficiência da sentença) é, em definitivo, o direito de toda

---

[1411] LINARES, Juan Francisco. "Lo contencioso administrativo en la justicia nacional federal". *La Ley*, 94-919 ss., especialmente p. 926; GORDILLO, Agustín A. *Tratado de derecho administrativo*. 1ª ed. vol. 2. Buenos Aires: Macchi, 1980, pp. XIX-21 ss.

[1412] FIORINI, Bartolomé. *¿Qué es el contencioso?* Buenos Aires: Abeledo Perrot, 1965, p. 88.

[1413] GARCÍA DE ENTERRÍA, Eduardo. *Hacia una nueva justicia administrativa*. 2ª ed. Madrid: Civitas, 1992; GONZÁLEZ PÉREZ, Jesús. *La reforma de la legislación procesal administrativa*. Madrid, 1992; FERNÁNDEZ, Tomás Ramón. "Sobre el carácter revisor de la jurisdicción contencioso-administrativa". *Revista Española de derecho administrativo*, n. 16, Madrid, 1976, p. 728.

CAPÍTULO IX - O PRINCÍPIO DA TUTELA JURISDICIONAL EFETIVA

pessoa a que se "faça justiça", o que se traduz, no plano jurídico-administrativo, na segurança de as petição dirigida a um ente público será atendida por órgãos independentes e preparados".[1414] Por tais razões, a moderna tutela preventiva, bem como as medidas autosatisfativas, fazem parte da tutela jurisdicional efetiva.

IX.4 Fundamento do princípio da tutela jurisdicional efetiva no direito argentino

IX.4.1 Na ordem nacional

A recepção do princípio em nosso país foi favorecida, primeiramente, pelo próprio sistema e por uma série de princípios de estatura constitucional anteriores à reforma de 1994 e, a partir desta, pela recepção na Constituição do chamado Pacto de São José da Costa Rica (Convenção Americana sobre Direitos Humanos).

A adoção do sistema judicialista de controle dos atos do Executivo e demais poderes do Estado (p. ex.: arts. 100 e 101 CN) e a previsão constitucional que, de forma expressa, veda ao Poder Executivo o exercício de funções judiciais (art. 109 CN) completam a garantia da defesa prescrita no art. 18 da Constituição Nacional, que deve ser assimilada à consagração do devido processo como garantia inominada por parte da jurisprudência.

Por sua vez, o preâmbulo de nossa Constituição revela o propósito perseguido pelos constituintes ao proclamar, entre as finalidades do Estado, o de "afiançar a justiça", configurando-se assim em princípio jurídico afim à efetividade da tutela jurisdicional devida aos particulares, uma vez que este constitui a principal forma de afiançamento da justiça (em sentido lato).

Dessa maneira, a conexão entre a garantia de defesa e a tutela jurisdicional efetiva produziu-se sem forçar a positividade constitucional e

---

[1414] GONZÁLEZ PÉREZ, Jesús. *Comentarios a la ley de la jurisdicción contencioso administrativa*. 3ª ed. tomo I. Madrid: Civitas, 1998, p. 17.

ainda antes da reforma constitucional de 1994, na qual o princípio introduziu-se em virtude da incorporação ao ordenamento constitucional do Pacto Internacional de São José da Costa Rica (art. 75 inc. 12 CN).

Antes da referida reforma constitucional de 1994, a Suprema Corte de Justiça da Nação – em uma de suas notáveis decisões – assentou o princípio com fundamento no qual

> *a ideia matriz da divisão de poderes que opera sincronicamente com outra ideia diretriz de nosso sistema constitucional – que emerge da garantia do devido processo – qual seja, o princípio* pro actione *a que conduz o direito fundamental da tutela jurisdicional efetiva, que deriva, necessariamente, do art. 18 da Constituição Nacional, cuja regulamentação se integra, além disso, com as disposições do Pacto de São José da Costa Rica, que, ao ser aprovado pela Lei n. 23.054 e ratificado aos 5 de dezembro de 1984, tem o caráter de lei suprema da Nação, de acordo com o que dispõe o art. 31 da Constituição Nacional.*[1415]

Operada a recepção constitucional da Convenção Americana sobre Direitos Humanos (Pacto de São José da Costa Rica), dada a prescrição feita pelo art. 75, inc. 22, da Constituição de 1994, cujos artigos 8º e 25º consagram o direito à tutela jurisdicional efetiva, o princípio que nutre esse direito adquiriu plena operatividade constitucional, obrigando também as Províncias, uma vez que os pactos internacionais e, máxime, aqueles incorporados expressamente à Constituição Nacional, constituem, de acordo com o seu art. 31, a lei suprema da Nação, devendo ser entendido, como reza o inc. 22 do art. 75, que os direitos por eles reconhecidos complementam os direitos e garantias constitucionais. O princípio se encontra igualmente prescrito (embora com maior indeterminação) em outros tratados internacionais que possuem hierarquia constitucional: art. XVIII da Declaração Americana dos

---

[1415] *In re* "Ekmekdjian, Miguel Angel c. Sofovich, Gerardo y otros", Sentenças 315:1492 (1992) e *in* ED 148-338, considerando 15; "Serra, Fernando H., y otro c. Municipalidad de Buenos Aires", Sentenças 316:2454 (1993), com nota de BIANCHI, Alberto B. "¿Tiene fundamentos constitucionales el agotamiento de la instancia administrativa?". *La Ley*, 1995-A, 395.

CAPÍTULO IX – O PRINCÍPIO DA TUTELA JURISDICIONAL EFETIVA

Direitos e Deveres do Homem, art. 8º da Declaração Universal dos Direitos Humanos e art. 2º, item 3, "a" do Pacto Internacional sobre Direitos Civis e Políticos.

Com algumas exceções[1416], o princípio da tutela jurisdicional efetiva goza em nosso país de amplo consenso doutrinário.[1417]

IX.4.2 Na ordem provincial

No marco da evolução em direção ao reconhecimento da tutela jurisdicional efetiva se coloca a nova Constituição da Província de Buenos Aires de 1994, que eliminou uma série de instituições e princípios processuais que haviam terminado por paralisar o sistema provincial, tendo gerado típicas denegações da justiça.

Dessa forma, foram superadas antigas construções processuais que, além de não existirem razões válidas que justificassem sua inclusão no texto constitucional, traduziam barreiras formais ao acesso e ao direito de obter uma sentença sobre o fundo do processo, circunscrevendo as controvérsias judiciais às pretensões formuladas em sede administrativa. Assim ocorreu, entre outras figuras processuais, com conceitos que traduziam obstáculos à plenitude do exercício do poder jurisdicional, ao suprimir requisitos cujo cumprimento estrito e exclusivo era exigido para habilitar a ação contencioso-administrativa, tais como aqueles relativos a que o ato proviesse de autoridade administrativa, a prévia denegação ou retardamento em sede administrativa e que os direitos fossem geridos por parte interessada, extremos estes que haviam sido usados como verdadeiras válvulas de fechamento da jurisdição.

[1416] LUQUI, Roberto E., em seu excelente obra *Revisión judicial de la actividad administrativa*. tomo I. Buenos Aires: Astrea, 2006, p. 241 ss.

[1417] *Cf.* ABERASTURY, Pedro. *La justicia administrativa*. Buenos Aires: Lexis-Nexis, 2006, p. 37 ss.; GALLEGOS FEDRIANI, Pablo O. *Las medidas cautelares contra la Administración Pública*. Buenos Aires: Abaco, 2002, p. 29; GARCÍA PULLES, Fernando R. *Tratado de lo contencioso administrativo*. tomo I. Buenos Aires: Hammurabi, 2004, p. 100 ss. com outra terminologia, embora em várias partes de sua obra faça menção à tutela efetiva (v.g., p. 71 e p. 1049, ponto 13).

A Constituição de 1994 começa prescrevendo, em seu art. 15, que a Província de Buenos Aires "(...) assegura a tutela jurisdicional contínua e efetiva, o acesso irrestrito à justiça, a gratuidade dos trâmites e a assistência letrada a aqueles carentes de recursos, e a inviolabilidade da defesa da pessoa e dos direitos em todo procedimento administrativo ou judicial", acrescentando que "(...) as causas deverão ser decididas em tempo razoável", e que "(...) a demora em proferir sentença e as dilações indevidas, quando reiteradas, constituem falta grave".

Outro preceito constitucional (art. 166, último parágrafo) que resulta transcendente para a proteção dos direitos das pessoas é aquele que elimina a decisão prévia que esgotava a via administrativa como requisito indispensável de admissibilidade da pretensão processual.

Nesse aspecto, embora nem todas as opiniões coincidam sobre a permanência ou não do princípio no plexo constitucional[1418], a regra do esgotamento das instâncias administrativas não foi consagrada na Constituição.

Com efeito, se observarmos que o último parágrafo do art. 166 dispõe que os casos que determinam a competência dos tribunais no contencioso-administrativo resultarão conformes aos procedimentos prescritos pela lei, que "(...) estabelecerá os supostos nos quais resulte obrigatório esgotar a via administrativa", conclui-se que, fora de tais situações, dito princípio não existe. A rigor, a Constituição consagra a regra do não esgotamento mas permite, por meio de uma habilitação constitucional expressa, que a lei tipifique exceções, as quais podem se configurar na medida em que se harmonizem com as garantias e princípios constitucionais, particularmente com a tutela jurisdicional efetiva.

[1418] PERRINO, Pablo Esteban. "El régimen de agotamiento de la vía administrativa en el nuevo Código Contencioso Administrativo bonaerense". *El Derecho,* 184-842. Mesmo quando cabe situar este autor numa linha garantidora afim daquela que propugnamos, ele defende que a Constituição mantém o princípio. Por outro lado, outro setor da doutrina considera que a nova disposição constitucional consagra como princípio a inexistência do esgotamento da via administrativa, posição que partilhamos. Ver SORIA, Daniel Fernando. "El agotamiento de la vía en el proceso administrativo de la Provincia de Buenos Aires". *REDA,* Buenos Aires: Depalma, n. 24/26, p. 54, nota 31.

CAPÍTULO IX – O PRINCÍPIO DA TUTELA JURISDICIONAL EFETIVA

É certo que ao não estabelecer qualquer pauta limitativa para consagrar as exceções, o legislador poderia chegar a exceder-se na determinação dos supostos. No entanto, em tal caso, comparecerá sempre o limite da razoabilidade para poder impugnar toda decisão legislativa que afete o princípio da tutela jurisdicional efetiva, cuja incompatibilidade com o dogma revisor e a exigência generalizada do requisito de esgotamento da via administrativa foram cabalmente demonstradas na doutrina argentina[1419] e espanhola.[1420]

Vejamos, a seguir, como se projeta ou deveria projetar-se o princípio da tutela jurisdicional efetiva no ordenamento argentino.

IX.5 Instituições e ferramentas processuais vinculadas ao princípio da tutela jurisdicional efetiva

As razões que justificam a configuração da tutela jurisdicional efetiva como mandamento vinculante, entendido como princípio que está no

---

[1419] *Cf.* GORDILLO, Agustín A. *Tratado de derecho administrativo*. 1ª ed. vol. 2. Buenos Aires: Macchi, 1980, pp. XIX-21 ss., postura que manteve nas edições posteriores do Tratado; MAIRAL, Héctor A. *Control judicial de la Administración pública*. tomo I. Buenos Aires: Depalma, 1984, pp. 346/347. Para um maior desenvolvimento do tema pode-se consultar o lúcido trabalho de TAWIL, Guido S. "Los grandes mitos del derecho administrativo, el carácter revisor de la jurisdicción, la inactividad de la Administración y su fiscalización judicial". *El Derecho*, 128/958; e SIMÓN PADRÓS, Ramiro. "El carácter revisor y el denominado principio de congruencia en el proceso contencioso-administrativo". *REDA*, Buenos Aires: Depalma, n. 19/20, 1995, pp. 497/525; ver também BIELSA, Rafael. *Sobre lo contencioso-administrativo*. Santa Fé, 1949, p. 149, e a nota de BIANCHI, Alberto B. à Sentença "Ekmekdjian" da Corte Suprema de Justiça da Nação, anteriormente citada.

[1420] *Cf.* FERNÁNDEZ, Tomás Ramón. "Sobre el caráter revisor de la jurisdicción contencioso-administrativa". *Revista Española de derecho administrativo*, n. 16, Madrid, 1976, p. 728; MUÑOZ MACHADO, Santiago. "Nuevos planteamientos de la jurisprudencia sobre el carácter revisor de la jurisdicción contencioso-administrativa". *Revista española de derecho administrativo*. Madrid, n. 26, 1980, p. 497; FERNÁNDEZ TORRES, Juan Ramón. *La jurisdicción administrativa revisora y la tutela judicial efectiva*. Madrid: Civitas, 1998, pp. 29 e 55; e o prólogo de GARCÍA DE ENTERRÍA, Eduardo, à obra de FERNÁNDEZ TORRES, Juan Ramón. *La jurisdicción administrativa revisora y la tutela judicial efectiva*. Madrid: Civitas, 1998, pp. 21 e 55. Anteriormente, NIETO e PARADA VÁZQUEZ criticaram a evolução regressiva e formalista da jurisprudência com relação à conceituação da jurisdição como puramente revisora; ver: NIETO, Alejandro. "Sobre la tesis de Parada en relación con los orígenes de lo contencioso". *RAP*, Madrid, n. 57, 1968, p. 33.

ápice do ordenamento processual, obedecem à necessidade de proteger os direitos fundamentais das pessoas e de realizar a justiça nos casos concretos submetidos a julgamento mediante procedimentos eficazes, que persigam tanto a restituição ou a manutenção dos direitos das pessoas afetadas, quanto a prevenção de danos futuros.

IX.5.1 Razoabilidade da duração dos processos

A efetividade deste princípio faz com que os processos sejam resolvidos em prazos razoáveis[1421], em sintonia com o antigo e simples axioma do direito anglo-saxão sublinhado pela doutrina do continente europeu, segundo o qual a justiça tardia não é justiça.

A principalidade que caracteriza a tutela jurisdicional efetiva explica a projeção que tem em diversas instituições e instrumentos processuais cuja eficácia é ampliada mediante o acesso irrestrito à jurisdição, a possibilidade de obter rapidamente medidas cautelares e preventivas de danos e a garantia da execução das sentenças.

A seguir, vamos ver como se projeta a tutela jurisdicional efetiva em outras instituições e ferramentas processuais.

Mas o princípio do prazo razoável não se limita ao processo penal, incidindo sobre qualquer classe de processos judiciais[1422], inclusive sobre o processo administrativo.[1423]

[1421] O princípio segundo o qual os processos devem ser resolvidos em prazos razoáveis conforme ao princípio do art. 8.1. da CADH e do art. 14.3 do Pacto Internacional sobre Direitos Civis e Políticos teve recentemente uma grande projeção no processo penal. O princípio foi reconhecido na ordem nacional e interamericana. A Corte Suprema Argentina, no caso "Podestá", em 7 de março de 2006 e a Corte Interamericana de Direitos Humanos na Sentença "Acosta Calderón", de 24 de junho de 2005 (Série C n. 129, parágrafo 105, entre outros) o postularam. Ali defendeu a CIDH que para medir a razoabilidade da duração dos processos deve se ter em conta: a) a complexidade do assunto; b) a atividade processual do interessado; e c) a conduta das autoridades judiciais.

[1422] Inclusive, com anterioridade à reforma constitucional de 1994 (Sentenças 287:248). Após a reforma constitucional, a Corte pronunciou-se no mesmo sentido (Sentenças 330:2975).

[1423] PERRINO, Pablo E. "El derecho a la tutela judicial efectiva y el acceso a la justicia

CAPÍTULO IX – O PRINCÍPIO DA TUTELA JURISDICIONAL EFETIVA

IX.5.2 Ações declaratórias de inconstitucionalidade de leis, regulamentos e atos administrativos: a causal da arbitrariedade

A partir da década de oitenta do século passado, a Corte Suprema passou a reconhecer a procedência de ações declaratórias de inconstitucionalidade seguindo, em parte, os critérios expostos pelo então Procurador Geral da Nação, Dr. Marquardt em um notável parecer emitido no caso "Hidronor c/ Província de Neuquén", no ano de 1971.[1424]

Em uma apreciável porção de casos na qual a Corte sustentou a procedência constitucional dessa ação, enquadrou-a no art. 322 do CPCCN, que regula a ação meramente declaratória de certeza. No entanto, essa norma foi concebida para reger as relações entre particulares e, diante do vazio legislativo, somente por analogia pode-se recorrer a ela no Direito Público porque os seus requisitos não são compatíveis, em todas as hipóteses, com as situações que vinculam os particulares e o Estado quando são emitidas leis, regulamentos ou atos inconstitucionais.

Em outros casos, cuja transcendência nem sempre foi destacada, a Corte aceitou a procedência das chamadas ações diretas de inconstitucionalidade sem exigir o cumprimento dos requisitos prescritos pelo art. 322 do CPCCN (situação de incerteza, lesão atual e não dispor de outro meio legal), os quais resultam incompatíveis com a índole de uma ação direta que, diante de uma situação controvertida em formação, busca prevenir danos futuros.

Com esta última afirmação não pretendemos afirmar que não procede a ação meramente declaratória de certeza na ordem constitucional,

---

contencioso-administrativa". *Revista de derecho público, Proceso Administrativo I*. Santa Fé: Rubinzal Culzoni, 2003, p. 75 ss.; e DURAND, Julio C. "La duración razonable del procedimiento administrativo como garantía vinculada al debido proceso y condición de validez del acto administrativo". *Revista Iberoamericana de derecho administrativo y regulación económica*. de 14.12.2012 (IJ-LXVI-909).

[1424] O parecer do Dr. MARQUARDT foi publicado posteriormente, em continuação da Sentença "Santiago del Estero c/ EN" (Sentenças 307:1387), e recebeu elogioso comentário por parte de Germán J. BIDART CAMPOS (LL 154-515).

mas sim que ela somente tem sentido em caso de dúvida sobre o alcance de uma norma ou ato, na medida em que a situação de incerteza não se dá nas ações declaratórias diretas de inconstitucionalidade, nas quais se alega e se pretende demonstrar a certeza de sua inconstitucionalidade.

Nessa ação declaratória direta de inconstitucionalidade tampouco resulta lógico exigir que a lesão seja atual, tendo em conta que, comumente, tais ações têm por objeto a prevenção de danos futuros[1425], nem menos ainda que não se disponha de outro meio legal, porque se trata de uma exigência vinculada ao caráter subsidiário que se atribuía erroneamente à ação de certeza e que não há sentido algum de impor neste tipo de ações em que se procura economia de tempo e a tutela jurisdicional efetiva dentro de um prazo razoável.

O reconhecimento da procedência da ação por parte da Corte foi levado a cabo a partir da decisão "Constantino Lorenzo", de 1985[1426], que consideramos um precedente fundamental na matéria, cujas principais linhas foram recolhidas em diferentes precedentes posteriores.[1427] Não obstante, também houve decisões subsequentes que se inclinaram pela via da ação meramente declaratória de certeza prevista no art. 322 do CPCCN. Os erros jurisprudenciais cometidos ao enquadrar a ação no CPCCN provêm de não se ter advertido de que se trata de duas ações distintas (a declaratória de certeza e a ação direta de inconstitucionalidade), que têm diferentes objetos e requisitos.[1428]

[1425] Ver o parecer do Dr. MARQUARDT (reproduzido em Sentenças 307:1387, especialmente p. 1399), onde se assinala que: "(...) cabe afirmar que o sistema de controle constitucional norte-americano é de caráter concreto, mas é exercido não somente pela via reparatória ou compensatória, mas também preventiva (...). Traço característico deste regime é a possibilidade de impedir a execução de leis inconstitucionais". Daí, a Corte argentina aceita a procedência quando se procura precaver um ato "em amadurecimento". (Sentenças 307:1379, *in re* "Santiago del Estero", de 1985).

[1426] Sentenças 307:2384.

[1427] Ver: Sentenças 317:335, 317:1224 e 320:691.

[1428] Ver a esse respeito: TORICELLI, Maximiliano. *El sistema de control constitucional argentino:* La acción declarativa de inconstitucionalidad como mecanismo de tutela. Lexis-Nexis, Buenos Aires: Depalma, 2002, p. 230 ss. e BIANCHI, Alberto B. "De la acción declarativa de certeza a la acción de inconstitucionalidad". *EDC,* 2000/2001, p. 577 ss.

CAPÍTULO IX – O PRINCÍPIO DA TUTELA JURISDICIONAL EFETIVA

Por sua vez, um dos principais obstáculos que as ações declaratórias de inconstitucionalidade tiveram de superar foi o argumento baseado na inexistência de causa ou controvérsia ou de "caso contencioso", à luz dos arts. 116 e 117 da CN e da Lei n. 27.

A este respeito, da jurisprudência da Corte norte-americana, que serve de fonte doutrinária à interpretação constitucional vernácula por tratar-se de um sistema judicial de características similares, extrai-se o alcance amplo atribuído ao conceito constitucional de caso ou controvérsia, assim configurados: a) não se trate de obter um pronunciamento consultivo ou hipotético; e b) exista "uma controvérsia real e substancial que admita uma solução específica mediante uma decisão de caráter definitivo".[1429] Pouco tempo depois, no ano de 1941, a Corte – no caso "Maryland Casualty Co. *versus* Pacific Coal and Oil Co." – expressou que "a diferença entre uma ação abstrata e uma controvérsia prevista pela lei de sentenças declaratórias é, necessariamente, uma diferença de grau e seria difícil, senão impossível, estabelecer um padrão definido para determinar em qualquer caso quando há tal controvérsia. Basicamente, a questão é, em cada caso, se os fatos alegados, levando em consideração todas as circunstâncias, mostrarem que existe uma substancial controvérsia, entre partes que têm interesses legais opostos, de suficiente imediatidade e realidade para autorizar a emissão de uma sentença declaratória"[1430], com remissão ao caso "Aetna".[1431]

Em resumo, se forem cumpridas as circunstâncias antes assinaladas, não há obstáculo constitucional para o reconhecimento das ações declaratórias diretas[1432] de inconstitucionalidade e assim o reconheceu a Corte

---

[1429] A frase pertence ao Chief Charles Evans HUGHES, no caso "Aetna Life Insurance Co. *versus* Haworth (300 US 227).

[1430] 312 US 270.

[1431] 300 US 227, 239-242.

[1432] BIANCHI, Alberto B. *Control de constitucionalidad*. tomo I. Buenos Aires: Abaco, 1992, p. 415 se pronuncia a favor da procedência da ação declaratória direta de inconstitucionalidade advertindo que, segundo a jurisprudência da Corte, a expressão direta referia-se à instância originaria e teria sido tomada do caso "Gomen" (Sentenças 310:142) de 1987. No entanto, em "Constantino Lorenzo" a Corte havia utilizado o conceito de ação direta, se aludir a que se referia à instância originária.

no caso "Constantino Lorenzo" quando exprimiu que "(...) é necessário dissipar a confusão entre as petições abstratas e gerais de inconstitucionalidade que não podem revestir forma contenciosa por ausência de interesse imediato do particular que realiza a petição (...) e as ações determinativas de direito de base constitucional cuja titularidade pertence a quem demanda e a quem tende a prevenir ou impedir as lesões de tais direitos (...)", referindo-se, mais adiante, (Considerando 5º), à admissão da ação direta de inconstitucionalidade.[1433]

Consequentemente, ao não existir um marco legal positivo no direito nacional para enquadrar a ação declaratória direta de inconstitucionalidade e ser inaplicável, em muitos casos, a regulação processual civil do art. 322 do CPCCN[1434], a procedência da ação encontra fundamento constitucional no princípio da tutela jurisdicional efetiva que se desprende dos arts. 8 e 25 da CADH e em uma interpretação extensiva do preceito contido no art. 43 da CN, tendo em conta que a projeção do princípio supera o marco limitado da ação de amparo. Não se pode esquecer que a regulação constitucional anteriormente indicada contribui para o objetivo de "afiançar a justiça" prescrito pelo Preâmbulo da Constituição.

Em síntese, a ação declaratória direta de inconstitucionalidade, de acordo com a jurisprudência nacional e norte-americana, procederá mesmo quando: a) tratar-se de ação preventiva proposta para prevenir danos futuros; b) não configurar uma hipótese de consulta ou de um pronunciamento hipotético que exclua o caráter real e substancial que deve revestir a causa; c) a controvérsia se iniciar entre partes com interesses contrários; e d) o demandante buscar, com a ação, a realização de um interesse imediato.

A configuração da ação declaratória direta de inconstitucionalidade não esgota o âmbito das ações declaratórias pois, além da ação

---

[1433] Sentenças 307:2384 (1985).
[1434] BIANCHI, Alberto B. *Control de constitucionalidad*. tomo I. Buenos Aires: Abaco, 1992, p. 414, assinalada que o art. 322 do CPCCN "(...) está claramente excedido com a ação declaratória criada pela Corte".

CAPÍTULO IX – O PRINCÍPIO DA TUTELA JURISDICIONAL EFETIVA

meramente declaratória de certeza, podem ser promovidos diferentes tipos de ações nas quais se persiga também a obtenção de uma sentença declaratória, entre as quais se encontram: a) a ação impugnatória de atos e regulamentos (art. 23 e ss. da LNPA), e b) a ação de amparo prevista no art. 43 da CN (que não exclui as ações declaratórias de constitucionalidade), sem prejuízo da opção de cumular, em um processo de conhecimento, uma pretensão declaratória com uma pretensão condenatória ou constitutiva.

No tocante à legitimação para acionar e o direito subjetivo que a sustenta, inclinamo-nos por uma noção ampla do interesse tutelado, abrangente do clássico interesse legítimo e dos novos direitos de incidência coletiva, conforme a regulação estabelecida no art. 43 da CN, sendo indiferente que o direito debatido na controvérsia seja de Direito Público ou de Direito Privado.

O panorama que descrevemos ficaria incompleto se não fizéssemos referência às causais de inconstitucionalidade. Trata-se de um tema bastante descuidado pela doutrina e, inclusive, pela jurisprudência, tendo-se buscado estender os vícios existentes no contencioso administrativo francês (no recurso por excesso de poder, particularmente em uma de suas variantes, o desvio de poder[1435]), o que poderia ser aplicável aos vícios dos regulamentos e atos administrativos, mas não aos defeitos das leis. Nesse sentido, os vícios da vontade no regulamento e no ato administrativo não têm a mesma regulação da lei, visto que esta, ao ser o produto de um órgão colegiado, exige regras especiais para invalidação. Em tais casos, pode-se admitir como regra que o vício da vontade ou do desvio de poder de um ou vários legisladores não afeta a validade da lei sempre que a maioria das vontades que concorreu para sancionar a lei não se encontre viciada.

Em grandes linhas, a causal de arbitrariedade das leis aglutina os diferentes vícios que podem afetar as leis, quer sejam estas meramente formais ou formais-materiais (isto é, normas de alcance geral que integram o ordenamento positivo), já que sendo a arbitrariedade um ato contrário à justiça,

---

[1435] Na França, embora o Conselho de Estado careça de competência para declarar a inconstitucionalidade de uma lei, visto que tal faculdade pertence, exclusivamente, ao Conselho Constitucional, ele pode anular uxm ato administrativo que viole uma regra constitucional; ver: MORAND DEVILLER, Jacqueline. *Droit administratif*. 13ª ed. Paris: LGDJ, 2013, p. 236.

à razão ou às leis, o controle da constitucionalidade dos atos legislativos que efetuam os juízes abarca todas as facetas que configuram o conceito de sentença arbitrária, desde a violação dos princípios gerais do direito, dos textos constitucionais e do direito dos tratados de direitos humanos até a irrazoabilidade das normas legais, que inclui a análise sobre a razoabilidade ponderativa, bem como a razoabilidade da seleção (do princípio da igualdade).[1436]

A técnica de controle de razoabilidade que descrevemos de forma sucinta é comparativamente semelhante à construção sobre o controle de proporcionalidade dos atos estatais efetuada na doutrina e na jurisprudência alemãs e no direito da União Europeia, considerando que o princípio da proporcionalidade integra o princípio da razoabilidade[1437], motivo pelo qual, para determinar a irrazoabilidade de uma norma legal ou mesmo regulamentar, propugna-se recorrer aos critérios básicos que regem o controle de proporcionalidade, baseado em três subprincípios que conduzem a um juízo de: a) adequação; b) necessidade; e c) proporcionalidade em sentido estrito[1438], tendo-se considerado que o princípio da proporcionalidade "(...) é o teste essencial em matéria de liberdades e de direitos fundamentais".[1439]

IX.5.3 Tutela provisória (em geral). Tutelas antecipadas e autosatisfativas

Um dos campos mais férteis no qual se desenvolve o princípio da efetividade da tutela jurisdicional é, evidentemente, o da tutela provisória

---

[1436] LINARES, Juan Francisco. *La razonabilidad de las leyes*. Buenos Aires: Astrea, 1970, p. 111 ss. Enquanto a razoabilidade ponderativa requer que a lei mantenha uma adequada proporção entre antecedentes e consequentes, a razoabilidade da igualdade exige que a antecedente iguais se imputem consequências similares, sem exceções arbitrárias.

[1437] CASSAGNE, Juan Carlos. *El principio de legalidad y el control judicial de la actividad administrativa*. Buenos Aires/Madrid: Marcial Pons, 2009, p. 202.

[1438] BARNÉS VÁZQUEZ, Javier. "Introducción al principio de proporcionalidad en el derecho comparado y comunitario". *Revista de administración Pública*. Madrid, n.135, 1994, p. 495 ss.

[1439] FERNÁNDEZ, Tomás Ramón. "Sobre los límites constitucionales del poder discrecional, lección jubilar". Pronunciada en la Faculdade de Direito de San Sebastián, el 12 de mayo de 2010. *In*: FERNÁNDEZ, Tomás Ramón; CASSAGNE, Juan Carlos. *Sobre la ley, el poder discrecional y el derecho*. Buenos Aires: Abeledo Perrot, 2014, p. 41.

CAPÍTULO IX – O PRINCÍPIO DA TUTELA JURISDICIONAL EFETIVA

em geral (principalmente aquelas prescritas pelos arts. 230 a 232 do CPCCN), às quais cumpre acrescentar as tutelas antecipadas e autosatisfativas.

Efetivamente, a teoria da tutela provisória foi evoluindo até aceitar a procedência de medidas que persigam o mesmo objeto que a pretensão principal do juízo, postura que havia sido sustentada pela doutrina[1440] já há alguns anos e que foi recolhida pelo Código Contencioso Administrativo e Tributário da Cidade Autônoma de Buenos Aires.[1441]

Não obstante, uma norma recente da lei sobre medidas cautelares[1442] mantém a vetusta regra que consiste em exigir a não coincidência entre o objeto da cautelar e o objeto da demanda, o que contraria o princípio da tutela jurisdicional efetiva, já que é impossível explicar com rigor em qual princípio, motivo ou argumento tal limitação aos direitos das pessoas se baseia.

Outro obstáculo que interfere na efetividade da procedência da medida cautelar radica na exigência de requerer a configuração de um "dano irreparável" (o qual, pela solvência teórica do Estado, seria impossível de se concretizar), quando, em verdade, é suficiente alegar e demonstrar a existência de um grave dano ou a ameaça de sofrê-lo.

De outra parte, não podemos desconhecer que as modernas ferramentas processuais como as tutelas antecipadas e as medidas autosatisfativas contribuem para o fortalecimento do princípio da tutela jurisdicional efetiva, sob o qual surgiram novos instrumentos processuais.[1443] Ambas as medidas se distinguem das cautelares, porquanto sua finalidade não consiste em assegurar o resultado do processo, senão que atuam diretamente sobre o direito substancial.[1444] Porém, no caso da medida autosatisfativa,

---

[1440] Ver, por exemplo, CASSAGNE, Juan Carlos; PERRINO, Pablo E. *El nuevo proceso contencioso administrativo en la Provincia de Buenos Aires*. Buenos Aires: Lexis-Nexis, 2006, p. 328.

[1441] Art. 177.

[1442] Art. 3 ap. 4, Lei n. 26.854.

[1443] *Cf.* FERNÁNDEZ BALBIS, Amalia. *Contingencias del Proceso Civil*. Rosário: Nova Tesis, 2015, p. 31.

[1444] DE LOS SANTOS, Mabel A. "Diferencias entre la medida autosatisfactiva y la cautelar". *In:* PEYRANO, Jorge W. (coord.). *Medidas autosatisfactivas*. 2ª ed. tomo I. Santa Fé: Rubinzal Culzoni, 2014, p. 439.

consideramos que se requer, em resguardo do direito de defesa[1445], que se ouça a Administração antes de deliberar sobre o seu deferimento.

A medida antecipada inscreve-se na categoria das tutelas urgentes, mas – diferentemente da medida autosatisfativa – coloca-se no marco de um processo principal[1446] da mesma forma que as clássicas medidas cautelares.[1447]

Os requisitos para sua procedência, inspirados, em grande parte, nas normas do ordenamento processual civil brasileiro, são: a) a verossimilhança do direito em grau maior que as medidas cautelares ordinárias; b) a alegação de uma urgência impostergável no sentido de que se a medida antecipada não for deferida será frustrado o direito do demandante; c) a outorga de contracautela suficiente; d) que a medida não produza efeitos irreparáveis na sentença definitiva; e, e) que a resolução judicial favorável não implique em pré-julgamento.[1448]

Em contrapartida, a medida autosatisfativa, embora também se inscreva na categoria das tutelas urgentes, esgota-se com a resolução judicial que a outorga, não sendo necessária a propositura de uma ação principal para evitar sua caducidade.[1449]

[1445] BARRAZA, Javier I. "Las medidas de urgencia o las llamadas medidas autosatisfactivas". *In:* CASSAGNE, Juan Carlos (coord.). *Tratado de derecho procesal administrativo.* 2ª ed. tomo II. Buenos Aires: La Ley, 2011, p. 481, critica o uso do termo "autosatisfativa" por ser ele um neologismo que não consta do dicionário. Em se tratando de uma palavra de uso corrente na linguagem processual, optamos por manter a denominação de "autosatisfativa", já que o termo auto (que significa próprio ou por si mesmo) é um elemento de composição que, ao unir-se a satisfativa dá ideia da superação de uma dificuldade (que é uma das acepções do verbo satisfazer). De acordo com as advertências da Real Academia Espanhola, as vozes formadas mediante composição podem fazer parte do Dicionário.

[1446] DE LOS SANTOS, Mabel A. "Diferencias entre la medida autosatisfactiva y la cautelar". *In:* PEYRANO, Jorge W. (coord.). *Medidas autosatisfactivas.* 2ª ed. tomo I. Santa Fé: Rubinzal Culzoni, 2014, p. 441.

[1447] CASSAGNE, Ezequiel. "Las medidas cautelares contra la Administración". *In:* CASSAGNE, Juan Carlos (coord.). *Tratado general de derecho procesual administrativo.* tomo II. Buenos Aires: La Ley, 2011, p. 350.

[1448] FERNÁNDEZ BALBIS, Amalia. *Contingencias del Proceso Civil.* Rosário: Nova Tesis, 2015, p. 31.

[1449] Ver: PEYRANO, Jorge W. "La medida autosatisfactiva. Forma diferenciada de

CAPÍTULO IX – O PRINCÍPIO DA TUTELA JURISDICIONAL EFETIVA

IX.5.4 A execução de sentenças

Até o precedente "Pietranera" da Corte Suprema, os particulares que obtinham uma sentença de condenação ou constitutiva contra o Estado não podiam executá-la em virtude do art. 7 da Lei de Demandas contra a Nação n. 3952, que consagrava o efeito declaratório da sentença adversa ao Estado. Na realidade, o preceito se aplicava às sentenças que condenavam o Estado a pagar importâncias em dinheiro.[1450]

Essa situação foi fonte de desigualdades e de corruptelas porque os demandantes que haviam triunfado em um pleito dependiam da boa ou má vontade dos funcionários de turno e, em não poucas ocasiões, deviam aguardar por longos prazos para que se tornasse efetivo o cumprimento da sentença.

A conexão com o princípio da tutela jurisdicional efetiva é tão óbvia e evidente que não requer demonstração argumentativa, porquanto se a sentença não é cumprida por somente ter efeito declaratório pode-se dizer que a efetividade da proteção judicial se ressente a ponto de resultar inexistente.[1451] Cumpre assinalar que uma parte significativa da doutrina se pronunciou pela inconstitucionalidade do art. 7º da Lei de Demandas contra a Nação.[1452]

No ano de 1966 – no caso "Pietranera"[1453] –, a Corte articulou, de forma pretoriana, um sistema bastante equilibrado no sentido de que reconhecia a potestade jurisdicional para intimar o governo nacional a

---

tutela que constituye una expresión privilegiada del proceso urgente. Génesis y evolución". In: *Medidas autosatisfactivas*. Rosário: Rubinzal Culzoni, 2002, p. 13.

[1450] ABERASTURY, Pedro. *La justicia administrativa*. Buenos Aires: Lexis-Nexis, 2006, p. 377.

[1451] CASSAGNE, Juan Carlos. "Sobre la ejecución de las sentencias que condenan al Estado a pagar sumas de dinero". *El Derecho,* 128-920.

[1452] Ver: FIORINI, Bartolomé. *Derecho administrativo.* tomo II. Buenos Aires, 1976, p. 675; BIANCHI, Alberto B. "Inconstitucionalidad sobreviniente del art. 7º de la Ley de Demandas contra la Nación". *El Derecho*, 118-827; ABERASTURY, Pedro. *La justicia administrativa*. Buenos Aires: Lexis-Nexis, 2006, pp. 377-379.

[1453] Sentenças 265:291 (1966).

determinar a data em que estimava cumprir a sentença, sob advertência de ser fixada pelo juiz. Dessa forma, conciliava-se o interesse público da Administração no cumprimento do orçamento e em evitar travas à atividade da Administração, com o direito dos particulares à execução das sentenças proferidas contra o Estado.

A partir da referida decisão, os tribunais elaboraram, de forma pretoriana, uma série de regras que deviam ser observadas se o particular pretendia o cumprimento das sentenças, estabelecendo que, se a sentença estivesse firme e consentida, o juiz deveria requerer ao Estado Nacional que, em prazo peremptório, fizesse saber ao tribunal o prazo dentro do qual cumpriria a sentença, com a advertência de que, se não o fizesse, o prazo seria determinado pelo juiz. Uma vez vencidos tais prazos (aquele fixado pela Administração ou aquele decidido pelo juiz), abria-se a via judicial de execução da sentença, nos termos do Código Processual Civil e Comercial.[1454]

Os erros de uma política processual incoerente emergiram por ocasião do Decreto n. 679/88, que subordinava o cumprimento das sentenças às disponibilidades orçamentárias. Nessa oportunidade, assinalamos que o referido Decreto pretendia nada menos que "(...) isentar a Administração da responsabilidade principal no cumprimento das sentenças judiciais firmes, que agora passa a depender da decisão final do Congresso, visto que, conforme o art. 3º, o pagamento somente poderia ser feito de acordo com o que finalmente se previa no orçamento geral da Nação, sem prejuízo dos atos prévios que deve levar a cabo a Secretaria da Fazenda para incorporar os respectivos créditos ao projeto de orçamento a ser enviado ao Congresso. Há que advertir-se, então, de que a mudança substancial introduzida consiste em substituir um sistema que permitia, diante da recusa da administração, a determinação de um prazo certo e razoável por parte dos juízes para lograr que se fizesse efetiva a sentença, por outro radicalmente diferente, no qual o prazo e a forma de cumprimento resultam incertos visto que, por uma

---

[1454] GALLEGOS FEDRIANI, Pablo O. "Ejecución de sentencias contra el Estado Nacional". *In:* CASSAGNE, Juan Carlos (coord.). *Tratado general de Derecho procesal administrativo.* tomo II. Buenos Aires: La Ley, 2011, p. 296.

CAPÍTULO IX – O PRINCÍPIO DA TUTELA JURISDICIONAL EFETIVA

primária derivação do princípio da divisão de poderes, os magistrados judiciais carecem de potestade para intimar o Congresso a sancionar o orçamento (...) A jurisdição é composta não somente pela potestade conferido pelo Estado nacional a determinados órgãos para resolver, mediante sentenças, as questões litigiosas que lhes forem submetidas, mas também pelo poder de 'fazer cumprir suas próprias resoluções". Este último constitui um dos elementos imprescindíveis para tal objeto que desde há muito vem sendo denominado *executio* e que consiste na potestade executar suas decisões mediante o uso da força pública. Contudo, como esse direito à jurisdição, que torna efetiva a tutela jurisdicional, integra no sistema constitucional as garantias do devido processo, se as sentenças judiciais firmes que condenam o Estado a pagar valores em dinheiro ficassem submetidas ao exercício de faculdades discricionárias e a prazos incertos de cumprimento não caberia senão concluir que se operaria uma séria e grave violação do princípio constante no artigo 18 da Constituição Nacional. Porque uma coisa é que a administração pública informe ao juiz qual o prazo pretendido para cumprir a sentença, com fundamento nas dificuldades concretas que atravessa em alguma circunstância, e outra coisa bem diferente é a de subordinar aquele prazo a um procedimento complicado, em grande parte discricionário, em que a incerteza sobre o tempo em que será efetiva a sentença é praticamente total, até que o Congresso aprove a despesa e a inclua no orçamento geral da Nação".[1455]

Pouco tempo depois, no ano de 1989, foi promulgada a Lei n. 23.696, cujo art. 52 voltou a retomar o caminho aberto por "Pietranera", que havia engendrado um sistema de avanço entre aqueles existentes no direito comparado.

Deixando de lado uma série de normas sancionadas no intermédio (v. gr. Lei n. 24.447), devemos nos referir ao sistema atual, previsto na Lei Orçamentária n. 24.624, cujo conteúdo transcrevemos a seguir:

Art. 19: *"Os fundos, valores e demais meios de financiamento destinados à execução orçamentária do setor público, quer se trate de dinheiro, depósitos em*

[1455] *Cf.* CASSAGNE, Juan Carlos. "Sobre la ejecución de las sentencias que condenan al Estado a pagar sumas de dinero". *El Derecho*, 128-920.

contas bancárias, títulos, valores emitidos, obrigações de terceiros em carteira e, em geral, qualquer outro meio de pagamento que seja utilizado para atender às despesas previstas no orçamento geral da Nação, não são embargáveis e não será admitido qualquer motivo que possa afetar em qualquer sentido sua livre disponibilidade por parte dos titulares dos fundos e respectivos valores (...). Nas causas judiciais em que o tribunal, no momento de entrada em vigor da presente, tiver ordenado o impedimento de medidas compreendidas nas disposições precedentes e os recursos afetados tiverem sido transferidos para contas judiciais, os representantes do Estado nacional que atuem na respectiva causa solicitarão a restituição das referidas transferências para as contas e registros de origem, salvo em caso de execuções válidas firmes e consentidas anterioridade à data da presente lei".

Art. 20: *"Os pronunciamentos judiciais que condenem o Estado nacional ou algum de seus entes e organismos enumerados no artigo anterior ao pagamento de uma importância em dinheiro ou, quando não o fizer, seu cumprimento seja resolvido com o pagamento de uma importância em dinheiro, serão satisfeitos dentro das autorizações para efetuar despesas incluídas no orçamento geral da administração nacional, sem prejuízo da manutenção do regime estabelecido na Lei n. 23.982. No caso em que o orçamento correspondente ao exercício no qual a condenação deva ser atendida careça de crédito orçamentário suficiente para satisfazê-la, o Poder Executivo nacional deverá efetuar as previsões necessárias a fim de incluí-los no exercício seguinte. Para tanto, a Secretaria da Fazenda do Ministério de Economia e Obras e Serviços Públicos deverá ter conhecimento confiável da condenação antes do dia trinta e um (31) de agosto do ano correspondente ao envio do projeto. Os recursos atribuídos pelo Congresso Nacional serão destinados ao cumprimento das condenações obedecendo estritamente à ordem de antiguidade conforme a data de notificação judicial e até seu esgotamento, sendo atendido o remanescente com os recursos que sejam atribuídos no exercício fiscal seguinte".*

Art. 21: *"As sentenças judiciais não contempladas pela Lei n. 23.982, em razão da data da causa ou do título da obrigação ou por qualquer outra circunstância, que sejam proferidas contra as sociedades do Estado, sociedades anônimas com participação estatal majoritária, sociedades de economia mista, empresas do Estado e qualquer outra entidade ou organização empresarial ou societária em que o Estado ou suas entidades de qualquer natureza tenham participação total ou parcial, não poderão em nenhum caso ser executadas contra o Tesouro Nacional, visto que a responsabilidade do Estado se limita a seu aporte ou participação no capital das referidas organizações empresariais".*

CAPÍTULO IX – O PRINCÍPIO DA TUTELA JURISDICIONAL EFETIVA

Com essas normas se fez tábua rasa da conquista processual alcançada no caso "Pietranera" e com o art. 52 da Lei n. 23.696, jogando por terra "o alto grau de avanço em nível teórico" que havia atingido o sistema, suscetível de ser exibido em qualquer cenário internacional.[1456]

A referida regulação legal do sistema de execução de sentenças da Lei n. 24.624 foi primeiramente declarada constitucional por uma decisão da Corte Suprema no ano de 1998[1457], embora tenha rapidamente suavizado essa doutrina[1458], reconhecendo que tal declaração de constitucionalidade não poderia convalidar a esquiva ao cumprimento das sentenças quando existem rubricas para isso no orçamento, autorizando inclusive a decretar o sequestro de fundos públicos, sob o entendimento que o Estado não pode ficar à margem da ordem jurídica.

Mas a questão parece não ter fim, pois o que parecia configurar um esquema previsível[1459] voltou a ser alterado com a Lei n. 25.344 de Emergência Econômica, dividindo os credores em duas categorias, conforme a data de seus respectivos créditos, e realizando o pagamento com bônus emitidos pelo Tesouro Nacional.

Em resumo, com a citada regulação estamos como já havia sido dito pela Corte que não poderíamos estar: fora da ordem jurídica e chama a atenção que essas regulamentações não tenham recebido, por parte dos juízes, a pecha da inconstitucionalidade.

IX.6 Os requisitos do esgotamento da via administrativa e da prévia reclamação administrativa

Em nosso direito processual administrativo a situação é paradoxal, já que, enquanto na Nação não estava prescrito o requisito do esgotamento

---

[1456] *Cf.* BIANCHI, Alberto B. *Responsabilidad del Estado por su actividad legislativa*. Buenos Aires: Abaco, 1999, pp. 17/20 formula críticas severas ao regime.

[1457] *In re* "La Austral Cía de Seguros SA c/ Lade", Sentenças 321:2284.

[1458] No caso "Giovagnoli", com data de 16.09.1999, Sentenças 322:2132.

[1459] GALLEGOS FEDRIANI, Pablo O. "Ejecución de sentencias contra el Estado Nacional". *In:* CASSAGNE, Juan Carlos (coord.). *Tratado general de Derecho procesal administrativo*. tomo II. Buenos Aires: La Ley, 2011, p. 316.

da via administrativa para promover uma demanda judicial contra o Estado e suas entidades até a sanção da LNPA no ano de 1972, as Províncias e, mais particularmente, a Província de Buenos Aires, exigiam a denegação, o retardamento ou o esgotamento da via administrativa, segundo as respectivas disciplinas locais.[1460] Na Nação, anteriormente à LNPA, o único requisito era a promoção de uma prévia reclamação administrativa (Lei n. 3.952).

[1460] Ver HUTCHINSON, Tomás. "Mitos y realidades en el derecho administrativo argentino". *La Ley*, 1989-C, 1071, especialmente p. 1077 ss. Segundo HUTCHINSON, a fonte à qual recorreu VARELA ao consagrar em "via prévia" não foi a lei Santamaría de Paredes, mas sim os antecedentes nacionais e provinciais anteriores (art. 156, inc. 3, da Constituição da Província de Buenos Aires de 1873). Embora não seja nosso propósito polemizar com esse ilustre autor, acreditamos que a norma da Constituição da Província de 1873 (que passou a ser o art.157, inc., 3, na reforma constitucional de 1889) não estabelecia o requisito do esgotamento da via administrativa, mas tão somente que houvesse "denegação prévia da autoridade administrativa". Na realidade, essa exigência somente aparece no art. 28, inc. 1, do Código de Varela de 1905, ao prescrever como condição de admissibilidade do processo contencioso administrativo que "(...) a resolução seja definitiva e que não haja nenhum recurso administrativo contra ela". Foi esse preceito, a rigor, que impôs na província o requisito do esgotamento da via administrativa. Cabe também salientar que ao referir-se ao caráter definitivo da resolução administrativa e agregar "(...) que não haja nenhum recurso administrativo contra ela", o citado Código gerou interpretações errôneas da jurisprudência provincial, no ponto ao que se entende por finalidade, compreendendo no conceito tanto as resoluções que decidem o fundo do assunto quanto as que causam estado (isto é, as que esgotam a via administrativa). Ver VALLEFÍN, Carlos A. *Proceso administrativo y habilitación de instancia*. La Plata: Platense, 1994, p. 51 ss., que mantém o amplo conceito de "finalidade", embora distinga ambas as categorias e, ainda mais, as trata em forma separada como, em vão, correspondem a dois requisitos diferentes. Por sua vez, a doutrina tem mantido a distinção entre o conceito de ato definitivo e ato que causa estado no sentido que o primeiro é o que decide a questão de fundo, finalmente, enquanto o segundo é o que esgota a via administrativa de uma situação contenciosa. (*Cf.* LINARES, Juan Francisco. *Derecho administrativo* Buenos Aires: Astrea, 1986, pp. 544/545). Ao mesmo tempo, existem autores como SORIA, que especificaram ainda mais o conceito de ato definitivo, sustentando que são aqueles "(...) que se exibem ordinariamente como o elo final de um encadeamento de situações heterogêneas e não equivalentes que o precedem e complementam" (SORIA, Daniel Fernando. "Los actos administrativos de trámite equiparables a definitivos y su impugnabilidad judicial". *La Ley*, 1990-C, 947). A confusão, ou se se preferir, a mistura de conceitos, aparece em algumas obras da antiga doutrina espanhola, que provavelmente teria seguido VARELA (ver: ABELLA, Fermín. *Tratado teórico-práctico de lo contencioso-administrativo*. 2ª ed. Madrid: Administración, 1888, p. 570).

CAPÍTULO IX – O PRINCÍPIO DA TUTELA JURISDICIONAL EFETIVA

E a situação resulta paradoxal porque, enquanto o Estado federal estabeleceu o requisito do esgotamento da via administrativa para poder impugnar diante da justiça um ato de alcance particular ou geral, com prazos de caducidade aos quais a jurisprudência e uma parte da doutrina atribui um caráter fatal e peremptório[1461], mantendo para os demais casos a figura da prévia reclamação administrativa[1462], por outro lado, o novo Código Processual da Província de Buenos Aires consagrou requisitos em sintonia com o princípio da tutela jurisdicional efetiva (art. 166 da Constituição da Província).[1463]

Dessa forma, no CPCA da Província de Buenos Aires foi configurada uma série importante de hipóteses nas quais não resulta necessário o "esgotamento da via administrativa" para diversas pretensões processuais, a saber:

a) Os atos administrativos definitivos ou assimiláveis que emanam da autoridade máxima com competência resolutória final ou de um órgão com competência delegada, editados de ofício ou com a prévia audiência ou intervenção do interessado. O CPCA considera que esses atos são diretamente impugnáveis em sede judicial (art. 14, ap. 2, inc. b, CPCA), sem necessidade de esgotar a via administrativa.

Alinhado com o princípio da tutela jurisdicional efetiva, o Código prescreve, ademais, que se o particular interpuser, em tais casos, os recursos de revocatória ou de reconsideração, fica suspenso o prazo de caducidade para demandar (art. 18, inc. 1, do CPCA), o que implica que o recurso administrativo atua como uma opção em favor do atingido pelo ato administrativo.

b) configure-se a hipótese que a doutrina qualifica como "ritualismo inútil", que pode dar-se tanto quando a conduta da demandada

---

[1461] *Cf.* GONZÁLEZ ARZAC, Rafael M. "Los plazos de impugnación judicial de actos administrativos". *El Derecho*, 51-955.

[1462] Art. 30 a 32 da LNPA, sem prescrever prazos de caducidade para a promoção da demanda. Ver ESTRADA, Juan Ramón de. "Agotamiento de la vía administrativa y habilitación de la instancia judicial: dos importantes fallos de la Corte Suprema". *REDA*, Buenos Aires: Depalma, n. 4, 1990, p. 323.

[1463] Entre os trabalhos doutrinários, ver: GORDILLO, Agustín A. "El reclamo administrativo previo". *La Ley*, 89-777.

fizer presumir a ineficácia certa de esgotar a via administrativa, como quando, em atenção às circunstâncias do caso, a exigência do esgotamento da via administrativa tornar-se uma carga excessiva ou inútil[1464], na mesma linha que seu antecedente nacional (art. 32 LNPA). A esse respeito, os casos que exibe a jurisprudência, sobretudo nacional, são de variada gama e podem ser sintetizados[1465] em quatro grupos:

(i) casos em que a Administração rechaçou numerosas reclamações que continham pretensões idênticas;[1466]

(ii) medidas tomadas pelo Estado no âmbito de terminada política estatal;[1467]

(iii) hipóteses em que o Estado, ao contestar a demanda, não opôs a falta de um reclamo prévio como defesa ou exceção. A jurisprudência da Suprema Corte de Justiça da Nação considerou que exigir, nestes casos, a prévia reclamação administrativa constituiria um ritualismo inútil e inoperante;[1468]

(iv) quando se requer a inconstitucionalidade de uma lei em sede administrativa, em virtude de considerar que a referida faculdade pertence exclusivamente ao Poder Judicial[1469] e que, portanto, essa é a sede na qual corresponde formular a pretensão.

[1464] Art. 14, ap. 1 inc. b do CPCA.

[1465] *Cf.* PERRINO, Pablo Esteban. "El régimen de agotamiento de la vía administrativa en el nuevo Código Contencioso Administrativo bonaerense". *El Derecho,* 184-842 especialmente p. 849 ss., com o qual concordamos, em todo este ponto IV.

[1466] CNCont.Adm. Fed., sala II, *in re,* "Macera Aibe y otros c. Ministerio de Educación y Cultura, s/ Empleo público", Sentença de 1995/07/18, citado por PERRINO na nota 114 do referido trabalho.

[1467] CNCont.Adm.Fed., sala II, na causa "Calzar SA c. Estado nacional, Ministerio de Economía y Obras y Servicios Públicos", LL 1996-A, 633, com nota de GORDILLO, Agustín A. "Nuevos argumentos para la innecesariedad del reclamo administrativo previo".

[1468] "Guerrero, Luis Ramón c. Municipalidad de Córdoba", Sentenças 312:1306 (1989) e "Pozzi, Angel Luis c. Municipalidad de Córdoba", Sentenças 313:326 (1990).

[1469] "Ingenio y Refinería San Martín del Tabacal SA", Sentenças 269:243 (1967) e "Provincia de Mendoza c. Nación", Sentenças 298:511 (1977) e a causa "Calzar S.A.", cit. na nota 30.

CAPÍTULO IX - O PRINCÍPIO DA TUTELA JURISDICIONAL EFETIVA

c) Outras hipóteses.

Entre os outros casos para os quais não é necessário esgotar a via administrativa o CPCA contempla:

(i) A impugnação direta dos atos de alcance geral emanados de uma autoridade hierárquica superior ou do órgão com competência delegada por aquela;[1470]

(ii) quando se configure o silêncio administrativo;[1471]

(iii) quando a pretensão tenha por objeto a impugnação ou o encerramento da via de fato administrativa;[1472]

(iv) a pretensão ressarcitória proveniente da responsabilidade provincial por sua atividade lícita ou legítima ou de fatos ou vias de fato administrativas e as pretensões meramente declaratórias e de certeza.[1473]

Na ordem nacional, a sanção da LNPA em 1972 implicou em verdadeiro retrocesso garantístico, na medida em que introduziu, pela primeira vez, duas instituições até então estranhas ao contencioso-administrativo federal como são o requisito de esgotamento do que a lei denomina "a instância administrativa" e o estabelecimento de prazos de caducidade para promover o processo (arts. 23 a 25). Ao mesmo tempo, a LNPA (arts. 30 a 32) mantém o regime da reclamação administrativa prévia, salvo para as pretensões de nulidade, em que comparecer a denominada via recursiva.

Esta reclamação prévia contemplada na Lei n. 3952, de demandas contra a Nação, apesar de ter nascido para superar o princípio da indemandabilidade do Estado, de origem norte-americana, em substituição

---

[1470] Art. 14, ap. 1 inc. c. do CPCA.

[1471] Art. 14, ap. 1 inc. do CPCA. Ver MUÑOZ, Guillermo Andrés. *Silencio de la administración y plazos de caducidad*. Buenos Aires: Astrea, 1982, p. 26 ss.

[1472] CPCA, art. 21.

[1473] *Cf.* PERRINO, Pablo Esteban. "El régimen de agotamiento de la vía administrativa en el nuevo Código Contencioso Administrativo bonaerense". *El Derecho,* 184-842 especialmente p. 851.

à exigência da vênia legislativa que a Suprema Corte de Justiça da Nação havia estabelecido para esquivar-se daquela interpretação constitucional[1474], é um requisito proveniente do direito francês para interposição de recurso diante do Conselho de Estado.[1475]

A mistura de fontes que exibe esse quadro normativo, que pouco tem a ver com os antecedentes de nosso direito federal, conspirou e continuará conspirando contra a harmonização do sistema processual, tendo gerado uma situação anárquica em matéria interpretativa que a jurisprudência tem aproveitado, via de regra, contra a tutela jurisdicional efetiva.

Mesmo assim, cabe advertir de que o requisito do esgotamento da via administrativa se encontra atenuado, na Argentina, pela utilização da ação de amparo como processo idôneo, tendendo ao pronto restabelecimento dos direitos e garantias constitucionais. Essa situação acontece quando a Administração violou os direitos constitucionais de forma manifesta por ação ou omissão, ocorrendo também no caso em que a ação administrativa, embora não tenha se consumado, seja iminente. Tampouco resulta exigível o requisito para promover ações declaratórias de inconstitucionalidade, nem para requerer a concessão de medidas autosatisfativas.

Malgrado em tais casos não se exija o esgotamento da via administrativa, quando se pretende a concessão de uma medida cautelar dentro do processo de amparo certa jurisprudência requer que seja formulado previamente um pedido de suspensão do ato administrativo que viola os direitos do particular, o que provoca demoras indevidas no trâmite processual da medida cautelar e pode gerar a inutilidade da sentença a ser proferida no amparo.

[1474] MAIRAL, Héctor A. *Control judicial de la Administración pública*. tomo I. Buenos Aires: Depalma, 1984, p. 356.

[1475] Ver: VEDEL, Georges; DELVOLVÉ, Pierre. *Droit administratif*. 12ª ed. tomo II. Paris: Presses Universitaires de France, 1992, p. 151 ss. No processo de plena jurisdição a regra da decisão prévia resulta de aplicação, que se inclui ou se supera, no entanto, em alguns casos (por exemplo, em reclamações vinculadas a contratos de obras públicas ou em caso de silêncio administrativo).

CAPÍTULO IX – O PRINCÍPIO DA TUTELA JURISDICIONAL EFETIVA

As demais travas apresentadas pelo processo de amparo para abrir a competência do juiz implicam em notórias restrições ao acesso jurisdicional, visto que, enquanto de um lado se exigiu, em alguns casos, a demonstração de que não há outros remédios administrativos ou judiciais para restabelecer os direitos constitucionais ou impedir sua violação (o que configura uma prova difícil de ser produzida), por outro lado, requer-se como requisito habilitante do amparo que a violação dos direitos e garantias constitucionais sofra de "arbitrariedade ou ilegalidade manifesta" (o que deixa fora da proteção judicial os casos em que o vício não surja do próprio ato).

Contudo, o amparo, quando funcionou, constituiu-se em remédio eficaz para realizar prontamente a tutela jurisdicional de direitos constitucionais vulnerados e, na prática, embora a sentença que se profere faça coisa julgada exclusivamente a respeito do amparo, a Administração costuma corrigir a arbitrariedade em que incorreu, sem que seja necessário acudir ao processo contencioso-administrativo ordinário.

Voltando ao esgotamento da via administrativa, a situação descrita fomentou, nos fatos, um nível de litigiosidade maiúsculo, visto que ao requerer-se um ato definitivo, surge a exigência paralela de recorrer em tempo e forma de todos os atos administrativos que resolvam petições finais ou de fundo, transformando a sede administrativa em instância jurisdicional.

Se a isso acrescentamos que, para acudir à justiça, há que ajuizar a demanda dentro de prazos fatais de caducidade muitas vezes exíguos, pode-se entender quanta razão tem González Pérez ao abonar o caráter optativo dos recursos administrativos.[1476]

[1476] GONZÁLEZ PÉREZ, Jesús. "La Constitución y la reforma de la jurisdicción contencioso-administrativa". *Anales de la Real Academia de Ciencias Morales y Políticas*. n. 75, 1998, p. 52 diz a esse respeito: "Ditado um ato administrativo, qualquer que seja o órgão, deve-se admitir a possibilidade de recorrer aos tribunais em defesa dos direitos e interesses legítimos que por ele tiverem sido feridos. Embora caiba admitir a possibilidade de que o interessado possa, se assim o desejar, interpor contra ele os recursos administrativos que, em cada caso, estejam previstos. Isto dependerá da confiança que se tenha em obter, por essa via, a plena satisfação das pretensões. Se o administrado, em

No que diz respeito ao direito da América espanhola, pode-se observar que, com exceção do México, onde se atribui caráter potestativo aos recursos administrativos como regra geral[1477], o requisito do esgotamento da via administrativa se encontra imposto nas legislações administrativas da Venezuela[1478], Colômbia[1479] e Costa Rica, adquirindo no Peru *status* constitucional.[1480] Nos Estados Unidos, embora a doutrina tenha debatido acerca de sua configuração, reconhecem-se numerosas exceções (na mesma linha das exceções existentes em nosso país para elidir a reclamação prévia na ordem nacional)[1481], mas existem duas grandes barreiras prévias: o requisito que o ato impugnado esteja maduro (*ripeness*)[1482] e a concepção da chamada "jurisdição administrativa primária"[1483], aplicável à atividade das agências reguladoras.

---

razão da natureza do assunto, evidencia a infração do ordenamento jurídico em que o ato incorre ou circunstâncias pessoais do titular do órgão competente para resolver, considera possível uma resolução por esta via, sem ter de recorrer ao processo, sempre mais lento, complicado e custoso, há de admitir-se a possibilidade de recurso. Mas se houver a convicção de que nada logrará por essa via, não faz sentido demorar o momento de recorrer ao processo com a exigência de um recurso que constituirá um trâmite inútil. E, claro, não tem sentido estabelecer um sistema de recursos submetidos a regime jurídico diferente, com as consequentes dúvidas e dificuldades na hora de ter de esgotar a via administrativa. Um único recurso administrativo e potestativo".

[1477] Art. 83 da Lei Federal de Procedimentos Administrativos e art. 29 da Lei do Tribunal Contencioso-Administrativo do Distrito Federal.

[1478] Art. 93 da Lei Orgânica de Procedimentos Administrativos e art. 84.5 e 124.2 da Lei Orgânica da Corte Suprema de Venezuela, que regula a jurisdição contencioso-administrativa.

[1479] Art. 93 da Lei Orgânica de Procedimentos Administrativos e art. 84.5 e 124.2 da Lei Orgânica da Corte Suprema de Venezuela, que regula a jurisdição contencioso-administrativa.

[1480] Art. 135 do Código Contencioso-Administrativo.

[1481] Art. 148 da Constituição do Peru.

[1482] TAWIL, Guido S. *Administración y justicia:* alcance del control judicial de la actividad administrativa. tomo I. Buenos Aires: Depalma, 1993, p. 110.

[1483] Como explica SCHWARTZ, Bernard, em sua clássica obra *Administrative Law*. 3ª ed. London: Little, Brown & Company, 1991, p. 561, cit. por PERRINO, Pablo Esteban. "El régimen de agotamiento de la vía administrativa en el nuevo Código Contencioso Administrativo bonaerense". *El Derecho*, 184-842 especialmente p. 835.

CAPÍTULO IX – O PRINCÍPIO DA TUTELA JURISDICIONAL EFETIVA

Em definitivo, o requisito do esgotamento da instância carece de qualquer base constitucional e resulta oposto, ao menos como regra generalizada aplicável a todos os casos, ao princípio da tutela jurisdicional efetiva, que reclama tanto o acesso a um juízo pleno quanto um julgamento sobre o fundo da pretensão articulada em um caso contencioso-administrativo.[1484]

IX.7 Uma mudança paradigmática: a jurisprudência da Suprema Corte de Justiça da Costa Rica

A Suprema Corte de Justiça da Costa Rica impôs um giro copernicano no enfoque tradicional exibido pelo direito comparado (e que ainda se mantém em diferentes ordenamentos), que legitimava a exigência de esgotar a via administrativa para poder aceder à justiça com fundamento em uma série de princípios, tais como a eficácia, eficiência e boa administração.

Apesar de o legislador entender que, com a referida exigência, a própria Administração podia defender o ato administrativo impugnado, declarar sua invalidade ou modificá-lo, evitando comparecer diante da justiça, o certo é que a regra do esgotamento se erigia em formidável privilégio a favor da administração que violava o princípio da igualdade das cargas processuais e a tutela jurisdicional efetiva.

A jurisprudência da Sala Constitucional da Suprema Corte de Justiça da Costa Rica, no caso "Fonseca Ledesma"[1485], considerou que, à luz da supremacia da Constituição e da maior hierarquia e vinculação dos direitos fundamentais (a Corte fala em eficácia expansiva e progressiva

---

[1484] Ver AGUILAR VALDEZ, Oscar. "Reflexiones sobre las funciones jurisdiccionales de los entes reguladores de servicios públicos a la luz del control judicial de la Administración. Con especial referencia al ente regulador de la energía eléctrica". *Anuario de derecho administrativo de la Universidad Austral.* tomo I. Buenos Aires: Abeledo Perrot, 1994, p. 193 ss.

[1485] No mesmo sentido, ver o excelente artigo de SORIA, Daniel Fernando. "El agotamiento de la vía en el proceso administrativo de la Provincia de Buenos Aires". *REDA*, Buenos Aires: Depalma, p. 53 ss.

e da interpretação mais favorável) o caráter preceptivo ou obrigatório da regra "(...) *vai de encontro ao direito fundamental dos administrados em obter uma justiça ágil e completa – artigos 41 e 49 da Constituição Política (tutela jurisdicional efetiva) e ao princípio da igualdade, visto que – somente no processo contencioso-administrativo –* (...) *obriga-se o jurisdicionado, antes de recorrer à via jurisdicional* (...)" ao esgotamento da via administrativa, mediante a interposição dos recursos ordinários correspondentes.

O Alto Tribunal costa-riquenho enfatiza que a violação da tutela jurisdicional efetiva deriva dos seguintes aspectos:

a) O fato de que os recursos administrativos não logram que os superiores hierárquicos modifiquem ou revoguem as decisões adotadas pelos órgãos inferiores. Assinala, a esse respeito, que é algo como pretender *"tirar água de um poço seco"*, transformando o procedimento prévio à instância judicial em uma pesada carga para o administrado;

b) as demoras que dilatam a decisão de fundo no procedimento administrativo, o que prolonga – de forma indefinida – o acesso à justiça; e,

c) a somatória deste último prazo (o necessário para esgotar a via administrativa) com o término da duração dos processos no contencioso-administrativo, somatória que, ao final, gera uma justiça tardia.

Adquire relevância, por sua vez, a fundamentação referente ao princípio da igualdade, cujo conteúdo reforça a tese garantística que se encontra na entranha do princípio da tutela jurisdicional efetiva. A esse respeito, a Sala Constitucional da Suprema Corte de Justiça da Costa Rica assinalou que:

> *No que se refere à violação do princípio da igualdade, devemos indicar que o esgotamento obrigatório da via administrativa, derivado do privilégio da autotutela declaratória, expõe o jurisdicionado que litiga contra uma administração pública a uma situação discriminatória, visto que não existe um motivo objetivo e razoável para submetê-lo a esse requisito obrigatório, à diferença do resto das ordens jurisdicionais. Deve-se levar em consideração que, inclusive, a liberdade de configuração ou discricionariedade*

CAPÍTULO IX – O PRINCÍPIO DA TUTELA JURISDICIONAL EFETIVA

> *legislativa, ao desenhar os diferentes processos, tem como limite infranqueável o princípio da igualdade. Reforça-se este entendimento se se considerar que as administrações públicas são um sujeito de Direito, mas que não têm por que gozar de tais privilégios ou prerrogativas e que o eixo central em uma administração prestadora ou em um Estado Social e Democrático de Direito é a pessoa, isto é, o usuário ou consumidor dos bens e serviços públicos. Em essência, os interesses públicos e a satisfação das necessidades coletivas não podem ser compreendidas como cláusulas de apropriação para debilitar os direitos fundamentais dos administrados ou, simplesmente, como o altar para serem sacrificados.*[1486]

A linha inaugurada pela Suprema Corte de Justiça da Costa Rica, mantida em sentenças posteriores[1487], alcançou consolidação parcial no Código Processual Contencioso administrativo daquele país, que entrou em vigor no dia 1º de janeiro de 2008. Neste último ordenamento assenta-se o caráter optativo da regra do esgotamento como princípio geral, com exceção de matéria municipal e de contratação pública.[1488]

Na Argentina, muitos administrativistas se orientaram a favor da tendência de suprimir a regra do esgotamento da via administrativa ou, ao menos, atenuá-la, sob o fundamento de que sua subsistência vulnera o princípio da tutela jurisdicional efetiva, de base constitucional e supraconstitucional.[1489]

Essa mudança encontra apoio na doutrina da Comissão Interamericana de Direitos Humanos – doravante CIDH – exposta no caso

---

[1486] Tratou-se de um processo ordinário promovido por William FONSECA LEDEZMA contra Gerardo BOLAÑOS ALVARADO, Claudia REYES SILVA e o Estado, resolvido na data de 15 de março de 2006.

[1487] Considerando V da Sentença "Fonseca Ledezma".

[1488] Resoluções n. 10.263, de 19 de junho de 2008 e n. 13.022, de 27 de agosto de 2008.

[1489] JIMÉNEZ MEZA, Manrique *et al. El nuevo proceso contencioso administrativo*. Escuela del Poder Judiciário. Costa Rica: Poder Judiciário, 2006, p. 129, cit. por ZUÑIGA BOLAÑOS, Heidy. *El agotamiento preceptivo de la vía administrativa en la contratación administrativa*. Universidade da Costa Rica, Faculdade de Direito. Curso a cargo do Prof. Jorge Enrique ROMERO PÉREZ, Costa Rica, 2008, p. 15.

"Palacios"[1490], em que se sustentou que a exigência de um recurso de revocatória[1491] contra um ato administrativo ditado pela máxima autoridade administrativa que havia resolvido o fundo do assunto ofende o direito à tutela jurisdicional efetiva e ao devido processo, garantido pelos artigos 8 e 25 da Convenção Americana sobre Direitos Humanos.[1492]

Em conclusão, a CDIH, e em época recente, de forma mais assertiva, a Corte Suprema da Costa Rica estabeleceram um novo paradigma. Esta última, em sintonia com a doutrina que vinha lutando pela supressão ou atenuação da regra do esgotamento, declara que a mencionada regra é inconstitucional por violar a tutela jurisdicional efetiva e outros princípios constitucionais, como a igualdade de cargas processuais. Com isso, o requisito de esgotar a instância, no qual se baseava o sistema, passou a ser opcional e não obrigatório ou preceptivo. A consequente primazia constitucional se impôs, assim como os princípios do Estado de Direito. Mais ainda, com essa nova conquista do Direito Público saíram ganhando os jurisdicionados.

[1490] Vid. AGUILAR VALDEZ, Oscar R. "El agotamiento de la vía administrativa y la tutela judicial efectiva: una evaluación general del sistema de la ley 19.549 a treinta años de su vigencia". *In:* CASSAGNE, Juan Carlos (coord.). *Procedimiento y proceso administrativo.* Jornadas da UCA. Buenos Aires: Lexis-Nexis/Abeledo Perrot, 2009, p. 367 ss.

[1491] Informe de la CIDH n. 105/99, caso Palacios Narciso c/ Argentina (n. 10.194).

[1492] Ver: BOTASSI, Carlos A. "Habilitación de la instancia contencioso-administrativa y derechos humanos". *La Ley,* 2000-F-594, anota, acertadamente que *"A decisão da CIDH possui extraordinária importância porque denuncia a ilegitimidade das travas rituais, inconsequentes e supérfluas que impedem contar com uma defesa efetiva dos direitos essenciais, ou, no melhor dos casos, postergam extraordinariamente os já morosos trâmites judiciais. Assuntos tais como a obrigação de recorrer ao ato definitivo emanado do órgão superior com competência decisória, os prazos breves de caducidade, a exigência irrestrita do pagamento prévio à demanda judicial, a legitimação limitada aos titulares de direitos subjetivos, a invocação de atos de governos institucionais ou não justificáveis, a exclusão do controle de discrição, e outras medidas e pseudo instituições restritivas que aparecem nas leis e na jurisprudência clássica, devem ser revisadas e ajustadas à nova realidade das normas constitucionais".*

ÍNDICE POR AUTOR

-A-
Abad Hernando, Jesús L., II.4.2.
Abella, Fermín, IX.6.
Aberastury, Pedro; Gottschau, Patrizia E., I.15.
Aberastury, Pedro, II.6.3., III.7., IV.3., VIII.5.3., VIII.12.2., IX.2., IX.4.1., IX.5.4.
Adamovich, Ludwing, III.5.3.
Aftalión, Enrique, III.6.2.
Agamben, Giorgio, VI.11.
Aguilar Valdez, Oscar R., VII.11., IX.6.
Aja Espil, Jorge A., III.7.
Alais, Horacio F., IV.1.3.
Alberdi, Juan Bautista, III.3., IV.3., IV.4.
Alessi, Renato, VIII.3. VIII.8.1.
Alexy, Robert, I.3.1., I.4., I.5., I.11. , II.4.1., V.1.5., V.1.6.
Altamira Gigena, Julio I., II.2.1., II.5.4.
Amaya, Jorge Alejandro, I.2., IV.6.2.
Amenábar, María del Pilar, VIII.12.2.
Andreucci, Carlos Alberto, VIII.12.2.
Aristóteles, V.1.4.
Arnanz, Rafael A., VIII.3.
Atienza, Manuel; Ruiz Manero, Juan, I.2., I.13.
Atienza, Manuel, II.6.1.

-B-
Bacellar Filho, Romeu Felipe, I.4., VII.1.

Badeni, Gregorio, I.2., II.4.1., III.9.2., IV.4., IV.6.2., V.1.5., V.2.7., VI.7.2, VI.7.3., VI.7.4., VI.7.5., VI.13., VIII.5.
Balbín, Carlos F., VII.1., VIII.5.
Bandeira de Mello, Celso Antonio, II.4.2.
Barbe Pérez, Héctor, II.2.2.
Barnés Vázquez, Javier, I.4., IV.4.4., VIII.2., IX.5.2.
Barra, Rodolfo C., I.7., I.11., I.16. , II.4.1., II.4.2., V.1.3., VI.6., VI.14., VII.1., VII.2.5., VII.8.1., VII.8.2., VIII.5., VIII.5.5., VIII.12.2., VIII.12.5.
Barrancos y Vedía, Fernando, II.4.1.
Barraza, Javier I., VIII.12.2., IX.5.3.
Barraza, Javier Indalecio - Shafrik, Fabiana Haydée, VIII.5., VIII.5.5.
Barrera Muñoz, William, VIII.14.
Bejar Rivera, Luis José, III.5.2.
Beladiez Rojo, Margarita, I.11.
Belluscio, Augusto C., V.2.6.
Benoit, Francis P., VIII.8.1.
Berizonce, Roberto O., VII.10., VIII.12.2.
Bermejo Vera, José, VII.5., VII.5.1., VIII.8.1.
Bernal Pulido, Carlos, IV.4.4.
Bianchi, Alberto B., III.2., III.7., IV.4.1., IV.6.2., V.1.5., VI.11.2., VI.12., VIII.5., VIII.5.1., VIII.5.2., VIII.5.3., VIII.5.5., VIII.8.2., VIII.12.2., IX.4.1., IX.5.2., IX.5.4.
Bidart Campos, Germán J., I.18. , II.4.2., III.1., III.6.2., III.7., IV.1.2., IV.4.2., IV.6.2., V.1.5., V.1.8., VI.2., VI.3., VI.4., VI.7., VI.7.3., VI.8., VI.9, VI.13., VI.14., VI.15.1., VII.4.1., VII.6., VIII.5., VIII.5.1., VIII.8.1., VIII.10., IX.3.
Bidegain, Carlos María, IV.6.2.
Bielsa, Rafael, II.4.2., II.6.4., III.1., III.4., III.5.2., III.6.2., III.7., IV.1.1., IV.6.2., VI.11.1., VIII.5., VIII.5.1., VIII.5.3., VIII.9., VIII.15.6., IX.4.1.
Biglieri, Alberto, VIII.15.
Biscaretti di Ruffia, Paolo, III.1.
Blaquier, Carlos Pedro, II.1.
Bonpland, Viviana, VIII.12.2.
Borda, Guillermo A., II.5.4.
Bosch, Jorge Tristán, III.1., III.4., III.6.2., III.7., III.8., III.9.1., VIII.5., IX.3.
Botassi, Carlos Alfredo, VII.2., VIII.12.2., IX.6.
Braibant, Guy y otros, VII.2.3.
Braibant, Guy, III.13.

ÍNDICE POR AUTOR

Brewer Carias, Alan Randolph, I.2., II.4.2., II.6.3., IV.2.
Brito, Mariano, IV.4.1.
Bunge, Mario A., I.1., I.7., VIII.12.5.
Busso, Eduardo, II.5.4.
Bustamante Alsina, Jorge, VI.7.2., VII.2., VII.2.4., VIII.12.2.
Bustelo, Ernesto, VIII.12.2., VIII.12.5.
Buteler, Alfonso, VII.2.5., VIII.12.2.

-C-

Cafferata, Néstor A., VII.1.
Cajarville Peluffo, Juan Pablo, I.3.
Calonge, Diego Andrés, VIII.12.2.
Camus, Albert, VI.8.2.
Canasi, José, VIII.4.4.
Canda, Fabián Omar, II.4.2., VIII.12.2.
Canosa Usera, Raúl, VIII.14.
Canosa, Armando N.; Mihura Estrada, Gabriel, VIII.9.1.
Canosa, Armando N., III.8., IV.3., VI.15.1., VIII.5., VIII.12.2., VIII.15.5., VIII.16., IX.3.
Caputi, María Claudia, I.21., VIII.12.2., VIII.14.
Cardaci Méndez, Ariel, VIII.12.5.
Carré de Malberg, Raymond, III.4.
Carrió, Genaro R., IX.3.
Casares, Tomás D., V.1.3.
Casás, José O., IV.1.3., VIII.5.3.
Cassagne, Ezequiel, IV.4., VIII.14., VIII.15.6., IX.5.3.
Cassagne, Juan Carlos; Perrino, Pablo E., IX.5.3.
Cassagne, Juan Carlos, I.2., I.5., I.18, I.21., I.22., II.2.1., II.4.2., II.5.3., II.6.4., III.1., III.2., III.4., III.5.2., III.7., III.12., IV.1.1., IV.4.1., V.1.3., V.2.1., VI.1., VI.6., VI.9.3., VI.11., VI.11.2., VI.15.1., VII.4., VII.4.1., VII.7., VII.8., VII.8.2., VIII.3., VIII.4.4., VIII.5., VIII.5.1., VIII.5.3., III.7., VIII.8., VIII.8.2., VIII.9., VIII.9.3., VIII.10., VIII.11., IX.5.2., IX.5.4.
Cassese, Sabino, II.4.2.
Castro, Adolfo, III.9.3.
Cejador y Franca, Julio S. J., IV.2.
Celorrio, Hernán, I.15., VIII.15.4.
Centesimus Annus, V.1.3., VI.1.
Cerulli Irelli, Vincenzo, VIII.8.1.
Chinot, René, VIII.8.1.

Chomsky, Noam - Foucault, Michel, I.15.
Cianciardo, Juan (coord.), I.5.
Cianciardo, Juan, IV.4.4., V.2.1.
Cibinic, John - Nash, Ralph, VIII.9.
Cincunegui, Juan B., VII.5.
Cisneros Farias, Germán, I.4.
Clavero Arévalo, Manuel Francisco, II.6.4.
Colmeiro, Manuel, VIII.6.
Colombo, Leonardo A., VIII.12.2.
Comadira, Julio R., II.4.2., IV.1.2., VI.11.2., VII.5.1.2., VIII.3., VIII.5., VIII.5.2., VIII.9.1., VIII.12.2.VIII.15.5.
Comadira, Julio Rodolfo; Escola, Héctor J.; Comadira, Julio Pablo, VIII.12.
Cooley, Thomas M., III.6.2.
Cortellezi, Juan, VIII.9.
Corti, Arístides Horacio M, VIII.5.3.
Corvalán, Juan Gustavo, VII.7., VII.9.
Coviello, Pedro J. J., I.5., I.9., I.15., I.16, I.20., II.1., II.4.1., II.4.2., IV.1.1., IV.1.2., VIII.5.3., VIII.9.
Cox, A., VIII.10.
Craig, P. P., VIII.9.1.
Cretella Junior, José, VIII.8.
Cuadros, Oscar, VIII.12.3.
Cueto Rúa, Julio, II.4.3.

-D-

D'Alessio, Francesco, VIII.3.
Dalla Vía, Alberto R., IV.4., VI.3., VI.6., VII.1., VIII.5.
Danós Ordoñez, Jorge, I.18., II.4.2.
Davis; Pierce, VII.5.
De Castro, Federico, II.5.1.
de la Riva, Ignacio M., VIII.5.2.
De los Santos, Mabel A., IX.5.3.
Debbasch, Charles, I.1.
Del Vecchio, Giorgio, I.12., II.2.2. II.2.3. II.4.2. II.5.4. II.6.1. II.6.2.
Delpiazzo, Carlos E., I.16, I.22.
Di Malta, Pierre, VIII.6.
Didier, María Marta, IV.4.2., IV.4.4., V.1.5., V.1.7., V.2.1., V.2.6.
Diez, Manuel M.; Hutchinson, Tomás (colab.), VIII.8.1.
Diez, Manuel M., II.4.2., II.5.3., II.6.4., III.5.1., III.6.2., VIII.3., VIII.4.4., VIII.6., VIII.11.

ÍNDICE POR AUTOR

Dikson - Clancy, VII.5.
Docobo, Jorge J., III.6.2., VIII.15.4.
Dromi, José Roberto, II.4.2., III.8., VIII.8.1.
Druetta, Ricardo T., II.5.1.
Duez, Paul - Debeyre, Guy, VIII.15.3.
Duffy, Marcelo, VIII.12.3.
Duguit, Léon, III.3., IV.3., VI.1.
Durán Martínez, Augusto, I.2., I.11., IX.2.
Durand, Julio C., IX.5.1.
Dworkin, Ronald, I.12., II.2.1.

-E-

Ekmekdjian, Miguel Angel, II.4.2.
Entrena Cuesta, Rafael, III.5.1., VIII.3., III.8.1.
Escola, Héctor J., VIII.3., VIII.15.1., VIII.15.3., VIII.15.6.
Esmein, Ademar, VIII.5.1.
Estrada, José Manuel, I.2., III.1., III.6.2., VI.3., VI.14.
Estrada, Juan Ramón de, II.4.2., VI.14., VIII.12.5., IX.6.

-F-

Falcón, Enrique M., VII.1.
Farrando, Ismael (h), VIII.5.
Fazio, Giuseppe, VIII.4.
Fernández Balbis, Amalia, IX.5.3.
Fernández Salgado, F., II.4.1.
Fernández Torres, Juan Ramón, IX.4.2.
Fernández, Tomás Ramón, I.5., II.6.3., III.13., IX.3., IX.4.2., IX.5.2.
Ferrajoli, Luigi, I.5., I.3.2.
Ferrater Mora, José, II.1., VIII.2.
Figueiredo Moreira Neto de, Diogo, I.8., VIII.8.1.
Finnis, John, I.3.1., I.4., I.5., I.6., I.7., I.11., I.12., I.13., I.14., I.15., I.16., II.2.3., II.3., IV.5., V.1.3., V.1.4., V.1.6., VI.7., VIII.12.5.
Fiorini, Bartolomé A., II.6.2., III.6.2., VIII.3., VIII.8.1., IX.3., IX.5.4.
Foligno, Darío, VIII.8.1.
Fonrouge, Máximo J., VII.5., VII.5.1.2.
Forsthoff, Ernest, VIII.3.
Francavilla, Ricardo H., VIII.12.2.
Franchini, Flaminio, VIII.4., VIII.4.1.
Franco, Sobrinho Manoel de Oliveira, II.4.2.
Frugone Schiavone, Héctor, VIII.15.2.

-G-

Gagliardo, Mariano, I.7.
Gallegos Fedriani, Pablo O., VIII.12.2., IX.5.4.
Galli Basualdo, Martín, VIII.8.1., VIII.12.2., VIII.15.
Gambier, Beltrán - Lago, Daniel, VII.2.4., VII.2.5., VII.2.6., VII.9.
Gambier, Beltrán, VIII.9., VIII.12.2.
Garay, Alberto, V.1.5.
García Belaunde, Domingo, I.15.
García Belsunce, Horacio A., II.4.1., II.4.2., IV.1.3., VII.1., VIII.5.3.
García de Enterria, Eduardo - Fernández, Tomás Ramón, II.4.1., II.5.1., II.6.4., III.2. , III.5.1, III.9., IV.1.3., VII.2.3., VII.2.5., VIII.5.1., VIII.5.2., VIII.8.1., VIII.8.2., VIII.15.5.
García de Enterría, Eduardo, I.15., II.2.1., II.2.2., II.2.3., II.4.2., II.5.1., II.5.3., II.6.2., II.6.3., III.5., III.5.1., IV.1.1., VII.5.1., VIII.4., VIII.5.1., VIII.7., IX.3., IX.6.
García Lema, Alberto, VIII.5., VIII.5.2.
García Pullés, Fernando R., III.7., VII.8.2., VIII.6., IX.4.1.
Gargarella, Roberto, III.2., V.2.6.
Garrido Falla, Fernando, II.5.4., III.5.1., VIII.8.1.
Gaudemet, Yves, I.16.
Gaudium et Spes, VIII.10.
Gauna, Juan Octavio, VIII.12.2.
Gauna, Juan Octavio (h), VIII.12.2.
Gauna, Juan Octavio, - Barbagelata, Jorge A. S., III.10., III.11.
Gelli, María Angélica, III.10., IV.3., IV.4., IV.4.4., IV.5., V.1.5., V.1.7., V.1.8., V.2.1., V.2.5., V.2.6., V.2.7., VI.1., VI.4., VI.5., VI.7., VI.7.2., VI.7.3., VI.7.4., VI.7.5., VI.8.1., VI.11., VI.15.1., VII.2.5., VII.4., VIII.5.
Giannini, Massimo S., VIII.3., VIII.8.1.
Gierke, II.2.2.
Gil Domínguez, Andrés, VII.1.
Goldschmidt, Werner, I.5., I.6., I.14., II.4.2., II.6.1., III.2., V.2.7., VII.4.1., VII.5.1., VIII.5.5.
González Arzac, Rafael M., VIII.4., VIII.4.4., IX.6.
González Calderón, Juan Antonio, IV.6.2.
González Navarro, Francisco, II.2.2., IV.1.2., VIII.15.5.
Gonzalez Pérez, Jesús, I.16., I.18., I.19., II.1., II.4.2., II.5.1., II.6.2., III.6.2., V.2.7., VII.8.1.VIII.8.1.VIII.15., IX.3., IX.6.
González, Joaquín V., III.6.2.

ÍNDICE POR AUTOR

Gordillo, Agustín; Daniele, Mabel, VI.15.1. VI.15.1.
Gordillo, Agustín A., I.18., II.2.1., II.4.2., III.2., III.5.3., III.6.2., III.7., VII.4.1., VII.4.2., VII.5., VII.5.1.1.2., VII.5.1.2., VIII.5., VIII.5.1., VIII.5.3., VIII.8., VIII.9.1., VIII.15.1. VIII.15.3., IX.3., IX.4.2., IX.6.
Gozaini, Osvaldo A., I.3.2., VII.1.
Granneris, Giusseppe, I.8.
Grecco, Carlos M.; Guglielminetti, Ana P., IV.4.1., VIII.9.2.
Grecco, Carlos Manuel, II.4.2., II.5.4., IV.6.2., VII.2.5., VII.8.1.
Guardini, Romano, III.4.
Guariglia, Carlos E., III.2.
Guastini, Riccardo, I.3.
Guiridlian Larosa, Javier, VII.8.2.
Gusman, Alfredo S., VIII.14.
Gutierrez Colantuono, Pablo Ángel; Justo, Juan Bautista (coord.), I.18., I.20.

-H-

Häberle, Peter, VII.1.
Habermas, Jürgen; Ratzinger, Joseph, VI.8.
Hallivis Pelayo, Manuel, I.3., I.4., I.5.
Halperin, David Andrés, VIII.8.1., VIII.12.3., VIII.12.4., VIII.15.
Haro, Ricardo, IV.6.2.
Hart, Herbert L. A., I.5., V.1.4.
Hauriou, Maurice, II.2.2., IV.3., VI.1., VIII.5.1.
Herrero y Rodríguez de Miñón, Miguel, VI.11.
Hervada, Javier, I.7., VIII.12.5.
Huici, Héctor, III.6.2.
Hutchinson, Tomás, II.4.2., II.5.3., III.8., IV.4.1., VII.5.1.2., VIII.3., VIII.4., VIII.6., VIII.12., IX.6.

-I-

Ibarlucía, Emilio A., VIII.12.5.
Imaz, Esteban, III.6.2., IV.4.1.
Ivanega, Miriam M., VIII.4.1.

-J-

Jaquenod De Zsogon, Silvia, VII.2.
Jeanneau, Benoit, II.4.2.
Jeanneret de Pérez Cortes, María, IV.6.1., VII.8.1., VIII.12.2.
Jinesta Lobo, Ernesto, I.4.

-K-

Kaufmann, Arthur, I.2., I.3., II.2.3.
Kelsen, Hans, I.4., I.6., I.11., III.2.
Kemelmajer de Carlucci, Aída, I.2.
Kent, James, III.9.2.
Kingsbury, Benedict - Krisch, Nico - Stewart, Richard B., VII.11.
Kuhn, Tomás, I.15.

-L-

Laborem Exercens, VIII.10.
Laclau, Martín, I.2., III.2.
Laje, Alejandro, I.17., IV.3., VI.7.2.
Lampué, Pierre, III.6.2.
Landi, Guido; Potenza, Giuseppe, VIII.8.1.
Laplacette, Carlos José, III.2., VI.9.3., VIII.5.1., VIII.12.5.
Lascano, David, III.6.2.
Laserre, Bruno; Lenoir, Noëlle; Stirn, Bernard, VII.5.1.2., VIII.9.1.
Laubadère, André de, II.4.2., II.6.4., VIII.11. VIII.8.1.
Lavilla Rubira, Juan J., VII.5.
Leclerk, Jaques, I.8.
Legaz y Lacambra, Luis, II.6.1., II.6.2., IV.1.2.
Lestani, Humberto H., III.6.2.
Limodio, Gabriel Fernando, VI.8.2.
Linares Quintana, Segundo V., III.9., VI.1., VI.5., VI.11.2., VIII.5., IX.3.
Linares, Juan Francisco, I. 15., II.4.3., III.4., III.5.3., IV.1.4., IV.4., IV.4.1., IV.4.2., IV.4.3., IV.4.4., IV.5., V.1.5., V.2.1., VI.5., VI.11.2., VIII.3., VIII.8., VIII.12.2., IX.3., IX.6.
Lo Prete, Octavio, VI.8.2.
Lopez, Ramón Fernando, VII.2.1.
Lorenzetti, Ricardo Luis, I.18., VII.1.
Luqui, Roberto E., I.2., II.2.2., III.1., III.4., III.5., III.5.3., III.6.2., III.7., IV.2., IV.4.1., IV.4.4., VI.15.2., VIII.5., VIII.5.3., VIII.12.2., IX.3., IX.4.1.

-LL-

Llambías Jorge J., II.5.4.

-M-

Maiorano, Jorge Luis, VIII.12.5.
Mairal, Héctor A., I.18., II.4.2., VII.8., IX.4.2., IX.6.
Marienhoff, Miguel S., I.16., I.18., I.21., II.1., II.2.2., II.4.2., II.5.3., II.6.2.,

ÍNDICE POR AUTOR

II.6.4., III.4., III.5., III.5.2., III.6.1., IV.3., VI.2., VI.4., VI.12., VII.2.6., VII.4., VII.4.2., VIII.3., VIII.4., VIII.4.1., VIII.4.2., VIII.4.4., VIII.5., VIII.6., VIII.8.1., VIII.9., VIII.10. VIII.11., VIII.12., VIII.12.5., VIII.15.2.

Martin Mateo, Ramón VII.2.3., VII.2.5.

Martín-Retortillo Baquer, Sebastián, I.4.

Martínez López-Muñiz, José Luis, II.1.

Martínez Vivot, Julio J., VIII.10.

Martini, Juan Pablo, VII.8.1.

Martins, Daniel Hugo, II.2.1.

Massini Correas, Carlos I., I.5., I.6., I.7., I.13., I.15., I.17., II.2.3., II.4.1., IV.5., V.2.7., VI.6.

Mata, Ismael, III.13., VII.5.

Maurer, Hartmut, I.20.

Mayer, Otto, III.5.3.

Medauar, Odete, I.20., VIII.8.1.

Meilán Gil, José Luis, II.1.

Melazzi, Luis A., VIII.12.2.

Méndez, Aparicio, VIII.3., VIII.6.

Merkl, Adolfo, III.5.3.

Mertehikian, Eduardo, VII.1., VIII.5.1., VIII.12.2.

Messner, Johannes, I.7.

Moderne, Franck., II.2.2.

Montaña Plata, Alberto, I.1.

Montejano, Bernardino; Lima, Susana, M. R., VII.7.

Montejano, Bernardino (h.), II.5.4.

Montesquieu, III.3., III.4., IV.3.

Monti, Laura, II.4.2.

Morand-Deviller, Jacqueline, I.1., I.15., VIII.1., VIII.12.5., IX.5.2.

Morell Ocaña, Luis, VIII.4.

Morello, Augusto M., IV.4.1., VII.2.5., VII.7., VII.10.

Morello, Augusto M.; Stigliz, Rubén S., II.4.2.

Morello, Augusto Mario; Sbdar, Claudia B., VII.10.

Morón Urbina, Juan Carlos, VII.10.

Mosset Iturraspe, Jorge, VIII.12.2.

Muñoz Machado, Santiago, I.4., I.15., III.2., III.5.1., III.9., IV.1.1., VII.5., VIII.5.1., VIII.5.3., IX.4.2.

Muñoz, Guillermo A., II.4.2., IX.6.

Muratorio, Jorge Ismael, VII.1., VIII.9.1.

-N-

Nallar, Daniel M., III.12., VII.3., VIII.5.1., VIII.12.2.
Napoli, Sergio, VII.8.2.
Navarro Floria, Juan G., VI.8.2.
Nieto, Alejandro, VII.5.1., IX.4.2.

-O-

Ollero, Andrés, IV.5.
Orrego, Cristóbal S., II.2.3., IV.5.
Ortega y Gasset, José, II.1., III.13., V.1.2.
Oteiza, Eduardo, VII.1.

-P-

Padilla, Miguel M., VI.10.
Padilla, Norberto, VI.8.2.
Palacio, Lino E., III.6.2., VII.2.5., VII.8.2.
Parada Vázquez, José Ramón, III.13., VIII.7., VIII.8., VIII.8.1.
Parejo Alfonso, Luciano, III.2., III.13., VIII.1.4.
Peces-Barba Martínez, Gregorio – Fernández García, Eusebio – de Asis Roig, Rafael (coord.). V.1.1.
Perelman Chaim, II.4.1.
Pérez Hualde, Alejandro, I.3., VI.11.2., VIII.5.2.
Perez Luño, Antonio E., I.11.
Perrino, Pablo E., I.18., IV.3., VI.11.2., VIII.5., VIII.5.2., VIII.5.3., VIII.12., VIII.12.2., VIII.12.3., VIII.12.4., VIII.12.5., IX.4.2., IX.5.1., IX.6.
Peyrano, Jorge W., IX.5.3.
Pieper, Josef, V.1.3.
Pigretti, Eduardo, VII.2.
Piñar Mañas, José Luis, VIII.14.
Pithod, Eduardo L., VIII.12.2.
Pochard, Marcel, VII.11.
Pozo Gowland, Héctor, VIII.15.
Pozzolo, Susana, I.5.
Prescott, William H., III.9.2.
Prieto Sanchis, Luis, I.2., I.11.
Pünder, Hermann, VIII.5., VIII.5.1., VIII.5.3.
Puy, Francisco, I.6.

ÍNDICE POR AUTOR

-Q-

Quadros, Fausto de, VII.11.
Quiroga Lavié, Humberto; Benedetti, Miguel Angel; Cenica Celaya, María de las Nieves, VIII.5.

-R-

Rabbi–Baldi Cabanellas, Renato, I.16.
Rainaud, Jean M., VIII.7.
Rallo Lombarte, Artemi, III.13.
Ranelletti, Oreste VIII.8.1.
Ranieri de Cechini, Débora, VI.8.2.
Rebollo Puig, Manuel, I.10.
Rejtman Farah, Mario, VII.5.
Rerum Novarum, VI.11.
Revidatti, Gustavo A., II.6.1.
Río, Manuel, VI.1.
Ritto, Graciela B., VIII.12.2.
Rivarola, Rodolfo. VI.3.
Rivero Ysern, Enrique; Fernando Pablo, Marcos Matías, II.5.4.
Rivero, Jean, I.15., II.2.1., II.2.2., II.4.2., II.5.3., III.5.2., VIII.8.1.
Rocha Pereyra, Gerónimo, VII.8.2.
Rodríguez Arana, Jaime, I.4., I.10.
Rodríguez R., Libardo, I.1.
Rodríguez Varela, Alberto, III.9., V.2.7., VI.6.
Rodríguez-Arana, Jaime, I.22., II.6.3., VIII.14.
Rodríguez, Marcela V., V.2.7.
Rodríguez, María José, VIII.15.2.
Romano, Santi, VIII.4.
Roquel, Rodolfo, II.2.1.
Rossi, Abelardo F., I.7., VIII.12.5.

-S-

Sabsay, Daniel (coord.); Manili, Pablo L. (coord.), V.1.5., VI.14.
Sacristán, Estela B., VII.4., VII.5.1.2., VII.8.2.
Sagués, Néstor P., I.2., II.1., II.4.1., II.4.2., III.7., IV.6.2., VI.6., VI.11.1., VII.2.5., VIII.5., VIII.5.3., VIII.10.
Sáinz Moreno, Fernando, II.6.4.
Saldaña Serrano, Javier, IV.5.
Salomoni, Jorge Luis, VIII.12.2.

603

Sammartino, Patricio M. E., I.16., III.12., VIII.12.2., VIII.15.6.
Sampay, Arturo E., IV.3., VI.1., VI.5.
Sanabria, Pablo D., IV.1.3.
Sánchez de la Torre, II.5.1.
Sánchez Viamonte, Carlos, IV.3., V.1.5., VI.14., VI.15.1.
Sánchez, Alberto M., VII.11., VIII.15.1.
Sandefur, Timothy, IV.4.3.
Sandulli, Aldo M., VIII.8.1.
Santamaría de Paredes, Vicente, III.5.1., VIII.6.
Santamaría Pastor, Juan A., VIII.7.
Santiago, Alfonso (h.); Thury Cornejo, Valentín, VIII.4., VIII.5.
Santiago, Alfonso, I.2., I.3.
Santofimio Gamboa, Jaime Orlando, I.1., II.4.2., VIII.8.1.
Sarmiento García, Jorge H.; Urrutigoity, Javier, VII.2.5.
Sarmiento García, Jorge H., I.5., II.1., VIII.5.5., VIII.12., VIII.12.2.
Sarría Olcos, Consuelo, I.19., II.4.2.
Sayagués Laso, Enrique, III.5.2., VIII.3., VIII.4.4., VIII.9.
Scalia, Antonin, VII.8.2.
Schiffrin, Leopoldo H., I.1.
Schmidt-Assman, Eberhard, I.1., I.4.
Schwartz, Bernard, III.7., III.9.1., VIII.5.1., IX.6.
Seijas, Gabriela, VIII.8.1.
Sendín García, Miguel Angel, II.5.1.
Serna, Pedro; Toller, Fernando, IV.4.4., VI.9.1.
Serna, Pedro, V.1.1.
Sesín, Domingo J., IV.1.2., IV.3., VIII.12.2.
Silva Tamayo, Gustavo E., I.5., II.2.1., II.6.3., IV.1.1.
Simón Padrós, Ramiro, IX.4.1.
Sola, Juan Vicente, IV.4.4., V.1.5., V.2.1., VII.1., VIII.5.5.
Soler, Sebastián, IV.1.3.
Sorace, Domenico, VIII.8.1.
Soria, Daniel Fernando, IX.4.2., X.6.
Sotelo de Andreau, Mirta, VIII.9.4.
Spacarotel, Gustavo D., III.2.
Stiglitz, G. A., VII.2.4.

-T-

Taveira Torres, Heleno, IV.1.3.
Tawil, Guido Santiago, I.11., IV.2., VII.2.4., VII.9., VIII.5.3., IX.4.2., IX.6.
Tobías, José W., I.16.

ÍNDICE POR AUTOR

Toller, Fernando M., I.3.1.
Tomás de Aquino, I.6., IV.5., V.1.3.
Toricelli, Maximiliano, IX.5.2.
Trevijano Fos, José A. García, III.5., III.5.2., VIII.3., VIII.4., VIII.4.1., VIII.4.4., VIII.6.
Trigo Represas, Felix A., VIII.12.2.

-U-

Ubaud-Bergeron, Marion, I.4
Ugolini, Daniela, VII.10.
Urdanoz, Teófilo, V.1.3.
Urrutigoity, Javier, V.1.3., VII.8.1., VIII.5.2.
Uslenghi, Alejandro Juan, VIII.12.2.
Uslenghi, Alejandro, VII.4.1.

-V-

Vallina y Velarde, Juan Luis de la, VIII.4.
Vanossi, Jorge R. - Dalla Vía, Alberto R., II.4.1.
Vanossi, Jorge Reinaldo, I.11., II.4.2., III.3., III.9., IV.3., VI.13.
Vedel, Georges – Delvolvé, Pierre, III.2., VIII.5.1., IX.6.
Vedel, Georges, II.2.2., II.4.2., III.5.1., VIII.8.1.
Ventura, Adrián, VI.7.
Vergara Blanco, Alejandro, II.2.2.
Veritatis Splendor, III.2., VI.1.
Vidal Perdomo, Jaime, II.4.2., VIII.8.1.
Viehweg, Theodor, II.2.3.
Vigo, Rodolfo L. (h), I.4., I.5., I.11., I.14., II.1., II.4.1., II.5.1., IV.5.
Vile, Maurice J. C., III.1.
Villarruel, María Susana, VIII.12.2.
Villegas Basavilbaso, Benjamín, III.4., III.5., III.5.2., III.6.2., VI.4., VIII.3., VIII.4., VIII.4.4., VIII.5., VIII.6. VIII.11.
Virga, Pietro, VIII.8.1.
Vítolo, Alfredo M., VI.11.2.
Vitta, Cino, VIII.8.1.
Volpi, Franco, VI.8.2.

-W-

Wagner, Federico, I.19.
Waline, Marcel, III.5., VIII.3., VIII.8.1.
White, G. Edward, IV.4.3.

-Z-

Zacagnino, María Eugenia – Fernández, María Alejandra, I.11.
Zacagnino, María Eugenia, II.4.1., II.6.1.
Zaffaroni, Eugenio R., IV.1.3.
Zagrebelsky, Gustavo, I.5.
Zambrano, María del Pilar, I.5.
Zanobini, Guido, III.5.2., VIII.4., VIII.8.1.
Zilli de Miranda, Martha, VIII.12.2.

ÍNDICE TEMÁTICO

-A-

Aborto, V.2.7., V.2.8.
Ação popular, VII.10.
Ações declaratórias de inconstitucionalidade, IX.5.2.
Atividade regulamentar : substância normativa, III.6.1.
Administração Pública: funções normativas e jurisdicionais, III.6.
Administração: submissão à lei e ao direito, II.6.3.
Amparo ambiental, VII.2.5.
Analogia e princípios gerais, II.6.2.
Arbitrariedade e razoabilidade, IV.4.
Arbitrariedade: proibição do art. 43 da CN, IV.6, IV.6.1.
Arbitrariedade: proibição, IV.3.
Audiências públicas, VII.5.1.2.
Autoridades regulatórias: criação, III.13.
Autoridades regulatórias: independência, III.12.
Avocação, VIII.4.4.

-B-

Boa administração, VIII.14.
Boa-fé , I.19.
Boa-fé : princípio geral, I.20.

-C-

Censura prévia: proibição, VI.7.1.
Código Civil e Comercial e responsabilidade do Estado, VIII.12.6.

Competência em matéria ambiental, VII.2.6.
Competência: princípio, VIII.3.
Concorrência: proteção, VII.3
Confiança legítima, I.21., VIII.13.
Conflito de direito, I.3.1.
Constitucionalização dos princípios gerais, II.4.1.
Constitucionalização do ordenamento, I.3.
Consumidores e usuários: direitos, VII.4.
Contratação administrativa: princípios, VIII.9.
Controle de preços: jurisprudência da Corte, VI.10.

-D-

Dano ambiental, VII.2.4.
Dever de resolver da Administração, II.5.4.
Devido processo adjetivo, IV.4.3.
Devido processo substantivo, IV.4.3.
Declarações de direitos, VI.4.
Delegação administrativa, VIII.4.
Delegação de firma, VIII.4.3.
Delegação legislativa, VIII.5., VIII.5.1., VIII.5.2., VIII.5.3., VIII.5.4., VIII.5.5.
Direito à livre circulação, VI.15.2.
Direito à saúde, VII.7.
Direito à vida, V.2.7., V.2.8.
Direito de petição, VI.15.1.
Direito de retificação ou resposta, VI.7.4.
Direito de reunião, VII.6.
Direito natural e hermenêutica do art. 28, IV.5.
Direito natural: inserção no ordenamento, II.2.3.
Direito público e direito privado, I.4.
Direito e princípio: distinção, I.13.
Direito: diversos sentidos, I.6.
Direitos de incidência coletiva, VII.9.
Direitos: caráter absoluto ou relativo, I.14.
Dignidade da pessoa, I.17.
Diretrizes políticas, I.12.
Discricionariedade e arbitrariedade, IV.2.
Discriminação por idade, V.2.5.
Discriminação racial, V.1.7.

ÍNDICE TEMÁTICO

Discriminação, V.2.6.
Discriminações em matéria de cidadania, V.1.8.
Domínio público: autotutela, VIII.11.

-E-

Execução de sentenças, IX.5.4.
Executoriedade do ato administrativo, VIII.8, VIII.8.1., VIII.8.2.
Emergência e Decretos de necessidade e urgência, VI.11.2.
Emergência e direitos adquiridos, VI.12.
Emergência: limites constitucionais, VI.11.2.
Equal protection, IV.4.3.
Escolas públicas: crucifixos, VI.8.2.
Esgotamento da instância administrativa, IX.6.
Esgotamento da instância e tutela jurisdicional efetiva, IX.7.
Estado de Direito e Estado de necessidade, VI.11.1.
Estado de Direito e separação de poderes, III.2.
Estado de Direito: evolução, III.2.
Estado de emergência, VI.11.
Estado Subsidiário, III.2.

-F-

Fator de atribuição na responsabilidade do Estado, VIII.12.2., VIII.12.3.
Faculdades discricionárias e princípios gerais do direito, II.6.4.
Filosofia do direito: transcendência, I.3.2.
Função administrativa, III.5.
Função administrativa: concepções subjetivas, III.5.1.
Função administrativa: o critério material, III.5.
Funções jurisdicionais da Administração, III.6.2.

-G-

Garantia da liberdade, VI.2.
Garantias jurídicas e princípios gerais, II.5.2.
Globalização e legalidade, VII.11.

-H-

Harmonização dos direitos: teoria, I.3.1.
Hierarquia, VIII.6.

-I-

Igualdade perante a lei e razoabilidade, V.1.5.
Igualdade dos estrangeiros, V.1.8.

Igualdade distributiva, V.1.4.
Igualdade real de oportunidades, V.1.7.
Igualdade e "categorias suspeitas", V.2.3.
Igualdade e justiça, V.1.3.
Igualdade: caráter formal e material, V.2.2.
Igualdade: espécies, V.1.4.
Igualdade: paradoxo, V.1.6.
Igualdade: sentidos, princípio constitucional, V.1.1.
Inamovibilidade dos juízes, III.9.2.
Inconstitucionalidade de oficio, IV.6., IV.6.2., IV.6.3.
Indenização e responsabilidade do Estado, VIII.12.5.
Independência do Poder Judiciário, III.9.
Independência do Poder Judiciário: garantia do regime republicano e democrático, III.10.
Interdição de arbitrariedade, IV.3.
Interesse público e interesse privado: falsa oposição, VII.4.1.
Interpretação mais favorável, I.19.
Interpretação e princípios gerais, II.6., II.6.2.

-J-

Jusnaturalismo: tendências, I.6.
Justa indenização e responsabilidade do Estado, VIII.12.5.
Justiça comutativa, VIII.12.5.
Justiça distributiva, VIII.12.5.
Justiça: diferentes classes, I.8.

-L-

Legalidade: conceito, IV.1., IV.1.1.
Legitimação em processos administrativos, VII.8., VII.8.1., VII.8.2.
Legitimidade e legalidade, IV.2.
Lei natural e lei positiva, I.7.
Lei: preferência, IV.1.3.
Liberdade de associação, VI.13.
Liberdade de contratar e controle de preços, VI.9.2., VI.9.3., VI.10.
Liberdade de ensino, VI.14.
Liberdade de expressão , VI.7.
Liberdade de expressão : princípio protetor, VI.7.2.
Liberdade de trânsito, VI.15.2.
Liberdade econômica e novo constitucionalismo, VI.9.1.

ÍNDICE TEMÁTICO

Liberdade econômica e propriedade, VI.11.
Liberdade política e civil, VI.3.
Liberdade religiosa, VI.8.
Liberdade e direitos sociais, VI.3.
Liberdade e Estado de emergência, VI.11.
Liberdade: conceito, VI.1.
Liberdade: direito e princípio, VI.2.
Liberdades econômicas, VI.9.
Liberdades e princípio da subsidiariedade, VI.6.
Limites ao poder regulamentar, VI.5.

-M-

Meio ambiente sadio: direito, VII.2., VII.2.1., VII.2.2., VII.2.3.
Medidas autosatisfativas, IX.5.3.
Medidas precatórias, IX.5.3.
Meios indiretos de restrição da liberdade de imprensa, VI.7.5.
Moral pública, I.22.
Moral e direito, I.9.

-N-

Normas: conceito, I.11.
Novo constitucionalismo, IX.1.1.
Novo constitucionalismo: características, I.5.
Novos direitos, VI.3., VII.1.
Novos paradigmas: harmonização, I.23.

-O-

Obrigação de recompor o dano ambiental, VII.2.4.
Operatividade derivada, I.16.
Ordem jurídica: características, I.15.
Ordenamento: estrutura, I.10.

-P-

Paradigmas do direito público, I.16.
Participação pública, VII.5., VII.5.1., VII.5.2.
Poder regulamentar: limites, II.5.3.
Poder, órgão e função, III.4.
Populismo e Estado, III.2.
Positivismo e neoconstitucionalismo, I.2.
Prévia reclamação administrativa, IX.6.

Princípio da eficácia, VIII.15.4.
Princípio da gratuidade, VIII.15.5.
Princípio da oficialidade, VIII.15.2.
Princípio da verdade material, VIII.15.1.
Princípio do devido processo adjetivo, VIII.15.6.
Princípio do informalismo, VIII.15.3.
Princípio *pro homine*, I.19.
Princípios fundamentais e setoriais, II.4.2.
Princípios gerais e analogia, II.6.2.
Princípios gerais e faculdades discricionárias, II.6.4.
Princípios gerais: características e principalidade, II.2.1.
Princípios gerais: concepção finnisiana, II.3.
Princípios gerais: constitucionalização, II.4.1.
Princípios gerais: diferença relativamente a normas e valores, I.12.
Princípios gerais: garantias jurídicas, II.5.2.
Princípios gerais: grau de prelação, II.4.3.
Princípios gerais: interpretação, II.6.
Princípios gerais: hierarquia e diversidade, II.4.
Princípios gerais: principalidade e características, II.2.1.
Princípios gerais: projeção, II.1.
Princípios gerais: transcendência, II.2.
Privilégios: interpretação restritiva, VII.4.2.
Procedimentos administrativos: princípios, VIII.15.
Proibição de exercer funções jurisdicionais, III.9.1.
Proporcionalidade: princípio, IV.4.4.
Proteção da concorrência, VII.3.
Publicidade oficial, VI.7.5.

-R-

Razoabilidade da duração dos processos, IX.5.1.
Razoabilidade e igualdade, IV.4.2.
Razoabilidade ponderativa e da igualdade, IV.5.
Razoabilidade ponderativa, IV.4.2.
Razoabilidade: aspectos, IV.4.1.
Razoabilidade: o controle da jurisprudência, V.2.1.
Rectificação ou resposta: direito, VI.7.4.
Regulamento: inderrogabilidade singular, VIII.7.
Relatividade dos direitos, I.14.
Reserva de legalidade, IV.1.3.

ÍNDICE TEMÁTICO

Responsabilidade do Estado: fundamento constitucional, VIII.12., VIII.12.1., VIII.12.2.
Restrições à liberdade de expressão, VI.7.3.

-S-

Separação de poderes: finalidade, III.3.
Separação de poderes: origem, III.1.
Separação de poderes: sentido atual, III.11.
Serviço público: o princípio da continuidade, VIII.10.
Socialização do direito, I.3.
Subdelegação, VIII.4.3.
Suplência, VIII.4.1.

-T-

Tópica, II.2.3.
Transparência, VIII.9.4.
Supremo Tribunal espanhol, III.9.3.
Tutela antecipada, IX.5.3.
Tutela jurisdicional efetiva, IX.1.2.
Tutela jurisdicional efetiva: na ordem provincial, IX, 4.2.
Tutela jurisdicional efetiva: facetas, IX, 1.2.
Tutela jurisdicional efetiva: fundamento, IX, 4.

-U-

União igualitária, V.2.6.

-V-

Valores, I.12.
Virgem nos Tribunais, VI.8.1.

ABREVIATURAS

AGN Auditoria Geral da Nação
art. Artigo(s)
BO Boletim Oficial
CABA Cidade Autônoma de Buenos Aires
CADH Convenção Americana sobre Direitos Humanos
CCCN Código Civil e Comercial da Nação
CIDH Comissão Interamericana de Direitos Humanos
CN Constituição Nacional
CNCiv. Câmara Nacional de Apelações em matéria Civil
CNCom. Câmara Nacional de Apelações em matéria Comercial
CNCont. Adm. Fed. Câmara Nacional de Apelações no Contencioso Administrativo Federal
CNT Comissão Nacional de Telecomunicações
Cód. Civil Código Civil
CPCA Código de Procedimento Contencioso Administrativo
dec. Decreto(s)
CPCCN
ED Revista jurídica *El Derecho*
EDA O Direito Administrativo
ENARGAS Entidade Nacional Reguladora da Eletricidade
ENRE Entidade Nacional Reguladora de Gás
ETOSS Entidade Tripartite de Obras e Serviços Sanitários
inc. inciso(s)
JA Revista jurídica Jurisprudência Argentina
LAF Lei de Administração Financeira

LNE Lei Nacional de Expropriações
LNPA Lei Nacional de Procedimentos Administrativos
LRJPAC Lei de Regime Jurídico das Administrações Públicas e do Procedimento Administrativo Comum
MEeJ Ministério da Educação e Justiça
n. número
p. página
pp. páginas
NEDN Nova Escola de Direito Natural
RADA Revista Argentina de Direito Administrativo
RAP Revista Argentina do Regime da Administração pública
RDCO Revista de Direito Comercial e das Obrigações
REDA Revista Espanhola de Direito Administrativo
RLNPA Regulamentação da Lei Nacional de Procedimentos Administrativos
SC Secretaria de Comunicações
SIGEN Sindicatura Geral da Nação
ss. seguintes
Sup. Corte Suprema Corte de Justiça da Nação
tomo tomo
t.o. texto ordenado
v.g., verbi gratia

REFERÊNCIAS BIBLIOGRÁFICAS

ABAD HERNANDO, Jesús L. *Estudios de derecho administrativo*. Mendoza, 1985.

ABELLA, Fermín. *Tratado teórico-práctico de lo contencioso-administrativo*. 2ª ed. Madrid: Administración, 1888.

ABERASTURY, Pedro; GOTTSCHAU, Patrizia E. "Interrelación del derecho supranacional en el procedimiento administrativo nacional". *In:* ABERASTURY, Pedro; BLANKE, Hermann-Josef (coord.). *Tendencias actuales del procedimiento administrativo en Latinoamérica y Europa*. Buenos Aires: Eudeba/Fundação Konrad Adenauer, 2012.

ABERASTURY, Pedro. "La decisión de controversias del derecho común por parte de tribunales administrativos". *JA*, 2005-III-5.

_____. "Principios de la responsabilidad del Estado". *In: Responsabilidad del Estado*. Buenos Aires: Lexis-Nexis/Abeledo Perrot, 2007.

_____. *La justicia administrativa*. Buenos Aires: Lexis-Nexis, 2006.

AFTALIÓN, Enrique. "Las faltas policiales, la garantía de legalidad y el formalismo". *La Ley*, 88-254.

AGAMBEN, Giorgio. *El estado de excepción*. Tradução de Adrián Hidalgo Editora. Buenos Aires: Adrián Hidalgo, 2007.

AGUILAR VALDEZ, Oscar. "Reflexiones sobre las funciones jurisdiccionales de los entes reguladores de servicios públicos a la luz del control judicial de la Administración. Con especial referencia al ente regulador de la energía eléctrica". *Anuario de derecho administrativo de la Universidad Austral.* tomo I. Buenos Aires: Abeledo Perrot, 1994.

_____. "El agotamiento de la vía administrativa y la tutela judicial efectiva: una evaluación general del sistema de la ley 19.549 a treinta años de su vigencia". In: CASSAGNE, Juan Carlos (coord.). *Procedimiento y proceso administrativo.* Jornadas da UCA. Buenos Aires: Lexis-Nexis/Abeledo Perrot, 2009.

AJA ESPIL, Jorge A. *Constitución y poder:* historia y teoría de los poderes implícitos y de los poderes inherentes. Buenos Aires: Tea, 1987.

ALAIS, Horacio F. *Los principios del derecho aduanero.* Buenos Aires: Marcial Pons, 2008.

ALBERDI, Juan Bautista. *Bases.* 4ª ed. São Paulo: Plus Ultra, 1984.

ALESSI, Renato. *Sistema istituzionale del diritto amministrativo italiano.* 2ª ed. Milão: Giuffrè, 1958.

ALEXY, Robert. *Teoría de la argumentación jurídica:* a teoría del discurso racional como teoría de la fundamentación jurídica. Tradução de Manuel Atienza; Isabel Espejo. Madrid: Centro de Estudos Constitucionais, 1997.

_____. *Teoría de los derechos fundamentales.* Madrid: Centro de Estudos Constitucionais, 2001.

_____. *Epílogo a la teoría de los derechos fundamentales.* Madrid: Centro de Estudos, 2004.

_____. *Teoría de la argumentación jurídica.* Lima: Palestra, 2007.

_____. *Teoría de los derechos fundamentales.* 2ª ed. Tradução de Carlos Bernal Pulido. Madrid: Centro de Estudos Políticos e Constitucionais, 2007.

_____. *El concepto y la naturaleza del derecho.* Tradução de Carlos Bernal Pulido. Madrid: Marcial Pons, 2008.

ALLI ARANGUREN, Juan Cruz. *El principio de legalidad y la justicia social en el derecho administrativo francês.* Pamplona: Universidade Pública de Navarra, 2008.

ALTAMIRA GIGENA, Julio Isidro. *Los principios generales del derecho como fuente del derecho administrativo.* Buenos Aires: Astrea, 1972.

AMAYA, Jorge Alejandro. *El control de constitucionalidad.* Buenos Aires: Astrea, 2012.

REFERÊNCIAS BIBLIOGRÁFICAS

AMENÁBAR, María del Pilar. *Responsabilidad extracontractual de la administración pública*. Santa Fé: Rubinzal-Culzoni, 2008.

ANDREUCCI, Carlos Alberto. "Responsabilidad del Estado en la Provincia de Buenos Aires". *Responsabilidad del Estado y del funcionario público*. Jornadas da Universidade Austral, Buenos Aires, 2001.

ARISTÓTELES. *Etica a Nicomaco*. Madrid: Centro de Estudos Constitucionais, 1985.

ARNANZ, Rafael A. *De la competencia administrativa:* con especial alusión a la municipal. Madrid: Montecorvo, 1967.

ATIENZA, Manuel; RUIZ MANERO, Juan. *Las piezas del derecho:* teoría de los enunciados jurídicos. 2ª ed. Barcelona: Ariel Derecho, 2004.

ATIENZA, Manuel. *Las razones del derecho:* teorías de la argumentación jurídica. México: Instituto de Investigaciones Jurídicas/Universidade Nacional Autônoma do México, 2005.

BACELLAR FILHO, Romeu Felipe. *Direito administrativo e o novo Código civil*. Belo Horizonte: Fórum, 2007.

BADENI, Gregorio. "El caso Simón y la supremacía constitucional". *La Ley*, 2005-D, 639.

_____. *Tratado de derecho constitucional*. tomo I. Buenos Aires: La Ley, 2004; 2ª ed. Buenos Aires: La Ley, 2006; 3ª ed. tomos I, II e III. Buenos Aires: La Ley, 2010.

BALBÍN, Carlos F. *Curso de derecho administrativo*. tomo I. Buenos Aires: La Ley, 2007.

BANDEIRA DE MELLO, Celso Antonio. *O conteúdo jurídico do princípio da igualdade*. São Paulo: Revista dos Tribunais, 1978.

BARBE PÉREZ, Héctor. *Los principios generales del derecho como fuente del derecho administrativo en el derecho uruguayo*. Montevidéu: Acali, 1958.

BARNÉS VÁZQUEZ, Javier. "Introducción al principio de proporcionalidad en el derecho comparado y comunitario". *Revista de Administración Pública*, Madrid, n. 135, 1994.

_____."El procedimiento administrativo en el tiempo y en el espacio. Una perspectiva histórica comparada". *In:* POZO GOWLAND, Héctor; HALPERIN, David Andrés; AGUILAR VALDEZ, Oscar; JUAN LIMA, Fernando; CANOSA, Armando (coord.). *Procedimiento administrativo*. tomo I. Buenos Aires: La Ley, 2012.

BARRA, Rodolfo Carlos. *Principios de derecho administrativo*. Buenos Aires: Ábaco, 1980.

_____. "Hacia una interpretación restrictiva del concepto jurídico de servicio público". *La Ley,* 1983-B, 363.

_____. *Tratado de derecho administrativo*. tomo I. Buenos Aires: Abaco, 2002.

_____."Cometidos administrativos en la actividad notarial y responsabilidad del Estado". *El Derecho,* 117:927.

_____."El ordenamiento institucional de los derechos humanos". *Temas de derecho público*. Buenos Aires: RAP, 2008.

_____. "La libertad de prensa en la reciente jurisprudencia de la Corte Suprema". *In:* GORDILLO, Agustín (coord.). *Derecho administrativo:* doctrinas esenciales. tomo I. Buenos Aires: La Ley, 2010.

_____."Responsabilidad del Estado de sus actos y contratos". *El Derecho,* 122-864.

BARRANCOS Y VEDÍA, Fernando. "Acerca del equilibrio y control entre los poderes del Estado". *In: Anais da Academia Nacional de Direito e Ciências Sociais,* 1ª série, 2ª época, vol LIII-46. Academia Nacional de Direito e Ciências Sociais, Buenos Aires, 2008.

BARRAZA, Javier Indalecio; SHAFRIK, Fabiana Haydée. *El jefe de gabinete.* Buenos Aires: Abeledo Perrot, 1999.

BARRAZA, Javier Indalecio. *Responsabilidad extracontractual del Estado*. Buenos Aires: La Ley, 2003.

_____. *Manual de derecho administrativo*. Buenos Aires: La Ley, 2010.

_____."Las medidas de urgencia o las llamadas medidas autosatisfactivas". *In:* CASSAGNE, Juan Carlos (coord.). *Tratado de derecho procesal administrativo*. 2ª ed. tomo II. Buenos Aires: La Ley, 2011.

REFERÊNCIAS BIBLIOGRÁFICAS

BARRERA MUÑOZ, William, "El procedimiento administrativo en el derecho colombiano". *In:* POZO GOWLAND, Héctor; HALPERIN, David Andrés; AGUILAR VALDEZ, Oscar; JUAN LIMA, Fernando; CANOSA, Armando (coord.). *Procedimiento administrativo.* tomo II. Buenos Aires: La Ley, 2012.

BEJAR RIVERA, Luis José. "El concepto de derecho administrativo". *Derecho administrativo.* México: Porrúa e Universidade Panamericana, 2010.

BELADIEZ ROJO, Margarita. *Los principios jurídicos.* 1ª ed. reimpressão. Madrid: Tecnos, 1997.

BELLUSCIO, Augusto C. "Equiparación de sexos en los órganos de las personas jurídicas". *La Ley,* 2006-C, 1457.

BENOIT, Francis P. *Le Droit administratif français.* Dalloz: Paris, 1968.

BERIZONCE, Roberto O. "El contralor de la labor jurisdiccional del Poder Judiciário". *In: Anais da Faculdade de Ciências Jurídicas e Sociais da Universidade Nacional de La Plata.* tomo 30, 1987.

BERMEJO VERA, José. *Derecho administrativo Básico.* 6ª ed. Madrid: Thomson Civitas, 2005.

BERNAL PULIDO, Carlos. *El principio de proporcionalidad y los derechos fundamentales:* el principio de proporcionalidad como criterio para determinar el contenido de los derechos fundamentales vinculante para el legislador. Madrid: Centro de Estudos Políticos e Constitucionais, 2003.

BIANCHI, Alberto B. *La delegación legislativa.* Buenos Aires: Abaco, 1990.

_____. *Control de constitucionalidad.* tomo I. Buenos Aires: Abaco, 1992; 2ª ed. Buenos Aires: Abaco, 2002.

_____. "Horizontes de la delegación legislativa luego de la reforma constitucional". *ReDA,* ano 6, Buenos Aires: Depalma, 1994.

_____. "¿Tiene fundamentos constitucionales el agotamiento de la instancia administrativa?". *La Ley,* 1995-A, 395.

_____. "Inconstitucionalidad sobreviniente del art. 7º de la Ley de Demandas contra la Nación". *El Derecho,* 118-827.

_____. "Algunas reflexiones críticas sobre la peligrosidad o inutilidad de una teoría general del contrato administrativo. (Una perspectiva desde el derecho administrativo de los Estados Unidos)". *El Derecho*, 184-900 (primeira parte); *El Derecho*, 185-714 (segunda parte).

_____. *Responsabilidad del Estado por su actividad legislativa*. Buenos Aires: Abaco, 1999.

_____. "De la acción declarativa de certeza a la acción de inconstitucionalidad". *EDC*, 2000/2001.

_____. "Dimensión actual de la delegación legislativa". *ReDA*, Buenos Aires: Depalma, n. 42.

_____. "La potestad reglamentaria de los entes reguladores". *In: Acto y Reglamento administrativo*. Jornadas organizadas pela Universidade Austral. Buenos Aires: RAP, 2001.

_____. *La regulación económica*. Buenos Aires: Abaco, 2001.

_____. "La responsabilidad de los entes reguladores". *In: Responsabilidad del Estado y del funcionario público*. Jornadas organizadas pela Universidade Austral. Buenos Aires: RAP, 2001.

_____. "El caso San Luis o de cómo la emergencia fue encarada desde la delegación legislativa". *ReDA*, Buenos Aires: Abeledo Perrot. n. 45. 2003.

_____. "El control judicial bajo la doctrina de la deferencia". *In: Control de la administración pública*. Buenos Aires: Ediciones Rap, 2003.

_____. "El caso 'Bustos' y sus efectos, por ahora". *Pesificación de los depósitos bancarios*. Suplemento especial La Ley, 28.10.2004.

_____. "Las autoridades administrativas del Presidente de la Nación". *Organización administrativa, función pública y dominio público*, Jornadas organizadas pela Universidade Austral. Buenos Aires: RAP, 2005.

_____. "Reflexiones sobre el caso 'Ángel Estrada' y sus efectos en la jurisdicción arbitral". *O direito administrativo*, 2005-487.

_____. *Historia constitucional de los Estados Unidos*. Buenos Aires: Cathedra Jurídica, 2008.

BIDART CAMPOS, Germán J. *Derecho constitucional*. tomo II. Buenos Aires: Ediar, 1966; tomo I. Buenos Aires: Ediar, 1968; tomo II. Buenos Aires: Ediar, 1969; tomo II. Buenos Aires: Ediar, 1996.

REFERÊNCIAS BIBLIOGRÁFICAS

_____. *El derecho constitucional del poder*. tomo I e II. Buenos Aires: Ediar, 1967.

_____. *Manual de derecho constitucional argentino*. Buenos Aires: Depalma, 1984.

_____. *Tratado elemental del derecho constitucional argentino*. tomo I. Buenos Aires: Ediar, 1989; tomo I. Buenos Aires: Ediar, 2001; tomo VI.

_____. *La reforma constitucional de 1994*. Buenos Aires: Ediar, 1995.

_____. *La tipología de la Constitución argentina*. Anais da Academia Nacional de Direito e Ciências Sociais de Buenos Aires, ano XVI, segunda época, n. 13.

_____. *Tratado elemental de derecho constitucional*. 2ª ed. tomo I. Buenos Aires: Ediar, 1995.

_____. "*Habeas corpus* y expulsión de extranjeros. Lo abstracto y lo concreto". *La Ley*, 1999-C, 62.

_____. "La titularidad del derecho de huelga en la Constitución argentina". *El Derecho*, 114-815.

_____. *Teoría general de los Derechos Humanos*. Buenos Aires: Astrea, 2006.

BIDEGAIN, Carlos María. *Curso de derecho constitucional*. tomo I. Buenos Aires: Abeledo Perrot, 1994.

BIELSA, Rafael. "Acto jurisdiccional y acto judicial". *La Ley*, 104-825.

_____. "El estado de necesidad con particular referencia al derecho constitucional y al derecho administrativo". *Anuário do Instituto de direito público*. Rosário, 1940.

_____. *Derecho administrativo*: legislación administrativa argentina. 4ª ed. tomo III. Buenos Aires: El Ateneo, 1947.

_____. *Sobre lo contencioso-administrativo*. Santa Fé, 1949.

_____. "Necesidad de motivar jurídicamente los actos del poder administrados en el sistema político de la Constitución". In: *Estudios de derecho público*. 2ª ed. tomo III. Buenos Aires: Depalma, 1952.

_____. "Reglamentos delegados". *La Ley*. tomo 102, p. 1061.

_____. *Estudios de derecho público*. tomo III: derecho constitucional. Buenos Aires: Arayú Librería Editorial, 1952.

_____. *Derecho constitucional*. Buenos Aires: Depalma, 1954.

_____. *Derecho administrativo*. 5ª ed. tomo I e II. Buenos Aires: Depalma, 1955; 6ª ed. tomo I e II. Buenos Aires: La Ley, 1964; 6ª ed. tomo V. Buenos Aires: La Ley, 1966.

_____. *Metodología jurídica*. Santa Fé: Castellví, 1961.

BIGLIERI, Alberto. "Procedimiento administrativo y Derecho Municipal". *In:* POZO GOWLAND, Héctor; HALPERIN, David Andrés; AGUILAR VALDEZ, Oscar; JUAN LIMA, Fernando; CANOSA, Armando (coord.). *Procedimiento administrativo*. tomo I. Buenos Aires: La Ley, 2012.

BISCARETTI DI RUFFIA, Paolo. *Derecho constitucional comparado*. Madrid: Tecnos, 1987.

BLAQUIER, Carlos Pedro. *Apuntes para una introducción a la filosofía*. Buenos Aires: Lons, 2003.

BONPLAND, Viviana. "Responsabilidad extracontractual del Estado (Análisis exegético de las citas del codificador al art. 1112 del Código Civil". *La Ley,* 1987-A, 779.

BOQUERA OLIVER, José M. *Derecho administrativo*. tomo I. Madrid: Instituto de Estudios de Administración Local, 1972.

BORDA, Guillermo A. *Tratado de derecho civil:* parte geral. 3ª ed. Buenos Aires: Abeledo Perrot, 1999.

BOSCH, Jorge Tristán. *Ensayo de interpretación de la doctrina de la separación de los poderes*. Buenos Aires: Universidade de Buenos Aires, Faculdade de Direito e Ciências Sociais, 1944.

_____. *¿Tribunales judiciales o tribunales administrativos para juzgar a la Administración pública?*. Buenos Aires: Zavalía, 1951.

_____. "Lo contencioso administrativo y la Constitución Nacional". *La Ley,* 81-834.

BOTASSI, Carlos A. "Habilitación de la instancia contencioso-administrativa y derechos humanos". *La Ley,* 2000-F-594.

REFERÊNCIAS BIBLIOGRÁFICAS

_____. "Responsabilidad del Estado por su actividad jurisdiccional". *In: Responsabilidad del Estado y del funcionario público.* Jornadas organizadas pela Universidade Austral. Buenos Aires: RAP, 2001.

BRAIBANT, Guy. "Les Autorités administratives indépendantes". *In:* COLLIARD, Claude-Albert; TIMSIT Gérard. (coord.). *Les autorités administratives indépendantes.* Paris: PUF, 1988.

BREWER CARÍAS, Allan Randolph. *Derecho administrativo.* Carácas: Funeda, 1975.

_____ "Los principios de legalidad y eficacia en las leyes de procedimientos administrativos en América Latina". *In: La relación jurídico-administrativa y el procedimiento administrativo.* IV Jornadas Internacionales de derecho administrativo "Allan Randolph Brewer Carías". Carácas: Funeda, 1999.

_____. *Principios fundamentales del derecho público.* Carácas: Editorial Jurídica Venezolana, 2005.

_____. "Sobre los límites al ejercicio del poder discrecional". *In: Estudios jurídicos en homenaje al Profesor Mariano R. Brito.* Montevidéu: Fundação de Cultura Universitária, 2008.

_____. *La Constitución de Cádiz y el constitucionalismo americano.* São José da Costa Rica: Editorial Investigaciones Jurídicas, 2012.

BRITO, Mariano. "De la razonabilidad del acto administrativo: la cuestión de su contralor jurisdiccional anulatorio". *In: Derecho administrativo:* supremacía-contemporaneidad-prospectiva. Montevidéu: Universidade de Montevidéu/Faculdade de Direito, 2004.

BUNGE, Mario A. *La ciencia, su método y su filosofía.* Buenos Aires: Siglo Veinte, 1975.

_____. *Filosofía política.* Barcelona/Buenos Aires: Gedisa, 2009.

_____. *Memorias:* entre dos mundos. Buenos Aires: Gedisa/Eudeba, 2014.

BUSSO, Eduardo. *Código Civil Anotado.* tomo I. Buenos Aires: Ediar, 1944.

BUSTAMANTE ALSINA, Jorge. "El marco normativo dentro del cual debe ejercerse la libertad de prensa". *La Ley,* 1992-B, 848.

_____. "Responsabilidad del Estado por error judicial, (El auto de prisión preventiva y la absolución)". *La Ley,* 1996-B, 311.

_____. "Responsabilidad del Estado por la muerte de internos en una cárcel al incendiarse ésta". *La Ley,* 1996-C, 584.

_____. "Nuestro derecho común interno frente a la doctrina jurisprudencial norteamericana de la *actual malice*". *La Ley,* 1997-A, 936.

BUSTELO, Ernesto. "Responsabilidad del Estado por su actividad ¿lícita?". *In: Estudios de derecho administrativo XI.* IEDA. Mendoza: Diké, 2004.

_____. "Responsabilidad del Estado por sus faltas de servicio". *In: Estudios de derecho administrativo XII.* IEDA. Mendoza: Diké, 2005.

BUTELER, Alfonso. "La responsabilidad del Estado por falta de servicio en un nuevo fallo de la Corte Suprema". *La Ley,* 2007-D, 319.

CAJARVILLE PELUFFO, Juan Pablo. "Supremacía constitucional e interpretación". *In: Sobre derecho administrativo.* tomo I. Montevidéu: FCU, 2007.

CALONJE, Diego Andrés. "Responsabilidad del Estado en la Provincia de Buenos Aires. Análisis de la jurisprudencia de la Suprema Corte de Justicia". *In:* ABERASTURY, Pedro (coord.). *Responsabilidad del Estado.* Buenos Aires: Abeledo Perrot/Lexis-Nexis, 2007.

CAMUS, Albert. *El hombre rebelde.* 14ª ed. Buenos Aires: Losada, 2003.

CANASI, José. *Derecho administrativo.* tomo I. Buenos Aires: Depalma, 1972-1977.

CANDA, Fabián Omar. "La suspensión del acto administrativo estable". *In: Procedimiento administrativo.* Jornadas organizadas pela Faculdade de Direito, Universidade Austral, Ciências da Administração, Buenos Aires, 1998.

_____. "La responsabilidad del Estado por omisión (Estado de situación en la jurisprudencia de la CSJN)". *In: Cuestiones de responsabilidad del Estado y del funcionario.* Jornadas da Universidade Austral, Buenos Aires, 2008.

_____. "La teoría de la subsanación en el procedimiento administrativo". *In:* POZO GOWLAND, Héctor; HALPERIN, David Andrés; AGUILAR VALDEZ, Oscar; JUAN LIMA, Fernando; CANOSA, Armando (coord.). *Procedimiento administrativo.* tomo II. Buenos Aires: La Ley, 2012.

REFERÊNCIAS BIBLIOGRÁFICAS

CANOSA, Armando N.; MIHURA ESTRADA, Gabriel. "El procedimiento de selección del contratista como procedimiento administrativo especial". *JA*, 1996-IV, 774.

CANOSA, Armando N. "La delegación legislativa en la nueva Constitución". *In:* CASSAGNE, Juan Carlos (coord.). *Estudios sobre la reforma constitucional*. Buenos Aires: Depalma, 1995.

_____. "Nuevamente el art. 1113 del Código Civil y la responsabilidad del Estado". *El Derecho*, 157-84.

_____. "Influencia del derecho a la tutela judicial efectiva en materia de agotamiento de la instancia administrativa". *El Derecho*, 166-988.

_____. "El debido proceso adjetivo en el procedimiento administrativo". *In:* CASSAGNE, Juan Carlos (coord.). *Procedimiento y proceso administrativo*. Buenos Aires: Lexis-Nexis, 2007.

_____. *Procedimiento administrativo:* recursos y reclamos. Buenos Aires: Abeledo Perrot, 2008.

_____. "Principio de la tutela administrativa efectiva". *In:* POZO GOWLAND, Héctor; HALPERIN, David Andrés; AGUILAR VALDEZ, Oscar; JUAN LIMA, Fernando; CANOSA, Armando (coord.). *Procedimiento administrativo*. tomo I. Buenos Aires: La Ley, 2012.

CAPUTI, María Claudia. "Tendencias actuales en materia de responsabilidad del Estado por funcionamiento irregular de los órganos judiciales. El caso *Amiano*". *La Ley*, 2000-C, 763.

_____. *La ética pública*. Buenos Aires: Depalma, 2000.

_____. "Ética pública y procedimiento administrativo". *In:* POZO GOWLAND, Héctor; HALPERIN, David Andrés; AGUILAR VALDEZ, Oscar; JUAN LIMA, Fernando; CANOSA, Armando (coord.). *Procedimiento administrativo*. tomo I. Buenos Aires: La Ley, 2012.

CARDACI MÉNDEZ, Ariel. *Revocación del contrato de obra pública*. Buenos Aires: Astrea, 2014.

CARRÉ DE MALBERG, Raymond. *Teoría general del Estado*. Reimpressão da edição de 1998. México: Fondo de Cultura Económica, 2000.

CARRIÓ, Genaro R. *Recurso de amparo y técnica judicial*. Buenos Aires: Abeledo Perrot, 1959.

CASARES, Tomás D. *La justicia y el derecho*. 2ª ed. Buenos Aires: Cursos de Cultura católica, 1945.

CASÁS, José Osvaldo. *Derechos y garantías constitucionales del contribuyente*. Buenos Aires: Ad-Hoc, 2002.

CASSAGNE, Ezequiel. "Las medidas cautelares contra la Administración". *In:* CASSAGNE, Juan Carlos (coord.). *Tratado general de derecho procesual administrativo*. tomo II. Buenos Aires: La Ley, 2011.

_____. "El principio de razonabilidad en el procedimiento administrativo". *In:* POZO GOWLAND, Héctor; HALPERIN, David Andrés; AGUILAR VALDEZ, Oscar; JUAN LIMA, Fernando; CANOSA, Armando (coord.). *Procedimiento administrativo*. tomo I. Buenos Aires: La Ley, 2012.

CASSAGNE, Juan Carlos; PERRINO, Pablo E. *El nuevo proceso contencioso administrativo en la Provincia de Buenos Aires*. Buenos Aires: Lexis-Nexis, 2006.

CASSAGNE, Juan Carlos. *La ejecutoriedad del acto administrativo*. Buenos Aires: Abeledo Perrot, 1970.

_____. *El acto administrativo*. Buenos Aires: Abeledo Perrot, 1974; 2ª ed. Buenos Aires: Abeledo Perrot, 1981; 3ª ed. Buenos Aires: La Ley, 2012.

_____. "En torno a la figura del contrato administrativo". *In: Cuestiones de derecho administrativo*. Buenos Aires: Depalma, 1987.

_____. "La igualdad en la contratación administrativa". *Cuestiones de derecho administrativo*. Buenos Aires: Depalma, 1987.

_____. *Cuestiones de derecho administrativo*, Buenos Aires: Depalma, 1987.

_____. *Principios generales del derecho en el derecho administrativo*. Buenos Aires: Separata da Academia Nacional de Direito e Ciências Sociais de 1988.

_____. *La huelga en los servicios públicos esenciales*. Madrid: Civitas, 1993.

_____. "Nuestro derecho común interno frente a la doctrina jurisprudencial norteamericana de la *actual malice*". *La Ley*, 1997-A, 936.

REFERÊNCIAS BIBLIOGRÁFICAS

_____. *Derecho administrativo*. 7ª ed. tomo II. Buenos Aires: Lexis-Nexis, 2002. 8ª ed. Atualizada. tomo I e II. Buenos Aires: Lexis-Nexis, 2006, 9ª ed. Buenos Aires: Abeledo Perrot, 2010.

_____. *Curso de derecho administrativo*. 10ª ed. tomo I e II. Buenos Aires: La Ley, 2011.

_____. "Perspectivas de la justicia contencioso-administrativa argentina en el siglo XXI". *In: Estudios de derecho administrativo*. tomo X. Mendoza: Diké, 2004.

_____. "Las fuentes de la Constitución Nacional y el Derecho administrativo". *La Ley*, 2007-E, 993.

_____. *El principio de legalidad y el control judicial de la discrecionalidad administrativa*. Buenos Aires/Madrid: Marcial Pons, 2009.

_____. *Ley nacional de procedimientos administrativos*: comentada y anotada. Buenos Aires: La Ley, 2009.

_____. "La ejecutoriedad del acto administrativo: la suspensión de sus efectos en el procedimiento administrativo". *O direito administrativo*, 2009-703.

_____. "El bicentenario de la Constitución de Cádiz, sus raíces y sus proyecciones". *La Ley*, 2011-F, 1318.

_____. "La ley nacional de procedimientos administrativos". *El Derecho*, 42-839.

_____. "Los contratos de la administración pública". *El Derecho*, 57-793.

_____. "La igualdad en la contratación administrativa". *El Derecho*, 101-899.

_____. "Sobre la ejecución de las sentencias que condenan al Estado a pagar sumas de dinero". *El Derecho*, 128-920.

_____. "La reglamentación del derecho de huelga en los servicios esenciales". *El Derecho*, 139-865/872.

CASSESE, Sabino. *La globalización jurídica*. Tradução do Instituto Nacional de Administración Pública. Madrid: Marcial Pons, 2006.

CASTRO, Adolfo. *Cortes de Cádiz:* complementos de las sesiones verificadas en la Isla de León y en Cádiz. tomo II. Reimpressão da obra original de 1913. Pamplona: Analecta, 2004.

CEJADOR Y FRANCA, Julio S. J. *La lengua de Cervantes:* gramática y Diccionario de la Lengua Castellana en el Ingenioso Hidalgo D. Quijote de la Mancha. tomo II. Obra premiada no certame público aberto pelo Ateneu de Madrid por ocasião do III Centenário da publicação do "Quijote". Madrid: J. Rates, 1906.

CELORRIO, Hernán. "Derechos sociales y tutela judicial". In: *Estudios de derecho administrativo,* Montevidéu: La Ley, n. 3, 2011.

_____. "Procedimiento administrativo en las relaciones económicas". In: POZO GOWLAND, Héctor; HALPERIN, David Andrés; AGUILAR VALDEZ, Oscar; JUAN LIMA, Fernando; CANOSA, Armando (coord.). *Procedimiento administrativo.* tomo I. Buenos Aires: La Ley, 2012.

CERULLI IRELLI, Vincenzo. *Corso di diritto amministrativo.* Turín: Giappichelli, 1999.

CHINOT, René. *Le privilège d'exécution d'office de l'Administration.* Paris: Maurice Lavergne, 1945.

CHOMSKY, Noam; FOUCAULT, Michel. *La naturaleza humana:* ¿justicia o poder?. València: Universidade de València, 1976.

CIANCIARDO, Juan. *El principio de razonabilidad:* del debido proceso sustantivo al moderno juicio de proporcionalidad. Buenos Aires: Abaco, 2004.

CIANCIARDO, Juan (coord.). *La interpretación en la era del neo-constitucionalismo.* Buenos Aires: Abaco, 2006.

CIBINIC, John; NASH, Ralph. *Administration of Government Contracts.* 3ª ed. Washington DC: The George Washington University, 1995.

CISNEROS FARIAS, Germán. *Derecho sistemático.* México: Porrúa, 2005.

CLAVERO ARÉVALO, Manuel Francisco. "La doctrina de los principios generales del derecho". *Revista de la administración pública,* n. 44.

COLMEIRO, Manuel. *Derecho administrativo español.* 3ª ed. Madrid: Imprenta de José Rodríguez, 1865.

REFERÊNCIAS BIBLIOGRÁFICAS

COLOMBO, Leonardo A. *Culpa aquiliana (cuasidelitos)*. 1ª ed. Buenos Aires: TEA, 1944.

COMADIRA, Julio Rodolfo. *Acto administrativo municipal*. Buenos Aires: Depalma, 1992.

_____. "Los reglamentos de necesidad y urgencia (Fundamento. Su posible regulación legislativa)". *La Ley,* 1993-D-750.

_____. *Derecho administrativo*. Buenos Aires: Abeledo Perrot, 1996.

_____. "Reflexiones sobre la regulación de los servicios públicos privatizados y los entes reguladores". *El Derecho*, 162-1134.

_____. "Algunos aspectos de la licitación pública". *In: Contratos administrativos*. Jornadas organizadas pela Universidade Austral, Faculdade de Direito, Ciências da Administração. Buenos Aires: RAP, 2000.

_____. "La responsabilidad del Estado por su actividad lícita o legítima". *O direito administrativo,* 2001-2002.

_____. "Los reglamentos delegados". *In: Acto administrativo y reglamento*. Jornadas organizadas pela Universidade Austral. Buenos Aires: RAP, 2001.

COMADIRA, Julio Rodolfo; MONTI, Laura. *Procedimientos administrativos (Ley Nacional de Procedimientos Administrativos, anotada y comentada)*. Buenos Aires: La Ley, 2002.

COMADIRA, Julio Rodolfo; ESCOLA, Héctor J.; COMADIRA, Julio Pablo. *Curso de derecho administrativo*. tomo II. Buenos Aires: Abeledo Perrot, 2012.

COOLEY, Thomas M. *Principios del derecho constitucional en los Estados Unidos de América*. Buenos Aires: J. Peuser, 1898.

CORTELLEZI, Juan. "Un fallo que afirma el principio de igualdad de los oferentes en los concursos de precios y las prerrogativas de dirección pública". *REDA,* Buenos Aires: Depalma, n. 56, 2006.

CORTI, Arístides Horacio M. "Decretos de necesidad y urgencia y de promulgación parcial de leyes. Legislación delegante. Reglamentos delegados". *In: El Derecho,* 7.07.2010.

COVIELLO, Pedro J. J. "La denominada zona de reserva de la Administración y el principio de la legalidad administrativa". *In:* CASSAGNE, Juan Carlos (coord.). *Derecho administrativo:* obra colectiva en homenage al Professor Miguel S. Marienhoff. Buenos Aires: Abeledo Perrot, 1998.

_____."El contrato administrativo en la jurisprudencia de la Corte Suprema de Justicia de la Nación". *In: Contratos administrativos.* Jornadas organizadas pela Universidade Austral Faculdade de Direito, Ciências da Administração. Buenos Aires: RAP, 2000.

_____."La responsabilidad del Estado por su actividad lícita". *In: El Derecho,* Serie Especial de derecho administrativo del 29.08.2000.

_____. *La protección de la confianza del administrado.* Lexis-Nexis. Buenos Aires: Abeledo Perrot, 2004.

_____."Los principios generales del derecho frente a la ley y al reglamento en el derecho administrativo argentino". *REDA,* Buenos Aires: Lexis-Nexis, n. 62, 2007.

_____."Los principios y valores como fuentes del derecho administrativo". *In: Cuestiones del derecho administrativo.* Buenos Aires: RAP, 2009.

_____. "Reflexiones sobre la ética pública". *Revista Ius et Veritas,* Buenos Aires, n. 48, 2010.

COX, A. *Law and National Labor Policy.* tomo II. Universidade da Califórnia, 1960.

CRETELLA Jr, José. "Principios fundamentales del derecho administrativo". *In: Estudios en homenaje al profesor López Rodó.* tomo I. Madrid: Universidade Complutense, 1972.

CUADROS, Oscar. "Consideraciones acerca de la responsabilidad del Estado en la Provincia de San Juan a la luz del panorama doctrinario, normativo y jurisprudencial argentino actual". *In: Estudios de derecho administrativo XI.* IEDA. Mendoza: Diké, 2006.

_____. *Administración y Constitución.* Buenos Aires: Astrea, 2014.

CUETO RÚA, Julio. *Fuentes del derecho.* Buenos Aires: Abeledo Perrot, 1965.

D'ALESSIO, Francesco. *Istituzioni di diritto amministrativo.* tomo I. Turín: Unione Tipográfica Editrice Torinense, 1939.

REFERÊNCIAS BIBLIOGRÁFICAS

DALLA VÍA, Alberto R. *Derecho constitucional económico*. Buenos Aires: Abeledo Perrot, 1999.

_____. "La Constitución de Cádiz y los antecedentes de la Constitución de la Nación argentina". *EDC*, 2008-429.

DANÓS ORDOÑEZ, Jorge. "Los principios generales del derecho en el derecho administrativo peruano". *In: Los principios en el derecho administrativo Íbero-americano*. Junta de Castela e Leão, La Coruña: Netbilo, 2008.

_____. "La protección de los derechos de los consumidores y usuarios en el derecho peruano". *In: Congreso Internacional de derecho administrativo*. X Foro Íbero-americano de derecho administrativo, El Salvador, 2011.

DE LA RIVA, Ignacio M. "Los decretos sujetos al control del legislador en el marco de la ley n. 26.133". *In:* BOULLADE, Gustavo (coord.). *Fuentes del derecho administrativo*. IEDA. Buenos Aires: Lexis-Nexis, 2007.

DE LOS SANTOS, Mabel A. "Diferencias entre la medida autosatisfactiva y la cautelar". *In:* PEYRANO, Jorge W. (coord.). *Medidas autosatisfactivas*. 2ª ed. tomo I. Santa Fé: Rubinzal Culzoni, 2014.

DEBBASCH, Charles. *Droit administratif.* Paris: Económica, 2002.

DEL VECCHIO, Giorgio. *Los principios generales del derecho*. 3ª ed. Barcelona: Bosch, 1979.

DELPIAZZO, Carlos E. "Recepción de los principios generales del derecho por el derecho positivo uruguayo". *In: Los principios en el derecho administrativo íbero-americano*. Foro Íbero-americano de derecho administrativo. Junta de Castela e Leão, La Coruña: Netbiblo, 2008.

DI MALTA, Pierre. *Essai sur la notion du pouvoir hiérarchique*. Paris: LGDJ, 1961.

DIDIER, María Marta. *El principio de igualdad en las normas jurídicas*. 1ª ed. Buenos Aires: Marcial Pons, 2012.

DIEZ, Manuel M.; HUTCHINSON, Tomás (coord.). *Manual de derecho administrativo*. tomo II. Buenos Aires: Plus Ultra, 1980.

DIEZ, Manuel M. *Derecho administrativo*. tomo I e II. Buenos Aires: Bibliográfica Omeba, 1963; tomo III. Buenos Aires: Bibliográfica Omeba, 1967; tomo IV, Buenos Aires: Bibliográfica Omeba, 1969.

_____. *Derecho administrativo.* 2ª ed. tomo II. Buenos Aires: Plus Ultra, 1976.

_____. *El acto administrativo.* Buenos Aires: Tea, 1956.

DOCOBO, Jorge J. "Delegaciones a los ministros y Secretarios de Estado". *JA*, 30.06.1975.

_____. "El reglamento de procedimientos administrativos aprobado por el dec. 1759/1972", *JA*, n. 4028.

DROMI, José Roberto. "El dictamen y la formación de la voluntad administrativa", *RADA*, n. 2. Buenos Aires: Universidade do Museu Social Argentino, 1971.

_____. *El procedimiento administrativo.* Madrid: IEAL, 1986.

_____. *Introducción al Derecho administrativo.* Madrid: Grouz, 1986.

DRUETTA, Ricardo T. "Garantía de impugnación en los procesos de selección del cocontratante. Su incompatibilidad con los principios fundamentales del procedimiento administrativo". *In: Procedimiento administrativo.* Jornadas organizadas pela Faculdade de Direito, Universidade Austral. Buenos Aires: RAP, 1998.

DUEZ, Paul; DEBEYRE, Guy. *Traité de droit administratif.* Paris: Dalloz, 1952.

DUFFY, Marcelo. "La responsabilidad del Estado y de los funcionarios públicos con motivo de su actuación en el procedimiento administrativo". *In:* POZO GOWLAND, Héctor; HALPERIN, David Andrés; AGUILAR VALDEZ, Oscar; JUAN LIMA, Fernando; CANOSA, Armando (coord.). *Procedimiento administrativo.* tomo II. Buenos Aires: La Ley, 2012.

DUGUIT, Léon. *Traité de Droit Constitutionnel.* Paris: Boccard, 1923.

DURÁN MARTÍNEZ, Augusto. *Los principios generales del derecho en el derecho administrativo uruguayo:* aplicación por el legislador, el administrador y el juez. Junta de Castela e Leão, La Coruña: Netbilo, 2007.

_____. *Neoconstitucionalismo y Derecho administrativo.* Montevidéu: La Ley, 2012.

_____. *Contencioso-Administrativo.* 2ª ed. Montevidéu: Fundación Cultura Universitaria, 2015.

REFERÊNCIAS BIBLIOGRÁFICAS

DURAND, Julio C. "La duración razonable del procedimiento administrativo como garantía vinculada al debido proceso y condición de validez del acto administrativo". *Revista Íbero-americana de derecho administrativo y Regulación Económica*, IJ-LXVI-909, 14.12.2012.

DWORKIN, Ronald. *Los derechos en serio*. 2ª ed. Barcelona: Ariel, 1989.

EKMEKDJIAN, Miguel Angel. "La ejecutoriedad de los derechos y garantías reconocidas en el Pacto São José da Costa Rica". *La Ley*, 1987-B, 263.

_____. *Temas de Derecho Constitucional*. Buenos Aires: Ediar, 1987.

ENTRENA CUESTA, Rafael. *Curso de derecho administrativo*. 3ª ed. tomo I. Madrid: Tecnos, 1970.

ESCOLA, Héctor J. *Tratado General de Procedimiento administrativo*. Buenos Aires: Depalma, 1973.

ESMEIN, Ademar. *Eléments de Droit Constitutionnel français et comparé*. 8ª ed. Paris: Sirey, 1927.

ESTRADA, José Manuel. *Curso de derecho constitucional*. tomo I. Buenos Aires: Compañía Sudamericana de Billetes de Banco, 1901; tomo II. Buenos Aires: Sudamericana de Billetes de Banco, 1902.

_____. *Curso de derecho constitucional*. 2ª ed. tomo I. Buenos Aires: Científica y Literaria Argentina, 1927.

ESTRADA, Juan Ramón de. "La primera reforma a la ley de procedimientos administrativos". *In: Revista Legislación Argentina*, 1978.

_____. "Agotamiento de la vía administrativa y habilitación de la instancia judicial: dos importantes fallos de la Corte Suprema". *REDA*, n. 4, Buenos Aires: Depalma, 1990.

_____. "Enseñanza privada y servicio público". *El Derecho*, 119-955.

_____. "Responsabilidad del Estado por actos legislativos y discrecionales (Fundamentos y límites de la responsabilidad conforme a derecho)". *El Derecho*, 102-843.

FARRANDO, Ismael. *Manual de derecho administrativo*. Buenos Aires: Depalma, 1996.

FAZIO, Giuseppe. *La delega amministrativa e i rapporti de delegazione*. Milão: Giuffrè, 1964.

FERNÁNDEZ BALBIS, Amalia. *Contingencias del Proceso Civil*. Rosário: Nova Tesis, 2015.

FERNÁNDEZ SALGADO, F. *La dogmática de los derechos humanos*. Lima: Ediciones Jurídicas, 1994.

FERNÁNDEZ TORRES, Juan Ramón. *La jurisdicción administrativa revisora y la tutela judicial efectiva*. Madrid: Civitas, 1998.

FERNÁNDEZ, Tomás Ramón; CASSAGNE, Juan Carlos. *Sobre la ley, el poder y el derecho*. Buenos Aires: Abeledo Perrot, 2014.

FERNÁNDEZ, Tomás Ramón. "Sobre el caráter revisor de la jurisdicción contencioso-administrativa". *Revista Española de derecho administrativo*, n. 16, Madrid, 1976.

_____. *De la arbitrariedad de la Administración*. Madrid: Civitas, 1994.

_____. "Juzgar a la Administración contribuye también a administrar mejor". *REDA,* Buenos Aires: Depalma, n. 15/16, 1994.

_____. "Reflexiones sobre las llamadas Autoridades Administrativas Independientes". *In: Administración instrumental*: livro em homenagem a Manuel Francisco Clavero Arévalo. vol. I. Madrid: Civitas, 1994.

_____. "Sobre el derecho y el quehacer de los juristas. Dar y exigir razones". Madrid: Servicio de publicaciones, Faculdade de Direito, Universidade Complutense, 2011. *In: La Ley,* 2012-B, 1150.

_____. "Sobre los límites constitucionales del poder discrecional, lección jubilar". Pronunciada en la Faculdade de Direito de San Sebastián, el 12 de mayo de 2010. *In:* FERNÁNDEZ, Tomás Ramón; CASSAGNE, Juan Carlos. *Sobre la ley, el poder discrecional y el derecho*. Buenos Aires: Abeledo Perrot, 2014.

FERRAJOLI, Luigi. *El garantismo y la filosofía del derecho*. Bogotá: Universidad del Externado, 2000.

_____. *Principia Iuris:* teoría del derecho y de la democracia. tomo I. Madrid: Trotta, 2007.

REFERÊNCIAS BIBLIOGRÁFICAS

FERRATER MORA, José. *Diccionario de Filosofía*. tomo III e IV. Barcelona: Ariel Filosofia, 1994; tomo I, Barcelona: Ariel Filosofia, 1999.

FIGUEIREDO MOREIRA NETO, Diogo de. *Curso de Direito Administrativo*. 14ª ed. Rio de Janeiro: Forense, 2007; 15ª ed. Rio de Janeiro: Forense, 2009.

FINNIS, John. *Ley natural y derechos naturales*. Tradução de Cristóbal Orrego S. Buenos Aires: Abeledo Perrot, 2000.

FIORINI, Bartolomé A. "Inexistencia del acto administrativo jurisdiccional". *La Ley*, 101-1027 e ss.

_____. *¿Qué es el contencioso?*. Buenos Aires: Abeledo Perrot, 1965.

_____. *Manual de derecho administrativo*. tomo I. Buenos Aires: La Ley, 1968.

_____. *Teoría jurídica del acto administrativo*. Buenos Aires: Abeledo Perrot, 1969.

_____. *Derecho administrativo*. tomo II. Buenos Aires: Abeledo Perrot, 1976.

FOLIGNO, Darío. *L'attività amministrativa*. Milão: Giuffre, 1966.

FORSTHOFF, Ernest. *Tratado de derecho administrativo*. Tradução do Centro de Estudos Constitucionais, Madrid, 1958.

FRANCAVILLA, Ricardo H. "La imputabilidad en la Responsabilidad del Estado". *In: Cuestiones de responsabilidad del Estado y del funcionario*. Jornadas da Universidade Austral. Buenos Aires: RAP, 2008.

FRANCHINI, Flaminio. *La delegazione amministrativa*. Milão: Giuffrè, 1950.

FRANCO SOBRINHO, Manoel de Oliveira. *Curso de Direito Administrativo*. São Paulo: Forense, 1967.

FRUGONE SCHIAVONE, Héctor. "Principios fundamentales del procedimiento administrativo". *In: Procedimiento administrativo*. Montevidéu: Acali, 1977.

GAGLIARDO, Mariano. "Santo Tomás y la justicia". *El Derecho*, 9.08.2012.

GALLEGO ANABITARTE. *Derecho general de organización*. Madrid: Instituto de Estudos Administrativos, 1971.

GALLEGOS FEDRIANI, Pablo O. "Ejecución de sentencias contra el Estado Nacional". *In:* CASSAGNE, Juan Carlos (coord.). *Tratado general de Derecho procesal administrativo.* tomo II. Buenos Aires: La Ley, 2011.

_____. *Las medidas cautelares contra la administración pública.* Buenos Aires: Abaco, 2002.

_____. "Responsabilidad del Estado por incumplimiento de la condena judicial". *In: Cuestiones de responsabilidad del Estado y del funcionario,* Jornadas da Universidade Austral. Buenos Aires: RAP, 2008.

GALLI BASUALDO, Martín. *Responsabilidad del Estado por su actividad judicial.* Buenos Aires: Hammurabi, 2006.

_____. "La autotutela del dominio público". *JA,* número especial, 2010-III, 46.

_____. "Procedimientos administrativos en la industria y el comercio interior". *In:* POZO GOWLAND, Héctor; HALPERIN, David Andrés; AGUILAR VALDEZ, Oscar; JUAN LIMA, Fernando; CANOSA, Armando (coord.). *Procedimiento administrativo.* tomo IV. Buenos Aires: La Ley, 2012.

GAMBIER, Beltrán. "Algunas reflexiones en torno a la responsabilidad del Estado por omisión, a la luz de la jurisprudencia". *La Ley,* 1190-E-617.

_____. "El principio de igualdad en la licitación pública y la potestad modificatoria en los contratos administrativos". *Derecho administrativo:* obra colectiva en homenaje al ao Professor Miguel S. Marienhoff. Buenos Aires: Abeledo Perrot, 1998.

GARAY, Alberto. *La igualdad ante la ley.* Buenos Aires: Abeledo Perrot, 1989.

GARCÍA BELAUNDE, Domingo. "El Estado Social re-visitado". *REDA,* n. 81. Buenos Aires: Abeledo Perrot, 2012.

GARCÍA BELSUNCE, Horacio A. *Garantías constitucionales.* Buenos Aires: Depalma, 1984.

_____. "La delegación legislativa". *In: Estudios de derecho constitucional tributario:* obra colectiva en homenaje al ao Dr. Juan Carlos Luqui. Buenos Aires: Depalma, 1984.

_____. *Los tratados internacionales de derechos humanos y la Constitución Nacional.* Buenos Aires: Separata da Academia Nacional de Ciências Morais e Políticas, 2006.

REFERÊNCIAS BIBLIOGRÁFICAS

GARCÍA DE ENTERRÍA, Eduardo; FERNÁNDEZ, Tomás R. *Curso de derecho administrativo*. 1ª ed. tomo I e II. Madrid: Civitas, 1977; 4ª ed. tomo I. Madrid: Civitas, 1983; 6ª ed. tomo II. Madrid: Civitas, 1999; 13ª ed. tomo I. Thomson-Madrid: Civitas, 2006.

GARCÍA DE ENTERRÍA, Eduardo. "La configuración del recurso de lesividad". *RAP*, Madrid, n. 15, 1954.

_____. "La interdicción de la arbitrariedad en la potestad reglamentaria". *RAP*, Madrid, n. 30, 1959.

_____. "Verso un concetto di diritto amministrativo como diritto statutario". *Riv. Trimestrale di Diritto Pubblico*, n. 2/3, 1960.

_____. "Administración local y Administración periférica del Estado: problemas de articulación". In: *La Administración española*: estudios de ciencia administrativa. Madrid: Instituto de Estudos Políticos, 1961.

_____. *Legislación delegada, potestad reglamentaria y control judicial*. Madrid: Thomson, 1970; 3ª ed. Madrid: Civitas, 2006.

_____. *Revolución Francesa y administración contemporánea*. Madrid: Taurus, 1972.

_____. "Los Principios de la Organización del Urbanismo". *RAP*, Madrid, n. 87, 1978.

_____. *La Constitución como norma y el Tribunal Constitucional*. Madrid, 1981.

_____. *Reflexiones sobre la ley y los principios generales del derecho*. Madrid: Civitas, 1984.

_____. *Hacia una nueva justicia administrativa*. 2ª ed. Madrid: Civitas, 1992.

GARCÍA LEMA, Alberto. "La delegación legislativa y la cláusula transitoria octava". *El Derecho*, 182-1286.

GARCÍA PULLÉS, Fernando R. *Tratado de lo contencioso administrativo*. tomo I. Buenos Aires: Hammurabi, 2004.

_____. "Ángel Estrada. La Corte Suprema y el fundamento de la potestad jurisdiccional. Facultades del legislador y de los justiciables". *JA*, 2005-III-41.

_____. *Régimen de empleo público en la Administración nacional*. Buenos Aires: Lexis-Nexis, 2005.

_____. "Titularidad y afectación en el ordenamiento jurídico español". *Revista de la administración pública*, Madrid: Instituto de Estudos Políticos, n. 29, 1959.

_____. *Tratado de derecho administrativo*. tomo I. Madrid: Revista de Direito Privado, 1964; tomo II. Madrid: Revista de Derecho Privado, 1967.

GARGARELLA, Roberto. "El contenido igualitario del constitucionalismo". *In: Teoría y crítica del derecho constitucional*. tomo I. Buenos Aires: Abeledo Perrot, 2010.

_____. "Razones para el matrimonio igualitario: la igualdad". *In:* ALEGRE, Marcelo; GARGARELLA, Roberto (coord.). *El derecho a la igualdad:* aportes para un constitucionalismo moderno. 2ª ed. Buenos Aires: Abeledo Perrot, 2012.

GARRIDO FALLA, Fernando. *Tratado de derecho administrativo*. tomo I. Madrid, 1980; 4ª ed. tomo I. Madrid: Instituto de Estudos Políticos, 1966; 10ª ed. tomo I. Madrid: Tecnos, 1987.

GAUDEMET, Yves. *Droit administratif*. 20ª ed. Paris: LGDJ, 2012.

GAUNA, Juan Octavio. "Responsabilidad del Estado. La competencia originaria de la CSJN y la revisión de la noción de causa civil". *In: Responsabilidad del Estado*. Departamento de Publicações da Faculdade de Direito da Universidade de Buenos Aires. Buenos Aires: Rubinzal-Culzoni, 2008.

_____. "Responsabilidad del Estado en materia de salud, urbanística y ambiental". *In:* ABERASTURY, Pedro. *Responsabilidad del Estado*. Buenos Aires: Lexis-Nexis/Abeledo Perrot, 2007.

GAUNA, Juan Octavio; BARBAGELATA, Jorge A. S. "Independencia del Poder Judiciário". *In:* CASSAGNE, Juan Carlos (coord.). *Tratado General de Derecho procesal administrativo*. 2ª ed. tomo I. Buenos Aires: La Ley, 2011.

GELLI, María Angélica. *Constitución de la Nación argentina*: comentada y concordada. tomo I. Buenos Aires: La Ley, 2001; 2ª ed. Buenos Aires: La Ley, 2003; 4ª ed. Buenos Aires: La Ley, 2008.

GIANNINI, Massimo S. *Lezioni di diritto amministrativo*. Milão: Giuffrè, 1950.

_____. *Diritto Amministrativo*. tomo I. Milão: Giuffrè, 1970.

REFERÊNCIAS BIBLIOGRÁFICAS

GOLDSCHMIDT, Werner. *Introducción filosófica al derecho*. 4ª ed. Buenos Aires: Depalma, 1973.

GONZÁLEZ ARZAC, Rafael M. "La competencia de los órganos administrativos". *El Derecho*, 49-886; *Estudios de derecho administrativo*. tomo I. Buenos Aires, 1975.

_____. "Los plazos de impugnación judicial de actos administrativos". *El Derecho*, 51-955.

GONZÁLEZ CALDERÓN, Juan Antonio. *Curso de derecho constitucional*. Buenos Aires: Depalma, 1994.

GONZÁLEZ NAVARRO, Francisco. *El procedimiento administrativo español en la doctrina científica*. Madrid: Presidencia del Gobierno, Secretaría General Técnica, 1972.

_____. *El Estado social y democrático de Derecho*. Pamplona: Editorial Universidade de Navarra, 1992.

_____. *Derecho administrativo español*. 2ª ed. tomo I. Pamplona: Eunsa, 1993.

GONZÁLEZ PÉREZ, Jesús. "El método en el derecho administrativo". *RAP*, n. 22.

_____. *Derecho procesal administrativo*. 2ª ed. tomo I. Madrid: Instituto de Estudos Políticos, 1964; 2ª ed. tomo II. Madrid: Instituto de Estudos Políticos, 1966.

_____. *La dignidad de la persona humana*. Madrid: Civitas, 1986.

_____. *El principio general de la buena fe en el derecho administrativo*. 2ª ed. Madrid: Civitas, 1989; 4ª ed. Madrid: Civitas, 2004.

_____. *La reforma de la legislación procesal administrativa*. Madrid, 1992.

_____. *Comentarios a la Ley de la Jurisdicción Contencioso Administrativa*. tomo I. 3ª ed. Madrid: Civitas, 1998.

_____. *Manual de Procedimiento administrativo*. 2ª ed. Madrid: Civitas, 2002.

GONZÁLEZ, Joaquín V. *Manual de la Constitución argentina*. Buenos Aires: Ángel Estrada.

GORDILLO, Agustín; DANIELE, Mabel. *Procedimiento administrativo*. Buenos Aires: Lexis-Nexis, 2006.

GORDILLO, Agustín A. *Procedimiento y Recursos Administrativos*. 1ª ed. Buenos Aires: Jorge Alvarez, 1964.

_____. *Introducción al Derecho administrativo*. 2ª ed. Buenos Aires: Abeledo Perrot, 1966.

_____. *El acto administrativo*. 2ª ed. Buenos Aires: Abeledo Perrot, 1969.

_____. "El informalismo y la concurrencia en la licitación pública". In: *Después de la reforma del Estado*. Buenos Aires: FDA, 1966; *Revista de derecho administrativo*, Buenos Aires: Depalma, n. 11, 1992.

_____. "El reclamo administrativo previo". *La Ley*, 89-777.

_____. *Tratado de derecho administrativo*. 3ª ed. tomo I. Buenos Aires: Macchi, 1995; 4ª ed. Buenos Aires: FDA, 1997; 5ª ed. Buenos Aires: FDA, 1998; tomo II. Buenos Aires: Macchi, 1980; 3ª ed. tomo III. Buenos Aires: Macchi, 1979; 4ª ed. Buenos Aires: FDA, 1999.

_____. "Nuevos argumentos para la innecesariedad del reclamo administrativo previo". *La Ley*, 1996-A, 633.

_____. "Las facultades normativas de los entes reguladores". *RAP*, 212-120.

GOZAINI, Osvaldo A. *Tratado de derecho procesal Civil*. tomo I. Buenos Aires: La Ley, 2009.

GRANNERIS, Giusseppe. *Contribución tomista a la teoría del derecho*. Buenos Aires: Eudeba, 1977.

GRECCO, Carlos M.; GUGLIELMINETTI, Ana P. "El principio de proporcionalidad en la Ley Nacional de Procedimientos Administrativos de la República Argentina (Glosas preliminares)". *Documentación Administrativa*, Madrid: INAP, n. 267/268, 2004.

GRECCO, Carlos Manuel. "Sobre el silencio de la Administración". *La Ley*, 1980-C, 777.

_____. *Impugnación de disposiciones reglamentarias*. Buenos Aires: Abeledo Perrot, 1988.

REFERÊNCIAS BIBLIOGRÁFICAS

GUARDINI, Romano. *El poder*. 2ª ed. Madrid: Cristiandad, 1977.

GUARIGLIA, Carlos E. *El reto de la responsabilidad:* misión y visión del Estado contemporáneo. Montevidéu: Polo, 2003.

GUASTINI, Riccardo. "La constitucionalización del ordenamiento jurídico: el caso italiano". *In:* CARBONELL, Miguel (coord.). *Neoconstitucionalismo(s)*. Madrid: Trotta/Universidade Autônoma do México, 2006.

GUSMAN, Alfredo S. "El procedimiento administrativo sancionador". *In:* POZO GOWLAND, Héctor; HALPERIN, David Andrés; AGUILAR VALDEZ, Oscar; JUAN LIMA, Fernando; CANOSA, Armando (coord.). *Procedimiento administrativo*. tomo II. Buenos Aires: La Ley, 2012.

GUTIERREZ COLANTUONO, Pablo Ángel; JUSTO, Juan Bautista (coord.). *Administración Pública, Juridicidad y Derechos Humanos*. Buenos Aires: Abeledo Perrot, 2009.

HABERMAS, Jürgen; RATZINGER, Joseph. *Entre religión y razón*. México: Fondo de Cultura Económica, 2013.

HALLIVIS PELAYO, Manuel. *Teoría general de la interpretación*. México: Porrúa, 2009.

_____. *Interpretación de tratados internacionales tributarios*. México: Porrúa, 2011.

_____. "Elementos para lograr una homologación metodológica del control difuso de constitucionalidad en México". *Revista Pro-Homine*, México, ano 1, n. I, Suprema Corte de Justicia de la Nación, 2014.

HALPERIN, David Andrés. "Procedimiento administrativo en materia de seguros". *In:* POZO GOWLAND, Héctor; HALPERIN, David Andrés; AGUILAR VALDEZ, Oscar; JUAN LIMA, Fernando; CANOSA, Armando (coord.). *Procedimiento administrativo*. tomo IV. Buenos Aires: La Ley, 2012.

_____. "La responsabilidad del Estado por el obrar de sus entidades descentralizadas". *Revista de Derecho de Daños 2015-I*. Buenos Aires: Rubinzal Culzoni, 2015.

HARO, Ricardo. *Constitución, poder y control*. México: Universidade Nacional Autônoma do México, 2002.

HART, Herbert L. A. *El concepto de derecho*. Tradução de Genaro R. Carrió. Buenos Aires: Abeledo Perrot, 1977.

_____. *Essays in Jurisprudence and Philosophy*. Oxford: Oxford University Press, 1983.

HAURIOU, Maurice. *Précis de Droit administratif et de Droit Public*. 9ª ed. Paris: Sirey, 1919.

_____. *Précis de droit constitutionnel*. Paris: Sirey, 1923.

HERRERO Y RODRÍGUEZ DE MIÑON, Miguel. "¿Unión Europea *versus* Estado Social?". Separata da Real Academia de Ciências Morais e Políticas, ano LXV, n. 90, Madrid, 2013.

HERVADA, Javier. *Introducción crítica al derecho natural*. 2ª ed. Bogotá: Temis, 2006.

HUICI, Héctor. "La potestad jurisdiccional en el control administrativo de los servicios públicos". *La Ley*, 1996-B, 981.

HUTCHINSON, Tomás. *Ley Nacional de Procedimientos Administrativos Ley 19.549:* comentada, anotada y concordada con las normas provinciales. tomo I. Buenos Aires: Astrea, 1985.

_____. "Mitos y realidades en el derecho administrativo argentino". *La Ley*, 1989-C, 1071.

_____. *Elementos de derecho administrativo*. Buenos Aires: La Ley, 2003.

_____. "Principio de legalidad, discrecionalidad y arbitrariedad". In: REIRIZ, María Graciela (coord.). *Derecho administrativo:* aportes para el rediseño institucional de la República. Buenos Aires: Abeledo Perrot, 2005.

_____. "Lineamientos generales de la responsabilidad administrativa del Estado". *In: Revista de derecho de daños*. Santa Fé: Rubinzal-Culzoni, 2010.

IBARLUCÍA, Emilio A. *El derecho constitucional a la reparación*. Buenos Aires: Abaco, 2013.

IMAZ, Esteban. "Acerca de la interpretación constitucional". *JA,* 1949-III-8.

_____. *Arbitrariedad y Recurso Extraordinario*. Buenos Aires: Arayú, 1954.

REFERÊNCIAS BIBLIOGRÁFICAS

IVANEGA, Miriam M. "Los principios de la organización administrativa". *In: Documentación Administrativa*, Madrid: Instituto Nacional de Administración Pública, n. 267/268, 2004.

JEANNEAU, Benoit. *Les principes généraux du droit dans la jurisprudence administrative*. Paris: Sirey, 1954.

JEANNERET DE PÉREZ CORTES, María. "El ejercicio del poder de policía y la responsabilidad del Estado. La sentencia de la Corte Suprema de Justicia en la causa Friar S.A.". *In: Cuestiones de responsabilidad del Estado y del funcionario*. Jornadas da Universidade Austral. Buenos Aires: RAP, 2008.

_____. "Responsabilidad del Estado en materia de salud pública". *Responsabilidad del Estado y del funcionario público*. Jornadas da Universidade Austral. Buenos Aires, 2001.

JIMÉNEZ MEZA, Manrique et al. *El nuevo proceso contencioso administrativo*. Escuela del Poder Judiciário. Costa Rica: Poder Judiciário, 2006.

JINESTA LOBO, Ernesto. "La construcción de un derecho administrativo común. Reformulación de las fuentes del derecho administrativo con las construcciones del derecho internacional de los derechos humanos". *El Derecho*. Suplemento de derecho administrativo, 30.03.12.

KAUFMANN, Arthur. "Derecho, moral e historicidad". Madrid: Marcial Pons, 2000.

_____. *La filosofía del derecho en la posmodernidad*. Bogotá: Temis, 2007.

KELSEN, Hans. *Esencia y valor de la democracia*. Tradução de Rafael Luengo Tapia e Luis Legaz y Lecambra. Barcelona/Buenos Aires: Labor, 1934.

_____. "Derogación y Derecho y Lógica". Tradução do Instituto de Investigaciones Jurídicas da Universidade Nacional Autônoma do México. *Boletín Mexicano de Derecho Comparado*, México, n. 21, 1974.

_____. *Teoría pura del derecho*. México: Porrúa, 2011.

KEMELMAJER DE CARLUCCI, Aída. "Huelga y Servicios Públicos". *In:* GORDILLO, Agustín (coord.). *Derecho administrativo:* doctrinas esenciales. tomo III. Buenos Aires: La Ley.

KENT, James. *Del gobierno constitucional de los Estados Unidos*. 10ª ed. Tradução de A. Carrasco Albano. Buenos Aires: Imprensa de Buenos Aires, 1865.

KUHN, Tomás. *La estructura de las revoluciones científicas*. Argentina: Fondo de Cultura Económica, 2002.

LACLAU, Martín. "Relación entre lógica y Derecho en el último período de Kelsen". *La Ley*, 1982-B, 699.

_____. *Soberanía y Estado de Derecho*. Buenos Aires: Astrea, 2014.

LAJE, Alejandro. *Derecho a la intimidad:* su protección en la sociedad del espectáculo. Buenos Aires: Astrea, 2014.

LAMPUÉ, Pierre. "La notion d'acte jurisdictionel". *Revue de Droit Public*, tomo 62, 1946.

LANDI, Guido; POTENZA, Giuseppe. *Manuale di diritto amministrativo*. Milão: Giuffrè, 1971.

LAPLACETTE, Carlos José. "La Corte Suprema como sujeto pasivo de la delegación legislativa". *La Ley*, 2010-B, 1199.

_____. "Control de constitucionalidad de oficio y Estado Constitucional de Derecho". *La Ley*, 27.10.2011.

_____. "Derecho constitucional a la reparación de daños". *La Ley*, 2012-E, 1045.

_____. "El olvidado imperio de la ley". *La Nación*, 16.12.2014.

LASCANO, David. *Jurisdicción y competencia*. Buenos Aires: Guillermo Kraft, 1941.

LASERRE, Bruno; LENOIR, Noëlle; STIRN, Bernard. *La transparence administrative*. Paris: PUF, 1987.

LAUBADÈRE, André de. *Traité elémentaire de Droit administratif*. 5ª ed. tomo II. Paris: LGDJ, 1970.

_____. *Traité de Droit administratif*. 9ª ed. atual. por Jean-Claude Venezia; Yves Gaudemet. tomo I. Paris: LGDJ, 1984.

LECLERCQ, Jacques. *El derecho y la sociedad*. tomo I. Barcelona: Herder, 1965.

LEGAZ Y LACAMBRA, Luis. *Filosofía del derecho*. 2ª ed. Barcelona: Bosch, 1961; 5ª ed. Barcelona: Bosch, 1979.

REFERÊNCIAS BIBLIOGRÁFICAS

LESTANI, Humberto H. *La jurisdicción contencioso administrativa o ejercicio de la jurisdicción conforme al régimen constitucional argentino*. Buenos Aires: Ariel, 1937.

LIMODIO, Gabriel Fernando. "El crucifijo y la reforma del Código Civil a partir del caso *Lautsi*". *El Derecho*, 242-579.

LINARES QUINTANA, Segundo V. "El derecho constitucional de huelga". *In: La huelga*. tomo I. Santa Fé: Instituto de Derecho del Trabajo, Universidade Nacional del Litoral. El Instituto, 1951.

_____. *Tratado de la ciencia del derecho constitucional argentino y comparado*. tomo III, V, VIII. Buenos Aires: Alfa, 1953-1963.

_____. "La legislación de emergencia en el Derecho argentino y comparado". *La Ley*, 30-908.

_____. *Raíces hispánicas del constitucionalismo*. Buenos Aires: Separata da Academia Nacional de Ciências Morais e Políticas, 2007.

LINARES, Juan Francisco. *El 'debido proceso' como garantía innominada de la Constitución Nacional:* la razonabilidad de las leyes. Buenos Aires: Depalma, 1944.

_____. *Poder discrecional administrativo*. Buenos Aires: Abeledo Perrot, 1958.

_____. *La razonabilidad de las leyes*. Buenos Aires: Astrea, 1970.

_____. "La competencia y los postulados de la permisión". *RADA*, Buenos Aires: Universidade do Museu Social Argentino, n. 2, 1971.

_____. *Fundamentos del derecho administrativo*. Buenos Aires: Astrea, 1975.

_____. *La razonabilidad de las leyes:* el debido proceso como garantía innominada en la Constitución argentina. 2ª ed. Buenos Aires: Astrea, 1989.

_____. *Derecho administrativo*. Buenos Aires: Astrea, 1986.

_____. "Términos para recurrir a la justicia administrativa fijados por analogía". *La Ley*, tomo 54, p. 77.

_____. "En torno a la llamada responsabilidad civil del funcionario público". *La Ley*, 153-601.

_____. "Lo contencioso administrativo en la justicia nacional federal". *La Ley*, 94-919.

LLAMBÍAS, Jorge J. *Tratado de derecho civil*: parte general. 6ª ed. tomo I. Buenos Aires: Perrot, 1975.

LO PRETE, Octavio. "La Corte Europea y el crucifijo: laicidad bien comprendida en un caso emblemático". *El Derecho*, 242-609.

LÓPEZ VERGARA, Patricia. "Función administrativa del Poder Judiciário". *In:* HUTCHINSON, Tomás. *Elementos de derecho administrativo.* Buenos Aires: La Ley, 2003.

LORENZETTI, Ricardo Luis. *Teoría de la decisión judicial:* fundamentos de derecho. Santa Fé: Rubinzal Culzoni, 2008.

LUQUI, Roberto E. "Nociones sobre la revisión jurisdiccional de los actos administrativos". *La Ley*, 144-1207.

_____. "Algunas consideraciones sobre el concepto de Administración Pública". *La Ley*, 151-1076.

_____. *Revisión judicial de la actividad administrativa.* tomo I. Buenos Aires: Astrea, 2005.

_____. *El orden y la seguridad como valores del derecho.* Academia Nacional de Derecho y Ciencias Sociales de Buenos Aires. Buenos Aires: La Ley, 2008.

_____. "Responsabilidad del Estado". *La Ley,* 2011-C, 1279.

_____. "Socialización de la justicia". *La Ley,* 2011-F, 1290.

MAIORANO, Jorge Luis. *La expropiación en la ley 21.499.* Buenos Aires: Cooperadora de Derecho y Ciencias Sociales, 1987.

MAIRAL, Héctor A. *Control judicial de la administración pública.* tomo I. Buenos Aires: Depalma, 1984.

_____. "Hacia una noción más acotada del acto administrativo (donde se explica como los argentinos pasamos, sin darnos cuenta, de obedecer la ley a obedecer a los funcionarios públicos)". *RAP*, Buenos Aires, 2011-1 y 2, 2011.

MARIENHOFF, Miguel S. "El derecho a la libertad integral del ciudadano". *In: Anais da Faculdade de Direito e Ciências Sociais de Buenos Aires.* Série I, n. 9.

REFERÊNCIAS BIBLIOGRÁFICAS

_____. *Tratado del dominio público*. Buenos Aires: Abeledo Perrot, 1960.

_____. *Tratado de derecho administrativo*. tomo I. Buenos Aires: Abeledo Perrot, 1965; 4ª ed. Buenos Aires: Abeledo Perrot, 1990; 5ª ed. Buenos Aires: Abeledo Perrot, 1995.

_____. *Tratado de derecho administrativo*. tomo II. Buenos Aires: Abeledo Perrot, 1966; 2ª ed. Buenos Aires: Abeledo Perrot, 1975; 4ª ed. Buenos Aires: Abeledo Perrot, 1993.

_____. *Tratado de derecho administrativo*. 4ª ed. tomo III-A. Buenos Aires: Abeledo Perrot, 1994.

_____. *Tratado de derecho administrativo*. 2ª ed. tomo III-B. Buenos Aires: Abeledo Perrot, 1978.

_____. *Tratado de derecho administrativo*. 1ª ed. tomo IV. Buenos Aires: Abeledo Perrot, 1973; 4ª ed. Buenos Aires: Abeledo Perrot, 1987.

_____. *Tratado de derecho administrativo*. 2ª ed. tomo V. Buenos Aires: Abeledo Perrot, 1988.

MARITAIN, Jacques. *Introducción general a la filosofía*. 8ª ed. Buenos Aires: Club de Lectores, 1949.

MARTÍNEZ LÓPEZ-MUÑIZ, José Luis. "Principios generales del derecho administrativo constitucionalizados en el derecho español". *Actas del VII Foro Íbero-americano de derecho administrativo*. Valladolid e Salamanca, Junta de Castela e Leão: Netbilo, 2008.

MARTÍNEZ VIVOT, Julio J. "La huelga de los empleados públicos y en los servicios públicos". *In: Derecho del trabajo*. Buenos Aires: La Ley, n. 12, tomo XLIV-B, 1984.

MARTÍN-RETORTILLO BAQUER, Sebastián. *El derecho civil en la génesis del derecho administrativo y de sus instituciones*. 2ª ed. Madrid: Civitas, 1996.

MARTINS, Daniel Hugo. *Introducción al Derecho administrativo*. Montevidéu: FCU, 1982.

MASSINI CORREAS, Carlos Ignacio. *El derecho natural y sus dimensiones actuales*. Buenos Aires: Abaco, 1999.

_____. "Iusnaturalismo e interpretación jurídica". *In:* ALARCÓN CABRERA, Carlos; VIGO, Rodolfo Luis (coord.). *Interpretación y argumentación jurídica.* Buenos Aires: Marcial Pons, 2001.

_____. "El Derecho, los Derechos Humanos y el Derecho Natural". *Filosofía del derecho.* tomo I. Buenos Aires: Abeledo Perrot, 2005.

_____. "Iusnaturalismo e interpretación jurídica". *In:* CIANCIARDO, Juan (coord.). *La interpretación en la era del constitucionalismo.* Buenos Aires: Abaco, 2006.

_____. "La nueva escuela anglo-sajona de derecho natural". *In:* RABBI-BALDI CABANELLAS, Renato (coord.). *Las razones del derecho natural:* perspectivas teóricas y metodológicas ante la crisis del positivismo jurídico. 2ª ed. Buenos Aires: Abaco, 2008.

_____. "Acerca del fundamento del principio de subsidiariedad". *Revista de derecho público,* Santiago do Chile, n. 39/40, .

MATA, Ismael. "La independencia funcional del Banco Central". *In: El derecho administrativo hoy, 16 años después.* Jornadas da Universidade Austral. Buenos Aires: RAP, 2013.

MAURER, Hartmut. *Derecho administrativo:* parte general. 17ª ed. Madrid: Marcial Pons.

MAYER, Otto. *Derecho administrativo alemão.* tomo I. Buenos Aires: Depalma, 1949.

MEDAUAR, Odete. *O Direito Administrativo em Evoluçao.* 2ª ed. São Paulo: Revista dos Tribunais, 2003.

_____. *Direito Administrativo Moderno.* 15ª ed. São Paulo: Revista dos Tribunais, 2011.

MEILÁN GIL, José Luis. "Los principios generales del derecho desde la perspectiva del derecho público en Espanha". *Actas del VII Foro Íbero-americano de derecho administrativo.* Valladolid e Salamanca, Junta de Castela e Leão: Netbilo, 2008.

MELAZZI, Luis A. "Responsabilidad del Estado en casos de error judicial y anormal funcionamiento del servicio de justicia". *In:* COMADIRA, Julio Pablo; IVANEGA, Miriam M. *Derecho administrativo:* livro em homenagem ao Professor Doutor Julio Rodolfo Comadira. Buenos Aires: Ad Hoc, 2009.

REFERÊNCIAS BIBLIOGRÁFICAS

MÉNDEZ, Aparicio. *La jerarquía*. Montevidéu: Bibl. de Publicaciones Oficiales de la Facultad de Derecho y Ciencias Sociales, 1950.

_____. *La teoría del órgano*. Montevidéu: Amalio M. Fernández, 1971.

MERKL, Adolfo. *Teoría general del derecho administrativo*. Madrid: Revista de Derecho Privado, 1935.

MERTHIKIAN, Eduardo. *La responsabilidad pública:* análisis de la doctrina y la jurisprudencia de la Corte Suprema. Buenos Aires: Abaco, 1998.

_____. "Delegación legislativa. Vencimiento del plazo legal". *La Ley*, 13.07.2010.

MESSNER, Johannes. *Ética social, política y económica a la luz del derecho natural*. Madrid: Rialp, 1967.

MILLER, Jonathan; GELLI, María Angélica; CAYUSO, Susana. *Constitución y derechos humanos*. tomo II. Buenos Aires: Astrea, 1991.

MONTAÑA PLATA, Alberto. *Fundamentos de derecho administrativo*. Bogotá: Universidade del Externado de Colombia, 2010.

MONTESQUIEU. *El espíritu de las leyes*. Libro XI, cap. III.

MONTI, Laura. "Limitaciones a la vista de las actuaciones administrativas". *Cuestiones de derecho administrativo*. Jornadas organizadas por la Faculdade de Direito. Universidade Austral, Buenos Aires: RAP, 2006.

MORAND-DEVILLER, Jacqueline. *Cours de Droit administratif*. 7ª ed. Paris: Montchrestien, 2001.

_____. *Cours de Droit administratif*. 13ª ed. Paris: LGDJ, 2013.

MORELL OCAÑA, Luis. *La delegación entre entes en el derecho español*. Madrid: Instituto Estudios Administracion Local, 1972.

MORELLO, Augusto M.; STIGLIZ, Rubén S. "La doctrina del propio acto". *La Ley*, 1984-A, 865.

MORELLO, Augusto M. *Recurso extraordinario*. Buenos Aires: Abeledo Perrot/ Librería Editora Platense, 1987.

MOSSET ITURRASPE, Jorge. *Responsabilidad por daños*. tomo X: Responsabilidad del Estado. Santa Fé: Rubinzal-Culzoni, 2004.

MUÑOZ MACHADO, Santiago. "Nuevos planteamientos de la jurisprudencia sobre el caráter revisor de la jurisdicción contencioso-administrativa". *Revista española de derecho administrativo*, Madrid, n. 26, 1980.

_____. *Tratado de derecho administrativo y derecho público general*. tomo I. Thomson-Madrid: Civitas, 2004; 2ª ed. tomo I e II. Madrid: Iustel, 2006; 1ª ed. tomo IV. Madrid: Iustel, 2011.

MUÑOZ, Guillermo Andrés. *Silencio de la Administración y plazos de caducidad*. Buenos Aires: Astrea, 1982.

MURATORIO, Jorge I. "Improcedencia de la garantía de impugnación de la preadjudicación". *REDA*, Buenos Aires: Depalma, vol. 18, 2006.

_____. "Algunos aspectos de la competencia efectiva entre oferentes de la licitación pública". *In: Cuestiones de contratos administrativos*. Jornadas de direito administrativo da Universidade Austral. Buenos Aires: RAP, 2007.

_____. "La regulación económica del servicio público como factor de seguridad jurídica". *In*: MIRABELLI, Cesare; BARRA, Rodolfo C. (coord.). *Primeras Jornadas ítalo-argentinas de serviço público*. Buenos Aires: RAP, n. 350, Universidade católica de alta, 2006.

NALLAR, Daniel M. "Análisis sobre la responsabilidad del Estado y del funcionario público en las provincias argentinas". *In: Responsabilidad del Estado y del funcionario público*. Jornadas da Universidade Austral. Buenos Aires, 2001.

_____. *Regulación y control de los servicios públicos*. Madrid/Barcelona/Buenos Aires: Marcial Pons, 2010.

NAVARRO FLORIA, Juan G. "Brevísimas apostillas a la sentencia del caso *Lautsi*. En memoria de Pedro J. Frías, maestro y amigo, estadista y cristiano cabal". *El Derecho*, 242-597.

NIETO, Alejandro. "Sobre la tesis de Parada en relación con los orígenes de lo contencioso", *RAP*, Madrid, n. 57, 1968.

OLLERO, Andrés. "Espanha: límites del normativismo a la luz de la jurisprudencia sobre la igualdad". *In*: RABBI-BALDI, Renato Cabanellas (coord.). *Las razones del derecho natural*: perspectivas teóricas y metodológicas ante la crisis del positivismo jurídico. 2ª ed. Buenos Aires: Abaco, 2008.

REFERÊNCIAS BIBLIOGRÁFICAS

ORTEGA Y GASSET, José. "La democracia morbosa". *In: Obras completas.* tomo II. Madrid: Alianza Editorial, 1983.

_____. "La rebelión de las masas". *In: Obras completas.* tomo IV. Madrid: Alianza Editorial/Revista de Occidente, 1983.

_____. *Obras completas.* tomo V. Madrid: Alianza Editorial, 1983.

PADILLA, Miguel M. "Inconstitucionalidad de la ley 20.680". *El Derecho,* 112-901.

PADILLA, Norberto. "El respeto a la legítima diversidad. El caso *Lautsi* II". *El Derecho,* 242-584.

_____. "Un caso de intolerancia laica". *ElDial.* Suplemento de Derecho Constitucional, 07.12.2009. Disponível em http://www.calir.org.ar/docs.

PALACIO, Lino E. "Algunas consideraciones sobre los actos jurisdiccionales de la administración". *In: 120 años de la procuración del Tesoro.* Buenos Aires, 1983.

PARADA VÁZQUEZ, José Ramón. "Privilegio de decisión ejecutoria y proceso contencioso". *RAP,* Madrid: Instituto de Estudos Políticos, n. 55, 1958.

_____. *Derecho administrativo.* tomo I, Madrid: Marcial Pons, 1989; 6ª ed. tomo II. Madrid: Marcial Pons, 1992.

PAREJO ALFONSO, Luciano. "La potestad normativa de las llamadas Administraciones independientes: apuntes para un estudio del fenómeno". *In: Administración instrumental:* livro em homenagem a Manuel Francisco Clavero Arévalo. vol. I. Madrid: Civitas, 1994.

_____. *Lecciones de derecho administrativo.* Valência: Tirant lo Blanch, 2007.

_____. "Transformación y ¿reforma? del derecho administrativo en Espanha". *In: Innovación y reforma del derecho administrativo.* 2ª ed. Sevilha: INAP/Global Law Press-Editorial Derecho Global, 2012.

PECES-BARBA MARTÍNEZ, Gregorio; FERNÁNDEZ GARCÍA, Eusebio; DE ASIS ROIG, Rafael (coord.). *Historia de los derechos humanos.* tomo II. vol. II: la filosofia de los derechos humanos. Madrid: Dykinson, 2005.

PERELMAN CHAIM. *La lógica jurídica y la nueva retórica.* 1ª ed. Madrid: Civitas, 1988.

PÉREZ HUALDE, Alejandro. *Decretos de necesidad y urgencia*. Buenos Aires: Depalma, 1995.

_____. "Las facultades legislativas del Poder Ejecutivo y su impacto en el régimen federal". *VI Foro Íbero-americano de derecho administrativo*. Bogotá: Universidade Externado de Colombia, 2007.

_____. "Reflexiones sobre neoconstitucionalismo y derecho administrativo". *La Ley*, 2007-C, 851.

PEREZ LUÑO, Antonio E. *Derechos humanos, Estado de Derecho y Constitución*. 4ª ed. Madrid: Tecnos, 1991.

PERRINO, Pablo Esteban. "El régimen de agotamiento de la vía administrativa en el nuevo Código Contencioso Administrativo bonaerense". *El Derecho*, 184-842.

_____. "La responsabilidad de la Administración por su actividad ilícita. Responsabilidad por falta de servicio". *El Derecho*, 185-781.

_____. "Algunas reflexiones sobre los reglamentos delegados en la reforma constitucional". *In*: CASSAGNE, Juan Carlos. *Derecho administrativo*: obra colectiva en homenaje al ao Professor Miguel S. Marienhoff. Buenos Aires: Abeledo Perrot, 1998.

_____. "El derecho a la tutela judicial efectiva y el acceso a la justicia contencioso-administrativa". *Revista de derecho público, Proceso Administrativo I*, Santa Fé: Rubinzal Culzoni, 2003.

_____. "El alcance de la indemnización en los supuestos de extinción del contrato administrativo por razones de interés público". *In: La contratación pública*, tomo II. Buenos Aires: Hammurabi, 2006.

_____. "El crecimiento de la potestad normativa de la Administración en los Estados contemporáneos". *In: Cuestiones de derecho administrativo, Reglamento y otras fuentes del derecho administrativo*. Jornadas da Universidade Austral. Buenos Aires: RAP, 2009.

_____. "La responsabilidad extracontractual por la responsabilidad ilícita en el derecho argentino". *In: Modernizando al Estado para un país mejor*. Lima: Palestra, 2010.

_____. "La responsabilidad del Estado y de los prestadores de servicios públicos privatizados frente a los usuarios". *In: Aportes para un Estado eficiente*.

REFERÊNCIAS BIBLIOGRÁFICAS

Publicação do V Congresso Nacional de Direito Administrativo do Peru. Lima: Palestra, 2012.

_____. "El derecho a la tutela administrativa efectiva". *In: El derecho administrativo hoy, 16 años después*. Buenos Aires: RAP, 2013.

_____. "Responsabilidad por actividad estatal legítima. Proyecto de ley de responsabilidad del Estado y de los funcionarios públicos". *La Ley*, 2014-C, 1078.

_____. "Los factores de atribución en la responsabilidad del Estado por su actividad lícita". *In: Responsabilidad del Estado y del funcionario público*. Jornadas da Universidade Austral. Buenos Aires, 2001.

PEYRANO, Jorge W. "La medida autosatisfactiva. Forma diferenciada de tutela que constituye una expresión privilegiada del proceso urgente. Génesis y evolución". *In: Medidas autosatisfactivas*. Rosário: Rubinzal Culzoni, 2002.

PIEPER, Josef. *Justicia y fortaleza*. Madrid: Rialp, 1968.

PIÑAR MAÑAS, José Luis. "Transparencia y protección de datos. Una referencia a la ley 19/2013 de 9 de diciembre, de transparencia, acceso a la información y buen gobierno". Colección Derecho administrativo. *In: Transparencia, acceso a la información y protección de datos*. Madrid: Reus, 2014.

PITHOD, Eduardo L. "Responsabilidad del Estado por acto lícito". *In: Estudios de derecho administrativo XII*. IEDA. Mendoza: Diké, 2005.

POZO GOWLAND, Héctor. "Antecedentes históricos y evolución normativa del procedimiento administrativo en Argentina". *In:* POZO GOWLAND, Héctor; HALPERIN, David Andrés; AGUILAR VALDEZ, Oscar; JUAN LIMA, Fernando; CANOSA, Armando (coord.). *Procedimiento administrativo*. tomo I. Buenos Aires: La Ley, 2012.

POZZOLO, Susana. *Neoconstitucionalismo y positivismo jurídico*. Lima: Palestra, 2011.

PRESCOTT, William H. *Historia de los Reyes Católicos*. tomo I. Reprodução facsímile da primeira edição da obra em idioma espanhol de 1845. Junta de Castela e Leão, Salamanca, 2004.

PRIETO SANCHIS, Luis. *Constitucionalismo y Positivismo*. 2ª ed. México: UNAM/Fontamara, 1997.

PÜNDER, Hermann. "Legitimación democrática de la legislación delegada. Análisis comparativo en el derecho de los EEUU, Gran Bretaña y Alemania". *El Derecho,* Suplemento de derecho administrativo, 30.04.2009.

PUY, Francisco. *Teoría científica del derecho natural.* México: Porrúa/Universidade Panamericana, 2006.

QUIROGA LAVIÉ, Humberto; BENEDETTI, Miguel Angel; CENICA CELAYA, María de las Nieves. *Derecho Constitucional Argentino.* tomo II. Santa Fé: Rubinzal Culzoni, 2001.

RABBI–BALDI CABANELLAS, Renato. *Teoría del derecho.* Buenos Aires: Abaco, 2008.

RAINAUD, Jean M. *La distinction de l'acte réglamentaire et de l'acte individuel.* Paris: R. Pichon/R. Durand-Auzias, 1966.

RALLO LOMBARTE, Artemi. *La constitucionalidad de las Administraciones independientes.* Madrid: Tecnos, 2002.

RANELLETTI, Oreste. *Teoria degli atti amministrativi speciali.* Milão: Giuffrè, 1945.

RANIERI DE CECHINI, Débora. "El viraje producido por la CEDH en el caso del crucifijo en las escuelas públicas de Italia: la puesta en escena de dos modelos jurídico-políticos irreconciliables". *El Derecho,* 242-590.

REBOLLO PUIG, Manuel. "Los principios generales del derecho. Atrevimiento atribulado sobre su concepto, función e inducción". *El Derecho.* suplemento de derecho administrativo, Buenos Aires, 10.06.2015.

REVIDATTI, Gustavo A. *Derecho administrativo.* tomo I. Buenos Aires: Fundación de derecho administrativo, 1984.

RÍO, Manuel. *Estudio sobre la libertad humana.* Buenos Aires: Guillermo Kraft, 1955.

RITTO, Graciela B. "Responsabilidad del Estado por omisión". *La Ley,* 2006-F, 615.

RIVAROLA, Rodolfo. *La Constitución argentina y sus principios de ética política.* Rosário: Rosario Sociedad Anónima, 1944.

RIVERO, Jean. "Los principios generales del derecho en el derecho francês contemporáneo". *RAP,* Madrid, n. 6, 1951.

REFERÊNCIAS BIBLIOGRÁFICAS

_____. *Droit administratif.* 3ª ed. Paris: Dalloz, 1968; 18ª ed. atualizada por Jean Waline. Paris: Dalloz, 2000.

RODRÍGUEZ, Marcela V. "Entre la justicia y la justicia formal: la discriminación por género en la jurisprudencia de la Corte Suprema de la Nación argentina". *In:* ALEGRE, Marcelo; GARGARELLA, Roberto (coord.). *El derecho a la igualdad.* aportes para un constitucionalismo moderno. 2ª ed. Buenos Aires: Abeledo Perrot, 2012.

RODRÍGUEZ, María José. "La aplicación de la LNPA a los contratos administrativos". *In:* POZO GOWLAND, Héctor; HALPERIN, David Andrés; AGUILAR VALDEZ, Oscar; JUAN LIMA, Fernando; CANOSA, Armando (coord.). *Procedimiento administrativo.* tomo II. Buenos Aires: La Ley, 2012.

RODRÍGUEZ-ARANA, Jaime. "Los principios generales en la jurisprudencia administrativa en el derecho administrativo Español". *In: Los principios en el derecho administrativo Íbero-americano.* La Coruña: Netbilo, 2008.

_____. *El ciudadano y el poder público*: el principio y el derecho al buen gobierno y a la buena administración. Madrid: Reus, 2012.

_____. *Interés general, Derecho administrativo y Estado del bienestar.* Madrid: Iustel, 2012.

RODRÍGUEZ R., Libardo. *Derecho administrativo general y colombiano.* Bogotá: Temis.

RODRÍGUEZ VARELA, Alberto. "El valor de la vida inocente". *El Derecho,* 191-424.

_____. *Historia de las ideas políticas.* Buenos Aires: A-Z editora, 1989.

_____. *La neoescolástica y las raíces del constitucionalismo.* Buenos Aires: Separata da Academia Nacional de Ciências Morais e Políticas de Buenos Aires, 2005.

_____. "La persona por nacer al comenzar el siglo veintiuno". *In: El derecho humano a la vida.* Buenos Aires: Academia Nacional de Ciências Morais e Políticas, 2006.

ROMANO, Santi. "Il Comune". *In: Primo trattato completo di diritto amministrativo Italiano.* tomo II e I. Milão, 1932.

ROQUEL, Rodolfo. *Introducción a la teoría general del derecho administrativo*. Buenos Aires: Dunken, 2004.

ROSSI, Abelardo F. *Aproximación a la justicia y a la equidad*. Buenos Aires: Educa, 2000.

SABSAY, Daniel; MANILI, Pablo L. (coord.). *Constitución de la Nación argentina:* comentario al artículo 16 de Saba, Roberto. Buenos Aires: Hammurabi, 2009.

SAGUÉS, Néstor Pedro. *Ley de amparo*. Buenos Aires: Astrea, 1979.

_____. "El constitucionalismo social". *In:* VAZQUEZ VIALARD, Antonio (coord.). *Tratado de derecho del Trabajo*. tomo II. Buenos Aires: Astrea, 1982.

_____. *Los derechos no enumerados en la Constitución Nacional*. Buenos Aires: Academia Nacional de Ciências Morais e Políticas, 1985.

_____. "Derecho Constitucional y derecho de emergência". *Anais XXXV*. Separata da Academia Nacional de Direito e Ciências Sociais de Buenos Aires, segunda época, n. 28, Buenos Aires, 1990.

_____. *Elementos de Derecho Constitucional*. 3ª ed. tomo II. Buenos Aires: Astrea, 1999.

_____. *Derecho procesal constitucional*: recurso extraordinario. 4ª ed. tomo I. Buenos Aires: Astrea, 2002.

_____. *Manual de Derecho Constitucional*. Buenos Aires: Astrea, 2007.

_____. *Elementos de Derecho constitucional*. 3ª ed. Buenos Aires: Astrea, 2009.

_____. "El control de constitucionalidad en Argentina". *In:* SABSAY, Daniel (coord.). *Constitución de la Nación argentina*. Buenos Aires: Hammurabi, 2010.

_____. "Principio de subsidiariedad y principio de antisubsidiariedad". *Revista de derecho público,* Santiago do Chile, n. 39/40.

SÁINZ MORENO, Fernando. *Conceptos jurídicos, interpretación y discrecionalidad administrativa*. Madrid: Civitas, 1976.

SALDAÑA SERRANO, Javier. "La falacia iusnaturalista". *In:* RABBI-BALDI, Renato Cabanellas (coord.). *Las razones del derecho natural:* perspectivas

REFERÊNCIAS BIBLIOGRÁFICAS

teóricas y metodológicas ante la crisis del positivismo jurídico. 2ª ed. Buenos Aires: Abaco, 2008.

SALOMONI, Jorge Luis. "Originalidad del fundamento de la responsabilidad del Estado en la Argentina (Alcances y régimen jurídico con especial referencia a la extracontractual)". *El Derecho,* Suplemento de derecho administrativo del 29.03.00.

SAMMARTINO, Patricio Marcelo E. *Amparo y Administración.* tomo I. Buenos Aires: La Ley, 2012.

_____. "El procedimiento administrativo en el Estado constitucional social de Derecho". *In:* POZO GOWLAND, Héctor; HALPERIN, David Andrés; AGUILAR VALDEZ, Oscar; JUAN LIMA, Fernando; CANOSA, Armando (coord.). *Procedimiento administrativo.* tomo I. Buenos Aires: La Ley, 2012.

_____. "Introducción al estudio del acto administrativo en el Estado Constitucional de Derecho". *REDA,* n. 81. Buenos Aires: Abeledo Perrot, 2012.

_____. "La imputabilidad en la responsabilidad del Estado". *In: Cuestiones de responsabilidad del Estado y del funcionario.* Jornadas da Universidade Austral. Buenos Aires: RAP, 2008.

SAMPAY, Arturo E. *La filosofía jurídica del artículo 19 de la Constitución Nacional.* Buenos Aires: Cooperadora de Derecho y Ciencias Sociales, 1975.

SANABRIA, Pablo D. "Las retenciones a la exportación. ¿Un impuesto inconstitucional?". *La Ley,* 2008-B, 1034.

SÁNCHEZ, Alberto M. "Procedimiento administrativo y derecho internacional". *In:* POZO GOWLAND, Héctor; HALPERIN, David Andrés; AGUILAR VALDEZ, Oscar; JUAN LIMA, Fernando; CANOSA, Armando (coord.). *Procedimiento administrativo.* tomo I. Buenos Aires: La Ley, 2012.

SÁNCHEZ DE LA TORRE. *Los principios clásicos del derecho.* Madrid, 1975.

SÁNCHEZ VIAMONTE, Carlos. *Manual de Derecho Constitucional.* 3ª ed. Buenos Aires: Kapelusz, 1958.

SANDEFUR, Timothy. *The Right to Earn a Living:* economic freedom and the law. Washington DC: Cato Institute, 2010.

SANDULLI, Aldo M. *Manuale di diritto amministrativo*. 10ª ed. Nápoles: Jovene, 1970.

SANTAMARÍA DE PAREDES, Vicente. *Curso de derecho administrativo*. 4ª ed. Madrid: Establecimiento Tipográfico de Ricardo Fe, 1890.

SANTAMARÍA PASTOR, Juan A. *Fundamentos de derecho administrativo*. tomo I. Madrid: Centro de Estudios Ramón Areces, 1988.

SANTIAGO, Alfonso; THURY CORNEJO, Valentín. *Tratado sobre la delegación legislativa*. Buenos Aires: Abaco, 2003.

SANTIAGO, Alfonso. *Neoconstitucionalismo*. Buenos Aires: Separata dos Anais da Academia Nacional de Ciências Morais e Políticas, 2008.

SANTOFIMIO GAMBOA, Jaime Orlando. *Tratado de derecho administrativo*. tomo I. Bogotá: Universidade Externado de Colômbia, 2003.

_____. *Tratado de derecho administrativo*. 4ª ed. tomo II. Bogotá: Universidade Externado de Colômbia, 2007.

_____. "Principios del derecho Urbanístico Colombiano". *In: Los Principios en el derecho administrativo Íbero-americano*. Junta de Castela e Leão: Netbilo, 2008.

SARMIENTO GARCÍA, Jorge. *Los principios en el derecho administrativo*. Mendoza: Diké, 2000.

_____. "Introducción". *In: Estudios de derecho administrativo*. vol. IX, Mendoza: Diké, 2003

_____. "Responsabilidad del Estado. Principios y proyecto de ley". *La Ley*, 11.03.2014.

_____. "La responsabilidad del Estado en la Provincia de Mendoza". *In: Responsabilidad del Estado y del funcionario público*. Jornadas da Universidade Austral. Buenos Aires, 2001.

SARRÍA OLCOS, Consuelo. "Los principios generales del derecho y el procedimiento administrativo en Colombia". *In: Los principios en el derecho administrativo Íbero-americano*. Actas do VII Foro Íbero-americano de direito administrativo. Valladolid e Salamanca: Netbiblo, 2008.

SAYAGUÉS LASO, Enrique. *Tratado de derecho administrativo*. tomo I. Montevidéu: Talleres Gráficos Barreiro, 1963.

REFERÊNCIAS BIBLIOGRÁFICAS

_____. *La licitación pública*. Montevidéu: Acali, 1978.

SCHIFFRIN, Leopoldo H. "Notas sobre el significado de los derechos humanos en la Constitución argentina". *In:* MILLER, Jonathan M.; GELLI, María Angélica; CAYUSO, Susana (coord.). *Constitución y derechos humanos*. tomo I. Buenos Aires: Astrea, 1991.

SCHMIDT-ASSMAN, Eberhard. *La teoría general del derecho administrativo como sistema*. Instituto Nacional de la administración pública. Madrid: Marcial Pons, 2003.

_____. "Cuestiones fundamentales sobre la reforma de la teoría general del derecho administrativo". *In:* VÁZQUEZ, Javier Barnés (coord.). *Innovación y Reforma del derecho administrativo*. 2ª ed. Sevilha: Inap-Global Law Press, 2012.

SCHWARTZ, Bernard. *Administrative Law*. 2ª ed. Boston: Little Brown and Company, 1984; 3ª ed. Boston/Toronto/Londres: Little Brown and Company, 1991; 4ª ed. *Administrative Law*: a casebook. Boston: Little Brown and Company, 1994.

SEIJAS, Gabriela. "La ejecutoriedad del acto administrativo". *In: Derecho administrativo*: homenagem ao Prof. Julio R. Comadira. Buenos Aires: Ad Hoc, 2009.

SENDÍN GARCÍA, Miguel Angel. "Los principios generales del derecho en el derecho administrativo español". *Actas del VII Foro Íbero-americano de derecho administrativo*. Junta de Castela e Leão, Valladolid e Salamanca: Netbilo, 2008.

SERNA, Pedro; TOLLER, Fernando. *La interpretación constitucional de los derechos fundamentales:* una alternativa a los conflictos de derechos. Buenos Aires: La Ley, 2000.

SERNA, Pedro. "El derecho a la vida en el horizonte europeo de fin de siglo". *In:* MASSINI, Carlos Ignacio; SERNA, Pedro. *El derecho a la vida*. Pamplona: Eunsa, 1998.

SESÍN, Domingo J. *Administración pública, actividad reglada, discrecional y técnica*. 2ª ed. Buenos Aires: Lexis-Nexis/Depalma, 2004.

_____. "Responsabilidad del Estado en la Provincia de Córdoba". *In: Responsabilidad del Estado.* XXX Jornadas nacionais de direito administrativo. Buenos Aires: Rap, 2005.

SILVA TAMAYO, Gustavo. *Desviación de poder y abuso de derecho*. Buenos Aires: Lexis-Nexis, 2006.

_____. "Corsi e ricorsi de los principios generales del derecho". *In: REDA*, Buenos Aires: Abeledo Perrot, n. 79, 2012.

SIMÓN PADRÓS, Ramiro. "El caráter revisor y el denominado principio de congruencia en el proceso contencioso-administrativo". *REDA*, Buenos Aires: Depalma, n. 19/20, 1995.

SOLA, Juan Vicente. *Derecho constitucional*. Buenos Aires: Abeledo Perrot, 2006.

_____. *Tratado de derecho Constitucional*. 1ª ed. tomo II. Buenos Aires: La Ley, 2009.

SOLER, Sebastián. *Derecho Penal Argentino*. tomo I. 3ª reimp. Buenos Aires: Tipográfica Editora Argentina, 1956.

SORACE, Domenico. *Diritto delle Amministrazioni Pubbliche*. Bologna: Il Mulino, 2000.

SORIA, Daniel Fernando. "El agotamiento de la vía en el proceso administrativo de la Provincia de Buenos Aires". *REDA*, Buenos Aires: Depalma, n. 24/26.

_____. "Los actos administrativos de trámite equiparables a definitivos y su impugnabilidad judicial". *La Ley*, 1990-C, 947.

SOTELO DE ANDREAU, Mirta. "Las contrataciones reservadas". *In: Cuestiones de contratos administrativos*. Jornadas de direito administrativo da Universidade Austral. Buenos Aires: RAP, 2007.

SPACAROTEL, Gustavo D. "Aplicación del régimen de contratos administrativos a los contratos celebrados por los concesionarios de servicios públicos". *In: Cuestiones de derecho administrativo*. Jornadas da Universidade Austral, Buenos Aires: Rap, 2007.

TAVEIRA TORRES, Heleno. *Derecho tributario y Derecho privado:* autonomía privada, simulación y elusión tributaria. Buenos Aires: Marcial Pons, 2008.

TAWIL, Guido Santiago. "Los grandes mitos del derecho administrativo, el caráter revisor de la jurisdicción, la inactividad de la Administración y su fiscalización judicial". *El Derecho*, 128/958.

REFERÊNCIAS BIBLIOGRÁFICAS

_____. *Administración y justicia:* alcance del control judicial de la actividad administrativa. tomo I. Buenos Aires: Depalma, 1993.

_____. "La desviación de poder. ¿Noción en crisis?". *In: Estudios de derecho administrativo*. Buenos Aires: Abeledo Perrot, 2012.

_____. "El Preámbulo de la Constitución Nacional". *Estudios de derecho administrativo*. Buenos Aires: Abeledo Perrot, 2012.

TOBÍAS, José W. "Persona y mercado". *La Ley,* 2012-B, 632, Suplemento da Academia Nacional de Direito e Ciências Sociais de Buenos Aires, 28.02.2012.

TOLLER, Fernando M. "Refutaciones lógicas a la teoría de los conflictos de derechos". *In:* CIANCIARDO, Juan (coord.). *La interpretación en la era del neo-constitucionalismo*. Buenos Aires: Abaco, 2006.

TOMÁS DE AQUINO, *Tratado de ley:* tratado de la Justicia. Opúsculo sobre el gobierno de los príncipes. México: Porrúa, 1975.

TORICELLI, Maximiliano. *El sistema de control constitucional argentino:* la acción declarativa de inconstitucionalidad como mecanismo de tutela. Buenos Aires: Lexis-Nexis/Depalma, 2002.

TREVIJANO FOS, José A. García. *Principios jurídicos de la organización administrativa*. Madrid: Instituto de Estudos Políticos, 1957.

_____. *Tratado de derecho administrativo*. tomo I. Madrid: Revista de Derecho Privado, 1964.

TRIGO REPRESAS, Felix A.; LÓPEZ MESA, Marcelo J. *Tratado de la responsabilidad civil*. tomo IV. Buenos Aires: La Ley, 2004.

TRIGO REPRESAS, Felix A. *Responsabilidad de los jueces y Estado juzgados por daños derivados de errónea actividad judicial*. Separata da Academia Nacional de Direito e Ciências Sociais. *La Ley*, junho de 2008.

UBAUD-BERGERON, Marion. "Exorbitance et droit des contrats: quelques interrogations à propos de la modification non conventionnelle du contrat administratif". *In:* BIOY, Xavier (coord.). *L'identité du droit public*. Toulouse: Presses de l'Université, 2011.

URDANOZ, Teófilo. *Introducción a la cuestión 58 de la Suma teológica.* tomo VII. Madrid: BAC, 1956.

URRUTIGOITY, Javier. "El derecho subjetivo y la legitimación procesal administrativa". *In:* SARMIENTO GARCÍA, Jorge H. (coord.). *Estudios de derecho administrativo.* Buenos Aires: Depalma, 1995.

_____."Del derecho de emergencia al derecho de la decadencia". *Estudios de derecho administrativo VIII.* IEDA. Mendoza: Diké, 2001.

_____."El principio de tutela administrativa efectiva". *JA,* 2005-IV-35.

USLENGHI, Alejandro Juan. "Lineamientos de la responsabilidad del Estado por su actividad ilícita". *In: Responsabilidad del Estado y del funcionario público.* Jornadas da Universidade Austral. Buenos Aires, 2001.

VALLINA Y VELARDE, Juan Luis de la. *Transferencia de funciones administrativas.* Madrid: Instituto de Estudios de Administración Local, 1964.

VANOSSI, Jorge R.; DALLA VÍA, Alberto R. *Régimen Constitucional de los Tratados.* 2ª ed. Buenos Aires: Lexis-Nexis, 2000.

VANOSSI, Jorge Reynaldo A. *Régimen constitucional de los Tratados.* Buenos Aires: El Coloquio, 1969.

_____. *Teoría constitucional.* tomo II. Buenos Aires: Depalma, 1976.

_____. *El Estado de Derecho en el constitucionalismo social.* Buenos Aires: Eudeba, 1982.

VEDEL, Georges; DELVOLVÉ, Pierre. *Droit administratif.* 12ª ed. tomo I e II. Paris: PUF, 1992.

VEDEL, Georges. *Droit administratif.* Paris: PUF, 1961; 4ª ed. Paris: PUF, 1968.

VENTURA, Adrián. "El derecho a la libertad de expresión". *In:* SABSAY, Daniel A.; MANILI, Pablo L. (coord.). *Constitución de la Nación argentina y normas complementarias:* análisis doctrinal y jurisprudencial. tomo I. Buenos Aires: Hammurabi, 2009.

VERGARA BLANCO, Alejandro. "Apresentação". *In:* MODERNE, Frank. *Principios generales del derecho público.* Santiago: Jurídica de Chile, 2005.

VIDAL PERDOMO, Jaime. *Derecho administrativo.* 5ª ed. Serie Textos Universitarios. Bogotá: Biblioteca Banco Popular, 1977.

REFERÊNCIAS BIBLIOGRÁFICAS

_____. *Derecho administrativo*. 8ª ed. Bogotá: Temis, 1985.

VIEHWEG, Theodor. *Tópica y jurisprudencia*. Madrid: Taurus, 1964.

VIGO, Rodolfo L. "Los principios generales del derecho". *JA*, 1986-III, 860.

_____. *Los principios jurídicos*. Buenos Aires: Depalma, 2000.

_____. *El iusnaturalismo actual:* de M. Villey a J. Finnis. México: Distribuciones Fontamara, 2003.

_____. *De la ley al derecho*. 2ª ed. México: Porrúa, 2005.

VILE, Maurice J. C. *Constitucionalismo y separación de los poderes*. Madrid: Centro de Estudos Políticos e Constitucionais, 2007.

VILLARRUEL, María Susana. "Jurisdicción y competencia en materia de responsabilidad del Estado". In: *Cuestiones de responsabilidad del Estado y del funcionario*. Jornadas da Universidade Austral. Buenos Aires: RAP, 2008.

VILLEGAS BASAVILBASO, Benjamín. *Derecho administrativo*. tomo I. Buenos Aires: Tea, 1949; tomo II. Buenos Aires: Tea, 1950; tomo IV. Buenos Aires: Tea, 1954; tomo V. 1ª ed. Buenos Aires, 1954.

VIRGA, Pietro. *Diritto Amministrativo*. 5ª ed. tomo II. Milão: Giuffrè, 1999.

VÍTOLO, Alfredo M. "La crisis del sistema constitucional de control del poder". *REDA*, Buenos Aires: Lexis-Nexis/Depalma, n. 47, 2004.

VITTA, Cino. *Diritto amministrativo*. 5ª ed. vol. I. Turín: UTHE, 1962.

VOLPI, Franco. *El nihilismo*. 2ª ed. trad. do italiano. Buenos Aires: Biblos, 2011.

WAGNER, Federico. "*In dubio pro reo* como límite a la interpretación de la ley penal". *RDP*, Buenos Aires, 2014-10-2135.

WALINE, Marcel. *Droit administrative*. 9ª ed. Paris: Sirey, 1963.

WHITE, G. Edward. *The Constitution ant the New Deal*. Cambridge: Harvard University Press, 2000.

ZACAGNINO, María Eugenia; FERNÁNDEZ, María Alejandra. In: SACRISTÁN, Estela B. (coord.). *Manual de jurisprudencia y doctrina*. Buenos Aires: La Ley, 2013.

ZACAGNINO, María Eugenia."Teoría de la argumentación jurídica (III)". *In:* SACRISTÁN, Estela B. (coord.). *Manual de doctrina y jurisprudencia.* Buenos Aires: La Ley, 2013.

ZAFFARONI, Eugenio R. *Tratado de derecho Penal.* tomo I. 4ª reimp. Buenos Aires: Ediar, 2004.

ZAGREBELSKY, Gustavo. *La ley y su justicia:* tres capítulos de justicia constitucional. Madrid: Trotta, 2014.

ZAMBRANO, María del Pilar. "El liberalismo político y la interpretación constitucional". *In:* CIANCIARDO, Juan (coord.). *La interpretación en la era del neo-constitucionalismo.* Buenos Aires: Abaco, 2006.

ZANOBINI, Guido. *Curso de derecho administrativo.* tomo I. Buenos Aires: Arayú, 1954.

_____. *Corso di diritto amministrativo.* tomo I. Milão: Giuffrè, 1958.

ZILLI DE MIRANDA, Martha. "La responsabilidad del Estado por omisión ilegítima. Su incidencia en la tutela del derecho fundamental a la salud". *In:* COMADIRA, Julio Pablo; IVANEGA, Miriam M. (coord.). *Derecho administrativo:* livro em homenagem ao Professor Doutor Julio Rodolfo Comadira. Buenos Aires: Ad Hoc. 2009.

ZUÑIGA BOLAÑOS, Heidy. *El agotamiento preceptivo de la vía administrativa en la contratación administrativa.* Curso a cargo do Prof. Jorge Enrique Romero Pérez. Universidade de Costa Rica - Faculdade de Direito, Costa Rica, 2008.

NOTAS

NOTAS

NOTAS

NOTAS

NOTAS

A Editora Contracorrente se preocupa com todos os detalhes de suas obras! Aos curiosos, informamos que esse livro foi impresso no mês de Setembro de 2017, em papel Pólen Soft, pela Gráfica Grafilar.